凯程 法硕精品教程

法律硕士联考思维导图一本通

法学、非法学

主编◎凯程教育

北京理工大学出版社
BEIJING INSTITUTE OF TECHNOLOGY PRESS

图书在版编目（CIP）数据

法律硕士联考思维导图一本通：法学、非法学 / 凯程教育主编．—北京：北京理工大学出版社，2019.6
ISBN 978－7－5682－7102－8

Ⅰ．①法…　Ⅱ．①凯…　Ⅲ．①法律－研究生－入学考试－自学参考资料　Ⅳ．①D9

中国版本图书馆 CIP 数据核字（2019）第 106081 号

出版发行 / 北京理工大学出版社有限责任公司
社　　址 / 北京市海淀区中关村南大街 5 号
邮　　编 / 100081
电　　话 /（010）68914775（总编室）
（010）82562903（教材售后服务热线）
（010）68948351（其他图书服务热线）
网　　址 / http://www.bitpress.com.cn
经　　销 / 全国各地新华书店
印　　刷 / 三河市良远印务有限公司
开　　本 / 787 毫米 ×1092 毫米　1/16
印　　张 / 30
字　　数 / 480 千字
版　　次 / 2019 年 6 月第 1 版　2019 年 6 月第 1 次印刷
定　　价 / 89.80 元

责任编辑 / 李慧智
文案编辑 / 李慧智
责任校对 / 周瑞红
责任印制 / 李志强

前言

知识框架图（思维导图）是人们学习中常用的方法之一，也是凯程法硕集训营老师们在教学中非常重视的核心学习方法。考生务必要掌握建立知识框架体系的学习思维和方法。简单来说，建立知识体系具有以下益处：

第一，知识框架图便于考生进行记忆。人们学习知识时，一定是逻辑性强的便于记忆，逻辑性差的较难记忆。首先，这是因为知识经过整合后，会变得非常有条理，当然有助于记忆。其次，整合的过程是大脑对知识深度整合的过程，这个过程会有助于我们记忆知识。最后，总结可以极大地简化记忆量，把原本冗繁的信息变成精简的符号，使人容易记忆。

第二，知识框架图有助于考生理解知识。通过知识图谱，我们能够更好地把握知识的脉络和知识点之间的逻辑关系（比如是包容关系还是并列关系等），从而加深我们对知识的理解。

第三，知识框架图还有助于考生抓住法律学科重点。知识框架图有助于向考生展示一个学科的核心研究对象和主要理论，也更能显示不同知识点所处的层次和位置，这就非常有助于考生把握考试的重点。一般而言，一个学科会有 1~2 个核心的研究对象（第一层次），然后细分为几个理论或者研究任务（第二层次），最后每个理论会有它的细分内容（第三层次，甚至是第四层次），比如创设者、定义、特征、应用和不足等。如果这门考试考查的是论述题，那么它一定是以考查第二层次为主（第一层次一般是博士生考题，非常宏观）；如果是以考查客观选择题为主，那么一定是以第三或者第四层次的知识点为主。另外，大题肯定是考查这门学科的核心理论。比如就刑法而言，其核心在于“罪刑法定原则”及其具体运用，所以相关的知识点都是极有可能出大题的。

第四，知识框架图还有助于考生答题，有助于考生在考场上给出体系性的答案。阅卷老师判卷的时间非常紧凑，而且工作量很大。我们相信任何老师都喜欢“层次分明，逻辑清晰，重点突出”的答案。要做到这些，考生不可能靠考场上的临时发挥。只有在平时就建立清晰的知识体系图，才能在考场上根据体系图“自然”地写出“层次分明，逻辑清晰，重点突出”的答案。

但是由于法律知识本身专业性很强，部分知识又较为抽象，所以很多考生靠自身很难快速建立起知识体系，这也是凯程撰写本书的初衷。

关于本书的使用，我们给出以下建议：

第一，要先理解，再总结和使用知识框架图。理解是记忆的前提，知识框架图也不能死记硬背，而应该明白其来龙去脉。所以，考生一定要在理解好基础知识的前提下，再使用本书。

第二，要明确知识框架图的使用步骤。首先，阅览知识框架图要明白其中的逻辑联系和知识脉络，而不是机械地识记；其次，在理解的基础上，应努力做到“默述”知识框架图，把框架图的思维和内容都“深刻”在脑海中；最后，利用知识框架图来组织主观题答案，达到熟练运用的程度。

第三，考生要适当发挥自身的主观能动性。这对于深刻掌握知识框架图是极有好处的，即考生可以根据自己的理解，在凯程知识框架图的基础上进行修订。知识框架图本身就没有绝对的标准，可以有不同的建立体系，只要逻辑思维通畅即可。通过主动加工知识框架图，考生会加深对知识的理解和运用，于梳理和掌握知识是有利无害的。

本书首次问世，难免会有瑕疵甚至是错误存在，欢迎各位考生指正和批评。

凯程法硕教研组

目录

刑法

- 犯罪论——绪论——刑法概述
  - 刑法的概念
    - 刑法的定义
      - 刑法是规定犯罪及其法律后果的法律规范的总和
      - 刑法的制定主体：全国人大及其常委会
    - 刑法的渊源（表现形式）
      - 刑法典（1997年刑法典）
      - 特别刑法
        - 单行刑法：1998年《关于惩治骗购外汇、逃汇和非法买卖外汇犯罪的决定》。只有一部
        - 附属刑法：在其他非专门刑事法中附带规定的刑法条款。只重申，不新设罪名及法律后果
    - 刑法的特征
      - 调整范围的广泛性——凡是严重危害社会的行为都有可能被刑法调整
      - 调整对象的专门性——刑法的任务及实现方式不同于其他法律部门
      - 刑罚制裁的严厉性——刑法的强制力较其他法律要严厉很多
      - 刑法发动的补充性和保障性（谦抑性原则）——只有当其他法律不能充分保护某种社会关系时，才由刑法调整
  - 刑法的任务和机能
    - 刑法的任务
      - 惩罚任务——用刑罚同一切犯罪行为作斗争
      - 保护任务
        - 保卫国家安全，保卫人民民主专政的政权和社会主义制度
        - 保护国有财产和劳动群众集体所有的财产，保护公民私人所有的财产
        - 保护公民的人身权利、民主权利和其他权利
        - 维护社会秩序、经济秩序，保障社会主义事业建设的顺利进行
    - 刑法的机能
      - 规制机能——刑法规定哪些行为为犯罪、哪些行为不为犯罪，从而引领人们的行为
      - 保护机能——同保护任务
      - 保障机能
        - 保障公民不受国家刑罚权的非法侵害
        - 保障犯罪人不受刑法规定之外的刑罚处罚
  - 刑法的体系和解释
    - 刑法的体系
      - 总则——规定的是犯罪与刑罚的通用性规则
      - 分则——规定各种具体犯罪的罪状与法定刑
      - 附则
    - 刑法的解释
      - 解释的效力
        - 有权解释
          - 立法解释（全国人大及其常委会）
          - 司法解释（最高人民法院、最高人民检察院）
        - 无权解释——除有权解释的机构之外的主体作出的解释，又称“学理解释”
      - 解释的方法
        - 文理解释——根据条文的字面含义进行的说明
        - 论理解释——根据立法的精神与目的对条文进行的说明，包括目的解释、扩大解释、缩小解释、当然解释、比较解释和历史解释等

犯罪论——绪论——刑法的基本原则

- 罪刑法定原则
  - 法条规定——《刑法》第三条："法律明文规定为犯罪行为的，依照法律定罪处刑；法律没有明文规定为犯罪行为的，不得定罪处刑"
  - 基本内容
    - 法定化
      - 犯罪和刑罚必须事先由法律明文规定
      - 法律只包括由全国人大及其常委会制定的法律、法令
      - 法律效力与行为的关系依据"从旧兼从轻"原则处理
    - 明确化
      - 犯罪及刑罚必须由文字作出具体规定
      - 禁止采用习惯法、类推解释、行为后的重法、不明确的罪状、不确定的刑罚等
    - 合理化
      - 合理确定犯罪的范围和惩罚的程度
      - 防止滥用刑罚，禁止采用过分的、残酷的刑罚
  - 体现
    - 刑事立法——总则、分则都对犯罪和刑罚作出了明确、具体的规定
    - 刑事司法——要求司法机关严格解释和适用刑法，废除刑事司法类推制度
- 刑法适用平等原则
  - 法条规定——《刑法》第四条："对任何人犯罪，在适用法律上一律平等。不允许任何人有超越法律的特权"
  - 平等地保护法益；平等地认定犯罪；平等地量刑，但允许有差别；平等地执行刑罚
- 罪责刑相适应原则
  - 法条规定——《刑法》第五条："刑罚的轻重，应当与犯罪分子所犯罪行和承担的刑事责任相适应"
  - 基本内容
    - 刑罚的轻重与客观的犯罪行为及其危害结果相适应
    - 刑罚的轻重与犯罪人主观恶性的深浅、再次犯罪危险性的大小相适应
  - 体现
    1. 刑法分则对每一个罪都根据其犯罪的性质、情节和对于社会的危害程度规定了相应的法定刑
    2. 刑法总则中规定了一系列制度，如故意犯罪的停止形态、累犯、数罪并罚、自首、立功等。在裁量刑罚时，应尽量使刑罚与具体犯罪行为的社会危害性相适应

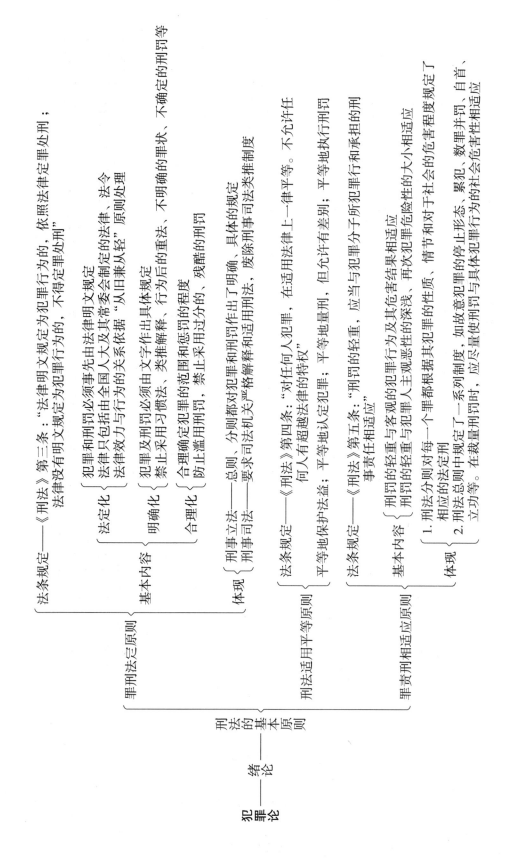

犯罪论——绪论——刑法的效力范围——刑法的空间效力

- 刑法的空间效力所解决的是一国刑法在什么地域、对什么人适用的问题
- 确立刑法空间效力的学理根据包括属地原则、属人原则、保护原则与普遍管辖原则
- 我国刑法的空间效力原则：以属地原则为基础、其他原则为补充的综合性原则
- 刑法在中国领域内的效力
  - 属地原则：凡在中国领域内犯罪的，除法律有特别规定的以外，都适用中国刑法
  - 1. 领域范围。中国领域包括实质领域与拟制领域。实质领域是指我国国境以内的全部区域，包括领陆（国境线以内的陆地以及陆地以下的底土）、领水（内水、领海及其领水的水床及底土）和领空（领陆、领水之上的空气空间）。拟制领域是指我国的船舶或者航空器，不管其航行或停放在何处，对在船舶与航空器内的犯罪，都适用中国的刑法
  - 2. 犯罪行为地的理解。犯罪的行为或者结果有一项发生在中国领域内的，就认为是在中国领域内犯罪
  - 3. 法律有特别规定除外
    - （1）享有外交特权和豁免权的外国人的刑事责任，通过外交途径解决
    - （2）香港、澳门地区的犯罪由当地的司法机构适用当地的刑法
    - （3）不适用刑法典的部分条文的情况，即民族自治地区不能全部适用刑法典的，可以制定变通或补充的规定
- 刑法在中国领域外的效力
  - 属人原则：中国公民
    - 全部适用中国刑法的情形：我国国家工作人员和军人在我国领域外犯我国刑法规定之罪的，适用我国刑法，没有例外
    - 部分适用中国刑法的情形：普通公民在我国领域外犯罪的，原则上适用我国刑法，但是按照我国刑法规定的最高刑为 3 年以下有期徒刑的，可以不予追究
  - 保护原则：外国人在中华人民共和国领域外对中华人民共和国国家或者公民犯罪，而按我国刑法规定的最低刑为 3 年以上有期徒刑的，可以适用我国刑法，但是按照犯罪地的法律不受处罚的除外
  - 普遍管辖原则：对于我国缔结或者参加的国际条约所规定的罪行，我国在承担条约义务的范围内行使刑事管辖权

犯罪论——绪论——刑法的效力范围——刑法的时间效力

- 生效时间
  - 1. 公布之后一段时间后生效
  - 2. 自公布之日起生效
- 失效时间
  - 1. 由国家立法机关明确宣布某些法律自何日起失效
  - 2. 自然失效
- 刑法的溯及力
  - 学说
    - 从旧原则——只能依据行为当时有效的法律定罪处罚，刑法不具有溯及力
    - 从新原则——刑法对于生效前未经审判或者判决尚未确定的行为，一律适用，即刑法具有溯及力
    - 从旧兼从轻原则——刑法原则上不具有溯及力，但是新的刑法规定不认为是犯罪或者处罚较轻时，则按新的刑法处理
    - 从新兼从轻原则——刑法一般具有溯及力，但是旧的刑法不认为是犯罪或者处罚较轻的仍适用旧的刑法
  - 我国的刑法溯及力——从旧兼从轻原则

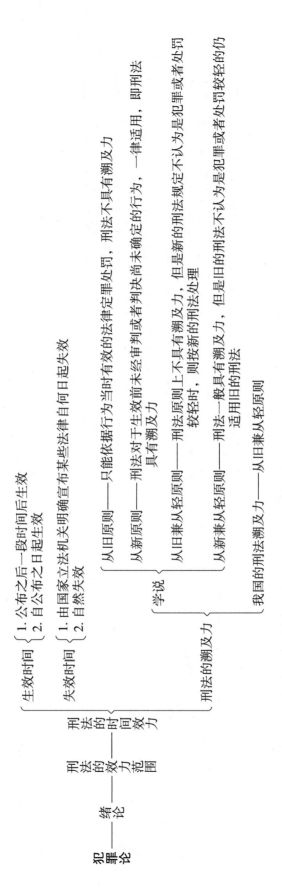

犯罪论——犯罪概念

- 犯罪的定义
  - 犯罪定义的类型
    - 形式主义：犯罪是刑法明文规定的应受刑罚惩罚的行为
    - 实质主义：犯罪是对社会具有严重危害性的行为
  - 我国刑法中的犯罪定义
    - 我国《刑法》第十三条中关于“犯罪”的规定是形式和实质相统一的犯罪定义。“一切危害国家主权、领土完整和安全，分裂国家、颠覆人民民主专政的政权和推翻社会主义制度，破坏社会秩序和经济秩序，侵犯国有财产或者劳动群众集体所有的财产，侵犯公民私人所有的财产，侵犯公民的人身权利、民主权利和其他权利，以及其他危害社会的行为，依照法律应当受刑罚处罚的，都是犯罪，但是情节显著轻微危害不大的，不认为是犯罪”
    - “但书”的意义
      1. “但书”使得犯罪概念既有定性也有定量要素：犯罪行为没有达到一定的量的不能构成犯罪
      2. “但书”是区分“违法行为”与“犯罪行为”的宏观标准，违法行为不等于犯罪行为，违法不一定犯罪，但犯罪一定是违法
      3. “但书”可以缩小犯罪或刑事处罚的范围，避免给一些轻微的危害行为（或违法行为）打上犯罪的标记
- 犯罪的基本特征
  - 犯罪是严重危害社会的行为，具有严重的社会危害性
  - 犯罪是触犯刑法的行为，具有刑事违法性
  - 犯罪是应受刑罚惩罚的行为，具有应受刑罚惩罚性

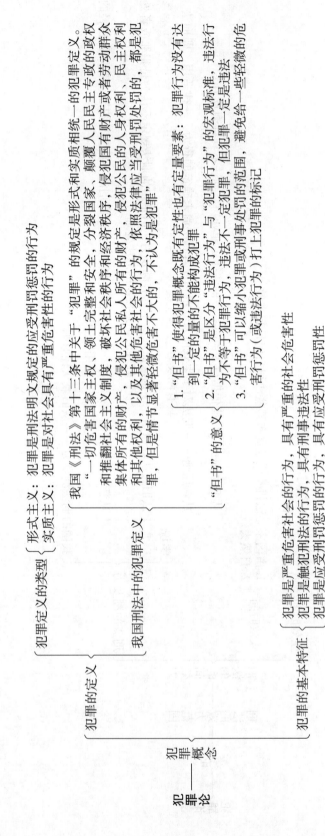

犯罪论——犯罪构成——犯罪构成概述

- 犯罪构成的概念
  - 犯罪构成的概念及其内容
    - 概念：指刑法规定的成立犯罪必须具备的主观要件和客观要件的总和
    - 内容
      1. 犯罪构成是成立犯罪的必备要件
      2. 犯罪构成的诸要件是由刑法规定的
      3. 具备犯罪构成要件是适用刑罚法律后果的前提
  - 犯罪概念与犯罪构成的联系和区别
    - 犯罪概念是犯罪构成的基础
    - 犯罪构成是犯罪概念的具体化
  - 犯罪构成的意义
    - 犯罪构成作为法律规定的确立犯罪的要件，它是定罪量刑的法律准绳
      1. 成立犯罪的标准
      2. 成立一罪还是数罪的标准
      3. 区别此种犯罪和彼种犯罪的标准
      4. 为正确地定罪量刑提供依据
    - 有利于贯彻法治原则，保护公民的合法权益，准确地惩罚犯罪
    - 在刑法理论中，犯罪构成是刑法理论的核心和刑法理论体系的基础
- 犯罪构成的共同要件
  - 犯罪客体
  - 犯罪客观方面
  - 犯罪主体
  - 犯罪主观方面
- 犯罪构成的分类
  - 基本的犯罪构成和修正的犯罪构成
    - 基本的犯罪构成：刑法分则条文就某一犯罪的基本形态所规定的犯罪构成
    - 修正的犯罪构成：以基本的犯罪构成为基础并对之进行补充、扩展所形成的犯罪构成。如故意犯罪的未完成形态和共同犯罪形态
  - 标准的犯罪构成和派生的犯罪构成
    - 标准的犯罪构成，即普通的犯罪构成
    - 派生的犯罪构成
      - 加重的犯罪构成
      - 减轻的犯罪构成

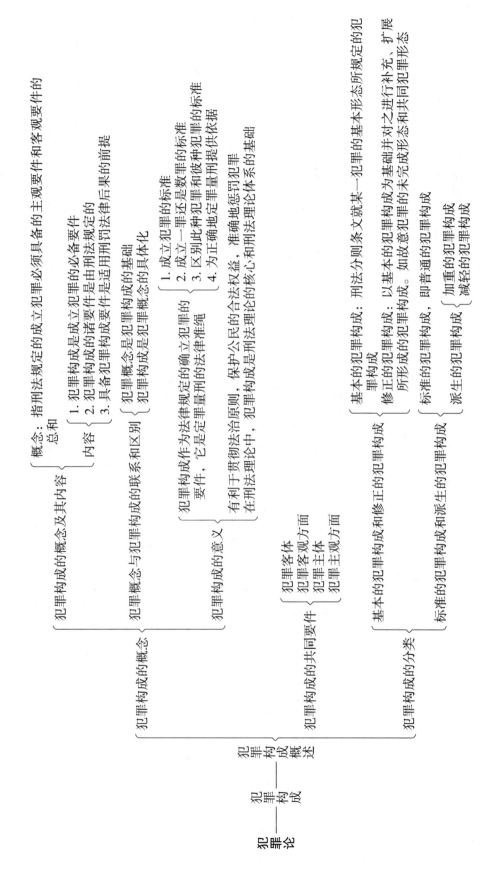

- 犯罪论
  - 犯罪构成
    - 犯罪构成的四要件
      - 犯罪客体
        - 概述
          - 概念和内容
            - 概念：指犯罪活动侵害的、为刑法所保护的社会利益
            - 内容：犯罪客体是犯罪行为所侵害的社会生活利益
              - 1. 造成实际损害
              - 2. 产生实际威胁
          - 犯罪客体在刑法条文中的体现
            - 有的条文明确表述出犯罪客体
            - 有的条文通过犯罪客观方面的表述，反映出犯罪客体
          - 意义——有助于认识犯罪的本质特征、准确定罪和量刑
        - 种类
          - 一般客体
            - 一切犯罪所共同侵害的社会利益，即社会主义社会利益的总体
            - 一般客体、同类客体、直接客体是整体、局部和个别之间的关系
          - 同类客体
            - 某一类犯罪共同侵害的社会利益
            - 同类客体对于区别此罪与彼罪的界限具有重要的意义
          - 直接客体
            - 某一犯罪所直接侵害的某种特定的社会利益
            - 以侵害的直接客体的数量分类
              - 简单客体：某一犯罪只侵害一个利益
              - 复杂客体：某一犯罪侵害两个以上利益
        - 犯罪客体与犯罪对象
          - 犯罪对象的概念和内容
            - 犯罪对象是指刑法规定的犯罪行为所侵犯或直接指向的具体人、物或信息
            - 犯罪对象是犯罪构成客观方面的选择性要素
          - 注意区分
            - 犯罪对象与组成犯罪之物不同
            - 犯罪对象与犯罪所生之物不同
            - 犯罪对象与犯罪所用之物不同
          - 犯罪客体与犯罪对象的联系和区别
            - 1. 犯罪对象与犯罪客体是现象与本质的关系
            - 2. 犯罪客体是犯罪构成的一般要件之一，犯罪对象是犯罪客观方面的选择性要素之一
            - 3. 任何犯罪都必然侵害一定的社会利益，即侵害一定的客体，但犯罪对象不一定受到犯罪的侵害

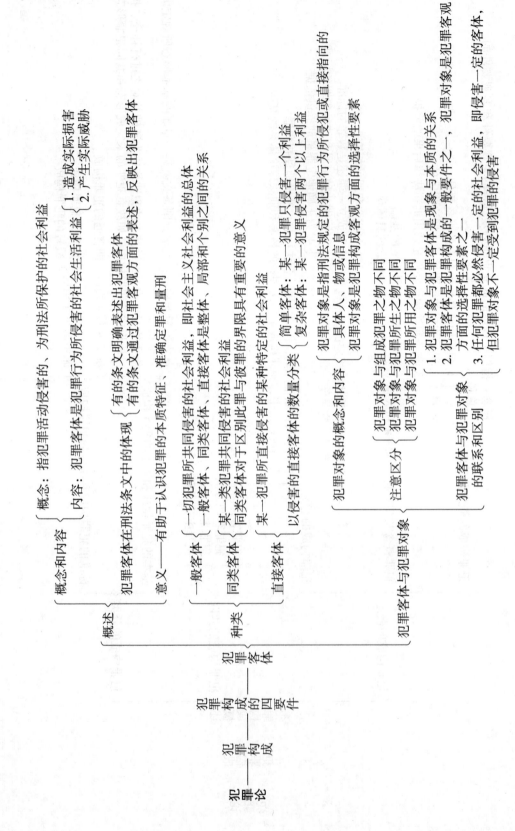

犯罪论——犯罪构成——犯罪构成的四要件——犯罪客观方面

- 概念：指刑法所规定的，说明犯罪活动外在表现的诸客观事实
- 危害行为
  - 概念和特征
    - 概念：指行为人在意识支配之下实施的危害社会并被刑法禁止的身体活动
    - 特征
      1. 危害行为是人的身体活动或动作，包括积极的活动或消极的活动
      2. 危害行为是人的意识支配的产物和表现
      3. 危害行为侵犯的是刑法所保护的社会利益
    - 无行为即无犯罪
  - 不作为构成犯罪的条件
    1. 行为人负有某种特定的义务
       - （1）法律上的明文规定
       - （2）行为人职务上、业务上的要求
       - （3）行为人的法律地位或法律行为所产生的义务
       - （4）行为人自己先前行为具有发生一定危害结果的危险的，负有防止其发生的义务
    2. 行为人能够履行义务
    3. 行为人不履行特定义务，造成或可能造成危害结果
  - 纯正不作为犯与不纯正不作为犯
    - 纯正的不作为犯：行为人的不作为与法律规定的不作为完全一致
    - 不纯正的不作为犯：行为人的不作为与法律规定的作为不完全一致
- 危害结果
  - 概念：指危害行为对犯罪直接客体所造成的实际损害或者现实危险状态
  - 分类
    - 广义的危害结果：犯罪行为所造成的一切损害事实
      - 属于构成要件的结果
      - 不属于构成要件的结果
    - 狭义的危害结果：刑法规定作为犯罪构成要件的结果

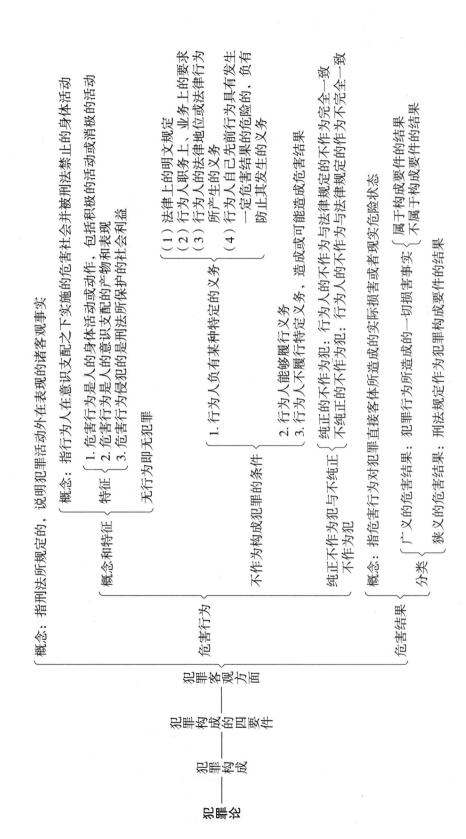

- 犯罪论——犯罪构成——犯罪构成的四要件——犯罪客观方面
  - 危害结果——意义
    - 1. 危害结果作为某些犯罪的构成要件
      - （1）绝大多数过失犯罪都要求发生法定的物质性危害结果才构成犯罪
      - （2）另外也有一些故意犯罪把发生法定结果规定为构成要素
    - 2. 危害结果作为某些犯罪既遂的条件
    - 3. 出现某些危害结果作为对犯罪加重法定刑的条件
    - 4. 发生某些实际损害的可能性（危险）作为
      - （1）某些犯罪的构成要件
      - （2）某些犯罪既遂的条件
  - 刑法中的因果关系
    - 概念：指危害行为与危害结果之间的一种客观的引起与被引起的联系
    - 地位：行为人对结果负刑事责任的客观基础
    - 特点
      - 1. 客观性
      - 2. 相对性
      - 3. 必然性
      - 4. 复杂性
        - 一果多因
        - 一因多果
    - 不作为的因果关系：指不作为与危害结果之间具有因果关系
  - 犯罪的时间、地点、方法
    - 一般情况下是选择性构成要件
    - 在某些犯罪中是必备要件

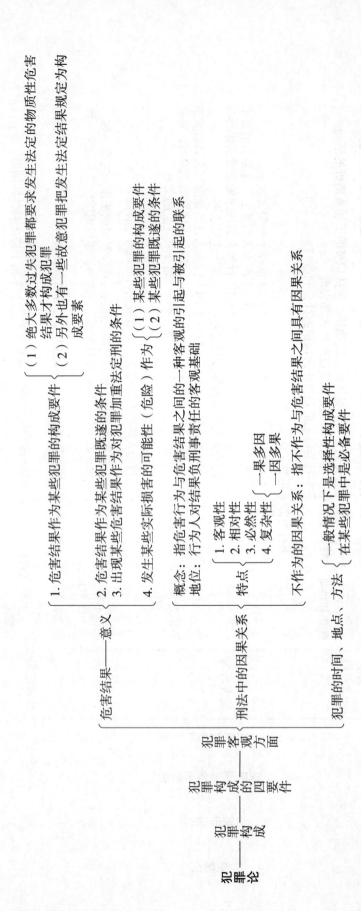

犯罪论——犯罪构成——犯罪构成的四要件——犯罪主体

- 概述
  - 概念：指实施犯罪行为，并且依法应当负刑事责任的人
  - 种类
    - 自然人（具有刑事责任能力和达到刑事责任年龄）
    - 单位
- 刑事责任年龄
  - 概念：指法律所规定的行为人对自己的犯罪行为负刑事责任必须达到的年龄
  - 分类
    1. 完全负刑事责任的年龄阶段：年满 16 周岁
    2. 相对负刑事责任的年龄阶段：已满 14 周岁不满 16 周岁的人，犯故意杀人、故意伤害致人重伤或者死亡、强奸、抢劫、贩卖毒品、放火、爆炸、投放危险物质罪的，应当负刑事责任（指具体行为而非具体罪名）
    3. 完全不负刑事责任的年龄阶段：不满 14 周岁
    4. 已满 14 周岁不满 18 周岁的人犯罪，应当从轻或者减轻处罚。已满 75 周岁的人故意犯罪，可以从轻或者减轻处罚；过失犯罪的，应当从轻或者减轻处罚
    5. 因不满 16 周岁不予刑事处罚的，责令他的家长或者监护人加以管教，必要时可以由政府收容教养
- 刑事责任能力
  - 概念：指认识自己行为的社会性质及其意义并控制和支配自己行为的能力
  - 精神病人的刑事责任能力
    1. 精神病人在不能辨认或者不能控制自己行为的时候造成危害结果，经法定程序鉴定确认的，不负刑事责任，但是应当责令他的家属或者监护人严加看管和医疗；在必要的时候，由政府强制医疗
    2. 间歇性精神病人在精神正常的时候犯罪，应当负刑事责任
    3. 尚未完全丧失辨认或者控制自己行为能力的精神病人犯罪的，应当负刑事责任，但是可以从轻或者减轻处罚（精神病人无刑事责任能力的确定标准：医学标准（生理学标准）+ 心理学标准）
  - 醉酒的人犯罪的刑事责任：同普通人
  - 又聋又哑的人或者盲人犯罪的刑事责任：可以从轻、减轻或者免除处罚

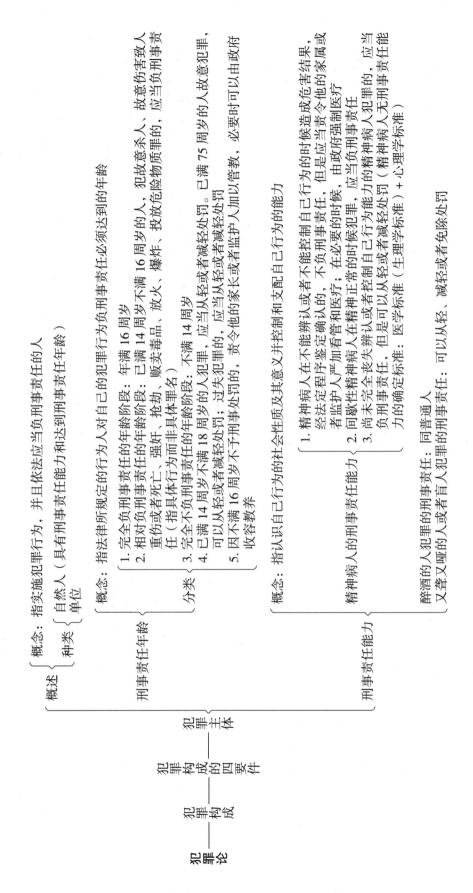

犯罪论——犯罪构成——犯罪构成的四要件——犯罪主体

- 一般主体与特殊主体
  - 一般主体：不需要特别身份
  - 特殊主体：除具有一般犯罪主体所要求的成立条件外，还必须具有某些犯罪所要求的特定身份
- 单位犯罪
  - 概念：指公司、企业、事业单位、机关、团体实施的依法应当承担刑事责任的危害社会的行为
  - 要件
    - 1. 单位犯罪的主体包括公司、企业、事业单位、机关和团体
      - （1）个人为进行违法犯罪活动而设立的公司、企业、事业单位实施犯罪的，或者公司、企业、事业单位设立后，以实施犯罪为主要活动的，不以单位犯罪论处
      - （2）盗用单位名义实施犯罪，违法所得由实施犯罪的个人私分的，依照刑法有关自然人犯罪的规定定罪处罚
      - （3）以单位的分支机构或者内设机构、部门的名义实施犯罪，违法所得亦归分支机构或者内设机构、部门所有的，应认定为单位犯罪
    - 2. 单位犯罪只有法律明文规定的，才负刑事责任
  - 处罚
    - 一般实行双罚制
    - 例外：在单罚的场合一般只处罚直接负责的主管人员和其他直接责任人员
  - 直接负责的主管人员和其他直接责任人员的认定
    - 直接负责的主管人员，是在单位实施的犯罪中起决定、批准、授意、纵容、指挥等作用的人员，一般是单位的主管负责人，包括法定代表人
    - 其他直接责任人员，是在单位犯罪中具体实施犯罪并起较大作用的人员，既可以是单位的经营管理人员，也可以是单位的职工，包括聘任、雇用的人员
    - 在单位犯罪中，对于受单位领导指派或奉命而参与实施了一定犯罪行为的人员，一般不宜作为直接责任人员追究刑事责任。换言之，该类人员不构成犯罪
    - 主从犯认定：对单位犯罪中的直接负责的主管人员和其他直接责任人员，应根据其在单位犯罪中的地位、作用和犯罪情节，分别处以相应的刑罚

犯罪论——犯罪构成——犯罪构成的四要件——犯罪主观方面

- 概述
  - 概念：指犯罪主体对其实施的危害社会的行为及其所造成的危害结果所持的心理态度，包括罪过、犯罪目的、犯罪动机等
  - 罪过，指犯罪行为人对自己的行为所造成的危害后果所持的故意或者过失的心理态度
  - 犯罪主观方面与犯罪客观方面的关系
    - 1. 主观方面和客观方面的要件需要同时具备
    - 2. 罪过（故意或者过失）与犯罪行为必须具有同时性
  - 无罪过事件
    - 意外事件
      - 1. 行为在客观上造成了损害结果
      - 2. 行为人对自己行为所造成的结果既无故意也无过失
      - 3. 这种损害结果的发生是由于不能预见的原因引起的
    - 不可抗力——行为上在客观上虽然造成了损害结果，但不是出于行为人的故意或者过失，而是由于不能抗拒的原因引起的，不是犯罪
- 犯罪故意
  - 概念：指明知自己的行为会发生危害社会的结果，并且希望或者放任这种结果发生的心理态度
  - 特征
    - 认识因素
      - 1. 对行为、结果以及它们之间的因果关系这样的客观事实的明确认识
      - 2. 对行为及其结果具有社会危害性的认识
    - 意志因素——行为人希望或者放任这种危害结果发生
  - 种类
    - 直接故意——明知自己的行为会发生危害社会的结果，并且希望这种结果发生的心理态度
    - 间接故意
      - 明知自己的行为会发生危害社会的结果，并且放任这种结果发生的心理态度
      - 三种情形
        - 1. 为实施某个犯罪意图或目的，而放任另一犯罪结果发生
        - 2. 为实现某个非犯罪的意图或目的，而放任犯罪结果发生
        - 3. 突发性故意犯罪，不计后果，放任结果发生
    - 直接故意和间接故意的异同
      - 相同点
        - 1. 认识因素：都明知自己的行为会发生危害社会的结果
        - 2. 意志因素：都不排斥危害结果发生
      - 不同点
        - 1. 认识因素：直接故意对危害结果发生的认识程度大于间接故意
        - 2. 意志因素：直接故意是积极追求的态度，间接故意是任凭事态发展的态度
        - 3. 特定的危害结果是否发生对二者具有不同的意义

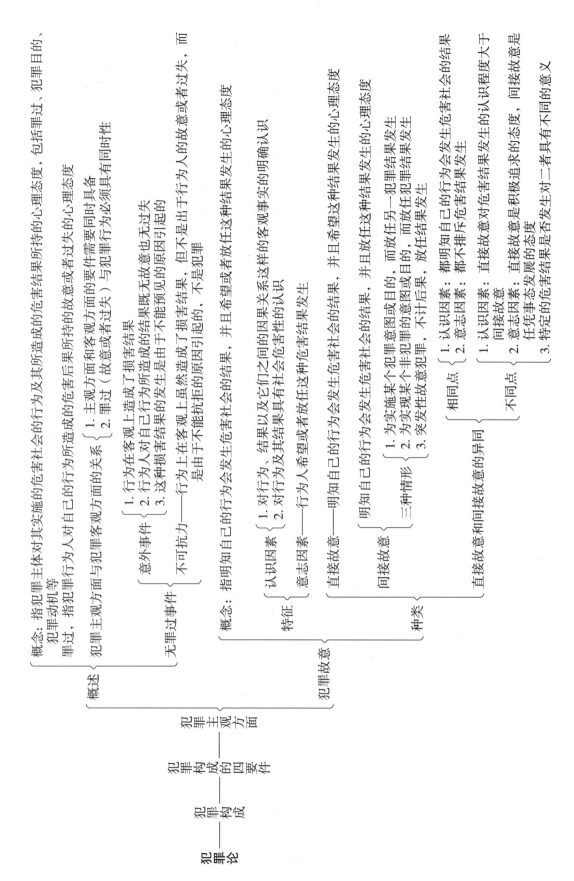

犯罪论 — 犯罪构成 — 犯罪构成的四要件 — 犯罪主观方面

- 犯罪过失
  - 概念：指行为人应当预见自己的行为可能会发生危害社会的后果，因为疏忽大意而没有预见或者已经预见而轻信能够避免的心理态度
  - 特征
    - 1. 没有犯罪故意
    - 2. 没有保持必要的小心谨慎的态度
      - （1）没有履行法律、规章、社会生活准则所要求的注意义务
      - （2）极端轻率、过于自信，以致对已经预见的危害结果，在应当积极避免而且能够避免的情况下，竟然没有能够避免
  - 犯罪过失与犯罪故意的罪责不同
    - 1. 对过失犯罪，法律有规定的才负刑事责任
    - 2. 对过失行为，只有造成严重后果的才负刑事责任
    - 3. 过失犯罪的法定刑明显轻于故意犯罪
  - 种类
    - 疏忽大意的过失
      - 1. 行为人对可能发生的危害结果应当预见
      - 2. 行为人因疏忽大意而没有预见自己的行为可能发生危害结果
    - 过于自信的过失
      - 1. 行为人已经预见到可能发生危害社会的结果
      - 2. 行为人轻信自己能够避免危害结果的发生
  - 过于自信的过失与间接故意的区别
    - 1. 对危害结果发生的认识程度有所不同：前者是可能，后者是明知
    - 2. 对危害结果所持的态度不同：前者是否定，后者是放任
  - 意外事件与疏忽大意的过失的区别：前者对危害结果不可能预见，后者则是应当预见也能够预见
- 犯罪目的与犯罪动机
  - 犯罪目的：指犯罪人希望通过实施某种犯罪行为以实现某种犯罪结果的心理态度。特定的犯罪目的是构成某些犯罪的主观要件
  - 犯罪动机：指推动犯罪人实施犯罪行为的内心起因。对量刑具有重要意义
- 刑法上的认识错误
  - 概念：指行为人对自己行为的法律性质、后果和有关的事实情况发生了误解
  - 分类
    - 法律上的认识错误
      - 概念：指行为人对自己行为的法律性质发生误解
      - 情况
        - 1. 假想非罪
        - 2. 假想犯罪
        - 3. 行为人对自己犯罪行为的罪名和罪行轻重发生误解
    - 事实上的认识错误
      - 概念：指行为人对与自己行为有关的事实情况有不正确的理解
      - 分类
        - 客体错误
        - 对象错误
        - 手段错误
        - 行为偏差
        - 因果关系错误

犯罪论——犯罪的形态——停止形态（故意犯罪）

- 概述
  - 概念：指在故意犯罪的过程中因为某种原因而停止所呈现的状态
  - 分类
    - 完成形态（既遂）
    - 未完成形态（预备、未遂、中止）
  - 特征
    - 1. 它是故意犯罪进展的结局状态
    - 2. 它是依据法律规定认定的犯罪进展状态，对每一个犯罪的结局状态依法进行评价后，最终确定其犯罪的法律形态
  - 过失犯罪、间接故意犯罪不存在犯罪的预备、未遂和中止
- 犯罪既遂
  - 概念和判定标准
    - 概念：指犯罪人的行为完整地实现了刑法分则条文所规定的全部犯罪构成的事实
    - 判定标准
      - 1. 结果说
      - 2. 目的说
      - 3. 构成要件（齐备）说（通说）
  - 形态
    - 实害犯。行为必须已造成法定的实害后果，才是该罪的既遂（故意杀人罪）
    - 危险犯。其特征是发生侵害法益的现实危险是既遂的要件（放火罪）
    - 行为犯。其特征是犯罪行为实施到一定程度即构成既遂（绑架罪）
  - 处罚——按照《刑法》分则条文规定的法定刑处罚
- 犯罪预备
  - 概念：指为了犯罪，准备工具、制造条件的行为
  - 特征
    - 1. 行为人具有为便利实行、完成某种犯罪的主观意图
    - 2. 客观上犯罪人进行了准备工具、制造条件等犯罪的预备活动
    - 3. 犯罪的预备行为由于犯罪分子意志以外的原因被阻止在犯罪准备阶段
  - 实行行为 VS 预备行为——是否实行《刑法》分则规定的某一犯罪行为（形式）；能否直接侵害犯罪客体（实质）
  - 处罚——对于预备犯，可以比照既遂犯从轻、减轻处罚或者免除处罚

- 犯罪论——犯罪的形态——停止形态（故意犯罪）
  - 犯罪未遂
    - 概念：指已经着手实行犯罪，由于犯罪分子意志以外的原因而未得逞的形态
    - 特征
      - 1. 犯罪分子已经着手实行犯罪
      - 2. 犯罪未得逞
      - 3. 犯罪未得逞是由于犯罪分子意志以外的原因
    - 犯罪未遂与犯罪预备的区别——是否已“着手”实施犯罪行为
    - 分类
      - 实行行为是否完成
        - 实行终了的未遂：犯罪的实行行为已经终了但没有发生结果
        - 未实行终了的未遂：实行行为本身没有终了
      - 能否实际达到既遂状态
        - 能犯未遂
        - 不能犯未遂
          - 工具不能犯的未遂
          - 对象不能犯的未遂
    - 迷信犯或愚昧犯与不能犯未遂的区别——迷信犯、愚昧犯是犯了常识错误，不为罪，不可罚；不能犯未遂，构成犯罪，按照未遂犯处罚
    - 处罚——对于未遂犯，可以比照既遂犯从轻或者减轻处罚
  - 犯罪中止
    - 概念：指在犯罪过程中，行为人自动放弃犯罪或者自动有效地防止犯罪结果发生的形态
    - 特征
      - 1. 时间性：在犯罪过程中
        - 犯罪成立既遂或者未遂后，不得转化成中止犯罪
        - 自动放弃可重复加害行为的，可以成立中止
      - 2. 自动性：自动放弃犯罪或者自动有效地防止犯罪结果发生
      - 3. 客观有效性：中止并能有效防止犯罪结果的发生
    - 中止与预备、未遂的区别——自动性：是否自主放弃犯罪
    - 分类
      - 预备阶段的中止
      - 实行阶段的中止
        - 未实行终了的中止
        - 实行终了的中止（要求自动有效地防止犯罪结果的发生）
    - 处罚——对于中止犯，没有造成损害的，应当免除处罚；造成损害的，应当减轻处罚

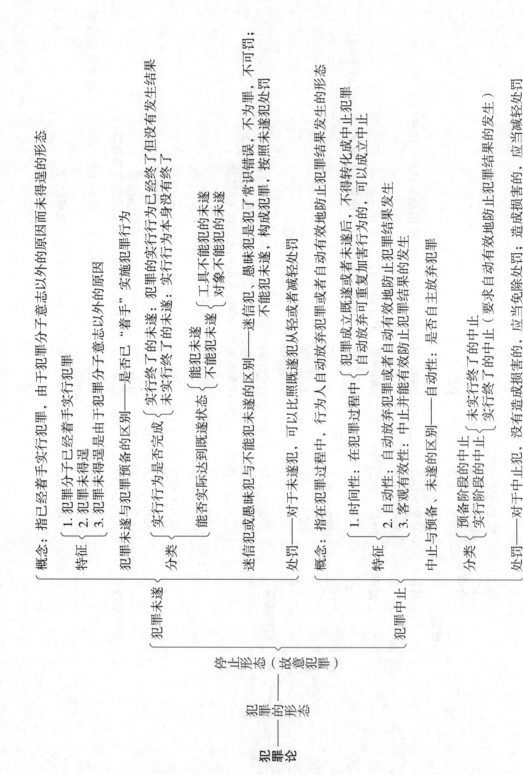

犯罪论——犯罪的形态——共犯形态

- 共同犯罪的概念及其构成
  - 概念：指二人以上共同故意犯罪
  - 构成特征
    - 1. 主体要件：有两个以上的犯罪主体
    - 2. 客观要件：必须具有共同犯罪的行为
      - （1）共同犯罪行为包括实行行为、帮助行为、组织行为、教唆行为、共谋行为
      - （2）行为形式：作为、不作为均可构成
    - 3. 主观要件：有共同犯罪的故意
      - （1）各共同犯罪人对共同犯罪持性质相同的故意心态
      - （2）各共同犯罪人相互之间有意思联络
  - 共同犯罪的认定（通说：有无共同犯罪故意）
    - 1. 过失犯罪不构成共同犯罪（例外：交通肇事罪）
    - 2. 把他人当工具利用的不构成共同犯罪
      - （1）利用没有责任能力的人或者没有达到刑事责任年龄的人实施犯罪
      - （2）利用不知情人的行为
    - 3. 事前无通谋，事后提供帮助的行为不构成共同犯罪
    - 4. 过限行为不构成共同犯罪
    - 5. "同时犯"不构成共同犯罪
    - 6. 在共同实行的场合，不存在片面共犯（片面共犯，指对他人犯罪暗中相助的情况。因为受到暗中相助的实行犯不知情，所以不能与暗中相助者构成共犯。但是，对于暗中相助者可按照从犯处理。）
- 共同犯罪的形式
  - 以共同犯罪是否能够以任意形成为标准
    - 任意共同犯罪：二人以上共同构成法律没有限制主体数量的犯罪
    - 必要共同犯罪：二人以上共同构成法律规定其犯罪主体是二人以上，必须采取共同犯罪形式的犯罪，如聚众性犯罪
  - 以共同犯罪故意形成的时间为标准
    - 事前通谋的共同犯罪
    - 事前无通谋的共同犯罪
  - 以共同犯罪人有无分工为标准
    - 简单共同犯罪——担责原则："部分实行，全部负责"基础上的区别对待
    - 复杂共同犯罪——担责原则：依照在共同犯罪中所起作用的大小及社会危害程度担责
  - 以共同犯罪人之间有无特殊组织形式为标准
    - 一般共同犯罪
    - 特殊共同犯罪（犯罪集团）
      - 1. 人数较多（3人以上），重要成员固定或基本固定
      - 2. 经常纠集在一起进行一种或数种严重的犯罪活动
      - 3. 有明显的首要分子
      - 4. 有预谋地实行犯罪活动
      - 5. 不论作案次数多少，对社会造成的危害或其具有的危险性都很严重

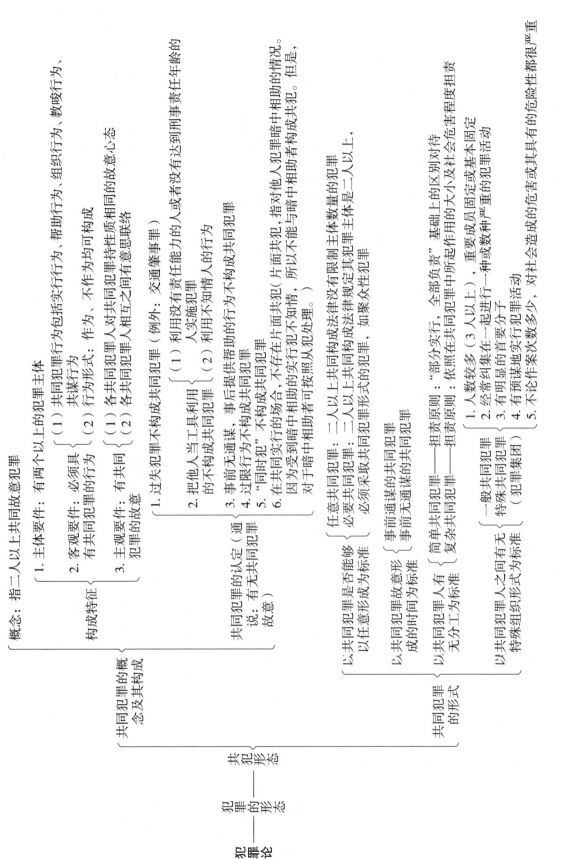

犯罪论——犯罪的形态——共犯形态——共同犯罪人的种类及其刑事责任

- 主犯
  - 概念：指组织、领导犯罪集团进行犯罪活动的或者在共同犯罪中起主要作用的犯罪分子
  - 种类
    - 1. 组织、领导犯罪集团进行犯罪活动的首要分子
    - 2. 在犯罪集团或者一般共同犯罪中起主要作用的犯罪分子
  - 主犯≠首要分子
    - 首要分子指犯罪集团的首要分子和聚众犯罪中的首要分子
    - 犯罪集团的首要分子都是主犯，聚众犯罪中的首要分子未必都是主犯
    - 聚众犯罪的三种形态
      - 1. 全体参加者都构成犯罪：首要分子是主犯
      - 2. 只有聚众者和积极参加者才构成犯罪：首要分子是主犯
      - 3. 只有聚众者才构成犯罪：聚众者是否构成主犯要具体论定
  - 刑事责任
    - 对组织、领导犯罪集团的首要分子，按集团所犯的全部罪行处罚
    - 对于其他主犯，应当按照其所参与的或者组织、指挥的全部犯罪处罚
- 从犯
  - 概念：指在共同犯罪中起次要或者辅助作用的犯罪分子
  - 分类
    - 1. 在共同犯罪中起次要作用的实行犯
    - 2. 在共同犯罪中辅助他人实行犯罪的帮助犯
  - 刑事责任——对于从犯，应当从轻、减轻处罚或者免除处罚
- 胁从犯
  - 概念：指被胁迫参加犯罪的犯罪分子（不包括胁迫结束后，主动实施犯罪的人）
  - 刑事责任——对于胁从犯，应当按照他的犯罪情节减轻处罚或者免除处罚

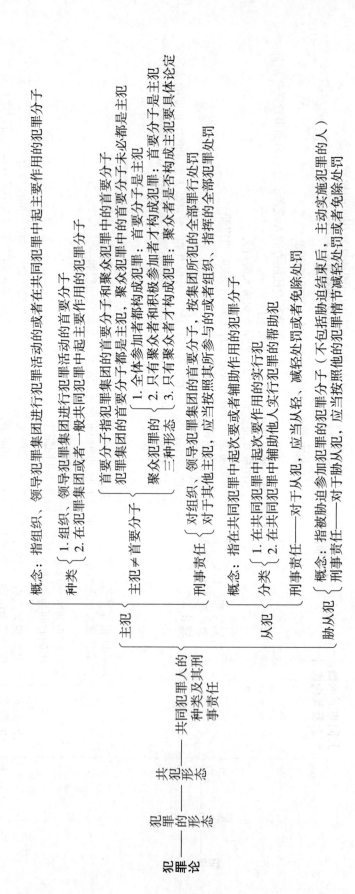

犯罪论——犯罪的形态——共犯形态

- 共同犯罪人的种类及其刑事责任——教唆犯
  - 概念：指教唆他人实行犯罪的人
  - 特点：教唆他人实行犯罪而自己并不参加犯罪的实施，是使他人产生犯罪意图的人
  - 成立条件
    1. 主观上具有使他人产生犯罪意图和决心的故意
    2. 客观上实施了教唆他人犯罪的行为
  - 刑事责任
    1. 对教唆犯按照其在共同犯罪中所起的作用处罚。一般按主犯处罚
    2. 如果被教唆人没有犯被教唆的罪，教唆犯独自构成犯罪，但可以从轻或者减轻处罚
    3. 教唆不满 18 周岁的人犯罪，应当从重处罚
- 共同犯罪与犯罪的停止形态
  - 共同犯罪与犯罪预备、未遂
    1. 原则：在共同实行犯罪的场合，“一人既遂，全部既遂”
    2. 在复杂共同犯罪的场合，实行犯犯罪既遂的，帮助犯或者教唆犯也按既遂处理；实行犯犯罪未遂的，教唆犯或者帮助犯也是未遂犯
    3. 在共同实行犯罪的场合，只有行为人全部处于犯罪预备阶段且因客观原因被迫停止犯罪的情形才属于犯罪预备情形
  - 共同犯罪与犯罪中止
    1. 必须具备有效性（有效地阻止共同犯罪结果发生或者有效地消除自己先前参与行为对共同犯罪的作用）
    2. 中止的效力仅及于本人，不及于其他共犯人
    3. 缺乏有效性不能单独成立中止

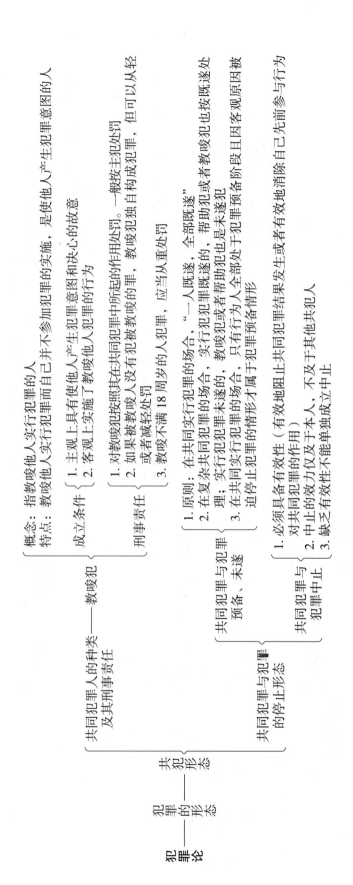

犯罪论——犯罪的形态——罪数形态

- 罪数概述
  - 确定罪数的标准：凡是行为人以一个犯意，实施一个行为，符合一个犯罪构成的，就是一罪；凡是以数个犯意，实施数个犯罪行为，符合数个犯罪构成的，就是数罪
  - 确定罪数的意义
    - 1. 正确确定犯罪的个数，是正确定罪的基本要求
    - 2. 确定数罪是确定刑罚权个数的前提
  - 罪数的判断标准
    - 1. 行为说
    - 2. 法益说
    - 3. 意思说
    - 4. 构成要件说（我国标准）
  - 法条竞合与法条竞合犯
    - 法条竞合：指刑法中有一些条文之间在内容上存在重复或者交叉的内容
    - 法条竞合犯：指一行为同时触犯存在法条竞合关系的数个法条的犯罪形态
    - 法条竞合犯适用法律的基本规则
      - 1. 特别法优于一般法
      - 2. 在法有特别规定的情形下，依据法律规定
- 实质的一罪
  - 概念：指刑法中一些貌似数罪，但实际上是一罪的情况
  - 分类——继续犯
    - 概念：指作用于同一对象的一个犯罪行为从着手实行到实行终了，犯罪行为与不法状态在一定时间内同时处于继续状态的犯罪
    - 特征
      - 1. 一个犯罪故意
      - 2. 侵犯同一客体
      - 3. 犯罪行为能够对客体形成持续、不间断的侵害
      - 4. 犯罪完成、造成不法状态后，行为仍能继续影响不法状态，使客体遭受持续侵害
    - 类型
      - 持有型犯罪。如非法持有毒品罪
      - 不作为犯罪往往具有继续犯的特点。如拒不执行判决、裁定罪
      - 侵犯人身自由的犯罪。如绑架罪、非法拘禁罪
    - 意义
      - 1. 追诉时效从犯罪行为终了之日起计算
      - 2. 正当防卫的时机。犯罪既遂以后，如果犯罪行为继续存在，则可正当防卫
      - 3. 犯罪继续期间，其他人加入的可以成立共犯
    - 处断原则：根据具体法条，确定具体罪名和相应的法定刑，不实行数罪并罚

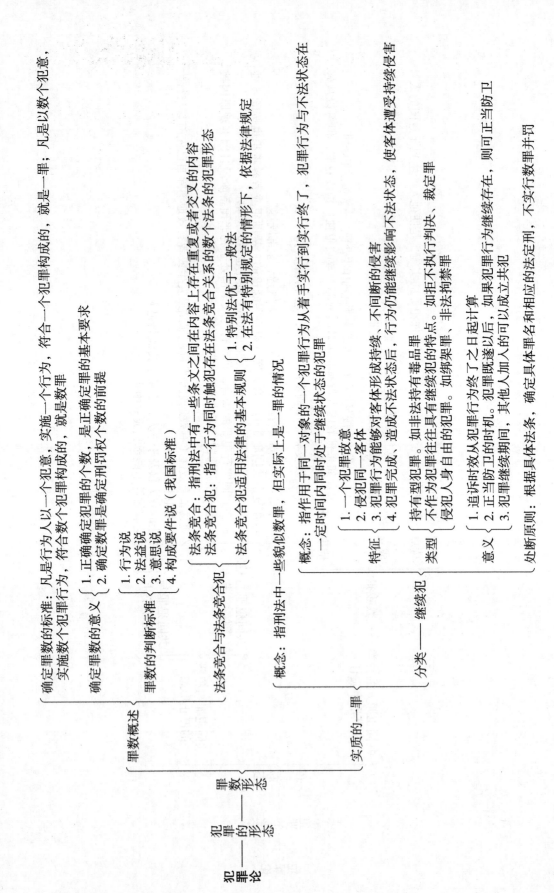

- **犯罪论**——犯罪的形态——罪数形态
  - 实质的一罪——分类
    - 想象竞合犯
      - 概念：指行为人实施一个犯罪行为同时触犯数个罪名的情况
      - 特征
        1. 行为人只实施了一个犯罪行为
        2. 行为人同时触犯了数个罪名
      - 处断原则——从一重罪处罚
    - 结果加重犯
      - 概念：指实施基本犯罪构成的行为，同时又造成一个基本犯罪构成以外的结果，刑法对其规定较重法定刑的情况
      - 特征
        1. 实施基本犯罪构成的行为还造成了额外的结果
        2. 分则条文对造成该种结果专门规定了较重法定刑
        3. 行为人对加重的结果具有罪过，具有故意或过失
      - 处断原则——结果被规定为较重法定刑的，直接按照法律规定以一罪定罪处罚
  - 法定的一罪
    - 概念：指数个独立的犯罪行为依据刑法的规定作为一罪定罪处罚的情况
    - 分类
      - 结合犯
        - 概念：指两个以上各自独立成罪的犯罪行为，根据刑法的明文规定，结合成另一独立的新罪的犯罪形态
        - 特征
          1. 结合犯中的犯罪行为，是数个可以分别构成其他犯罪的行为结合而来的
          2. 数个独立的犯罪结合成为一个新罪
          3. 数个独立的犯罪结合成为一个新罪，是根据刑法的明文规定
        - 处断原则——法定的一罪，不实行数罪并罚
      - 集合犯
        - 概念：指行为人以实施不定次数的同种犯罪行为为目的，实施了数个同种犯罪行为，刑法规定作为一罪论处的犯罪形态
        - 特征
          1. 行为人以实施不定次数的同种犯罪行为为目的
          2. 实施了数个同种犯罪行为
          3. 刑法将数个同种犯罪行为规定为一罪
        - 处断原则——法定的一罪，不实行数罪并罚

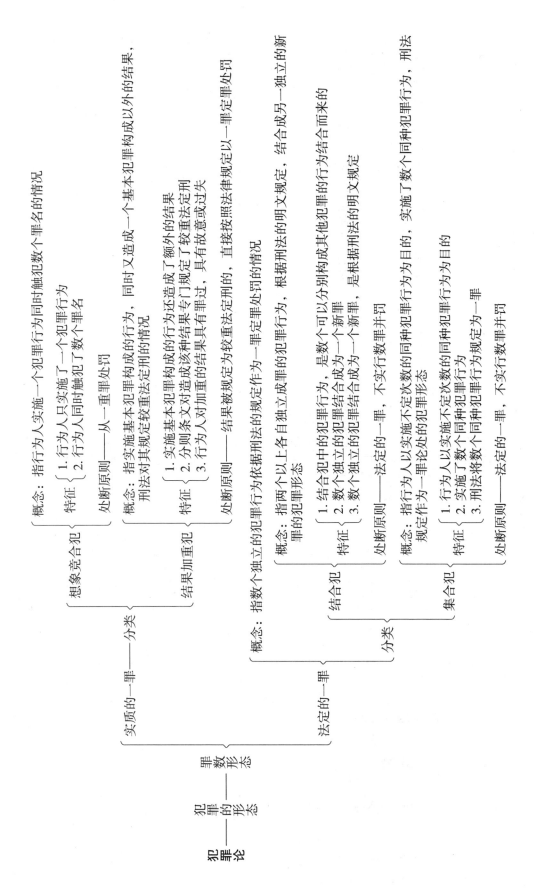

犯罪论——犯罪的形态——罪数形态——处断的一罪

- 概念：指数行为犯数罪按一罪定罪处罚的情况
- 分类
  - 连续犯
    - 概念：指行为人基于同一或者概括的犯罪故意，连续多次实施犯罪行为，触犯相同罪名的犯罪
    - 特征
      1. 实施数个犯罪行为
      2. 数个犯罪行为具有连续性
      3. 数个犯罪行为出于同一的或者概括的故意
      4. 数个犯罪行为触犯相同罪名
    - 意义
      1. 追诉时效从行为终了之日起算
      2. 刑法的溯及力——犯罪行为由刑法（1997 年《刑法》）生效前连续到刑法生效后的，如果新旧刑法都认为是犯罪的，即使现行刑法规定的处罚较重也适用现行刑法
      3. 对于“次数加重犯”多次的认定，具有一定意义
    - 处断原则——按一罪处罚
  - 牵连犯
    - 概念：指实施某个犯罪，作为该犯罪的手段行为或者结果行为又触犯其他罪的情况
    - 特征
      1. 有一个最终的犯罪目的
      2. 有两个以上的犯罪行为
      3. 触犯了两个以上不同的罪名
      4. 所触犯的两个以上罪名之间有牵连关系，即一罪或数罪是他罪的手段行为或结果行为
    - 处断原则——择一重罪处罚
  - 吸收犯
    - 概念：指一个犯罪行为因为是另一个犯罪行为的必经阶段、组成部分、当然结果，而被另一犯罪行为吸收的情况
    - 特征
      1. 有数危害行为
      2. 犯数罪
      3. 犯不同种数罪
      4. 其中的一行为吸收其他行为
      5. 属于实际的数罪、处断的一罪
    - 形式
      1. 吸收必经阶段的行为
      2. 吸收组成部分的行为
      3. 吸收当然结果的行为
      4. 其他情形：重行为吸收轻行为；实行行为吸收非实行行为；高度行为吸收低度行为
    - 处断原则——按吸收之罪处断，不实行数罪并罚
  - 界限
    - 想象竞合犯与牵连犯、吸收犯——行为数量不同
    - 牵连犯、吸收犯与连续犯——是否同种数罪
    - 牵连犯与吸收犯（学理尚有争论）

犯罪论——犯罪阻却事由（正当化事由）

- 概述
  - 概念：指行为人的行为虽然形式上符合某些犯罪的客观构成要件，但实际上没有犯罪的社会危害性，依法不成立犯罪的情形
  - 种类
    - 我国刑法明文规定的正当化事由只有正当防卫与紧急避险
    - 其他种类
      1. 依据法律的行为
      2. 执行命令的行为
      3. 正当业务的行为
      4. 经权利人承诺的行为
      5. 自救行为
- 正当防卫
  - 概念：指为了公共利益、本人或者他人的人身和其他权利免受正在进行的不法侵害，而对实施侵害的人所采取的合理的防卫行为
  - 成立条件
    1. 起因条件——有不法侵害行为发生
    2. 时间条件——对正在进行的不法侵害进行防卫
       - （1）不法侵害是真实存在的（假想防卫不成立正当防卫）
       - （2）不法侵害正在发生（事先防卫或事后防卫不成立正当防卫）
    3. 对象条件——防卫行为必须是针对不法侵害者本人实行（不能针对无侵害行为的第三人）
    4. 主观条件——防卫必须是基于保护合法权利免受不法侵害的目的（防卫挑拨不成立正当防卫）
    5. 限度条件——正当防卫不能明显超过必要限度造成重大损害
  - 防卫过当
    - 概念：指正当防卫明显超过了必要限度，造成了重大损害的行为
    - 基本特征
      1. 客观上造成了不应有的损害，具有社会危害性
      2. 主观上对造成的过分损害具有过失甚至故意，具有罪过性
    - 刑事责任：应当负刑事责任，但应当酌情减轻或者免除处罚
  - 无限防卫（特别防卫）
    - 概念：指对正在进行行凶、杀人、抢劫、强奸、绑架以及其他严重危及人身安全的暴力犯罪，采取防卫行为，造成不法侵害人伤亡的，不属于防卫过当，不负刑事责任
    - 成立条件
      - 具备正当防卫的起因、时间、对象、主观四个基本条件
      - 具备特定的对象条件——必须是针对正在进行且严重危及人身安全的暴力

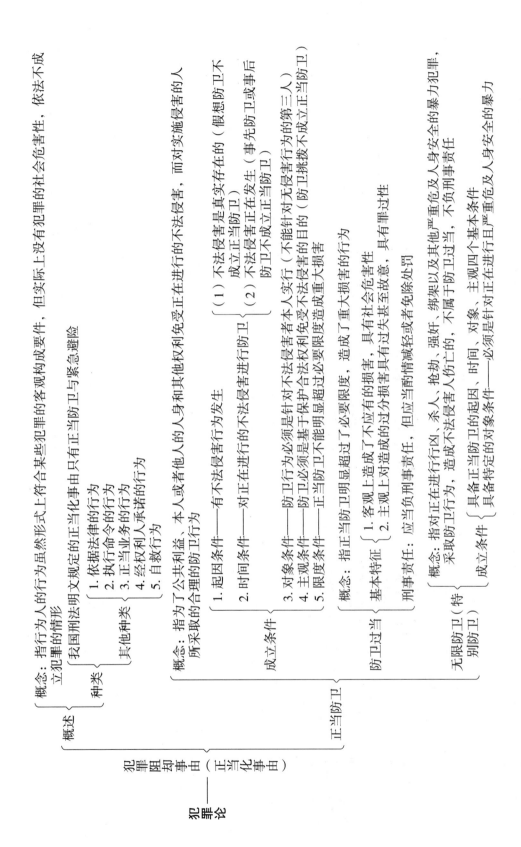

- 犯罪论——犯罪阻却事由（正当化事由）——紧急避险
  - 概念：指为了使公共利益、本人或者他人的人身和其他权利免受正在发生的危险，不得已而采取的损害另一较小合法利益的行为
  - 成立条件
    - 1. 起因条件——必须有危险发生
    - 2. 时间条件——实际存在的正在发生的危险
    - 3. 对象条件——避险行为针对的对象是第三人的合法利益
    - 4. 主观条件——为了使合法利益免受正在发生的危险
    - 5. 限制条件——在迫不得已的情况下实施
    - 6. 限度条件——避险行为不得超过必要限度造成不应有的危害
    - 7. 特别例外限制——避免本人危险的规定，不适用于职务上、业务上负有特定责任的人
  - 避险过当
    - 概念：指避险行为超过必要限度，造成不应有的危害的行为
    - 基本特征
      - 1. 客观上造成了不应有的损害
      - 2. 主观上对造成的不应有的损害具有过失，应受到责备
    - 刑事责任——应当负刑事责任，但是应当酌情减轻或者免除处罚
  - 紧急避险与正当防卫的异同
    - 相同点
      - 1. 目的相同：都是为了保护公共利益、本人或者他人的人身或者其他合法权利
      - 2. 前提相同：都必须是在合法利益正在受到紧迫危险时才能实施
      - 3. 责任相同：在合理限度内给某种利益造成一定的损害，都可以不负刑事责任，如果超过法定限度造成损害结果的，都应当负刑事责任，但应当减轻或免除处罚
    - 区别
      - 1. 危害的来源不同
        - 正当防卫——只能是人的不法侵害
        - 紧急避险——来源非常广泛，既可以是人的不法侵害，也可以是自然灾害、动物侵袭等
      - 2. 行为所损害的对象不同
        - 正当防卫——不法侵害者
        - 紧急避险——第三者的合法权益
      - 3. 行为的限制条件不同
        - 正当防卫——只要有不法侵害发生
        - 紧急避险——只能在迫不得已的情况下实行
      - 4. 对损害程度的要求不同
        - 正当防卫——可以大于不法侵害者可能造成的损害
        - 紧急避险——必须小于所保护的合法利益
      - 5. 主体的限定不同
        - 正当防卫——每一个公民的权利
        - 紧急避险——不适用于职务上、业务上负有特定责任的人

刑事责任

- 概述
  - 概念和特征
    - 概念：指行为人因其犯罪行为所应承受的、代表国家的司法机关根据刑事法律对该行为所做的否定评价和对行为人进行谴责的责任（通说）
    - 特征
      - 1. 刑事责任包含对犯罪行为的非难性和对犯罪人的谴责性
      - 2. 刑事责任具有社会性与法律性
      - 3. 刑事责任具有必然性与平等性
      - 4. 刑事责任具有严厉性与专属性
  - 刑事责任与刑罚
    - 区别
      - 1. 刑事责任是一种法律责任，刑罚则是一种强制方法
      - 2. 刑事责任以犯罪人应当承受刑事处罚、非刑罚方法的处理和单纯的否定性法律评价为内容，刑罚则以实际剥夺犯罪人一定的权益（权利和利益）为内容
      - 3. 刑事责任随实施犯罪而产生，刑罚则随法院的定罪判刑决定宣告生效而出现
    - 联系
      - 1. 刑事责任的存在是适用刑罚的直接前提，无刑事责任则不能适用刑罚
      - 2. 刑事责任的大小直接决定刑罚的重轻
      - 3. 刑事责任主要通过刑罚来实现，但不是实现刑事责任的惟一方法
- 刑事责任的根据和解决方式（学理存在较大争议，故略）

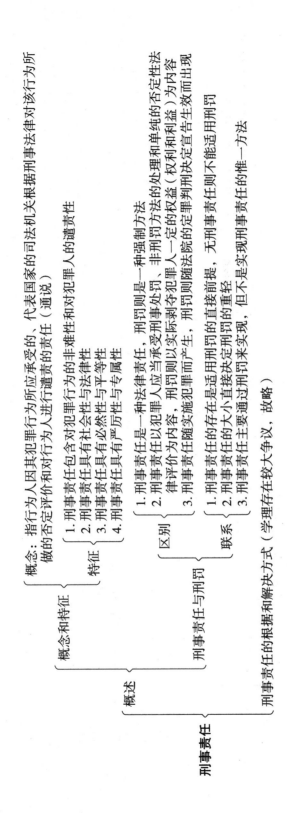

刑罚论——刑罚概述——刑罚的概念和目的

概念和特征

- 概念：指刑法明文规定的由国家审判机关依法对犯罪人所造成的限制或者剥夺其某种权益的最严厉的法律制裁方法
- 特征
  1. 是以限制或剥夺犯罪人权益为内容的最严厉的法律制裁方法
  2. 适用对象只能是犯罪人
  3. 适用主体只能是国家审判机关
  4. 刑罚的种类及适用标准必须以刑法明文规定为依据
  5. 适用程序上必须依照刑事诉讼程序的规定
  6. 以国家强制力作保障
- 刑罚与其他法律制裁方法的区别
  1. 适用对象不同
     - 刑罚——仅适用于犯罪人
     - 其他——适用于行为仅违反非刑事法律且尚未构成犯罪的人
  2. 严厉程度不同
     - 刑罚——最严厉的法律制裁方法（剥夺或限制犯罪人的生命、自由、财产等）
     - 其他——其制裁后果轻于刑罚
  3. 适用机关不同
     - 刑罚——由国家审判机关的刑事审判部门适用
     - 其他——民事制裁、经济制裁和对妨害诉讼的强制措施分别由国家审判机关的民事审判、经济审判等部门适用；行政制裁只能由国家行政机关适用
  4. 适用根据和适用程度不同
     - 刑罚——以刑法为根据并依照刑事诉讼法规定的刑事诉讼程序进行
     - 其他——以民法、经济法、行政法等实体法为依据，并依照民事诉讼法、行政诉讼法和行政程序法等法律规范所规定的程序进行
  5. 法律后果不同
     - 刑罚——如果重新犯罪，则可能构成累犯，比初犯的处罚更重
     - 其他——犯其他法律，再触犯刑法，则不会构成累犯

刑罚的目的

- 概念：指国家制定刑罚及对犯罪分子适用、执行刑罚所期望达到的结果
- 目的：预防犯罪
  - 特殊预防——通过刑罚适用，预防犯罪人重新犯罪
  - 一般预防——通过对犯罪人适用刑罚，预防尚未犯罪的人实施犯罪
  - 特殊预防和一般预防是紧密结合、相辅相成的

刑罚论——静态的刑罚：刑罚的种类和体系

- 刑罚种类
  - 学理分类：生命刑、自由刑、财产刑、资格刑
  - 刑法分类
    - 主刑是只能独立适用而不能附加适用的刑罚方法
    - 主刑：管制、拘役、有期徒刑、无期徒刑、死刑
    - 附加刑是既可以独立适用，也可以附加适用的刑罚方法
    - 附加刑：罚金、剥夺政治权利、没收财产、驱逐出境（外国人）
- 刑罚体系
  - 概念：指刑法规定的按照一定次序排列的各种刑罚方法的总和
  - 我国刑罚体系的特点
    - 1. 体系完整、结构严谨，适应同犯罪作斗争的需要
    - 2. 方法人道、内容合理，体现社会主义人道主义精神
    - 3. 宽严相济、目标统一，体现了惩办与宽大相结合、惩罚与教育改造相结合的政策
- 主刑——管制
  - 概念：指对罪犯不予关押，但限制其一定人身自由、依法实行社区矫正的刑罚方法
  - 管制是我国主刑中最轻的一种刑罚方法，属于限制自由刑
  - 特征
    - 1. 对犯罪分子不予关押
    - 2. 限制罪犯一定的自由
    - 3. 具有一定期限（323，即 3 个月以上 2 年以下，数罪并罚最高不得超过 3 年）
    - 4. 被判处管制的犯罪分子享有除被限制之外的各项权利，在劳动中同工同酬
  - 管制的执行
    - 被判处管制的犯罪分子，依法实行社区矫正。在执行期间应遵守以下规定：
      - （1）遵守法律、行政法规，服从监督；
      - （2）未经执行机关批准，不得行使言论、出版、集会、结社、游行、示威自由的权利；
      - （3）按照执行机关的规定报告自己的活动情况；
      - （4）遵守执行机关关于会客的规定；
      - （5）离开所居住的市、县或者迁居，应当报经执行机关批准
    - 遵守人民法院的禁止犯罪分子在执行期间从事特定活动，进入特定区域、场所，接触特定的人的禁止令

- **刑罚论**——静态的刑罚：刑罚的种类和体系——主刑——管制——禁止令
  - 概念：指人民法院对犯罪分子宣判管制、宣告缓刑的同时，判令禁止其从事特定活动，进入特定区域、场所，接触特定的人的命令
  - 禁止从事的活动
    1. 个人为进行违法犯罪活动而设立公司、企业、事业单位或者在设立公司、企业、事业单位后以实施犯罪为主要活动的，禁止设立公司、企业、事业单位
    2. 实施证券犯罪、贷款犯罪、票据犯罪、信用卡犯罪等金融犯罪的，禁止从事证券交易、申领贷款、使用票据或者申领、使用信用卡等金融活动
    3. 利用从事特定生产经营活动实施犯罪的，禁止从事相关生产经营活动
    4. 附带民事赔偿义务未履行完毕，违法所得未追缴、退赔到位，或者罚金未足额缴纳的，禁止从事高消费活动
    5. 其他确有必要禁止从事的活动
  - 禁止进入特定区域
    1. 禁止进入夜总会、酒吧、迪厅、网吧等娱乐场所
    2. 未经执行机关批准，禁止进入举办大型群众性活动的场所
    3. 禁止进入中小学校区、幼儿园园区及周边地区，确因本人就学、居住等原因，经执行机关批准的除外
    4. 其他确有必要禁止进入的区域、场所
  - 禁止接触的人员
    1. 未经对方同意，禁止接触被害人及其法定代理人、近亲属
    2. 未经对方同意，禁止接触证人及其法定代理人、近亲属
    3. 未经对方同意，禁止接触控告人、批评人、举报人及其法定代理人、近亲属
    4. 禁止接触同案犯
    5. 禁止接触其他可能遭受其侵害、滋扰的人或者可能诱发其再次危害社会的人
  - 期限
    - 判处管制的——禁止令的期限不得少于 3 个月
    - 判处宣告缓刑的——禁止令的期限不得少于 2 个月
  - 禁止令由司法行政机关指导管理的社区矫正机构负责执行

刑罚论——静态的刑罚：刑罚的种类和体系——主刑

- 拘役
  - 概念：指短期剥夺犯罪分子的自由，就近执行并实行劳动改造的刑罚方法，属于短期自由刑
  - 特征
    1. 剥夺罪犯的自由
    2. 期限较短（161，即 1 个月以上 6 个月以下，数罪并罚最高不得超过 1 年）
    3. 在执行期间具有某些优于有期徒刑的待遇
  - 执行
    - 公安机关就近执行
    - 每月可以回家 1~2 天
    - 参加劳动的，可以酌量发给报酬
- 有期徒刑
  - 概念：指剥夺犯罪分子一定期限的人身自由，强制其进行劳动并接受教育改造的刑罚方法
  - 特征
    1. 剥夺犯罪分子的自由
    2. 具有一定的期限（6 个月以上 15 年以下，数罪并罚时有期徒刑最高不得超过 25 年）
    3. 执行机关为监狱或其他执行场所
    4. 强制罪犯参加劳动，接受教育和改造
  - 执行——关押于监狱或者其他执行场所，进行教育改造
- 无期徒刑
  - 概念：指剥夺犯罪分子的终身自由，强制其参加劳动并接受教育改造的刑罚方法
  - 特征
    1. 没有刑期限制，罪犯终身被剥夺自由
    2. 被判处无期徒刑的罪犯在判决执行以前的羁押时间不存在折抵刑期的问题
    3. 应当附加剥夺政治权利终身
  - 执行——除了无劳动能力的以外，都要在监狱或其他执行场所参加劳动，接受教育和改造

刑罚论——静态的刑罚：刑罚的种类和体系

- 主刑——死刑
  - 概念：指剥夺犯罪分子生命的刑罚方法
  - 限制
    1. 限制死刑适用条件。死刑只适用于罪行极其严重的犯罪分子
    2. 限制死刑的适用对象。犯罪时不满 18 周岁的人和审判时怀孕的妇女，不适用死刑；审判时已满 75 周岁的人，除非以特别残忍手段致人死亡的，一般不适用死刑
    3. 限制死刑的适用程序。判处死刑立即执行的，除依法由最高人民法院判决的以外，都应报请最高人民法院核准
    4. 限制死刑执行制度。对于应当判处死刑的犯罪分子，如果不是必须立即执行的，可以判处死刑同时宣告缓期 2 年执行
  - 执行方法
    - 死刑立即执行
    - 死刑缓期 2 年执行（死缓）
- 附加刑——罚金
  - 概念：指人民法院判处犯罪分子或者犯罪的单位向国家缴纳一定金钱的刑罚方法
  - 适用方式
    - 选处罚金
    - 单处罚金
    - 并处罚金
    - 并处或者单处罚金
  - 执行方式
    - 一次缴纳
    - 分期缴纳
    - 强制缴纳
    - 随时缴纳
    - 减免缴纳

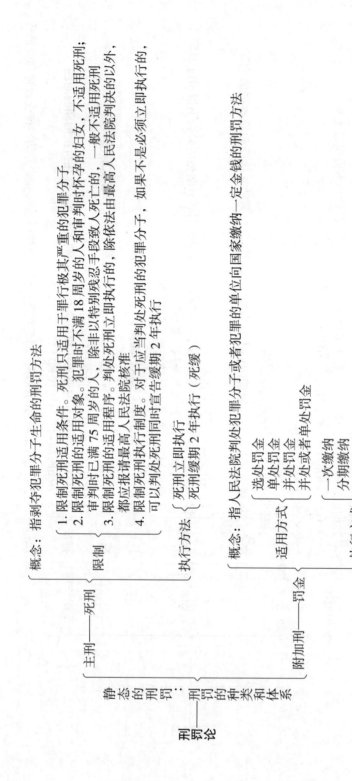

刑罚论——静态的刑罚：刑罚的种类和体系

- 附加刑
  - 剥夺政治权利
    - 概念：指剥夺犯罪分子参加国家管理与政治活动权利的刑罚方法，属于资格刑
    - 内容
      1. 选举权和被选举权
      2. 言论、出版、集会、结社、游行、示威自由的权利
      3. 担任国家机关职务的权利
      4. 担任国有公司、企业、事业单位和人民团体领导职务的权利
    - 剥夺政治权利既可以附加适用，也可以独立适用
    - 适用范围和适用对象
      1. 对于危害国家安全的犯罪分子，应当附加剥夺政治权利
      2. 对于故意杀人、强奸、放火、爆炸、投毒、抢劫等严重破坏社会秩序的犯罪分子，可以附加剥夺政治权利
      3. 对于被判处死刑、无期徒刑的犯罪分子，应当附加剥夺政治权利终身
    - 期限
      1. 独立适用或者主刑是有期、拘役的——1 年以上 5 年以下
      2. 判处管制附加剥夺政治权利的——与管制的期限相等
      3. 判处无期、死刑的——应当附加剥夺政治权利终身
      4. 死刑缓期执行减为有期或者无期减为有期的——相应改为 3 年以上 10 年以下
    - 剥夺政治权利由公安机关执行
  - 没收财产
    - 概念：指将犯罪分子个人所有财产的部分或者全部强制无偿收归国有的刑罚方法
    - 适用方式
      1. 并处没收财产
      2. 可以并处没收财产
      3. 并处罚金或者没收财产
    - 执行：保留必需的生活费用；先民后刑
  - 驱逐出境
    - 概念：指强迫犯罪的外国人离开中国国（边）境的刑罚方法
    - 专门适用于犯罪的外国人的特殊附加刑。既可以独立适用，也可以附加适用
    - 单独适用——从判决生效之日起执行
    - 附加适用——从主刑执行完毕之日起执行
- 非刑罚处理方法：判处赔偿经济损失、责令赔偿经济损失、训诫、责令具结悔过、责令赔礼道歉、给予行政处罚或行政处分、从业禁止等

- 刑罚论——动态的刑罚：量刑
  - 概述
    - 概念：指人民法院依据刑事法律，在认定行为人构成犯罪的基础上，确定对犯罪人是否判处刑罚、判处何种刑罚以及判处多重的刑罚，并决定所判刑罚是否立即执行的刑事司法活动
    - 特征
      - 1. 主体是人民法院
      - 2. 内容是对犯罪人确定刑罚
      - 3. 性质是一种刑事司法活动
    - 量刑原则
      - 以犯罪事实为依据
        - 1. 查清犯罪事实
        - 2. 确定犯罪性质
        - 3. 考察犯罪情节
        - 4. 判断犯罪的社会危害程度
        - 5. 考虑犯罪人的某些个人情况和犯罪后的态度
      - 以法律为准绳
        - 1. 必须依照刑法关于各种刑罚方法的适用条件和各种刑罚裁量制度的规定
        - 2. 必须依照刑法关于各种量刑情节的适用原则和有关各种量刑情节的规定
        - 3. 必须依照刑法分则和其他刑法规范规定的法定刑和量刑幅度，针对具体犯罪选择判处适当的刑罚
  - 量刑情节——概念、特征和种类
    - 概念：指人民法院对犯罪分子裁量刑罚时应当考虑的、据以决定量刑轻重或者免除刑法处罚的各种情况
    - 特征
      - 1. 它与定罪并无关系
      - 2. 它能够表明犯罪人的人身危险性及其所犯罪行的社会危害性程度
      - 3. 它对刑罚裁量的结果具有直接的影响
    - 种类——法定情节
      - 概念：指刑法明文规定的在量刑时应当予以考虑的情节
      - 分类
        - 总则性情节——依照总则性刑法规范的规定对各种犯罪共同适用的情节
        - 分则性情节——依照分则性刑法规范的规定对特定犯罪适用的情节
      - 从轻处罚和从重处罚情节
        - 《刑法》第六十二条规定：“犯罪分子具有本法规定的从重处罚、从轻处罚情节的，应当在法定刑的限度以内判处刑罚”
        - 从轻处罚：在法定刑幅度内选择判处比没有该情节的类似犯罪相对较轻的刑种或刑期
        - 从重处罚：在法定刑幅度内选择判处比没有该情节的类似犯罪相对较重的刑种或刑期
        - 注意
          - 1. 法定刑幅度是指与特定具体犯罪相适应的法定刑限度之内具体的量刑制度
          - 2. 从轻处罚，不允许在法定最低刑之下判处刑罚；从重处罚，不允许在法定最高刑之上判处刑罚

刑罚论——动态的刑罚：量刑——量刑情节——概念、特征和种类——种类

- 法定情节
  - 减轻处罚情节
    - 法定减轻处罚
      - 《刑法》第六十三条规定："犯罪分子具有本法规定的减轻处罚情节的，应当在法定刑以下判处刑罚；本法规定有数个量刑幅度的，应当在法定量刑幅度的下一个量刑幅度内判处刑罚"
      - 注意
        1. 法定最低刑指与行为人所实施的特定具体犯罪相适应的量刑幅度中的最低刑
        2. 减轻处罚既包括刑种的减轻，也包括刑期的减轻
        3. 减轻处罚不能判处法定最低刑，只能在法定最低刑之下判处刑罚
    - 酌定减轻处罚条件
      1. 犯罪分子不具有法定减轻处罚情节
      2. 案件具有特殊情况
      3. 经最高人民法院核准
  - 免除处罚情节
    - 《刑法》第三十七条
    - 条件
      1. 行为人的行为已经构成犯罪
      2. 行为人所构成的犯罪情节轻微
      3. 因犯罪情节轻微而不需要判处刑罚
- 酌定情节
  - 概念：指人民法院从审判经验中总结出来的，在刑罚裁量过程中灵活掌握、酌情适用的情节
  - 作用
    1. 对法定情节的最终适用结果起调节、修正和辅助判断的作用
    2. 当特定案件中不具有法定情节的条件下，是在相对确定的法定刑中确定最终应当判处的刑罚所不可缺少的根据之一
  - 种类
    1. 犯罪的动机
    2. 犯罪的手段
    3. 犯罪的时间、地点
    4. 犯罪侵害的对象
    5. 犯罪造成的损害结果
    6. 犯罪分子的一贯表现
    7. 犯罪后的态度
  - 注意事项
    1. 准确认定酌定情节的性质
    2. 全面把握酌定情节的内容
    3. 合理协调酌定情节与法定情节的关系（法定优先于酌定）
    4. 公正适用酌定情节

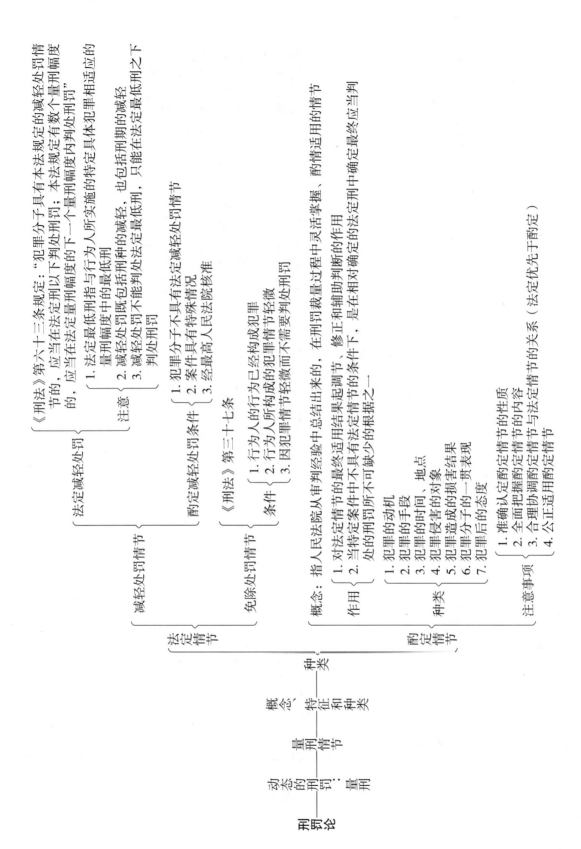

刑罚论——动态的刑罚：量刑——量刑制度——累犯

- 概念：指因犯罪而受过一定的刑罚处罚，在刑罚执行完毕或者赦免以后，于法定期限内又犯一定之罪的罪犯
- 分类
  - 一般累犯
    - 概念：指被判处有期徒刑以上刑罚并在刑罚执行完毕或者赦免以后，在 5 年内再犯应当判处有期徒刑以上刑罚之罪的犯罪分子
    - 构成条件
      1. 犯罪发生时，犯罪人已满 18 周岁
      2. 前罪与后罪都是故意犯罪
      3. 前罪被判处有期徒刑以上刑罚，后罪应当被判处有期徒刑以上刑罚
      4. 后罪发生在前罪的刑罚执行完毕或者赦免以后 5 年之内（“刑罚执行完毕”是指主刑执行完毕，不包括附加刑在内）
    - 注意：被假释的犯罪分子，如果在假释考验期内又犯新罪，不构成累犯，而应在撤销假释之后，适用数罪并罚。被判处有期徒刑宣告缓刑的犯罪分子，如果在缓刑考验期满后又犯罪，不构成累犯
  - 特别累犯
    - 概念：指因犯危害国家安全犯罪、恐怖活动犯罪、黑社会性质的组织犯罪受过刑罚处罚，刑罚执行完毕或者赦免以后，在任何时候再犯上述任一类罪的犯罪分子
    - 构成条件
      1. 前罪与后罪必须均为危害国家安全犯罪、恐怖活动犯罪、黑社会性质的组织犯罪（国、恐、黑）的任一类犯罪
      2. 前罪被判处的刑罚和后罪被判处的刑罚的种类及其轻重不受限制
      3. 前罪的刑罚执行完毕或者赦免以后，任何时候再犯国、恐、黑的任一类犯罪，都构成特别累犯
- 刑事责任：应当从重处罚。另外，累犯不适用缓刑和假释

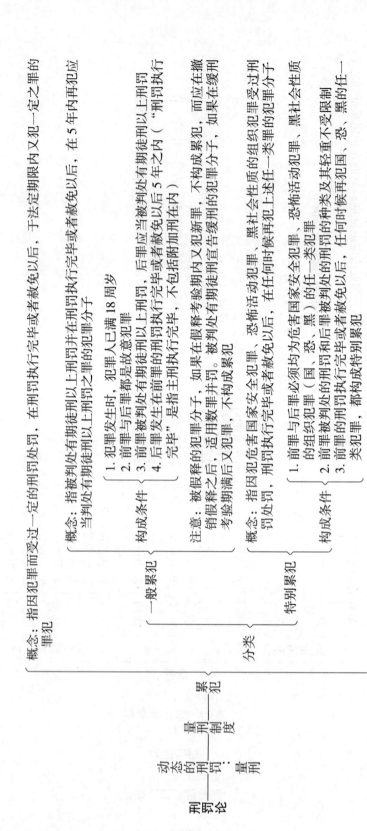

刑罚论——动态的刑罚：量刑——量刑制度——自首

- 自首
  - 概念：指犯罪分子犯罪以后自动投案，如实供述自己的罪行的行为，或者被采取强制措施的犯罪嫌疑人、被告人和正在服刑的罪犯，如实供述司法机关还未掌握的本人其他罪行的行为
  - 一般自首
    - 成立条件
      - 自动投案
        - 指在犯罪事实或者犯罪嫌疑人未被司法机关发觉，或者虽被发觉，但犯罪嫌疑人尚未受到讯问、未被采取强制措施时，主动、直接向公安机关、人民检察院或人民法院投案的行为
        - 司法解释（视为自动投案的情形）
          1. 犯罪嫌疑人向其所在单位、城乡基层组织或者其他有关负责人员投案的
          2. 犯罪嫌疑人因病、伤或者为了减轻犯罪后果，委托他人先代为投案，或者先以信电投案的
          3. 罪行尚未被司法机关发觉，仅因形迹可疑被有关组织或者司法机关盘问、教育后，主动交代自己的罪行的
          4. 犯罪后逃跑，在被通缉、追捕过程中，主动投案的
          5. 经查实确已准备去投案，或者正在投案的途中，被公安机关捕获的
          6. 并非出于犯罪嫌疑人主动，而是经亲友规劝、陪同投案的
          7. 公安机关通知犯罪嫌疑人的亲友，或者亲友主动报案后，将犯罪嫌疑人送去投案的，也应当视为自动投案（扭送不行）
      - 如实供述自己的罪行
        - 根据有关司法解释，如实供述自己的罪行，是指犯罪嫌疑人自动投案后，如实交代自己的主要犯罪事实（而不是所有犯罪细节）
        - 犯罪人在供述犯罪的过程中推诿罪责，保全自己，意图逃避制裁；大包大揽，庇护同伙，意图包揽罪责；歪曲罪质，隐瞒情节，企图蒙混过关；掩盖真相，避重就轻，试图减轻罪责；等等，不能成立自首
    - 根据有关司法解释，犯罪嫌疑人自动投案并如实供述自己的罪行后又翻供的，不能认定为自首；但在一审判决前又能如实供述的，应当认定为自首

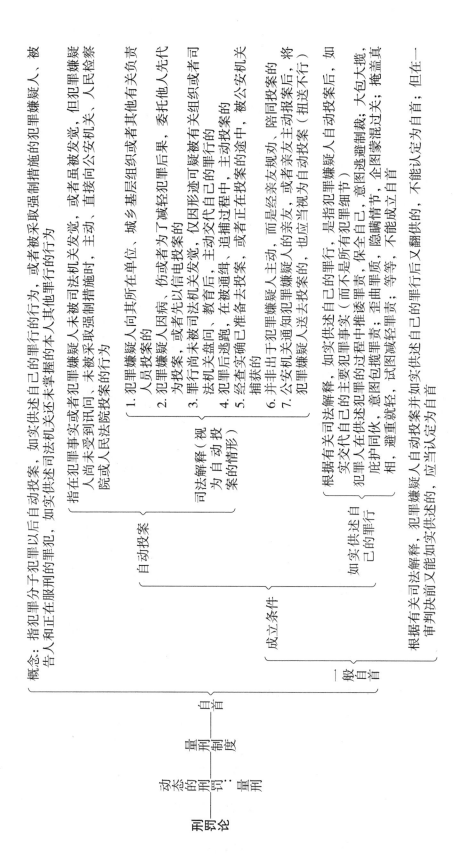

刑罚论——动态的刑罚：量刑——量刑制度

- 自首
  - 特别自首的成立条件
    - 成立特别自首的主体必须是被采取强制措施的犯罪嫌疑人、被告人和正在服刑的罪犯
    - 必须如实供述司法机关还未掌握的本人其他罪行
  - 处罚——对于自首的犯罪分子，可以从轻或者减轻处罚。其中，犯罪较轻的，可以免除处罚
  - 自首、坦白的区别
    - 自首者的人身危险性相对较轻；坦白者的人身危险性相对较重
    - 自首是法定从宽情节；坦白是酌定从宽情节
    - 自首是自动投案后主动如实供述自己犯罪事实的行为，或被动归案后如实供述司法机关尚未掌握的本人其他罪行的行为；坦白是被动归案后，如实交代自己被指控的犯罪事实的行为
  - 共同犯罪自首的认定：与其在共同犯罪中所起的作用和具体分工相适应
  - 数罪自首的认定：判断犯罪人是否如实地供述了所犯数罪并分不同情况予以处理
  - 单位犯罪的自首，是指单位在犯罪以后，自动投案，如实交代自己的罪行的行为。单位自首的情形包括：（1）单位集体决定或单位负责人决定自动投案并如实供述的；（2）单位直接负责的主管人员自动投案并如实供述的
- 立功
  - 概念：指犯罪分子揭发他人犯罪行为，查证属实，或提供重要线索，使其他案件得以侦破的行为
  - 种类
    - 一般立功
      - 共同犯罪案件中的犯罪分子揭发同案犯共同犯罪以外的其他犯罪，经查证属实
      - 提供侦破其他案件的重要线索，经查证属实
      - 阻止他人犯罪活动
      - 协助司法机关抓捕其他犯罪嫌疑人（包括同案犯）
      - 具有其他有利于国家和社会的突出表现的
    - 重大立功
      - 犯罪分子检举、揭发他人重大犯罪行为，经查证属实
      - 提供侦破其他重大案件的重要线索，经查证属实
      - 阻止他人重大犯罪活动
      - 协助司法机关抓捕其他重大犯罪嫌疑人（包括同案犯）
      - 对国家和社会有其他重大贡献等表现的
  - 刑事责任
    - 一般立功——可以从轻或者减轻处罚
    - 重大立功——可以减轻或者免除处罚

刑罚论——动态的刑罚：量刑——量刑制度——数罪并罚

- 概念：指人民法院对一行为人在法定时间界限内所犯数罪分别定罪量刑后，按法定的并罚原则及刑期计算方法决定其应执行的刑罚的制度
- 实质——依一定准则，解决或协调行为人所犯数罪的各个宣告刑与执行刑之间的关系
- 原则
  - 并科原则（相加原则）：将行为人所犯数罪分别宣告的各罪刑罚绝对相加、合并执行的合并处罚规则
  - 吸收原则：对犯罪人所犯数罪采用重罪吸收轻罪或者重罪刑吸收轻罪刑的合并处罚规则
  - 限制加重原则（限制并科原则）：以行为人所犯数罪中法定或已判处的最重刑罚为基础，再在一定限度之内对其予以加重作为执行刑罚的合并处罚规则
  - 折中原则（混合原则）：以上述一种原则为主，他种原则为辅
- 我国刑法中的数罪并罚原则
  - 以限制加重原则为主，以吸收原则、并科原则为补充的折中原则
  - 1. 全面兼采各种数罪并罚原则，包括并科原则、吸收原则、限制加重原则
  - 2. 所采用的各种原则均无普遍适用效力，每一原则仅适用于特定刑种
  - 3. 限制加重原则居于主导地位，并科原则、吸收原则处于辅助或次要地位
  - 4. 吸收原则与限制加重原则的适用效力相互排斥，并科原则的效力相对独立
- 我国刑法中数罪并罚原则适用规则
  - 判决宣告的数个主刑中有数个死刑或最重刑为死刑的，适用吸收原则，执行一个死刑（死刑吸收其他）
  - 判决宣告的数个主刑中有数个或最重刑为无期徒刑的，适用吸收原则，执行一个无期徒刑（无期吸收其他）
  - 判决宣告的数个主刑为有期自由刑，采用限制加重原则合并处罚（管制最高不超过3年，拘役最高不超过1年，有期徒刑总和刑期不满35年的，最高不超过20年，总和刑期在35年以上的，最高不超过25年）
  - 数罪中有判处有期徒刑和管制，或者拘役和管制的，有期徒刑、拘役执行完毕后，管制仍须执行
  - 数罪中有判处附加刑的，附加刑仍须执行，其中附加刑种类相同的，合并执行，种类不同的，分别执行
- 漏罪：先并后减
- 新罪：先减后并
- 有漏罪，也有新罪：先漏后新

刑罚论——动态的刑罚：量刑——量刑制度——缓刑

- 概念：指人民法院对判处拘役、3年以下有期徒刑的犯罪分子，根据其犯罪情节和悔罪表现，认为暂缓执行原判刑罚，没有再犯罪的危险，且宣告缓刑不会对所居住社区产生重大的不良影响的，规定一定的考验期，暂缓其刑罚的执行，若犯罪分子在考验期内没有发生法定撤销缓刑的情形，原判刑罚就不再执行的制度
- 种类
  - 一般缓刑制度
  - 战时缓刑制度
- 一般缓刑适用条件
  - 犯罪分子被判处拘役、3年以下有期徒刑（宣告刑）
  - 根据犯罪情节、悔罪表现，没有再犯罪的危险，且宣告缓刑不会对所居住社区产生重大的不良影响的
  - 犯罪分子不是累犯或犯罪集团的首要分子（提示：危害国家安全罪罪犯可以适用缓刑）
- 战时缓刑适用条件
  - 适用的时间是战时
  - 适用对象是被判处3年以下有期徒刑（应含被判处拘役）的犯罪军人
  - 适用的最基本依据、最关键条件是在战时宣告缓刑无现实危险
- 缓刑考察内容
  - 遵守规定
    - 遵守法律、行政法规，服从监督
    - 按照考察机关的规定报告自己的活动情况
    - 遵守考察机关关于会客的规定
    - 离开所居住的市、县或者迁居，应当报经考察机关批准
  - 考察内容
    - 是否再犯新罪或发现漏罪
    - 是否违反法律、行政法规或者国务院有关部门关于缓刑的监督管理规定，或者违反人民法院判决中的禁止令，且情节严重
  - 考察机关——社区矫正机构
- 法律后果
  - 没有违反有关规定，原判刑罚不再执行，并公开予以宣告
  - 缓刑考验期间，发现有漏罪、犯新罪的，应当撤销缓刑，实行数罪并罚
  - 缓刑考验期内，违反有关规定，且情节严重的，应当撤销缓刑，执行原判刑罚
- 注意：缓刑的效力不及于附加刑，无论缓刑是否撤销，所判处的附加刑都要执行
- 缓刑的考验期：拘役的缓刑考验期限为原判刑期以上1年以下，但是不能少于2个月；有期徒刑的缓刑考验期限为原判刑期以上5年以下，但是不能少于1年。可见，缓刑考验期限不得短于原判刑期，可以等于或者长于原判刑期。判决以前先行羁押的日期，不能折抵缓刑考验期限

刑罚论——动态的刑罚：刑罚执行——减刑

- 概念：指对被判处管制、拘役、有期徒刑或者无期徒刑的犯罪分子，因其在刑罚执行期间认真遵守监规，接受教育改造，确有悔改或立功表现，而适当减轻其原判刑罚的制度
- 适用条件
  - 对象条件：被判处管制、拘役、有期徒刑或者无期徒刑的犯罪分子
    （注意：减刑的范围只受刑种的限制，而不受刑期长短和犯罪性质的限制）
  - 实质条件：犯罪分子在刑罚执行期间认真遵守监规，接受教育改造，确有悔改表现，或者有立功表现
    - 悔改表现
      - 认罪悔罪
      - 遵守法律法规及监规，接受教育改造
      - 积极参加思想、文化、职业技术教育
      - 积极参加劳动，努力完成劳动任务
    - 重大立功表现
      - 阻止他人实施重大犯罪活动的
      - 检举监狱内外重大犯罪活动，经查证属实的
      - 协助司法机关抓捕其他重大犯罪嫌疑人的
      - 有发明创造或者重大技术革新的
      - 在日常生产、生活中舍己救人的
      - 在抗御自然灾害或者排除重大事故中，有突出表现的
      - 对国家和社会有其他重大贡献的
  - 限度条件
    - 减刑的限度，指犯罪分子经过减刑以后，应当实际执行的最低刑期
    - （1）判处管制、拘役、有期徒刑的，不能少于原判刑期的二分之一；
    - （2）判处无期徒刑的，不能少于十三年；
    - （3）人民法院依照《刑法》第五十条第二款规定限制减刑的死刑缓期执行的犯罪分子，缓期执行期满后依法减为无期徒刑的，不能少于二十五年，缓期执行期满后依法减为二十五年有期徒刑的，不能少于二十年

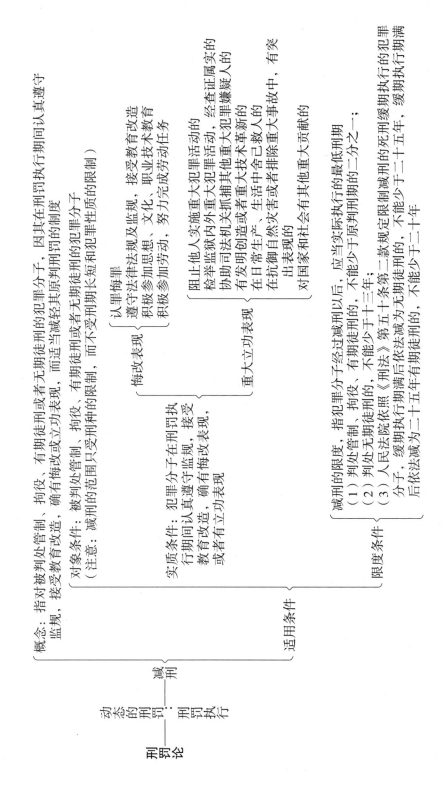

刑罚论——动态的刑罚：刑罚执行

- 减刑
  - 减刑后刑期计算
    - 管制、拘役、有期徒刑：减刑后的刑期自“原判决执行之日”起算，已经执行的刑期“计入”总刑期
    - 无期徒刑→有期徒刑：刑期自“裁定减刑之日”起算，已执行的刑期“不计入”总刑期
  - 减刑程序：执行机关（减刑建议书）→中级以上人民法院→合议庭→裁定减刑
- 假释
  - 概念：指对被判处有期徒刑、无期徒刑的犯罪分子，在执行一定刑期后，因其认真遵守监规，接受教育改造，确有悔改表现，没有再犯罪的危险，而附条件将其予以提前释放的制度
  - 条件
    - 对象条件：被判处有期徒刑、无期徒刑的犯罪分子
    - 实质条件：认真遵守监规，接受教育改造，确有悔改表现，没有再犯罪的危险——悔改表现
      - 认罪悔罪
      - 遵守法律法规及监规，接受教育改造
      - 积极参加思想、文化、职业技术教育
      - 积极参加劳动，努力完成劳动任务
    - 限制条件
      - 有期徒刑：实际执行原判刑期 1/2 以上
      - 无期徒刑：实际执行 13 年以上
      - 死缓减刑后假释：≥15 年（不含死缓 2 年，实为 17 年）
      - 特殊原因（国家政治、国防、外交）：最高人民法院核准（非人大或人大常委会）
    - 不适用假释的情形
      - 累犯（危害国家安全罪的罪犯、犯罪集团首要分子可以假释）
      - 因故意杀人、强奸、抢劫、绑架、放火、爆炸、投放危险物质或者有组织的暴力性犯罪被判 10 年以上有期徒刑、无期徒刑的犯罪分子
  - 法律后果
    - 在假释考验期内，没有再犯新罪或者发现漏罪，或者没有违反有关规定，假释考验期满，就认为原判刑罚已经执行完毕，并公开予以宣告
    - 在假释考验期间，发现有漏罪、犯新罪的，应当撤销假释，实行数罪并罚
    - 在假释考验期内，有违反有关法律、行政法规或者国务院有关部门关于假释的监督管理规定的行为，应当撤销假释，收监执行未执行完毕的刑罚

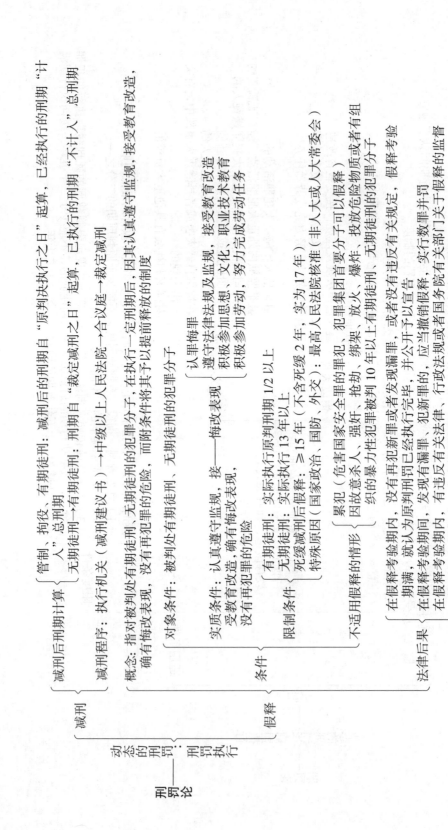

刑罚论——刑法的追溯时效（刑罚消灭制度）

- 时效
  - 概念：指经过一定期限，对犯罪不得追诉或者对所判决刑罚不得执行的制度
  - 时效意义
    - 有利于实现刑罚目的——犯罪分子犯罪后一段时间内没有再犯，说明已改过自新
    - 有利于司法机关集中打击现行犯罪
    - 有利于社会安定团结
  - 追诉期限
    - 法定最高刑不满 5 年有期徒刑：经过 5 年
    - 法定最高刑 5 年以上不满 10 年有期徒刑：经过 10 年
    - 法定最高刑 10 年以上有期徒刑：经过 15 年
    - 法定最高刑为无期徒刑、死刑：经过 20 年（但经最高人民检察院核准，可以追诉）
  - 时效期间起算：从“犯罪之日——起算时间（犯罪成立之日）”起计算
    - 结果犯：犯罪结果发生之日
    - 行为犯：犯罪行为完成之日
    - 举动犯：犯罪行为实施之日
    - 结果加重犯：加重结果发生之日
    - 连续犯、继续犯：犯罪行为终了之日
  - 时效中断：在追诉期限以内又犯罪的，前罪追诉的期限自“犯后罪之日”起计算（不论新罪性质和刑罚轻重）
  - 时效中断事由——追诉期限内又犯新罪
  - 时效延长：在追诉期限内，因发生法定事由而使追究犯罪人的刑事责任不受追诉期限制
  - 时效延长事由
    - 公安机关、检察院、国家安全机关立案侦查或者法院受理案件后，逃避侦查、审判
    - 被害人在追诉期限内提出控告，公安、检察院、法院应立案而不立案
- 赦免
  - 大赦（赦其刑，赦其罪）——指国家对某一时期内犯有一定罪行的不特定的众多犯罪分子免予追诉和免除刑罚执行的制度。我国现行宪法没有规定大赦制度，只有特赦
  - 特赦（赦其刑，不赦其罪）——指国家对特定的犯罪分子免除执行全部或者部分刑罚的制度。目前我国建国至今共计有九次特赦。特赦程序：1. 中共中央或国务院建议；2. 全国人大常委会决定；3. 中华人民共和国主席发布特赦令；4. 由最高人民法院和高级人民法院予以执行

刑法分则

- 刑法各论概述
  - 刑法各论的研究对象和体系
    - 刑法各论及其研究对象
      - 刑法各论的研究对象是规定各种具体犯罪及其刑事责任的法律规范
      - 法律规范主要由三部分构成
        - 刑法典的分则部分
        - 单行刑法
        - 附属刑法（即其他非刑事法律、法规中关于犯罪及其刑事责任的规定）
    - 刑法分则与刑法总则
      - 各自的规定内容
        - 刑法总则规定的是犯罪和刑罚的一般原理、原则，包括刑法的任务、基本原则、适用范围、构成犯罪的一般要件、刑事责任、共同犯罪、刑罚的种类及刑罚的具体运用制度等内容，是定罪与量刑过程中的一些共性的问题
        - 刑法分则规定的则是各种具体犯罪的犯罪构成条件及刑罚，包括罪状、罪名及刑罚种类和量刑幅度等内容
      - 两者间的关系
        - 总则指导分则的运用和研究，在解释和适用分则条文时，必须考虑到总则的原理和规定
        - 分则在刑法体系中占据重要地位，使总则关于犯罪与刑罚的规定具体化
    - 刑法各论的体系——犯罪的分类和排序
      - 刑法分则的犯罪分类——十大类罪（见分则）
      - 我国刑法分则将犯罪划分为十大类的主要依据是犯罪的同类客体
      - 我国刑法分则对十大类犯罪进行排列的依据主要是以各类犯罪的危害程度大小为序，由重至轻依次排列
      - 各类犯罪中的具体犯罪的排列依据是以具体犯罪的社会危害程度的大小由重到轻排列为主，兼顾罪与罪之间的内在联系

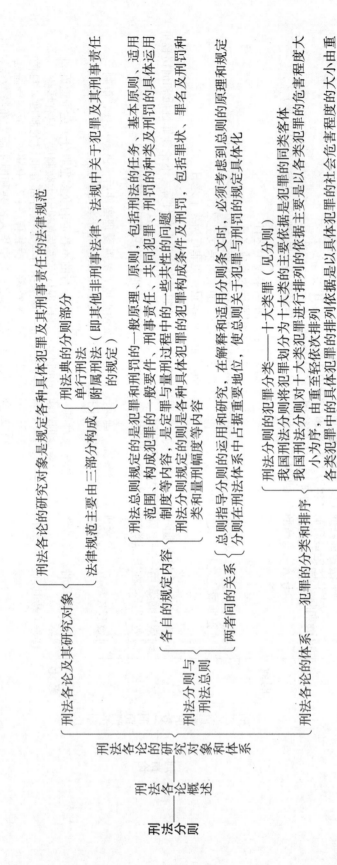

- **刑法分则**——刑法各论概述——罪状、罪名、法定刑
  - 刑法分则条文的基本结构
    - 1. 由罪状、罪名和法定刑三个部分组成的条文，是刑法分则条文的主要和基本形式
    - 2. 没有规定罪状和法定刑的条文，其所占比例很小
  - 罪状
    - 概念：指刑法分则条文对某种具体犯罪特征的描述
    - 主要作用：说明什么样的行为构成什么罪
    - 种类
      - 简单罪状——在刑法分则条文中只简单描述具体犯罪的基本特征
      - 叙明罪状——在刑法分则条文中详尽描述具体犯罪的基本特征（刑法分则条文的主要描述形式）
      - 空白罪状——在刑法分则条文中不直接叙明犯罪的特征，而只是指出该犯罪行为所违反的其他法律、法规
      - 引证罪状——引用刑法分则的其他条款来说明某种犯罪的特征
      - 混合罪状——刑法分则条文同时采用空白罪状与叙明罪状形式描述某种具体犯罪的罪状
  - 罪名
    - 概念：指犯罪的名称，通常指某种具体的罪名
    - 种类
      - 单一罪名
        - 单一罪名是指所包含的犯罪构成的具体内容单一，只能反映一个犯罪行为，不能分拆使用的罪名
        - 行为触犯一个单一罪名的构成一罪
        - 我国刑法分则中的大部分罪名是单一罪名
      - 选择罪名
        - 选择罪名是指所包含的犯罪构成的具体内容复杂，反映出多种犯罪行为，既可概括使用，也可分拆使用的罪名
        - 选择罪名
          - 1. 因多种行为而形成的选择罪名。例如，组织、领导、参加恐怖组织罪，包含了三种行为，可以分拆成三个罪名
          - 2. 因多个对象而形成的选择罪名。例如，拐卖妇女、儿童罪，包含了两种对象，可以分拆成两个罪名
          - 3. 因同时具有多种行为和多个对象而形成的选择罪名。例如，非法持有、私藏枪支、弹药罪，包含了两种行为与两个对象，可以分拆成多个罪名
        - 对于选择罪名，同时针对多个对象实施了多种行为的，只成立一罪，而非数罪

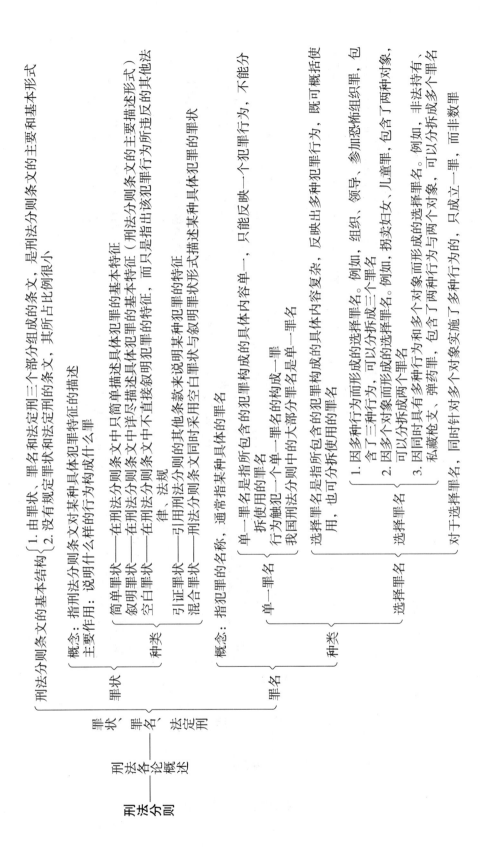

刑法分则——刑法各论概述——罪状、罪名、法定刑——法定刑

- 概念：指刑法分则条文对具体犯罪所规定的量刑标准，包括刑罚种类（即刑种）和刑罚幅度（即刑度）
- 种类
  - 绝对确定的法定刑——指在刑法分则条文中对某种犯罪仅规定单一的刑种与固定的刑度
  - 绝对不确定的法定刑——指只规定对某种犯罪予以刑罚处罚，却没有规定对该种犯罪应当适用的刑种和刑度
  - 相对确定的法定刑——指在刑法分则条文中对某种犯罪规定一定的刑种与刑度，并明确规定最高刑与最低刑
- 相对确定的法定刑在我国刑法分则条文中的具体规定方式
  1. 明确规定法定刑的最高限度，其最低限度由刑法总则规定
  2. 明确规定法定刑的最低限度，其最高限度由刑法总则规定
  3. 明确规定一种刑罚的最低限度和最高限度
  4. 明确规定两种以上的主刑（主刑中还可规定一定的幅度）和两种以上的附加刑（附加刑中还可规定一定的幅度），供法官裁量刑罚时选择适用，这种方式称为选择法定刑
  5. 刑法分则某些条款中未明确规定法定刑，而是明确规定援引分则其他条款的法定刑处罚，这种方式称为援引法定刑
- 宣告刑
  - 概念：指国家审判机关对具体犯罪人依法判处并宣告应当实际执行的刑罚
  - 宣告刑与法定刑的关系
    - 法定刑是宣告刑的基本依据，宣告刑是法定刑的实际运用
    - 法定刑与宣告刑是刑罚的普遍性规定和具体运用的关系

刑法分则——危害国家安全罪

- 概述
  - 概念——指故意危害中华人民共和国的主权、领土完整和安全，分裂国家，颠覆国家政权，推翻社会主义制度的行为
  - 特征
    - 侵犯客体是国家的安全
    - 客观方面表现为实施危害中华人民共和国国家安全的行为
    - 犯罪主体是自然人，且多数犯罪为一般主体。仅有少数犯罪的主体为特殊主体，如背叛国家罪、叛逃罪主体只限于中国公民，叛逃罪必须是具有公务员身份的人才能构成
    - 主观方面表现为故意
- 本章要求掌握的犯罪
  - 分裂国家罪
    - 概念——指组织、策划、实施分裂国家、破坏国家统一的行为
    - 特征
      - 侵犯客体是国家的统一
      - 客观方面表现为组织、策划、实施分裂国家、破坏国家统一的行为
      - 犯罪主体为一般主体，包括境内外公民
      - 主观方面表现为直接故意并且是以分裂国家、破坏国家统一为目的
    - 法定刑
  - 叛逃罪
    - 概念——指国家机关工作人员在履行公务期间，擅离岗位，叛逃境外或者在境外叛逃，危害国家安全的行为，或者掌握国家秘密的国家工作人员叛逃境外或在境外叛逃的行为
    - 特征
      - 侵犯客体是中华人民共和国的国家安全
      - 客观方面表现为国家机关工作人员在履行公务期间，擅离岗位，叛逃境外或者在境外叛逃，危害国家安全的行为，或者掌握国家秘密的国家工作人员叛逃境外或在境外叛逃的行为
      - 犯罪主体为特殊主体，即国家机关工作人员和掌握国家秘密的国家工作人员
      - 主观方面表现为故意
    - 法定刑

- 刑法分则——危害国家安全罪——本章要求掌握的犯罪
  - 煽动分裂国家罪
    - 概念——指煽动分裂国家、破坏国家统一的行为
    - 特征
      - 侵犯客体是国家的统一
      - 客观方面表现为煽动分裂国家、破坏国家统一的行为
        - 煽动是指以语言、文字、图像等方式对他人进行鼓动、宣传
        - 煽动的内容是分裂国家、破坏国家统一
      - 犯罪主体为一般主体，包括境内外公民
      - 主观方面表现为故意
    - 认定——三种以煽动分裂国家罪定罪处罚的行为
      1. 明知出版物中载有煽动分裂国家、破坏国家统一的内容，而予以出版、印刷、复制、发行、传播的
      2. 组织和利用邪教组织，组织、策划、实施、煽动分裂国家、破坏国家统一的
      3. 利用突发传染病疫情等灾害，制造、传播谣言，煽动分裂国家、破坏国家统一的
    - 法定刑
  - 间谍罪
    - 概念——指参加间谍组织或者接受间谍组织及其代理人的任务，或者为敌人指示轰击目标，危害国家安全的行为
    - 特征
      - 侵犯客体是中华人民共和国的国家安全
      - 客观方面表现为行为人有参加间谍组织或者接受间谍组织及其代理人的任务，或者为敌人指示轰击目标，危害国家安全的行为
      - 犯罪主体为一般主体，包括中国公民、外国人和无国籍人士
      - 主观方面表现为直接故意
    - 法定刑

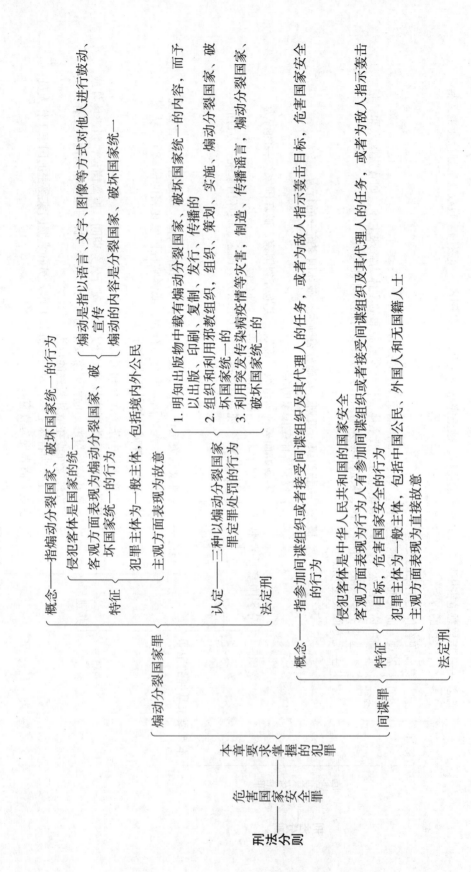

刑法分则——危害国家安全罪

- 本章要求掌握的犯罪——为境外窃取、刺探、收买、非法提供国家秘密、情报罪
  - 概念——指为境外的机构、组织、人员窃取、刺探、收买、非法提供国家秘密或者情报的行为
  - 特征
    - 侵犯客体是国家的安全与利益
    - 客观方面表现为为境外的机构、组织、人员窃取、刺探、收买、非法提供国家秘密或者情报的行为
    - 犯罪主体是一般主体。中国公民以及非中国公民均可以成为本罪的主体
    - 主观方面表现为故意
  - 认定
    - 划清为境外窃取、刺探、收买、非法提供国家秘密、情报罪与非罪的界限：所窃取、刺探、收买、非法提供的是否属于国家秘密或者情报
    - 划清为境外窃取、刺探、收买、非法提供国家秘密、情报罪与间谍罪的界限：行为人主观上是否明知对方是间谍组织而为其窃取、刺探、收买、非法提供国家秘密或者情报，如果明知，构成间谍罪
    - 划清为境外窃取、刺探、收买、非法提供国家秘密、情报罪与非法获取国家秘密罪、故意泄露国家秘密罪的界限：是否为境外的组织、机构、人员而非法获取国家秘密，以及是否向境外的组织、机构或者人员泄露国家秘密
  - 法定刑
- 危害国家安全犯罪都必须附加或者单处剥夺政治权利

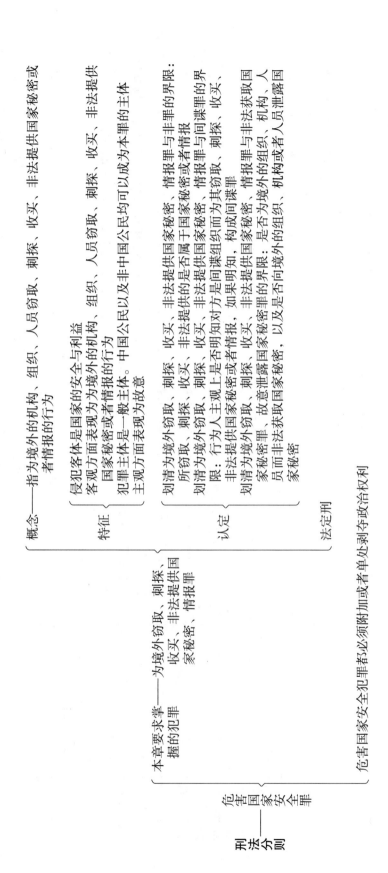

- 刑法分则——危害公共安全罪
  - 概述
    - 概念——指故意或者过失地实施危害不特定多数人的生命、健康和重大公私财产安全的行为
    - 构成特征
      - 侵犯客体是社会的公共安全，即不特定多数人的生命、健康和重大公私财产或者公共生活的安全
      - 客观方面表现为实施了危害公共安全的行为，此类行为可以是作为，也可以是不作为
      - 犯罪主体多数是一般主体
        - 年满 16 周岁且具有刑事责任能力的自然人都可以成为本罪主体
        - 已满 14 周岁不满 16 周岁的人，犯放火、爆炸、投放危险物质罪的，也应当负刑事责任
        - 少数犯罪主体则是特殊主体，行为人必须具有法定的特殊身份或者从事特定业务，才能成为犯罪主体。例如，重大飞行事故罪的主体只能是航空人员
      - 主观方面既可以表现为故意，也可以表现为过失
  - 本章要求掌握的犯罪——放火罪
    - 概念——指故意放火焚烧公私财物，危害公共安全的行为
    - 特征
      - 侵犯客体是公共安全，侵犯对象是关系公共安全的公私财物
      - 客观方面表现为实施了危害或者足以危害公共安全的放火行为
      - 犯罪主体是一般主体
        - 凡达到刑事责任年龄、具有刑事责任能力的自然人都可以成为本罪的主体
        - 已满 14 周岁不满 16 周岁的人也可以成为本罪的主体
      - 主观方面表现为故意
    - 认定
      - 既遂与未遂：放火行为是否已经使公共安全处于危险状态或者已经造成危害公共安全的实际损害后果
      - 划清放火罪与失火罪的界限：关键在于行为人对于火灾后果的心理态度
      - 划清放火罪与使用放火的方法实施其他犯罪的界限：关键在于其放火的方法是否足以危及公共安全
    - 法定刑

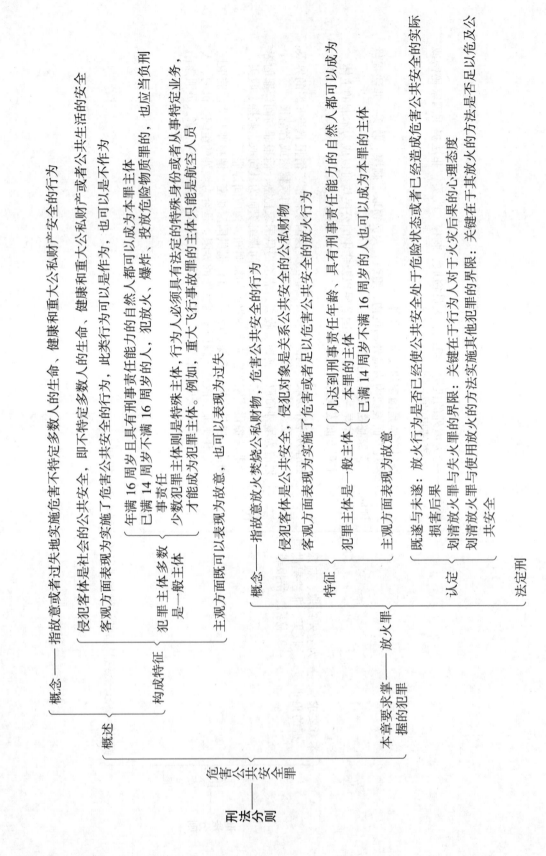

刑法分则——危害公共安全罪——本章要求掌握的犯罪

- 爆炸罪
  - 概念——指故意针对不特定的多数人或者重大公私财产实施爆炸行为，危害公共安全的行为
  - 特征
    - 侵犯客体是社会公共安全
    - 客观方面表现为以作为或不作为的方式实施了用爆炸的方法杀伤不特定的多数人、毁坏重大公私财产，危害公共安全的行为
    - 犯罪主体是一般主体。已满 14 周岁不满 16 周岁的人实施爆炸行为，构成犯罪的，也应当负刑事责任
    - 主观方面表现为故意
  - 认定
    - 既遂与未遂：爆炸行为是否已经使公共安全处于危险状态或者已经造成危害公共安全的实际损害后果
    - 划清爆炸罪与使用爆炸的方法实施的针对特定个人或者公私财产的犯罪的界限：是否危及公共安全
    - 划清爆炸罪与使用爆炸的方法破坏特定设备的犯罪的界限：属于法条竞合，依照特别法条优先于普通法条的原则适用
  - 法定刑
- 投放危险物质罪
  - 概念——指故意针对不特定的多数人或者重大公私财产投放毒害性、放射性、传染病病原体等物质，危害公共安全的行为
  - 特征
    - 侵犯的客体是公共安全
    - 客观方面表现为行为人实施了投放毒害性、放射性、传染病病原体等物质，危害公共安全的行为
    - 犯罪主体是一般主体。已满 14 周岁不满 16 周岁的人犯本罪的，应当负刑事责任
    - 主观方面表现为故意
  - 认定
    - 既遂与未遂：投放危险物质的行为是否已经使公共安全处于危险状态或者已经造成危害公共安全的实际损害结果
    - 划清投放危险物质罪与以投放危险物质的方法实施的故意杀人罪、故意毁坏财物罪的界限：是否危及公共安全
  - 法定刑

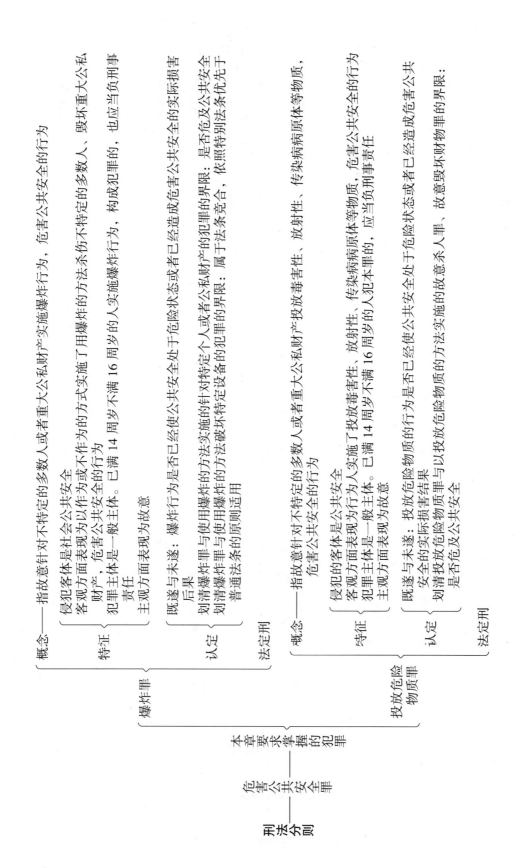

刑法分则——危害公共安全罪——本章要求掌握的犯罪

- 以危险方法危害公共安全罪
  - 概念——指使用与放火、爆炸、决水、投放危险物质方法的危险性相当的其他危险方法，危害公共安全的行为
  - 特征
    - 侵犯客体是公共安全
    - 客观方面表现为使用与放火、爆炸、决水、投放危险物质方法的危险性相当的其他危险的方法，危害公共安全的行为
    - 犯罪主体是一般主体，凡达到刑事责任年龄、具有刑事责任能力的自然人都可以成为本罪的主体
    - 主观方面表现为故意，明知自己的行为可能导致危害公共安全的严重后果，并且希望或者有意识地放任这种结果发生
  - 认定
    - 1. 行为人以其他危险方法危害公共安全的行为，应当一律以“以危险方法危害公共安全罪”定罪
    - 2. 既遂与未遂：其行为是否危害公共安全
    - 3. 划清以危险方法危害公共安全罪与使用危险方法实施故意破坏交通工具、故意破坏特定设备、故意杀人、故意伤害、故意毁坏财物等其他犯罪的界限：是否危及公共安全
  - 法定刑
- 破坏交通工具罪
  - 概念——指破坏火车、汽车、电车、船只、航空器，足以使火车、汽车、电车、船只、航空器发生倾覆、毁坏危险，尚未造成严重后果或者已经造成严重后果的行为
  - 特征
    - 侵犯客体是交通运输安全，犯罪对象只限于法定的正在使用中的火车、汽车、电车、船只、航空器
    - 客观方面表现为破坏火车、汽车、电车、船只、航空器，足以使火车、汽车、电车、船只、航空器发生倾覆、毁坏危险，尚未造成严重后果或者已经造成严重后果的行为
      - 1. 破坏的对象必须是正在使用中的交通工具。所谓“正在使用”不是仅指正在行驶或者飞行过程中，而是还包括已交付使用，随时可以执行运输任务的交通工具
      - 2. 破坏的结果必须是足以使交通工具发生倾覆、毁坏的危险。倾覆，是指火车出轨、车辆翻车、船只沉没、航空器坠毁；毁坏，是指使交通工具严重受损或者完全报废，不能继续安全运行；“足以”，是指就破坏行为的性质、破坏的方法、破坏的部位等因素加以综合判断，具有发生颠覆、毁坏的现实可能
    - 犯罪主体是一般主体
    - 主观方面表现为故意，包括直接故意和间接故意
  - 认定
    - 划清使用爆炸、放火的方法破坏交通工具的爆炸罪、放火罪与破坏交通工具罪的界限：所破坏的交通工具是否正在使用中
    - 划清破坏交通工具罪与盗窃罪、故意毁坏财物罪的界限：所盗窃或毁坏的是否是正在使用中的交通工具的重要部件或者设施
  - 法定刑

刑法分则——危害公共安全罪——本章要求掌握的犯罪

- 破坏交通设施罪
  - 概念——指故意破坏轨道、桥梁、隧道、公路、机场、航道、灯塔、标志或者进行其他破坏活动，足以使火车、汽车、电车、船只、航空器发生倾覆、毁坏危险或者造成严重后果的行为
  - 特征
    - 侵犯客体是交通运输安全，犯罪对象是正在使用中的轨道、桥梁、隧道、公路、机场、航道、灯塔、标志或者其他交通设施
    - 犯罪客观方面表现为破坏交通设施，足以使火车、汽车、电车、船只、航空器发生倾覆、毁坏危险或者造成严重后果的行为
    - 犯罪主体是一般主体
    - 犯罪主观方面表现为故意
  - 认定——划清破坏交通设施罪与破坏交通工具罪的界限：行为直接指向的对象不同
  - 法定刑
- 组织、领导、参加恐怖组织罪
  - 概念——指为首策划组织、领导或者积极参加恐怖活动组织的行为。本罪是行为犯，只要有参加行为且有犯罪故意就构成本罪
  - 特征
    - 侵犯客体是社会公共安全
    - 客观方面表现为组织、领导、参加恐怖活动组织的行为
      - 组织，是指为首策划、鼓动、教唆、召集、引诱多人成立专门或者主要从事恐怖活动组织的行为
      - 积极参加，是指多次参加恐怖组织的活动，态度积极，或者虽然偶尔参加恐怖组织的活动，但在其中起主要作用的行为
      - 参加，是指除组织、领导、积极参加恐怖活动组织以外的其他参加恐怖活动组织的行为
    - 犯罪主体是一般主体，凡达到法定刑事责任年龄、具有刑事责任能力的自然人都可以成为本罪的主体
    - 主观方面表现为故意
  - 认定
    - 准确界定恐怖活动组织的性质：指一般带有政治性目的，且专门或主要从事暗杀、绑架、放火等严重暴力犯罪行为的犯罪集团
    - 划清组织、领导、参加恐怖组织罪一罪与数罪的界限：行为人组织、领导、参加恐怖活动组织以后，又实施杀人、爆炸、绑架等犯罪行为的，按照数罪并罚原则处理
  - 法定刑

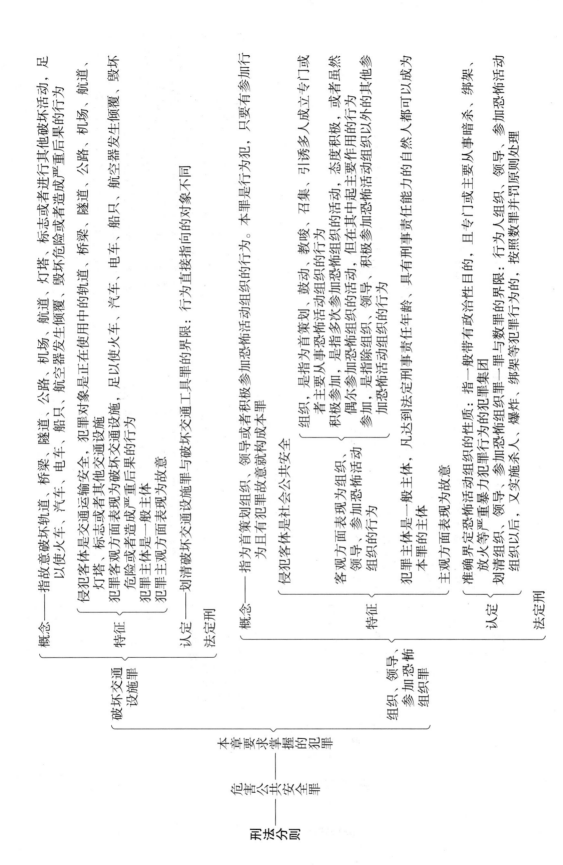

刑法分则——危害公共安全罪——本章要求掌握的犯罪

- 劫持航空器罪
  - 概念——指以暴力、胁迫或者其他方法劫持航空器的行为
  - 特征
    - 侵犯客体是航空运输安全
    - 客观方面表现为以暴力、胁迫或者其他方法劫持航空器的行为
    - 犯罪主体是一般主体
    - 主观方面表现为故意
  - 认定
    - 划清劫持航空器罪与以飞机为对象的破坏交通工具罪的界限：是否使用暴力、胁迫或者其他方法劫持航空器
    - 划清劫持航空器罪一罪与数罪的界限：劫持后又实施其他犯罪行为的，应数罪并罚
    - 既遂与未遂：实施了劫持航空器的行为并将航空器置于劫持者的控制之下即为既遂
  - 法定刑
- 非法制造、买卖、运输、邮寄、储存枪支、弹药、爆炸物罪
  - 概念——指违反国家有关枪支、弹药、爆炸物管理的法律规定，非法制造、买卖、运输、邮寄、储存枪支、弹药、爆炸物的行为
  - 特征
    - 侵犯客体是社会公共安全
    - 客观方面表现为违反国家有关枪支、弹药、爆炸物管理的法律规定，实施了非法制造、买卖、运输、邮寄、储存枪支、弹药、爆炸物的行为之一
      - 非法制造，是指未经国家有关部门批准，以各种方法生产、制造枪支、弹药、爆炸物的行为
      - 非法买卖，是指未经国家有关部门批准，购买或者出售枪支、弹药、爆炸物的行为
      - 非法运输，是指未经国家有关部门批准，利用各种交通工具运送枪支、弹药、爆炸物的行为
      - 非法邮寄，是指违反国家法律规定，在邮件中夹寄枪支、弹药、爆炸物的行为
      - 非法储存，是指未经国家有关部门批准，私自保留、存放枪支、弹药、爆炸物的行为
    - 犯罪主体是一般主体
    - 主观方面表现为故意

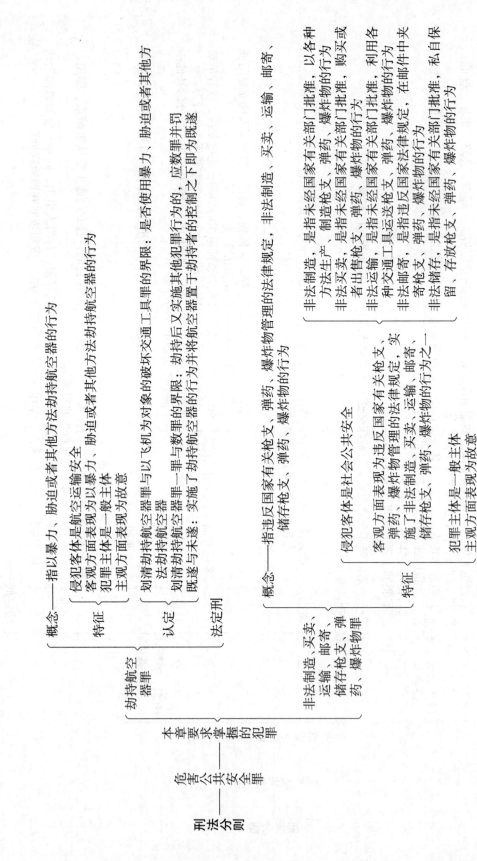

刑法分则——危害公共安全罪——本章要求掌握的犯罪

- 非法制造、买卖、运输、邮寄、储存枪支、弹药、爆炸物罪
  - 认定
    - 划清非法制造、买卖、运输、邮寄、储存枪支、弹药、爆炸物罪与盗窃、抢夺枪支、弹药、爆炸物罪及抢劫枪支、弹药、爆炸物罪的界限
      - 客观方面表现不同
      - 犯罪行为方式不同
    - 划清非法制造、买卖、运输、邮寄、储存枪支、弹药、爆炸物罪与非法持有、私藏枪支、弹药罪的界限
      - 犯罪对象范围不同
      - 客观方面表现不同
    - 划清非法制造、买卖、运输、邮寄、储存枪支、弹药、爆炸物罪与非法出租、出借枪支罪的界限
      - 犯罪对象不同
      - 客观方面表现不同
      - 犯罪主体不同
  - 法定刑
- 违规制造、销售枪支罪
  - 概念——指依法被指定、确定的枪支制造企业、销售企业，违反枪支管理规定，擅自制造、销售枪支的行为
  - 特征
    - 侵犯的客体是国家对枪支的管理制度
    - 客观方面表现为违反枪支管理的法律、法规的规定，制造、销售枪支的行为
      - 一是超过限额或者不按照规定的品种制造、销售枪支
      - 二是制造无号、重号、假号的枪支
      - 三是非法销售枪支或者在境内销售为出口制造的枪支
    - 犯罪主体是特殊主体，即依法被指定、确定的枪支制造、销售企业。注意：本罪是纯单位犯罪，自然人不能构成
    - 主观方面表现为故意，并对违规制造的枪支要求具备非法销售的法定目的
  - 认定
    - 划清违规制造、销售枪支罪与非罪的界限
    - 划清违规制造、销售枪支罪与非法制造、买卖、运输、邮寄、储存枪支、弹药、爆炸物罪的界限
      - 犯罪对象不同
      - 客观方面表现不同
      - 犯罪主体不同：违规制造、销售枪支罪的主体为被指定、确定的枪支制造、销售企业及其有关责任人员
      - 主观故意的内容不同
  - 法定刑

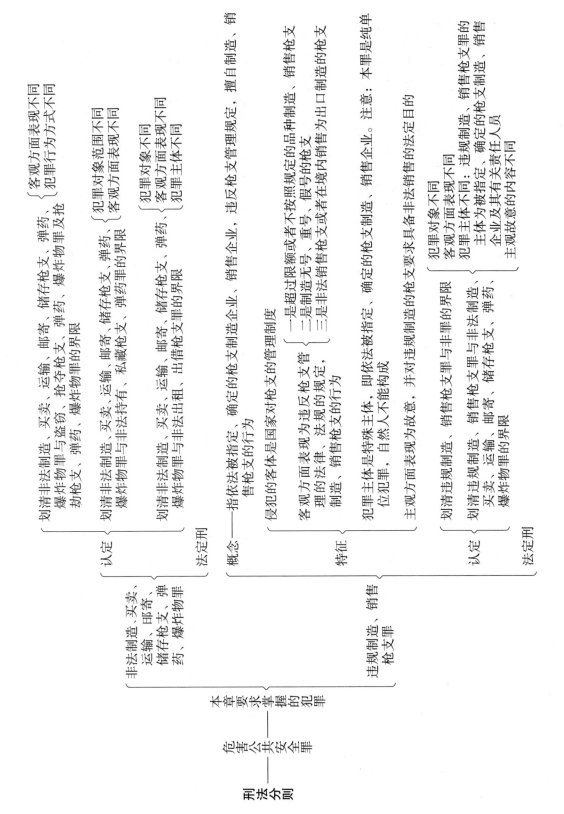

刑法分则——危害公共安全罪——本章要求掌握的犯罪

- 非法持有、私藏枪支、弹药罪
  - 概念——指违反国家有关枪支、弹药的管理规定，非法持有、私藏枪支、弹药的行为
  - 特征
    - 侵犯客体是国家对枪支、弹药的管理制度。犯罪对象为枪支、弹药
    - 客观方面表现为违反枪支、弹药管理法律、法规的规定，非法持有、私藏枪支、弹药的行为
      - 非法持有，是指不符合配备、配置枪支、弹药条件的人员，违反枪支管理法律、法规的规定，擅自持有枪支、弹药的行为
      - 私藏，是指依法配备、配置枪支、弹药的人员，在配备、配置枪支、弹药的条件消除后，违反枪支管理法律、法规的规定，私自藏匿所配备、配置的枪支、弹药且拒不交出的行为
    - 犯罪主体是一般主体
    - 主观方面表现为故意，即明知不能私自持有、藏匿枪支、弹药而持有、私藏的心理态度
  - 法定刑
- 交通肇事罪
  - 概念——指违反交通运输管理法规，因而发生重大事故，致人重伤、死亡或者使公私财产遭受重大损失的行为
  - 特征
    - 侵犯客体是交通运输安全
    - 客观方面表现为违反交通运输管理法规，因而发生重大事故，致人重伤、死亡或者使公私财产遭受重大损失的行为
      - 本罪的构成以违反交通运输管理法规为前提条件
      - 违反交通运输管理法规的行为，还必须造成重大事故发生，致人重伤、死亡或者使公私财产遭受重大损失
    - 犯罪主体是一般主体
    - 主观方面表现为过失，即行为人应当预见自己的行为可能会发生危害社会的结果，却因为疏忽大意而没有预见，或者虽然已经预见但轻信能够避免

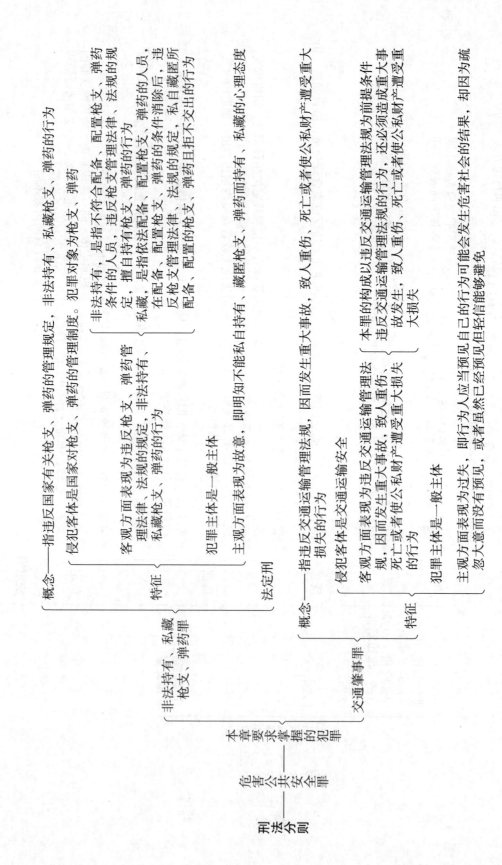

刑法分则——危害公共安全罪——本章要求掌握的犯罪

- 交通肇事罪
  - 认定
    - 划清交通肇事罪与非罪的界限：1. 是否造成了《刑法》规定的危害结果；2. 危害结果的发生是否由行为人的违章行为造成
    - 划清交通肇事罪与利用交通工具实施的其他犯罪的界限：本罪为过失，后罪为故意
    - 划清交通肇事罪一罪与数罪的界限：1. 在盗窃他人机动车过程中或者盗窃后，违反交通运输管理法规，造成交通事故，构成犯罪的，应当以交通肇事罪与盗窃罪数罪并罚；
    - 2. 由于“因逃逸致人死亡”仅限于过失，故行为人在交通肇事后，将被害人带离事故现场隐藏或者遗弃，致使被害人无法得到救助而死亡或者严重残疾的，应当分别以故意杀人罪或者故意伤害罪定罪处罚；（此处学理上存在争议）
    - 3. 行为人在交通肇事后，以为被害人已经死亡，为了隐匿罪迹，将被害人沉入河流中，导致被害人溺死的，应将后行为认定为过失致人死亡罪；如果前行为已构成交通肇事罪，则应实行数罪并罚
  - 法定刑
- 危险驾驶罪
  - 概念——指在道路上驾驶机动车追逐竞驶，情节恶劣的，或者在道路上醉酒驾驶机动车的，或者从事校车业务或者旅客运输，严重超过额定乘员载客，或者严重超过规定时速行驶的，或者违反危险化学品安全管理规定运输危险化学品，危及公共安全的行为（《刑法修正案（九）》修改）
  - 特征
    - 侵犯客体是交通运输安全
    - 客观方面表现为违反交通运输管理法规，在道路上驾驶机动车追逐竞驶，情节恶劣，或者在道路上醉酒（血液酒精含量达到 80 毫克 /100 毫升以上的情形）驾驶机动车的，或者从事校车业务或者旅客运输，严重超过额定乘员载客，或者严重超过规定时速行驶，或者违反危险化学品安全管理规定运输危险化学品，危及公共安全的行为
    - 犯罪主体是一般主体
    - 主观方面表现为故意
  - 认定——四种行为
    - 1. 追逐竞驶，情节恶劣的
    - 2. 醉酒驾驶机动车的
    - 3. 从事校车业务或者旅客运输，严重超过额定乘员载客，或者严重超过规定时速行驶的
    - 4. 违反危险化学品安全管理规定运输危险化学品，危及公共安全的
  - 法定刑

刑法分则——危害公共安全罪——本章要求掌握的犯罪

- 重大责任事故罪
  - 概念——指在生产、作业中违反有关安全管理的规定，因而发生重大伤亡事故或者造成其他严重后果的行为
  - 特征
    - 侵犯的客体是各类厂矿企业、事业单位、经营体的生产、作业安全
    - 客观方面表现为违反有关安全管理的规定，因而发生重大伤亡事故或者造成其他严重后果的行为
    - 犯罪主体是一般主体
    - 主观方面表现为过失
  - 认定——划清重大责任事故罪与过失致人死亡罪、交通肇事罪的界限：行为人违反的注意义务不同。在过失致人死亡罪中，行为人违反的是生活中的注意义务；在交通肇事罪中，行为人违反的是交通运输安全注意义务；在重大责任事故罪中，行为人违反的是生产、工作中的安全注意义务
  - 法定刑
- 强令违章冒险作业罪
  - 概念——指强令他人违章冒险作业，因而发生重大伤亡事故或者造成其他严重后果的行为
  - 特征
    - 侵犯的客体是作业的安全
    - 客观方面表现为强令他人违章冒险作业，因而发生重大伤亡事故或者造成其他严重后果的行为
    - 犯罪主体为一般主体
    - 主观方面表现为过失，多数为过于自信的过失
  - 认定——划清强令违章冒险作业罪与重大责任事故罪的界限：重大事故的发生与行为人实施强令违章冒险作业之间是否有因果关系。如果没有因果关系或者没有强令行为，则不构成本罪，构成重大责任事故罪。如果有强令行为，且强令行为与重大事故之间有因果关系，则其行为构成强令违章冒险作业罪
  - 法定刑

- **刑法分则**——破坏社会主义市场经济秩序罪
  - 概述
    - 概念——指违反国家市场经济管理法规，破坏市场经济秩序，使社会主义市场经济秩序遭受严重损害的行为
    - 构成特征
      - 侵犯客体是我国的市场经济秩序
      - 客观方面表现为违反国家的市场经济管理法规，破坏市场经济秩序，严重损害社会主义市场经济秩序的行为
      - 犯罪主体是个人或单位
      - 主观方面多表现为故意，并且一般具有非法获利的目的
  - 本章要求掌握的犯罪——生产、销售伪劣产品罪
    - 概念——指生产者、销售者在产品中掺杂、掺假，以假充真，以次充好或者以不合格产品冒充合格产品，销售金额达 5 万元以上的行为
    - 特征
      - 侵犯客体是国家对产品质量的管理秩序以及广大用户和消费者的合法权益
      - 客观方面表现为生产者、销售者违反国家的产品质量管理法律、法规的规定，生产、销售伪劣产品的行为且销售金额达到 5 万元以上
        - 掺杂、掺假
        - 以假充真
        - 以次充好
        - 以不合格产品冒充合格产品
      - 犯罪主体是个人和单位，表现为产品的生产者和销售者两类
      - 主观方面表现为故意，一般具有非法牟利的目的
    - 法定刑

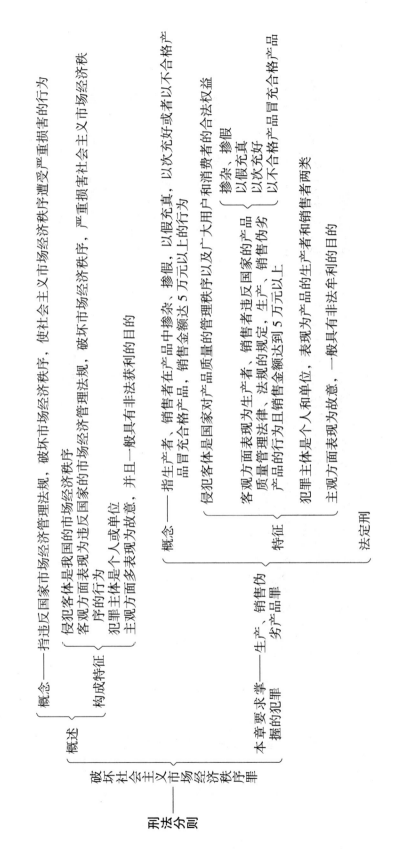

- 刑法分则
  - 破坏社会主义市场经济秩序罪
    - 本章要求掌握的犯罪
      - 生产、销售假药罪
        - 概念——指生产者、销售者违反国家药品管理法规，生产、销售假药的行为
        - 特征
          - 侵犯客体是复杂客体，既侵犯了国家对药品的管理制度，又侵犯了不特定多数人的身体健康权利
          - 客观方面表现为生产者、销售者违反国家的药品管理法规，生产、销售假药的行为
          - 犯罪主体为个人和单位，表现为假药的生产者和销售者两类
          - 主观方面表现为故意，一般是出于营利的目的
        - 认定
          - 有下列情形之一的，为假药
            - 1. 药品所含成分与国家药品标准规定的成分不符的
            - 2. 以非药品冒充药品或者以他种药品冒充此种药品的
          - 有下列情形之一的药品，按假药论处
            - 1. 国务院药品监督管理部门规定禁止使用的
            - 2. 依照《药品管理法》必须经过批准而未经批准生产、进口，或者依照《药品管理法》必须检验而未经检验即销售的
            - 3. 变质的
            - 4. 被污染的
            - 5. 使用依照《药品管理法》必须取得批准文号而未取得批准文号的原料药生产药品的
            - 6. 所标明的适应症或者功能主治超出规定范围的
        - 法定刑

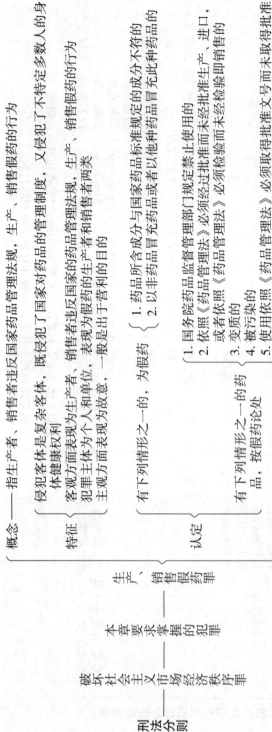

刑法分则——破坏社会主义市场经济秩序罪——本章要求掌握的犯罪

- 走私普通货物、物品罪
  - 概念——指违反海关法规，逃避海关监管，非法运输、携带、邮寄国家禁止进出口的武器、弹药、核材料、假币、珍贵动物及其制品、珍稀植物及其制品、淫秽物品、毒品以及国家禁止出口的文物、金银和其他贵重金属以外的货物、物品进出境，偷逃应缴关税数额较大，或者一年内曾因走私被给予两次行政处罚后又走私的行为
  - 特征
    - 侵犯客体是国家对普通货物、物品进出口的监督管理制度和关税征管制度
    - 客观方面表现为行为人违反海关法规，逃避海关监管，走私普通货物、物品，偷逃应缴关税数额较大，或者一年内曾因走私被给予两次行政处罚后又走私的行为
      - （1）未经海关许可并且未补缴应缴税额，擅自将批准进口的来料加工、来件装配、补偿贸易的原材料、零件、制成品、设备等保税货物，在境内销售牟利的
      - （2）未经海关许可并且未补缴应缴税额，擅自将特定减税、免税进口的货物、物品，在境内销售牟利的
      - （3）直接向走私人非法收购走私进口的其他货物、物品，数额较大的
      - （4）在内海、领海、界河、界湖运输、收购、贩卖国家限制进出口货物、物品，数额较大，没有合法证明的
    - 犯罪主体是个人和单位
    - 主观方面表现为直接故意，一般具有偷逃关税的目的
  - 认定
    - 划清走私普通货物、物品罪与一般走私行为的界限：10 万元以上
    - 划清走私普通货物、物品罪与其他有关走私罪的界限：走私对象不同
  - 法定刑
- 非国家工作人员受贿罪
  - 概念——指公司、企业或者其他单位的工作人员利用职务上的便利，索取他人财物或者非法收受他人财物，为他人谋取利益，数额较大的行为
  - 特征
    - 侵犯的客体是国家对公司、企业以及非国有事业单位、其他组织的工作人员职务活动的管理制度
    - 客观方面表现为利用职务上的便利，索取他人财物或非法收受他人财物，为他人谋取利益，数额较大的行为
    - 犯罪主体是特殊主体，即公司、企业或者其他单位的工作人员
    - 主观方面表现为故意

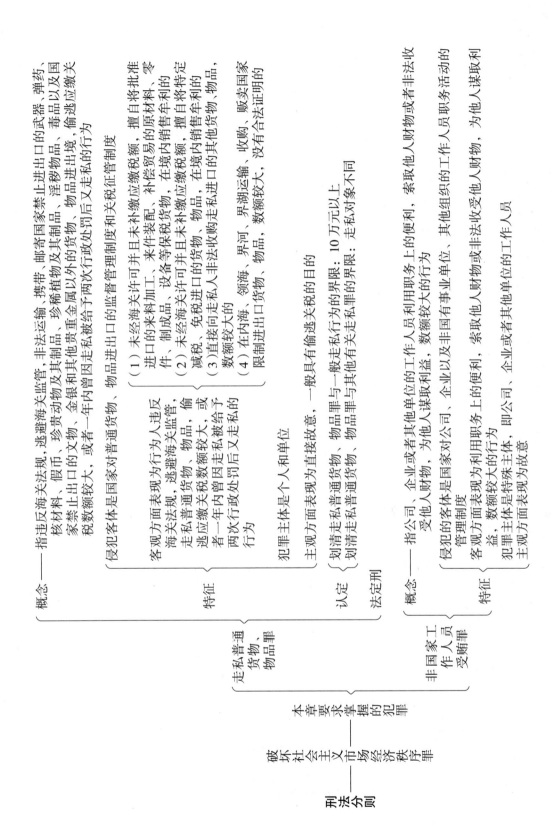

- 刑法分则——破坏社会主义市场经济秩序罪——本章要求掌握的犯罪
  - 非国家工作人员受贿罪
    - 认定
      - 划清非国家工作人员受贿罪与非罪的界限
        1. 受贿数额较大
        2. 公司、企业、其他单位的工作人员在法律、政策许可的范围内，通过自己的劳动换取合理报酬的，不属于利用职务上的便利受贿，因而是合法行为，而不是犯罪
        3. 违反国家规定，收受各种名义的回扣、手续费归个人所有的，应当以非国家工作人员受贿罪定罪处罚
      - 划清非国家工作人员受贿罪与受贿罪的界限：犯罪主体不同
    - 法定刑
  - 伪造货币罪
    - 概念——指违反国家货币管理法规，仿照货币的形状、色彩、图案等特征，使用各种方法非法制造出外观上足以乱真的假货币，破坏货币的公共信用，破坏金融管理秩序的行为
    - 特征
      - 侵犯客体是国家对货币的管理制度，具体指破坏货币的公共信用和侵害货币的发行权
      - 客观方面表现为伪造货币的行为
      - 犯罪主体是一般主体，即个人
      - 主观方面表现为故意
    - 认定
      - “货币”的界定：伪造货币包括伪造正在流通或兑换的中国货币、外国货币及中国香港、澳门、台湾地区的货币，包括硬币（含普通纪念币和贵金属纪念币）与纸币。伪造正在流通的境外货币，即使该境外货币不可在国内市场流通或者兑换，同样构成本罪
      - 伪造货币并出售、运输、持有、使用的定罪处罚问题
    - 法定刑
  - 骗取贷款、票据承兑、金融票证罪
    - 概念——指以虚构事实或者隐瞒真相的欺骗手段取得银行或者其他金融机构贷款、票据承兑、信用证、保函等，给银行或者其他金融机构造成重大损失或者有其他严重情节的行为
    - 特征
      - 侵犯客体是金融秩序与安全
      - 客观方面表现为以虚构事实或者隐瞒真相的欺骗手段取得银行或者其他金融机构贷款、票据承兑、信用证、保函等，给银行或者其他金融机构造成重大损失或者有其他严重情节的行为
      - 犯罪主体是一般主体，包括自然人和单位
      - 主观方面表现为故意，但不以非法占有为目的
    - 认定
      - 划清骗取贷款、票据承兑、金融票证罪与非罪的界限：要求必须是给银行或者其他金融机构造成重大损失或者有其他严重情节
      - 本罪为选择性罪名，包含了骗取贷款、骗取票据承兑、骗取金融票证三种行为
      - 划清骗取贷款、票据承兑、金融票证罪和贷款诈骗罪的界限：两罪的根本区别在于骗取贷款、票据承兑、金融票证罪中的骗取贷款行为不以非法占有为目的，只是为了骗取贷款，而贷款诈骗罪以非法占有为目的
    - 法定刑

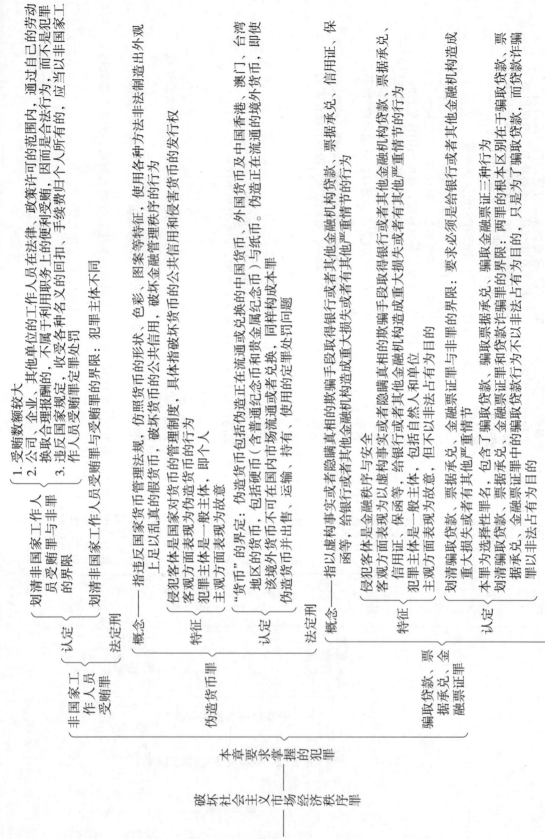

- 刑法分则——破坏社会主义市场经济秩序罪——本章要求掌握的犯罪
  - 非法吸收公众存款罪
    - 概念——指违反国家金融管理法规非法吸收公众存款或变相吸收公众存款，扰乱金融秩序的行为
    - 特征
      - 侵犯的客体是国家的金融管理秩序
      - 客观方面表现为违反国家金融管理法规非法吸收公众存款或变相吸收公众存款，扰乱金融秩序的行为
      - 犯罪主体是一般主体，包括自然人和单位
      - 主观方面表现为故意，但不以非法占有为目的；如果具有非法占有目的，则成立集资诈骗罪
    - 法定刑
  - 妨害信用卡管理罪
    - 概念——指违反国家信用卡管理法规，在信用卡的发行、使用等过程中，妨害国家对信用卡的管理活动，破坏信用卡管理秩序的行为
    - 特征
      - 侵犯客体是国家的信用卡管理制度
      - 客观方面表现为妨害信用卡管理的行为
        1. 明知是伪造的信用卡而持有、运输的，或者明知是伪造的空白信用卡而持有、运输，数量较大的
        2. 非法持有他人信用卡，数量较大的
        3. 使用虚假的身份证明骗领信用卡的
        4. 出售、购买、为他人提供伪造的信用卡或者以虚假的身份证明骗领信用卡的
      - 犯罪主体是一般主体，单位不能成为本罪的主体
      - 主观方面表现为故意，并且一般具有牟取非法利益的目的
    - 法定刑

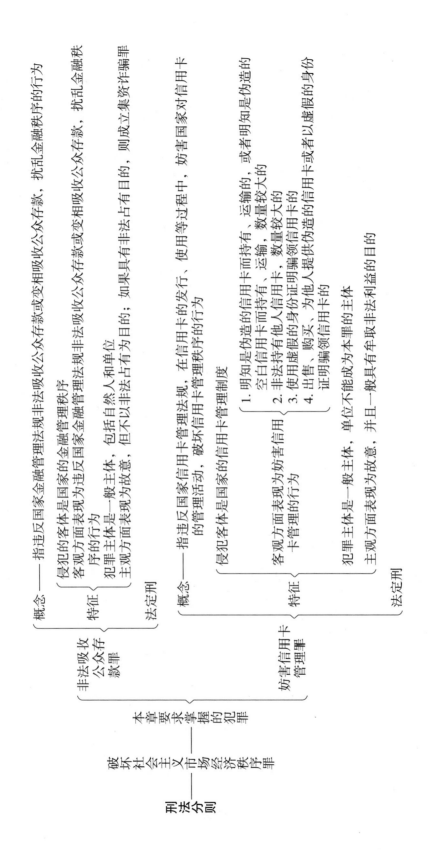

- 刑法分则——破坏社会主义市场经济秩序罪——本章要求掌握的犯罪
  - 窃取、收买、非法提供信用卡信息罪
    - 概念——指违反信用卡管理法律、法规，窃取、收买、非法提供他人信用卡信息资料的行为
    - 特征
      - 侵犯客体是信用卡管理秩序，犯罪对象是信用卡资料信息
      - 客观方面表现为窃取、收买、非法提供信用卡信息资料的行为
        - 窃取是指以秘密手段（包括偷窥、拍摄、复印以及高科技方法等）非法获取他人信用卡信息资料的行为
        - 收买是指以金钱或者物质利益从有关人员（如银行等金融机构的工作人员）手中换取他人信用卡信息资料的行为
        - 非法提供是指私自向第三人提供他人信用卡信息资料的行为
      - 犯罪主体是一般主体。银行或者其他金融机构的工作人员利用职务上的便利，犯本罪的，从重处罚
      - 主观方面表现为故意
    - 法定刑
  - 内幕交易、泄露内幕信息罪
    - 概念——指证券、期货交易内幕信息的知情人员或者非法获取证券、期货交易内幕信息的人员，在涉及证券的发行，证券、期货交易或者其他对证券、期货交易价格有重大影响的信息尚未公开前，买入或者卖出该证券，或者从事与该内幕信息有关的期货交易，或者泄露该信息，或者明示、暗示他人从事上述交易活动，情节严重的行为
    - 特征
      - 侵犯客体是证券、期货市场的客观性、公正性，投资大众的利益，投资人对证券 、期货市场信息的平等知情权
      - 客观方面表现为行为人实施内幕交易，或者泄露内幕信息，或者明示、暗示他人从事内幕交易活动，情节严重的行为
      - 犯罪主体为特殊主体，即内幕人员
      - 主观方面表现为故意
        - 1. 行为人认识到所利用的消息来自内部，并且尚未公开
        - 2. 行为人实施的证券、期货交易行为是利用了内幕消息
        - 3. 行为人实施内幕交易行为是希望获利的目的实现，即追求获得利益或避免损失结果的发生

刑法分则 —— 破坏社会主义市场经济秩序罪 —— 本章要求掌握的犯罪

- 内幕交易、泄露内幕信息罪
  - 认定——划清内幕交易、泄露内幕信息罪与非罪的界限
    - 情节是否严重是区分罪与非罪的关键
    - 仅知悉内幕信息的行为不构成犯罪
  - 法定刑
- 利用未公开信息交易罪
  - 概念——指证券交易所、期货交易所、证券公司、期货经纪公司、基金管理公司、商业银行、保险公司等金融机构的从业人员以及有关监管部门或者行业协会的工作人员，利用因职务便利获取的内幕信息以外的其他未公开的信息，违反规定，从事与该信息相关的证券、期货交易活动，或者明示、暗示他人从事相关交易活动，情节严重的行为
  - 特征
    - 侵犯客体是金融秩序，更准确地说是证券、期货市场的交易秩序
    - 客观方面表现为行为人实施利用因职务便利获取的内幕信息以外的其他未公开的信息，违反规定，从事与该信息相关的证券、期货交易活动，或者明示、暗示他人从事相关交易活动，情节严重的行为
    - 犯罪主体是证券交易所、期货交易所、证券公司、期货经纪公司、基金管理公司、商业银行、保险公司等金融机构的从业人员以及有关监管部门或者行业协会的工作人员
    - 主观方面表现为行为人有利用内幕信息以外的未公开信息进行交易的故意。如果行为人没有此故意，则不构成犯罪

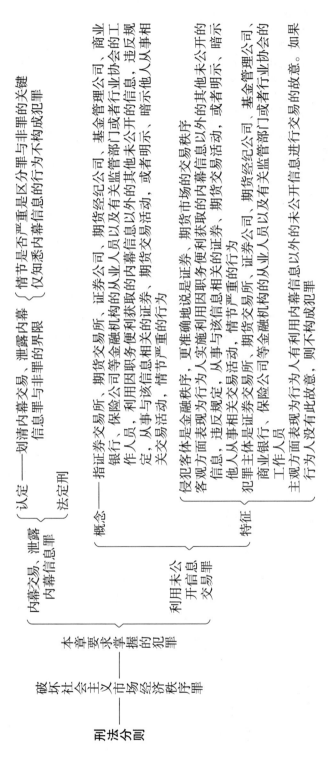

- 刑法分则——破坏社会主义市场经济秩序罪——本章要求掌握的犯罪
  - 利用未公开信息交易罪
    - 认定——划清利用未公开信息交易罪与内幕交易、泄露内幕信息罪的界限
      - 犯罪主体的范围不同
      - 犯罪对象不同
      - 信息的来源不完全一样：前罪只能利用职务之便获得
      - 在单位是否可以成为犯罪主体上也存在着明显的差别：单位可以成为后罪的主体
    - 法定刑
  - 洗钱罪
    - 概念——指明知是毒品犯罪、黑社会性质的组织犯罪、恐怖活动犯罪、走私犯罪、贪污贿赂犯罪、破坏金融秩序犯罪、金融诈骗犯罪的违法所得及其产生的收益，而采用掩饰、隐瞒其来源和性质的方法，从而使其“合法化”的行为
    - 特征
      - 侵犯客体是国家关于金融活动的管理制度和社会治安管理秩序
      - 客观方面表现为行为人故意采用各种手段使毒品犯罪、黑社会性质的组织犯罪、恐怖活动犯罪、走私犯罪、贪污贿赂犯罪、破坏金融秩序犯罪、金融诈骗犯罪的违法所得及其产生的收益转换为“合法财产”的行为
      - 犯罪主体是个人和单位
      - 主观方面表现为故意
    - 认定
      - 具有下列五种行为之一的，成立洗钱罪
        - 1. 提供资金账户的
        - 2. 协助将财产转换为现金、金融票据、有价证券的
        - 3. 通过转账或者其他结算方式协助资金转移的
        - 4. 协助将资金汇往境外的
        - 5. 以其他方法掩饰、隐瞒犯罪所得及其收益的来源和性质的
      - 划清洗钱罪与非罪的界限：1. 须是“洗”《刑法》规定的犯罪的违法所得及其产生的收益；2. 须明知
      - 划清洗钱罪与走私犯罪、黑社会性质的组织犯罪、恐怖活动犯罪、毒品犯罪、贪污贿赂犯罪、破坏金融秩序犯罪、金融诈骗犯罪的共犯的界限：事先有同谋，则构成上述七类犯罪的共犯
    - 法定刑

刑法分则——破坏社会主义市场经济秩序罪——本章要求掌握的犯罪

- 集资诈骗罪
  - 概念——指以非法占有为目的，使用诈骗方法非法集资，数额较大的行为
  - 特征
    - 侵犯客体是出资人的财产所有权和国家对金融活动的管理秩序
    - 客观方面表现为行为人使用诈骗方法非法集资，数额较大的行为
      - 集资后携带集资款潜逃的
      - 未将集资款按约定用途使用，而是擅自挥霍、滥用，致使集资款无法返还的
      - 使用集资款进行违法犯罪活动，致使集资款无法返还的
      - 向集资者允诺到期支付超过银行同期最高浮动利率 50% 以上的高回报率的
    - 犯罪主体是个人和单位
    - 主观方面表现为故意，并具有非法占有出资人财产的目的
  - 认定——具有下列情形之一的，可以认定为“以非法占有为目的”：1. 集资后不用于生产经营活动或者用于生产经营活动与筹集资金规模明显不成比例，致使集资款不能返还的；2. 肆意挥霍集资款，致使集资款不能返还的；3. 携带集资款逃匿的；4. 将集资款用于违法犯罪活动的；5. 抽逃、转移资金、隐匿财产，逃避返还资金的；6. 隐匿、销毁账目，或者搞假破产、假倒闭，逃避返还资金的；7. 拒不交代资金去向，逃避返还资金的；8. 其他可以认定非法占有目的的情形
  - 法定刑
- 贷款诈骗罪
  - 概念——指以非法占有为目的，编造引进资金、项目等虚假理由，使用虚假的经济合同，使用虚假的证明文件，使用虚假的产权证明作担保，超出抵押物价值重复担保或者以其他方法，诈骗银行或者其他金融机构的贷款，数额较大的行为
  - 特征
    - 侵犯客体是双重客体，既侵犯了银行或者其他金融机构对贷款的所有权，又侵犯了国家的金融管理制度
    - 客观方面表现为采用虚构事实、隐瞒真相的方法诈骗银行或者其他金融机构的贷款，数额较大的行为
      - 编造引进资金、项目等虚假理由的
      - 使用虚假的经济合同的
      - 使用虚假的证明文件的
      - 使用虚假的产权证明作担保或超出抵押物价值重复担保的
      - 以其他方法诈骗贷款的
    - 犯罪主体只能是自然人
    - 主观方面表现为故意，且以非法占有为目的
  - 认定——划清贷款诈骗罪与骗取贷款罪的界限：关键是行为人有无非法占有目的
  - 法定刑

- 刑法分则——破坏社会主义市场经济秩序罪——本章要求掌握的犯罪——信用卡诈骗罪
  - 概念——指以非法占有为目的，违反信用卡管理法规，利用信用卡进行诈骗活动，数额较大的行为
  - 特征
    - 侵犯客体是信用卡管理制度和公私财产所有权
    - 客观方面表现为行为人采用虚构事实或者隐瞒真相的方法，利用信用卡骗取公私财物，数额较大的行为
      - 1. 使用伪造的信用卡，或者使用以虚假的身份证明骗领的信用卡的
      - 2. 使用作废的信用卡的
      - 3. 冒用他人信用卡的
        - （1）拾得他人信用卡并使用的
        - （2）骗取他人信用卡并使用的
        - （3）窃取、收买、骗取或者以其他方式获取他人信用卡信息资料，并通过互联网、通信终端等使用的
        - （4）其他冒用他人信用卡的情形
      - 4. 恶意透支的
        - 恶意透支是指持卡人以非法占有为目的，超过规定限额或者规定期限透支，并且经发卡银行两次催收后超过 3 个月仍不归还的行为
        - 应认定行为人具有非法占有目的的情形
          - （1）明知没有还款能力而大量透支，无法归还的
          - （2）肆意挥霍透支的资金，无法归还的
          - （3）透支后逃匿、改变联系方式，逃避银行催收的
          - （4）抽逃、转移资金，隐匿财产，逃避还款的
          - （5）使用透支的资金进行违法犯罪活动的
          - （6）其他非法占有资金，拒不归还的行为
    - 犯罪主体是一般主体
    - 主观方面表现为故意，而且是直接故意，行为人主观上还必须具有非法占有公私财物的目的
  - 认定
    - 盗窃信用卡并使用的，依照盗窃罪定罪处罚
    - 拾得他人信用卡并在自动柜员机上使用的，构成本罪，不构成盗窃罪
  - 法定刑

- **刑法分则**——破坏社会主义市场经济秩序罪——本章要求掌握的犯罪
  - 保险诈骗罪
    - 概念——指违反保险法规，以非法占有为目的，进行保险诈骗活动，数额较大的行为
    - 特征
      - 侵犯客体是国家的保险制度和保险人的财产所有权
      - 客观方面表现为违反保险法规，采取虚构保险标的、保险事故或者制造保险事故等方法，骗取较大数额保险金的行为
      - 犯罪主体为个人和单位，具体指投保人、被保险人、受益人
      - 主观方面表现为故意，并具有非法占有保险金的目的。过失不构成本罪
    - 法定刑
  - 逃税罪
    - 概念——指纳税人采取欺骗、隐瞒手段进行虚假的纳税申报或者不申报，逃避缴纳税款数额较大并且占应纳税额10%以上或者扣缴义务人采取欺骗、隐瞒手段，不缴或少缴已扣、已收税款，数额较大的行为
    - 特征
      - 侵犯客体是国家的税收征管制度
      - 客观方面表现为违反税收征管法规，采取欺骗、隐瞒手段进行虚假的纳税申报或者不申报，或者不缴或少缴已扣、已收税款，逃避缴纳税款达到法定标准的行为
      - 犯罪主体是特殊主体，即纳税人、扣缴义务人，包括个人和单位
      - 主观方面表现为故意，并具有逃避纳税义务、谋取非法利益的目的
    - 认定——逃税罪的客观方面有以下表现
      1. 纳税人采取欺骗、隐瞒手段进行虚假的纳税申报或者不申报，逃避缴纳税款，数额在 5 万元以上并且占各税种应纳税总额 10% 以上，经税务机关依法下达追缴通知后，不补缴应纳税款、不缴纳滞纳金或者不接受行政处罚的
      2. 纳税人 5 年内因逃避缴纳税款受过刑事处罚或者被税务机关给予二次以上行政处罚，又逃避缴纳税款，数额在 5 万元以上并且占各税种应纳税总额 10% 以上的
      3. 扣缴义务人采取欺骗、隐瞒手段，不缴或者少缴已扣、已收税款，数额在 5 万元以上的
    - 法定刑

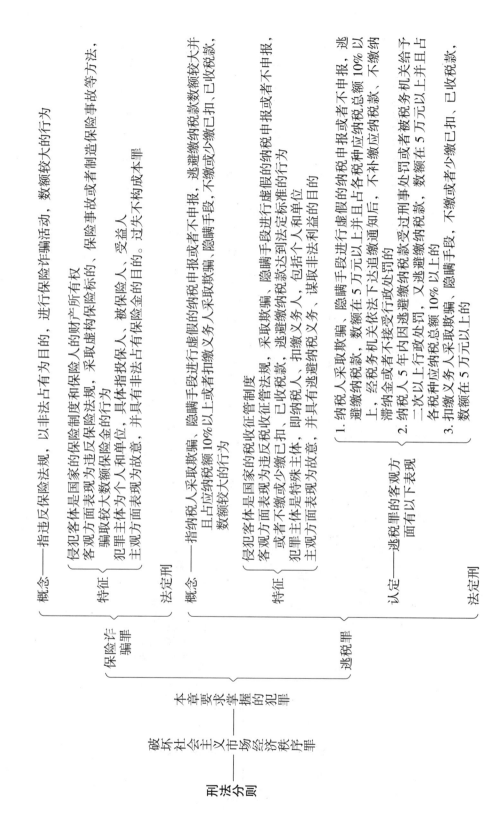

- 刑法分则——破坏社会主义市场经济秩序罪——本章要求掌握的犯罪
  - 抗税罪
    - 概念——指纳税人以暴力、威胁方法拒不缴纳税款的行为
    - 特征
      - 侵犯客体是复杂客体，既破坏了国家的税收管理秩序，又侵犯了依法征税的税务人员的人身权利
      - 客观方面表现为采用暴力、威胁方法拒不缴纳税款的行为
      - 犯罪主体为纳税人中的个人，单位不构成抗税罪
      - 主观方面表现为故意，目的在于抗拒缴纳税款
    - 法定刑
  - 虚开增值税专用发票、用于骗取出口退税、抵扣税款发票罪
    - 概念——指违反国家发票管理、增值税征管的法规，实施虚假开具增值税专用发票或者虚开用于骗取出口退税、抵扣税款的其他发票的行为
    - 特征
      - 侵犯客体是国家关于增值税专用发票和其他专用发票的管理制度
      - 客观方面表现为虚开增值税专用发票或者虚开用于骗取出口退税、抵扣税款的其他发票的行为
        - 一是虚假开具增值税专用发票
        - 二是虚假开具用于骗取出口退税、抵扣税款的其他发票
      - 犯罪主体是个人和单位
      - 主观方面表现为故意，对国家税款的流失持故意的心理态度，并具有谋取非法利益的目的
    - 法定刑

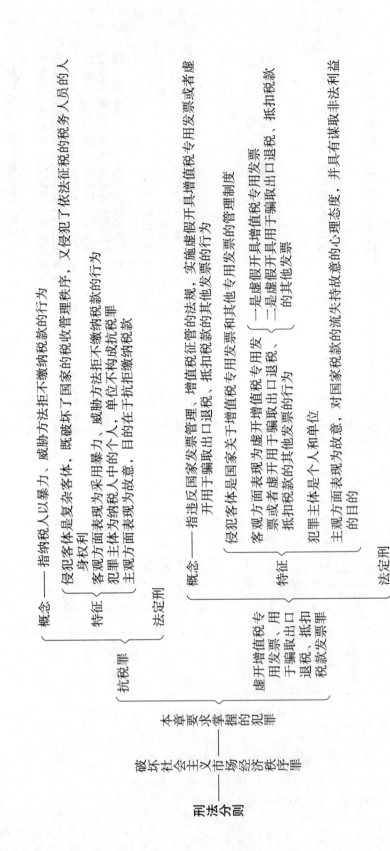

刑法分则——破坏社会主义市场经济秩序罪——本章要求掌握的犯罪

- 假冒注册商标罪
  - 概念——指违反国家商标管理法规，未经商标所有人许可，在同一种商品上使用与其注册商标相同的商标，情节严重的行为
  - 特征
    - 侵犯客体是他人的注册商标专用权和国家的商标管理制度
    - 客观方面表现为违反国家商标管理法规，未经注册商标所有人许可，在同一种商品上使用与其注册商标相同的商标，情节严重的行为
    - 犯罪主体是个人和单位
    - 主观方面表现为故意。实践中多具有营利或谋取非法利益的目的
  - 认定——假冒注册商标的行为包括以下四种
    1. 在同一种商品上使用与他人注册商标相同的商标
    2. 在同一种商品上使用与他人注册商标相近似的商标
    3. 在类似商品上使用与他人注册商标相同的商标
    4. 在类似商品上使用与他人注册商标相近似的商标
  - 法定刑
- 侵犯著作权罪
  - 概念——指以营利为目的，侵犯他人著作权，违法所得数额较大或者有其他严重情节的行为
  - 特征
    - 侵犯客体是著作权人的著作权和国家关于著作权的管理制度
    - 客观方面表现为侵犯他人著作权，违法所得数额较大或者有其他严重情节的行为
    - 犯罪主体是个人和单位
    - 主观方面表现为故意，并且具有营利的目的
  - 认定——以营利为目的盗版发行明知载有煽动分裂国家、破坏国家统一或者煽动颠覆国家政权、推翻社会主义制度内容的作品，不构成侵犯著作权罪，而应以煽动分裂国家罪或者煽动颠覆国家政权罪论处
  - 法定刑

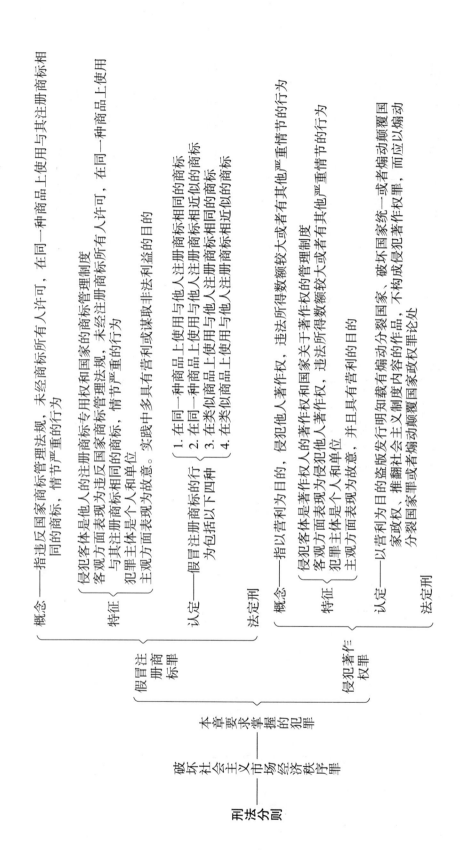

刑法分则——破坏社会主义市场经济秩序罪——本章要求掌握的犯罪

- 销售侵权复制品罪
  - 概念——指以营利为目的，销售明知是《刑法》第二百一十七条规定的侵权复制品，违法所得数额巨大的行为
  - 特征
    - 侵犯的客体是著作权人的著作权和国家关于著作权的管理制度
    - 客观方面表现为明知是《刑法》第二百一十七条规定的侵权复制品而进行销售，违法所得数额巨大的行为
    - 犯罪主体是个人和单位
    - 主观方面表现为故意，即明知是侵权复制品而予以销售，并具有营利的目的
  - 法定刑
- 侵犯商业秘密罪
  - 概念——指违反《反不正当竞争法》等规范商业秘密的法律规定，侵犯商业秘密，给商业秘密的权利人造成重大损失的行为
  - 特征
    - 侵犯客体是商业秘密的权利人对商业秘密的专有权和国家对商业秘密的管理制度
    - 客观方面表现为违反《反不正当竞争法》第九条的规定，侵犯商业秘密，给商业秘密的权利人造成重大损失的行为
    - 犯罪主体是个人和单位
    - 主观方面表现为故意
  - 认定——侵犯商业秘密的具体行为有三种
    1. 以盗窃、利诱、胁迫或者其他不正当手段获取权利人的商业秘密的
    2. 披露、使用或者允许他人使用以前项手段获取的权利人的商业秘密的
    3. 违反约定或者违反权利人有关保守商业秘密的要求，披露、使用或者允许他人使用其所掌握的商业秘密的
  - 法定刑

- 刑法分则——破坏社会主义市场经济秩序罪——本章要求掌握的犯罪
  - 合同诈骗罪
    - 概念——指以非法占有为目的，在签订、履行合同过程中，骗取对方当事人财物，数额较大的行为
    - 特征
      - 侵犯客体是国家对合同的管理制度、诚实信用的市场经济秩序和合同当事人的财产所有权
      - 客观方面表现为在签订、履行合同的过程中，骗取对方当事人的财物，数额较大的行为
      - 犯罪主体为个人和单位
      - 主观方面表现为故意，并且具有非法占有他人财物的目的
    - 认定
      - 合同诈骗行为方式包括以下五种
        - 1. 以虚构的单位或者冒用他人名义签订合同
        - 2. 以伪造、变造、作废的票据或者其他虚假的产权证明作担保
        - 3. 没有实际履行能力，以先履行小额合同或者部分履行合同的方法，诱骗对方当事人继续签订和履行合同
        - 4. 收受对方当事人给付的货物、货款、预付款或者担保财产后逃匿
        - 5. 以其他方法骗取对方当事人财物
      - 划清合同诈骗罪与诈骗罪的界限
        - 侵犯的客体不同
        - 犯罪客观方面表现不尽相同
        - 犯罪主体不尽相同
        - 本罪与诈骗罪属于法条竞合，应当遵循特别法优于一般法的原则
    - 法定刑
  - 组织、领导传销活动罪
    - 概念——指组织、领导以推销商品、提供服务等经营活动为名，要求参加者以缴纳费用或者购买商品、服务等方式获得加入资格，并按照一定顺序组成层级，直接或者间接以发展人员的数量作为计酬或者返利依据，引诱、胁迫参加者继续发展他人参加，骗取财物，扰乱社会经济秩序的传销活动的行为
    - 特征
      - 侵犯的客体为复杂客体，既侵犯了公民的财产所有权，又侵犯了市场经济秩序和社会管理秩序
      - 客观方面表现为违反国家规定，组织、领导传销活动，扰乱市场秩序的行为
      - 主体是一般主体
      - 主观方面表现为直接故意，具有非法牟利的目的
    - 认定——该罪在认定中应注意其犯罪主体是传销活动的组织者、领导者，而不包括一般参加者。单纯加入传销组织不构成犯罪，但是单纯加入恐怖组织、黑社会组织则构成犯罪
    - 法定刑

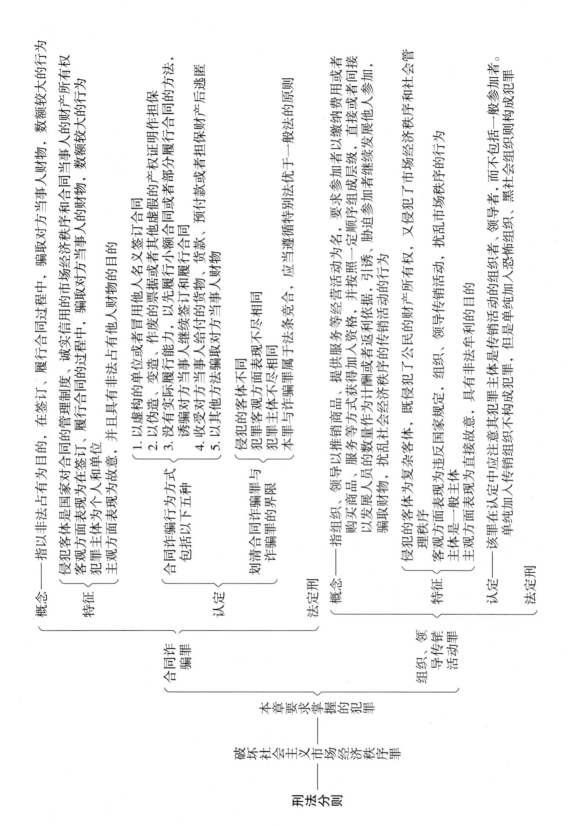

- 刑法分则——破坏社会主义市场经济秩序罪——本章要求掌握的犯罪
  - 非法经营罪
    - 概念——指违反国家规定，非法经营，扰乱市场秩序，情节严重的行为
    - 特征
      - 侵犯客体是国家依法管理市场的秩序
      - 客观方面表现为违反国家规定，非法经营，扰乱市场秩序，情节严重的行为
      - 犯罪主体为个人和单位
      - 主观方面表现为故意，一般具有牟取非法经济利益的目的
    - 认定
      - 非法经营行为包括：
        1. 未经许可经营法律、行政法规规定的专营、专卖物品或者其他限制买卖的物品的；
        2. 买卖进出口许可证、进出口原产地证明以及其他法律、行政法规规定的经营许可证或者批准文件的；
        3. 未经国家有关主管部门批准非法经营证券、期货、保险业务的，或者非法从事资金支付结算业务；
        4. 其他严重扰乱市场经营的非法经营行为
      - 常见行为
        - 以非法出版物牟利
        - 非法使用 POS 机
        - 擅自发行、销售彩票
        - 非法买卖外汇
        - 擅自经营国际电信业务
        - 非法生产、销售“瘦肉精”
        - 私设生猪屠宰场
    - 法定刑
  - 强迫交易罪
    - 概念——指以暴力、威胁手段，迫使他人进行交易，情节严重的行为
    - 特征
    - 认定
      - 强迫交易的法定方式
        1. 强买强卖商品的
        2. 强迫他人提供或接受服务的
        3. 强迫他人参与或退出投标、拍卖的
        4. 强迫他人转让或收购公司、企业的股份、债券或其他资产的
        5. 强迫他人参与或退出特定的经营活动的
      - 划清强迫交易罪与抢劫罪的界限：强迫交易罪的主体是正常从事商品买卖、交易或者劳动服务的人，抢劫罪主体一般不具有这一特征；强迫交易罪的客观方面，交易行为与正常交易的价值相差较小，而抢劫罪存在明显的价值差距，交易往往只是幌子，其背后常伴有暴力、胁迫等手段
    - 法定刑

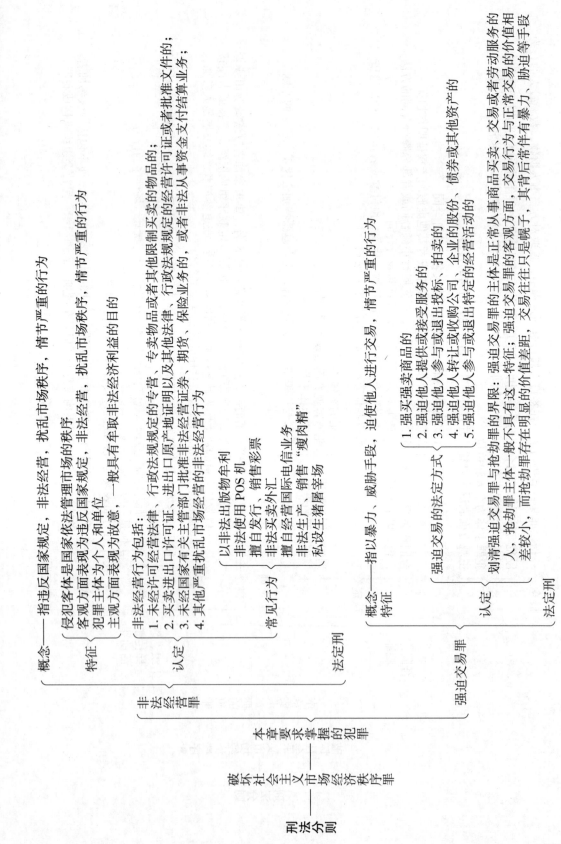

刑法分则——侵犯公民人身权利、民主权利罪

- 概述
  - 概念——指侵犯公民人身权利和与人身直接有关的权利，非法剥夺或妨碍公民自由行使依法享有的管理国家事务和参加国家政治活动的权利，以及妨害公民婚姻、家庭权利的行为
  - 构成特征
    - 侵犯客体是公民的人身权利与民主权利
    - 客观方面表现为侵犯公民人身权利、民主权利的行为
    - 犯罪主体多数是一般主体即自然人，少数犯罪主体是特殊主体，如报复陷害罪就是特殊主体，只能是国家机关工作人员
    - 主观方面除过失致人死亡罪、过失致人重伤罪外，其他犯罪都是由故意构成
- 本章要求掌握的犯罪——故意杀人罪（重点）
  - 概念——指故意非法剥夺他人生命的行为
  - 特征
    - 侵犯客体是他人的生命权利
    - 客观方面表现为非法剥夺他人生命的行为
      - 自杀行为不是犯罪
      - 堕胎不是犯罪
      - 毁坏尸体的行为，不构成故意杀人罪
    - 犯罪主体是一般主体，凡年满14周岁并具有刑事责任能力的自然人，均可以构成本罪的主体
    - 主观方面表现为故意，包括直接故意和间接故意
  - 认定——划清故意杀人罪与因危害公共安全导致他人死亡的犯罪的界限：前罪针对的是特定的犯罪对象，表现为某个或某几个人的生命；而后罪针对的是不特定的多数人的生命、健康和重大公私财产安全

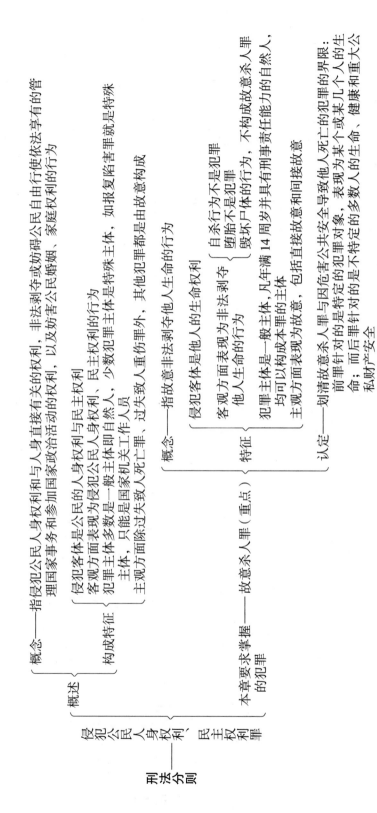

- 刑法分则
  - 侵犯公民人身权利、民主权利罪
    - 本章要求掌握的犯罪
      - 故意杀人罪（重点）
        - 认定
          - 关于自杀案件的认定与处理
            - 以暴力、威胁的方法逼迫他人自杀的，或者以相约自杀的方式欺骗他人自杀而本人并不自杀的，实质上是借助于被害人之手完成故意杀人的行为，符合故意杀人罪的构成要件，应以故意杀人罪论处
            - 诱骗、帮助未满 14 周岁的人或者丧失辨认或控制能力的人自杀的，实质上也是借助于被害人之手完成故意杀人的行为，符合故意杀人罪的构成要件，应以故意杀人罪论处
            - 实施了《刑法》所规定的作为或不作为而造成他人自杀身亡的，应当将他人自杀身亡的结果作为行为人构成的某种犯罪的量刑情节，结合其他案件情节加以综合考虑
            - 教唆、帮助意志完全自由的人自杀的，不以犯罪论处
            - 安乐死在我国目前仍属非法，应以故意杀人罪论处
          - 故意杀人罪、故意伤害罪有关知识点
            - 非法拘禁致人重伤、死亡的，属于结果加重犯；非法拘禁过程中，使用暴力致人伤残、死亡的，依照故意伤害罪、故意杀人罪定罪处罚
            - 抢劫致人重伤、死亡的，属于结果加重犯；抢劫完成后，出于灭口或者其他目的而杀人的，应当以抢劫罪和故意杀人罪数罪并罚；故意杀人或者伤害他人后，乘机拿走财物，以故意杀人罪或故意伤害罪和盗窃罪数罪并罚
            - 绑架致人重伤、死亡的，属于结果加重犯；绑架过程中又以暴力、胁迫手段抢劫被害人随身携带财物的，同时触犯绑架罪和抢劫罪两罪名，应择一重罪定罪处罚
            - 拐卖妇女、儿童造成被拐卖妇女、儿童或其亲属重伤、死亡的，属于结果加重犯；行为人将被拐卖妇女、儿童故意杀害、伤害的，应当以拐卖妇女、儿童罪和故意杀人罪、故意伤害罪数罪并罚
            - 暴力干涉婚姻自由，致使被害人死亡的，属于结果加重犯
            - 刑讯逼供致人伤残的，以故意伤害罪从重处罚，致人死亡的，以故意杀人罪从重处罚
            - 聚众斗殴，致人重伤、死亡的，依照故意伤害罪、故意杀人罪定罪处罚
        - 法定刑
      - 过失致人死亡罪
        - 概念——指过失致人死亡的行为
        - 特征
          - 侵犯客体是他人的生命权利
          - 客观方面表现为因过失致使他人死亡的行为
          - 犯罪主体是一般主体
          - 主观方面表现为过失
        - 认定
          - 划清过失致人死亡罪与故意杀人罪的界限
            - 行为人对他人死亡结果发生的认识程度不同：前低后高
            - 行为人对他人死亡结果发生的态度不同：前者持否定态度，后者持放任态度
          - 划清过失致人死亡罪与因意外事件致人死亡的界限：关键在于行为人能否预见自己的行为可能导致他人死亡和行为人能否防止他人死亡结果的发生
        - 法定刑

- 刑法分则——侵犯公民人身权利、民主权利罪——本章要求掌握的犯罪
  - 故意伤害罪
    - 概念——指故意非法伤害他人身体的行为
    - 特征
      - 侵犯客体是他人的身体健康权利
      - 客观方面表现为非法伤害他人身体的行为
      - 犯罪主体是一般主体，但年满 14 周岁并具有刑事责任能力的人应对故意伤害致人重伤或者死亡的犯罪负刑事责任
      - 主观方面表现为故意
    - 认定
      - 划清故意伤害罪与非罪的界限：行为人没有重伤或轻伤他人的故意，也没有为了实施其他犯罪而使用暴力的故意，且实际伤害轻微的，不以犯罪论处
      - 划清故意伤害罪与故意杀人罪的界限：两者的关键区别是故意内容不同，故意伤害罪的故意内容是伤害，故意杀人罪的故意内容是杀害。故意内容是通过客观方面来判断的
      - 划清故意伤害（致死）罪与过失致人死亡罪的界限：两者的关键区别是是否有伤害的故意
      - 注意：故意伤害致人死亡的，是典型的结果加重犯
    - 法定刑
  - 组织出卖人体器官罪
    - 概念——指违反国家有关规定，组织他人出卖人体器官的行为
    - 特征
      - 侵犯客体是他人的身体健康权、生命权以及国家对人体（活体）器官捐献管理秩序和人体器官移植规范的正常秩序
      - 客观方面表现为违反国家有关规定，组织他人出卖人体器官的行为
      - 犯罪主体是一般主体
      - 主观方面表现为故意
    - 法定刑
  - 强奸罪（重点）
    - 概念——指违背妇女意志，使用暴力、胁迫或者其他手段，强行与其发生性交或者奸淫不满 14 周岁的幼女的行为
    - 特征——侵犯客体是女性的性自由权利和幼女的身心健康权利

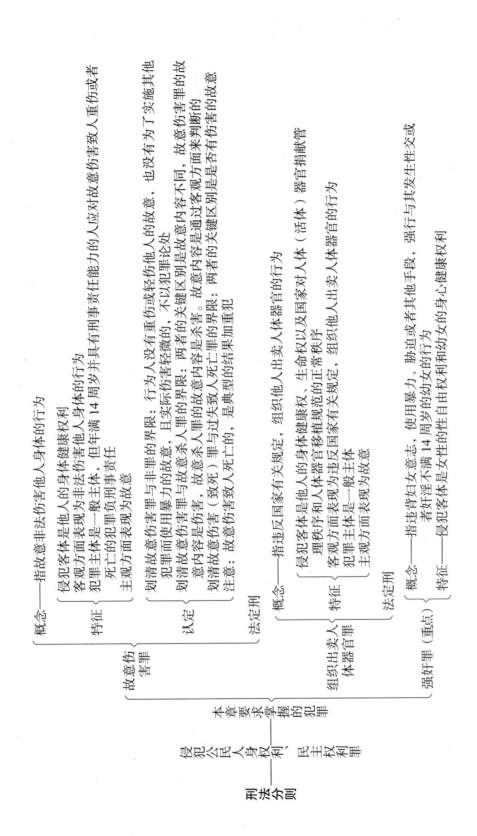

- 刑法分则
  - 侵犯公民人身权利、民主权利罪
    - 本章要求掌握的犯罪
      - 强奸罪（重点）
        - 特征
          - 客观方面表现为违背妇女意志，采用暴力、胁迫或者其他手段，强行与妇女发生性交；对于幼女则表现为与不满 14 周岁的幼女发生性交的行为
          - 犯罪主体是特殊主体，即年满 14 周岁并具有刑事责任能力的男性。妇女不能单独成为强奸罪的主体，但可以成为强奸罪的共犯或者间接实行犯
          - 主观方面表现为强行奸淫妇女的故意
        - 认定
          - 划清强奸罪与男女在恋爱过程中自愿发生的不正当性行为的界限
          - 划清求奸未成与强奸未遂的界限
          - 与幼女发生关系行为的认定
            - 1. 幼女早熟，身材高大，且虚报年龄，行为人在不知道也不可能知道其为幼女的情况下，经幼女同意发生性交的，不能认定为强奸罪
            - 2. 个别幼女染有淫乱习性，主动与多名男子发生性交的，对这些男子也不宜都以强奸罪论处
            - 3. 已满 14 周岁不满 16 周岁的男性，与幼女交往密切，双方自愿发生性交，而且情节轻微，尚未造成严重后果的，一般不宜以强奸罪论处
            - 4. 嫖宿卖淫幼女的，成立强奸罪
          - 划清强奸罪与通奸行为的界限
          - 行为人明知妇女是丧失辨认和控制自己行为能力的精神病患者或痴呆患者（程度严重的），而非法与之发生性交的，不管使用什么手段，也不问妇女是否“同意”，均应以强奸罪论处
        - 法定刑
      - 强制猥亵、侮辱罪
        - 概念——指违背他人意志，以暴力、胁迫或者其他方法强制猥亵他人或者侮辱妇女的行为
        - 特征
          - 侵犯客体是他人、妇女的人格、名誉权利
          - 客观方面表现为行为人违背他人意志，以暴力、胁迫或者其他方法使他人、妇女处于不能抗拒、不敢抗拒或者不知抗拒的状态而强制猥亵或侮辱的行为
            - 暴力，是指对他人、妇女的人身施加外力打击或强制，如殴打、捆绑、强拉强拽等
            - 胁迫，是指以实施杀害、伤害或揭发隐私等行为进行恫吓、威胁
            - 其他方法，是指以暴力、胁迫方法以外的使他人、妇女不能反抗或不知反抗的方法，如用酒灌醉，用药物麻醉，乘他人、妇女熟睡或者患重病等
          - 犯罪主体是一般主体，通常是男性
          - 主观方面表现为直接故意，但不是以奸淫为目的，其动机通常是寻求性刺激

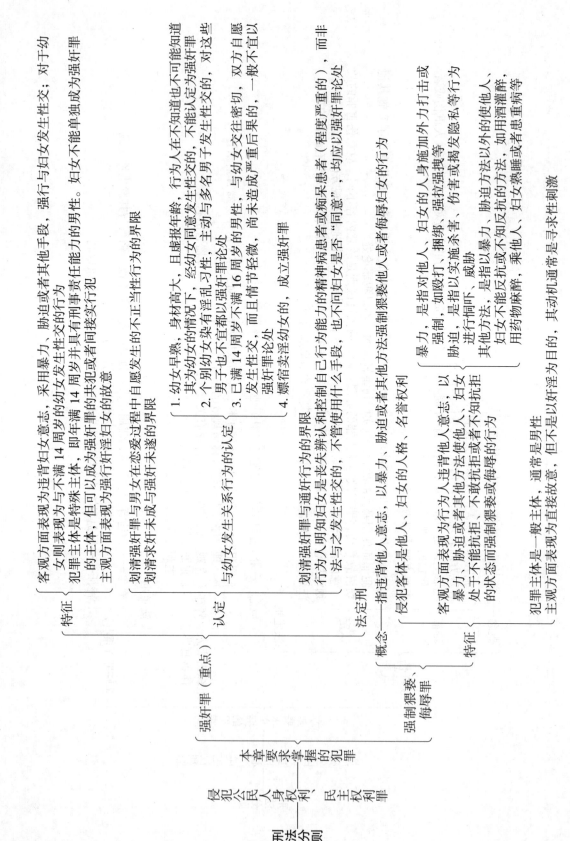

- **刑法分则**——侵犯公民人身权利、民主权利罪——本章要求掌握的犯罪
  - 强制猥亵、侮辱罪
    - 认定——划清强制猥亵、侮辱罪与强奸罪（未遂）的界限
      - 主观故意的内容不同：前罪不以性交为目的
      - 客观方面的行为不完全相同：前罪无性交行为，后罪是（意图）实施性交行为
      - 犯罪主体的范围不完全相同：后罪只能是男子
    - 法定刑
  - 非法拘禁罪（重点）
    - 概念——指非法拘禁他人或者以其他方法非法剥夺他人人身自由的行为
    - 特征
      - 侵犯客体是他人的人身自由权利
      - 客观方面表现为以拘禁或其他强制方法，非法剥夺他人人身自由的行为
      - 犯罪主体是一般主体
      - 主观方面表现为故意，但不以出卖、勒索财物为目
    - 认定
      - 非法拘禁罪是继续犯，非法剥夺他人人身自由的行为是一种持续行为，即该行为在一定时间内处于继续状态，具有不间断性
      - 非法拘禁罪的转化
        - 行为人必须是以暴力方法犯非法拘禁罪
        - 客观上必须造成了被害人重伤、死亡的结果，至于行为人主观上对于重伤、死亡结果的发生是故意还是过失，法律没有明确规定
      - 此罪与彼罪及罪数的认定
      - 非法拘禁行为与结果又触犯其他罪名的，应根据其情节与有关规定处理
        1. 以非法绑架、扣留他人的方法勒索财物的，成立绑架罪
        2. 以出卖为目的非法绑架妇女、儿童的，构成拐卖妇女、儿童罪
        3. 收买被拐卖的妇女、儿童后，非法剥夺其人身自由的，应实行数罪并罚
    - 法定刑

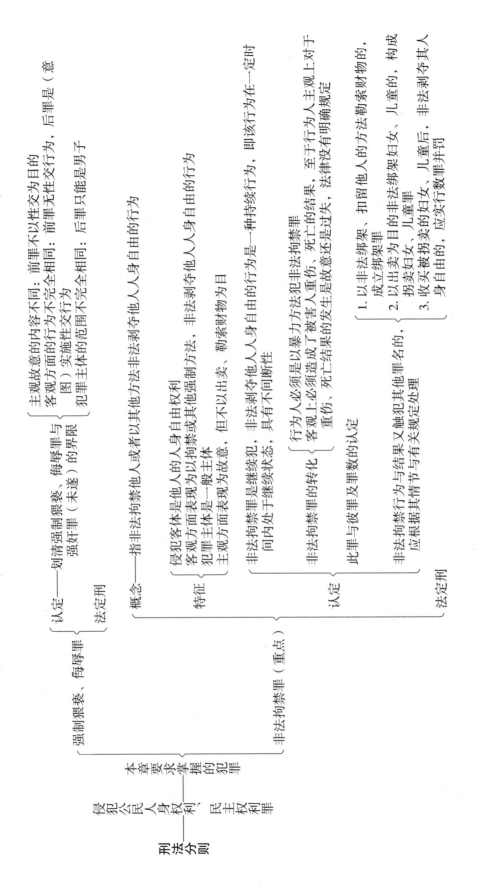

- 刑法分则
  - 侵犯公民人身权利、民主权利罪
    - 本章要求掌握的犯罪
      - 绑架罪
        - 概念——指以勒索财物为目的绑架他人，或者绑架他人作为人质，或者以勒索财物为目的偷盗婴幼儿的行为
        - 特征
          - 侵犯客体是他人的人身权利
          - 客观方面表现为绑架他人或者偷盗婴幼儿的行为
            - 绑架，是指用暴力、胁迫、麻醉或者其他强制性手段将他人劫持，置于自己的控制之下，使其失去人身自由的行为
            - 偷盗婴幼儿，是指采取不为婴幼儿父母、监护人、保姆等看护人知晓的秘密方式偷盗不满 1 周岁的婴儿或者 1 周岁以上不满 6 周岁的幼儿的行为
          - 犯罪主体是一般主体
          - 主观方面表现为故意，并以勒索财物或者绑架他人为人质为目的
        - 认定
          - 划清绑架罪与非法拘禁罪的界限：前罪以勒索财物或者绑架他人为人质为目的；后罪则没有这样的目的，如讨要正当债务而绑架他人的，以非法拘禁罪论处
          - 绑架罪的罪数问题："杀害被绑架人"的，虽然完全符合故意杀人罪的构成要件，但法律规定此作为绑架罪的加重犯处罚，不再单独以故意杀人罪论处
        - 法定刑
      - 拐卖妇女、儿童罪
        - 概念——指以出卖为目的，拐骗、绑架、收买、贩卖、接送、中转妇女、儿童，或者以出卖为目的偷盗婴幼儿的行为。这是一种世界性犯罪
        - 特征
          - 侵犯客体是妇女、儿童的人身自由权利与人格尊严。本罪的对象仅限于妇女和儿童
          - 客观方面表现为拐骗、绑架、收买、贩卖、接送、中转妇女、儿童，或者偷盗婴幼儿的行为
            - 妇女，是指已满 14 周岁的女性，既包括具有中国国籍的妇女，也包括具有外国国籍和无国籍的妇女
            - 儿童，是指不满 14 周岁的男、女儿童
            - 拐骗，是指以欺骗、利诱等非暴力手段将妇女、儿童拐走，以便出卖的行为
            - 绑架，是指以暴力、胁迫或者麻醉方法劫持、控制妇女、儿童的行为
            - 收买，是指以金钱或者其他财物买取、换取妇女、儿童的行为
            - 贩卖，是指将妇女、儿童当作商品出售给他人以获取非法利益的行为
            - 接送，是指行为人在拐卖妇女、儿童过程中接收、运送的行为
            - 中转，是指为拐卖妇女、儿童的罪犯提供中途场所或机会的行为
            - 偷盗婴幼儿，是指秘密偷盗不满 6 周岁的儿童的行为
          - 犯罪主体为一般主体
          - 主观方面表现为故意，并且具有出卖的目的
        - 认定
          - 划清拐卖妇女、儿童罪与绑架罪的界限：主要在于犯罪目的，拐卖妇女、儿童罪以出卖为目的，而绑架罪是以勒索财物或其他非法利益为目的
          - 以出卖为目的的构成拐卖妇女、儿童罪；以勒索财物或者其他非法利益为目的的构成绑架罪；没有上述目的，但拐骗不满 14 周岁的未成年人，使其脱离家庭或者监护人的，构成拐骗儿童罪
        - 法定刑

刑法分则——侵犯公民人身权利、民主权利罪——本章要求掌握的犯罪

- 收买被拐卖的妇女、儿童罪
  - 概念——指不以出卖为目的，明知是被拐卖的妇女、儿童而予以收买的行为
  - 特征
    - 侵犯客体是被拐卖妇女、儿童的人格尊严和人身自由权
    - 客观方面表现为收买被拐卖的妇女、儿童的行为。收买，是指行为人以货币或其他财物换取被拐卖的妇女、儿童的行为
    - 犯罪主体为一般主体
    - 主观方面表现为故意
  - 认定
    - 划清收买被拐卖的妇女、儿童罪一罪与数罪的界限
      - 收买被拐卖的妇女后，强行与其发生性关系的，对行为人以强奸罪和收买被拐卖的妇女罪数罪并罚
      - 对收买的被拐卖的妇女、儿童，非法剥夺、限制其人身自由或者有伤害、侮辱等犯罪行为的，应分别依照《刑法》关于非法拘禁罪、故意伤害罪、侮辱罪等规定认定行为性质，并与收买被拐卖的妇女、儿童罪数罪并罚
    - 可以从轻处罚的情形：对被买儿童没有虐待行为，不阻碍对其进行解救的
    - 可以从轻或者减轻处罚的情形：按照被买妇女的意愿，不阻碍其返回原居住地的
  - 法定刑
- 雇用童工从事危重劳动罪
  - 概念——指违反劳动管理法规，雇用未满 16 周岁的未成年人从事超强度体力劳动的，或者高空、井下作业的，或者在爆炸性、易燃性、放射性、毒害性等危险环境下从事劳动，情节严重的行为
  - 特征
    - 侵犯客体是未成年人的身体和身心健康权利。犯罪对象是童工
    - 客观方面表现为违反劳动管理法规，雇用未满 16 周岁的未成年人从事超强度体力劳动的，或者高空、井下作业的，或者在爆炸性、易燃性、放射性、毒害性等危险环境下从事劳动，情节严重的行为
    - 犯罪主体既可以是单位，也可以是自然人
    - 主观方面表现为故意
  - 法定刑

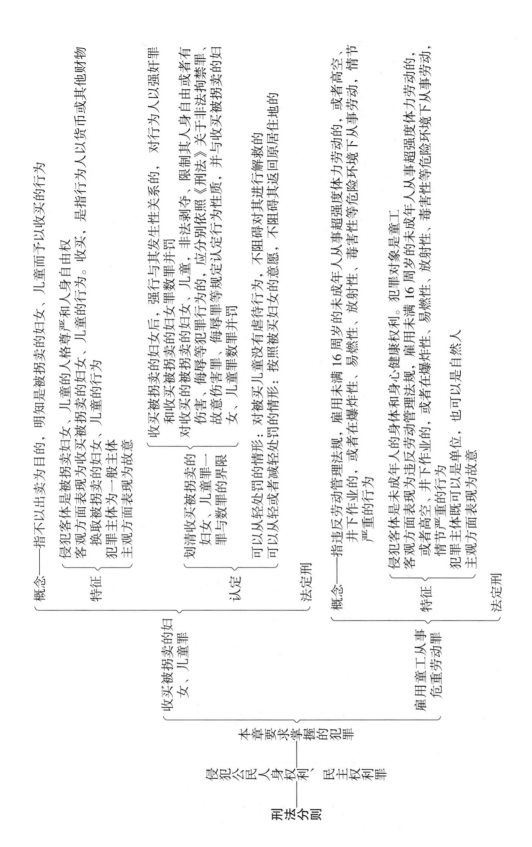

- 刑法分则——侵犯公民人身权利、民主权利罪——本章要求掌握的犯罪
  - 诬告陷害罪
    - 概念——指捏造事实诬告陷害他人，意图使他人受刑事追究，情节严重的行为
    - 特征
      - 侵犯客体是公民的人身权利和国家司法机关的正常活动
      - 客观方面表现为捏造他人犯罪的事实，并向国家机关或者有关单位与人员告发，或者采取其他足以引起司法机关追究活动的行为
        - 1. 诬告陷害必须有捏造他人犯罪事实的行为
        - 2. 诬告陷害行为必须向国家机关或者有关单位与人员告发，或者采取其他方法足以引起司法机关的追究活动
        - 3. 诬告陷害行为必须指向特定对象
      - 犯罪主体是一般主体
      - 主观方面表现为故意，并具有使他人受到刑事追究的目的
    - 法定刑
  - 侮辱罪
    - 概念——指使用暴力或者其他方法，公然贬低他人人格，败坏他人名誉，情节严重的行为
    - 特征
      - 侵犯客体是他人的人格、名誉
      - 客观方面表现为以暴力或者其他方法公然侮辱他人，损害他人人格和名誉，情节严重的行为
        - 1. 侮辱行为必须采取暴力或者其他方法进行
        - 2. 侮辱行为必须公然进行
        - 3. 侮辱行为必须针对特定的人进行
      - 犯罪主体是一般主体，只能是自然人，单位不能构成本罪
      - 主观方面表现为故意，并具有损害他人人格、名誉的目的
    - 认定
      - 划清侮辱罪与非罪的界限：侮辱行为必须达到情节严重的程度才构成犯罪，否则不构成犯罪
      - 犯本罪，告诉的才处理，但是严重危害社会秩序和国家利益的除外
    - 法定刑

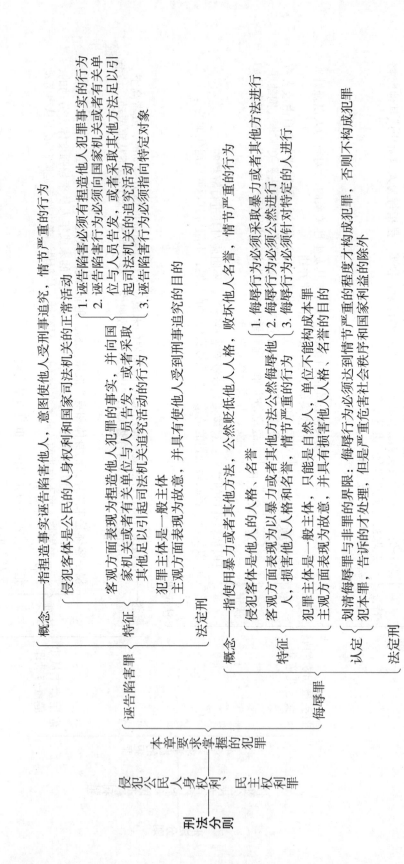

刑法分则——侵犯公民人身权利、民主权利罪——本章要求掌握的犯罪

- 诽谤罪
  - 概念——指捏造并公开散布某种虚构的事实，损害他人人格与名誉，情节严重的行为
  - 特征
    - 侵犯客体是他人的人格与名誉
    - 客观方面表现为捏造并公开散布某种虚构的事实，损害他人人格与名誉，情节严重的行为
      - 诽谤必须以捏造事实的方法进行
      - 诽谤必须公开散布其所捏造的事实
      - 诽谤行为必须针对特定的人进行
    - 犯罪主体是一般主体，只能是自然人，单位不能构成本罪
    - 主观方面表现为故意，并以损害他人人格、名誉为目的
  - 认定——划清诽谤罪与非罪的界限：诽谤行为必须达到情节严重的程度才能构成犯罪，否则不构成犯罪
  - 法定刑
- 刑讯逼供罪
  - 概念——指司法工作人员对犯罪嫌疑人、被告人实行刑讯逼供的行为
  - 特征
    - 侵犯客体是公民的人身权利和司法机关的正常活动
    - 客观方面表现为对犯罪嫌疑人、被告人使用肉刑或者变相使用肉刑，逼取口供的行为
    - 犯罪主体是特殊主体，即司法工作人员
    - 主观方面表现为故意，目的在于逼取口供
  - 认定——行为人的行为具备刑讯逼供罪的基本犯罪构成，而且致人伤残、死亡的，刑讯逼供罪转化为故意伤害罪、故意杀人罪，应依照故意伤害罪、故意杀人罪从重处罚
  - 法定刑

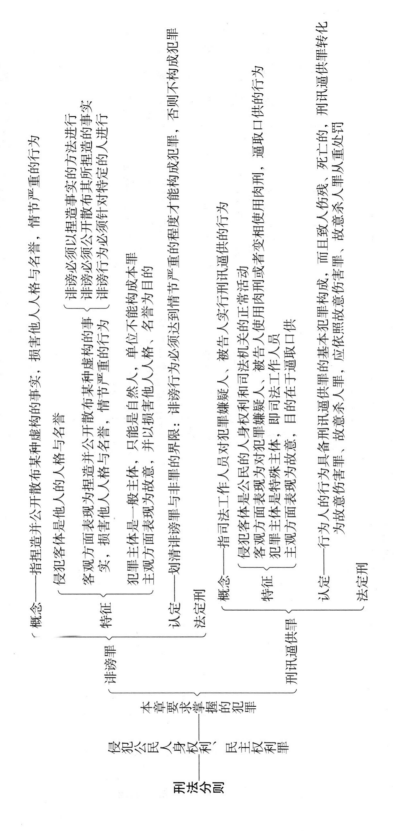

刑法分则——侵犯公民人身权利、民主权利罪——本章要求掌握的犯罪

- 侵犯公民个人信息罪
  - 概念——指违反国家有关规定，向他人出售或者提供公民个人信息，情节严重的行为
  - 特征
    - 侵犯客体是公民个人的信息自由和安全
    - 客观方面表现为违反国家有关规定，向他人出售或者提供公民个人信息，情节严重的行为
    - 犯罪主体是一般主体，包括自然人和单位
    - 主观方面表现为故意
  - 认定
    - 违反国家有关规定，将在履行职责或者提供服务过程中获取的公民个人信息，出售或者提供给他人的，应当从重处罚
    - “情节严重”的情形
      1. 出售或者提供行踪轨迹信息，被他人用于犯罪的
      2. 知道或者应当知道他人利用公民个人信息实施犯罪，向其出售或者提供的
      3. 非法获取、出售或者提供行踪轨迹信息、通信内容、征信信息、财产信息50条以上的
      4. 非法获取、出售或者提供住宿信息、通信记录、健康生理信息、交易信息等其他可能影响人身、财产安全的公民个人信息500条以上的
      5. 非法获取、出售或者提供第3项、第4项规定以外的公民个人信息5 000条以上的
      6. 数量未达到第3项至第5项规定标准，但是按相应比例合计达到有关数量标准的
      7. 违法所得5 000元以上的
      8. 将在履行职责或者提供服务过程中获得的公民个人信息出售或者提供给他人，数量或者数额达到第3项至第7项规定标准一半以上的
      9. 曾因侵犯公民个人信息受过刑事处罚或者2年内受过行政处罚，又非法获取、出售或者提供公民个人信息的
      10. 其他情节严重的情形
  - 法定刑
- 报复陷害罪
  - 概念——指国家机关工作人员滥用职权、假公济私，对控告人、申诉人、批评人、举报人实行报复陷害的行为
  - 特征
    - 侵犯客体是公民的民主权利，即控告权、申诉权、批评权、举报权等民主权利和国家机关的正常活动
    - 客观方面表现为滥用职权、假公济私，对控告人、申诉人、批评人、举报人实行报复陷害的行为
    - 犯罪主体是特殊主体，即国家机关工作人员
    - 主观方面表现为故意
  - 法定刑

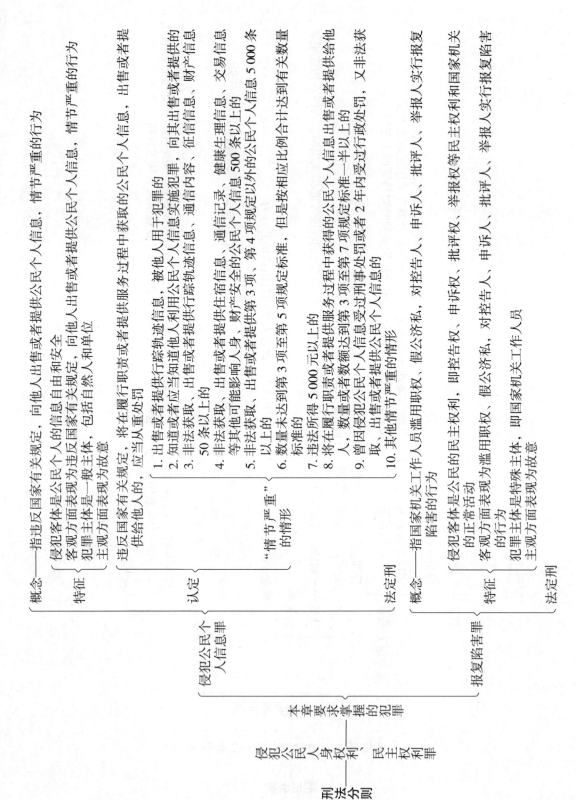

刑法分则——侵犯公民人身权利、民主权利罪——本章要求掌握的犯罪

- 破坏选举罪
  - 概念——指在选举各级人民代表大会代表和国家机关领导人员时，以暴力、威胁、欺骗、贿赂、伪造选举文件、虚报选举票数等手段破坏选举或者妨害选民和代表自由行使选举权和被选举权，情节严重的行为
  - 特征
    - 侵犯客体是公民的民主权利，即选举权与被选举权，以及国家的选举制度
    - 客观方面表现为在选举各级人民代表大会代表和国家机关领导人员时，以暴力、威胁、欺骗、贿赂、伪造选举文件、虚报选举票数等手段破坏选举或者妨害选民和代表自由行使选举权和被选举权，情节严重的行为
    - 犯罪主体是一般主体
    - 主观方面表现为直接故意，并具有破坏选举的目的
  - 认定
    - 在认定破坏选举罪时需要注意，破坏选举的行为必须是情节严重的，才构成犯罪
    - 本罪不包括村委会、居委会的选举
  - 法定刑
- 暴力干涉婚姻自由罪
  - 概念——指用暴力手段干涉他人结婚自由或离婚自由的行为
  - 特征
    - 侵犯客体是复杂客体，即他人的婚姻自由权利和人身权利
    - 客观方面表现为行为人采取暴力手段干涉他人婚姻自由的行为
    - 犯罪主体为一般主体
    - 主观方面表现为直接故意
  - 认定
    - 本罪告诉的才处理。犯本罪没有引起被害人死亡的，属于自诉案件，只有告诉才处理，不告不理
    - 犯本罪“致使被害人死亡的”，是指在为干涉婚姻自由而实施暴力的过程中致被害人死亡。此种情形不适用“告诉才处理”的规定，应当公诉
  - 法定刑

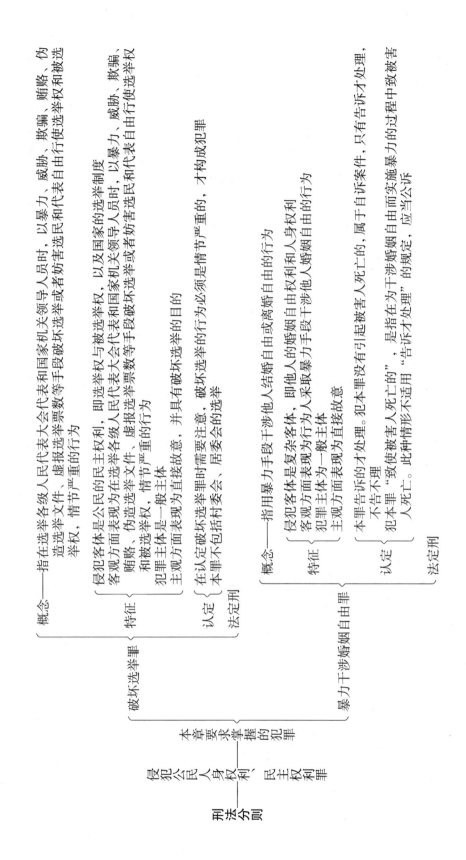

刑法分则——侵犯公民人身权利、民主权利罪——本章要求掌握的犯罪

重婚罪

- 概念——指有配偶而重婚或者明知他人有配偶而与之结婚的行为
- 特征
  - 侵犯客体是一夫一妻的婚姻制度
  - 客观方面表现为有配偶者即已婚者又与他人结婚，或者无配偶者明知他人有配偶而与之结婚的行为
  - 犯罪主体是特殊主体，包括已经有配偶的人即已婚者，或者是虽无配偶但是明知对方有配偶而与之结婚的人
  - 主观方面表现为故意，过失者不构成本罪
- 认定——重婚一般有四种情况
  - 1. 前后两个婚姻均为法定婚
  - 2. 前面一个婚姻是法定婚，后面一个婚姻是事实婚
  - 3. 前面一个婚姻是事实婚，后面一个婚姻是法定婚
  - 4. 前后两个婚姻都是事实婚
  - 注意：重婚罪只处罚前两种情况，即如果前一个婚姻是事实婚，则不能构成重婚罪，因为事实婚本身不被法律承认，实际上无婚可重
- 法定刑

虐待罪

- 概念——指虐待家庭成员，情节恶劣的行为
- 特征
  - 侵犯客体是共同生活的家庭成员在家庭生活中的平等权利与被害人的人身权利
  - 客观方面表现为对共同生活的家庭成员经常以打骂、捆绑、冻饿、有病不给治、强迫超体力劳作、限制自由等方式，进行肉体上、精神上的摧残、折磨的行为
  - 犯罪主体是特殊主体，即共同生活的家庭成员
  - 主观方面表现为故意
- 认定
  - 本罪属于告诉才处理的自诉案件，一般采取不告不理的原则，被虐待人可以直接向人民法院提起诉讼。但是，对于虐待家庭成员，致使被害人重伤、死亡的，被害人没有能力告诉或因受到强制、威吓而不能告诉的，则属于公诉案件，公安机关应当立案侦查
  - 虐待家庭成员的行为，情节恶劣的，才构成犯罪，否则不构成犯罪
  - 划清虐待罪与故意杀人、故意伤害罪的界线：被告人虽然实施家庭暴力呈现出经常性、持续性、反复性的特点，但其主观上具有希望或者放任被害人重伤或者死亡的故意，持凶器实施暴力，暴力手段残忍，暴力程度较强，直接或者立即造成被害人重伤或者死亡的，应当以故意伤害罪或者故意杀人罪定罪处罚
- 法定刑

刑法分则——侵犯公民人身权利、民主权利罪——本章要求掌握的犯罪

- 虐待被监护、看护人罪
  - 概念——指对未成年人、老年人、患病的人、残疾人等负有监护、看护职责的人虐待被监护、看护的人，情节恶劣的行为
  - 特征
    - 侵犯客体是被监护、看护的人的人身权利
    - 客观方面表现为对未成年人、老年人、患病的人、残疾人等负有监护、看护职责的人虐待被监护、看护的人，情节恶劣的行为
    - 犯罪主体为特殊主体，即对未成年人、老年人、患病的人、残疾人等负有监护、看护职责的人
    - 主观方面表现为故意
  - 法定刑
- 遗弃罪
  - 概念——指对于年老、年幼、患病或者其他没有独立生活能力的人，负有扶养义务而拒绝扶养，情节恶劣的行为
  - 特征
    - 侵犯客体是家庭成员之间相互扶养的权利义务关系
    - 客观方面表现为对于年老、年幼、患病或者其他没有独立生活能力的人，负有扶养义务而拒绝扶养，情节恶劣的行为
    - 犯罪主体是特殊主体，即对被遗弃者负有法律上的扶养义务而且有扶养能力的人
    - 主观方面表现为故意
  - 认定
    - 遗弃罪只能由不作为的行为方式构成，是一种典型的纯正不作为犯罪
    - 遗弃行为必须是情节恶劣的才构成犯罪，否则不构成犯罪
  - 法定刑
- 拐骗儿童罪
  - 概念——指拐骗不满 14 周岁的未成年人，脱离家庭或者监护人的行为
  - 特征
  - 认定——拐骗儿童之后予以出卖的，以拐卖儿童罪论处
  - 法定刑

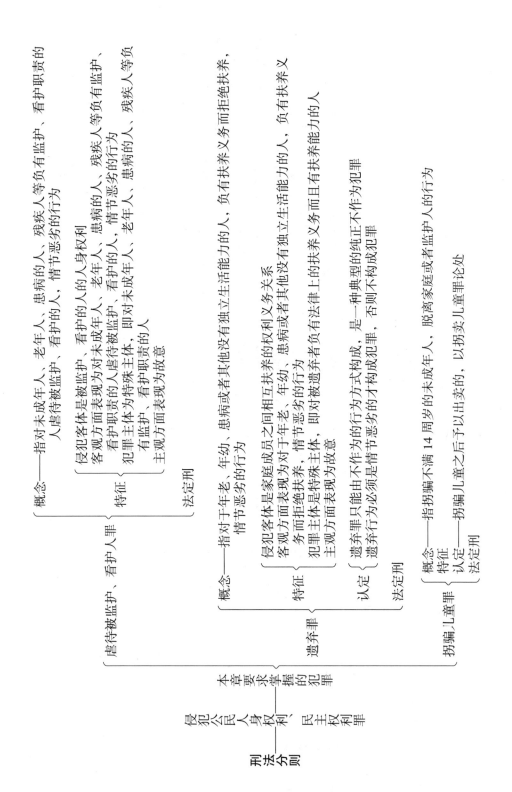

- 刑法分则——侵犯财产罪
  - 概述
    - 概念——指故意非法占有、挪用公私财物，或者故意破坏生产经营、毁坏公私财物的犯罪行为
    - 构成特征
      - 侵犯客体是公共财产和公民私人财产所有权
      - 客观方面表现为非法占有、挪用或者毁坏公私财物的行为
      - 犯罪主体只能是自然人，既有一般主体，也有特殊主体
      - 主观方面表现为故意，过失不能构成这类犯罪
  - 本章要求掌握的犯罪——占有型犯罪——抢劫罪
    - 概念——指以非法占有为目的，当场使用暴力、胁迫或者其他方法，强行劫取公私财物的行为
    - 特征
      - 侵犯客体为复杂客体，即不仅侵犯财产所有权，同时也侵犯他人的人身权利
      - 客观方面表现为行为人对公私财物的所有人、保管人、看护人或者持有人当场使用暴力、胁迫或者其他方法，迫使其立即交出财物或者立即将财物抢走的行为
      - 犯罪主体是一般主体，凡年满 14 周岁并具有刑事责任能力的自然人，均可以成为本罪的主体
      - 主观方面表现为故意，并且具有非法占有公私财物的目的
    - 认定
      - 暴力、胁迫或者其他方法
        - 暴力，是指行为人对被害人的人身实行强烈的打击或强制，使被害人处于不能反抗或不敢反抗的状态
        - 胁迫，是指行为人对被害人以立即实施暴力相威胁，实行精神强制，使被害人因恐惧而不敢反抗，被迫当场交出财物或任财物被劫走
        - 其他方法，是指行为人实施暴力、胁迫以外的其他使被害人不知反抗或不能反抗的方法
      - 划清抢劫罪与非罪的界限
        - 要划清情节显著轻微、危害不大的抢劫行为不以抢劫罪论
        - 要划清民事纠纷中强拿或者扣留对方财物的行为不以抢劫罪论

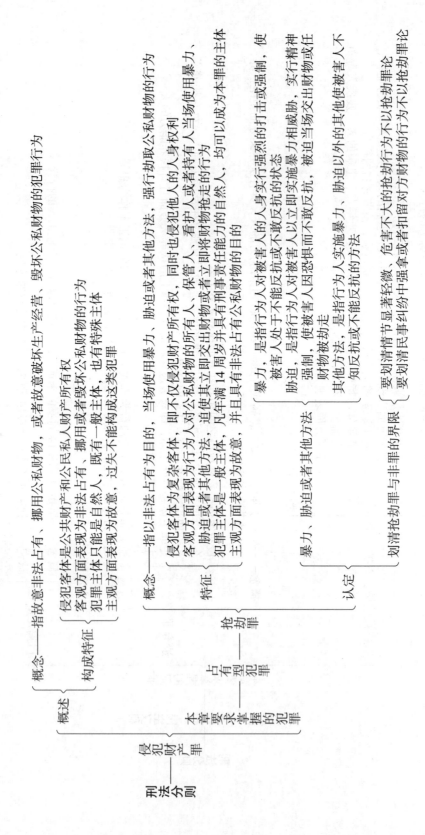

- 刑法分则——侵犯财产罪——本章要求掌握的犯罪——占有型犯罪
  - 抢劫罪
    - 认定
      - 划清抢劫罪与故意伤害罪、故意杀人罪的界限：只要出于非法占有的目的而实施杀人行为，且其后取得财物与杀人之间具有意思关联，即可认定为抢劫罪。杀人与劫取财产无关的，不构成抢劫罪，如抢劫财物后，为了灭口或其他目的又杀害被害人的，应当以抢劫罪与故意杀人罪数罪并罚
      - 划清抢劫罪与绑架罪的界限：关键区别在于绑架罪是向第三人索要财物，而抢劫罪是直接向被害人索要财物。绑架罪以绑架人质为手段；抢劫罪以暴力、胁迫与其他方法为手段。绑架罪除侵犯被绑架人的权利外，还侵犯了被绑架人的亲属及相关人员的权利；抢劫罪侵害的是被害人的人身权、财产权
      - 正确理解《刑法》第二百六十九条关于盗窃、诈骗、抢夺罪转化为抢劫罪的规定
        - 1. 行为人必须实施了盗窃、诈骗、抢夺中的任一种犯罪行为，这是适用本条的前提
        - 2. 行为人的目的是为了窝藏赃物、抗拒抓捕或者毁灭罪证
        - 3. 行为人必须是当场使用暴力或者以暴力相威胁
      - 划清抢劫罪与抢夺罪的界限：两者的关键区别是暴力所指向的对象不同。抢夺罪的暴力指向对象为财物，抢劫罪的暴力指向对象为人。据此，当抢夺罪中的暴力指向对象由物转向人时，抢夺行为就可能转化为抢劫行为，构成抢劫罪
    - 法定刑
      - 加重处罚
        - 入户抢劫的
        - 在公共交通工具上抢劫的
        - 抢劫银行或者其他金融机构的
        - 多次抢劫或者抢劫数额巨大的
        - 抢劫致人重伤、死亡的
        - 冒充军警人员抢劫的
        - 持枪抢劫的
        - 抢劫军用物资或者抢险、救灾、救济物资的
      - 既遂标准
        - 劫取财物的（无数额限制）
        - 造成被害人轻伤以上伤害的
  - 盗窃罪
    - 概念——指以非法占有为目的，秘密窃取数额较大的公私财物或者多次盗窃、入户盗窃、携带凶器盗窃、扒窃的行为
    - 特征
      - 侵犯客体是公私财产所有权
      - 客观方面表现为秘密窃取数额较大的公私财物或者多次盗窃、入户盗窃、携带凶器盗窃、扒窃的行为
      - 犯罪主体是一般主体
      - 主观方面表现为直接故意，并且具有非法占有公私财物的目的
    - 认定——划清盗窃罪与一般盗窃行为的界限
      - 盗窃财物的数额是否达到了数额较大的标准
      - 是否具有多次盗窃（2 年内盗窃 3 次以上）或者入户盗窃、携带凶器盗窃、扒窃的情节

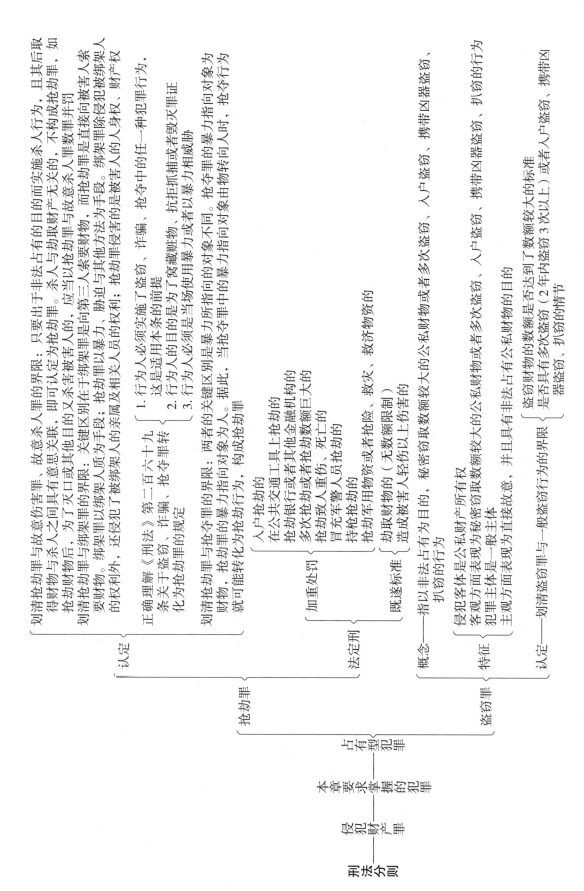

刑法分则——侵犯财产罪——本章要求掌握的犯罪——占有型犯罪

- 盗窃罪
  - 认定
    - 划清盗窃罪既遂与未遂的界限：盗窃人是否能够实际控制
    - 划清盗窃罪与盗窃交通工具、交通设备、电力燃气设备、易燃易爆设备、通信设备或者上述设备的重要零部件，足以使这些设备不能正常运转，因而构成危害公共安全的其他犯罪的界限
    - 划清盗窃罪与盗窃枪支、弹药、爆炸物罪的界限：盗窃行为指向的对象是否特定
  - 法定刑
- 诈骗罪
  - 概念——指以非法占有为目的，用虚构事实或者隐瞒真相的方法，骗取数额较大的公私财物的行为
  - 特征
    - 侵犯客体是公私财产所有权
    - 客观方面表现为使用虚构事实或者隐瞒真相的方法，骗取数额较大的公私财物的行为
    - 犯罪主体是一般主体
    - 主观方面表现为故意，并且具有非法占有公私财物的目的
  - 认定——划清诈骗罪与以诈骗手段破坏社会主义市场经济秩序的犯罪的界限：按照特别法优于普通法的原则适用罪名
  - 法定刑
- 抢夺罪
  - 概念——指以非法占有为目的，公然夺取数额较大的公私财物或者多次抢夺公私财物的行为
  - 特征
    - 侵犯客体是公私财物的所有权
    - 客观方面表现为公然夺取公私财物，数额较大或者多次抢夺的行为
    - 犯罪主体是一般主体
    - 主观方面表现为直接故意，并且以非法占有财物为目的
  - 认定——驾驶机动车、非机动车（以下简称驾驶车辆）夺取他人财物，具有下列情形之一的，应当以抢劫罪定罪处罚
    - 夺取他人财物时因被害人不放手而强行夺取的
    - 驾驶车辆逼挤、撞击或者强行逼倒他人夺取财物的
    - 明知会致人伤亡仍然强行夺取并放任造成财物持有人轻伤以上后果的
  - 法定刑

刑法分则——侵犯财产罪——本章要求掌握的犯罪——占有型犯罪

- 侵占罪
  - 概念——指以非法占有为目的，将代为保管的他人财物或者将他人的遗忘物、埋藏物非法占为己有，数额较大，拒不退还或者拒不交出的行为
  - 特征
    - 侵犯客体为公私财产所有权
    - 客观方面表现为非法占有代为保管的他人财物或者将他人的遗忘物、埋藏物非法占为己有，数额较大，拒不退还或者拒不交出的行为
    - 犯罪主体是一般主体
    - 主观方面表现为故意，并以非法占有财物为目的
  - 认定——划清侵占罪与盗窃罪的界限：关键区别是犯罪对象状态。侵占罪对象是自己占有之下的财物，因此，对于行为人而言，合法占有财物是侵占罪成立的前提，但有该行为还不足够成立侵占罪，还必须有行为人将合法占有的财物转变为自己所有的过程，即拒不交出或拒不退还。盗窃罪对象是他人占有之下的财物
  - 法定刑
- 职务侵占罪
  - 概念——指公司、企业或者其他单位的人员，利用职务上的便利，将本单位财物非法占有，数额较大的行为
  - 特征
    - 侵犯客体是公司、企业或者其他单位的财产所有权
    - 客观方面表现为利用职务上的便利，将本单位财物非法占有，数额较大的行为
    - 犯罪主体是特殊主体，即公司、企业或者其他单位的人员
    - 主观方面表现为直接故意，并以非法占有财物为目的
  - 认定——划清职务侵占罪与贪污罪的界限：主体身份不同
  - 法定刑

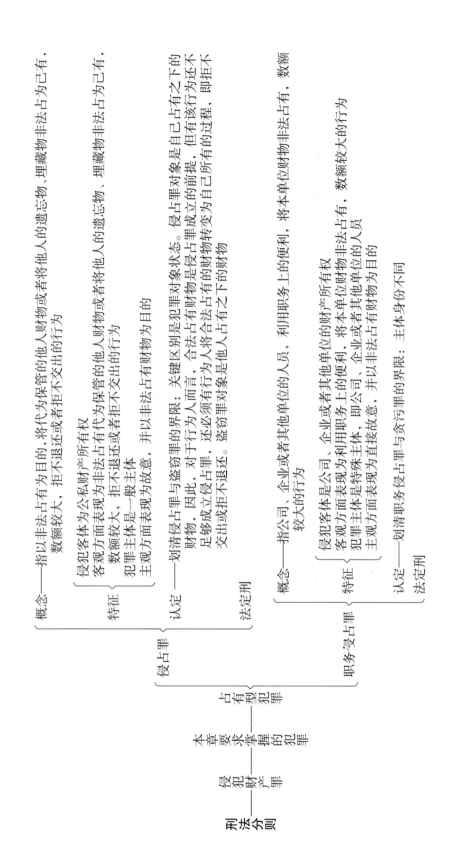

刑法分则——侵犯财产罪——本章要求掌握的犯罪——占有型犯罪——敲诈勒索罪

- 概念——指以非法占有为目的，对公私财物的所有人、管理人实施威胁或者要挟的方法，强行索取数额较大的公私财物或者多次敲诈勒索的行为
- 特征
  - 侵犯客体是复杂客体，既侵犯了公私财产所有权，又侵犯了公民的人身权利或者其他权益
  - 客观方面表现为对公私财物的所有人、管理人实施威胁或者要挟的方法，迫使其当场或者限期交出数额较大的公私财物或者多次敲诈勒索的行为
  - 犯罪主体为一般主体
  - 主观方面表现为故意，并且具有非法占有公私财物的目的
- 认定——划清敲诈勒索罪与抢劫罪的界限：威胁程度不同。抢劫罪的威胁程度高于敲诈勒索罪，足以压制被害人反抗；敲诈勒索罪的威胁程度不足以压制被害人反抗
- 法定刑

刑法分则——侵犯财产罪——本章要求掌握的犯罪——挪用型犯罪——挪用资金罪

- 概念——指公司、企业或者其他单位的工作人员，利用职务上的便利，挪用本单位资金归个人使用或者借贷给他人，数额较大、超过 3 个月未还的，或者虽未超过 3 个月，但数额较大、进行营利活动的，或者进行非法活动的行为
- 特征
  - 侵犯客体是公司、企业或者其他单位的财产权
  - 客观方面表现为利用职务上的便利，挪用本单位资金归个人使用或者借贷给他人的行为
    1. 挪用资金归个人使用或者借贷给他人，数额较大、超过 3 个月未归还的
    2. 挪用资金虽未超过 3 个月，但数额较大、进行营利活动的
    3. 挪用资金进行非法活动的
  - 犯罪主体是特殊主体，即公司、企业或者其他单位的工作人员
  - 主观方面表现为故意，并且具有挪用资金归个人使用或者借贷给他人的目的
- 认定
  - 划清挪用资金罪与非罪的界限
    - 挪用资金罪与合法借贷行为的界限：后者是民事借贷
    - 挪用资金罪与一般挪用行为的界限：前者要求必须符合法定要件
  - 划清挪用资金罪与职务侵占罪的界限
    1. 犯罪客体不同：挪用资金罪侵犯了所有权的一部分，即侵犯了资金的使用权和收益权，但未侵犯处置权；职务侵占罪则侵犯了财物所有权的全部权能
    2. 犯罪对象不同：挪用资金罪的对象是本单位资金；职务侵占罪的对象则是本单位财物
    3. 犯罪主观不同：挪用资金罪的故意内容只是暂时挪用资金，准备日后归还，具有非法使用的目的，不具有非法占有的目的；职务侵占罪的故意内容则是将财物非法占有
- 法定刑

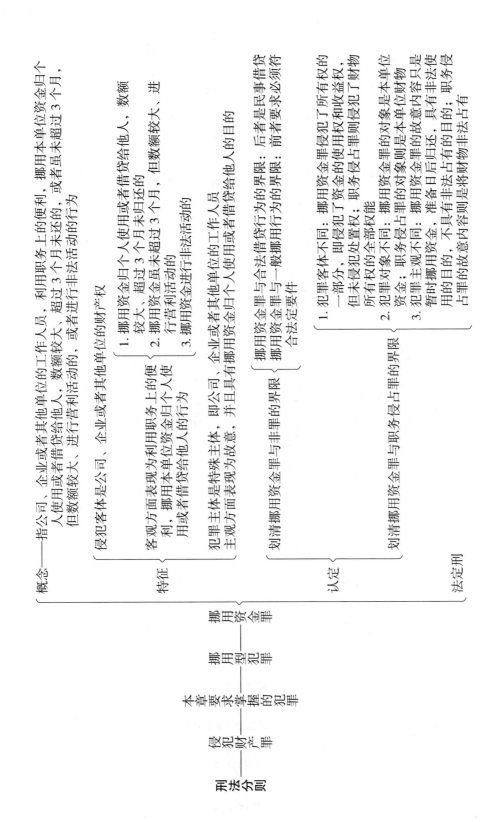

- 刑法分则——侵犯财产罪——本章要求掌握的犯罪——毁坏型犯罪
  - 故意毁坏财物罪
    - 概念——指故意毁灭或者损坏公私财物，数额较大或者情节严重的行为
    - 特征
      - 侵犯客体是公私财产所有权
      - 客观方面表现为行为人实施了毁灭或损坏公私财物，数额较大或者情节严重的行为
      - 犯罪主体为一般主体
      - 主观方面表现为故意，包括直接故意和间接故意
    - 认定——划清故意毁坏财物罪与盗窃罪及毁坏财物而构成的其他犯罪的界限
      - 在盗窃过程中造成公私财物严重毁损的，以盗窃罪从重处罚
      - 盗窃数额较小但是造成公私财物严重损坏的，以故意毁坏财物罪论处
      - 盗窃行为完成后为掩盖盗窃行为而故意毁坏公私财物的，以盗窃罪和故意毁坏财物罪并罚
    - 法定刑
  - 破坏生产经营罪
    - 概念——指为了泄愤报复或者其他个人目的，毁坏机器设备、残害耕畜或者以其他方法破坏生产经营的行为
    - 特征
      - 侵犯客体是公私财产所有权以及国家、集体和个人生产经营的正常秩序
      - 客观方面表现为了泄愤报复或者其他个人目的，毁坏机器设备、残害耕畜或者以其他方法破坏生产经营的行为
      - 犯罪主体为一般主体
      - 主观方面表现为故意
    - 法定刑

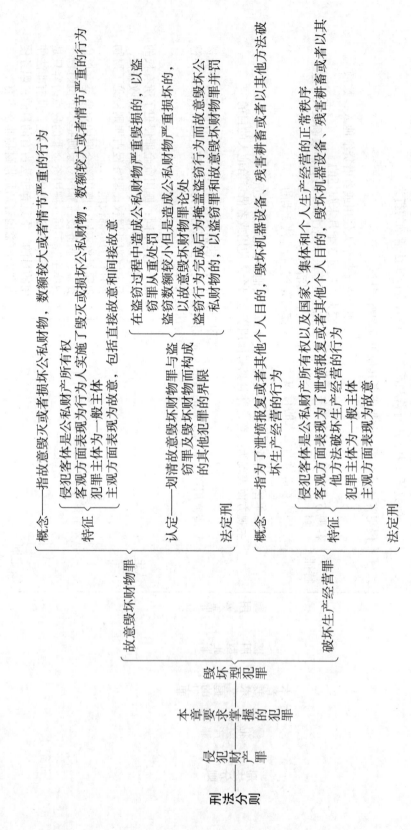

刑法分则——妨害社会管理秩序罪

- 概述
  - 概念——指妨害国家机关对社会的管理活动，破坏社会正常秩序，情节严重的行为
  - 构成特征
    - 侵犯客体是国家机关对社会的管理秩序
    - 客观方面表现为妨害国家机关对社会依法实行管理活动，破坏社会正常秩序，情节严重的行为
    - 犯罪主体多数是一般主体，少数是特殊主体
    - 主观方面绝大多数表现为故意，个别犯罪表现为过失
- 本章要求掌握的犯罪——妨害公务罪
  - 概念——指以暴力、威胁方法阻碍国家机关工作人员依法执行职务，阻碍人民代表大会代表依法执行代表职务，或者在自然灾害和突发事件中，以暴力、威胁方法阻碍红十字会工作人员依法履行职责，或者故意阻碍国家安全机关、公安机关依法执行国家安全工作任务，未使用暴力、威胁方法，造成严重后果的行为
  - 特征
    - 侵犯客体是国家机关工作人员依法执行职务的活动
    - 客观方面表现为以暴力、威胁的方法阻碍国家机关工作人员依法执行职务，阻碍人大代表依法执行代表职务；或者在自然灾害和突发事件中，以暴力、威胁方法阻碍红十字会工作人员依法履行职责； 或者虽未使用暴力、威胁的方法，但故意阻碍国家安全机关、公安机关依法执行国家安全工作任务，造成严重后果的行为
    - 犯罪主体是一般主体
    - 主观方面表现为故意
  - 认定
    - 划清妨害公务罪与非罪的界限：在执行公务或履行职责的过程中，由于一般的不理解或误会引起的冲突不以本罪论
    - 划清妨害公务罪与其他犯罪的界限：前罪限于四种公职人员执行公务或者履行职责期间，即以暴力、威胁的方法阻碍国家机关工作人员依法执行职务；以暴力、威胁方法阻碍人民代表大会代表依法执行代表职务；在自然灾害和突发事件中，以暴力、威胁方法阻碍红十字会工作人员依法履行职责；故意阻碍国家安全机关、公安机关依法执行国家安全工作任务，未使用暴力、威胁方法，但造成严重后果的
  - 法定刑

刑法分则——妨害社会管理秩序罪——本章要求掌握的犯罪

- 伪造、变造、买卖国家机关公文、证件、印章罪
  - 概念——指伪造、变造、买卖国家机关的公文、证件、印章的行为
  - 特征
    - 侵犯客体是国家机关的正常管理活动和信誉
    - 客观方面表现为伪造、变造、买卖国家机关的公文、证件、印章的行为
      - 伪造，是指无制作权限的人，冒用国家机关的名义，制作虚假的公文、证件、印章
      - 变造，是指采取剪贴、挖补、揭层、涂改、移位、重印等方法对国家机关的公文、证件、印章进行加工处理
      - 买卖，是指以金钱或其他财物为对价非法买进或卖出国家机关的公文、证件、印章
    - 犯罪主体为一般主体
    - 主观方面为故意，只能是直接故意，间接故意不构成本罪
  - 法定刑
- 招摇撞骗罪
  - 概念——指以谋取非法利益为目的，冒充国家机关工作人员进行招摇撞骗的行为
  - 特征
    - 侵犯客体是国家机关的威信及其正常活动，同时也损害公共利益或公民的合法权益
    - 客观方面表现为实施了冒充国家机关工作人员进行招摇撞骗的行为
      - 非国家机关工作人员冒充国家机关工作人员
      - 国家机关的下级工作人员冒充上级工作人员
      - 此种部门的国家机关工作人员冒充彼种部门的国家机关工作人员
    - 犯罪主体只限于自然人，是一般主体
    - 主观方面表现为故意，其目的是骗取某种非法利益
  - 认定
    - 划清招摇撞骗罪与非罪的界限：招摇撞骗罪的目的是获取非法利益，只是为满足虚荣心则非本罪
    - 划清招摇撞骗罪与诈骗罪的界限
      - 招摇撞骗罪限于以冒充国家机关工作人员的方式骗取包括财产在内的各种利益
      - 诈骗罪则不限于以冒充国家机关工作人员的方式骗取财物

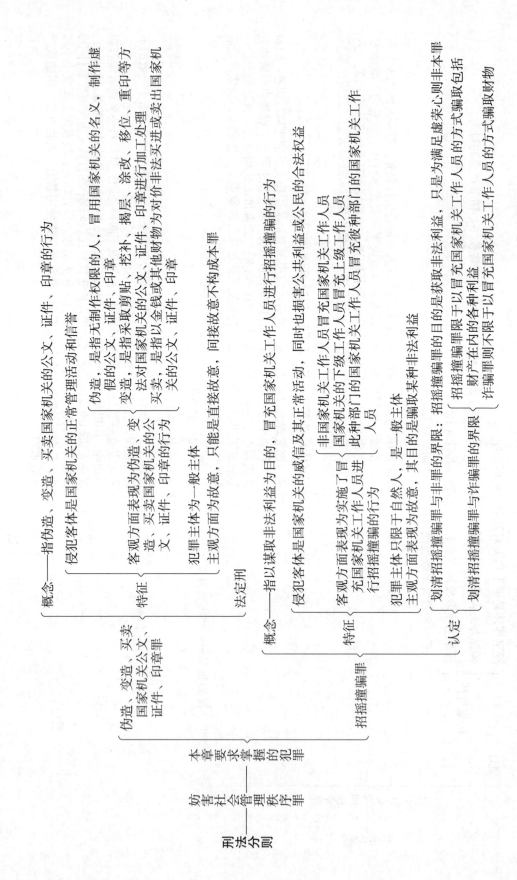

刑法分则——妨害社会管理秩序罪——本章要求掌握的犯罪

- 招摇撞骗罪
  - 认定——划清招摇撞骗罪与敲诈勒索罪的界限：客观方面不同
    - 招摇撞骗罪是以“骗”为特征
    - 敲诈勒索罪，虽然有“诈”的成分，但却以“恫吓”被害人为特征
  - 法定刑
- 伪造、变造、买卖身份证件罪
  - 概念——指伪造、变造、买卖居民身份证、护照、社会保障卡、驾驶证等依法可以用于证明身份的证件的行为
  - 特征
    - 侵犯客体是国家身份证件管理制度
    - 客观方面表现为伪造、变造、买卖居民身份证、护照、社会保障卡、驾驶证等依法可以用于证明身份的证件的行为
    - 犯罪主体是一般主体
    - 主观方面表现为故意
  - 认定
    - 划清伪造、变造、买卖身份证件罪与使用虚假身份证件罪、盗用身份证件罪的界限：具体行为不同
    - 实施伪造、变造、买卖身份证件罪同时构成其他犯罪的，依照处罚较重的规定定罪处罚
  - 法定刑
- 非法获取国家秘密罪
  - 概念——指以窃取、刺探、收买的方法，非法获取国家秘密的行为
  - 特征
    - 侵犯客体是国家的保密制度
    - 客观方面表现为窃取、刺探、收买国家秘密的行为
    - 犯罪主体是一般主体
    - 主观方面表现为故意
  - 认定——划清非法获取国家秘密罪与间谍罪的界限：侵犯客体不同
    - 非法获取国家秘密罪侵犯国家的保密制度
    - 间谍罪危害国家安全

- 刑法分则
  - 妨害社会管理秩序罪
    - 本章要求掌握的犯罪
      - 非法获取国家秘密罪
        - 认定
          - 划清非法获取国家秘密罪与间谍罪的界限
            - 客观行为表现不同
              - 非法获取国家秘密罪仅限以窃取、刺探、收买方法获取国家秘密的行为
              - 间谍罪的行为内容复杂，获取国家情报只是其非法行为之一
            - 主观目的不同
              - 非法获取国家秘密罪不具有危害国家安全的目的
              - 间谍罪是将国家情报提供给危害国家安全的外国间谍机构
          - 划清非法获取国家秘密罪与为境外窃取、刺探、收买、非法提供国家秘密、情报罪的界限
            - 侵犯客体、对象不同
              - 非法获取国家秘密罪侵犯国家的保密制度，对象仅限国家秘密
              - 为境外窃取、刺探、收买、非法提供国家秘密、情报罪危害国家安全，对象包含国家秘密以及不属于国家秘密的情报
            - 客观行为表现不同
              - 非法获取国家秘密罪是指将获取的国家秘密提供给国内的组织机构和个人
              - 为境外窃取、刺探、收买、非法提供国家秘密、情报罪是指将获取的国家秘密、情报提供给国外的组织机构和个人
            - 主观目的不同
              - 非法获取国家秘密罪不要求行为人有特定目的
              - 为境外窃取、刺探、收买、非法提供国家秘密、情报罪一般要求行为人有危害国家安全的目的

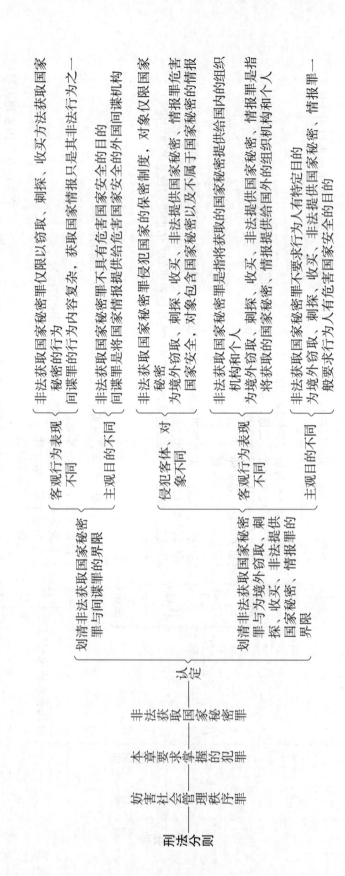

- **刑法分则**——妨害社会管理秩序罪——本章要求掌握的犯罪
  - 非法获取国家秘密罪
    - 认定——划清非法获取国家秘密罪与泄露国家秘密罪的界限
      - 主体要件不同
        - 非法获取国家秘密罪的主体是一般主体
        - 泄露国家秘密罪是职务犯罪，其主体主要是国家机关工作人员
      - 客观要件不同
        - 非法获取国家秘密罪表现为“获取”
        - 泄露国家秘密罪表现为“泄露”
      - 主观方面不同
        - 非法获取国家秘密罪必须是故意
        - 泄露国家秘密罪可以是故意的，也可以是过失的
    - 法定刑
  - 投放虚假危险物质罪
    - 概念——指投放虚假的爆炸性、毒害性、放射性、传染病病原体等物质，严重扰乱社会秩序的行为
    - 特征
    - 认定——划清投放虚假危险物质罪与投放危险物质罪的界限
      - 侵犯的客体不同
        - 投放虚假危险物质罪侵犯的客体是社会公共秩序
        - 投放危险物质罪侵犯的客体是公共安全
      - 投放的物质属性不同
        - 投放虚假危险物质罪所投放的是不具有爆炸性、毒害性、放射性、传染病病原体等危险属性的物质
        - 投放危险物质罪所投放的必须是爆炸性、毒害性、放射性、传染病病原体等物质
      - 故意的内容不同
        - 投放虚假危险物质罪是以扰乱社会公共秩序为故意内容的
        - 投放危险物质罪则是以危害公共安全为故意内容的
    - 法定刑

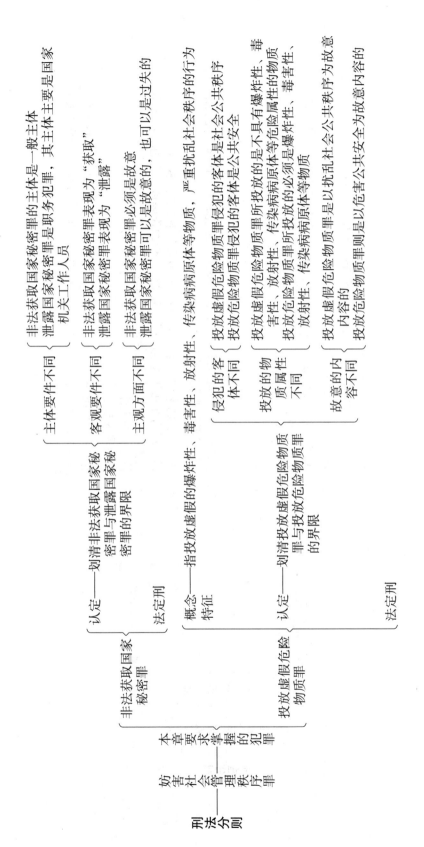

- 刑法分则——妨害社会管理秩序罪——本章要求掌握的犯罪
  - 编造、故意传播虚假恐怖信息罪
    - 概念——指编造爆炸威胁、生化威胁、放射威胁等恐怖信息，或者明知是编造的恐怖信息而故意传播，严重扰乱社会秩序的行为
    - 特征
      - 侵犯客体是正常的社会秩序
      - 客观方面表现为编造爆炸威胁、生化威胁、放射威胁等恐怖信息，或者明知是编造的恐怖信息而故意传播，严重扰乱社会秩序的行为
      - 犯罪主体是一般主体
      - 主观方面表现为故意
    - 法定刑
  - 组织考试作弊罪
    - 概念——指在法律规定的国家考试中，组织作弊或者为组织考试作弊者提供作弊器材或者其他帮助的行为
    - 特征
      - 侵犯客体是国家的考试制度、考试秩序和他人公平考试的权利
      - 客观方面表现为在法律规定的国家考试中，组织作弊或者为组织考试作弊者提供作弊器材或者其他帮助的行为
      - 犯罪主体是一般主体
      - 主观方面表现为故意
    - 认定——划清组织考试作弊罪与非法出售、提供试题、答案罪的界限：后罪是为实施考试作弊行为，向他人非法出售或者提供法律规定的国家考试的试题、答案
    - 法定刑

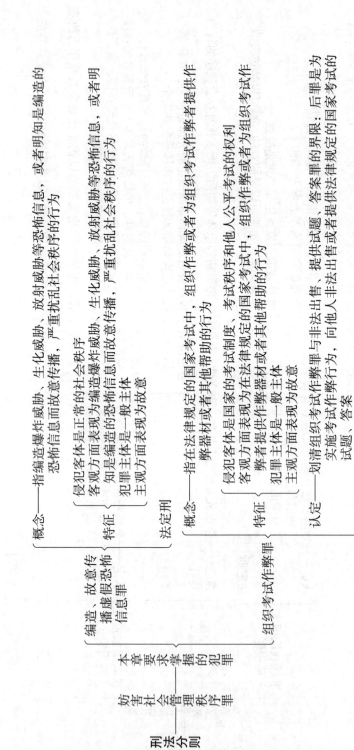

- **刑法分则**——妨害社会管理秩序罪——本章要求掌握的犯罪
  - 代替考试罪
    - 概念——指代替他人或者让他人代替自己参加法律规定的国家考试的行为
    - 特征
      - 侵犯客体是国家的考试制度、考试秩序和他人公平考试的权利
      - 客观方面表现为代替他人或者让他人代替自己参加法律规定的国家考试
      - 犯罪主体是一般主体
      - 主观方面表现为故意
    - 认定——本罪的表现形式有两种
      - 代替他人考试
      - 让他人代替自己考试
    - 法定刑
  - 拒不履行信息网络安全管理义务罪
    - 概念——指网络服务提供者不履行法律、行政法规规定的信息网络安全管理义务，经监管部门责令采取改正措施而拒不改正，有法定情形的行为
    - 特征
      - 侵犯客体是国家网络安全管理制度
      - 客观方面表现为网络服务提供者不履行法律、行政法规规定的信息网络安全管理义务，经监管部门责令采取改正措施而拒不改正，有法定情形的行为
        - 致使违法信息大量传播的
        - 致使用户信息泄露，造成严重后果的
        - 致使刑事案件证据灭失，情节严重的
        - 有其他严重情节的
      - 犯罪主体是一般主体，包括自然人和单位
      - 主观方面表现为故意
    - 法定刑

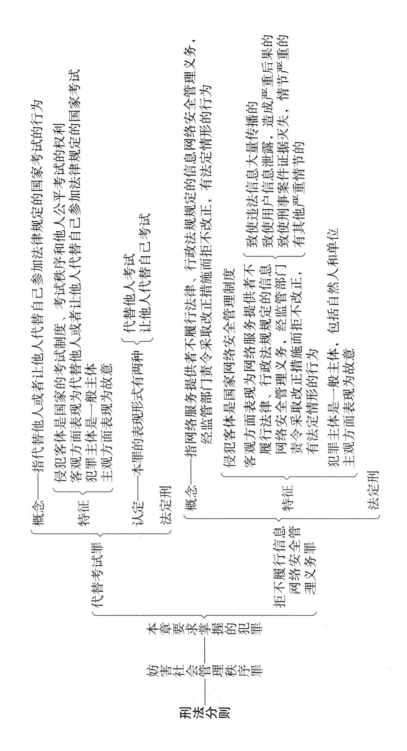

- 刑法分则——妨害社会管理秩序罪——本章要求掌握的犯罪
  - 帮助信息网络犯罪活动罪
    - 概念——指明知他人利用信息网络实施犯罪，为其犯罪提供互联网接入、服务器托管、网络存储、通讯传输等技术支持，或者提供广告推广、支付结算等帮助，情节严重的行为
    - 特征
      - 侵犯客体是国家网络安全管理制度
      - 客观方面表现为明知他人利用信息网络实施犯罪，为其犯罪提供互联网接入、服务器托管、网络存储、通讯传输等技术支持，或者提供广告推广、支付结算等帮助，情节严重的行为
      - 犯罪主体是一般主体，包括自然人和单位
      - 主观方面表现为故意
    - 法定刑
  - 聚众斗殴罪
    - 概念——指聚集多人进行斗殴的行为
    - 特征
      - 侵犯客体是社会公共秩序
      - 客观方面表现为行为人实施了聚众斗殴行为
      - 犯罪主体是一般主体，即聚众斗殴的首要分子和其他积极参加者
      - 主观方面表现为故意
    - 认定——聚众斗殴致人重伤、死亡的，分别以故意伤害罪、故意杀人罪定罪处罚。该规定是法律拟制，即使没有伤害、杀人故意，也应认定为故意伤害罪、故意杀人罪
    - 法定刑

刑法分则——妨害社会管理秩序罪——本章要求掌握的犯罪——寻衅滋事罪

- 概念——指寻衅滋事，破坏社会秩序，有法定应予惩罚情形之一的行为
- 特征
  - 侵犯客体是社会公共秩序
  - 客观方面表现为寻衅滋事的行为
    - 随意殴打他人，情节恶劣的
    - 追逐、拦截、辱骂、恐吓他人，情节恶劣的
    - 强拿硬要或者任意损毁、占用公私财物，情节严重的
    - 在公共场所起哄闹事，造成公共场所秩序严重混乱的
  - 犯罪主体是一般主体
  - 主观方面表现为故意
- 认定
  - 划清寻衅滋事罪与非罪的界限：情节是否恶劣
  - 因寻衅滋事致人轻伤的，仍应以寻衅滋事罪论处；致人重伤、死亡的，则应以故意伤害罪或故意杀人罪论处
  - 划清寻衅滋事罪与抢劫罪的界限：前罪是为达到称王称霸的逞强目的，后罪是为非法占有公私财物
- 法定刑

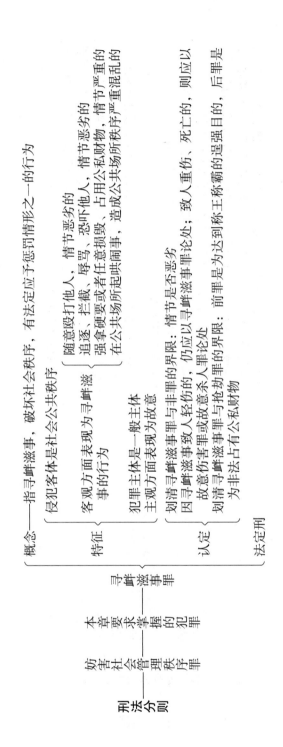

- 刑法分则——妨害社会管理秩序罪——本章要求掌握的犯罪——组织、领导、参加黑社会性质组织罪
  - 概念——指组织、领导或者参加以暴力、威胁或者其他手段，有组织地进行违法犯罪活动，称霸一方，为非作恶，欺压、残害群众，严重破坏经济、社会生活秩序的黑社会性质组织的行为
  - 特征
    - 侵犯客体是经济、社会生活秩序和公民的人身财产权利
    - 客观方面表现为组织、领导、参加黑社会性质组织的行为
    - 犯罪主体为一般主体，限于组织、领导和参加者
    - 主观方面表现为故意
  - 认定——行为人只要实施了组织、领导或者参加黑社会性质组织的行为，即可构成本罪，而不要求具体实施其他犯罪行为。如果组织、领导或者参加黑社会性质组织的同时，又进行其他诸如杀人、伤害、强奸、抢劫、敲诈勒索、聚众斗殴、寻衅滋事等犯罪行为的，则应以组织、领导、参加黑社会性质组织罪与其他所实施的具体犯罪数罪并罚
  - 法定刑

刑法分则——妨害社会管理秩序罪——本章要求掌握的犯罪——赌博罪

- 概念——指以营利为目的，聚众赌博或者以赌博为业的行为
- 特征
  - 侵犯客体是社会主义的社会风尚
  - 客观方面表现为聚众赌博或者以赌博为业的行为
  - 犯罪主体为一般主体
  - 主观方面表现为故意，并且以营利为目的
- 认定
  - 以营利为目的，在计算机网络上建立赌博网站，或者为赌博网站担任代理，接受投注的，属于《刑法》第三百零三条第二款规定的“开设赌场罪”
  - 未经国家批准擅自发行、销售彩票，构成犯罪的，依照《刑法》第二百二十五条第四项的规定，以非法经营罪定罪处罚
  - 通过赌博或者为国家工作人员赌博提供资金的形式实施行贿、受贿行为，依照《刑法》关于贿赂犯罪的规定定罪处罚
  - 不以营利为目的，进行带有少量财物输赢的娱乐活动，以及提供棋牌室等娱乐场所，只收取正常的场所和服务费用的经营行为等，不以赌博罪论处
  - 明知他人实施赌博犯罪活动，而为其提供资金、计算机网络、通讯、费用结算等直接帮助的，以赌博罪的共犯论处
  - 以赌博为名，行诈骗之实，比如参赌一方在赌具中弄虚作假，或者采用黑话、暗语为号，诱骗另一方与之赌博，诈骗对方财物的行为，应构成诈骗罪
- 法定刑

- 刑法分则——妨害社会管理秩序罪——本章要求掌握的犯罪——伪证罪
  - 概念——指在刑事诉讼中，证人、鉴定人、记录人和翻译人对与案件有重要关系的情节，故意作虚假证明、鉴定、记录、翻译，意图陷害他人或者隐匿罪证的行为
  - 特征
    - 侵犯客体主要是司法机关的正常活动，同时还危害公民的人身权利及其他合法权益
    - 客观方面表现为在刑事诉讼中，对与案件有重要关系的情节作虚假证明、鉴定、记录、翻译，意图陷害他人或者隐匿罪证的行为
    - 犯罪主体是特殊主体，即刑事诉讼中的证人、鉴定人、记录人、翻译人
    - 主观方面表现为故意
  - 认定
    - 划清伪证罪与非罪的界限
    - 划清伪证罪与诬告陷害罪的界限
      - 行为对象不完全相同
        - 伪证罪的行为对象主要是犯罪嫌疑人和被告人
        - 诬告陷害罪的行为对象是任何公民
      - 行为方式不同
        - 伪证罪是对与案件有重要关系的情节作伪证
        - 诬告陷害罪则是捏造整个犯罪事实
      - 犯罪主体不同
        - 伪证罪是特殊主体，只限于刑事诉讼中的证人、鉴定人、记录人、翻译人
        - 诬告陷害罪则是一般主体
      - 行为内容不同
        - 伪证罪的行为内容包括陷害他人或包庇犯罪
        - 诬告陷害罪则只是陷害他人
      - 行为实施的时间不同
        - 伪证罪是发生在立案以后的刑事诉讼过程中
        - 诬告陷害罪则发生在立案侦查之前

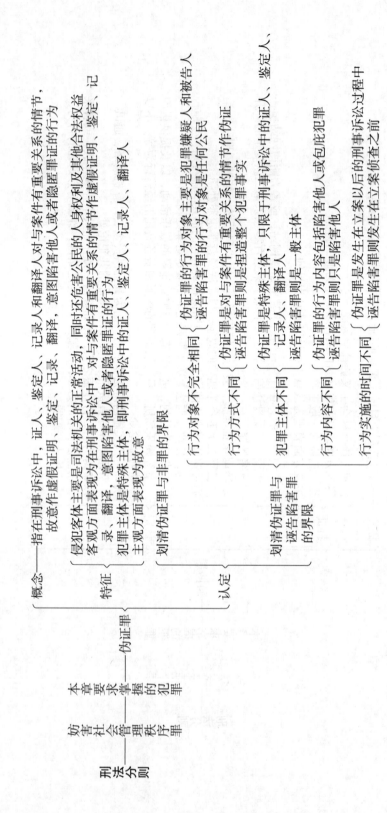

刑法分则——妨害社会管理秩序罪——本章要求掌握的犯罪——伪证罪

- 认定——划清伪证罪与窝藏、包庇罪的界限
  - 犯罪主体不同
    - 伪证罪是特殊主体，只能是刑事诉讼中的证人、鉴定人、记录人、翻译人
    - 窝藏、包庇罪的主体是一般主体
  - 犯罪的时间不同
    - 伪证罪的实施只能是发生在判决之前的侦查、起诉和审理阶段
    - 窝藏、包庇罪的实施可以在犯罪分子被采取强制措施之前，也可以在其被逮捕、关押又逃脱之后
  - 犯罪客观方面的内容不同
    - 伪证罪表现为对与案件有重要关系的情节作虚假的证明、鉴定、记录、翻译
    - 窝藏、包庇罪一般表现为为犯罪分子提供隐藏处所、财物，帮助其逃匿或作假证明包庇
  - 犯罪对象不同
    - 伪证罪的对象只能是刑事诉讼中的犯罪嫌疑人、被告人，既可以是有罪的人，也可以是被怀疑有罪而实际无罪的人
    - 窝藏、包庇罪的对象可以是未经逮捕、判刑的犯罪人，也可以是已经判刑的犯罪分子
  - 犯罪的目的不完全相同
    - 伪证罪的目的既可以是陷害他人使他人受到错误的刑事追究，也可以是隐匿罪证使犯罪分子逃避刑事制裁
    - 窝藏、包庇罪的目的是使犯罪分子逃避刑事制裁
- 法定刑

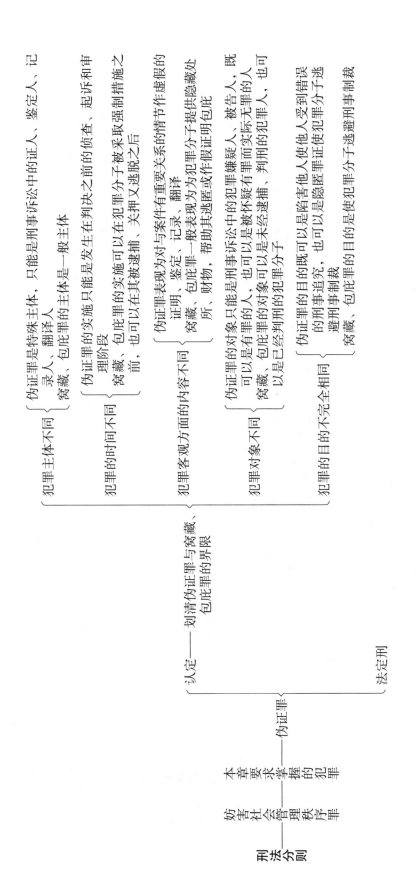

刑法分则——妨害社会管理秩序罪——本章要求掌握的犯罪

- 虚假诉讼罪
  - 概念——指以捏造的事实提起民事诉讼，妨害司法秩序或者严重侵害他人合法权益的行为
  - 特征
    - 侵犯的客体是司法秩序和他人的合法权益
    - 客观方面表现为以捏造的事实提起民事诉讼，妨害司法秩序或者严重侵害他人合法权益的行为
    - 犯罪主体是一般主体，包括自然人和单位
    - 主观方面表现为故意
  - 认定
    - 本罪的牵连问题：如果实施虚假诉讼的行为，非法占有他人财产或者逃避合法债务，又构成其他犯罪的，依照处罚较重的规定定罪从重处罚
    - 本罪的共同犯罪问题：司法工作人员利用职权，与他人共同实施虚假诉讼行为的，一般从重处罚；同时构成其他犯罪的，依照处罚较重的规定定罪从重处罚
  - 法定刑
- 扰乱法庭秩序罪
  - 概念——指以法定方式实施扰乱法庭秩序的行为
  - 特征
    - 侵犯客体是法庭秩序
    - 客观方面表现为以法定方式实施扰乱法庭秩序的行为
      - 聚众哄闹、冲击法庭的
      - 殴打司法工作人员或者诉讼参与人的
      - 侮辱、诽谤、威胁司法工作人员或者诉讼参与人，不听法庭制止，严重扰乱法庭秩序的
      - 有毁坏法庭设施，抢夺、损毁诉讼文书、证据等扰乱法庭秩序行为，情节严重的
    - 犯罪主体是一般主体，只包括自然人，不包括单位
    - 主观方面表现为故意
  - 法定刑

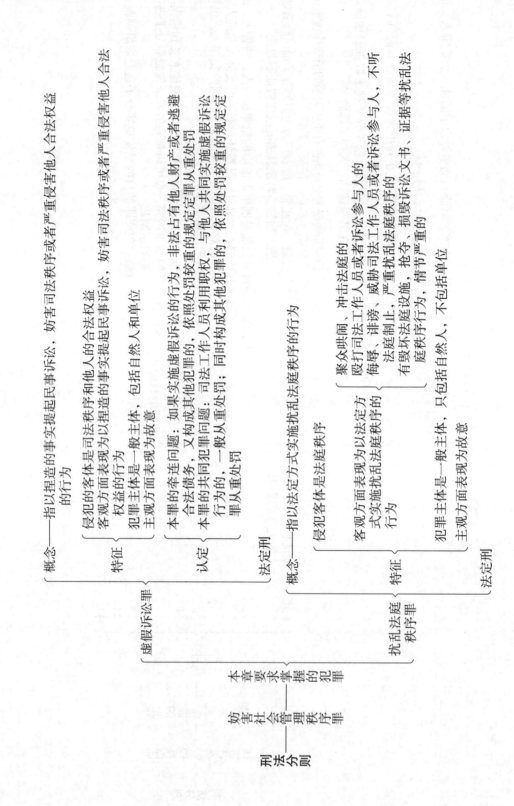

刑法分则——妨害社会管理秩序罪——本章要求掌握的犯罪

- 窝藏、包庇罪
  - 概念——指明知是犯罪的人而为其提供隐藏处所、财物，帮助其逃匿或者作假证明包庇的行为
  - 特征
    - 侵犯客体是司法机关追诉、制裁犯罪分子的正常活动
    - 客观方面表现为窝藏或者包庇犯罪分子的行为
    - 犯罪主体是一般主体
    - 主观方面表现为故意
  - 认定
    - 划清窝藏、包庇罪与伪证罪的界限
      - 两者的关键区别是发生的时间不同：窝藏、包庇罪可发生在刑事诉讼前、刑事诉讼中、刑事诉讼后；伪证罪只能发生在刑事诉讼中
      - 两者的犯罪主体不同：窝藏、包庇罪的犯罪主体是一般主体；伪证罪的犯罪主体属于特殊主体，只能是证人、鉴定人、记录人、翻译人
      - 行为人的故意内容不同：窝藏、包庇罪的故意内容是意图使犯罪分子逃避法律制裁；伪证罪中行为人的故意内容既可以是隐匿罪证使犯罪分子逃避刑事制裁，也可以是为了陷害他人使无罪者受到刑事追究
    - 划清窝藏、包庇罪与事前有通谋的共同犯罪的界限：如果行为人事前与犯罪人通谋，商定待犯罪人实行犯罪后予以窝藏、包庇的，则与犯罪人成立共同犯罪
  - 法定刑
- 掩饰、隐瞒犯罪所得、犯罪所得收益罪
  - 概念——指明知是犯罪所得及其产生的收益而予以窝藏、转移、收购、代为销售或者以其他方法掩饰、隐瞒的行为
  - 特征
    - 侵犯客体是司法机关追究刑事犯罪的正常活动。行为对象是犯罪所得及其产生的收益
    - 客观方面表现为窝藏、转移、收购、代为销售或者以其他方法掩饰、隐瞒犯罪所得及其产生的收益的行为
    - 犯罪主体是一般主体，单位可以成立本罪
    - 主观方面表现为故意
  - 法定刑

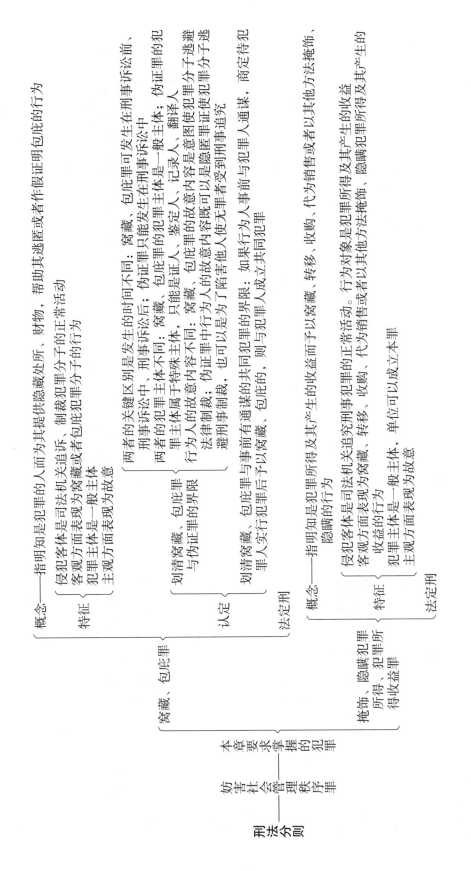

刑法分则——妨害社会管理秩序罪——本章要求掌握的犯罪——拒不执行判决、裁定罪

- 概念——指对人民法院的判决、裁定有能力执行而拒不执行，情节严重的行为
- 特征
  - 侵犯客体是人民法院裁判的权威性
  - 客观方面表现为对人民法院的判决、裁定有能力执行而拒不执行，情节严重的行为
  - 犯罪主体是特殊主体，指负有执行人民法院判决、裁定义务的自然人和单位
  - 主观方面表现为故意
- 认定
  - 划清拒不执行判决、裁定罪与非罪的界限："有能力执行而拒不执行，情节严重"的情形有5种
    1. 被执行人隐藏、转移、故意毁损财产，或者无偿转让财产、以明显不合理的低价转让财产，致使判决、裁定无法执行的
    2. 担保人或者被执行人隐藏、转移、故意毁损或者转让已向人民法院提供担保的财产，致使判决、裁定无法执行的
    3. 协助执行义务人接到人民法院协助执行通知书后，拒不协助执行，致使判决、裁定无法执行的
    4. 被执行人、担保人、协助执行义务人与国家机关工作人员通谋，利用国家机关工作人员的职权妨害执行，致使判决、裁定无法执行的
    5. 其他有能力执行而拒不执行，情节严重的情形
  - 划清拒不执行判决、裁定罪与故意杀人罪或故意伤害罪的界限：行为人在暴力抗拒执行人民法院判决、裁定的过程中，杀害、重伤执行人员的，应择一重罪处断，即以故意杀人罪或故意伤害罪论处
- 法定刑

刑法分则——妨害社会管理秩序罪——本章要求掌握的犯罪

- 脱逃罪
  - 概念——指依法被关押的罪犯、被告人、犯罪嫌疑人逃脱司法机关的羁押和监管的行为
  - 特征
    - 侵犯客体是国家司法机关的正常监管秩序
    - 客观方面表现为从羁押场所脱逃的行为
    - 犯罪主体是特殊主体，即限于依法被关押的罪犯、被告人、犯罪嫌疑人
    - 主观方面表现为故意
  - 认定——划清脱逃罪与故意杀人罪、故意伤害罪的界限：行为人使用暴力逃跑，如果其暴力手段造成监管人员死亡或重伤的，应按牵连犯的处理原则，择一重罪处断，即以故意杀人罪或者故意伤害罪论处
  - 法定刑
- 组织他人偷越国（边）境罪
  - 概念——指违反国家出入境管理法规，非法组织他人偷越国（边）境的行为
  - 特征
    - 侵犯客体是国家对国（边）境的正常管理秩序
    - 客观方面表现为违反国家出入境管理法规，非法组织他人偷越国（边）境的行为
    - 主体为一般主体
    - 主观方面表现为故意
  - 法定刑

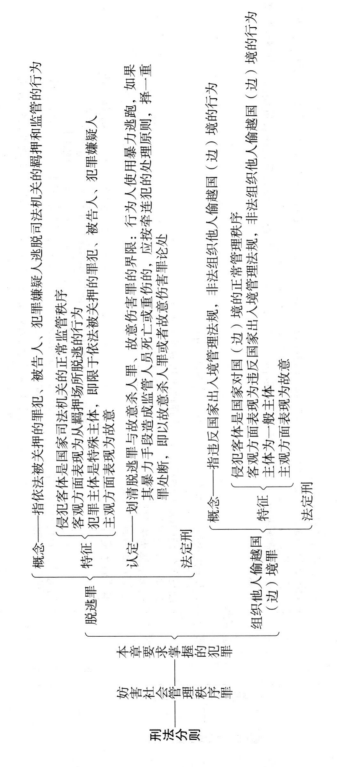

- 刑法分则——妨害社会管理秩序罪——本章要求掌握的犯罪
  - 医疗事故罪
    - 概念——指医务人员由于严重不负责任，造成就诊人死亡或者严重损害就诊人身体健康的行为
    - 特征
      - 侵犯客体是国家对医疗工作的管理秩序，就诊人的生命、健康权利和医疗单位的正常活动
      - 客观方面表现为医务人员实施了由于严重不负责任，致使就诊人死亡或健康受到严重损害的行为
      - 犯罪主体是特殊主体，主要是医务人员，包括医疗防疫人员、药剂人员、护理人员、其他专业技术人员
      - 主观方面表现为过失
    - 认定
      - 划清医疗事故罪与非罪的界限
      - 划清医疗事故罪与非法进行节育手术罪的界限：关键是看行为人是否具有医生执业资格。有医生执业资格，因严重不负责任致人重伤、死亡的，构成医疗事故罪
      - 本罪是一种特殊的过失致人死亡或者重伤罪。在医疗过程中因为过失致人死亡或者重伤的，应当优先考虑本罪
    - 法定刑
  - 非法行医罪
    - 概念——指未取得行医资格的人非法行医，情节严重的行为
    - 特征
      - 侵犯客体是国家对医疗工作的管理秩序和就诊人的生命、健康权利
      - 客观方面表现为非法行医，情节严重的行为
      - 犯罪主体为未取得医生执业资格的自然人
      - 主观方面为直接故意
    - 认定
      - 本罪属于集合犯，一般要多次非法行医才构成。但是如果非法行医致人死亡的，一次就构成
      - 划清非法行医罪与非罪的界限：情节严重
        1. 造成就诊人轻度残疾、器官组织损伤导致一般功能障碍的
        2. 造成甲类传染病传播、流行或者有传播、流行危险的
        3. 使用假药、劣药或不符合国家规定标准的卫生材料、医疗器械，足以严重危害人体健康的
        4. 非法行医被卫生行政部门行政处罚两次以后，再次非法行医的
        5. 其他情节严重的情形
      - 划清非法行医罪与医疗事故罪的界限
        - 主体不同
          - 前罪行为人无医生执业资格
          - 后罪行为人有医生执业资格
        - 主观方面不同
          - 前罪是故意
          - 后罪是过失
        - 客观方面不同
          - 前罪限于非法的诊治活动
          - 后罪是从事合法的诊疗、护理活动
    - 法定刑

刑法分则——妨害社会管理秩序罪——本章要求掌握的犯罪——污染环境罪

- 概念——指违反国家规定，排放、倾倒或者处置有放射性的废物、含传染病病原体的废物、有毒物质或者其他有害物质，严重污染环境的行为
- 特征
  - 侵犯客体是国家环境保护和污染防治制度
  - 客观方面表现为违反国家规定，排放、倾倒或者处置有放射性的废物、含传染病病原体的废物、有毒物质或者其他有害物质，严重污染环境的行为
  - 犯罪主体既包括自然人，也包括单位
  - 主观方面表现为过失，既包括过于自信的过失，也包括疏忽大意的过失
- 认定——划清污染环境罪与危险物品肇事罪的界限
  - 行为对象不同
    - 前罪的行为对象是有放射性的废物、含传染病病原体的废物、有毒物质或者其他有害物质
    - 后者是危险物品
  - 发生的场合不同
    - 前罪是在排放、倾倒或者处置有放射性的废物、含传染病病原体的废物、有毒物质或者其他有害物质的过程中发生的
    - 后者是在危险物品的生产、储存、运输、使用的过程中发生的
  - 侵犯的客体不同
    - 前罪侵犯的是国家环境保护和污染防治的管理制度
    - 后者侵犯的是社会公共安全
- 法定刑

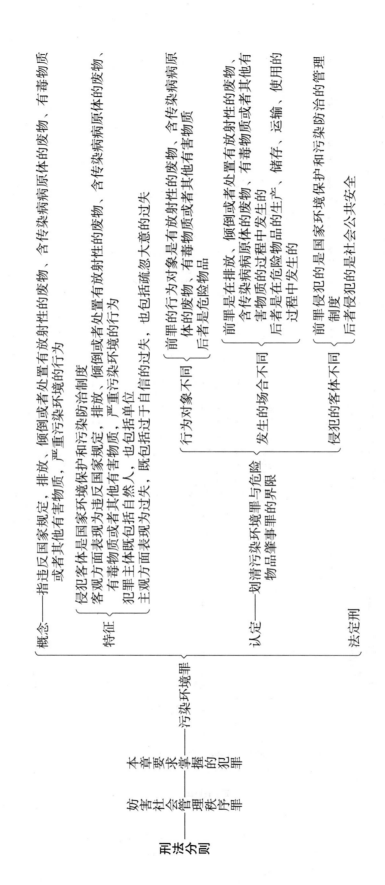

刑法分则——妨害社会管理秩序罪——本章要求掌握的犯罪

- 走私、贩卖、运输、制造毒品罪
  - 概念——指明知是毒品而故意实施走私、贩卖、运输、制造的行为
  - 特征
    - 侵犯客体是国家对毒品的管理制度和公民的身心健康
    - 客观方面表现为走私、贩卖、运输、制造毒品的行为
    - 犯罪主体是一般主体，已满 14 周岁不满 16 周岁且具有刑事责任能力的人对贩卖毒品罪负刑事责任
    - 主观方面表现为故意
  - 认定——在走私毒品的过程中暴力抗拒缉私的，应当以走私、贩卖、运输、制造毒品罪从重处罚
  - 法定刑
- 非法持有毒品罪
  - 概念——指违反国家毒品管理法规，非法持有毒品且数量较大的行为
  - 特征
    - 侵犯客体是国家对毒品的管理制度和公民的身心健康。行为对象是毒品
    - 客观方面表现为非法持有毒品且数量较大的行为
    - 犯罪主体为自然人，是一般主体
    - 主观方面表现为故意，即行为人明知是毒品而非法持有。过失不构成本罪
  - 认定——划清非法持有毒品罪与走私、贩卖、运输、制造毒品罪的界限
  - 法定刑
- 组织卖淫罪
  - 概念——指以招募、雇佣、纠集、强迫、引诱、容留等手段，管理或者控制他人卖淫，卖淫人员在 3 人以上的行为
  - 特征
    - 侵犯客体是社会道德风尚和社会治安管理秩序
    - 客观方面表现为组织多人卖淫的行为
    - 犯罪主体是一般主体，单位不是本罪主体
    - 主观方面表现为故意。一般是以营利为目的，也可以是出于其他目的
  - 认定——组织卖淫罪中的高频考点：在组织卖淫过程中，如果有实施强奸等犯罪行为的该如何处罚。根据《刑法修正案（九）》的修正，应当数罪并罚
  - 法定刑

- 刑法分则——妨害社会管理秩序罪——本章要求掌握的犯罪
  - 强迫卖淫罪
    - 概念——指以暴力、胁迫或者其他强制手段，迫使他人卖淫的行为
    - 特征
      - 侵犯客体是他人的人身权利和社会道德风尚及社会治安管理秩序
      - 客观方面表现为以暴力、胁迫或者其他强制手段强迫他人卖淫的行为
      - 犯罪主体是一般主体
      - 主观方面表现为故意
    - 认定——划清强迫卖淫罪与组织卖淫罪的界限
      - 侵犯的客体不同
        - 强迫卖淫罪除侵犯社会道德风尚及社会治安管理秩序外，还侵犯他人的人身权利
        - 组织卖淫罪侵犯的是社会道德风尚及社会治安管理秩序
      - 实施行为的内容不同
        - 强迫卖淫罪指采用强迫手段迫使他人卖淫的行为，违背卖淫者的意志
        - 组织卖淫罪指以招募、雇佣、引诱、容留等手段，管理或控制多人从事卖淫活动的行为，不违背卖淫者意志
      - 故意的内容不同
        - 强迫卖淫罪的行为人主观上具有强迫的故意
        - 组织卖淫罪的行为人主观上具有组织多人的故意
    - 法定刑
  - 传播性病罪
    - 概念——指明知自己患有梅毒、淋病等严重性病，而进行卖淫或者嫖娼活动的行为
    - 特征
    - 法定刑

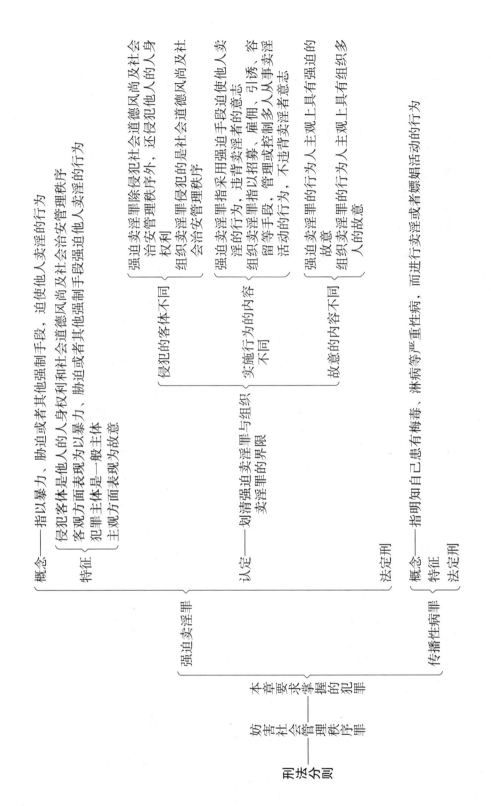

- 刑法分则——妨害社会管理秩序罪——本章要求掌握的犯罪
  - 制作、复制、出版、贩卖、传播淫秽物品牟利罪
    - 概念——指以牟利为目的，制作、复制、出版、贩卖、传播淫秽物品的行为
    - 特征
      - 侵犯客体是国家对与性道德风尚有关的文化市场的管理秩序和良好的社会风尚
      - 客观方面表现为制作、复制、出版、贩卖、传播淫秽物品的行为
      - 犯罪主体是个人和单位
      - 主观方面表现为故意，且必须具有牟利的目的
    - 认定——划清制作、复制、出版、贩卖、传播淫秽物品牟利罪与非罪的界限
      - 正确鉴定淫秽物品
      - 情节显著轻微、危害不大的制作、复制等行为，不以犯罪论处
      - 主观上是否明知并是否具有牟利目的也是区分罪与非罪的根据
    - 法定刑
  - 传播淫秽物品罪
    - 概念——指不以牟利为目的，传播淫秽的书刊、影片、音像、图片或其他淫秽物品，情节严重的行为
    - 特征
      - 侵犯客体是国家对与性道德风尚有关的文化市场的管理秩序和良好的社会风尚
      - 客观方面表现为出借、播放、展示、赠送、散发、交换、讲解等传播淫秽的书刊、影片、音像、图片或者其他淫秽物品，情节严重的行为
      - 犯罪主体是个人和单位
      - 主观方面是故意，但不具有牟利的目的
    - 认定
      - 划清传播淫秽物品罪与非罪的界限
      - 划清传播淫秽物品罪与制作、复制、出版、贩卖、传播淫秽物品牟利罪的界限：二者区别主要是看有无牟利目的
    - 法定刑

刑法分则——贪污贿赂罪

- 概述
  - 概念——指国家工作人员（行贿类的犯罪除外）利用职务上的便利，非法占有、使用公共财物，索取、收受贿赂或者取得其他非法利益，破坏职务廉洁性的行为
  - 构成特征
    - 侵犯客体是国家工作人员公务活动的廉洁性，多数犯罪同时也侵犯了公共财产或国有资产的所有权
    - 客观方面表现为实施贪污、挪用公款、受贿、介绍贿赂、隐瞒境外存款不报、私分国有财产等行为
    - 犯罪主体多为特殊主体，即国家工作人员和受国家机关、国有公司、企业、事业单位、人民团体委托管理、经营国有财产的人员，少数为一般主体
    - 主观方面表现为故意，过失不构成本类犯罪
- 本章要求掌握的犯罪——贪污罪
  - 概念——指国家工作人员利用职务上的便利，侵吞、窃取、骗取或者以其他手段非法占有公共财物的行为
  - 特征
    - 侵犯客体是复杂客体，即国家工作人员职务行为的廉洁性和公共财产的所有权
    - 客观方面表现为利用职务上的便利，侵吞、窃取、骗取或者以其他手段非法占有公共财物的行为
    - 犯罪主体是特殊主体，即国家工作人员以及受国家机关、国有公司、企业、事业单位、人民团体委托管理、经营国有财产的人员
    - 主观方面表现为故意，并且具有非法占有公共财物的目的
  - 认定
    - 犯罪侵犯的对象是公共财产
      - 国有财产
      - 劳动群众集体所有的财产
      - 用于扶贫和其他公益事业的社会捐助或者专项基金的财产
      - 在国家机关、国有公司、企业、集体企业和人民团体管理、使用或者运输中的私人财产，以公共财产论
    - 划清贪污罪与非罪的界限：贪污数额是否较大或情节是否较重
    - 划清贪污罪与盗窃罪、诈骗罪、侵占罪的界限
      - 犯罪客观方面有所不同
        - 贪污罪中窃取、骗取、侵吞公共财物的行为是利用职务上的便利实施的
        - 盗窃罪、诈骗罪、侵占罪则没有这一条件
      - 犯罪客体与对象有所不同
        - 贪污罪的客体是公共财产的所有权和职务行为的廉洁性，行为对象仅限于公共财物
        - 盗窃罪、诈骗罪、侵占罪的客体是公私财产所有权，行为对象是公私财物
      - 犯罪主体不同
        - 贪污罪是特殊主体，即国家工作人员和受国家机关、国有公司、企业、事业单位、人民团体委托管理、经营国有财产的人员
        - 盗窃罪、诈骗罪、侵占罪是一般主体，即自然人

- 刑法分则——贪污贿赂罪——本章要求掌握的犯罪
  - 贪污罪
    - 认定——划清贪污罪与职务侵占罪的界限
      - 犯罪客体不同
        - 贪污罪的客体是职务行为的廉洁性和公共财产所有权
        - 职务侵占罪的客体是职务行为的廉洁性和本单位财产的所有权
      - 犯罪主体不同
        - 贪污罪的主体是特殊主体，即国家工作人员和受国家机关、国有公司、企业、事业单位、人民团体委托管理、经营国有财产的人员
        - 职务侵占罪的主体是特殊主体，即公司、企业或者其他单位的人员，但不包括国有公司、企业或者其他国有单位中从事公务的人员和国有公司、企业或者其他国有单位委派到非国有公司、企业以及其他单位从事公务的人员
    - 法定刑
  - 挪用公款罪
    - 概念——指国家工作人员利用职务上的便利，挪用公款归个人使用，进行非法活动的，或者挪用公款数额较大，进行营利活动的，或者挪用公款数额较大、超过3个月未还的行为
    - 特征
      - 侵犯客体是复杂客体，即国家工作人员职务行为的廉洁性、国家财经管理制度以及公共财产的占有、使用、收益权
      - 客观方面表现为行为人利用职务上的便利，挪用公款归个人使用，进行非法活动的，或者挪用公款数额较大，进行营利活动的，或者挪用公款数额较大、超过3个月未还的行为
      - 犯罪主体是特殊主体，即国家工作人员
      - 主观方面表现为故意，并以归个人使用为目的
    - 认定
      - 有下列情形之一的，属于挪用公款“归个人使用”
        1. 将公款供本人、亲友或者其他自然人使用的
        2. 以个人名义将公款供其他单位使用的
        3. 个人决定以单位名义将公款供其他单位使用，谋取个人利益的
      - 可以构成挪用公款罪的挪用公款归个人使用行为，有以下三种情况
        1. 挪用公款归个人使用，进行赌博、走私等非法活动的，构成挪用公款罪
        2. 挪用公款数额较大，归个人进行营利活动的，构成挪用公款罪
        3. 挪用公款归个人使用，数额较大，超过3个月未还的，构成挪用公款罪

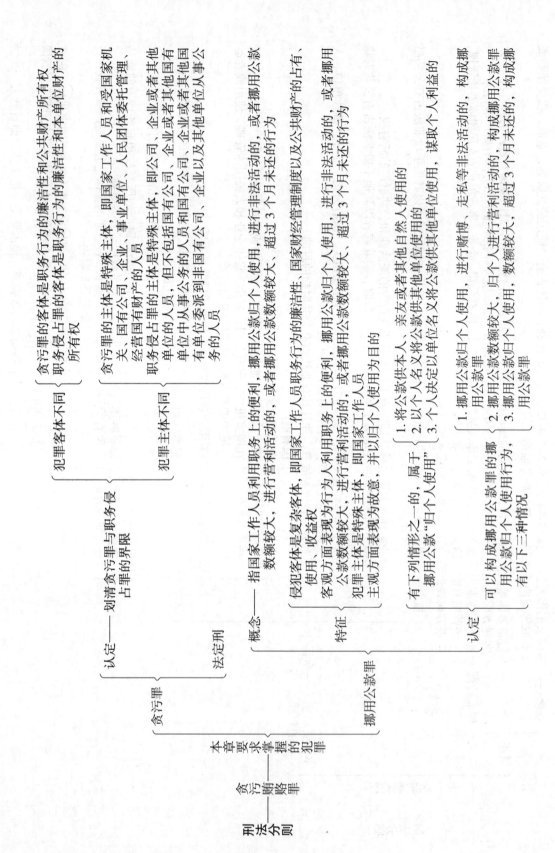

刑法分则——贪污贿赂罪——本章要求掌握的犯罪——挪用公款罪——认定

- 划清挪用公款罪与挪用特定款物罪的界限
  - 主体不同
    - 挪用公款罪的主体是国家工作人员
    - 挪用特定款物罪的主体是经手、经办、管理特定款物的人员，而不一定是国家工作人员
  - 客体不同
    - 挪用公款罪侵犯的客体是国家工作人员职务行为的廉洁性、国家财经管理制度以及公款的占有、使用、收益权
    - 挪用特定款物罪侵犯的客体是国家对特定款物专款专用的财经管理制度以及公共财物所有权
  - 主观方面不同
    - 二者都是故意，但挪用公款罪以挪用公款归个人使用为目的，即挪作私用
    - 挪用特定款物罪的目的则是为了其他公用，即挪作他用
  - 行为对象不同
    - 挪用公款罪的行为对象是公款，包括特定款物在内
    - 挪用特定款物罪的行为对象仅限于特定款物，即救灾、抢险、防汛、优抚、扶贫、移民、救济款物
  - 客观方面成立犯罪的条件有所不同
    - 挪用公款罪将挪用公款行为分为三种情况，并分别规定了不同的构成犯罪的客观要件
    - 挪用特定款物罪则在客观上要求有致使国家和人民群众利益遭受重大损害的结果发生，否则不构成犯罪
- 划清挪用公款罪与挪用资金罪的界限
  - 主体不同
    - 挪用公款罪的主体是特殊主体，即国家工作人员
    - 挪用资金罪的主体是特殊主体，即公司、企业或者其他单位中从事一定管理性职务的工作人员
  - 客体不同
    - 挪用公款罪的对象是公款，侵犯客体是公共财产
    - 挪用资金罪侵犯的客体是公司、企业或者其他单位资金的使用权，行为对象是本单位的资金

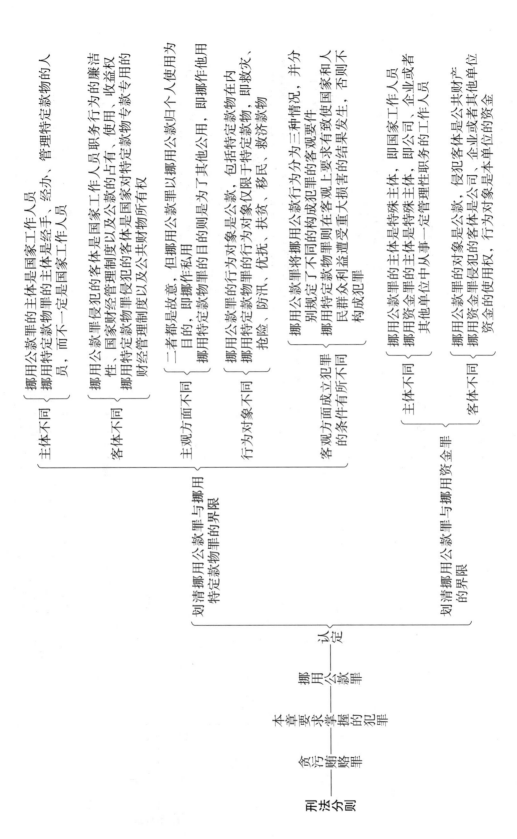

刑法分则——贪污贿赂罪——本章要求掌握的犯罪

- 挪用公款罪
  - 认定——划清挪用公款罪与贪污罪的界限
    - 犯罪目的不同
      - 挪用公款罪以非法占用为目的，即暂时地挪用公款归个人使用
      - 贪污罪以非法占有为目的，即意图永远地非法占有公共财物
    - 行为对象不同
      - 挪用公款罪的对象仅限于公款
      - 贪污罪的对象是公共财物
    - 客体不同
      - 挪用公款罪侵犯的是公款的占有、使用、收益权
      - 贪污罪侵犯的是公共财物所有权
    - 客观方面行为手段不同
      - 挪用公款罪的行为手段是擅自私用公款，实际案件中行为人一般没有涂改、销毁、伪造账簿的非法行为
      - 贪污罪的行为手段是侵吞、窃取、骗取等非法手段，实际案件中行为人往往有涂改、销毁、伪造账簿的非法行为
    - 主体范围不完全相同
      - 挪用公款罪只限于国家工作人员
      - 贪污罪除国家工作人员外，还包括受国家机关、国有公司、企业、事业单位、人民团体委托管理、经营国有财产的人员
  - 法定刑
- 受贿罪
  - 概念——指国家工作人员利用职务上的便利，索取他人财物，或者非法收受他人财物，为他人谋取利益的行为
  - 特征
    - 侵犯客体是国家工作人员职务行为的廉洁性
    - 客观方面表现为利用职务上的便利，索取他人财物，或者非法收受他人财物，为他人谋取利益的行为
      - 1. 利用职务之便，索取他人财物
      - 2. 利用职务之便，非法收受他人财物，为他人谋取利益
    - 犯罪主体是特殊主体，即国家工作人员
    - 主观方面表现为故意

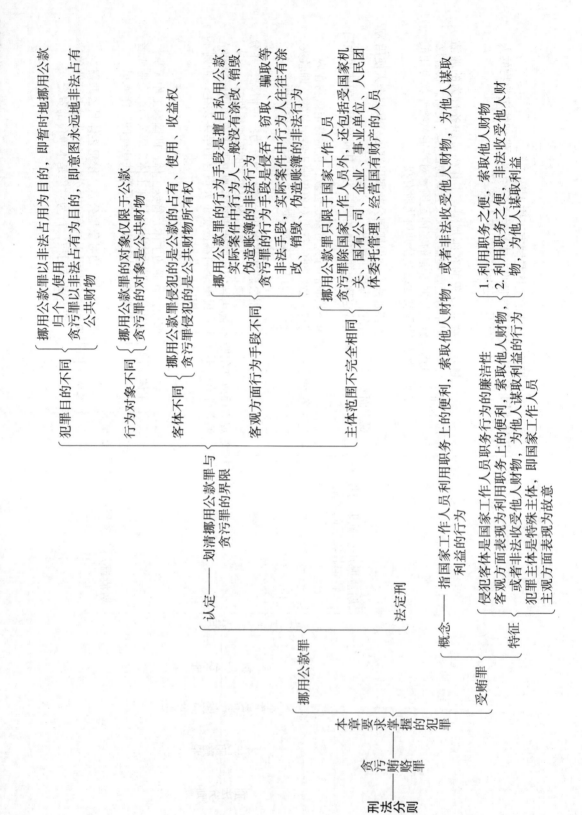

刑法分则——贪污贿赂罪——本章要求掌握的犯罪——受贿罪——认定

- 划清受贿行为与接受馈赠的界限
- 划清受贿与获取合理报酬的界限
- 划清受贿罪与一般受贿行为的界限
- 划清受贿罪与诈骗罪、敲诈勒索罪的界限
- 划清受贿罪与公司、企业人员受贿罪的界限
  - 主体不同
    - 受贿罪的主体是国家工作人员
    - 公司、企业人员受贿罪的主体是公司、企业的工作人员
  - 客体有所不同
    - 受贿罪的客体是国家工作人员职务行为的廉洁性
    - 公司、企业人员受贿罪的客体是国家对公司、企业工作人员职务活动的管理制度
- 划清受贿罪与贪污罪的界限
  - 犯罪主体的范围有所不同
    - 受贿罪仅限国家工作人员
    - 贪污罪还包括受国家机关、国有公司、企业、事业单位、人民团体委托管理、经营国有财产的人员
  - 犯罪目的不同
    - 受贿罪在主观上表现为以非法占有他人或者其他单位的公私财物为目的
    - 贪污罪在主观上表现为以非法占有自己主管、管理、经手的公共财物为目的
  - 行为对象不同
    - 受贿罪的对象既包括公共财物，也包括公民私有的财物
    - 贪污罪的行为对象是公共财物
  - 行为方式不同
    - 受贿罪是利用职务之便向他人索取财物，或者非法收受他人财物，为他人谋取利益
    - 贪污罪是使用侵吞、窃取、骗取或其他手段，非法占有自己主管、管理、经手的公共财物
- 对发生在经济往来中的受贿问题的认识
  - 发生在经济往来中
  - 违反国家规定，收受各种名义的回扣、手续费。国家工作人员基于其职务参与到经济往来之中，违反国家规定，利用职务上的便利，收受各种名义的回扣、手续费，并且以为他人谋取利益为目的或者实际上已经为他人谋取了利益
  - 将收受的回扣、手续费归个人所有

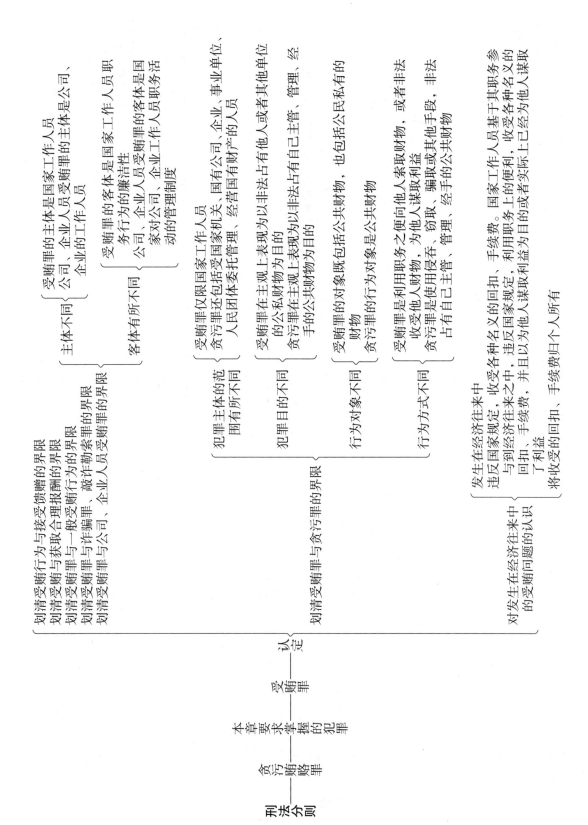

- 刑法分则——贪污贿赂罪——本章要求掌握的犯罪
  - 受贿罪
    - 认定
      - 对斡旋行为构成的受贿罪的认识
        - 1. 客观方面表现为国家工作人员利用本人职权或者地位形成的便利条件，通过其他国家工作人员职务上的行为，而不是直接利用自己职务范围内的权力
        - 2. 无论是索贿行为还是非法收受贿赂的行为，斡旋受贿构成犯罪的，均要求具有为请托人谋取不正当利益的要件
      - 许诺受贿但是实际尚未收到钱财即被揭发的情况是否构成受贿罪
    - 法定刑
  - 利用影响力受贿罪
    - 概念——指国家工作人员的近亲属或者其他与该国家工作人员关系密切的人，通过该国家工作人员职务上的行为，或者利用该国家工作人员职权或者地位形成的便利条件，通过其他国家工作人员职务上的行为，为请托人谋取不正当利益，索取请托人财物或者收受请托人财物，数额较大或者有其他较重情节的行为，或者离职的国家工作人员或者其近亲属以及其他与其关系密切的人，利用该离职的国家工作人员原职权或者地位形成的便利条件，通过其他国家工作人员职务上的行为，为请托人谋取不正当利益，索取请托人财物或者收受请托人财物，数额较大或者有其他较重情节的行为
    - 特征
    - 认定
      - 利用影响力受贿罪与斡旋受贿形态下的受贿罪的区别
        - 主体不同
          - 利用影响力受贿罪的主体是国家工作人员的近亲属或者其他与该国家工作人员关系密切的人、离职的国家工作人员或者其近亲属以及其他与其关系密切的人
          - 斡旋受贿形态的主体直接为国家工作人员自己
        - 客观方面不同
          - 利用影响力受贿罪中行为人先是利用与其关系密切的国家工作人员的职权或地位形成的便利条件，再通过其他国家工作人员职务上的行为去受贿
          - 斡旋受贿形态中是国家工作人员直接利用自己的职权或地位形成的便利条件，再通过其他国家工作人员职务上的行为去受贿
      - 利用影响力受贿罪与非国家工作人员受贿罪的区别
        - 主体不同
          - 利用影响力受贿罪的主体是国家工作人员的近亲属或者其他与该国家工作人员关系密切的人、离职的国家工作人员或者其近亲属以及其他与其关系密切的人
          - 非国家工作人员受贿罪的主体是公司、企业或者其他单位的工作人员
        - 客观方面不同
          - 利用影响力受贿罪的客观方面表现为：近亲属或者关系密切人通过该国家工作人员职务上的行为，或利用该国家工作人员职权或地位形成的便利条件，通过其他国家工作人员职务上的行为，为请托人谋取不正当利益，索取请托人财物，或者非法收受请托人财物，数额较大或者有其他严重情节的行为
          - 非国家工作人员受贿罪的客观方面表现为：公司、企业或者其他单位的工作人员利用职务上的便利，索取他人财物或者非法收受他人财物，为他人谋取利益，数额较大的行为
    - 法定刑

刑法分则——贪污贿赂罪——本章要求掌握的犯罪

- 行贿罪
  - 概念——指为谋取不正当利益，给予国家工作人员以财物的行为
  - 特征
    - 侵犯客体是国家工作人员职务行为的廉洁性
    - 客观方面表现为给予国家工作人员以财物的行为
    - 犯罪主体是自然人，为一般主体
    - 主观方面表现为故意，并且以谋取不正当利益为目的
  - 认定
    - 行贿行为只限于主动行为，如果是被勒索而给予国家工作人员以财物，没有获得不正当利益的，不是行贿，不构成犯罪
    - 为了谋取正当利益而给予国家工作人员以财物的，不是行贿；但国家工作人员接受财物的行为成立受贿罪
    - 为了谋取不正当利益而给予国家工作人员以财物的，构成行贿罪；但国家工作人员没有接受贿赂的故意，立即将财物送交有关部门处理的，不构成受贿罪
  - 法定刑
- 巨额财产来源不明罪
  - 概念——指国家工作人员的财产、支出明显超过合法收入，差额巨大，而本人又不能说明其来源合法的行为
  - 特征
    - 侵犯客体是复杂客体，即国家的廉政建设制度和国家工作人员的职务廉洁性
    - 客观方面表现为行为人的财产、支出明显超过合法收入，差额巨大，而本人又不能说明其来源合法的行为
    - 犯罪主体是特殊主体，即国家工作人员
    - 主观方面表现为直接故意
  - 认定——国家工作人员拥有的明显超过合法收入的财产或支出，无论是以何种方式取得，只要行为人不能举出证据证明其来源是合法的，即构成巨额财产来源不明罪
  - 法定刑

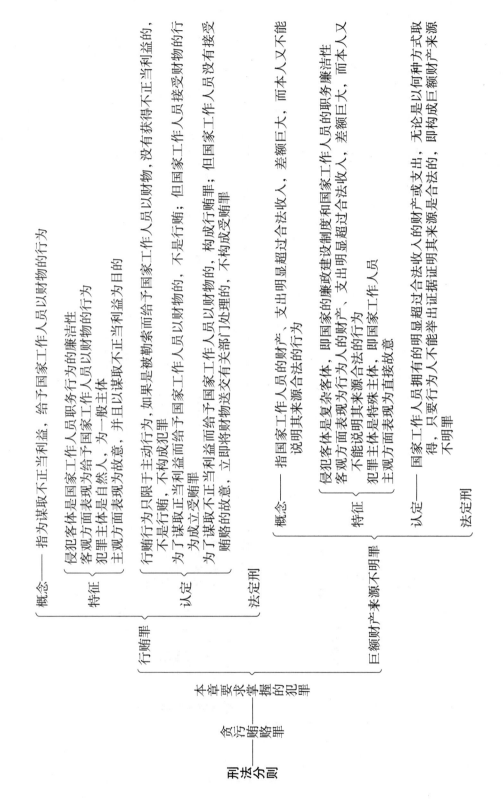

- 刑法分则——渎职罪
  - 概述
    - 概念——指国家机关工作人员在公务活动中滥用职权、玩忽职守、徇私舞弊，妨碍国家管理活动，致使公共财产或者国家与人民的利益遭受重大损失的行为
    - 构成特征
      - 侵犯客体是国家机关的正常活动
      - 客观方面表现为行为人实施了滥用职权、玩忽职守等行为致使公共财产、国家和人民利益遭受重大损失的行为
      - 犯罪主体，除个别犯罪外，都是特殊主体，即国家机关工作人员
      - 主观方面既有故意也有过失
        - 典型的故意通常具有徇私舞弊的动机
        - 典型的过失则具有对职责马虎草率、漫不经心的心理态度
  - 本章要求掌握的犯罪——滥用职权罪
    - 概念——指国家机关工作人员滥用职权，致使公共财产、国家和人民利益遭受重大损失的行为
    - 特征
      - 侵犯客体是国家机关的正常管理活动
      - 客观方面表现为滥用职权，致使公共财产、国家和人民利益遭受重大损失的行为
        - 滥用职权
          - 不依法正当行使职务范围内的权力
          - 过度行使职务范围内的权力
      - 犯罪主体为特殊主体，即国家机关工作人员
      - 主观方面表现为故意
    - 认定——行为人接受他人的贿赂后又滥用职权给他人谋取利益并致使公共财产、国家和人民的利益遭受重大损失的，同时触犯滥用职权罪与受贿罪
    - 法定刑

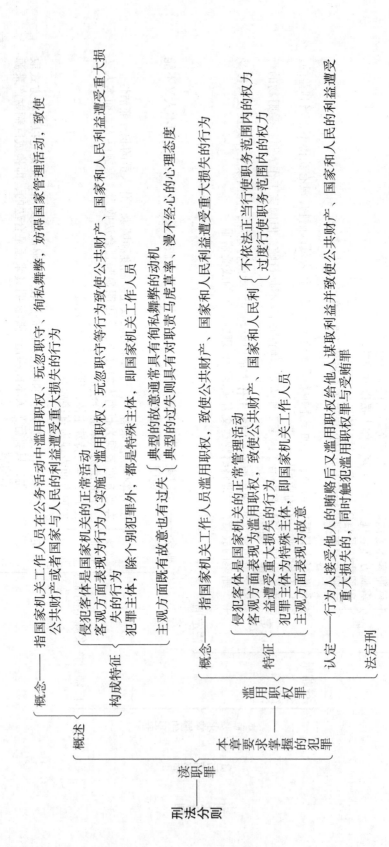

刑法分则——渎职罪——本章要求掌握的犯罪——玩忽职守罪

- 概念——指国家机关工作人员玩忽职守，致使公共财产、国家和人民利益遭受重大损失的行为
- 特征
  - 侵犯客体是国家机关的正常管理活动
  - 客观方面表现为行为人严重不负责任，不履行或者不正确履行职责，致使公共财产、国家和人民利益遭受重大损失的行为
  - 犯罪主体为特殊主体，即国家机关工作人员以及 2002 年 12 月 28 日全国人大常委会《关于〈中华人民共和国刑法〉第九章渎职罪主体适用问题的解释》中规定的人员
  - 主观方面表现为过失
- 认定
  - 划清玩忽职守罪与非罪的界限
  - 划清玩忽职守罪与滥用职权罪的界限
    - 行为方式不同
      - 前罪主要表现为以不作为的方式，不履行职责或者不正确履行职责
      - 后罪则主要表现为以作为的方式超越权限，处理无权处理的事务，或者不顾职责的程序和宗旨随心所欲地处理事务
    - 主观方面不同
      - 前罪的主观方面为过失
      - 后罪的主观方面为故意
  - 划清玩忽职守罪与危害公共安全罪中的事故犯罪的界限
    - 侵犯客体不同
      - 前罪侵犯的客体是国家机关的正常管理活动
      - 后罪侵犯的客体则是公共安全
    - 发生场合不同
      - 前罪发生在国家机关的公务活动过程中
      - 后罪一般发生在生产、作业等业务活动中
    - 犯罪主体不同
      - 前罪的主体只能是国家机关工作人员
      - 后罪的主体一般为厂矿、企业、事业单位的职工或者工作人员
  - 划清玩忽职守罪与签订、履行合同失职被骗罪，国有公司、企业、事业单位人员失职罪，国有公司、企业、事业单位人员滥用职权罪的界限
    - 渎职的性质不同
      - 前罪为公务职权的渎职
      - 后三罪为国有公司、企业、事业单位的经营、管理权的渎职
    - 犯罪主体不同
      - 前罪的主体为国家机关工作人员
      - 后三罪的主体为国有公司、企业、事业单位直接负责的主管人员
- 法定刑

刑法分则——渎职罪——本章要求掌握的犯罪——故意泄露国家秘密罪

- 概念——指国家机关工作人员或非国家机关工作人员违反《保守国家秘密法》的规定，故意泄露国家秘密，情节严重的行为
- 特征
  - 侵犯客体是国家的保密制度。国家秘密分为绝密、机密和秘密三个等级
  - 客观方面表现为违反《保守国家秘密法》的规定，泄露国家秘密，情节严重的行为
  - 犯罪主体一般是国家机关工作人员，但是根据《刑法》第三百九十八条第二款的规定，非国家机关工作人员也可以构成本罪
  - 主观方面表现为故意，即行为人明知是国家秘密而故意泄露的
- 认定
  - 划清故意泄露国家秘密罪与为境外窃取、刺探、收买、非法提供国家秘密、情报罪的界限
    - 侵犯的客体不同
      - 前罪侵犯的客体是国家的保密制度
      - 后罪侵犯的客体是国家安全
    - 犯罪对象不同
      - 前罪泄露的是各种级别的国家秘密
      - 后罪的犯罪对象包括国家秘密和情报
    - 犯罪主体不同
      - 前罪的主体一般是有权知悉国家秘密的国家机关工作人员
      - 后罪则为一般主体
    - 罪与非罪的标准不同
      - 前罪必须情节严重才构成犯罪
      - 后罪则无此要求
  - 划清故意泄露国家秘密罪与侵犯商业秘密罪的界限
    - 侵犯的客体不同
      - 前罪侵犯的客体是国家的保密制度，关系国家安全和利益
      - 后罪侵犯的客体是他人的商业秘密专有权和国家对商业秘密的管理制度
    - 行为对象不同
      - 前罪的行为对象是《保守国家秘密法》规定的国家秘密
      - 后罪侵犯的对象仅限于商业秘密
    - 犯罪主体不同
      - 前罪的主体主要是国家机关工作人员
      - 后罪的主体则为一般主体
  - 划清故意泄露国家秘密罪与非法获取国家秘密罪的界限
    - 前罪是行为人将知悉的国家秘密向不应知悉的人泄露的行为
    - 后罪是行为人通过窃取、刺探、收买的方法非法获取国家秘密的行为
- 法定刑

- 刑法分则——渎职罪——本章要求掌握的犯罪——徇私枉法罪
  - 概念——指司法工作人员徇私枉法、徇情枉法，对明知是无罪的人而使他受追诉，对明知是有罪的人而故意包庇不使他受追诉，或者在刑事审判活动中故意违背事实和法律作枉法裁判的行为
  - 特征
    - 侵犯客体是国家司法机关的正常活动与国家的司法公正
    - 客观方面表现为利用司法职务上的便利，违背事实和法律，在追诉或者刑事审判活动中实施了下列枉法行为
      - 对明知是无罪的人而使他受追诉
      - 对明知是有罪的人而故意包庇不使他受追诉
      - 在刑事审判活动中故意违背事实和法律作枉法裁判
    - 犯罪主体是特殊主体，即司法工作人员
    - 主观方面表现为故意，即出于私情、私利有意枉法追诉、包庇、裁判
  - 认定
    - 划清徇私枉法罪与帮助毁灭、伪造证据罪的界限
      - 侵犯客体不同
        - 前罪侵犯的客体是司法机关的正常活动与司法公正
        - 后罪侵犯的客体是社会管理秩序中的司法秩序
      - 客观方面表现不同
        - 前罪在枉法追诉、包庇、裁判过程中必须利用司法职权
        - 后罪无此限制
      - 犯罪主体不同
        - 前罪是特殊主体，限于司法工作人员
        - 后罪主体无此限制
    - 划清徇私枉法罪与伪证罪的界限
      - 侵犯客体不同
        - 前罪侵犯的客体是司法机关的正常活动与司法公正
        - 后罪侵犯的客体是社会管理秩序中的司法秩序
      - 客观方面不同
        - 前罪限于利用司法职务之便
        - 后罪的实施者中的证人、鉴定人、记录人、翻译人并无利用司法职务之便的行为特征
      - 犯罪主体不同
        - 前罪的主体限于司法工作人员
        - 后罪的主体则为证人、鉴定人、记录人和翻译人
    - 划清徇私枉法罪与包庇罪的界线
      - 主体不同
        - 前罪主体只能是司法工作人员，即特殊主体
        - 后罪为一般主体，即只要达到法定的刑事责任年龄、具有刑事责任能力的人都可以构成
      - 犯罪手段不同
        - 前罪的包庇手段，必须是利用司法职务之便，通过办案活动实现包庇罪犯的目的
        - 后罪通过作假证明、帮助毁灭罪迹、隐藏或毁灭罪证等手段实现包庇行为，不要求利用职务之便进行包庇
      - 犯罪发生的时间不同
        - 前罪的包庇行为，一般发生在判决之前
        - 后罪的包庇行为，可以在行为人犯罪后的任何阶段实施
  - 法定刑

刑法分则——渎职罪——本章要求掌握的犯罪——民事、行政枉法裁判罪

- 概念——指司法工作人员在民事、行政审判活动中故意违背事实和法律作枉法裁判，情节严重的行为
- 特征
  - 侵犯客体是人民法院的正常审判活动与审判公正
  - 客观方面表现为在民事、行政审判活动中故意违背事实和法律作枉法裁判，情节严重的行为
  - 犯罪主体是特殊主体，限于司法工作人员
  - 主观方面表面为故意
- 认定
  - 划清民事、行政枉法裁判罪与徇私枉法罪的界限
    - 行为所指的对象不同
      - 前罪是针对民事、行政诉讼的当事人
      - 后罪则针对的是刑事案件的被告人或犯罪嫌疑人和一般公民
    - 行为发生的场合不同
      - 前罪发生在民事诉讼、行政诉讼的审判活动中
      - 后罪限于发生在刑事诉讼活动中
    - 构成犯罪要求的情节条件不同
      - 前罪以情节严重为要件
      - 后罪则无此要件的限定
  - 正确处理本罪与受贿罪的关系：对司法工作人员贪赃而枉法裁判，犯民事、行政枉法裁判罪和受贿罪的，应择一重罪定罪处罚，不实行数罪并罚
  - 民事、行政枉法裁判罪的罪量要素是“情节严重”
    1. 枉法裁判，致使公民财产或者法人或者其他组织财产损失重大的
    2. 枉法裁判，致使当事人或其近亲属自杀、自残造成重伤、死亡，或者精神失常的
    3. 伪造、变造有关材料、证据，制造假案枉法裁判的
    4. 串通当事人制造伪证，毁灭证据或者篡改庭审笔录而枉法裁判的
    5. 徇私情、私利，明知是伪造、变造的证据予以采信，或者故意对应当采信的证据不予采信，或者故意违反法定程序，或者故意错误适用法律而枉法裁判的
    6. 其他情节严重的情形
- 法定刑

- 刑法分则——渎职罪——本章要求掌握的犯罪
  - 执行判决、裁定失职罪
    - 概念——指司法工作人员在执行判决、裁定活动中，严重不负责任，不依法采取诉讼保全措施、不履行法定执行职责，致使当事人或者其他人的利益遭受重大损失的行为
    - 特征
      - 侵犯客体是人民法院正常的执行活动，犯罪对象是判决、裁定
      - 客观方面表现为在执行判决、裁定活动中，严重不负责任，不依法采取诉讼保全措施、不履行法定执行职责，致使当事人或者他人的利益遭受重大损失的行为
      - 犯罪主体为特殊主体，限于司法工作人员
      - 主观方面表现为过失
    - 认定
      - 划清执行判决、裁定失职罪与非罪的界限
      - 划清执行判决、裁定失职罪与徇私枉法罪和民事、行政枉法裁判罪的界限
        - 侵犯的客体不同
          - 前罪侵犯的是人民法院正常的执行活动
          - 后二罪侵犯的是国家司法机关正常的侦查、检察、审判活动
        - 犯罪主体不同
          - 前罪限司法工作人员中的执行工作人员
          - 后二罪是指在刑事诉讼活动中的侦查、检察、审判人员或者在民事、行政诉讼活动中的审判人员
        - 客观方面的表现不同
          - 前罪表现为在执行活动中严重不负责任的行为
          - 后二罪表现为在刑事诉讼中作枉法追诉、枉法裁判的行为或者在民事、行政审判活动中作枉法裁判的行为
        - 主观罪过不同
          - 前罪由过失构成
          - 后二罪由故意构成
    - 法定刑
  - 私放在押人员罪
    - 概念——指司法工作人员利用职务上的便利，私自将被关押的犯罪嫌疑人、被告人或罪犯放走，使其逃离监管的行为
    - 特征
      - 侵犯客体是国家司法机关对犯罪嫌疑人、被告人或罪犯的监管制度
      - 客观方面表现为利用职务上的便利，私自将被关押的犯罪嫌疑人、被告人或罪犯放走，使其逃离监管的行为
      - 犯罪主体为特殊主体，限于司法工作人员
      - 主观方面表现为故意
    - 认定
      - 划清私放在押人员罪与非罪的界限
      - 划清私放在押人员罪与脱逃罪的界限
    - 法定刑

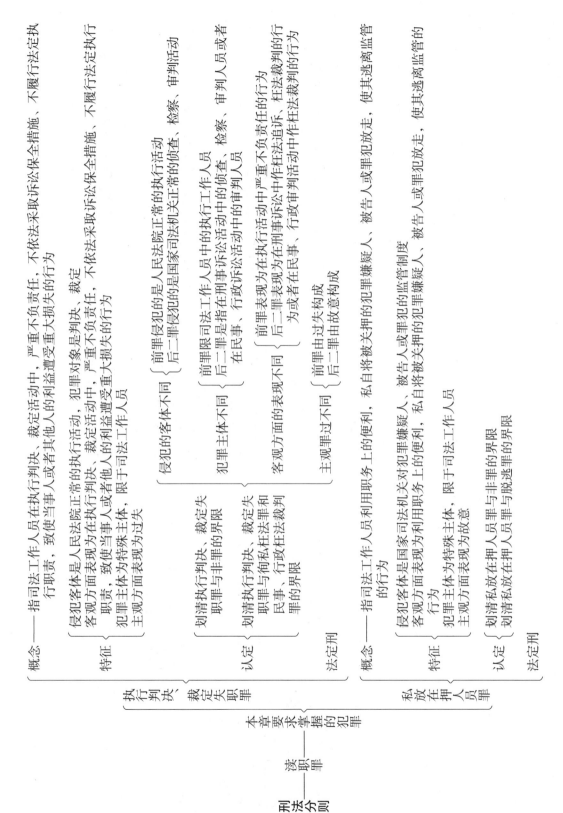

- 刑法分则——渎职罪——本章要求掌握的犯罪
  - 食品监管渎职罪
    - 概念——指负有食品安全监督管理职责的国家机关工作人员，滥用职权或者玩忽职守，导致发生重大食品安全事故或者造成其他严重后果的行为
    - 特征
      - 侵犯客体是国家机关的正常管理活动
      - 客观方面表现为玩忽职守或者滥用职权，导致发生重大食品安全事故或者造成其他严重后果的行为
      - 犯罪主体是特殊主体，即负有食品安全监督管理职责的国家机关工作人员
      - 主观方面表现为过失
    - 认定——划清食品监管渎职罪与滥用职权罪、玩忽职守罪、放纵制售伪劣商品犯罪行为罪的界限
    - 法定刑
  - 放纵制售伪劣商品犯罪行为罪
    - 概念——指对生产、销售伪劣商品犯罪行为负有追究责任的国家机关工作人员，徇私舞弊，不履行法律规定的追究职责，情节严重的行为
    - 特征
      - 侵犯客体是国家对产品质量的监督管理制度
      - 客观方面表现为徇私舞弊，对生产、销售伪劣商品的犯罪行为不履行法律规定的追究责任，情节严重的行为。构成本罪表现为不作为
      - 犯罪主体为特殊主体，即负有追究责任的国家机关工作人员
      - 主观方面表现为故意
    - 认定——注意放纵制售伪劣商品犯罪行为罪的构成前提是行为人跟制售假冒伪劣商品的人没有共谋。如果有共谋，则应当以制售假冒伪劣商品犯罪的共犯论处
    - 法定刑

民法

民法

- 民法总则
- 物权法
- 债权法
- 人身权法
- 知识产权法
- 婚姻家庭法
- 继承法
- 侵权责任法

民法总则

- 绪论
  - 民法概述
    - 民法的概念
    - 民法的性质
    - 民法的渊源
    - 民法的解释
    - 民法的适用
  - 民法的调整对象
    - 人身关系
      - 人格关系
      - 身份关系
    - 财产关系
      - 财产归属关系
      - 财产流转关系
  - 民法的基本原则
    - 概念和功能
    - 平等原则
    - 自愿原则
    - 公平原则
    - 诚实信用原则
    - 合法原则——民事活动必须在其秩序框架中进行，尤其是民事法律行为效力的判断中，违反法律的效力性强制性规范的，会导致民事法律行为无效
    - 公序良俗原则
    - 绿色原则
- 民事法律关系
  - 概述
    - 概念和特征
    - 分类
      - 人身法律关系和财产法律关系
      - 绝对法律关系和相对法律关系
      - 物权关系和债权关系
  - 构成要素
    - 主体——自然人、法人、非法人组织、国家（特定）
    - 客体——物、行为、智力成果、人身利益、权利
    - 内容
      - 民事权利
        - 概念和特征
        - 分类
        - 权利的行使
        - 权利的保护
      - 民事义务
        - 概念和特征
        - 分类
  - 民事责任
    - 概念和特征
    - 分类
  - 民事法律事实
    - 概念
    - 分类
      - 行为
        - 合法行为
          - 合法的民事法律行为
          - 准民事法律行为
          - 事实行为
        - 不合法行为
      - 自然事实

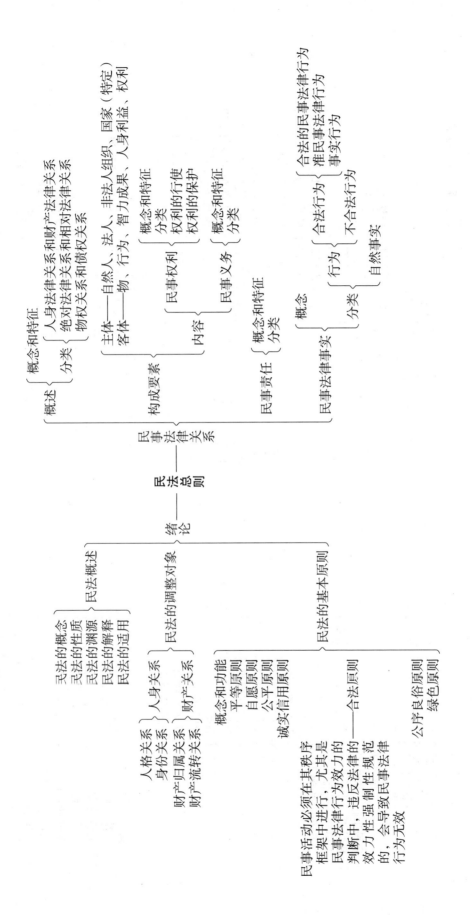

民法总则

- 民事法律关系主体
  - 自然人
    - 民事权利能力
      - 概念和特征
      - 开始
      - 终止
        - 自然死亡
        - 宣告死亡
    - 民事行为能力
      - 概念和特征
      - 分类
        - 完全民事行为能力
        - 限制民事行为能力
        - 无民事行为能力
      - 欠缺民事行为能力的认定
    - 监护
      - 概念和作用
      - 分类
        - 法定监护
        - 指定监护
        - 遗嘱监护
        - 协议监护
        - 意定监护
      - 监护人的设定
      - 监护人的职责
      - 监护关系的终止
    - 宣告失踪和宣告死亡
      - 宣告失踪
        - 概念
        - 条件和程序
        - 法律后果
        - 失踪宣告的撤销
      - 宣告死亡
        - 概念
        - 条件和程序
        - 法律后果
        - 死亡宣告的撤销
    - 个体工商户、农村承包经营户
- 民事法律关系主体
  - 法人
    - 概述
      - 概念和特征
      - 分类
        - 公法人和私法人
        - 社团法人和财团法人
        - 营利法人、非营利法人和特别法人
    - 营利法人
      - 概念
      - 机构
      - 出资人的责任
    - 非营利法人
      - 概念
      - 类型
        - 事业单位法人
        - 社会团体法人
        - 捐助法人
    - 特别法人
      - 概念
      - 类型
        - 机关法人
        - 农村集体经济组织法人
        - 城镇农村的合作经济组织法人
        - 基层群众性自治组织法人
    - 法人的设立、变更和终止
      - 设立
      - 变更
        - 法人的分立
        - 法人的合并
        - 法人的组织性质变更
        - 其他事项的变更
      - 终止
        - 法人终止的原因
        - 法人终止后的清算
  - 非法人组织
    - 概述
      - 概念和特征
      - 类型
        - 个人独资企业
        - 合伙企业
        - 不具有法人资格的专业服务机构
    - 合伙企业
      - 概念和类型
      - 普通合伙企业
        - 概念
        - 设立条件
        - 事务执行
        - 入伙和退伙
        - 责任承担
        - 特殊的普通合伙企业
      - 有限合伙企业
        - 概念
        - 设立条件
        - 事务执行
        - 入伙和退伙
        - 责任承担

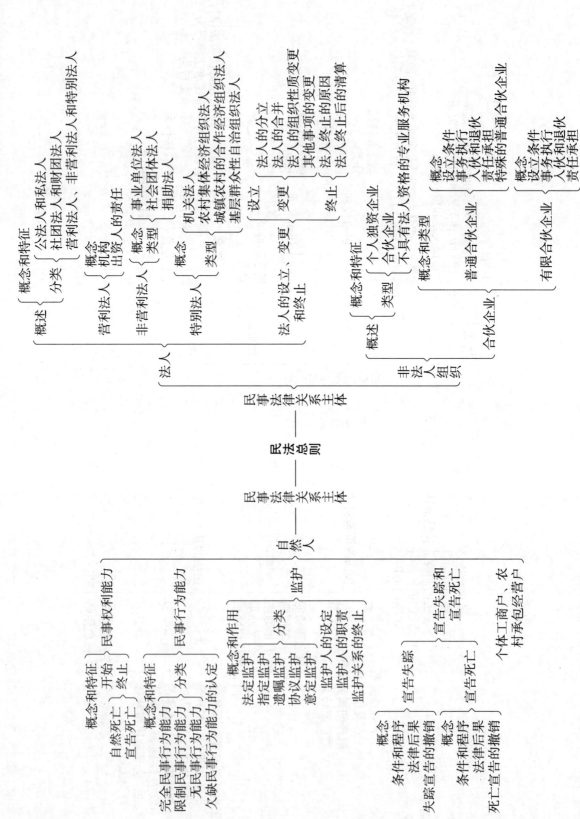

民法总则

- 民事法律行为
  - 概述
    - 概念
    - 特征
  - 分类
    - 单方行为、双方行为、多方行为
    - 单务行为、双务行为
    - 有偿行为、无偿行为
    - 诺成性行为、实践性行为
    - 要式行为、不要式行为
    - 主行为、从行为
    - 有因行为、无因行为
    - 负担行为、处分行为
  - 意思表示
    - 概念和特征
    - 形式
    - 生效和撤回
    - 解释
  - 成立和有效
    - 成立要件
    - 有效要件
  - 无效的民事法律行为
    - 概念和特征
    - 无效的情形
    - 法律后果
  - 可撤销的民事法律行为
    - 概念和特征
    - 可撤销的情形
  - 效力待定的民事法律行为
    - 概念和特征
    - 效力待定的情形
    - 法律后果
  - 附条件和附期限的民事法律行为
    - 附条件
    - 附期限
- 代理
  - 概述
    - 概念
    - 特征
    - 适用范围
  - 分类
    - 委托代理和法定代理
    - 本代理和再代理
    - 显名代理和隐名代理
  - 代理权
    - 概念
    - 产生
    - 行使
  - 无权代理
    - 概念
    - 效力
    - 表见代理
      - 概念
      - 构成条件
      - 常见情形
      - 法律后果
  - 代理终止
    - 委托代理的终止
    - 法定代理的终止
- 诉讼时效与期间
  - 诉讼时效
    - 概述
    - 概念
    - 适用范围
    - 类型
    - 起算
    - 中止、中断和延长
      - 中止
      - 中断
      - 延长
    - 诉讼时效和除斥期间
      - 法律后果不同
      - 适用范围不同
      - 起算时间不同
      - 适用条件不同
      - 期间可变性不同
  - 期间
    - 概念
    - 类型
    - 计算

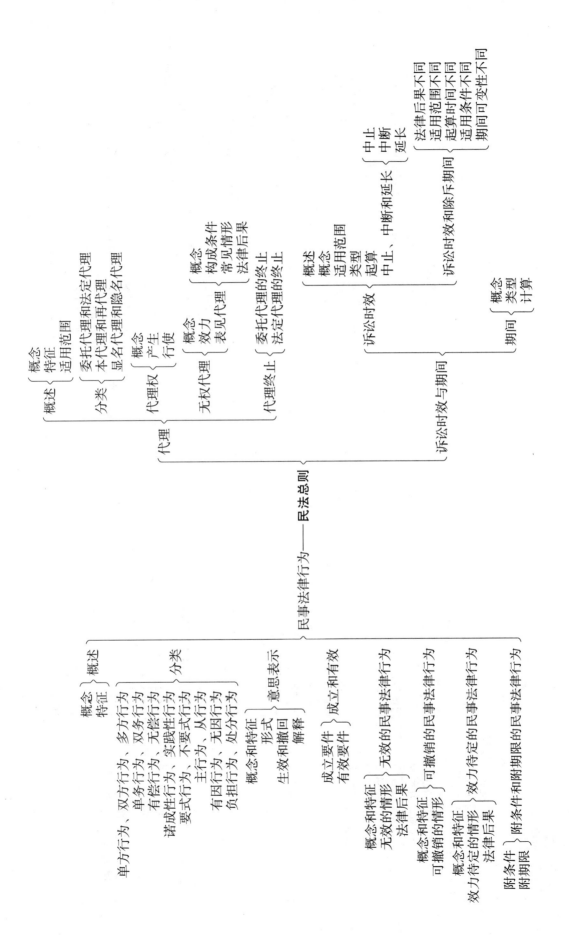

物权法

- 物权法概述
  - 物权概述
    - 概念和特征
      - 概念
      - 特征（4）
        - 财产权
        - 直接支配物的权利
        - 支配特定物的权利
        - 具有排除他人干涉的效力
      - 物权与债权的比较（6）
        - 权利的性质
        - 权利效力范围
        - 权利的客体
        - 权利的效力
        - 权利的发生
        - 权利的保护方法
    - 分类
      - 完全物权和定限物权
      - 用益物权和担保物权
      - 动产物权、不动产物权和权利物权
      - 主物权和从物权
      - 意定物权和法定物权
  - 物权法的基本原则
    - 平等保护原则
      - 法律地位平等
      - 适用规则平等
      - 保护的平等
    - 物权客体特定原则——一物之上只能成立一个所有权
    - 物权法定原则
      - 物权的种类不得创设
      - 物权的内容不得创设
      - 违反后果
        - 违反规定的部分无效
        - 不影响其他部分的效力
    - 公示、公信原则
      - 公示
      - 公信
  - 物权的变动
    - 概述
    - 模式
      - 债权意思主义
      - 物权形式主义
      - 折中主义
    - 不动产物权的变动
      - 除法律另有规定外，登记生效
      - 不动产登记
        - 概念
        - 类型
          - 变动登记
          - 预告登记
          - 更正登记
          - 异议登记
        - 效力
          - 登记生效
          - 登记对抗
        - 登记错误的责任
    - 动产物权的变动
      - 除法律另有规定外，交付生效
      - 交付方式
        - 现实交付
        - 观念交付
          - 简易交付
          - 指示交付
          - 占有改定
  - 物权的保护
    - 确认物权
    - 返还原物
    - 排除妨害、消除危险
    - 恢复原状
    - 损害赔偿

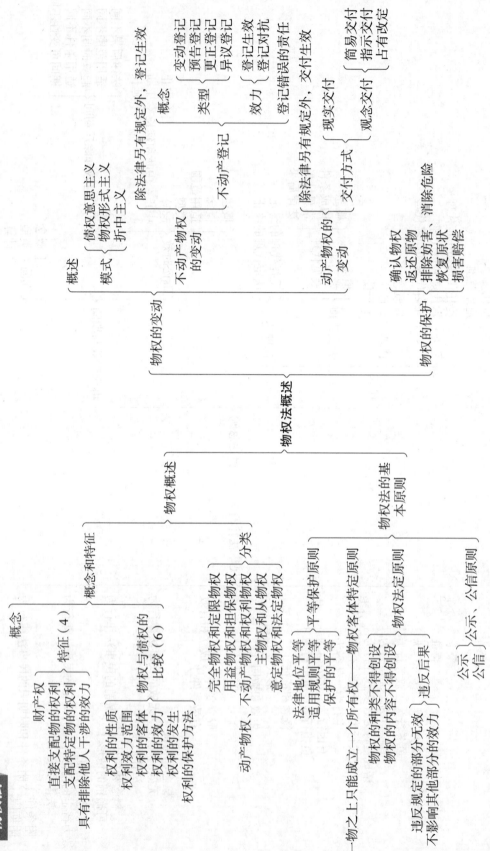

物权法

- **所有权——概述**
  - 概念和特征
    - 概念
      - 人对物的权利（占有、使用、收益、处分）
      - 人对人的权利（返还请求权、妨害排除请求权、妨害预防请求权、恢复原状请求权等）
    - 特征
      - 全面性
      - 整体性
      - 弹力性
      - 排他性
      - 恒久性
  - 分类
    - 不动产所有权和动产所有权
    - 单一所有权和多数人所有权
    - 国家所有权、集体所有权、私人所有权
  - 权能和限制
    - 积极权能——占有、使用、收益、处分
    - 限制
      - 不得违反法律规定
      - 不得妨害他人的合法权益
      - 注意保护环境、自然资源和生态平衡
      - 公共利益
  - 所有权的取得——原始取得
    - 生产
    - 先占——无主物；动产；以所有的意思占有无主物
    - 添附——附合、混合、加工
    - 拾得遗失物
    - 拾得漂流物、发现埋藏物或者隐藏物
    - 善意取得
      - 不动产所有权的善意取得
        - 让与人系无权处分人但有权利外观
        - 受让人受让该不动产是善意的
        - 受让人以合理的价格受让
        - 已经办理了登记
      - 动产所有权的善意取得
        - 标的物须为占有委托物且为非禁止流通物
        - 让与人系无权处分人
        - 受让人取得动产时出于善意
        - 受让人以合理的价格受让
        - 已完成交付（不包括占有改定）

物权法

- 所有权
  - 概述——所有权的取得
    - 原始取得——善意取得
      - 不适用善意取得的情形
        - 转让合同因违反《合同法》第五十二条的规定被认定无效
        - 转让合同因受让人存在欺诈、胁迫或者乘人之危等法定事由被撤销
      - 法律后果
        - 原权利人丧失所有权
        - 原权利人要求无权处分人赔偿
        - 动产上的原有权利消灭，但法律规定的特殊情形除外
    - 继受取得
      - 买卖
      - 互易
      - 赠与
      - 继承
      - 受遗赠
  - 共有
    - 概念和特征
      - 概念
      - 特征
        - 主体总是两个以上
        - 客体总是同一项财产
        - 内容包括双重权利、义务关系
        - 形成基于公民或法人共同的生产经营目的或生活需要
    - 按份共有
      - 按份共有人权利
        - 按份额享有共有权
        - 分割请求权和转让权
        - 优先购买权
        - 在共有份额上设定担保物权
        - 物上请求权
        - 共有物处分权
      - 按份共有人义务
    - 共同共有（有一定的社会关系）
      - 特征
        - 各共有人对共有财产共同地、平等地享有所有权
        - 各共有人对共有财产享有平等的权利、承担平等的义务
        - 财产共同共有关系随着共有人的共同关系的存在而产生，并随着共同关系的解除而消灭
      - 分类
        - 夫妻财产共有
        - 家庭财产共有
        - 遗产分割前的共有
      - 共同共有人的权利和义务

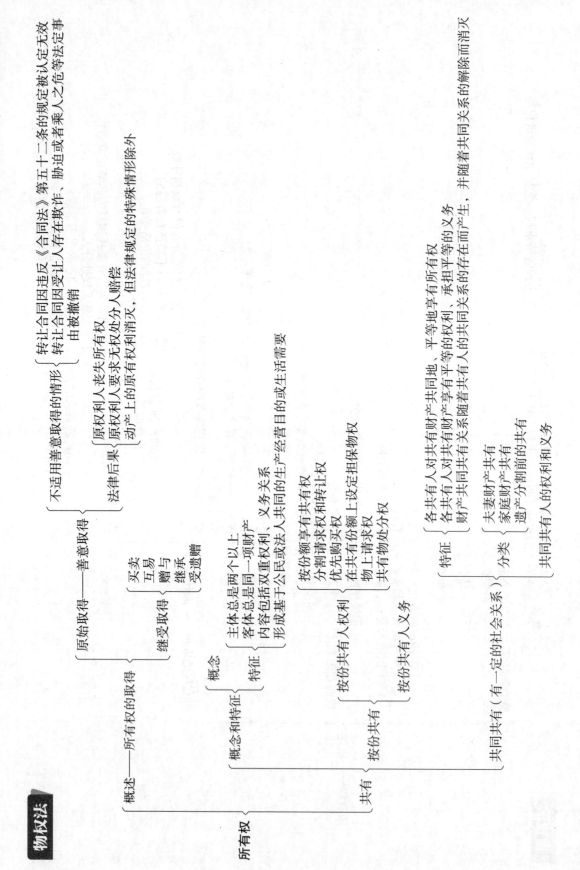

- 所有权
  - 建筑物区分所有权
    - 概念和特征
      - 概念
      - 特征
        - 复合性
        - 整体性
        - 专有权的主导性
        - 客体的多元性
    - 内容
      - 专有权
        - 构造上的独立性
        - 利用上的独立性
        - 能够登记成为特定业主所有权的客体
      - 共有权
      - 成员权
  - 相邻关系
    - 概念和特征
      - 概念
      - 特征
        - 总是发生在两个以上权利主体之间
        - 内容是相邻人间的权利、义务
        - 特定条件：不动产毗邻或相近
    - 处理原则——有利生产、方便生活、团结互助、公平合理
    - 处理依据——法律、法规对处理相邻关系有规定的，依照其规定；法律、法规没有规定的，可以按照当地习惯
    - 典型的相邻关系
      - 相邻不动产通行或利用关系
      - 相邻用水、排水关系
      - 相邻通风、采光和日照关系
      - 相邻不可量物侵害防免关系

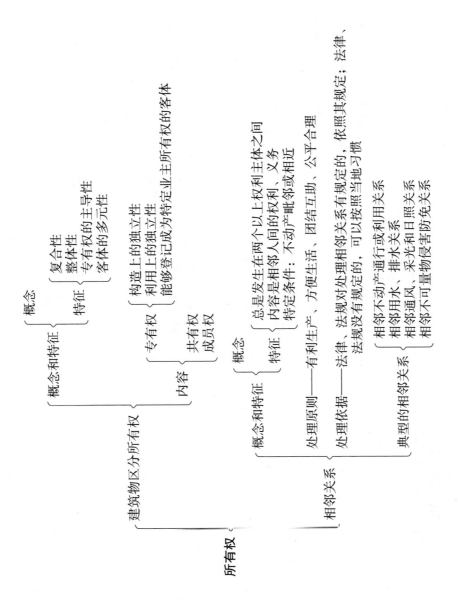

物权法

- **用益物权**
  - 概述
    - 概念
    - 特征
      - 他物权、限制物权
      - 以占有为前提、以使用收益为内容
      - 客体包括动产和不动产，主要是不动产
  - 分类
    - 土地承包经营权
      - 概念和特征
        - 概念
          - 属于他物权中的用益物权范畴
        - 特征
          - 主体：承包人
          - 客体：农民集体所有或者国家所有由农民集体使用的耕地、林地、草地以及其他用于农业的土地（不得改变土地的用途）
          - 设定方式：承包人和发包人签订承包合同
          - 有期限的物权：耕地 30 年、草地 30~50 年、林地 30~70 年
      - 设立
        - 原始取得——承包人—发包人
        - 继受取得——新承包人—原承包人（转包、互换、转让等）
        - 设立方式
          - 签订书面合同设立
          - 登记对抗
      - 内容
        - 权利
          - 使用并获得收益
          - 流转
            - 通过家庭承包取得的承包经营权
            - 通过招标、拍卖、公开协商等方式承包荒地等农村土地
          - 被依法征用、占用的，可获得相应补偿
        - 义务——维持土地的农业用途、不得用于非农建设、保护环境等
    - 建设用地使用权
      - 概念和特征
        - 概念
          - 用益物权
        - 特征
          - 主体：一切符合法定条件的自然人和社会组织
          - 内容：在土地上建造和保有建筑物、构筑物及其附属设施
          - 客体：国有土地和集体所有的土地
          - 具有排他性
      - 建设用地使用权的设立——以国有土地为客体的取得方式
        - 土地使用权的出让、转让等方式取得
        - 行政划拨的方式取得
        - ——区别
          - 性质不同
          - 是否支付对价不同
          - 取得的权利的内容不同
          - 存续期限不同
          - 适用范围不同

物权法

用益物权——分类

- 建设用地使用权——建设用地使用权的内容
  - 权利
    - 占有权
    - 使用权
    - 收益权
    - 处分权（对建设用地使用权的处分）
  - 义务
    - 遵守法律、法规
    - 缴纳土地使用税
    - 变动国有土地使用权须履行法定登记手续
    - 权利消灭时，土地返还，恢复土地原状
- 宅基地使用权
  - 概念和特征
    - 概念
    - 特征
      - 主体：限于农村集体经济组织成员
      - 内容：限于建造、保有住宅及其附属设施
      - 客体：限于集体所有的土地
      - 取得是无偿的且没有期限限制，该权利具有福利性
  - 设立
    - 原始取得（法律直接规定或者权利人的依法申请和集体经济组织的审核同意）
    - 继受取得（赠与、买卖、继承宅基地上的住宅）
  - 内容
    - 权利内容
      - 占有宅基地
      - 使用宅基地（建造房屋和附属设施—取得房屋及其附属设施的所有权）
      - 取得因行使宅基地使用权而获得的收益
    - 义务内容——宅基地使用权不得抵押，不得单独转让，必须与合法建造的住房一并转让。权利人出卖住房后，再申请宅基地的，不予批准
- 地役权
  - 概念和特征
    - 概念
    - 特征
      - 主体：包括不动产的所有权人和使用权人
      - 内容：利用他人的不动产，并对他人的权利加以限制
      - 客体：他人的不动产
      - 设立目的：为供自己使用不动产之便利或效益之提高
      - 是否有偿及存续期限由当事人约定
      - 从属性
  - 设立
    - 书面形式（自合同生效时设立）
    - 登记对抗
  - 内容
    - 地役权人的权利
      - 按照约定利用供役地
      - 为必要的附属行为
      - 权利受到侵害——要求侵权人排除妨害或者消除危险、赔偿损失等
    - 地役权人的义务
      - 行使时尽量减少对供役地权利人物权的限制
      - 维护为行使地役权而在供役地修建的设施，在不妨碍地役权行使的限度内允许供役地权利人使用这些设施

物权法

- 担保物权
  - 概述
    - 概念和特征
      - 概念
      - 特征
        - 优先受偿性
        - 从属性
        - 不可分性
        - 物上代位性
    - 分类
    - 消灭
      - 主债权消灭
      - 担保物权实现
      - 债权人放弃担保物权
      - 法律规定的其他情形（兜底条款）
  - 分类——抵押权
    - 概念和特征
      - 概念
      - 特征
        - 约定担保物权
        - 客体：债务人或第三人提供的特定财产
        - 不转移占有
    - 设立
      - 抵押合同
        - 不动产：登记设立
        - 动产：登记对抗
      - 不得进行抵押的财产（6）*
      - 可以进行抵押的财产（7）
    - 抵押权的效力
      - 原抵押财产，从物、从权利、添附物、孳息和代位物（效力及于）
      - 抵押人的权利和义务
        - 权利：有权占有、使用、收益
        - 义务：保持抵押财产价值等
      - 抵押权人的权利和义务
        - 权利：抵押权保全权、抵押权处分权、优先受偿权
        - 义务：不得妨碍抵押人正常行使抵押财产的所有权
    - 抵押权的顺位（同一抵押财产上存在多个抵押）
      - 以不动产抵押的，按登记的先后顺序清偿；顺序相同的，按债权比例清偿
      - 以动产抵押的，已登记 > 未登记；已登记的，按登记的先后顺序清偿（顺序相同的，按债权比例清偿）；未登记的，按照债权比例清偿

* 表示“不得进行抵押的财产”有 6 种，后文同类型含义相同。

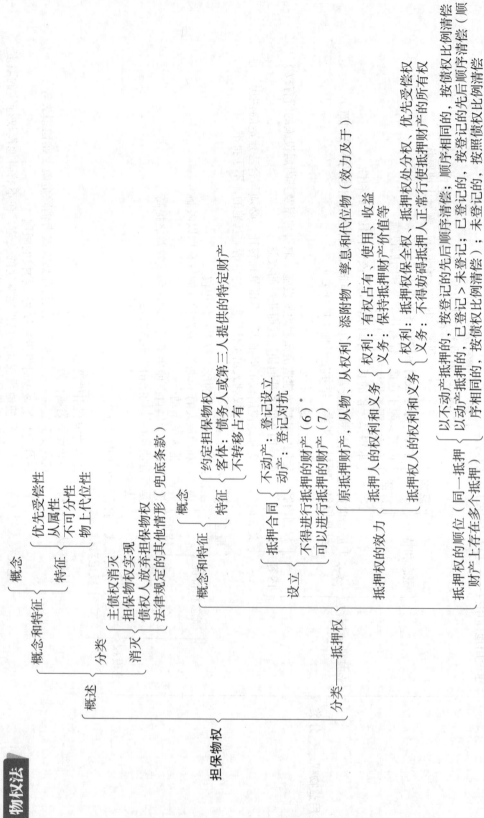

担保物权——分类

- 抵押权
  - 抵押权的实现
    - 实现的条件
      - 抵押权有效存在
      - 发生可以实现抵押权的法定或约定的情形
    - 实现的方法
      - 协议以抵押财产折价
      - 以拍卖、变卖抵押财产所得价款优先受偿
      - 禁止流押
    - 抵押权与租赁权
      - 先租后押：抵押不破租赁
      - 先押后租：不受影响
    - 时间限制
  - 特殊抵押
    - 最高额抵押
      - 特征（3）
      - 确定方式（6）
    - 动产浮动抵押
      - 特征
        - 抵押人的范围受限
        - 抵押财产限于抵押人的动产
        - 抵押财产特定化之前可自由转让
      - 确定情形
        - 债务履行期届满，债权未实现
        - 抵押人被宣告破产或者被撤销
        - 当事人约定的实现抵押权的情形
        - 严重影响债权实现的其他情形
    - 共同抵押
- 质权
  - 概念和特征
    - 概念
    - 特征
      - 约定担保物权
      - 客体：债务人或第三人提供的动产或者权利
      - 转移占有
  - 动产质权
    - 效力
      - 质权的担保范围
      - 质权效力及于标的物的范围
    - 当事人的权利和义务
      - 质权人
        - 权利
          - 占有质押财产
          - 收取质押财产的孳息（质押合同另有约定的除外）
          - 保全质权
        - 义务
          - 优先受偿权
      - 出质人
        - 权利
          - 保留质押财产的所有权
          - 质权人损害质押财产时，可以要求质权人提存或者要求提前清偿债务并返还质押财产
          - 债务人履行债务或出质人提前清偿所担保的债权后，有权请求质权人返还质押财产
        - 义务
          - 有权请求行使质权
  - 权利质权（7）

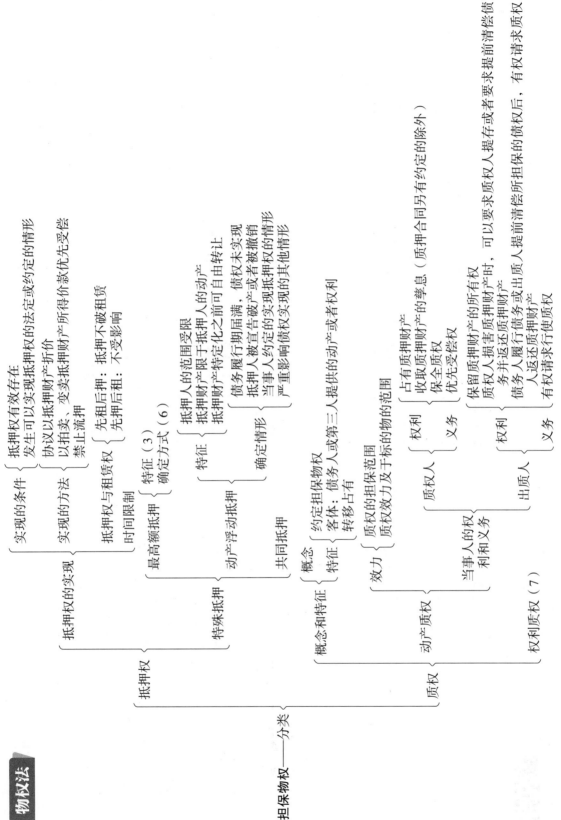

担保物权——分类——留置权

- 概念和特征
  - 概念
  - 特征
    - 法定担保物权
    - 标的物限于动产
    - 不具有追及力
- 成立要件
  - 债权人已合法占有属于债务人所有的动产
  - 债权人留置的动产应当与债权属于同一法律关系
  - 债务已届清偿期而债务人未履行债务
  - 符合法律规定和当事人的约定且不违背公序良俗
- 效力
  - 留置权人的权利
    - 留置标的物
    - 收取留置物所生孳息用以抵偿债权
    - 必要时适当使用留置物
    - 请求支付必要费用（管理留置物）
    - 就留置物的价值优先受偿
  - 留置权人的义务
    - 妥善保管留置物
    - 不得擅自使用、出租或处分留置物
    - 经债务人的请求行使留置权
    - 留置权消灭，返还留置物
- 实现
  - 实现方式：折价、拍卖与变卖
  - 同一动产上已设立抵押权或者质权，该动产又被留置的，留置权人优先受偿
- 消灭
  - 一般事由——主债权消灭、担保物权实现等
  - 特殊事由
    - 留置权人对留置财产丧失占有
    - 留置权人接受债务人另行提供的担保

占有

- 概述
  - 概念
  - 特征
    - 客体限于有体物
    - 对物产生了事实上的支配和控制
  - 分类
    - 有权占有和无权占有
    - 善意占有和恶意占有
    - 直接占有和间接占有
    - 自主占有和他主占有
- 占有的效力和保护
  - 效力
    - 权利取得效力
    - 权利推定效力
    - 保护效力
  - 保护
    - 占有物返还请求权
    - 妨害排除和防止请求权
    - 损害赔偿请求权

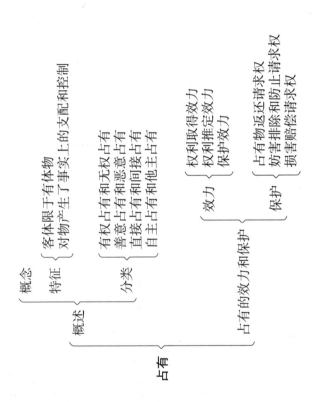

人身权法

- 概述
  - 概念和特征
    - 概念
    - 特征（3）
  - 种类
    - 人格权和身份权
    - 两者区别
      - 权利主体不同
      - 客体不同
      - 取得根据不同
      - 权利的存续期间不同
- 人格权
  - 概念和特征
    - 概念：民事主体应当具备
    - 特征
      - 经法律认可
      - 人格权完全平等
      - 客体为人格利益
  - 一般人格权
    - 特征
      - 主体的普遍性
      - 所保护利益的根本性
      - 权利客体的高度概括性
      - 权利内容的不确定性
    - 功能
      - 产生具体人格权
      - 解释具体人格权
      - 补充具体人格权
    - 内容
      - 人格平等
      - 人格独立
      - 人格自由
      - 人格尊严
  - 具体人格权
    - 生命权
      - 生命安全维护权
      - 生命利益支配权
    - 身体权
      - 保护自然人的身体完整性和完全性
      - 支配自己的器官、肢体和其他人体组织等身体组成部分
- 人格权——具体人格权
  - 健康权
    - 健康维护权
    - 劳动能力维护权
    - 健康利益支配权
  - 姓名权
    - 姓名决定权
    - 姓名变更权
    - 姓名使用权
  - 名称权
    - 名称决定权
    - 名称变更权
    - 名称使用权
    - 名称转让权
  - 肖像权
    - 肖像制作权
    - 肖像使用权
    - 肖像利益维护权
  - 名誉权
    - 名誉保有权
    - 名誉维护权
    - 名誉利益支配权
  - 隐私权
    - 隐私保密权
    - 隐私保护权
    - 隐私支配权
  - 荣誉权
    - 荣誉获得权
    - 荣誉维护权
    - 荣誉利用权
  - 婚姻自主权
- 身份权
  - 概念和特征
    - 概念
    - 特征
      - 属于人身权
      - 以一定的社会关系中的地位或资格作为前提
      - 不直接体现财产内容
  - 类型
    - 配偶权
    - 亲属权

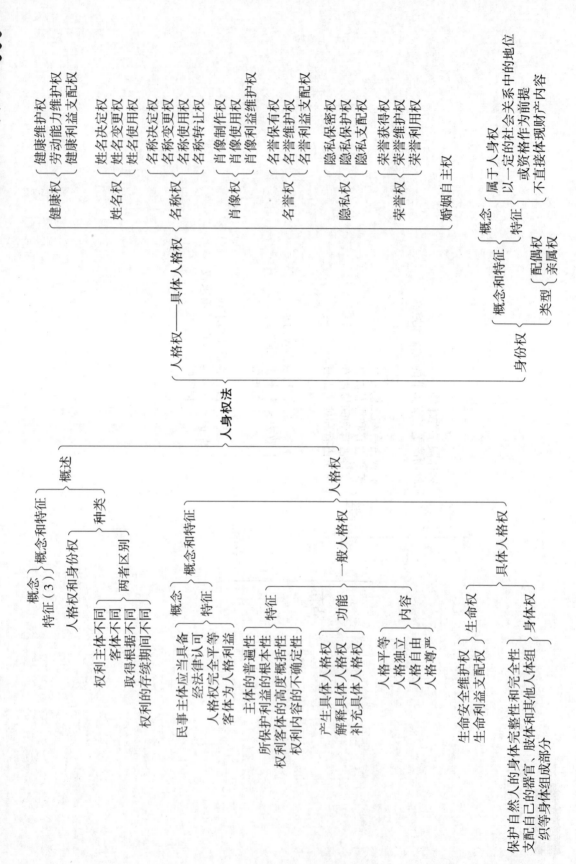

知识产权法

- 知识产权
  - 概述
    - 概念和特征
      - 概念
        - 广义（8）——作品；发明、实用新型、外观设计；商标……
        - 狭义（3）——著作权、专利权、商标权
      - 特征
        - 专有性
        - 地域性
        - 时间性
        - 客体的无形性
    - 范围
      - 商业秘密
        - 特征
          - 秘密性（核心要件）
            - 主观上：商业秘密持有人须“订立保密协议，建立保密制度及采取其他合理的保密措施”
            - 客观上：商业秘密不为公众所知
          - 新颖性
          - 实用性
          - 经济价值性
        - 保护措施：《反不正当竞争法》侵犯商业秘密的类型
          - 采取不正当手段获取权利人的商业秘密的行为
          - 对非法获得的权利人的商业秘密的披露、使用或许可他人使用
          - 违反保密义务或者违反权利人有关保守商业秘密的要求，披露、使用或允许他人使用其所掌握的商业秘密
          - 教唆、引诱、帮助他人违反保密义务或者违反权利人有关保守商业秘密的要求，获取、披露、使用或允许他人使用权利人的商业秘密
        - 保护措施
          - 民事救济：损害赔偿
          - 行政救济：责令停止违法行为、罚款、没收违法所得
      - 知识产权与《反不正当竞争法》的关系
  - 分类——著作权
    - 概念和特征
      - 概念：指著作权人对文学、艺术和科学作品依法享有的各项专有权利
      - 特征
        - 知识产权的共同特征
        - 权利内容的双重性
        - 权利自动产生
    - 主体：著作权人
      - 分类
        - 原始主体和继受主体
        - 本国主体和外国国体
        - 完整主体和部分主体
      - 作者（确认看署名）
        - 创作作品的公民
        - 单位
      - 创作：指直接产生文学、艺术和科学作品的智力活动

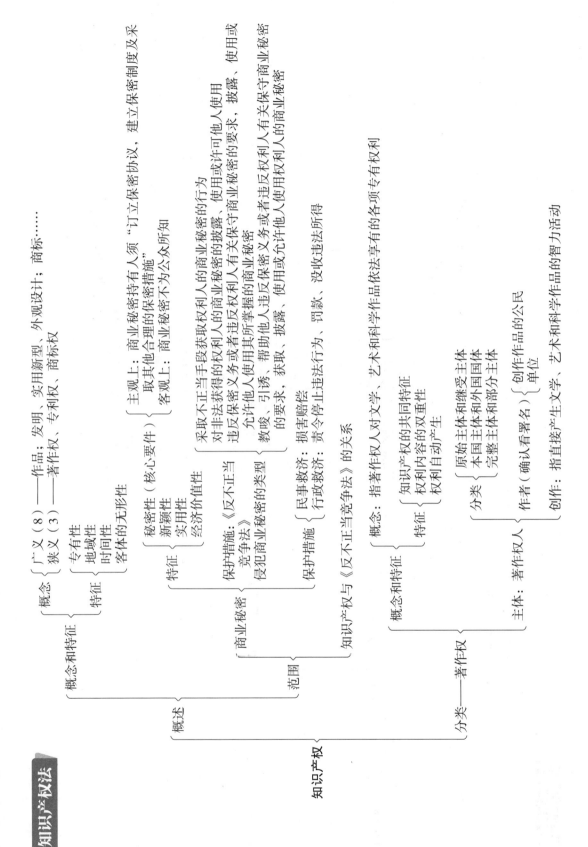

知识产权法

- 知识产权——分类——著作权
  - 客体：作品
    - 文字作品
    - 口述作品
    - 音乐、戏剧、曲艺、舞蹈、杂技艺术作品
    - 美术、建筑作品
    - 摄影作品
    - 电影作品和以类似摄制电影的方法创作的作品
    - 工程设计图、产品设计图、地图、示意图等图形作品和模型作品
    - 计算机软件
    - 法律、行政法规规定的其他作品（如民间文学艺术作品）
  - 内容（权利）
    - 著作人身权(无期限限制)
      - 发表权
      - 署名权
      - 修改权
      - 保护作品完整权
    - 著作财产权（保护期：著作权人为自然人的，为作者终生及其死亡后50年）
      - 复制权
      - 发行权
      - 出租权
      - 展览权
      - 表演权
      - 放映权
      - 广播权
      - 信息网络传播权
      - 摄制权
      - 改编权
      - 翻译权
      - 汇编权
      - 其他权利
    - 著作财产权的转让
      - 订立书面合同
      - 合同内容
        - 作品的名称
        - 转让的权利种类、地域范围
        - 转让价金
        - 交付转让价金的日期和方式
        - 违约责任
        - 双方认为需要约定的其他内容

知识产权法

- 知识产权——分类
  - 著作权
    - 邻接权（作品传播者权）
      - 出版者的权利
      - 表演者的权利
      - 录音录像制作者的权利
      - 广播电台、电视台等播放者的权利
    - 著作权的合理使用和法定许可
      - 合理使用（12）【不需经过同意、不支付报酬】
      - 法定许可（5）【不需经过同意、支付报酬】
        - 为实施九年制义务教育和国家教育规划而编写出版教科书，除作者事先声明不许使用的外
        - 作品刊登后，除著作权人声明不得转载、摘编的外，其他报刊可以转载或作为文摘、资料刊登
        - 录音制作者使用他人已经合法录制为录音制品的音乐作品制作录音制品，除声明不得使用的外
        - 广播电台、电视台播放他人已经发表的作品
        - 广播电台、电视台播放已经出版的录音制品，但当事人另有约定的除外
    - 著作权的保护
      - 侵权行为（11）——承担民事责任（停止侵害、消除影响、赔礼道歉、赔偿损失等）
      - 损害公共利益的，还应承担行政责任；情节严重，构成犯罪的，依法承担刑事责任（8）
  - 专利权
    - 概念和特征
      - 概念
      - 特征
        - 知识产权的共同特征
        - 公开性
        - 行政授予性
    - 主体
      - 专利权人（自然人和单位）
      - 取得方式
        - 原始取得
          - 发明创造
          - 职务发明创造（执行本单位的任务或主要是利用本单位的物质技术条件所完成的）——单位
            - 在本职工作中作出的发明创造
            - 履行本单位交付的本职工作之外的任务所作出的发明创造
            - 退职、退休或者调动工作后1年内作出的，与其在原单位承担的本职工作或者原单位分配的任务有关的发明创造
        - 继受取得——只能取得财产权利，不享有人身权利

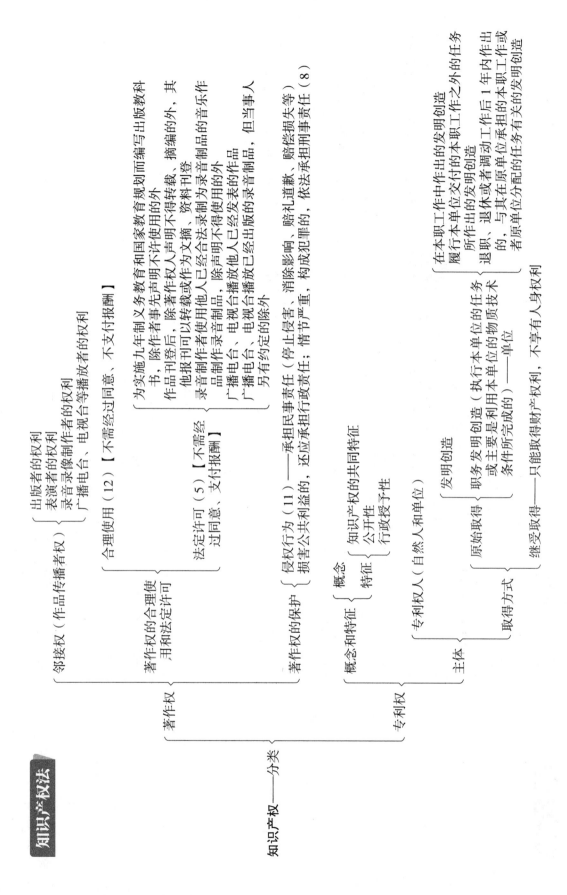

知识产权法

知识产权——分类——专利权

- 客体
  - 发明
  - 实用新型
  - 外观设计
- 不授予专利权（8）
  - 科学发现
  - 智力活动的规则和方法
  - 疾病的诊断和治疗方法
  - 动物和植物品种（生产方法可以）
  - 用原子核变换方法获得的物质
  - 对平面印刷品的图案、色彩或者二者的结合作出的主要起标识作用的设计
  - 违反法律、社会公德或者妨害公共利益的发明创造
  - 违反法律、行政法规的规定获取或者利用遗传资源，并依赖该遗传资源完成的发明创造
- 内容
  - 权利
    - 自己实施专利的权利
    - 许可他人实施专利的权利
    - 转让权
    - 报酬权和受奖权
    - 署名权和标记权
  - 义务：缴纳年费
- 专利权的取得（行政授予）
  - 实体条件
    - 发明和实用新型
      - 新颖性［例外：不丧失新颖性的情形（3）］
      - 创造性
      - 实用性
    - 外观设计
      - 不属于现有设计
      - 没有权利主体就同样的外观设计在申请日之前向国务院专利行政部门提出过申请，并记载在申请日以后公告的专利文件中
  - 程序条件
- 期限、无效和终止
  - 期限
    - 发明：20 年
    - 实用新型和外观设计：10 年
  - 无效（5）
    - 发明创造不符合授予专利权的实体条件
    - 申请文件不符合法律规定
    - 属于不授予专利权范围
    - 属于重复授权情形
    - 违反“在先申请”原则
  - 终止
    - 自然终止
    - 因法定事由而终止
- 强制许可
  - 普通强制许可
  - 交叉强制许可
  - 以公共利益为目的的强制许可

知识产权法

- 知识产权——分类
  - 专利权
    - 不视为侵犯专利权的行为
      - 专利权用尽后的使用、许诺销售、销售和进口
      - 在先使用
      - 临时过境的外国运输工具的使用
      - 以科学研究为目的的使用
      - 以医药和医疗器械的行政审批为目的的使用
    - 保护
      - 保护范围
        - 发明或实用新型
        - 外观设计
      - 实现方式：强令侵权人承担法律责任
      - 保护方式
        - 请求专利管理机关进行处理
        - 向人民法院提起诉讼
      - 诉讼时效
  - 商标权
    - 概述
      - 概念
      - 客体：注册商标（经商标局核准注册的商标）
        - 商品商标
        - 服务商标
        - 集体商标
        - 证明商标
    - 取得
      - 商标注册——商标注册申请人
      - 不得作为商标使用的标志（8）
      - 驰名商标的特别保护
    - 内容——商标权的主要权利
      - 独占使用权
      - 转让权
      - 使用许可权
    - 注册商标的无效——法定事由：《商标法》第四十四条、第四十五条
    - 终止
      - 注销
      - 撤销
    - 保护
      - 有效期：10 年
      - 期限的续展
      - 侵权行为（7）
      - 承担民事责任
      - 保护方式
        - 直接向侵权人请求承担侵权责任
        - 向侵权人所在地县级以上工商行政管理部门要求处理
        - 向人民法院提起民事诉讼

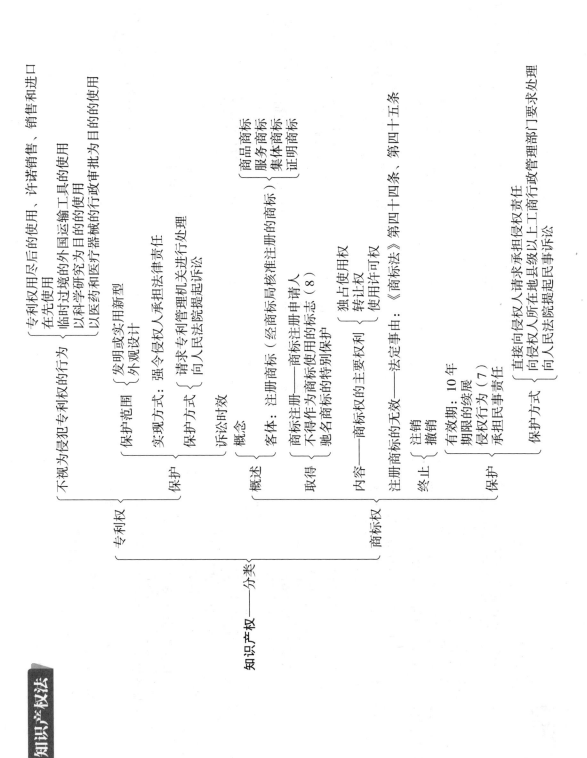

债法

债法概述

债的概述

- 债的概念
  - 概念：指特定的当事人之间可以请求为特定行为的民事法律关系
  - 特征
    - 特定当事人之间的法律关系
    - 请求为特定行为的法律关系
    - 能够以货币衡量评价的财产法律关系
    - 由法律规定或者法律行为引起的法律关系
  - 要素
    - 主体：债权人和债务人
    - 客体：债务人的特定行为（给付）
    - 内容：债权与债务
- 债的内容
  - 债权
    - 特征
      - 1. 债权为请求权
      - 2. 债权为相对权
      - 3. 债权具有任意性
      - 4. 债权具有非排他性
      - 5. 债权具有平等性
    - 权能
      - 1. 请求权能
      - 2. 保持受领权能
      - 3. 保全权能
      - 4. 处分权能
  - 债务
    - 特征
      - 1. 债务具有特定性
      - 2. 债务具有期限性
      - 3. 债务的履行具有强制性
    - 内容
      - 给付义务
        - 主给付义务
        - 从给付义务
      - 附随义务

债的概述 — 债的分类

- 发生根据
  - 意定之债——合同、单方允诺、代理权授予等
  - 法定之债——侵权行为、无因管理、不当得利等
- 债的主体双方的人数
  - 单一之债
  - 多数人之债
- 主体对债权或债务的享有和承受情况（多数人之债）
  - 按份之债
  - 连带之债
- 债的标的有无选择性
  - 简单之债
  - 选择之债
- 债的给付能否分割（多数人之债）
  - 可分之债
  - 不可分之债
- 债的标的物的性质
  - 特定物之债
  - 种类物之债
- 存在从属关系
  - 主债
  - 从债
- 作为债的给付标的之金钱的不同作用
  - 货币之债
  - 利息之债

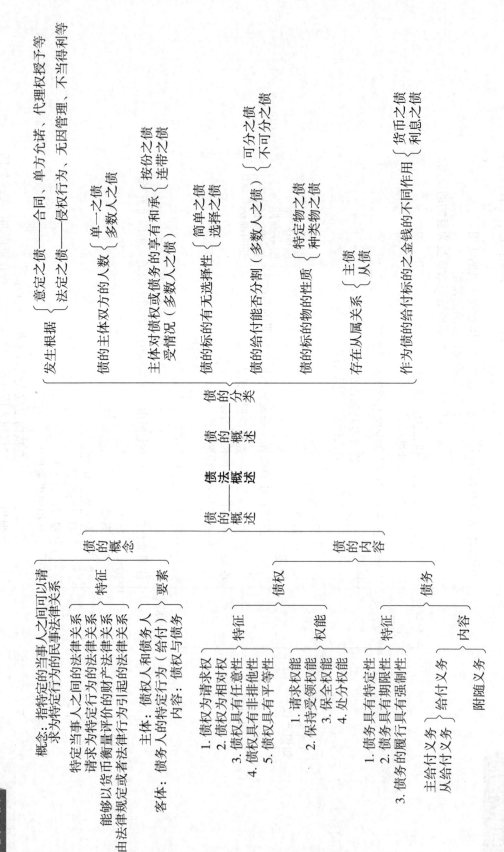

债 法

债法概述——债的发生、变更和消灭

- 发生根据
  - 合同
  - 侵权行为
  - 无因管理
  - 不当得利
  - 其他事实
- 变更
  - 债的内容变更
    - 前提：不改变债的主体
    - 内容：对债的内容予以改变（改变标的物、改变履行条件等）
    - 合同内容变更
      - 须经当事人协商一致
      - 变更后，按照变更之后的合同履行
      - 变更内容约定不明确的，视为合同未变更
      - 法律、行政法规规定应当办理批准、登记等手续的，依照其规定
  - 债的主体变更
    - 前提：不改变债的内容
    - 内容：债的主体发生改变
    - 债权让与
      - 概念：指不改变债的内容，债权人将债权部分或者全部转让给第三人
      - 分类：部分让与和全部让与
      - 通过合同让与债权的条件
        - 1. 存在有效的债权
          - 诉讼时效已经完成的债权
          - 可撤销但尚未撤销的债权
          - 附条件或者期限的债权
        - 2. 让与人（原债权人）与第三人达成合意且不违反法律规定
        - 3. 债权具有可让与性
        - 4. 下列债权不得转让
          - （1）根据性质不得转让的债权
            - 基于当事人之间的特定身份关系发生的债权
            - 基于当事人之间的信赖关系而发生的债权
          - （2）按照当事人约定不得转让的债权
          - （3）依照法律规定不得转让的债权
      - 法律效力
        - 对内效力（让与人—受让人）
          - 1. 转让协议一经生效，受让人取得让与人转让的债权
          - 2. 受让人取得与债权有关的从权利，但该从权利专属于债权人自身的除外
          - 3. 转让协议生效后，让与人应将所有证明债权的文件交给受让人，并将有关行使债权的必要情况告知受让人
          - 4. 让与人对让与的债权负权利瑕疵担保责任
        - 对外效力（债务人—受让人）
          - 1. 债务人应向受让人履行债务
          - 2. 债务人对让与人的抗辩，可以向受让人主张
          - 3. 债务人接到债权转让通知时，债务人对让与人享有债权，并且债务人的债权先于转让的债权到期或者同时到期的，债务人可以向受让人主张抵销

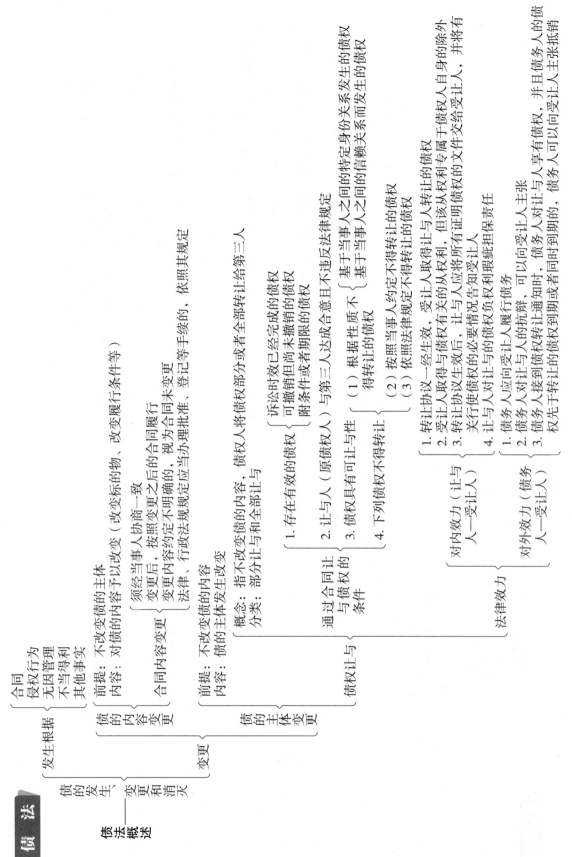

债法

- 债法概述
  - 债的发生、变更和消灭
    - 变更
      - 债的主体变更
        - 债务承担（债务移转）
          - 概念：指不改变债的内容，将债务人的全部或者部分债务移转给第三人承受
          - 分类：免责的债务承担和并存的债务承担
          - 免责的债务承担（全部债务移转）
            - 构成要件
              1. 有效的债务
              2. 有以债务移转为内容的协议
              3. 该债务具有可移转性
              4. 经债权人同意
            - 法律后果
              1. 新债务人可以主张原债务人对债权人的抗辩权
              2. 新债务人应当承担与主债务有关的从债务，但该从债务专属于原债务人自身的除外
              3. 新债务人不得以对抗原债务人的事由对抗债权人
              4. 由第三人为债权设定的担保，除担保人继续同意担保外，因债务承担而消灭
          - 并存的债务承担（部分债务移转）
            1. 原债务为可分之债时，约定按照份额分担债务且债权人同意的，按照按份之债处理
            2. 为不可分之债且未约定份额时，按照连带之债处理
        - 债权债务的概括转移
          - 概念：指债的一方主体将其债权债务一并移转给第三人，使第三人代替出让人的地位，成为债的新的当事人
          - 发生原因：合同承受、法定承受
            - 两者区别
              1. 合同承受中的承受人可为任意第三人；法定承受中的承受人为法定第三人
              2. 合同承受中应当订立转让协议，并取得另一方当事人的同意；法定承受中不需要
            - 合同承受的要件
              1. 合同的一方当事人与第三人达成移转协议，并取得合同的对方当事人同意
              2. 被移转的合同为双务合同
              3. 法律、行政法规规定必须采取特定形式的，应当遵循其规定
            - 法定承受
              - 法人合并
              - 财产继承

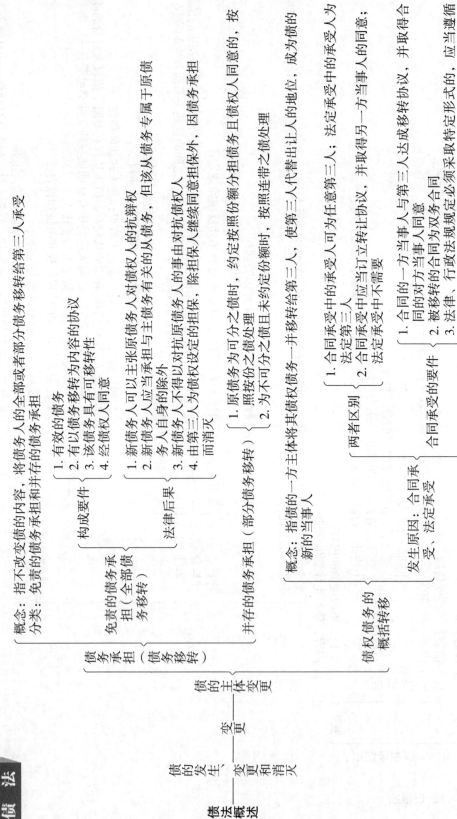

债法概述——债的发生、变更和消灭——消灭

- 清偿
  - 概念：指债务人依法律规定或合同约定完成义务的行为
  - 情形（特殊）
    - 代物清偿
      1. 原债务存在
      2. 双方当事人约定，以他种给付代替原定给付
      3. 有双方当事人关于代物清偿的合意
      4. 现实地受领给付
    - 清偿抵充
- 解除——详见“合同法”
- 抵销
  - 法定抵销
    1. 双方当事人互负债务、互享债权
    2. 自动债权已届清偿期
    3. 双方债务的标的物种类、品质相同
    4. 不存在不得抵销的情形
  - 合意抵销——指当事人协商一致时，双方的债权债务按对等数额消灭的抵销方式
- 提存
  1. 须有因债权人方面的原因使债务人难以履行债务的客观情况发生
     - （1）债权人无正当理由拒绝受领
     - （2）债权人下落不明
     - （3）债权人死亡未确定继承人或者丧失行为能力未确定监护人
     - （4）法律规定的其他情形
  2. 提存的标的物适宜提存
  3. 经法定程序进行
- 免除
- 混同
  - 概括承受
  - 特定承受
- 其他情形：当事人死亡、解除条件成就等

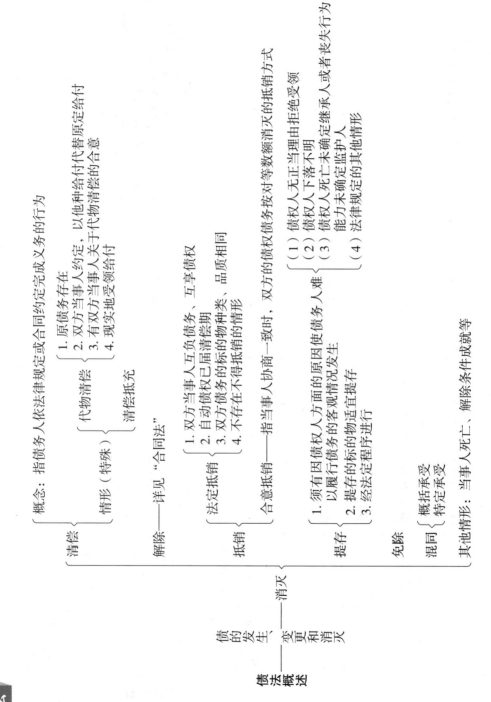

债 法

- 债法概述
  - 法定之债
    - 无因管理
      - 概念：指没有法定的或者约定的义务，为避免他人利益受损失而进行管理或者服务的行为
      - 构成要件
        - 1. 管理他人事务
        - 2. 有为他人谋利益的意思
        - 3. 无法律上的义务
      - 效力
    - 不当得利
      - 概念：指一方没有合法根据取得利益而使另一方财产受损的事实
      - 构成要件
        - 1. 一方获得利益
        - 2. 另一方受有损失
        - 3. 一方获益和另一方受损之间有因果关系
        - 4. 获益没有合法根据
      - 分类
        - 1. 因给付而发生的不当得利
        - 2. 基于给付之外的事实而发生的不当得利
          - （1）基于受益人的行为而发生的不当得利
          - （2）基于受损人的行为而发生的不当得利
          - （3）基于第三人的行为而发生的不当得利
          - （4）基于自然事件而发生的不当得利
          - （5）基于法律规定而发生的不当得利
      - 效力
    - 侵权之债
  - 意定之债

合同法

- **合同概述**
  - 合同的概念和特征
    - 概念
    - 特征
      - 合同是一种民事法律行为
      - 合同是两方以上当事人意思表示一致的民事法律行为
      - 合同以设立、变更、终止民事权利义务关系为目的
  - 合同的分类
    - 法律上是否规定合同的名称
      - 有名合同
      - 无名合同
    - 是否须具备一定形式
      - 要式合同
      - 不要式合同
    - 双方当事人是否互负给付义务
      - 单务合同
      - 双务合同
    - 合同目的是否为自己利益订立
      - 为自己利益订立的合同
      - 为第三人利益订立的合同
    - 合同相互间的主从关系
      - 主合同
      - 从合同
  - 合同法的基本原则
    - 合同自由原则
    - 合同严守原则
    - 鼓励交易原则

合同法

- 合同的成立
  - 合同的成立要件
    - 一般成立要件——所有合同成立均须具备的条件
      - 有双方或多方当事人
      - 当事人就合同必要条款达成合意
      - 合同内容明确
      - 经过要约和承诺阶段
    - 特别成立要件——某些合同成立必须具备的要件
      - 特定的形式
      - 交付标的物
    - 区分原则
  - 合同订立的一般程序
    - 要约
      - 条件
        - 1. 要约必须是特定人向相对人发出的意思表示
        - 2. 要约必须以缔结合同为目的
        - 3. 要约的内容应具体确定
        - 4. 要约必须表明经受要约人承诺，要约人即受该意思表示约束
      - 要约的法律效力——生效后，不得随意撤销和变更
      - 生效时间——撤销、撤回
      - 要约和要约邀请
        - 相同之处
          - 1. 由特定人向特定人或者不特定人发出
          - 2. 均属于意思表示
        - 不同之处
          - 1. 目的不同
          - 2. 条件不同
          - 3. 效力不同
    - 承诺
      - 条件
        - 1. 承诺必须是由受要约人本人或其代理人向要约人作出
        - 2. 承诺必须在要约确定的期限内到达要约人
        - 3. 承诺的内容应当与要约的内容一致
        - 4. 承诺原则上应以明示方式作出
      - 承诺的效力——承诺生效意味着合同的成立，双方当事人由此承担合同产生的权利与义务
      - 生效的时间——“到达主义”（我国《合同法》）
      - 承诺可以撤回，但是不能撤销

合同的成立

- 格式条款
  - 概念：指当事人为了重复使用而预先拟订，并在订立合同时未与对方协商的条款
  - 特殊要求
    - 1. 提供格式条款的一方应当遵循公平原则确定当事人之间的权利义务，并采取合理的方式提请对方注意免除或者限制其责任的条款，按照对方的需求，对该条款予以说明
    - 2. 提供格式条款的一方未尽公平拟约或者提示和说明义务，同时又有下列情形之一的，格式条款无效
      - （1）格式条款中有合同无效事由
      - （2）提供格式条款一方免除其责任、加重对方责任、排除对方主要权利的
      - （3）格式条款中，造成对方人身损害的、因故意或者重大过失造成对方财产损失的免责条款无效
    - 3. 格式条款的解释
      - 对格式条款有两种以上解释，应当作出不利于提供格式条款一方的解释
      - 格式条款与非格式条款不一致的，应当采用非格式条款
- 合同成立的时间和地点
  - 时间——原则上承诺生效时
  - 地点——通常为承诺生效的地点
- 缔约过失责任
  - 概念：指在订立合同的过程中，当事人一方因违反其依据诚实信用原则产生的先合同义务，而致另一方信赖利益损失时所应承担的损害赔偿责任。法学通说认为，缔约过失责任是一种独立的民事责任
  - 法理基础：诚实信用原则
  - 适用的情形
    - 1. 假借订立合同，恶意进行磋商
    - 2. 故意隐瞒与订立合同有关的重要事实或者提供虚假情况
    - 3. 泄露或者不正当地使用在订立合同过程中知悉的对方的商业秘密
    - 4. 其他违背诚实信用原则的行为
  - 构成要件
    - 1. 一方违背依诚实信用原则应负的先合同义务
    - 2. 他方受有信赖利益的损失
    - 3. 一方违反先合同义务与他方所受损失之间有因果关系
    - 4. 违反先合同义务的一方具有过失
  - 赔偿范围——信赖利益的损失
    - 缔约费用
    - 准备履行合同所支出的费用
    - 丧失与第三人另订合同的机会所造成的损失

合同法

合同的内容和形式

- 合同的内容
  - 当事人的名称或者姓名和住所
  - 标的
  - 数量
  - 质量
  - 价款或者报酬
  - 履行期限、地点和方式
  - 违约责任
  - 解决争议的办法
- 合同的形式
  - 口头形式
  - 书面形式
  - 行为默示形式（推定形式）

合同的效力

- 概述
  - 概念：已成立的合同将对合同当事人乃至第三人产生的法律后果
  - 一般生效要件
    1. 当事人缔约时有相应的缔约能力
    2. 当事人的意思表示真实
    3. 不违反强制性法律规范及公序良俗
  - 特别生效要件
    1. 法律、行政法规规定应当办理批准、登记等手续生效的合同，在办理相关手续后生效
    2. 附生效条件的合同自条件成就时生效
    3. 附生效期限的合同自期限届至时生效
  - 区分原则
    - 合同的成立
    - 合同的生效
- 无效合同
  - 法律后果：绝对无效、自始无效、当然无效
  - 情形
    1. 无民事行为能力人订立的合同
    2. 行为人与相对人以虚假的意思表示订立的合同
    3. 违反法律、行政法规的强制性规定的合同
    4. 违反公序良俗的合同
    5. 行为人与相对人恶意串通，损害他人合法权益的合同
- 可撤销合同
  - 情形
    1. 因重大误解订立的合同
    2. 一方以欺诈的手段，使对方在违背真实意思的情况下订立的合同；第三人实施欺诈行为，使一方在违背真实意思的情况下订立的合同，对方知道或者应当知道该欺诈行为的，受欺诈方有权请求撤销
    3. 一方或者第三人以胁迫手段，使对方在违背真实意思的情况下订立的合同
    4. 一方利用对方处于危困状态、缺乏判断能力等情形，致使订立时显失公平的合同
  - 撤销权的存在
    - 本质上是形成权
    - 消灭的情形
      1. 当事人自知道或者应当知道撤销事由之日起一年内、重大误解的当事人自知道或者应当知道撤销事由之日起三个月内没有行使撤销权
      2. 当事人受胁迫，自胁迫行为终止之日起一年内没有行使撤销权
      3. 当事人知道撤销事由后明确表示或者以自己的行为表明放弃撤销权
      4. 当事人自合同订立后五年内没有行使撤销权
- 效力待定合同——情形
  1. 限制民事行为能力人依法不能独立订立而又未经其法定代理人事先同意的合同（法定代理人追认，该合同有效）
  2. 无权代理人以被代理人的名义与他人订立的合同（表见代理除外）

合同的履行

- 合同履行的原则
  - 全面履行原则
    - 要求当事人按照合同的约定全面履行义务，有约定按约定，没有约定的，按照规定
    - 规定
      1. 质量要求不明确的，按照国家标准、行业标准履行；没有国家标准、行业标准的，按照通常标准或者符合合同目的的特定标准履行
      2. 价款或者报酬不明确的，按照订立合同时履行地的市场价格履行；依法应当执行政府定价或者政府指导价的，按照规定履行
      3. 履行地点不明确的，给付货币的，在接受货币一方所在地履行；交付不动产的，在不动产所在地履行；其他标的，在履行义务一方所在地履行
      4. 履行期限不明确的，债务人可以随时履行，债权人也可以随时要求履行，但应当给对方很必要的准备时间
      5. 履行方式不明确的，按照有利于实现合同目的的方式履行
      6. 履行费用的负担不明确的，由履行义务一方负担
  - 诚实信用原则——要求当事人应本着诚实、守信、善意的态度履行合同义务，不得滥用权利和故意规避义务
- 双务合同履行中的抗辩权
  - 同时履行抗辩权——构成要件
    1. 当事人就同一双务合同互负债务
    2. 双方互负的债务均届清偿期
    3. 对方未履行债务或者履行债务不符合约定
    4. 对方的对待给付是可能履行的
  - 先履行抗辩权——构成要件
    1. 当事人基于同一双务合同互负债务
    2. 双方债务均已届清偿期
    3. 一方当事人有先为履行的义务
    4. 应当先履行的一方未履行债务或者履行债务不符合约定
  - 不安抗辩权——构成要件
    1. 当事人基于同一双务合同互负债务
    2. 主张不安抗辩权的一方应当先履行债务且其债务已届清偿期
    3. 先履行一方有确切证据证明对方履行能力明显降低，有不能为对待给付的现实危险

合同法

合同的履行——合同的保全

- 债权人的代位权
  - 成立条件
    - 1. 债权人对债务人的债权合法且已到期
    - 2. 债务人对第三人享有债权且该债权已到期
    - 3. 债务人怠于行使到期债权并对债权人造成损害
    - 4. 债务人对第三人的债权为非专属性权利和可以强制执行的权利
  - 行使方式——诉讼方式
- 债权人的撤销权
  - 成立条件
    - 1. 债务人实施了一定的财产处分行为
      - （1）放弃债权或者债权担保
      - （2）恶意延长到期债权的履行期
      - （3）无偿转让财产
      - （4）以明显不合理的低价转让财产或以明显不合理的高价收购他人的财产
    - 2. 债务人的处分行为已发生法律效力
    - 3. 债务人的行为已给债权人造成损害
  - 行使
    - 债权人撤销权由债权人以自己的名义在诉讼中行使
    - 债权人自知道或者应当知道撤销事由之日起 1 年内行使撤销权
    - 自债务人的行为发生之日起 5 年内没有行使撤销权的，撤销权消灭

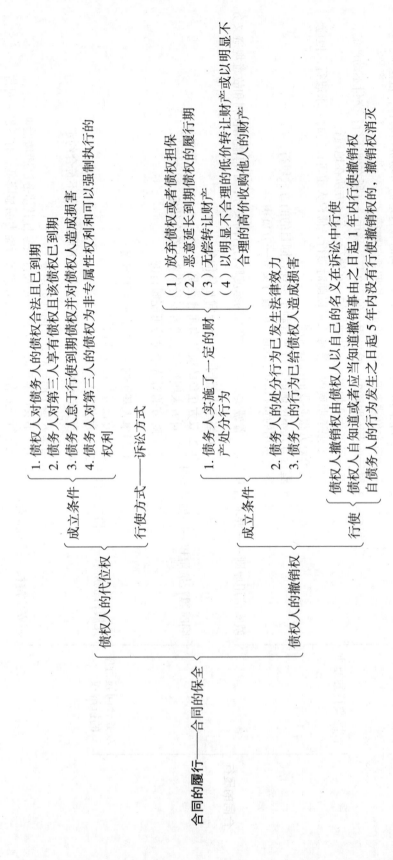

合同的担保

- 概述
  - 概念
    - 为了促使债务人履行债务，保障债权人的债权得以实现的法律措施
    - 一般担保/特别担保
      - 一般担保：合同保全
      - 特别担保：抵押、质押、留置、保证和定金
    - 从属性、补充性、相对独立性和明确的目的性
  - 分类
    - 以担保的产生依据为标准：约定担保、法定担保
    - 以担保标的为标准：人的担保、物的担保
    - 以担保的对象为标准：本担保、反担保
- 保证
  - 概念：指保证人与债权人约定，当债务人不履行债务时，保证人按照约定履行债务或者承担责任的担保方式
  - 特征
    - 保证是由第三人提供的担保方式
    - 保证属于人的担保
    - 保证具有从属性、补充性、相对独立性和明确的目的性
  - 设定
    - 保证人符合法定条件
    - 保证人与债权人达成合意且意思表示真实
    - 主合同合法有效
    - 应当以书面形式订立保证合同
  - 方式
    - 一般保证：保证人享有先诉抗辩权
    - 连带责任保证
    - 有约定，按约定；没有约定或者约定不明确，视为连带责任保证
  - 保证期间
    - 可由当事人约定
    - 一般保证的保证期间
    - 连带责任保证的保证期间
  - 效力
    - 保证人与债权人之间
    - 保证人与主债务人之间
- 定金
  - 概念：指为担保合同的订立、成立或者生效、履行，由一方当事人在合同订立时或者订立后至履行前给付给对方一定数额的金钱或者替代物
  - 特征
    - 定金属于约定担保方式，当事人可约定定金数额，但不得超过主合同标的额的 20%
    - 定金属于金钱担保，具有多重效力
    - 定金合同是实践性合同，从实际交付定金之日起生效
    - 定金具有从属性
  - 种类
    - 立约定金
    - 成约定金
    - 解约定金
    - 违约定金
  - 效力
    - 担保债务履行
    - 证明合同成立
    - 预先给付
  - 违约定金与预付款的主要区别
    - 性质不同。违约定金是一种担保方式，预付款是一种支付手段
    - 效力不同。违约定金除担保外，还有证明合同成立及预先给付的作用，预付款则无担保的作用
    - 功能不同。违约定金有制裁功能，预付款没有
  - 定金罚则

合同法

- 合同的解除
  - 概述
    - 概念：指在合同有效成立之后，尚未开始履行或者尚未全部履行之前，因当事人一方或者双方的意思表示，提前终止合同效力的行为
    - 特征
      - 1. 合同解除发生在合同有效成立至全部履行这段时间
      - 2. 合同解除必须具备一定条件
      - 3. 合同解除必须通过解除行为而实现
      - 4. 合同解除是合同终止的原因之一
  - 条件
    - 法定解除
      - 1. 因不可抗力致使不能实现合同目的
      - 2. 在履行期限届满之前，当事人一方明确表示或者以自己的行为表明不履行主要债务
      - 3. 当事人一方迟延履行主要债务，经催告后在合理期限内仍未履行
      - 4. 当事人一方迟延履行债务或者有其他违约行为致使不能实现合同目的
      - 5. 法律规定的其他情形
    - 约定解除
  - 效力
    - 协议解除或者法定解除后，合同的权利义务关系终止。具体表现为
      - 尚未履行的，终止履行
      - 已经履行的，可以要求恢复原状、采取其他补救措施
    - 合同的解除不影响当事人要求赔偿损失的权利

违约责任

- 概述
  - 概念：指当事人不履行或者不适当履行合同义务而承担的民事责任
  - 特征
    - 1. 违约责任属于民事责任
    - 2. 违约责任具有相对性
    - 3. 违约责任是当事人不履行合同义务而产生的责任
    - 4. 违约责任是一种财产性的民事责任
    - 5. 违约责任具有一定的任意性，当事人可在法定范围内约定
- 归责原则——严格责任原则
- 构成要件
  - 1. 当事人之间存在有效合同
  - 2. 客观上有违约行为
  - 3. 不存在免责事由
  - 4. 可能会包括其他要件
- 免责事由
  - 法定的免责事由
    - 一般的法定免责事由
    - 特殊的法定免责事由
  - 约定的免责事由
- 承担方式
  - 1. 继续履行
    - （1）违反金钱债务的，应继续履行
    - （2）违反非金钱债务的，原则上应继续履行，下列情形除外
      - ①法律上或者事实上不能履行
      - ②债务的标的不适于强制履行或者履行的费用过高
      - ③债权人在合理期限内未要求履行
  - 2. 采取补救措施
  - 3. 支付违约金
  - 4. 赔偿损失
- 违约责任和侵权责任的竞合——原因
  - 1. 当事人实施了侵权性的违约行为
  - 2. 当事人实施了违约性的侵权行为

合同法

合同的解释

- 概述
  - 广义——确定合同成立与否、确认合同之性质等
  - 狭义——确定合同条款的含义
- 规则
  - 根据《中华人民共和国合同法》第一百二十五条的规定，当事人对合同条款有争议的，应当按照合同所使用的词句、合同的有关条款、合同的目的、交易习惯及诚实信用原则，确定该条款的真实意思
  - 合同法确立了文义解释、整体解释、目的解释、习惯解释、诚信解释等合同解释方法
  - 合同法还确立了格式条款的特殊解释规则（格式条款与非格式条款）

合同法

转移财产权的合同

- 买卖合同
  - 概念和特征
    - 概念：指出卖人转移标的物的所有权于买受人，买受人支付价款的合同
    - 特征
      - 双务合同
      - 有偿合同
      - 不要式合同
      - 诺成合同
      - 核心：转移标的物的所有权
  - 效力
    - 出卖人的义务
      1. 交付标的物
      2. 转移标的物的所有权
      3. 担保标的物无瑕疵
    - 买受人的义务
      1. 支付价款
      2. 受领标的物
      3. 及时检验标的物
      4. 暂时保管及应急处置拒绝受领的标的物
  - 标的物的风险分担和利益承受
    - 风险转移——交付为主（特殊情况下，货交第一承运人）
    - 利益承受
      - 交付之前的孳息，归出卖人所有
      - 交付之后的孳息，归买受人所有
  - 解除
    1. 标的物的主物不符合约定而解除合同的，解除合同的效力及于从物。因标的物的从物不符合约定被解除合同的，解除合同的效力不及于主物
    2. 标的物为数物，其中一物不符合约定，买受人可以就该物解除合同
    3. 出卖人分批交付标的物的，出卖人对其中一批标的物不交付或者交付不符合约定，致使该批标的物不能实现合同目的的，买受人可以就该批标的物解除合同
  - 特殊买卖合同
    - 分期付款合同
    - 样品买卖合同
    - 试用买卖合同
    - 互易合同
- 供用电、水、气、热力合同
  - 概念：指当事人一方向另一方提供电、水、气、热力，另一方使用这些能源并支付报酬的合同
  - 特征
    1. 合同主体具有特定性
    2. 合同标的具有垄断经营性
    3. 债务履行具有持续性
    4. 合同目的具有公益性

合同法

- 转移财产权的合同
  - 赠与合同
    - 概念和特征
      - 概念：指赠与人将自己的财产无偿给予受赠人，受赠人表示接受赠与的合同
      - 特征
        - 1. 单务合同
        - 2. 无偿合同
        - 3. 诺成合同
        - 4. 不要式合同
    - 效力——赠与人的义务
      - 1. 交付赠与财产并移转其权利
      - 2. 瑕疵担保义务
    - 特殊终止事由
      - 1. 赠与人的撤销权
        - 赠与人在赠与财产的权利转移之前可撤销赠与
        - 但是具有救灾、扶贫等社会公益、道德义务性质的赠与合同或者经过公证的赠与合同，赠与人不得任意撤销
      - 2. 赠与人的法定撤销权
        - （1）受赠人严重侵害赠与人或者赠与人的近亲属
        - （2）受赠人对赠与人有扶养义务而不履行
        - （3）受赠人不履行赠与合同约定的义务
        - 赠与人自知道或应当知道撤销原因之日起一年内行使撤销权
      - 3. 赠与人的穷困抗辩权
  - 借款合同
    - 概念和特征
      - 概念：指借款人向贷款人借款，到期返还借款并支付利息的合同
      - 特征
        - 1. 借款合同的标的物是货币
        - 2. 借款合同是转移货币所有权的合同
    - 金融机构的借款合同
      - 贷款人的主要义务
        - 1. 按期、足额提供贷款的义务
        - 2. 保密义务
      - 借款人的主要义务
        - 1. 提供真实情况的义务
        - 2. 按照约定的日期和数额收取借款的义务
        - 3. 按照约定用途使用借款的义务
        - 4. 按期支付利息的义务
        - 5. 按期返还借款的义务
        - 6. 容忍检查、监督的义务
    - 自然人之间的借款合同——特征
      - 1. 双方当事人均为自然人
      - 2. 是否有偿取决于双方的约定
      - 3. 实践性合同
      - 4. 不要式合同

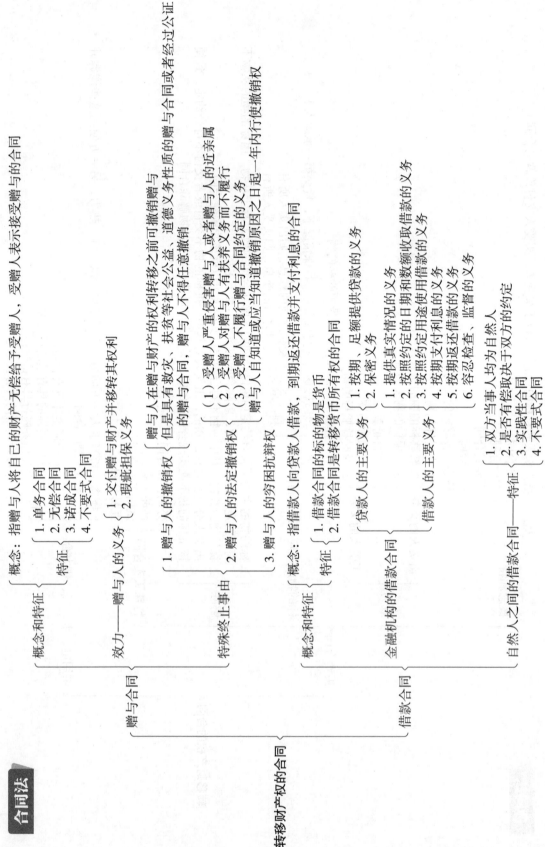

转移财产权的合同——租赁合同

- 概念和特征
  - 概念：指出租人将租赁物交付承租人使用、收益，承租人支付租金的合同
  - 特征
    1. 有期限地转移标的物使用权的合同
    2. 双务合同
    3. 有偿合同
    4. 诺成合同
    5. 标的物为非消耗物
- 效力
  - 出租人的义务
    1. 按约定将租赁物交付承租人，并在租赁期间保持租赁物符合约定的用途
    2. 保证租赁物上不存在权利瑕疵和质量瑕疵
    3. 对租赁物进行维修，但当事人另有约定的除外
  - 出租人的权利
    1. 保留租赁物的所有权
    2. 收取租金
  - 承租人的义务
    1. 按照约定的方法正确使用并妥善保管租赁物
    2. 未经出租人同意，不得擅自转租租赁物
    3. 支付租金
    4. 于合同终止时返还租赁物
  - 承租人的权利
    1. 请求出租人交付租赁物
    2. 对租赁物进行使用和收益
- 租赁权物权化——买卖不破租赁
- 房屋租赁的特殊规定
  - 一房多租——按照下列顺序确定履行合同的承租人
    1. 已经合法占有租赁房屋的
    2. 已经办理登记备案手续的
    3. 合同成立在先的
  - 转租
  - 优先购买权

转移财产权的合同——融资租赁合同

- 概念和特征
  - 概念：指出租人根据承租人对出卖人、租赁物的选择，向出卖人购买租赁物，提供给承租人使用，承租人支付租金的合同
  - 特征
    1. 对合同的当事人有资格限制
    2. 合同中的承租人向出租人支付的租金并非单纯使用租赁物的代价，而是融资的代价
    3. 租赁合同的标的物是应承租人的要求购买的
    4. 双务、有偿、诺成性的要式合同，应当采取书面形式
- 效力
  - 出租人的权利
    1. 在租赁期间保有租赁物的所有权
    2. 收取租金
    3. 在合同终止时收回租赁物
  - 出租人的义务
    1. 购买租赁物并向出卖人支付货款
    2. 交付租赁物给承租人
    3. 协助承租人向出卖人索赔
  - 承租人的权利
    1. 选择租赁物的出卖人并决定租赁物的条件
    2. 接受出卖人交付的标的物并有权就该标的物的瑕疵请求出卖人承担瑕疵担保责任
    3. 在租赁期间占有、使用租赁物
    4. 在租赁期间届满时享有对租赁物的优先购买权
  - 承租人的义务
    1. 依合同约定及时接受出卖人交付的标的物
    2. 按照约定向出租人支付租金
    3. 妥善保管、使用与维修标的物
    4. 对租赁物致人损害承担赔偿责任
    5. 于合同终止时返还标的物
- 租赁物归属
  - 有约定，按约定处理
  - 没有约定或约定不明确的，当事人可以在合同生效后达成补充协议；不能达成补充协议的，按照合同有关条款或者交易习惯确定。通过上述方式仍不能确定的，租赁物归出租人所有

完成工作交付成果的合同——承揽合同

- 概念和特征
  - 概念
    - 承揽人按照定作人的要求完成工作，交付工作成果，定作人给付报酬的合同
    - 包括加工合同、定作合同、修理合同、复制合同、测试合同、检验合同及其他类型的承揽合同
  - 特征
    1. 以完成一定工作为目的
    2. 标的物为承揽人应向定作人交付的工作成果，该成果具有特定性
    3. 承揽人的义务具有不可让与性
    4. 双务、有偿、诺成性的不要式合同
- 效力
  - 承揽人的义务
    1. 以自己的设备、技术和劳力完成主要工作并按期交付工作成果
    2. 对已完成的工作成果负瑕疵担保义务和保管义务
    3. 按约定提供材料或者妥善处理定作人提供的材料
    4. 接受定作人必要的监督、检查
    5. 按照定作人的要求保守秘密
  - 承揽人的权利——报酬请求权及符合法定条件时的留置权
  - 定作人的义务
    1. 依约定提供材料并对承揽人进行协助
    2. 按时接受、验收承揽人交付的工作成果
    3. 按约定的期限和方式向承揽人支付报酬
  - 定作人的权利——监督承揽人的工作，请求承揽人交付工作成果
- 承揽人的留置权

合同法

完成工作交付成果的合同——建设工程合同

- 概念和特征
  - 概念：指建设工程的发包方为完成工程建设任务，与承包人签订的约定由承包人按照发包方的要求完成工作并交付建设工程，由发包方支付价款的合同
  - 特征
    1. 主体具有限定性
    2. 标的具有特殊性
    3. 合同管理具有严格性
    4. 形式具有要式性
    5. 双务合同、有偿合同和诺成合同
- 效力
  - 勘察、设计合同
    - 发包人的主要义务
      1. 按照合同约定，全面、准确、及时地提供开展勘察、设计工作所需要的基础资料、技术要求，按照合同约定提供必要的协作条件
      2. 按照合同约定向勘察、设计人支付勘察、设计费
      3. 维护勘察、设计成果
    - 承包人的主要义务
      1. 按照合同约定按期完成勘察、设计工作，向发包人提交勘察、设计成果，并对该成果负瑕疵担保责任
      2. 按照合同约定完成协作事项
  - 施工合同
    - 发包人的主要义务
      1. 做好施工前的准备工作
      2. 为承包人提供必要的条件
      3. 组织工程验收
      4. 接收建设工程并依约定支付工程价款
    - 承包人的主要义务
      1. 按时开工和按要求施工
      2. 接受发包人的必要监督
      3. 按期按质完工并交付建设工程
      4. 对建设工程合理使用期限内的质量安全负担保责任
- 建设工程承包人的优先受偿权
  - 在建设工程合同中，如果发包人未按照约定向承包人支付价款，承包人可以催告发包人在合理期限内支付价款
  - 发包人逾期不支付的，除按照建设工程的性质不宜折价、拍卖的以外，承包人可以与发包人协议将该工程折价，也可以申请法院将该工程依法拍卖。承包人就该工程折价或拍卖价款享有优先受偿的权利

提供劳务的合同——运输合同

- 概念和特征
  - 概念
    - 指承运人将旅客或者货物从起运地点运输到约定地点，旅客、托运人或者收货人支付票款或者运输费用的合同
    - 运输合同分为客运合同、货运合同、多式联运合同
  - 特征
    1. 标的是承运人的运输行为
    2. 双务合同和有偿合同
    3. 一般为诺成合同
    4. 通常是格式合同
- 效力
  - 客运合同中，承运人的义务
    1. 对重要事项向旅客予以告知
    2. 按照约定的时间、班次、运输工具运送旅客
    3. 尽力救助旅客
    4. 保证旅客人身安全
    5. 保证旅客行李安全
  - 客运合同中，旅客的主要义务
    1. 支付票款
    2. 持有效客票，按客票记载的时间乘运
    3. 遵守安全事项，按限量携带行李，不得携带危险或违禁物品
  - 货运合同中，托运人的主要义务
    1. 如实申报托运的货物
    2. 按照约定交付托运的货物
    3. 按照规定支付包括运费在内的相关费用
  - 货运合同中，承运人的主要义务
    1. 按照合同的约定接受托运人托运的货物并支付运输单证
    2. 遵从托运人中止运输、返还货物、变更到达地点的有关要求
    3. 通知收货人或托运人并交付货物
    4. 安全运送货物

提供劳务的合同

- 保管合同
  - 概念和特征
    - 概念：指保管人保管寄存人交付的保管物，并返还该物的合同
    - 特征
      - 1. 原则上为实践性合同
      - 2. 保管合同是否有偿由当事人约定
      - 3. 以保管行为为标的
      - 4. 不要式合同
  - 效力
    - 保管人的主要义务
      - 1. 给付保管凭证
      - 2. 妥善保管保管物
      - 3. 亲自履行保管义务
      - 4. 在第三人对保管物主张权利时有通知义务
      - 5. 返还保管物
    - 寄存人的主要义务
      - 1. 负担必要费用和支付保管费
      - 2. 告知义务
- 仓储合同
  - 概念和特征
    - 概念：指双方当事人约定由仓储营业人为存货人储存、保管货物，存货人为此支付仓储费的合同
    - 特征
      - 1. 保管人须为专门从事仓储保管业务的人
      - 2. 标的是保管行为
      - 3. 双务、有偿、诺成性的不要式合同
  - 效力——保管人应当按照合同约定的储存条件和保管要求，妥善保管仓储物

提供劳务的合同——委托合同

- 概念和特征
  - 概念：指委托人和受托人约定，由受托人处理委托人事务的合同
  - 特征
    1. 受托人既可以委托人的名义，也可以自己的名义对外进行活动
    2. 通常建立在彼此信任的基础之上，双方均享有单方解除合同的权利
    3. 标的为受托人提供的劳务
    4. 双务、诺成、不要式合同
    5. 可以是有偿合同，也可以是无偿合同
- 效力
  - 委托人的义务
    1. 偿付费用及支付报酬
    2. 清偿受托人处理委托事务产生的债务
    3. 赔偿损失
  - 受托人的义务
    1. 亲自处理委托事务
    2. 报告的义务
    3. 忠诚与勤勉的义务
    4. 交付财产，转移权利给委托人
- 间接代理制度
  - 委托人的自动介入
  - 委托人的介入权的行使条件
    1. 受托人以自己的名义与第三人订立合同
    2. 第三人在订立合同时，不知道受托人和委托人之间的代理关系
    3. 受托人因第三人的原因对委托人不履行义务
    4. 受托人在因第三人的原因对委托人不履行义务时，向委托人披露了第三人
    5. 不存在“第三人与受托人订立合同时如果知道该委托人就不会订立合同”的情形
  - 第三人的选择权的行使条件
    1. 受托人以自己的名义与第三人订立合同
    2. 第三人在订立合同时，不知道受托人和委托人之间的代理关系
    3. 受托人因委托人的原因对第三人不履行义务
    4. 受托人向第三人披露了委托人

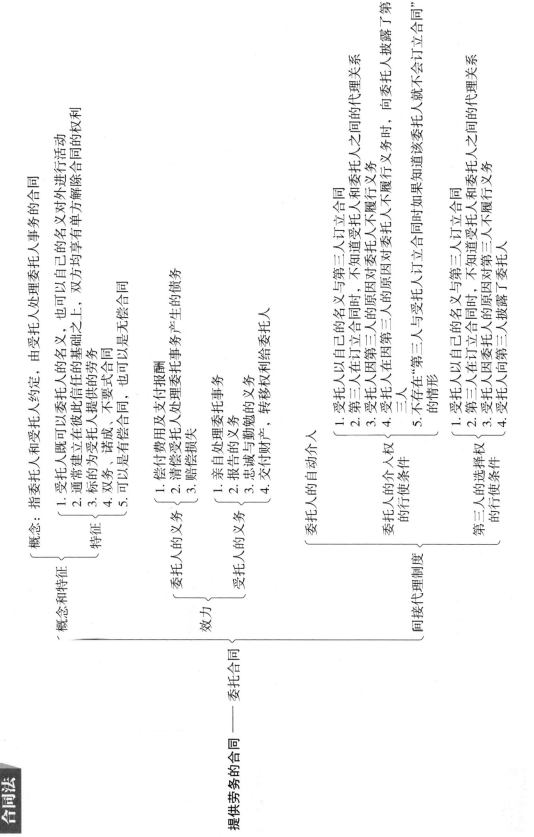

合同法

提供劳务的合同

- 行纪合同
  - 概念和特征
    - 概念：指行纪人以自己的名义为委托人从事贸易活动，委托人支付报酬的合同
    - 特征
      1. 行纪人是以自己的名义办理行纪事务，并且行纪人仅限于经过审查、登记可从事贸易活动的主体
      2. 行纪人为委托人办理的事务仅限于商品的寄售、购销等贸易活动
      3. 双务、有偿、诺成、不要式合同
  - 效力
    - 行纪人的义务
      1. 依委托人的指示从事贸易活动
      2. 负担交易费用
      3. 直接履行与第三人签订的合同
      4. 保管并合理处分委托物
      5. 报告和移交交易所得
    - 行纪人的权利
      1. 请求支付报酬
      2. 特定情况下享有介入权、提存权、处分权和留置权
- 居间合同
  - 概念和特征
    - 概念：指居间人向委托人报告订立合同的机会或者提供订立合同的媒介服务，委托人支付报酬的合同
    - 特征
      1. 居间人所提供的服务是为他方报告订约机会或为订约媒介，但居间人只是中介人，不是代理人，也不是当事人
      2. 委托人给付义务的履行具有不确定性
      3. 有偿、诺成性的不要式合同
  - 效力
    - 居间人的主要义务
      1. 向委托人如实报告
      2. 保密义务
      3. 促成合同成立时负担费用
    - 委托人的主要义务
      1. 支付报酬
      2. 支付费用

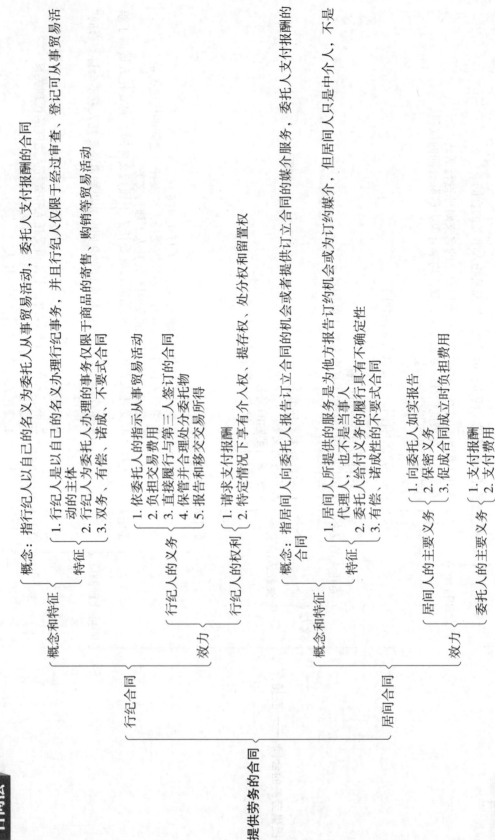

技术合同

- 技术开发合同
  - 概念：指当事人之间就新技术、新产品、新工艺或者新材料及其系统的研究开发所订立的合同
  - 技术开发合同可以分为委托开发合同和合作开发合同
- 技术转让合同——指当事人就专利权转让、专利申请权转让、技术秘密转让及专利实施许可所订立的合同
- 技术咨询合同和技术服务合同
  - 技术咨询合同——指受托人为委托人就特定技术项目提供可行性论证、技术预测、专题技术调查、分析评价报告所订立的合同
  - 技术服务合同——指当事人一方以技术知识为另一方解决技术问题所订立的合同，但不包括建设工程合同和承揽合同

婚姻家庭法

- 概述
  - 概念及调整对象
    - 概念：指调整婚姻家庭关系的法律规范的总称
    - 调整对象
      - 范围：婚姻关系、家庭关系
      - 性质：基于婚姻家庭而产生的人身关系、财产关系
  - 基本原则
    - 1. 婚姻自由原则
      - 结婚自由
      - 离婚自由
      - 禁止包办、买卖婚姻和其他干涉婚姻自由的行为
    - 2. 一夫一妻原则
      - 任何人不得同时有两个或者两个以上的配偶
      - 禁止重婚，禁止有配偶者与他人同居
    - 3. 男女平等原则
      - 男女两性在婚姻家庭生活的各个方面都享有平等的权利，承担平等的义务
      - 男女平等，夫妻在家庭中地位平等
    - 4. 保护妇女、儿童和老人的合法权益原则
      - 正面规定：女方怀孕期间，男方不得提出离婚；父母对子女有抚养教育的义务，子女对父母有赡养扶助的义务
      - 反面规定：禁止家庭暴力；禁止家庭成员间的虐待和遗弃
    - 5. 计划生育原则
- 亲属制度——亲属的概念和特征
  - 法学上的概念：指由法律确认和调整的，在自然人之间因婚姻、血缘和法律拟制而产生的具有法定权利义务的社会关系
  - 特征
    - 1. 亲属具有固定的身份和称谓。除法律另有规定外，不得任意变更或解除
    - 2. 亲属关系只能产生于特定的民事法律事实（自然事实 / 行为）
    - 3. 亲属具有相应的法定权利和义务

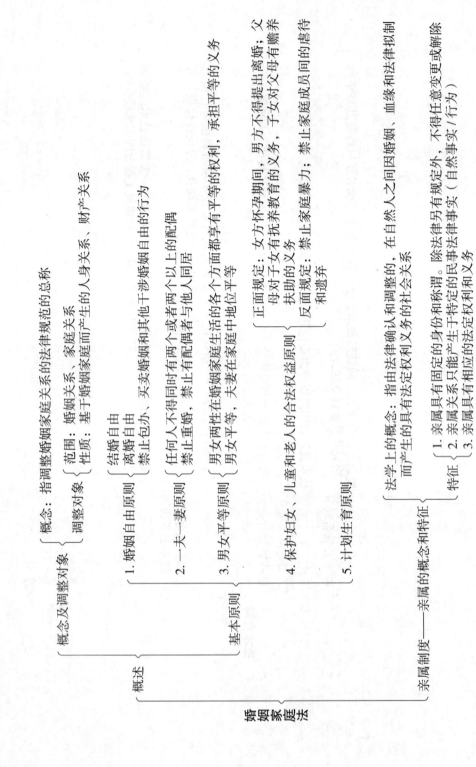

婚姻家庭法——亲属制度

- 亲属的种类
  - 配偶——夫妻，男女因结婚而互为配偶——血亲和姻亲产生的源泉和纽带
  - 血亲
    - 自然血亲
      - 指出自同一祖先，因出生而自然形成的具有真实血缘联系的亲属
      - 如父母和子女、兄弟姐妹、祖父母和孙子女……
    - 拟制血亲
      - 指本无该种血亲应具有的血缘关系，而是由法律确认其与该种自然血亲具有同等权利义务的亲属
      - 两类
        - 1. 因收养形成的养父母与养子女以及养子女与养父母的其他近亲属
        - 2. 在事实上形成了抚养教育关系的继父母与继子女
  - 姻亲
    - 指以婚姻为中介而产生的亲属
    - 可分为血亲的配偶、配偶的血亲、配偶的血亲的配偶及血亲的配偶的血亲
- 亲系和亲等
  - 亲系
    - 直系亲
      - 直系血亲
      - 直系姻亲
    - 旁系亲
      - 旁系血亲
      - 旁系姻亲
  - 亲等
- 亲属关系的发生和终止
  - 配偶关系的发生和终止
    - 发生：男女双方结婚
    - 终止：双方离婚或者一方死亡（自然死亡 / 拟制死亡）
  - 血亲关系的发生和终止
    - 自然血亲关系
      - 发生：人的出生
      - 终止：一方死亡或者子女送养他人
    - 拟制血亲关系
      - 收养关系
        - 发生：收养事实
        - 终止：一方死亡或收养解除
      - 继父母子女关系
        - 发生：继父或继母对未成年的继子女进行了抚养教育
        - 终止：一方死亡、生父（母）与继母（父）离婚，继父母终止抚养未成年继子女
  - 姻亲关系的发生和终止
    - 发生：男女双方结婚
    - 终止：习惯上认为离婚为姻亲关系终止原因

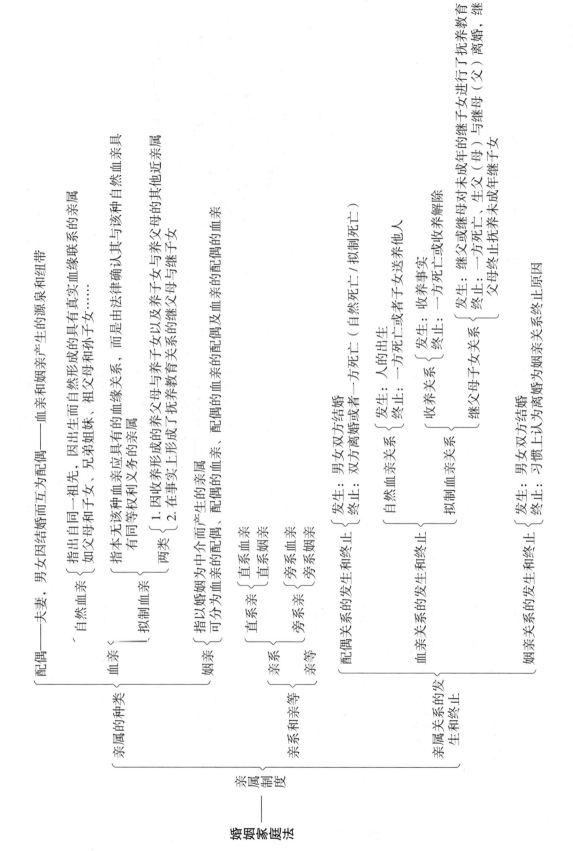

婚姻家庭法 —— 结婚制度

- 结婚的实质要件
  - 结婚的必备要件
    - 1. 结婚必须男女双方完全自愿
    - 2. 男女双方必须达到法定婚龄，即男不得早于 22 周岁，女不得早于 20 周岁
  - 结婚的禁止条件
    - 1. 有配偶者
    - 2. 直系血亲和三代以内的旁系血亲不得结婚
    - 3. 患有医学上认为不应当结婚的疾病
- 结婚的形式要件
  - 男女双方结婚时必须履行的法定程序
  - 在我国，结婚必须经过登记程序（民政局领证）
- 无效婚姻
  - 无效婚姻的法定情形
    - 1. 重婚的
    - 2. 有禁止结婚的亲属关系的（不可补正）
    - 3. 婚前患有医学上认为不应当结婚的疾病，婚后尚未治愈的
    - 4. 未达到法定婚龄的
  - 宣告婚姻无效的机关 —— 人民法院
  - 请求权人与请求权的行使
    - 法院启动宣告婚姻无效程序的途径
      - 1. 请求权人提起诉讼，请求人民法院宣告婚姻无效
      - 2. 法院受理案件后，依职权主动审查婚姻的效力
    - 请求权人
      - 1. 以重婚为由申请宣告婚姻无效的，为当事人的近亲属及基层组织
      - 2. 以未达到法定婚龄为由申请宣告婚姻无效的，为未达到法定婚龄者的近亲属
      - 3. 以有禁止结婚的亲属关系为由申请宣告婚姻无效的，为当事人的近亲属
      - 4. 以婚前患有医学上认为不应当结婚的疾病，婚后尚未治愈为由申请宣告的，为与患病者共同生活的近亲属
    - 无效婚姻的请求权人可提出宣告婚姻无效的申请，如果当事人一方或者双方死亡的，须在其死亡后一年内提出宣告婚姻无效的申请
  - 人民法院对婚姻无效案件的审理
    - 离婚案件
    - 申请宣告婚姻无效案件
  - 婚姻无效的法律后果
    - 自始无效，当然无效
    - 当事人不具有夫妻的权利义务
    - 同居期间所得的财产，有协议按协议；协议不成，按规定处理
    - 当事人所生的子女，适用《婚姻法》有关父母子女的规定

婚姻家庭法

- 结婚制度——可撤销婚姻
  - 法定情形——只有一个：胁迫
  - 撤销婚姻的机关
    - 1. 婚姻登记机关
    - 2. 人民法院
  - 撤销权人及撤销权的行使
    - 受胁迫的一方的当事人本人
    - 请求应当自结婚登记之日起一年内提出
    - 该“一年”不适用诉讼时效中止、中断或者延长的规定
  - 撤销的法律后果——被撤销的婚姻与被宣告无效的婚姻具有相同的法律后果
- 夫妻关系
  - 夫妻人身关系
    - 概念：指基于夫妻身份而在夫妻之间当然产生的、没有直接财产内容的权利义务关系
    - 具体内容
      - 1. 夫妻的姓名权
      - 2. 夫妻的人身自由权
      - 3. 夫妻的计划生育义务
      - 4. 夫妻相互忠实义务
  - 夫妻财产关系
    - 概念：指基于夫妻身份而产生的以财产为内容的权利义务关系
    - 夫妻财产制度——法定财产制
      - 概念：指在夫妻对于婚前或婚后所得财产归属没有约定的情况下，当然适用法律规定的夫妻财产制度
      - 夫妻共同财产制
        - 概念：指在婚姻关系存续期间，夫妻双方或一方所得的财产，除法律另有规定或夫妻另有约定外，均为夫妻共同所有的制度
        - 夫妻共同所有
          - 1. 工资、奖金
          - 2. 生产、经营的收益
          - 3. 知识产权的收益（实际取得或者已经明确可以取得的财产性收益）
          - 4. 继承或赠与所得的财产（有约定只归一方的除外）
          - 5. 其他应当归共同所有的财产
        - 夫妻共有财产权的行使
          - 1. 共同共有关系
          - 2. 夫妻双方对共有财产的权利是平等的
            - （1）夫或妻在处理夫妻共同财产上的权利是平等的
            - （2）夫或妻非因日常生活需要对夫妻共同财产做重要处理决定，夫妻双方应当平等协商，取得一致意见
          - 3. 婚姻关系存续期间，夫妻双方对共有财产的管理和处分不能协商一致，一方要求分割夫妻共有财产的，原则上不予支持
          - 《婚姻法解释（三）》第 4 条规定了例外情形

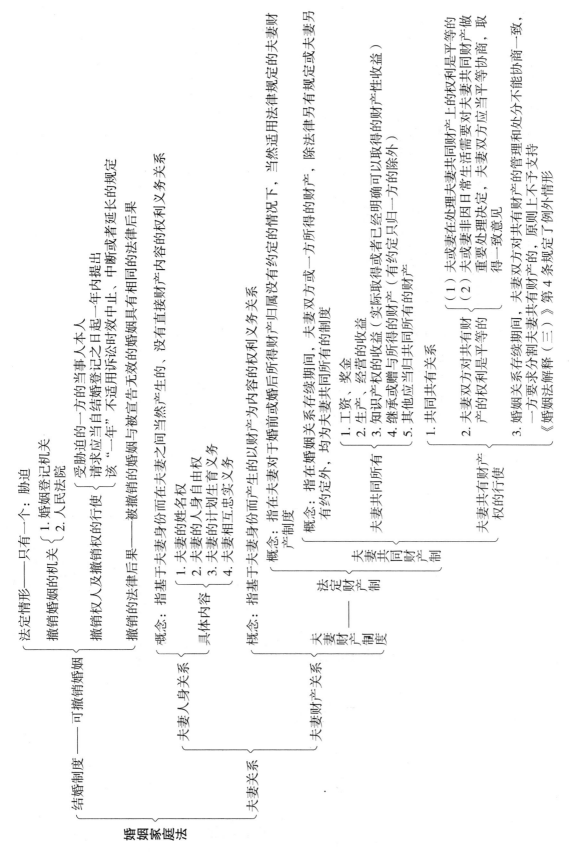

婚姻家庭法

- 夫妻关系 —— 夫妻财产关系 —— 夫妻财产制度
  - 法定财产制 —— 夫妻个人特有财产制
    - 概念：指在实行夫妻共同财产制的情况下，夫妻依法各自保留一定范围的财产为个人所有的制度
    - 下列情形，为夫妻一方的财产
      1. 一方的婚前财产
      2. 一方因身体受到伤害获得的医疗费、残疾人生活补助费等费用
      3. 遗嘱或赠与合同中确定只归夫或妻一方的财产
      4. 一方专用的生活用品
      5. 婚后由一方父母出资为子女购买的不动产，产权登记在出资人子女名下的，视为只对自己子女一方的赠与
      6. 其他应当归一方的财产
    - 我国法定财产制以共有为原则，以个人所有为例外
  - 约定财产制
    - 概念：指夫妻以协议方式对婚前和婚后所得财产的归属作出约定，从而排除适用法定财产制的制度
    - 约定的范围及形式
      - 婚姻关系存续期间所得的财产及婚前财产
      - 约定应当采用书面形式
      - 没有约定或者约定不明确的，适用法定财产制
    - 约定的效力
      - 对双方具有约束力
      - 约定财产归各自所有的，夫或妻一方对外所负的债务，第三人知道该约定的，以夫或妻一方所有的财产所偿
- 离婚制度 —— 概述
  - 离婚的概念：又称婚姻的解除，指夫妻一方或者双方依照法律规定解除婚姻关系的法律行为
  - 离婚的特征
    1. 离婚主体具有特定性
    2. 离婚双方法律地位平等
    3. 离婚必须以有效婚姻关系的存在为前提
    4. 离婚必须在夫妻双方生存期间进行
    5. 离婚条件、程序具有法定性
    6. 离婚将产生一系列法律后果

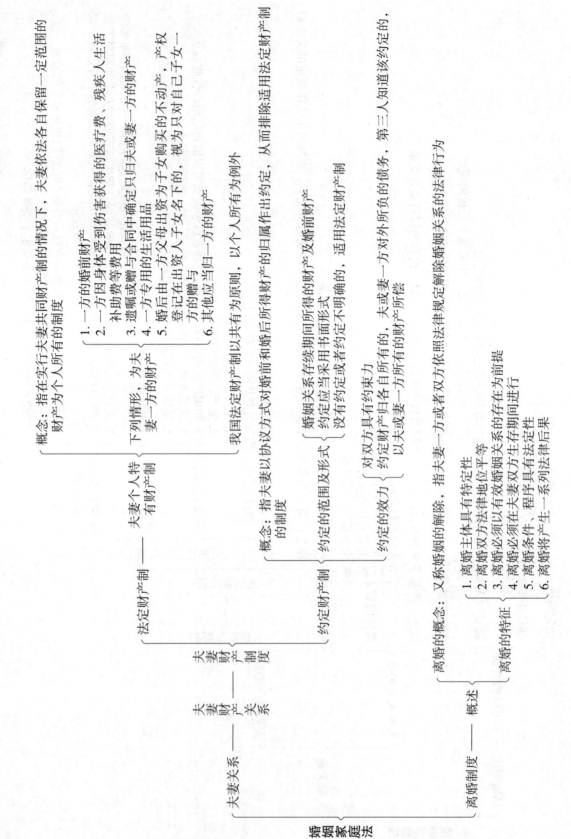

婚姻家庭法——离婚制度

- 离婚与宣告婚姻无效、撤销婚姻的区别
  - 1. 目的不同
    - 离婚以合法婚姻为对象，目的是终止合法婚姻关系
    - 宣告婚姻无效、撤销婚姻的目的是否认婚姻的效力
  - 2. 原因不同
    - 离婚的原因一般发生在结婚后
    - 宣告婚姻无效、撤销婚姻的原因则在缔结婚姻时就已经存在
  - 3. 请求权人不同
    - 离婚请求权人仅限于婚姻当事人本人
    - 宣告婚姻无效的，既可以由当事人提出，也可以由利害关系人提出
    - 撤销婚姻的，只能由受胁迫一方当事人提出
  - 4. 对行使请求权期间的限制不同
    - 离婚在婚姻关系存续期间都可以提出
    - 宣告婚姻无效无时间限制
    - 撤销婚姻有 1 年的限制
  - 5. 对当事人双方是否生存要求不同
    - 离婚只能发生在配偶生存期间
    - 宣告婚姻无效、撤销婚姻即使在一方当事人死亡后仍然可以提出
  - 6. 是否具有溯及力不同
    - 离婚没有溯及力
    - 宣告婚姻无效、撤销婚姻具有溯及力，婚姻自始不受法律保护
- 登记离婚
  - 条件
    - 1. 双方当事人适格
      - 双方当事人均为完全民事行为能力人
      - 双方当事人必须是在中国内地登记的合法夫妻关系
    - 2. 双方当事人必须有真实的离婚合意
    - 3. 双方当事人对子女的抚养和财产问题达成协议
    - 4. 离婚协议的内容必须合法
  - 登记离婚，必须到婚姻登记机关提出离婚申请

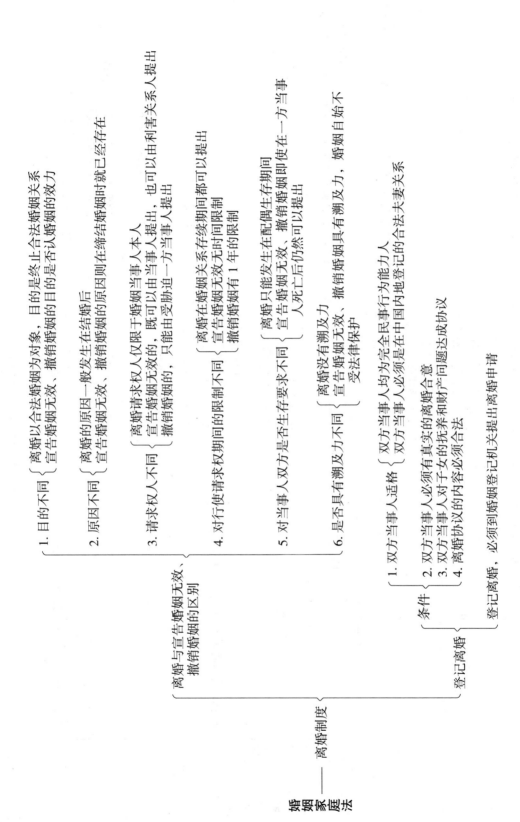

婚姻家庭法 —— 离婚制度

- 诉讼离婚
  - 概念：指夫妻一方向人民法院提起离婚诉讼，人民法院依法通过调解或者判决而解除婚姻关系的离婚方式
  - 法定理由
    - 调解无效
    - 感情确已破裂
      - 1. 重婚或有配偶者与他人同居的
      - 2. 实施家庭暴力或虐待、遗弃家庭成员的
      - 3. 有赌博、吸毒等恶习屡教不改的
      - 4. 因感情不和分居满两年的
      - 5. 其他导致夫妻感情破裂的情形
  - 两项限制
    - 1. 对现役军人的配偶要求离婚的限制——现役军人的配偶要求离婚的，须得军人同意，但军人一方有重大过错的除外
    - 2. 对男方要求离婚的限制
      - 女方在怀孕期间、分娩后一年内或中止妊娠后 6 个月内，男方不得提出离婚
      - 女方提出离婚的，或者人民法院确有必要受理男方离婚请求的，不在此限
- 离婚的法律后果
  - 在当事人人身关系方面的后果
    - 配偶身份的丧失
    - 忠实义务的终止
    - 双方均有再婚的自由
  - 在当事人财产关系方面的后果
    - 夫妻之间扶养义务的终止
    - 夫妻相互间继承权的丧失
    - 引起夫妻共同财产的分割
    - 引起夫妻共同债务的清偿——考量共同债务
      - 1. 时间性
      - 2. 目的性
  - 在父母子女关系方面的后果
    - 关系不因父母离婚而消除
    - 不直接抚养的，有探望子女的权利，另一方有协助的义务
- 离婚时的救济 —— 经济补偿请求权
  - 概念：指在夫妻约定实行分别财产制的情况下，离婚时，因抚育子女、照料老人、协助另一方工作等付出较多义务的一方请求另一方给予经济上补助的权利
  - 适用条件
    - 1. 须夫妻书面约定婚姻关系存续期间所得的财产归各自所有
    - 2. 须一方在共同生活中对家庭承担了更多的义务
    - 3. 必须于离婚之时提出请求
  - 是法律上的一种救助手段

婚姻家庭法 —— 离婚制度 —— 离婚时的救济

- 经济帮助请求权
  - 概念：指夫妻离婚时，生活确有困难的一方，请求有条件的另一方给予适当帮助的权利
  - 适用条件
    - 要求帮助的一方确实有生活困难
    - 要求帮助一方的生活困难存在于离婚时
    - 另一方有经济负担能力
- 离婚损害赔偿请求权
  - 概念：指夫妻一方的法定过错行为导致离婚的，无过错方有向过错方请求赔偿的权利
  - 适用条件
    - 须当事人双方具有法律认可的夫妻身份
    - 须夫妻一方实施了法定的过错行为
      - 1. 重婚的
      - 2. 有配偶者与他人同居的
      - 3. 实施家庭暴力的
      - 4. 虐待、遗弃家庭成员的
    - 须因一方的法定过错行为而离婚
    - 须无过错方因离婚而受到损害
      - 物质损害
      - 精神损害
    - 须请求权人无过错
  - 对离婚损害赔偿请求权的限制
    - 1. 人民法院判决不准离婚的案件，对于当事人提出的损害赔偿请求不予支持
    - 2. 在婚姻关系存续期间，当事人不起诉离婚而单独依据该规定提起损害赔偿请求的，人民法院不予受理
    - 3. 无过错方作为原告，向人民法院提起损害赔偿请求的，必须在离婚诉讼的同时提出
    - 4. 无过错方作为被告的离婚诉讼案件，如果被告不同意离婚也不提起损害赔偿请求的，可以在离婚后 1 年内就此单独提起诉讼
    - 5. 无过错方作为被告的离婚诉讼案件，一审时被告未提出损害赔偿请求，二审期间提出的，人民法院应当进行调解，调解不成的，告知当事人在离婚后 1 年内另行起诉
    - 6. 登记离婚后，当事人向人民法院提起损害赔偿请求的，人民法院应当受理。但是当事人在协议离婚时已经明确表示放弃该项请求，或者在办理离婚登记手续 1 年后提出的，不予支持
  - 离婚损害赔偿范围
    - 物质损害赔偿
    - 精神损害赔偿

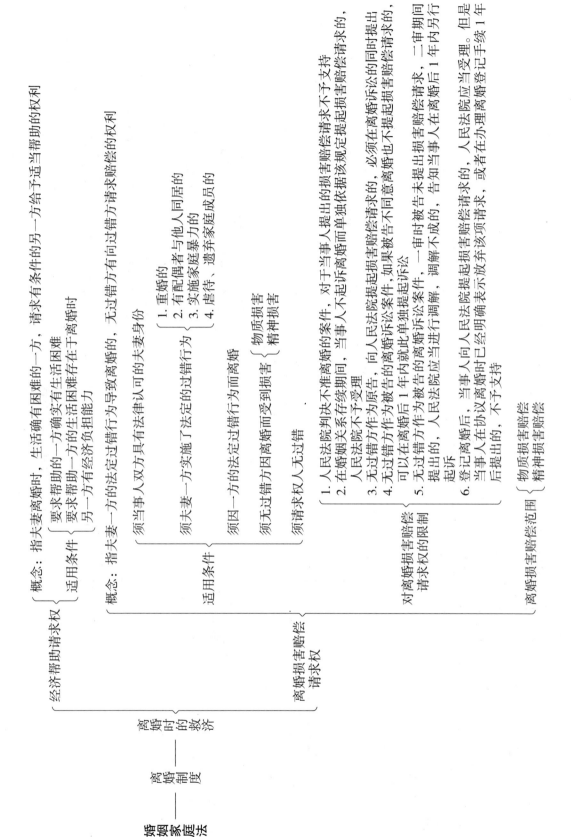

- **婚姻家庭法**——收养制度
  - 收养的概念和特征
    - 概念：指自然人依照法律规定的条件和程序，领养他人的子女为自己的子女，使之发生父母子女间权利义务关系的民事法律行为
    - 特征
      - 1. 收养是一种双方法律行为
      - 2. 收养是一种身份行为
      - 3. 收养是要式法律行为
      - 4. 收养是可以解除的法律行为
  - 收养关系的成立
    - 三方当事人：收养人、送养人、被收养人
    - 实质条件——一般收养关系
      - 被收养人——下列不满 14 周岁的未成年人可以被收养
        - 1. 丧失父母的孤儿
        - 2. 查不到生父母的弃婴和儿童
        - 3. 生父母有特殊困难无力抚养的子女
      - 收养人——应当同时具备以下条件
        - 1. 无子女
        - 2. 有抚养教育被收养人的能力
        - 3. 未患有在医学上认为不应当收养子女的疾病
        - 4. 年满 30 周岁
        - 5. 例外
          - 无配偶的男性收养女性的，收养人与被收养人之间的年龄应当相差 40 周岁以上
          - 有配偶者收养子女的，须夫妻共同收养
      - 送养人
        - 可以作送养人的公民、组织
          - 孤儿的监护人
          - 社会福利机构
          - 有特殊困难无力抚养子女的生父母（双方共同送养）
        - 配偶一方死亡，另一方送养未成年子女的，死亡一方的父母有优先抚养的权利
      - 当事人须有建立收养关系的合意

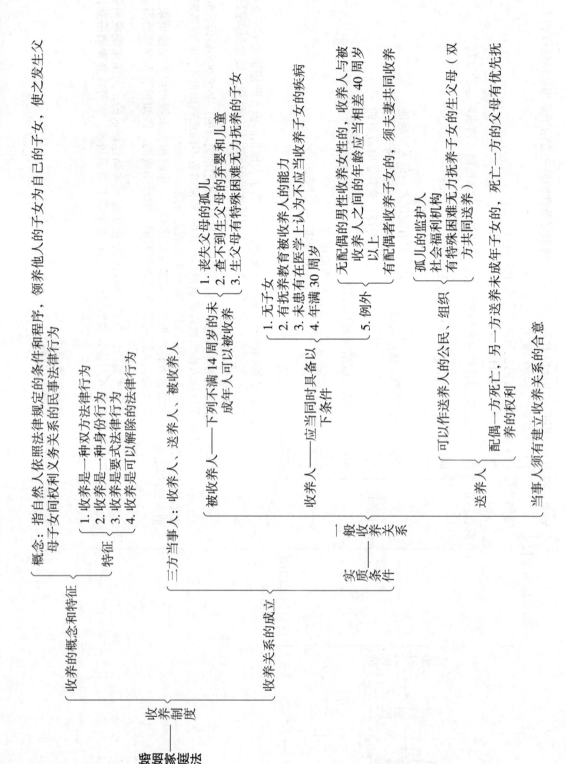

婚姻家庭法——收养制度

- 收养关系的成立
  - 实质条件——特殊收养关系
    - 收养三代以内同辈旁系血亲的子女——不受下列条件的限制
      1. 被收养人不满 14 周岁
      2. 被收养人应当为生父母有特殊困难无力抚养的子女
      3. 送养人应为有特殊困难无力抚养子女的生父母
      4. 无配偶的男性收养女性的，收养人与被收养人之间的年龄应当相差 40 周岁以上
      5. 此外，华侨收养三代以内同辈旁系血亲的子女，还可以不受收养人无子女的限制
    - 继父母收养继子女——继父或者继母经继子女的生父母同意，可以收养继子女，并可以不受下列条件的限制
      1. 被收养人不满 14 周岁
      2. 被收养人应为生父母有特殊困难无力抚养的子女
      3. 送养人应为有特殊困难无力抚养子女的生父母
      4. 收养人须无子女，年满 30 周岁，有抚养教育被收养人的能力，未患有医学上认为不应当收养子女的疾病；收养人只能收养一名子女
    - 收养孤儿、残疾儿童或者社会福利机构抚养的查找不到生父母的弃婴和儿童——可以不受收养人无子女和只能收养一名的限制
  - 形式条件
    - 履行法定程序，进行行政登记
    - 向县级以上人民政府民政部门登记
    - 收养关系自登记之日起成立
- 收养关系成立的法律效力
  - 收养的拟制效力——收养人与被收养人之间形成拟制的父母子女关系
  - 收养的解消效力——被收养人与其亲生父母及其他自然血亲的亲属之间的法律关系就此消灭

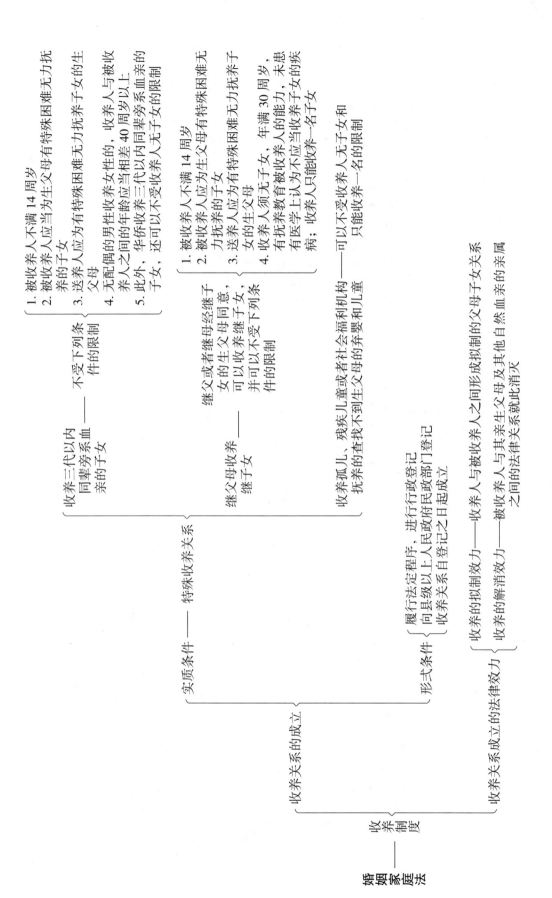

婚姻家庭法

- 收养制度——收养关系的解除
  - 程序
    - 依行政程序解除
      - 收养人在被收养人成年之前，不得解除收养关系，但收养人、送养人双方协议解除的除外，养子女年满10周岁以上的，应当征得本人同意
      - 当事人协议解除收养关系的，应当到民政部门办理解除收养关系的登记
    - 依诉讼程序解除
      - 收养人不履行抚养义务，有虐待、遗弃等侵害未成年养子女合法权益行为的，送养人有权要求解除收养关系
      - 送养人、收养人不能达成解除收养关系协议的，可以向人民法院起诉
  - 法律后果
    - 人身关系
      1. 被收养人与收养人及其近亲属间的权利义务关系因此消除
      2. 未成年的被收养人与生父母及其他近亲属间的权利义务关系自行恢复
      3. 成年被收养人与生父母及其他近亲属之间的权利义务关系是否恢复，可以协商确定
    - 财产关系
      - 对养父母的经济补偿
        - 经养父母抚养的成年养子女，对缺乏劳动能力又缺乏生活来源的养父母，应当给付生活费
        - 因养子女成年后虐待、遗弃养父母而解除收养关系的，养父母可以要求养子女补偿收养期间支出的生活费和教育费
      - 生父母要求解除收养关系的，养父母可以要求生父母适当补偿收养期间支出的生活费和教育费，但因养父母虐待、遗弃养子女而解除收养关系的除外
- 父母子女关系
  - 父母对子女有抚养教育的义务
  - 父母对未成年子女有保护、教育的权利和义务
  - 子女对父母有赡养扶助的义务
  - 父母和子女有相互继承遗产的权利
- 扶养制度——扶养的概念
  - 广义：指一定范围内的亲属间相互供养和扶助的法定权利和义务关系
  - 狭义：指平辈亲属之间相互供养和扶助的法定权利和义务关系

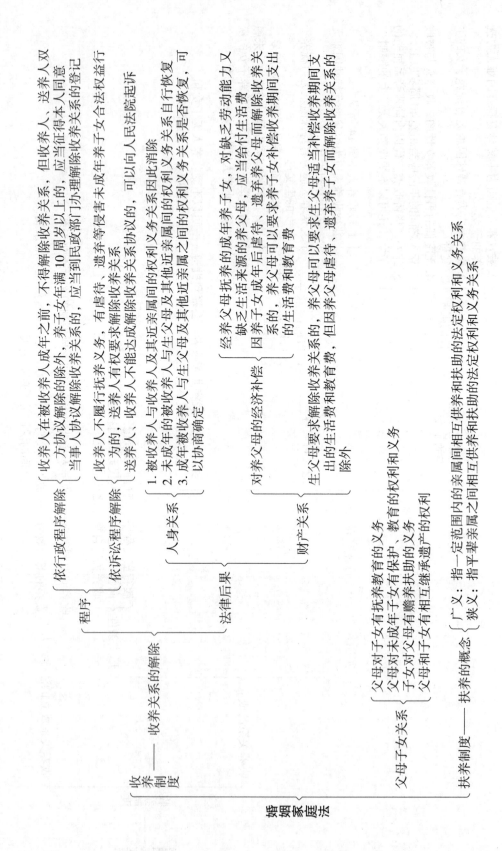

婚姻家庭法——扶养制度——我国现行的扶养制度——

- 夫妻之间的扶养
  - 1. 夫妻间的扶养权利义务以经济上相互供养、生活上相互扶助为内容，是其婚姻或家庭共同体得以存续的基本保障
  - 2. 夫妻间的扶养既是双方的权利，也是双方的义务
  - 3. 夫妻间的扶养作为法定义务，具有强制性
  - 4. 夫妻间的扶养始于婚姻成立，终于婚姻结束
- 父母子女间的扶养
- 祖孙间的扶养（特殊条件）
  - 祖父母、外祖父母——孙子女、外孙子女
    - 1. 孙子女、外孙子女为未成年人
    - 2. 孙子女、外孙子女的父母已经死亡或者无力抚养
    - 3. 祖父母、外祖父母有负担能力
  - 孙子女、外孙子女——祖父母、外祖父母
    - 1. 孙子女、外孙子女为有负担能力的成年人
    - 2. 祖父母、外祖父母的子女已经死亡或无力赡养
    - 3. 祖父母、外祖父母必须是需要赡养的人
- 兄弟姐妹之间的扶养（特殊条件）
  - 兄、姐——弟、妹
    - 1. 兄、姐有负担能力
    - 2. 弟、妹的父母已经死亡或父母无力抚养
    - 3. 弟、妹必须是未成年人
  - 弟、妹——兄、姐
    - 1. 兄、姐必须是缺乏劳动能力又缺乏生活来源的人
    - 2. 弟、妹是由兄、姐扶养长大
    - 3. 弟、妹有负担能力

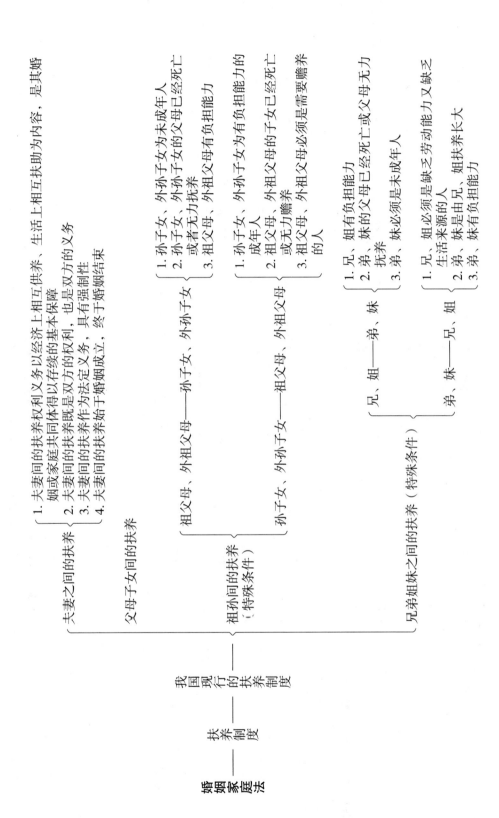

继承法——继承法概述

- 继承的概念和特征
  - 概念：指将自然人于死亡时遗留的个人合法财产依法移转给他人所有的法律制度
  - 特征
    1. 继承因自然人死亡而发生
    2. 继承的主体是与被继承人生前有特定身份关系的自然人
    3. 继承的客体是被继承人死亡时遗留的个人合法财产
    4. 继承产生财产权利变动的后果
- 继承权
  - 概念和特征
    - 概念：指自然人根据法律的规定或者有效遗嘱的指定取得被继承人遗产的权利
    - 特征
      1. 继承权是自然人基于一定身份关系享有的权利（限于存在婚姻和血缘关系的自然人）
      2. 继承权的产生是基于法律的规定或者有效遗嘱的指定
      3. 继承权的标的是遗产
      4. 继承权是于被继承人死亡时才能行使的权利
  - 发生根据
    - 法定继承：被继承人死亡
    - 遗嘱继承：被继承人立有有效的遗嘱；立遗嘱人死亡
  - 接受与行使——继承人作出接受继承的意思表示，可明示、可默示
  - 丧失
    - 概念：指在发生法定事由时，依法取消继承人继承被继承人遗产的资格
    - 法定事由
      1. 故意杀害被继承人的
      2. 为争夺遗产而杀害其他继承人的
      3. 遗弃被继承人的，或者虐待被继承人情节严重的（有例外情形）
      4. 伪造、篡改或者销毁遗嘱，情节严重的
  - 放弃
    - 继承权的放弃，必须以明示方式作出
    - 放弃继承权的意思表示只能由当事人本人作出
    - 继承权的放弃不是绝对的
    - 放弃继承的效力，追溯到继承开始的时间
  - 保护
    - 受到侵害时，继承人有权提起诉讼
    - 自继承人知道或者应当知道其权利被侵犯之日起计算（2 年）
    - 自继承开始之日起超过 20 年的，不得再提起诉讼

继承法

- 继承法概述——我国继承法的基本原则
  - 1. 保护公民私有财产继承权原则
    - （1）凡是公民死亡时遗留的个人合法财产，都可以作为遗产转移给继承人
    - （2）公民的继承权受法律保护，不得非法剥夺继承权
    - （3）法律保障公民继承权的行使，当公民的继承权受到侵害时，有权请求保护
  - 2. 继承权男女平等原则
    - （1）男女有平等的继承权
    - （2）在确定法定继承人的范围和顺序时，以亲属关系的亲疏远近为依据，而非以性别为依据
    - （3）具体分割遗产时，同一顺序的继承人的继承份额不因性别不同而存在差异
  - 3. 养老育幼、互助互济原则
    - （1）法定继承中，同一顺序的继承人继承遗产的份额一般应当均等，但对生活有特殊困难的缺乏劳动能力的继承人，应当予以照顾
    - （2）为缺乏劳动能力又没有生活来源的继承人保留必要份额
    - （3）保留胎儿的继承份额
    - （4）丧偶的儿媳对公、婆，丧偶的女婿对岳父、岳母尽了主要赡养义务的，可以作为法定第一顺序继承人
  - 4. 互谅互让、和睦团结原则
- 继承的类型——法定继承
  - 概念和特征
    - 概念：指直接根据法律规定的继承人范围、继承顺序以及遗产分配原则，继承被继承人遗产的法律制度
    - 特征
      - 1. 法定继承的内容都来源于法律的规定
      - 2. 法定继承以继承人和被继承人之间存在一定的身份关系为前提
      - 3. 法定继承是对遗嘱继承的补充
      - 4. 法定继承是对遗嘱继承的限制
  - 适用情形
    - 1. 被继承人生前未与他人订立遗赠扶养协议，或虽订立遗赠扶养协议，但只处分了部分遗产，或协议已失去法律效力的
    - 2. 被继承人生前未立遗嘱、遗赠，或虽立遗嘱、遗赠，但只处分了部分遗产，或所立遗嘱、遗赠无效或部分无效的
    - 3. 遗嘱继承人或受遗赠人先于被继承人死亡的
    - 4. 遗嘱继承人放弃遗嘱继承或受遗赠人放弃受领遗赠的
    - 5. 遗嘱继承人丧失继承权或受遗赠人丧失遗赠受领权的

继承法——继承的类型——法定继承

- 法定继承人的范围与继承顺序
  - 范围——配偶，子女，父母，兄弟姐妹，祖父母和外祖父母，对公婆、岳父母尽了主要赡养义务的丧偶儿媳、丧偶女婿
  - 继承顺序
    - 第一顺序：配偶、子女、父母，对公婆、岳父母尽了主要赡养义务的丧偶儿媳、丧偶女婿也作为第一顺序继承人
    - 第二顺序：兄弟姐妹、祖父母、外祖父母
    - 没有第一顺序继承人，才能由第二顺序继承人继承
- 代位继承和转继承
  - 代位继承
    - 概念：指在法定继承中，被继承人的子女先于被继承人死亡，应由被继承人子女继承的遗产份额，由被继承人子女的晚辈直系血亲继承的法律制度
    - 条件
      - 1. 须被代位继承人先于被继承人死亡
      - 2. 须被代位继承人为被继承人的子女
      - 3. 须被代位继承人未丧失继承权
      - 4. 须代位继承人是被继承人子女的晚辈直系血亲
  - 转继承
    - 概念：指继承人在被继承人死亡后、遗产分割前死亡，本该由该继承人继承的遗产份额转由其法定继承人继承的法律制度
    - 条件
      - 1. 继承人于被继承人死亡后、遗产分割前死亡
      - 2. 继承人未丧失继承权，也未放弃继承权
  - 两者的区别
    - 1. 继承人死亡的时间不同
      - 代位继承：继承人先死亡
      - 转继承：被继承人先死亡
    - 2. 继承的主体不同
      - 代位继承：只限于被继承人子女的晚辈直系血亲
      - 转继承：被转继承人的所有法定继承人
    - 3. 性质不同
      - 代位继承：替补继承
      - 转继承：连续发生的二次继承
    - 4. 适用范围不同
      - 代位继承：法定继承
      - 转继承：既适用法定继承，也适用遗嘱继承和遗赠

继承法——继承的类型——遗嘱继承

- 概念和特征
  - 概念：指按照被继承人生前所立的合法有效遗嘱继承被继承人遗产的法律制度
  - 特征
    1. 遗嘱继承的发生须以有效遗嘱的存在为前提
    2. 遗嘱继承直接体现着被继承人的意愿，是对被继承人自由处分自己财产的尊重
    3. 遗嘱继承是对法定继承的排斥，遗嘱继承不受法定继承人的继承顺序、份额的约束
    4. 遗嘱继承的效力优于法定继承
- 适用条件
  1. 没有遗赠扶养协议
  2. 被继承人生前所立遗嘱合法有效
  3. 须遗嘱指定的继承人享有继承权，即遗嘱指定的继承人既未丧失、也未放弃继承权
- 遗嘱
  - 概念和特征
    - 概念：指公民生前依法处分自己的财产和安排有关事务，并于死后生效的民事法律行为
    - 特征
      1. 遗嘱是单方民事法律行为，只需遗嘱人一方意思表示即可成立
      2. 遗嘱是遗嘱人死后生效的民事法律行为，这是由设立遗嘱的目的所决定的
      3. 遗嘱是遗嘱人独立所为的民事法律行为，遗嘱必须由遗嘱人亲自设立，不得代理
      4. 遗嘱是要式法律行为，遗嘱的形式必须符合继承法的规定
  - 形式
    - 公证遗嘱（法律效力最高）
    - 自书遗嘱
    - 代书遗嘱
    - 录音遗嘱
    - 口头遗嘱
      1. 遗嘱人处于危急情况下，不能以其他方式设立遗嘱——危急情况，一般指遗嘱人生命垂危，突遇自然灾害、意外事故、战争等
      2. 有两个以上见证人在场见证
    - 口头、代书、录音遗嘱中，下列人员不得担任见证人
      1. 无行为能力人、限制行为能力人
      2. 继承人、受遗赠人
      3. 与继承人、受遗赠人有利害关系的人
  - 有效要件
    1. 立遗嘱人必须有遗嘱能力（完全民事行为能力）
    2. 遗嘱人在立遗嘱时必须意思表示真实
    3. 遗嘱内容必须合法（内容不得违反法律、社会公德）
    4. 遗嘱的形式必须符合继承法的规定

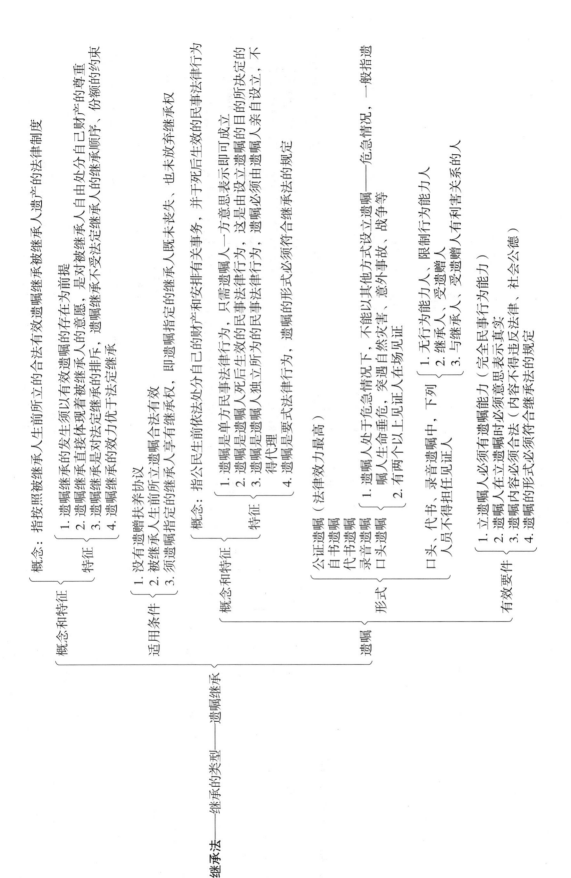

继承法——继承的类型

- 遗嘱继承——遗嘱
  - 无效的情形
    - 1. 伪造的遗嘱无效
    - 2. 遗嘱被篡改的，篡改的内容无效
    - 3. 受胁迫、欺骗所立的遗嘱无效
    - 4. 无行为能力人或者限制行为能力人所立的遗嘱无效
    - 5. 处分了属于国家、集体或者他人所有的财产的遗嘱无效
  - 变更和撤销
    - 变更：遗嘱人依法改变原先所立遗嘱的部分内容
    - 撤销：遗嘱人取消原先所立遗嘱的全部内容
    - 方式：
      - 1. 明示方式：另立新遗嘱
      - 2. 默示方式：通过行为变更、撤销原遗嘱
- 遗赠和遗赠扶养协议
  - 遗赠
    - 概念：指自然人以遗嘱的方式将其个人财产赠与国家、集体或者法定继承人以外的人，并于其死后生效的民事法律行为
    - 特征
      - 1. 具备遗嘱所具有的法律特征
      - 2. 受遗赠人既可以是自然人，也可以是国家和集体（自然人是法定继承人以外的人）
    - 遗赠与遗嘱继承的区别
      - 1. 受遗赠人和遗嘱继承人的法律地位不同
        - 受遗赠人：不是继承人，没有继承权
        - 遗嘱继承人：是继承人，享有继承权
      - 2. 受遗赠人与遗嘱继承人的范围不同
        - 受遗赠人：法定继承人范围以外的人
        - 遗嘱继承人：法定继承人范围以内的人
      - 3. 遗赠受领权与遗嘱继承权的标的不同
        - 原则上，受遗赠人只享有权利
        - 遗嘱继承人：权利 + 义务
      - 4. 权利行使方式不同
        - 受遗赠人：两个月内没有表示接受，视为放弃受遗赠
        - 遗嘱继承人：默示视为接受继承
  - 遗赠扶养协议
    - 概念：指由遗赠人和扶养人签订的，由扶养人对遗赠人负生养死葬的义务，遗赠人将自己财产的一部分或者全部在其死后转移给扶养人所有的协议
    - 特征
      - 1. 遗赠扶养协议是双方、双务、诺成、有偿、要式民事法律行为
      - 2. 遗赠扶养协议的扶养人不限于自然人
      - 3. 遗赠扶养协议是生前有效与死后生效相结合的法律行为
      - 4. 遗赠扶养协议在适用上具有最优先性

继承法

- 继承的类型——遗赠和遗赠扶养协议——遗赠扶养协议
  - 效力——双务合同，双方当事人的权利义务具有对应性
  - 遗赠扶养协议与遗赠的区别
    1. 遗赠扶养协议是双方法律行为，遗赠是单方法律行为
    2. 遗赠扶养协议是合同行为，遗赠是遗嘱行为
    3. 遗赠扶养协议是双务、有偿法律行为，遗赠是单务、无偿法律行为
    4. 遗赠扶养协议是生前生效与死后生效相结合的法律行为，遗赠是死后生效的法律行为
- 继承的开始和遗产的处理
  - 继承的开始
    - 继承开始的时间
      - 被继承人死亡：生理死亡和宣告死亡
      - 推定死亡（相互有继承关系的几个人在同一事件中死亡，不能确定死亡顺序）
        1. 推定没有继承人的人先死亡
        2. 辈分不同，推定长辈先死亡
        3. 辈分相同，推定同时死亡
    - 确定继承开始时间的意义
      1. 继承人实际取得继承权的时间
      2. 确定继承人范围的时间界限
      3. 确定被继承人遗产内容的时间界限
      4. 继承人选择是否接受继承的时间界限
      5. 继承权 20 年诉讼时效的起算时间
      6. 遗嘱生效的时间界限及确定遗嘱能否执行的时间界限
  - 遗产
    - 概念：指自然人死亡时遗留的个人合法财产
    - 特征
      1. 时间上的特定性
      2. 内容上的总括性
      3. 范围上的限定性
      4. 性质上的合法性
    - 范围
      1. 公民的收入
      2. 公民的房屋、储蓄和生活用品
      3. 公民的林木、牲畜和家禽
      4. 公民的文物、图书资料
      5. 法律允许公民所有的生产资料
      6. 公民的著作权、专利权中的财产权利
      7. 公民的其他合法财产

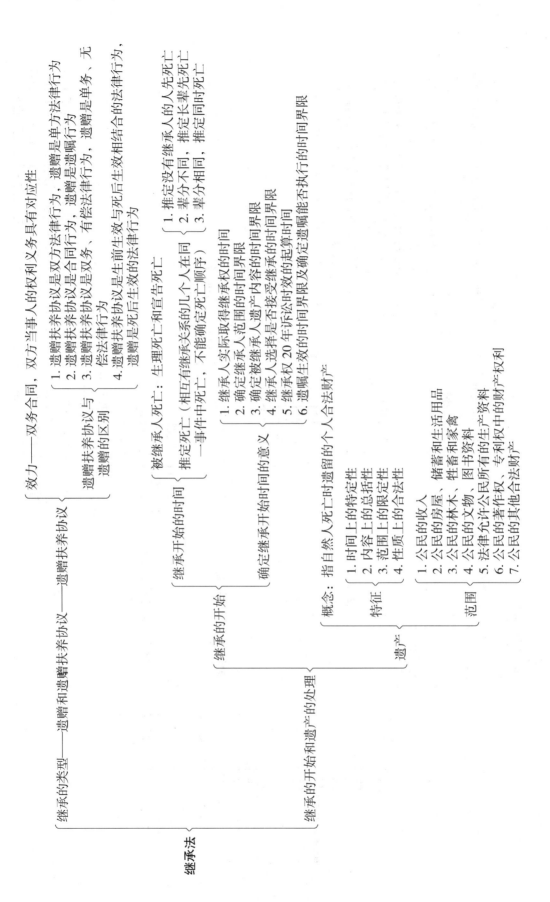

- 继承法——继承的开始和遗产的处理
  - 遗产的分割
    - 遗产的确定——先析产，后继承
    - 遗产的分割原则
      - 遗嘱继承的遗产分配原则
        - 1. 尊重被继承人意思原则
        - 2. 保留必留份原则（对于缺乏劳动能力又没有生活来源的继承人）
      - 法定继承的遗产分配原则
        - 1. 一般情况下——均等原则
        - 2. 特殊情况下——不均等原则
          - （1）生活有特殊困难又缺乏劳动能力的继承人——应当予以照顾
          - （2）对被继承人尽了主要扶养义务或者与被继承人共同生活的继承人——可以多分
          - （3）有扶养能力和扶养条件的继承人，不尽扶养义务——应当不分或者少分
          - （4）继承人协商同意的，也可以不均等
        - 3. 适当分配原则
        - 4. 保留胎儿继承份额原则
        - 5. 互谅互让、协商分割原则
        - 6. 物尽其用原则
  - 被继承人债务的清偿
    - 被继承人债务的确定——明确其个人生前的债务
      - 1. 所欠的税款
      - 2. 合同债务
      - 3. 侵权损害赔偿债务
      - 4. 不当得利返还债务
    - 被继承人债务的清偿原则
      - 1. 限定继承原则
      - 2. 清偿债务优先于执行遗嘱原则
      - 3. 保留必留份原则
      - 4. 连带责任原则
    - 被继承人债务的清偿办法
      - 司法实践
        - 1. 先清偿债务后分割遗产
        - 2. 先分割遗产后清偿债务
      - 《继承法意见》第62条：遗产已被分割而未清偿债务时，如有法定继承又有遗嘱继承和遗赠的，首先由法定继承人用其所得遗产清偿债务；不足清偿时，剩余的债务由遗嘱继承人和受遗赠人按比例用所得遗产偿还；如果只有遗嘱继承和遗赠的，由遗嘱继承人和受遗赠人按比例用所得遗产偿还

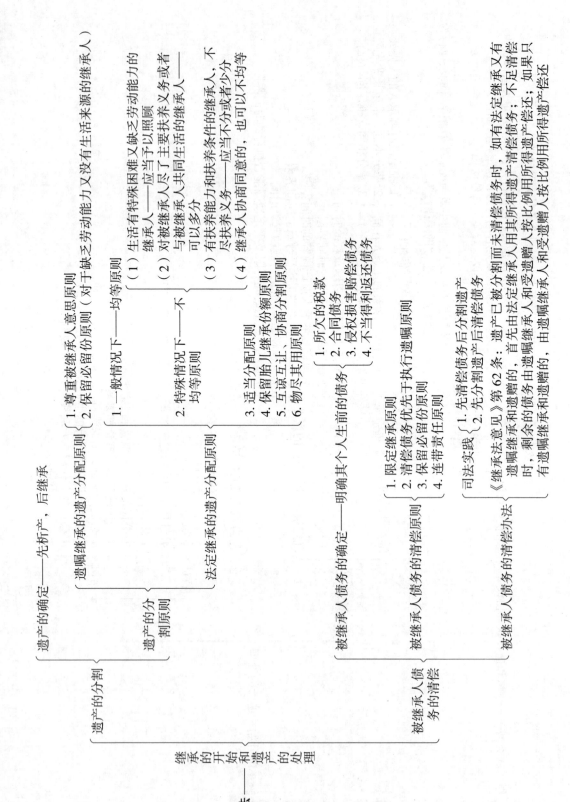

- **侵权责任法**
  - 总论
    - 侵权责任概述
      - 侵权责任的概念
        - 指行为人因其侵权行为依法应当承担的民事法律责任
        - 侵权责任是民事责任。因同一行为应承担侵权责任和行政责任、刑事责任，侵权人的财产不足以支付的，先承担侵权责任
      - 侵权责任的分类
        - 自己责任 / 替代责任
          - 自己责任，是指侵权责任由加害行为人自己承担的责任形式
          - 替代责任，是指侵权责任由与加害行为人有特定关系的人承担或由与致人损害的物件具有管领关系的人承担的责任形式
            - 为他人行为承担责任——前提：替代责任人与加害行为人之间存在监护、隶属、雇佣等特定关系
            - 为致害物承担责任——前提：责任人与致害物之间存在所有、占有、管理等管领关系
        - 单方责任 / 双方责任
          - 单方责任：加害行为人一方承担责任的责任形式
          - 双方责任：对于侵权行为所发生的后果，加害行为人和受害人都要承担责任的责任形式
        - 单独责任 / 共同责任
          - 单独责任：加害行为人为单独一人，由该加害行为人承担侵权责任的形式
          - 共同责任：是指加害人为二人或二人以上的数人，由该数人对同一损害后果共同承担侵权责任的形式
        - 连带责任 / 按份责任 / 补充责任
          - 连带责任
            - 是指数个责任主体作为一个整体对损害共同承担责任，其中的任何一个责任主体都有义务对全部损害承担侵权责任
            - 适用情形
              1. 实施共同侵权行为
              2. 教唆、帮助他人实施侵权行为
              3. 实施共同危险行为
              4. 叠加的数人侵权行为
              5. 法律直接规定的其他情形
          - 按份责任——是指在数个责任主体承担共同责任的情形下，每一个责任主体只对其应承担的责任份额负清偿义务，不与其他责任主体发生连带关系的侵权责任
          - 补充责任——一个侵权行为造成的损害事实产生了两个相重合的侵权责任请求权，法律规定被侵权人必须按照先后顺序行使请求权，只有排在后位的责任主体有过错的，才能请求排在后位的责任主体承担侵权责任

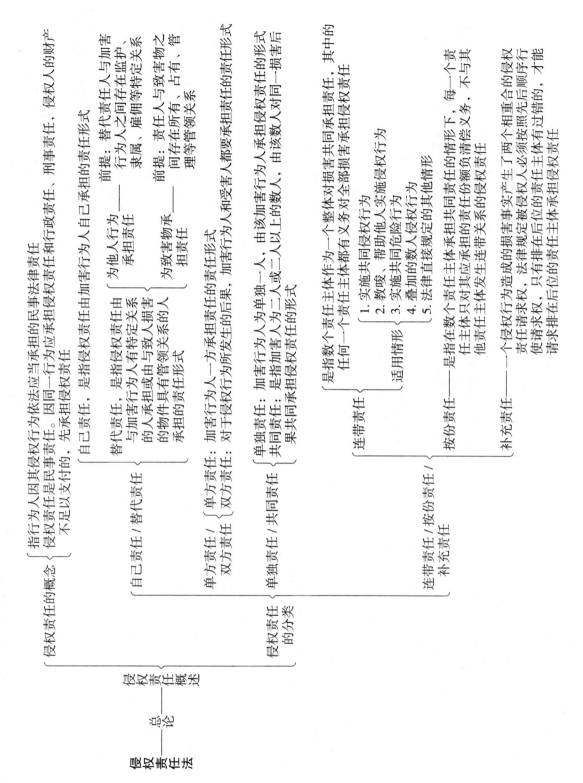

侵权责任法——总论

- 侵权责任的归责原则
  - 概念：指归责的一般原则，是据以确定行为人承担侵权民事责任的根据和标准
  - 过错责任原则
    - 两层含义
      - 1. 以行为人的过错作为责任的构成要件
      - 2. 以行为人的过错程度作为确定责任形式、责任范围的依据
    - 过错推定也属于过错责任原则
      - 过错推定，是指在某些侵权行为的构成中，法律推定行为人实施该行为时具有过错
      - 行为人可以通过证明自己没有过错来获得免责的效果——举证责任倒置
  - 无过错责任原则
    - 指不问行为人主观是否有过错，只要有行为、损害后果及二者之间有因果关系，就应承担民事责任
    - 两层含义
      - 1. 无过错责任原则不以行为人的过错为构成要件
      - 2. 无过错责任原则的适用必须有法律的明确规定
- 一般侵权责任的构成要件
  - 加害行为
    - 行为人实施的加害于被侵权人民事权益的不法行为
    - 加害行为包括作为和不作为
  - 损害事实：他人财产或者人身利益所遭受的不利影响，包括财产损害、非财产损害（人身损害、精神损害）
  - 因果关系：行为与结果之间存在引起与被引起的关系
  - 主观过错：主观上有故意或者过失
    - 故意：明知 + 希望放任
    - 过失：重大过失和一般过失
- 侵权责任的承担方式——赔偿损失
  - 财产损失赔偿
    - 是指侵权人承担的以支付一定数额的金钱救济被侵权人财产上损失的一种侵权责任方式
    - 财产损失赔偿包括侵害财产权益造成的财产损失赔偿和侵害人身权益造成的财产损失赔偿
    - 财产损失赔偿是全面赔偿
    - 赔偿范围：直接损失和间接损失
  - 人身损害赔偿
    - 是指侵权人承担的以支付一定数额的金钱救济生命、身体和健康权受到侵害的被侵权人或其近亲属
    - 赔偿范围
      - 医疗费、护理费、交通费等为治疗和康复支出的合理费用，以及因误工而减少的收入
      - 造成残疾的，应当赔偿残疾生活辅助具费和残疾赔偿金
      - 造成死亡的，应当赔偿丧葬费和死亡赔偿金

侵权责任法——总论——侵权责任的承担方式——赔偿损失——精神损害赔偿

- 是指自然人在人身权或者某些财产权受到不法侵害，致使其人身权益或者财产利益受到损害并遭受精神痛苦时，受害人本人、本人死亡后其近亲属有权要求侵权人给予损害赔偿的民事法律制度
- 精神损害形态：积极的精神损害、消极的精神损害
- 精神痛苦必须达到一定严重程度才可以请求精神损害赔偿
- 几种情形
  - 1. 自然人因生命权、健康权、身体权、姓名权、肖像权、名誉权、荣誉权、人格尊严权和人身自由权遭受非法侵害时，可以向人民法院起诉请求精神损害赔偿；违反社会公共利益、社会公德侵害他人隐私或者其他人格利益，受害人也可以侵权为由向人民法院起诉请求精神损害赔偿
  - 2. 非法使被监护人脱离监护，导致亲子关系或者近亲属间的亲属关系遭受严重损害，监护人向人民法院起诉请求精神损害赔偿，人民法院应当依法予以受理
  - 3. 自然人死亡后，其近亲属因下列侵权行为遭受精神痛苦，也可起诉请求精神损害赔偿
    - （1）以侮辱、诽谤、贬损、丑化或者违反社会公共利益、社会公德的其他方式，侵害死者姓名、肖像、名誉、荣誉
    - （2）非法披露、利用死者隐私，或者以违反社会公共利益、社会公德的其他方式侵害死者隐私
    - （3）非法利用、损害遗体、遗骨，或者以违反社会公共利益、社会公德的其他方式侵害遗体、遗骨
  - 4. 具有人格象征意义的特定纪念物品，因侵权行为而永久性灭失或者毁损，物品所有人可以侵权为由，向人民法院起诉请求精神损害赔偿
- 赔偿数额根据以下因素确定
  - 1. 侵害人的过错程度，法律另有规定的除外
  - 2. 侵害的手段、场合、行为方式等具体情节
  - 3. 侵权行为所造成的后果
  - 4. 侵权人的获利情况
  - 5. 侵权人承担责任的经济能力
  - 6. 受诉法院所在地平均生活水平

侵权责任法——总论

- 侵权责任的承担方式——其他侵权责任承担方式
  - 1. 停止侵害
    - （1）有正在进行侵害民事权益的行为
    - （2）侵害了他人的民事权益
  - 2. 排除妨碍
    - （1）存在妨碍他人民事权益的状态
    - （2）妨碍状态具有不正当性
  - 3. 消除危险
    - （1）存在危及他人人身、财产安全的危险
    - （2）危险的存在是由人的行为或者其管理的物造成的
  - 4. 返还财产
    - （1）有侵占或者以其他不合法方式占有他人的物的行为
    - （2）该财产存在
  - 5. 恢复原状
    - （1）动产或者不动产受到损坏
    - （2）恢复原状有可能和有必要
  - 6. 赔礼道歉
  - 7. 消除影响、恢复名誉
- 侵权责任的抗辩事由——正当理由（本身就具有合法性或合理性）
  - 1. 依法执行公务
    - （1）执行公务的行为必须有合法根据
    - （2）执行公务的行为必须有合法程序
    - （3）造成他人损失的行为必须为执行公务所必需
  - 2. 正当防卫
    - （1）正当防卫的目的是为了保护公共利益、本人或者他人的合法利益免受侵害
    - （2）防卫手段针对的对象只能是不法侵害人
    - （3）防卫所针对的行为必须是正在实施的不法侵害行为
    - （4）正当防卫是必要的
  - 3. 紧急避险
    - （1）危险具有紧迫性
    - （2）紧急避险是必要的
    - （3）紧急避险不得超过必要的限度
  - 4. 受害人同意
    - （1）受害人有愿意承担损害后果的意思表示
    - （2）受害人的意思表示是明确、自愿的
    - （3）受害人同意的意思表示不得违背法律、法规的规定，不得违背公序良俗
    - （4）受害人同意发生在侵权行为或者损害结果发生之前
  - 5. 自助行为
    - （1）为保护自己的权利
    - （2）情势紧迫来不及通过法院或者其他国家机关解决
    - （3）采取的方法适当
    - （4）自助行为不得超过必要限度

侵权责任法

- 总论
  - 侵权责任的抗辩事由——外来原因
    - 1. 不可抗力
      - （1）不可抗力独立于人的行为
      - （2）不可抗力是导致受害人损害结果发生的原因
      - （3）不可抗力具有人力不可抗拒的性质
    - 2. 意外事件
    - 3. 受害人过错
    - 4. 第三人过错
      - （1）第三人过错导致的行为是损害发生的唯一原因
      - （2）第三人和行为人对损失的发生都存在过错——行为人的责任可能因第三人的过错而减轻或者免除
  - 数人侵权
    - 共同侵权行为——连带责任
      - 1. 行为人有二人以上
      - 2. 行为具有关联性
      - 3. 行为人具有共同的过错
      - 4. 造成单一的结果
    - 共同危险行为——连带责任
      - 1. 主体必须是二人以上
      - 2. 每个人都单独实施完成了危险行为
      - 3. 每个人都具有独立的过错
      - 4. 不能确定是谁的行为造成了损害后果
    - 无意思联络的数人侵权
      - 1. 承担连带责任的无意思联络数人侵权——不能确定数人的责任大小
        - 行为人有二人以上
        - 数个行为人分别实施了侵权行为，彼此之间无意思联络
        - 损害后果同一
        - 每个人的行为都足以造成全部损害结果
      - 2. 承担按份责任的无意思联络数人侵权——可以确定数人的责任大小
        - 行为人有二人以上
        - 数个行为人分别实施了侵权行为，彼此之间无意思联络
        - 损害后果同一
      - 3. 能确定责任大小的，按照份额承担；责任大小不能确定的，平均承担
- 分论（各类侵权责任）
  - 监护人责任
  - 用人单位责任
  - 个人之间因劳务产生的侵权责任
  - 网络侵权责任
  - 违反安全保障义务的侵权责任
  - 学校、幼儿园等教育机构的责任
  - 产品责任
  - 机动车交通事故责任
  - 医疗损害责任
  - 环境污染责任
  - 高度危险责任
  - 饲养动物损害责任
  - 物件损害责任

法理学

法理学

- 法的本体
  - 绪论
  - 法的特征与本质
  - 法的起源与演进
  - 法的作用与法的价值
  - 法的渊源、效力与分类
  - 法律要素与法律体系
- 法的运行
  - 立法
  - 法律实施
  - 法律职业与法律方法
  - 法律关系
  - 法律责任与法律制裁
- 法与社会
  - 法治
  - 法与社会

绪论——法学

- 法学的概念
  - 法学的含义：法学是指以法这一社会现象及其规律为研究对象的人文社会科学
  - 法学的研究对象 —— 法或法律现象
  - 注意：法是人文社会科学，既具有社会科学的性质，又具有人文科学的性质
  - 法学体系
    - 概念：法学体系是一个由法学内部各不相同但又相互联系的分支学科构成的知识系统
    - 法学体系划分★
      - 从认识论角度，法学可以分为理论法学和应用法学
      - 从法律制定到法律实施角度，法学可以分为立法学、司法学、法律解释学、法律社会学等
      - 从法学与其他学科的关系角度，法学可以分为法学本科和法学边缘学科
- 法学的产生和发展
  - 产生条件
    - 要有关于法律现象的材料的一定积累
    - 要有专门从事研究法律现象的学者阶层的出现（法学家的出现）
  - 历史发展
    - 中国
      - 法学在春秋战国时期有了相当的发展，出现许多直接或间接探讨法律问题的学派。注意：不是专门研究法学的学派
      - 秦始皇 —— 以法家思想为指导
      - 汉武帝 —— 以儒家思想为指导
    - 西方★
      - 法学最早源于古希腊。古罗马共和国时期，法学已发展成一门独立学科，出现了法学派别，编写了法学著作
      - 中世纪西欧，法学成为神学分支。12—16 世纪，出现了以研究和恢复罗马法为核心的新的法学，主要是意大利的注释法学派
      - 17—18 世纪，资产阶级思想家提出许多重要的法律思想、理论和学说
      - 19—20 世纪，出现了许多资产阶级法学流派，主要有自然法学派、分析实证主义法学派、社会法学派和新自然法学派等

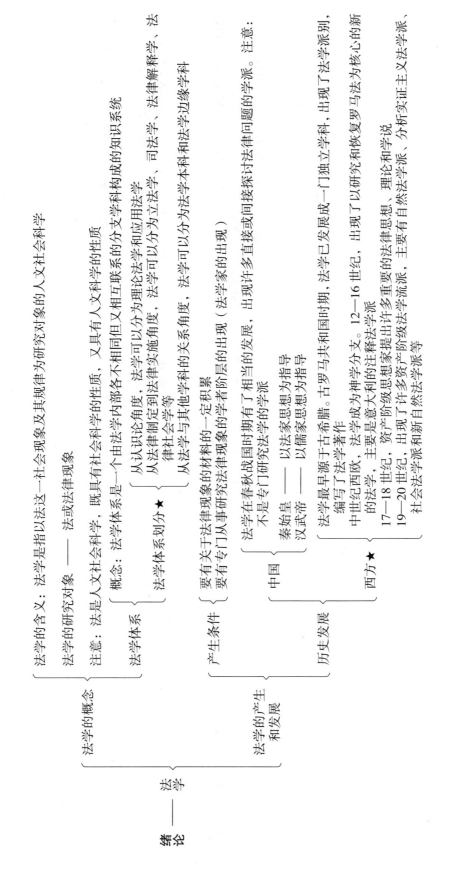

绪论 —— 法学 —— 西方主要法学流派

- 自然法学派
  - 自然法学充分体现了自然法、自然权利与社会契约等人本主义法律观，崇尚自由平等，主张天赋人权
  - 主张法是人的理性，强调自然法普遍永恒，且高于人定法，人定法符合自然法时才是真正的法律；认为恶法非法
  - 近代自然法学的代表人物有洛克、孟德斯鸠和卢梭；现代的新自然法学代表人物则有富勒、罗尔斯和德沃金
- 分析法学派
  - 主张恶法亦法
  - 早期代表人物有边沁、奥斯丁；20 世纪分析法学的代表人物则有凯尔森、哈特等
- 社会法学派
  - 起源于 19 世纪后半期的德国，盛于 20 世纪西方各国
  - 该学派在德国的主要代表人物是艾尔利希，系统地在美国阐述这一学派观点的人物是霍姆斯和庞德
  - 社会法学派强调研究“现实的法学”
- 其他法学流派 —— 影响较大的学派有 19 世纪的历史法学派、哲理法学派；20 世纪的经济分析法学派、女权主义法学派等。到 20 世纪末，还出现了以批判法学、法与文学运动为代表的后现代法学思潮
- 自然法学派、分析法学派、社会法学派这三个法学流派是在现代西方影响较大、占统治地位的法学流派，被称为“三大法学流派”

绪论 —— 法学 —— 马克思主义法学

- 含义和产生时间
  - 含义：马克思主义法学是以马克思主义为指导来研究法律现象的学科的总称
  - 产生时间 —— 19 世纪 40 年代
- 特征★
  - 物质制约性 —— 马克思主义法学是以辩证唯物主义和唯物史观为指导的法学，它认为法是国家意志的体现，但这种意志不是凭空产生的，归根到底是由社会的物质生活条件决定的
  - 阶级性 —— 马克思主义法学认为在阶级社会中，超阶级的法学是不存在的，法学总是为一定的阶级利益和对一定阶级有利的社会制度服务的
  - 历史性 —— 马克思主义法学认为法是人类社会发展到一定阶段的产物，它是随着私有制、阶级和国家的出现而出现的，随着国家的消亡，阶级意义上的法也将会趋于消亡
- 马克思主义法学科学地阐述了法的本质和法的发展规律，使法学成为一门真正的科学
- 与以往的法学相比，马克思主义法学具有鲜明的特征。第一，马克思主义法学坚持历史唯物主义的立场。马克思主义法学主张，法律实现、反映或者体现了占统治地位的经济关系，法律归根结底是由社会的物质生活条件决定的。第二，马克思主义法学认为法律具有阶级性和意识形态性。马克思主义法学主张，在阶级社会中，法律的内容和程序直接或者间接地体现了统治阶级的利益。第三，马克思主义法学致力于实现人的解放
- 坚持用马克思主义的立场、观点和方法研究法学。坚持以马克思主义为指导，是当代中国法学区别于其他法学的根本标志，必须旗帜鲜明加以坚持

- 绪论 —— 法理学
  - 法理学的概念
    - 法理学的含义：法理学是从总体上研究法和法律现象的一般规律，研究法的产生、本质、作用、发展等基本知识、概念和原理，研究法的创制和实施的一般理论，并着重研究我国社会主义法和法治基本理论问题的理论学科
    - 法理学的研究对象
      - 研究对象是法和全部法律现象及其规律性
      - 法理学要概括出各个部门法及其运行的共同规律、共同特征、共同范畴，从而为部门法学提供指南，为法治建设提供理论服务
    - 法理学在法学体系中的地位
      - 法理学是法学的一般理论、基础理论和方法论
      - 法理学与部门法学之间是“一般”与“特殊”的关系
      - 法理学与法制史学、法律思想史学是“论”与“史”的关系
      - 法理学把对法律现象的哲学的研究、社会学的研究和专门法律的研究方法结合起来，从不同角度阐明法律现象的共同问题
  - 法理学的研究方法和意义
    - 研究方法
      - 马克思主义的哲学方法，即辩证唯物主义和历史唯物主义的方法，是法学研究的核心和基础
      - 其他方法
        - 阶级分析法
        - 价值分析法
        - 实证分析方法
    - 研究意义 —— 学习和研究法理学，有助于树立马克思主义法律观，提高社会主义法律意识、法律文化水平，增强社会主义法治观念，同时也有助于为学习其他部门法学乃至整个法律科学奠定必要的专业理论基础
  - 中国特色社会主义法治理论 —— 意义
    1. 中国特色社会主义法治理论是对马克思主义法学基本原理进行创造性转换的科学理论，是马克思主义法学当代化、现实化和中国化的产物，是将普遍性的法治理论同中国具体的法治实践紧密结合起来的结果，是法治中国建设的理论内涵和实践规律的科学总结
    2. 中国特色社会主义法治理论体系和话语体系的形成，不仅有利于增强亿万人民对社会主义法治的道路自信、理论自信和制度自信，也有利于提升中国在国际社会的法治话语权和影响力

绪论 —— 法理学 —— 中国特色社会主义法治理论

- 主要内容
  - 第一，社会主义民主制度化、法律化和程序化理论
  - 第二，依法治国、建设社会主义法治国家理论
  - 第三，中国特色社会主义法治的核心价值理论
  - 第四，党的领导、人民当家作主和依法治国的有机统一理论
  - 第五，依法治国和以德治国相结合理论
  - 第六，推进法治中国建设，促进国家治理体系和治理能力现代化理论
  - 第七，中国特色社会主义法治体系理论
  - 第八、良法善治理论 —— 党的十八届四中全会的《决定》提出："法律是治国之重器，良法是善治之前提。"所谓"良法"应当符合以下标准：一是反映人民的意志和根本利益；二是反映公平、正义等价值追求；三是符合社会发展规律；四是反映国情、社情、民情；五是具备科学合理的体系，形式合理，并且立法、执法和司法符合法定程序，具有程序正当性。"善治"应包括如下几个方面的内容：善治是民主治理，善治是依法治理，善治是贤能治理，善治是社会共治，善治是法德合治。良法善治理论超越了工具主义法治和形式主义法治的局限，是现代法治理论的重大创新
  - 第九，依法治国与改革开放的关系理论 —— 依法治国与改革开放是辩证统一关系：全面推进依法治国本身就是全面深化改革的有机组成部分，法治又是改革的牵引力、推动力和保障力。全面深化改革需要法治保障，全面推进依法治国也需要深化改革
- 重点
  1. 坚持人民主体地位既是全面推进依法治国的基本原则，也是社会主义法治的根本价值
  2. 当代中国法治的基本价值体系主要包括：保障和促进社会公平正义、维护社会和谐稳定、确保国家长治久安、推进经济持续发展、维护世界和平
  3. 党的领导、人民当家作主和依法治国的有机统一是我国社会主义法治建设的一条基本经验，其中，党的领导是关键、人民当家作主是目的，依法治国是途径

法的特征与本质

- 法的概述
  - “法”的词义 —— 汉语中“法”与“法律”的词义
    - “法”首先是指一种实在的社会现象，其次是指描述这样一个社会现象的概念或名称
    - 东汉许慎《说文解字》对法的解释
      - “法”与“刑”通用
      - 法者，平之如水，有“公平”之义
      - 法有“明断曲直”之义
    - “法”在哲理意义上与“理”通用，指道理或天理
    - “法”在典章制度意义上与“律”“法律”“法制”等相通用
  - 当代关于“法”与“法律”的使用
    - 西方关于“法”与“法律”的使用
      - 在大部分西方语言中，“法”主要在哲理意义上使用
      - 西方语言中，真正在国法意义上使用的“法”（法律）主要指国家机关制定和颁布的具体法律规则，即实在法
    - 当代中国关于“法”与“法律”的使用
      - 在法学上，一般从哲理意义上来理解法，从国家法意义上来理解法律
      - 狭义的法律：指全国人大及其常委会制定的规范性法律文件
      - 广义的法律：指包括宪法、法律、行政法规、地方性法规等在内的一切规范性法律文件
  - 注意：在我国，法与法律有时通用，有时则将法作为比法律更广泛的概念，这需要根据具体的语境来判断

法的特征与本质

- 法的基本特征
  - 法具有规范性和普遍性（法是调整人们行为的规范，具有规范性和普遍性）
    - 从其存在形态看，法首先是一种规范
    - 法律不是一般的规范，而是一种社会规范
    - 法律所规定的行为模式包括三种：人们可以怎样行为、人们不得怎样行为、人们应当或必须怎样行为
    - 从效力范围上看，法的规范性至少有三个特点
      1. 它针对的对象是不特定的大多数人
      2. 它只对规范制定生效后发生的行为有效
      3. 在其有效期内，针对同样的情况反复适用
    - 法的普遍性是指法所具有的普遍约束力（平等适用）
  - 法具有国家意志性和权威性（法是由国家制定或认可的社会规范，具有国家意志性和权威性）
    - 法律是一种特殊的社会规范。这种特殊性就在于它是由国家制定或认可的
    - 法律由国家制定或认可还表明了创制法律的两种方式，即制定和认可
    - 国家制定的法律通常称为成文法或制定法
    - 法律的认可是指国家通过一定的方式承认其他社会规范（道德、宗教、风俗、习惯等）具有法律效力的活动
    - 法律由国家制定或认可这一特征意味着体现国家意志的法律具有统一性和权威性
  - 法具有权利和义务的一致性（法是以权利和义务为内容的社会规范，具有权利和义务的一致性）
    - 法律对人们行为的调整主要是通过权利和义务的设定和运行来实现的，因而法律的内容主要表现为权利和义务
    - 法律只要规定了权利就必须规定或意味着相应的义务，法律具有权利和义务的一致性
    - 有的社会规范，如政党或其他社会团体的规章，虽然也规定各自成员的某种权利和义务，但是在内容、范围和保证实施的方式上与法律意义上的权利、义务有很大的区别
  - 法具有国家强制性和程序性（法是由国家强制力保证实施的社会规范，具有国家强制性和程序性）
    - 一切社会规范都具有强制性，都有保证其实施的社会力量
    - 法律之所以要由国家强制力保证实施，取决于下面两个原因
      - 一是法律不一定能始终为人们自愿遵守，需要通过国家强制力强迫人们遵行
      - 二是法律不能自行实施，需要国家专门机关予以运用
    - 法具有程序性

法的特征与本质 —— 法的本质

- 非马克思主义法学关于法的本质的学说
  - 神意论
    - 代表人物 —— 圣·奥古斯丁和托马斯·阿奎那
    - 学说主张 —— 直接或间接地将法的本质归结为神的意志
  - 理性论
    - 代表人物 —— 古罗马的西塞罗，荷兰的格劳秀斯、斯宾诺莎，英国的霍布斯、洛克，德国的普芬道夫，法国的孟德斯鸠、卢梭
    - 学说主张
      - 在西方法学史上，首先将法的本质归结为理性的是古希腊的斯多葛学派的哲学家
      - 将法的本质归结为理性、人性
  - 民族精神论
    - 代表人物 —— 德国的卡尔·冯·萨维尼
    - 学说主张 —— 法是民族精神、民族特性和民族共同意识的体现
  - 命令说
    - 代表人物 —— 英国的约翰·奥斯丁、霍布斯、边沁
    - 学说主张 —— 法律是主权者的命令，恶法亦法
  - 社会控制论
    - 代表人物 —— 美国的罗斯科·庞德
    - 学说主张 —— 法是社会控制的手段
  - 公意论
    - 代表人物 —— 法国的卢梭
    - 学说主张 —— 法是公意的体现
  - 自由意志论
    - 代表人物 —— 德国的康德、黑格尔
    - 学说主张 —— 强调法是自由意志的外在表现形式，自由意志是法的内核
  - 正义论
    - 代表人物 —— 美国的罗尔斯
    - 学说主张 —— 正义是至高无上的，它是社会制度的首要价值
  - 社会连带关系论
    - 代表人物 —— 法国的狄骥
    - 学说主张 —— 客观法高于实在法，实在法以客观法为生效条件，并以实现客观法为目的
- 马克思主义法学关于法的本质的学说★
  - 法的第一层次的本质是国家意志
  - 法的第二层次的本质是物质生活条件、经济条件
  - 第二层次决定第一层次

法的起源与演进

- 法的起源
  - 法的起源的主要原因
    - 经济因素
      - 经济因素最终决定了法的产生和发展
      - 原始社会后期，生产力水平有了很大提高，产生了私有财产，出现了三次社会大分工，社会分工的发展使经常性的交换成为必要和可能。每天重复着的产品生产、分配和交换需要一个共同的规则来约束，该规则首先表现为习惯，不久便成了法
    - 政治因素
      - 奴隶主阶级和奴隶形成了对抗性的社会利益集团，作为统治阶级的奴隶主开始利用国家和法来维护自己的统治，这是法产生的政治根源
      - 阶级的形成与划分也是法产生的政治根源
    - 注意：法的产生，除了经济、政治原因外，还有人文、地理等因素的影响
  - 法的起源的一般规律★
    - 法的起源是由自发到自觉、由个别调整逐步发展为规范性调整的过程
    - 法的起源是由氏族习惯到习惯法，再由习惯法到制定法的发展过程
    - 法的起源是由与道德规范、宗教规范混为一体到相对独立的过程
- 法的演进 —— 古代法
  - 奴隶制法
    - 奴隶制法是人类历史上最早出现的法，也是最早的私有制类型的法
    - 奴隶制法的本质和特征是由奴隶制社会的经济基础决定的
    - ★奴隶制法的共同特征
      - 严格保护奴隶主所有制，这是奴隶制法的核心作用
      - 公开确认、反映和维护奴隶主贵族的等级特权
      - 刑罚手段极其残酷、种类多
      - 长期保留着原始社会的某些行为规范残余
    - 世界上迄今为止保存最完整的、最早的成文法典 —— 公元前 18 世纪古巴比伦的《汉穆拉比法典》
    - 古罗马法
      - 《十二铜表法》
      - 《查士丁尼民法大全》
  - 封建制法
    - 封建制法建立和存在的经济基础 —— 地主或者领主占有土地和部分占有农民或农奴
    - 封建制法的共同特征
      - 维护地主阶级的土地所有制，确认农民对封建地主的依附关系，严格保护封建地主的所有权
      - 确认和维护封建等级特权，维护专制王权
      - 刑罚酷烈，罪名繁多，滥施肉刑，广为株连，野蛮擅断
    - 中国历史上第一部比较系统的封建制成文法典 —— 李悝的《法经》
    - 我国的唐律是封建制法的典型代表 —— 《唐律疏议》

法的起源与演进

- 法的演进
  - 近代资本主义法
    - 资本主义法萌芽于封建社会中后期
    - ★本质 —— 资本主义法律的本质是建立在资本主义经济基础上的法律上层建筑
    - ★特征
      - 维护以剥削雇佣劳动为基础的资本主义私有制（维护资本主义私有制即资产阶级财产权是资本主义法律的核心）
      - 维护资产阶级专政和代议制政府
      - 维护资产阶级自由、平等和人权
    - 法系
      - 法系的概念和类别
        - 概念
          - 法系是根据若干国家和地区基于历史传统原因在法律实践和法律意识等方面所具有的共性而进行的对法律所作的分类
          - 法系的划分主要是依据法律的历史传统进行的，但是影响法系形成的因素很多，也十分复杂
        - 类别
          - 世界上存在并发挥过重要影响的五大法系是中华法系、伊斯兰法系、印度法系、英美法系和大陆法系
          - 当前对资本主义法律影响最大的法系是大陆法系和英美法系
      - ★★★英美法系和大陆法系 —— 英美法系的概念、特征、代表国家和地区
        - 概念
          - 英美法系又称普通法法系、判例法系、不成文法系、海洋法系、盎格鲁法系等
          - 英美法系是以英国中世纪的法律，特别是普通法为基础而发展起来的法律的总称
        - 特征
          - 普通法是一个多义词，这里特指公元 11 世纪诺曼人入侵英国后逐步形成的以判例形式出现的一种法律，不同于与根本法相对应的普通法概念
          - 以判例法为主要表现形式，遵循先例
          - 注重程序的“诉讼中心主义”
        - 代表国家和地区 —— 英国（不包括苏格兰）、美国（不包括路易斯安那州）、印度、巴基斯坦、新加坡、缅甸、加拿大（不包括魁北克省）、澳大利亚、新西兰、马来西亚、中国香港

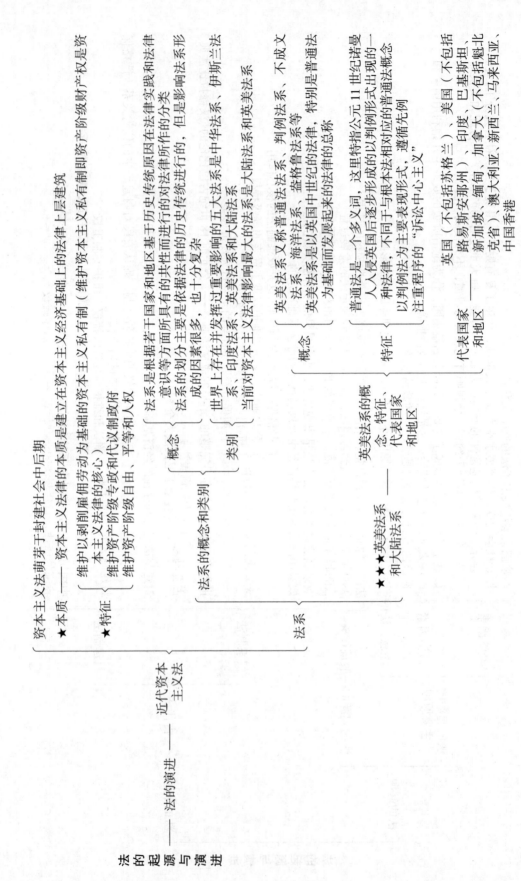

法的起源与演进

- 法的演进
  - 近代资本主义法
    - 法系
      - ★★★英美法系和大陆法系
        - 大陆法系的概念、特征、代表国家和地区
          - 概念
            - 大陆法系又称民法法系、罗马法系、罗马德意志法系、日耳曼法系、法典法系、成文法法系等
            - 大陆法系是以罗马法为基础而发展起来的法律的总称
          - 特征
            - 它是在罗马法的基础上，以1804年《法国民法典》和1896年《德国民法典》为代表性法典，以及在其影响下仿照它们而形成和发展起来的各国法律的总称
            - 它以罗马法为历史渊源，以民法为典型，以法典化的成文法为主要形式
          - 代表国家和地区
            - 欧洲大陆大多数国家，前欧洲国家的殖民地、拉丁美洲等许多国家和地区的法律都属于大陆法系
            - 日本、土耳其、美国的路易斯安那州、加拿大的魁北克省、中国澳门

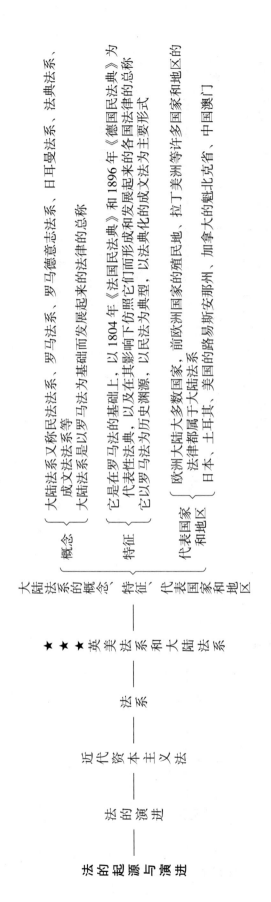

- 法的起源与演进
  - 法的演进
    - 近代资本主义法
      - 法系
        - ★★★英美法系和大陆法系
          - ★★★两大法系的区别（宏观差别）
            - 法律的渊源不同
              - 在英美法系国家，制定法和判例法都是正式的法的渊源，判例法在整个法律体系中占有非常重要的地位
              - 在大陆法系国家，正式的法的渊源主要是指制定法，法院的判例不是正式意义上的法律渊源
            - 法律的分类不同
              - 英美法系国家无公法和私法之分，法的基本分类是普通法和衡平法
              - 大陆法系国家法的基本分类是公法和私法
            - 法典的编纂不同
              - 英美法系国家，尤其是英国，一般不倾向于法典形式，它的制定法往往是单行的法律、法规
              - 大陆法系国家承袭古代罗马法的传统，基本法律一般采用系统的法典形式
            - 诉讼程序和判决程式不同
              - 英美法系的诉讼程序奉行当事人主义，法官一般充当消极的、中立的裁定者的角色
              - 大陆法系的诉讼程序以法官为重心，奉行职权主义，具有纠问程序的特点
            - 英美法系倾向于经验主义，而大陆法系则倾向于理性主义

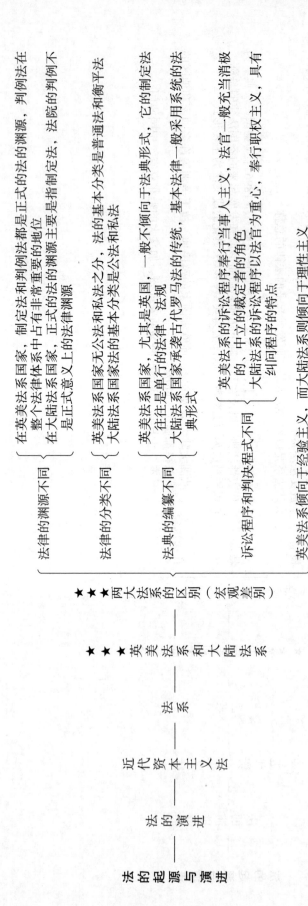

法的起源与演进 —— 法的演进

- 社会主义法
  - 概念
    - 社会主义法是在推翻旧政权、摧毁旧法体系基础上创建起来的，是建立在社会主义经济基础之上的上层建筑
    - 注意：中国社会主义类型的法的出现是以革命根据地时期的法律为基础的，是对革命根据地法的继承和发展。废除旧法是社会主义法产生的前提
  - 本质 —— 我国社会主义法是阶级性、人民性和正义性的统一
  - 特征
    1. 人民性和阶级性的统一
    2. 正义性和政治性的统一
    3. 科学性和先进性的统一
- 法律移植与继承
  - 法律移植
    - 概念
      - 法律移植是指一个国家对同时代其他国家法律制度的吸收和借鉴
      - 注意：法律移植主要是针对不同空间的法律
    - 必然性和必要性
      - 社会发展和法律发展的不平衡性决定了法律移植的必然性
      - 市场经济的客观规律和根本特征决定了法律移植的必要性
      - 法治现代化既是社会现代化的基本内容，也是社会现代化的动力，法律移植则是法治现代化的过程和途径
      - 法律移植是对外开放的应有内容
  - 法律继承
    - 概念
      - 法律继承是不同历史类型的法律制度之间的延续、相承、继受，一般表现为旧法对新法的影响和新法对旧法的承接和继受
      - 注意：法律继承主要是针对不同时间的法律
    - 根据和理由
      - 社会生活条件的历史延续性决定了法律的继承性
      - 法律的相对独立性决定了法的发展过程的延续性和继承性
      - 法作为人类文明成果决定了法律继承的必要性
      - 法律演进的历史事实验证了法律的继承性

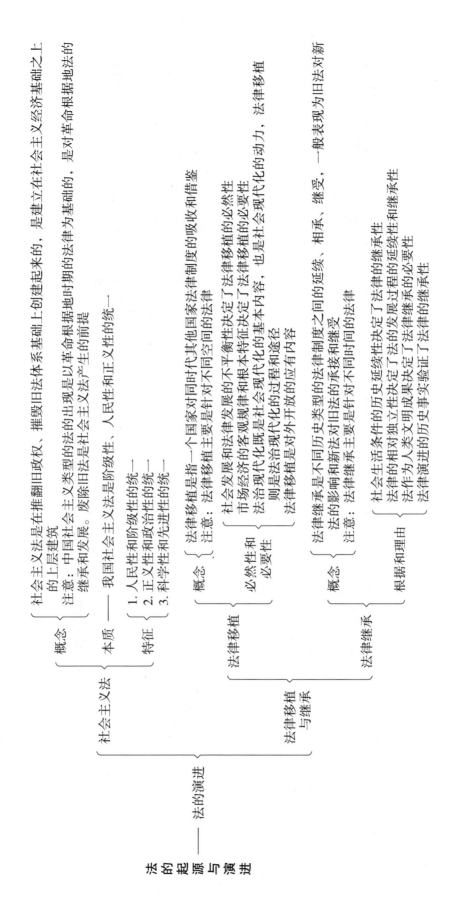

法的起源与演进——法律全球化

- 概念与趋势
  - 含义：法律全球化是指法律跨越国家的疆界，在世界范围传播、流动。具体而言，是指法律的各种要素，如法律原则、法律理念、法律价值观、法律制度、执法标准与原则等，在全球范围内的趋同，并在全球范围形成一个法治的标准或模范
  - 趋势
    1. 法律的“非国家化”
    2. 法律的“标本化”或“标准化”
    3. 法律的“趋同化”
    4. 法律的“世界化”或“一体化”
- 进展和主要途径
  - 重大进展
    1. 《联合国宪章》是世界共同遵守的基本规范
    2. 国际法的许多任意性规范成为强制性规范
    3. 国际司法机制正在强化
  - 主要途径
    1. 国际法的国内化、地方化
       - （1）在人权领域中，联合国和国际组织已经形成了许多标准人权文件
       - （2）世贸组织成立后，缔约国必须根据有关协议调整自己的法律制度
    2. 地方法或国内法的全球化
       - （1）新商人法穿越国家领土
       - （2）美国等西方国家通过“法律与发展”项目“推销”西方的法律
- 法律全球化在目前仍然只是一个进程、一个过程、一种趋势

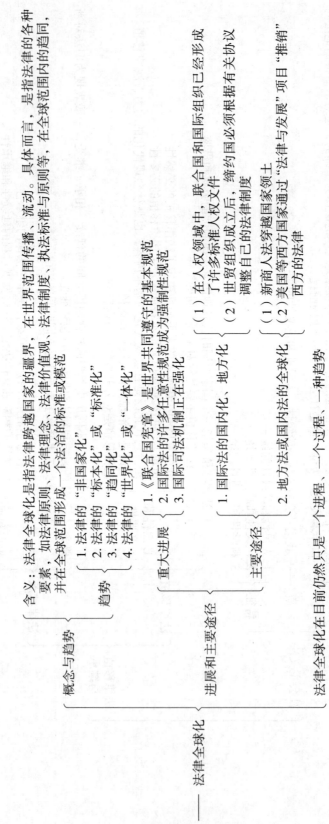

法的作用

- 法的作用的概念
  - 定义：法的作用，又称法的功能，是指法律对人们的行为、社会生活和社会关系产生的影响
  - 划分
    - 依据作用范围，分为整体作用与局部作用
    - 依据作用结果的状态，分为预期作用与实际作用
    - 依据作用的途径，分为直接作用与间接作用
    - 依据作用的效果，分为积极作用与消极作用
  - 实质
    - 法的作用是国家权力运行和国家意志实现的具体表现
    - 法的作用是社会经济状况的具体表现
- ★★★法的规范作用与法的社会作用（一切社会的法的作用都可以有规范作用和社会作用之分，这个观点是由英国新分析实证主义法学家拉兹首先提出来的）
  - 法的规范作用
    - 概念：法的规范作用是指法作为行为规范，对人们的意志、行为发生的直接影响，对人的行为所起到的保障和约束作用
    - 划分
      - 根据法的规范作用的不同对象，即不同的行为，规范作用大体上可以被概括为指引作用、评价作用、预测作用、教育作用和强制作用等
      - 总结：指引自己、评价他人、预测未来、教育大多数、强制一小撮（违法犯罪者）
  - 法的社会作用
    - 概念：法的社会作用是指法的社会、政治功能，即法作为社会关系的调整器，服务于一定的社会政治目的、目标，承担着一定的社会政治使命，形成、维护、实现一定的社会秩序
    - 划分
      - 维护阶级统治
      - 执行公共事务

法的作用

- ★★★法的规范作用与法的社会作用
  - 法的规范作用和法的社会作用的区别
    - 考察基点不同
      - 法的规范作用是基于法律的规范性这个特性进行考察的
      - 法的社会作用是基于法的本质、目的和实效进行考察的
    - 作用对象不同
      - 法的规范作用的对象是人的行为，这里的“人”是指一切社会关系的参加者，包括自然人和社会组织
      - 法的社会作用的对象是社会关系，即人与人的关系以及社会化了的人与自然的关系
    - 存在方式不同
      - 法的规范作用是一切法所共同具有的，不管是哪一种类型的法都具有规范作用
      - 法的社会作用则依不同类型、不同国家、同一国家的不同时期而形成差别
    - 所处的层面不同
      - 规范作用是社会作用的手段
      - 社会作用则是规范作用的目的
    - 发挥作用的前提不同
      - 实现规范作用的前提是颁布法律，即将法律规定告诉人们，法就能发挥规范作用
      - 实现社会作用的前提是法被运用、被实施
  - 注意：法的规范作用与法的社会作用既有联系又有区别，它们是相辅相成的，它们之间具有手段和目的的关系，法的规范作用是手段，法的社会作用是目的
- ★★★法的规范作用 —— ★★★指引作用
  - 定义
    - 指引作用是指法律规范对本人行为起到的导向和引导的作用，其作用对象是每个人自己的行为。指引是针对本人的
    - 法的指引是一种规范指引，不同于个别指引，它具有连续性、稳定性和高效率的优势，是建立社会秩序必不可少的条件和手段
  - 分类
    - 根据法律规范中行为模式的不同，可分为确定的指引和不确定的指引
    - 前者对人们行为的指引是确定的，不允许选择；后者对人们行为的指引是随行为人的主观意愿而定的，允许自行选择

法的作用 —— ★★★法的规范作用与法的社会作用 —— ★★★法的规范作用

- 评价作用
  - 定义：评价作用是指法作为人们对他人行为的评价标准所起的作用，其作用对象是他人的行为。评价是针对他人的行为，标准和核心是合法与否
  - 分类
    - 专门评价 —— 经法律专门授权的国家机关、组织及其成员对他人的行为所作的评价
    - 社会评价 —— 普通主体以舆论的形式对他人行为所作的评价
- 预测作用
  - 定义：预测作用是指人们根据法可以预先估计人们相互间将怎样行为以及行为的后果等，从而对自己的行为作出合理的安排。预测作用的对象是人们的相互行为。预测是针对行为的
  - 意义
    - 法之所以具有预测作用，是因为法具有规范性、确定性的特点
    - 人们根据法律，通过预测相互间的所作所为及其后果，来确定、安排、协调自己行为的方式、方向、取舍，从而做出选择。法是人们行为的预测工具和生活指针
- 教育作用
  - 定义：法的教育作用是指通过法的实施，使法对一般人的行为产生影响
  - 实现方式
    - 通过对违法行为人实施制裁，对包括违法者本人在内的一般人均起到警示和警诫的作用
    - 通过对合法行为加以保护、赞许或奖励，对一般人的行为起到表率、示范作用
- 强制作用
  - 定义：法的强制作用是指法可以用来制裁、强制、约束违法犯罪行为
  - 意义 —— 法的强制作用是任何法都不可或缺的一种重要作用，是法的其他作用的保证

法的作用

- ★★★法的规范作用与法的社会作用 —— 法的社会作用
  - 维护阶级统治的作用
    - 调整统治阶级与被统治阶级之间的关系
    - 调整统治阶级内部的关系
    - 调整统治阶级与其同盟者之间的关系
  - 执行社会公共事务的作用
    - 维护人类社会的基本生活条件
    - 维护生产和交换条件
    - 促进教育、科学和文化事业的发展
  - 维护阶级统治作用和执行社会公共事务作用的区别
    - 前者的对象是阶级统治，后者的对象是阶级统治以外的事务
    - 前者主要有利于统治阶级，后者至少在客观上有利于全社会
- 法的作用的局限性
  - 法调整的对象是人的行为，法调整的范围是有限的
  - 法的特性，如概括性、稳定性、滞后性、普遍性等，与社会生活的具体性、复杂性等存在着矛盾
  - 法的制定和实施受人的因素的制约，法的实施受政治、经济、文化等社会因素的制约
  - 在认识法的作用的时候，我们应该树立正确的态度，一方面要反对法律万能论，另一方面也要反对法律虚无主义、法律无用论。只有全面认识法的作用的多样性、复杂性，才能真正推进法治事业，推进社会的法治化建设

法的价值

- 法的价值的概念
  - 定义：法的价值是指人们对于法律的需要和实践过程中所体现出来的法的积极意义和有用性
  - 特征
    - 法的价值是阶级性与社会性的统一
    - 法的价值是主观性与客观性的统一
    - 法的价值是统一性与多样性的统一
- 社会主义法律价值体系的概念
  - 定义
    - 社会主义法律价值体系是由社会主义社会中一组与法律的制定和实施相关的价值所组成的系统，是社会主义法律制度的内在精神，是社会主义核心价值在法律领域的集中体现
    - 社会主义法律价值体系是由秩序、自由、平等、人权、正义、效率等核心价值构成的价值系统
  - 特征
    - 社会主义法律价值关注人民利益与个人权利的统一性
    - 社会主义法律价值体系关注价值之间的协调统一
- 法的主要价值
  - 秩序
    - 秩序是指在一定的时间和空间范围内，事物之间以及事物内部要素之间相对稳定的结构状态
    - 秩序不只从消极的角度来调整和解决社会矛盾与纠纷，而且还从积极的角度鼓励社会合作，促进社会和谐
  - 自由
    - 自由是指从受到束缚的状态之中摆脱出来，或不受约束的状态
    - 法律在实践中对于主体自由的保障体现在两个方面
      - 一方面，法律排除国家权力对于某些个人自由的干涉，即保障主体自由免受侵害
      - 另一方面，法律保障主体可以合法地享有行使各项权利的自由
  - 平等
    - 平等主要是社会主体能够获得同等的待遇，包括形式平等与实质平等
    - 平等有以下特点
      - 1. 平等是一个历史的范畴
      - 2. 平等并不等于平均
      - 3. 平等要求排除特权与消除歧视
      - 4. 平等与差别对待是有条件共存的
  - 人权
    - 人权是人作为人所享有或应当享有的那些权利
    - 从主体的角度可以将人权分为个体人权和集体人权
      - 集体人权又可以分为一般社会群体的权利和特殊社会群体的权利
      - 个体人权按照联合国人权公约的划分，可以分为两大类
        - 1. 公民权利与政治权利
        - 2. 经济、社会、文化权利

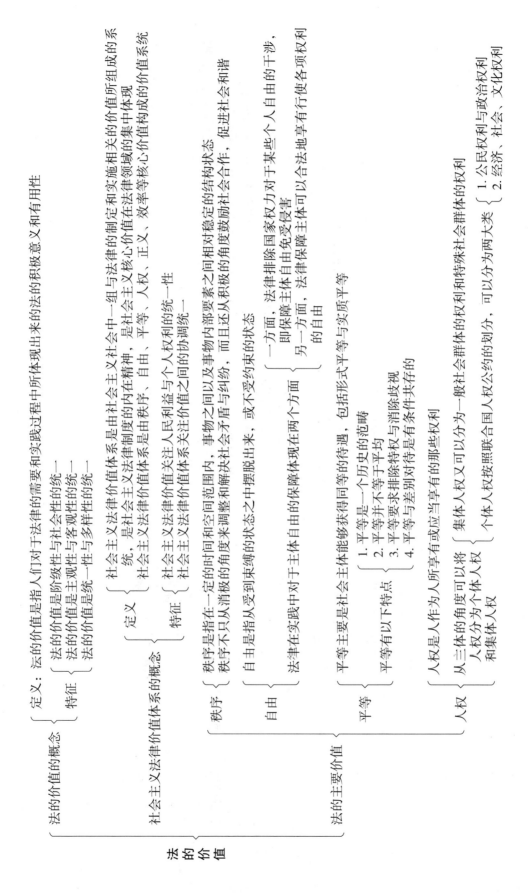

法的价值

- 法的主要价值
  - 正义
    - 正义是人类追求的共同理想，也是法律的核心价值
    - 正义具有以下特点
      - 1. 正义既具有普遍性又具有特殊性
      - 2. 正义既具有超时代性又具有时代性
      - 3. 正义既具有客观性又具有主观性
  - 效率
    - 效率，也称效益，是指社会或个人通过一定的投入而获得收益最大化的比率
    - 法律是通过有利于优化资源配置的权利义务分配来实现这一价值的
- 法的价值冲突与解决
  - 法的价值之间存在矛盾和冲突的原因
    - 1. 社会生活的广泛性和复杂性，社会条件的多重性与变化性
    - 2. 法的价值在内容形态上具有多样性和特殊性
    - 3. 法的价值主体在价值观上存在认识上的差异
  - 法的价值冲突的表现情形
    - 1. 个体之间法律所承认的价值冲突，如个人自由可能导致与他人利益的冲突
    - 2. 共同体之间发生的价值冲突，如国际人权与一国主权之间的冲突
    - 3. 个体与共同体之间的价值冲突，典型的如个人自由与社会秩序之间常常会出现的矛盾情形
  - 解决原则
    - 价值位阶原则
    - 个案平衡原则
    - 比例原则
    - 人民根本利益原则

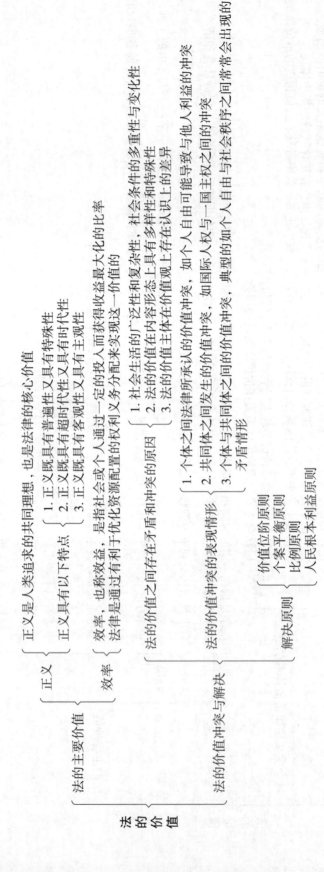

法的渊源

- 法的渊源的含义
  - 法的渊源，又称“法源”或“法律渊源”，法的渊源可以分为实质意义上的渊源和形式意义上的渊源
  - 法的实质意义上的渊源是指法的真正来源、根源和发源，是法得以产生的一定生产方式下的物质生活条件
  - 法的形式意义上的渊源是指法的创制方式和表现形式，即法的效力渊源
- 法的渊源的分类
  - 根据法律规范载体形式的不同，可将法的渊源分为成文法渊源与不成文法渊源
  - 从法的渊源与法律规范关系的角度，可将法的渊源分为直接渊源与间接渊源
  - 在法律实践中，法的渊源最主要的分类为正式渊源与非正式渊源
    - 正式渊源 —— 制定法、习惯法、判例法和国际条约等
    - 非正式渊源 —— 正义标准、理性原则、公共政策、习惯、学说、道德原则、宗、教规则等
  - 各种区分依据的标准不同，因此存在交叉的情形
  - 注意：不成文法也是法的正式渊源
  - 总结：答题时须看清楚题目中问的是法的正式渊源还是我国法的正式渊源
- ★★★当代中国法的渊源
  - 宪法
    - 宪法是我国的根本法，是我国社会主义法律的基本渊源
    - 宪法在内容、地位、效力、制定和修改程序上都和普通法律不同
  - 法律
    - 在我国，作为法律渊源之一的“法律”一词是在狭义上使用的，专指由全国人大及其常委会制定、颁布的规范性法律文件
    - 法律是全国人大及其常委会制定颁布的规范性文件，其法律效力仅次于宪法，通常适用于全国范围
    - 基本法律由全国人大制定和修改，在全国人大闭会期间，全国人大常委会有权部分补充和修改，但不得同该法律的基本原则相抵触
    - 基本法律以外的法律由全国人大常委会制定和修改
  - 行政法规
    - 行政法规的制定主体是国务院
    - 其效力仅次于宪法和法律，通常适用于全国范围
    - 全国人大及其常委会可以对国务院进行某些“授权立法”
  - 地方性法规
    - 地方性法规的制定主体
      - 1. 省、自治区和直辖市的人大及其常委会
      - 2. 设区的市的人大及其常委会
      - 3. 自治州的人大及其常委会
    - 上述主体 1 制定的地方性法规需报全国人大常委会和国务院备案
    - 上述主体 2、3 制定的地方性法规需报省、自治区人大常委会批准后施行，并由省、自治区的人大常委会报全国人大常委会和国务院备案

法的渊源 —— ★★★当代中国法的渊源

- 自治条例和单行条例
  - 自治条例和单行条例的制定主体 —— 自治区、自治州、自治县的人大。注意：不包括民族乡，也不包括人大常委会
  - 自治区的人大制定的自治条例和单行条例 —— 报全国人大常委会批准后生效
  - 自治州、自治县的人大制定的自治条例和单行条例 —— 报省、自治区、直辖市的人大常委会批准后生效
- 行政规章
  - 部门规章 —— 国务院所属各部、各委员会、中国人民银行、审计署和具有行政管理职能的直属机构在自己的职权范围内发布的规章
  - 地方政府规章 —— 省、自治区、直辖市和设区的市、自治州的人民政府根据法律、行政法规和本省、自治区、直辖市的地方性法规在自己的管辖范围内制定的地方性规章
- 特别行政区的法律
  - 特别行政区基本法 —— 全国人大制定通过，目前有香港和澳门两个特别行政区基本法
  - 特别行政区法律 —— 特别行政区的立法机关可以根据特别行政区基本法的规定和法定程序制定、修改、废除法律。特别行政区的立法机关制定的法律须报全国人大常委会备案，但备案不影响该法律生效
  - 注意：特别行政区基本法属于基本法律，而不是根本法
- 国际条约和国际惯例
  - 我国签订或者加入的国际条约，具有与国内法一样的约束力，是我国的法律渊源之一
  - 国际惯例也是我国法律的渊源之一
- ★★★重要说明
  - 上述法律渊源的效力层级大致为：宪法＞法律＞行政法规＞地方性法规（低于上级地方性法规）＞地方性规章（低于本级及上级地方性法规和上级地方性规章）
  - 部门规章之间、部门规章与地方政府规章之间具有同等效力，在各自的权限范围内施行
  - 关于批准和备案问题
    1. 法律无须备案
    2. 行政法规要报全国人大常委会备案
    3. 地方性法规 —— 市级法规必须报省级人大常委会批准
    4. 部门规章需要报国务院备案
    5. 省级规章报国务院和本级人大常委会备案，市级规章需报国务院、省级与本级人大常委会、省级政府备案
    6. 自治区的自治条例和单行条例报全国人大常委会批准，自治州、自治县的自治条例和单行条例由省级人大常委会批准，由省级人大常委会报全国人大常委会和国务院备案
    7. 经济特区的法规根据全国人大的授权制定

法的渊源 —— ★★★当代中国法的渊源 —— ★★★重要说明

- 自治条例、单行条例与经济特区法规 —— 类似于本级地方性法规，但可作变通规定在本区域内优先适用
- 关于审查与撤销问题
  1. 全国人大有权改变或撤销其常委会制定的不适当的法律，或撤销其批准的自治条例和单行条例
  2. 全国人大常委会有权撤销行政法规、地方性法规、省级人大常委会批准的自治条例和单行条例
  3. 省级人大有权改变或撤销其常委会制定和批准的地方性法规
  4. 各级人大常委会有权撤销本级政府制定的不适当的规章
  5. 国务院有权改变或撤销行政规章
  6. 上级政府有权改变或撤销下一级政府制定的不适当的规章
  7. 授权机关有权撤销被授权机关制定的超越授权范围或违背授权目的的法规，必要时可撤销授权
  8. 国务院、中央军委、最高法、最高检、省级人大常委会认为行政法规、地方性法规、自治条例和单行条例同宪法、法律抵触，可以向全国人大常委会书面提出审查要求，其他主体只能书面提出审查建议
- 冲突与适用规则
  1. 特别规定优先于一般规定，新规定优先于旧规定，有利的规定溯及既往
  2. 新的一般规定与旧的特别规定不一致，法律由全国人大常委会裁决，其他由制定机关裁决
  3. 授权立法与法律不一致，由全国人大常委会裁决
  4. 地方性法规与部门规章之间对同一事项的规定不一致，不能确定如何适用时，由国务院提出意见，国务院认为应当适用地方性法规的，应当决定在该地方适用地方性法规的规定；认为应当适用部门规章的，应当提请全国人大常委会裁决
  5. 部门规章之间、部门规章与地方政府规章之间对同一事项的规定不一致，由国务院裁决
  6. 省级规章与市级法规冲突的，由省级人大常委会处理
  7. 经济特区根据授权做出的变通规定与法律冲突的，由全国人大常委会裁决

法的效力

- 概念：法的效力也称法律的适用范围，是指法律对哪些人，在什么空间、时间范围内有效
- 效力等级
  - 1. 上位法的效力高于下位法
  - 2. 特别法优于一般法（在同一位阶的法律之间，特别法优于一般法）
  - 3. 新法优于旧法
- 法对人的效力
  - 法律对自然人的效力的一般原则
    - 属人主义 —— 以国籍为标准，本国的法律只适用于本国人（无论其在国内还是国外），不适用于外国人
    - 属地主义 —— 以地域为标准，无论本国人还是外国人，只要在本国管辖领域内都适用本国法律（但我国《刑法》有外交人员保护规定）
    - 保护主义 —— 以保护本国利益为标准，只要侵害了本国利益，无论行为人在国内还是国外、无论是本国人还是外国人都适用本国法律
    - 折中主义 —— 以属地主义为主、以属人主义和保护主义相结合的原则（我国也采用折中主义原则）
  - 我国法律对中国人的效力
    - 中国公民在中国领域内一律适用中国法律
    - 中国公民在国外的法律适用问题，原则上仍适用中国法律，但当中国法律与所在国的法律发生冲突时，要区别不同的情况
  - 我国法律对外国人和无国籍人的效力
    - 对在中国境内的外国公民的适用问题：外国公民在中国境内，除法律另有规定外（外交特权和豁免权），一般适用中国法律
    - 对在中国境外的外国公民的适用问题：外国公民在中国境外对中国国家或中国公民犯罪，按中国刑法规定的最低刑为 3 年以上有期徒刑的，可以适用中国刑法，但是按照犯罪地的刑法不构成犯罪的除外
- 法的空间效力
  - 概念：法的空间效力，是指法在哪些地域范围内发生效力的问题
  - 法的域内效力
    - 在全国范围内生效 —— 中央国家机关制定的法律，包括全国人大及其常委会制定的法律，国务院制定的行政法规等，但有例外
    - 在局部地区内生效 —— 地方国家机关制定的规范性法律文件在制定机关管辖的范围内有效
  - 法的域外效力
    - 对某些特定行为有域外效力。例如：外国公民在中国境外对中国国家或中国公民犯罪，按中国刑法规定的最低刑为 3 年以上有期徒刑的，可以适用中国刑法，但是按照犯罪地的刑法不构成犯罪的除外
    - 对享有外交特权和豁免权的人通过外交途径解决
    - 依照我国签订的条约或国际惯例解决

法的效力 —— 法的时间效力

- 法生效的时间
  - 自法颁布之日起生效
  - 由该法来规定具体生效时间
  - 通过专门决定来规定该法的具体生效时间
  - 规定法在颁布后符合一定条件时生效
- 法的效力终止的时间
  - 新法律公布，原法律即失效（默示废止）
  - 新法律代替旧法律，同时宣布旧法律作废（明示废止）
  - 有关机关颁布专门文件宣布废止某个法律
  - 法律本身规定的有效期届满而失效
  - 法律完成其历史任务自行失效
- 注意：我国法的效力终止的形式有明示废止和默示废止
- 法律溯及力
  - 法律溯及力 —— 新法颁布后，对其生效前的事件和行为是否适用的问题。若适用，则有溯及力；若不适用，则无溯及力
  - 我国法律适用原则 —— 法律不溯及既往，刑法有例外，采取从旧兼从轻的原则

法的分类

- 定义：法的分类就是从不同的角度，按照不同的标准，将法律划分为若干不同的种类
- 法的一般分类
  - 成文法与不成文法（以法律创制方式和表达形式的不同为标准对法律所作的分类）
    - 成文法 —— 由国家特定机关制定和公布，并以成文形式出现的法律
    - 不成文法 —— 由国家认可其法律效力，但又不具有成文形式的法，一般指习惯法，还包括判例法（我国无判例法）
  - 根本法与普通法（以法律地位、效力、内容和制定主体、程序的不同为标准对法律所作的分类）
    - 根本法 —— 宪法
    - 普通法 —— 宪法以外的法律
    - 该分类只适用于成文宪法国家
  - 一般法与特别法（以法律适用范围的不同为标准对法律所作的分类）
    - 一般法 —— 针对一般人、一般事、不特别限定的地区和期间内普遍适用的法
    - 特别法 —— 针对特定人、特定事、特定地区、特定时间内适用的法
    - 一般法与特别法这一分类是相对而言的
  - 实体法与程序法（以法律规定内容的不同为标准对法律所作的分类）
    - 实体法 —— 以规定和确认权利与义务、职权与职责为主的法律
    - 程序法 —— 以保证权利与义务得以实施或职权和职责得以履行的有关程序为主的法律
    - 实体法和程序法的划分并不绝对，实体法中可能会有程序性内容，程序法中也可能会有实体性规定
  - 国内法与国际法（以法律的创制主体和适用主体的不同为标准对法律所作的分类）
    - 国内法 —— 在一主权国家内，由特定国家法律创制机关创制的并在本国主权所及范围内适用的法律
    - 国际法 —— 由参与国际关系的国家或组织通过协议制定或认可的，并适用于国家之间的法律，其形式一般是国际条约和国际协议等
- 法的特殊分类
  - 公法和私法
    - 公法 —— 关于罗马国家的法律，主要调整国家与普通个人之间的关系
    - 私法 —— 关于个人利益的法律，主要调整国家的公民个人之间的关系
    - 一般认为，宪法、刑法、行政法属于公法，民商法属于私法。在当代，公法与私法的界限日益模糊，出现了兼具公法和私法特征的法律，如经济法
    - 公法与私法的分类源于古罗马法，它是在民法法系中适用的一种法律分类。这种分类方法是古罗马法学家乌尔比安提出的
  - 普通法和衡平法
    - 普通法 —— 专指英国在 11 世纪后由法官通过判决形式逐渐形成的适用于全英格兰的一种判例法
    - 衡平法 —— 指英国在 14 世纪后对普通法的修正和补充而出现的一种判例法
  - 联邦法和联邦成员法
    - 联邦法 —— 指由联邦中央制定的法律
    - 联邦成员法 —— 指由联邦成员制定的法律

法律要素与法律体系 —— 法律要素 —— ★★★法律规则

- 法律规则的定义
  - 法律规则，又称法律规范，是采取一定的结构形式具体规定人们的法律权利、法律义务以及相应的法律后果的行为规范
  - 法律规则是构成法律的要素之一
- 法律规则的特点
  - 1. 法律规则是一种一般的行为规则，它使用同一标准，对属于其效力范围内的主体行为进行指导和评价，这一特点使它有别于任何个别性调整措施
  - 2. 法律规则规定了一定的行为模式，是一种命令式的必须遵守的行为规则，这使它区别于不包含确定行为方案或仅具有倡导性的口号或建议
  - 3. 法律规则是由国家制定或认可的行为规则，具有强烈的国家意志性，这是它区别于其他社会规则的最基本特征
  - 4. 法律规则规定了社会关系参加者在法律上的权利和义务以及违反规则要求时的法律责任和制裁措施
  - 5. 法律规则有明确的、肯定的行为模式，有特殊的构成要素和结构，是一种高度发达的社会行为规则
- 法律规则的种类
  - 授权性规则和义务性规则（按照规则的内容规定不同）
    - 授权性规则
      - 规定人们有权做一定行为或不做一定行为的规则，即“可为模式”，包括鼓励性规则和容许性规则
      - 表达形式：有权……，享有……的权利，可以……
    - 义务性规则
      - 在内容上规定人们的法律义务，即关于人们应当做出或不做出某种行为的规则，包括命令性规则和禁止性规则
      - 命令性规则，人们必须或应当做出某种行为的规则，即“应为模式”。其表达形式：必须……，要……，应……，有……义务
      - 禁止性规则，禁止人们做出一定行为的规则，即“勿为模式”。其表达形式：禁止……，不准……，不得……，严禁……
  - 强行性规则与任意性规则（按照规则对人们行为规定和限定的范围或程度不同）
    - 强行性规则 —— 规定的内容具有强制性，不论人们意愿如何，都必须加以适用的法律规则，包括义务性规则、职权性规则。行政法、刑法等公法多为此规则
    - 任意性规则 —— 在一定范围内，允许人们自行选择或协商确定法律关系中的权利义务内容的法律规则。民商法等私法中多为此规则
    - 强行性规则和任意性规则的划分是相对的，公法中也有任意性规则，民商法中也有强行性规则

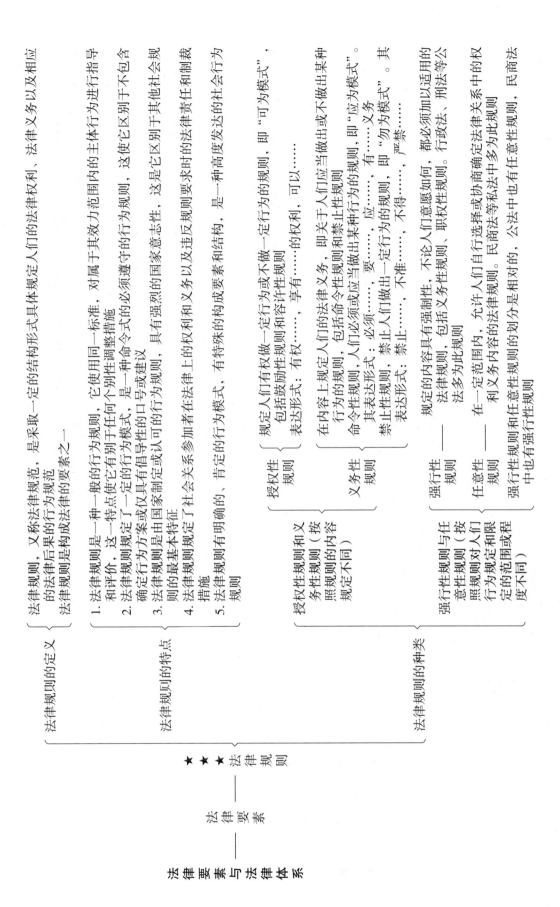

- **法律要素与法律体系** —— 法律要素 —— ★★★法律规则
  - 法律规则的种类 —— 确定性规则、委任性规则和准用性规则（按照法律规则内容的确定性程度不同）
    - 确定性规则 —— 内容已明确肯定，无须再援引或参照其他规则来确定其内容的法律规则
    - 委任性规则 —— 内容尚未确定，而只规定某种概括性指示，由相应国家机关通过相应途径或程序加以确定的法律规则
    - 准用性规则 —— 内容本身没有规定人们具体的行为模式，可以援引或参照其他相应内容规定的规则
  - 法律规则的逻辑结构
    - 含义：法律规则的逻辑结构指法律规则从逻辑角度看是由哪些部分或要素组成的，以及这些部分或要素之间是如何联结的
    - 法律规则主要由假定（条件）、行为模式、法律后果三个要素组成
    - 新三要素说
      - 假定（条件） —— 法律规则中有关适用该规则的条件和情况的部分，即法律规则在什么时间、空间对什么人适用以及在什么情境下对人的行为有约束力的问题
      - 行为模式
        - 1. 可为模式 —— 授权性法律规则
        - 2. 应为模式 —— 命令性法律规则
        - 3. 勿为模式 —— 禁止性法律规则
      - 法律后果
        - 法律规则中对遵守规则或违反规则的行为予以肯定或否定评价的规定，是任何法律规则都不可缺少的要素
        - 肯定性法律后果 —— 合法后果
        - 否定性法律后果 —— 违法后果
  - 法律规则与法律条文
    - 法律规则与法律条文二者是内容与形式的关系，并不是一一对应的
    - 法律规则是法律条文的内容，法律条文是法律规则的表现形式
    - 并不是所有的法律条文都直接规定法律规则，也不是每一个条文都完整地表述一个规则或只表述一个法律规则
    - 具体类型
      - 1. 一个完整的法律规则由数个法律条文来表述
      - 2. 法律规则的内容分别由不同规范性法律文件的法律条文来表述
      - 3. 一个条文表述不同法律规则及其要素
      - 4. 法律条文仅规定法律规则的某个要素或若干要素
    - 注意 1：一个条文未必包含规则的所有要素，但是一个规则必然包括所有要素。在逻辑结构上，任何一个完整的法律规则都应当包括假定（条件）、行为模式和法律后果；而法律条文无此要求
    - 注意 2：法律规则和法律条文的含义不同

法律要素与法律体系 —— 法律要素 —— 法律原则

- 法律原则的定义
  - 法律原则是指在一定法律体系中作为法律规则的指导思想、基础或本源的综合性、稳定性原理和准则
  - 法律原则的作用主要有三个
    - 一是为法律规则和概念提供基础或出发点，对法律的制定具有指导意义，对理解法律规则也具有指导意义
    - 二是法律原则有时可以作为疑难案件的断案依据，以纠正严格执行实在法可能带来的不公
    - 三是填补规则可能存在的漏洞
- 法律规则与法律原则的区别
  1. 在内容上，法律规则的规定是明确具体的；而法律原则不预先设定明确的、具体的假定条件，更没有设定明确的法律后果，其要求比较笼统和模糊
  2. 在适用范围上，法律规则由于内容具体明确，只适用于某一类型的行为；而法律原则具有宏观的指导性，其适用范围比法律规则宽
  3. 在适用方式上，法律规则是以“全有或全无的方式”应用于个案当中的；而法律原则的适用则不同，它不是以“全有或全无的方式”应用于个案当中的，不同强度的原则甚至冲突的原则都可能存在于一部法律之中
  4. 在功能上，法律规则具有比法律原则强度大的显示性特征，其形成了法律制度中坚硬的部分，没有规则，法律制度就缺乏硬度；法律原则是法律规则的本源和基础，它们可以协调法律体系中规则之间的矛盾，弥补法律规则的不足与局限，它们甚至可以直接作为法官裁判的法律依据
- 法律原则的种类
  - 公理性原则和政策性原则
    - 划分标准 —— 按照法律原则产生的基础不同
    - 公理性原则 —— 从社会关系本质中产生的，得到广泛承认并被奉为法律的公理
    - 政策性原则 —— 国家关于社会发展、进步的决策、指示、决定及目的、目标具有针对性、民族性和时代性
  - 基本原则和具体原则
    - 划分标准 —— 按照法律原则对人的行为及其条件之覆盖面的宽窄和适用范围大小
    - 基本原则 —— 整个法律体系或某一法律部门所适用的、体现法的基本价值的原则
    - 具体原则 —— 在基本原则指导下适用于某一法律部门中特定情形的原则
  - 实体性原则和程序性原则
    - 划分标准 —— 按照法律原则涉及的内容和问题不同
    - 实体性原则 —— 直接涉及实体性权利和义务等问题的原则
    - 程序性原则 —— 直接涉及程序法问题的原则

法律要素与法律体系

- 法律要素——法律概念
  - 法律概念的概念
    - 含义：法律概念是法律的构成要素之一，是对各种法律事实进行概括，抽象出它们的共同特征而形成的权威性范畴
    - 功能
      - 表达功能
      - 认识功能
      - 改进法律、提高法律科学化程度的功能
  - 法律概念的种类
    - 主体概念 —— 用以表达各种法律关系主体的概念
    - 关系概念 —— 用以表达法律关系主体间权利、义务关系的概念
    - 客体概念 —— 用以表达各种权利、义务所指向的对象的概念
    - 事实概念 —— 用以表达各种事件和行为的概念
- 法律体系与法律部门
  - 法律体系
    - 法律体系的概念：法律体系，是指一国的部门法体系，即将一国现行的全部法律规范根据一定的标准和原则划分成不同的法律部门，并由这些法律部门所构成的具有内在联系的统一整体
    - 特征
      - 1. 法律体系是指一国本国法律规范构成的体系
      - 2. 法律体系是指一国现行国内法构成的体系
      - 3. 法律体系是由一国现行的全部法律规范所组成的不同类别的部门法（或称法律部门）构成的体系
      - 4. 法律体系是由既相对独立而又具有内在联系的法律部门构成的体系
    - 注意：法律体系不包括国际法，也不包括已经废止的法律和尚未制定或虽然制定但尚未生效的法律
  - 法律部门
    - 法律部门的划分标准
      - 法律调整的对象，即法律调整的社会关系，是划分法律部门的首要标准和第一位标准
      - 法律调整的方法是划分法律部门的辅助标准
    - 法律部门的划分原则
      - 1. 客观原则 —— 又称从实际出发原则，社会关系是划分法律部门的客观依据
      - 2. 合目的性原则 —— 划分法律部门的目的在于帮助人们了解和掌握本国现行法律
      - 3. 适当平衡原则 —— 划分法律部门时应当注意在各种法律部门之间保持适当的平衡，各法律部门包含法律的范围不宜太宽，也不宜太窄
      - 4. 辩证发展原则 —— 划分法律部门要随着客观情况的发展而发展，不能一成不变
      - 5. 相对稳定原则 —— 划分法律部门时要保持一定的稳定性，也要有一定的前瞻性
      - 6. 主次原则 —— 又称重点论原则，法律部门是根据法律、法规的主导因素进行的划分
      - 注意：合目的性原则是划分法律部门时首先应当坚持的原则

法律要素与法律体系

- ★★当代中国的法律体系
  - 当代中国法律体系的特色
    - 当代中国的法律体系是产生于我国社会主义经济基础之上，并为我国社会主义经济基础服务的上层建筑之一。这一法律体系既与人类政治文明发展的普遍性原则相一致，又与中国社会主义初级阶段的国情相适应，与社会主义的根本任务相协调，具有鲜明的中国特色。中国特色社会主义法律体系的形成，体现了中国特色社会主义的本质要求，体现了改革开放和社会主义现代化建设的时代要求，体现了结构内在统一而又多层次的国情要求，体现了继承中国法律文化优秀传统和借鉴人类法治文明成果的要求，体现了动态、开放、与时俱进的社会发展要求，是中国社会主义民主法治建设的一个重要里程碑
  - 当代中国法律体系的构成
    - 宪法及其相关法
    - 行政法
    - 民商法
    - 经济法
    - 社会法
    - 刑法
    - 程序法
  - 当代中国法律体系的完善
    - 1. 积极加强发展社会主义民主政治的立法
    - 2. 继续加强经济领域立法
    - 3. 突出加强社会领域立法
    - 4. 更加注重文化科技领域立法
    - 5. 高度重视生态文明领域立法
    - 6. 深入推进科学立法、民主立法，着力提高立法质量

立法

立法概述

立法的概念

- 含义
  - 立法，又称法的创制、法的创立，是指有立法权的国家机关或经授权的国家机关，依照法定的职权和程序，创制、认可、修改或废止法律和其他规范性法律文件的专门性活动，是掌握国家政权的阶级把自己的意志上升为国家意志的活动
  - 广义的立法，泛指有关国家机关按照法定的职权和程序，制定具有法律效力的各种规范性文件的活动
  - 狭义的立法，仅指国家最高权力机关及其常设机关依照法定的权限和程序制定规范性法律文件的活动
- 特征
  1. 立法是国家的一项专门活动。立法是通过立法机构将统治阶级或人民的意志上升为国家意志的活动
  2. 立法的主体是特定的国家机关。立法活动是有立法权的国家机关依照法定职权进行的一项专门活动。经授权的国家机关也可以行使立法权
  3. 立法是国家专门机关依照法定的程序进行的活动。现代国家都注重立法程序的规范化、格式化
  4. 立法是特定国家机关运用专门技术的活动
  5. 立法是一项系统性、多层次性的综合性法律创制活动，包括创制新的法律规范，认可本来存在的某些社会规范，修改、补充现存的法律规范以及终止某些法律规范的效力等
  6. 立法的目标在于产生具有普遍性、规范性、强制性的法律规范，将统治阶级的意志上升为国家意志

立法权与立法体制

- 立法权的概念：立法权是一定的国家机关依法享有的创制、认可、修改或废止规范性法律文件的权力，是国家权力体系中最重要、最核心的权力
- 立法体制的概念
  - 立法体制是关于立法权配置方面的组织制度，其核心是立法权限的划分问题
  - 单一制国家结构形式的国家 —— 采用一元立法体制
  - 联邦制国家结构形式的国家 —— 采用二元或多元立法体制
- 我国现行的立法体制
  - “一元多层次”的立法体制，即既统一又分层次的立法体制
  - “一元”是指根据我国宪法规定，全国范围内只存在一个以宪法为基础的统一的立法体系
  - “多层次”是指在保证法制统一的前提下，现行立法体制下的各级立法又可以分为不同的层次

立法原则 —— 合宪原则、依法立法原则和法制统一原则

- 合宪原则
  - 概念：合宪原则是指法律制定的依据、权限、程序必须遵循宪法的规定，包括立法主体、立法内容和立法程序的合宪性
  - 立法主体的合宪性 —— 在所有法律的制定过程中，只有宪法赋予了立法权力，或经过特别授权，且其制定的内容必须是属于该职权范围的立法主体制定的法律方为有效
  - 立法内容的合宪性 —— 制定出来的法律内容要符合宪法原则、宪法精神和宪法的具体规定，不得有同宪法原则、宪法精神、宪法规定相违背、相冲突、相抵触的内容
  - 立法程序的合宪性 —— 所有法律的制定过程都要依照法定程序进行
- 依法立法原则
  - 依法立法原则，是在合宪原则的前提下，立法还应遵循《立法法》
  - 我国现行《立法法》不仅明确规定了立法原则，还规定了不同立法主体所具有的不同立法权限与程序
  - 《立法法》特别对法律、行政法规、地方性法规与规章等的制定主体、内容与程序做了明确的规制
  - 各主体均应严格依法立法，保证立法合法

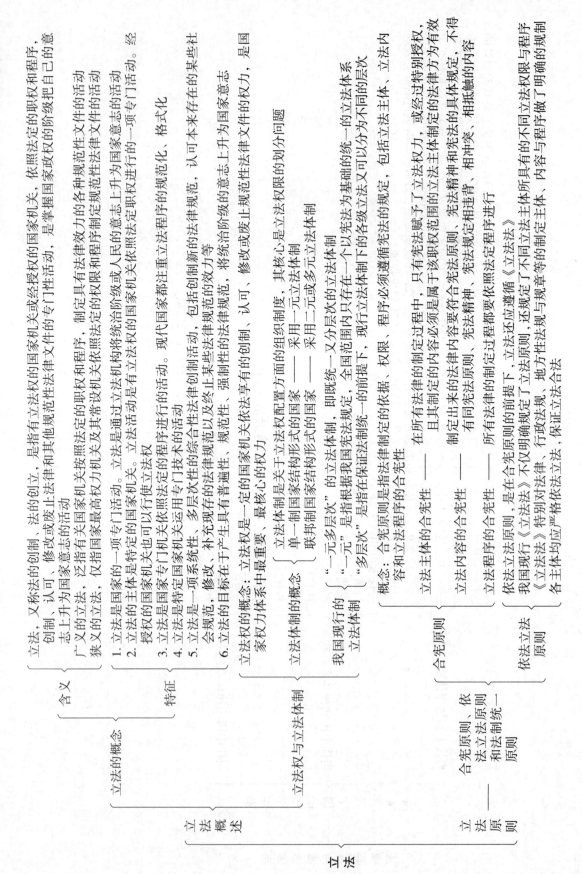

- **立法**
  - 立法原则
    - 合宪原则、依法立法原则和法制统一原则 —— 法制统一原则
      - 概念：法制统一原则是指立法应当依照法定的权限和程序，从国家整体利益出发，维护社会主义法制的尊严和统一
      - 要求
        - 1. 必须统一立法尺度，一切法律制定都必须以宪法为根据，不能违背宪法，地方法规不能与中央法规相抵触
        - 2. 应当注意各个部门法之间的相互补充和相互配合，但又要防止重复
        - 3. 应避免不同类别的法律规范之间的矛盾，或同一类法律规范之间的矛盾
    - 科学原则
      - 1. 立法必须尊重客观实际，根据社会经济、政治和文化发展的客观需要，正确反映客观规律的要求
      - 2. 立法应科学、合理地规定公民、法人和其他组织的权利和义务以及国家机关的权利与责任
      - 3. 法律制定过程中要注意法律规范的明确、具体，具有针对性和可执行性
    - 民主性原则
      - 概念：民主性原则，是指在立法过程中，要体现和贯彻人民主权思想，集中和反映人民的智慧、利益、要求和愿望，使立法机关与人民群众相结合，使立法活动与人民群众参与相结合
      - 要求
        - 1. 立法内容的民主性，是指立法必须从最大多数人的最根本利益出发，发扬社会主义民主，体现人民的意志
        - 2. 立法过程和立法程序的民主性，要求立法主体的产生、立法主体活动都要民主，立法过程要公开
  - 立法的程序
    - 含义
      - 立法程序，是指有立法权的国家机关在创制、认可、修改或废止规范性法律文件的活动中所必须遵守的步骤和方法（广义）
      - 我国全国人大及其常委会立法的基本程序包括
        - 法律草案的提出
        - 法律草案的审议
        - 法律草案的表决与通过
        - 法律的公布
    - 我国法律的制定程序 —— 法律草案的提出
      - 概念：法律草案，亦称法律议案、立法议案，是具有立法提案权的国家机关和人员向立法机关提出的关于法律的创制、认可、修改或废止的提案和建议
      - 提出资格主体
        - 全国人民代表大会的代表团或 30 名以上的代表
        - 全国人民代表大会主席团
        - 全国人民代表大会常务委员会
        - 全国人民代表大会各专门委员会
        - 中央军事委员会
        - 国务院
        - 最高人民法院
        - 最高人民检察院

- 立法 —— 立法的程序
  - 我国法律的制定程序
    - 法律草案的审议
      - 概念
        - 法律草案的审议，是指立法机关对已经列入会议议程的法律草案进行审查和讨论
        - 法律草案的审议阶段有两个
          - 一是全国人大有关专门委员会进行审议
          - 二是立法机关全体会议的审议
      - 我国审议步骤
        - 由提出法律草案的机关或人员指派负责人员向全体会议作报告，说明法律草案的基本精神、立法根据和内容等，进行初步讨论
        - 由常委会委员分别研究，征求意见，第二次会议再审议通过
    - 法律草案的表决与通过
      - 我国宪法修改的表决规定 —— 我国《宪法》规定："宪法的修改，由全国人民代表大会常务委员会或者五分之一以上的全国人民代表大会代表提议，并由全国人民代表大会以全体代表的三分之二以上的多数通过。法律和其他议案由全国人民代表大会以全体代表的过半数通过"
      - 表决方式
        - 1. 公开表决 —— 举手表决、口头表决、投票表决等各种形式
        - 2. 秘密表决 —— 无记名投票的形式
    - 法律的公布
      - 概念
        - 法律的公布是指立法机关或国家元首将已通过的法律以一定的形式予以公布，以便全社会遵照执行
        - 法律的公布是法律生效的前提
      - 我国的规定 —— 我国法律的公布权是由国家主席根据最高权力机关及其常设机关即全国人大及其常务委员会的决定行使的
  - 我国行政法规的制定程序
    - 行政法规的立项
      - 国务院于每年年初编制本年度的立法工作计划，国务院有关部门认为需要制定行政法规的，应当于每年年初国务院编制年度立法工作计划前，向国务院报请立项
      - 列入国务院年度立法工作计划的行政法规项目应当符合下列要求
        - 1. 贯彻落实党的路线方针政策和决策部署，适应改革、发展、稳定的需要
        - 2. 有关的改革实践经验基本成熟
        - 3. 所要解决的问题属于国务院职权范围并需要国务院制定行政法规的事项
      - 国务院年度立法计划中的法律项目应当与全国人大常委会的立法规划和年度立法计划相衔接
    - 行政法规的起草
      - 行政法规由国务院有关部门或者国务院法制机构具体负责起草
      - 重要行政管理的法律、行政法规草案由国务院法制机构组织起草
      - 注意：行政法规草案应当向社会公布，征求意见，但是经国务院决定不公布的除外

立法 —— 立法的程序 —— 我国行政法规的制定程序

- 行政法规的审查
  - 报送国务院的行政法规送审稿，由国务院法制机构负责审查
  - 国务院法制机构主要从以下方面对行政法规送审稿进行审查
    1. 是否严格贯彻落实党的路线方针政策和决策部署，是否符合宪法、法律的规定，是否遵循立法法确定的立法原则
    2. 是否符合《行政法规制定程序条例》第十二条的规定
    3. 是否与有关行政法规协调、衔接
    4. 是否正确处理有关机关、组织和公民对送审稿主要问题的意见
    5. 其他需要审查的内容
- 行政法规的决定与公布
  - 行政法规草案由国务院常务会议审议，或者由国务院审批
  - 行政法规由总理签署国务院令公布
  - 有关国防建设的行政法规，可以由国务院总理、中央军事委员会主席共同签署国务院、中央军事委员会令公布
  - 注意：国务院通过行政法规不实行表决制，而采用决定制，审议的结果包括决定通过、原则通过、下次会议再审议或者暂不通过等

法律实施——法律实施概述

- 法律实施
  - 法律实施的概念：法律实施，也叫法的实施，是指法在社会生活中被人们实际施行，即在社会生活中通过执法、司法、守法、法律监督等方式对法律的贯彻落实
  - 法律实施的方式
    - 1. 法律的遵守，即守法
    - 2. 法律的执行，即执法
    - 3. 法律的适用，即司法
  - 对法律实施进行评价的标准
    - 1. 人们按照法律规定的行为模式行为的程度
    - 2. 刑事案件的发案率、案件种类、破案率及对犯罪分子的制裁情况
    - 3. 各类合同的履约率与违约率
    - 4. 普通公民和国家公职人员对法律的了解程度，他们的法律意识及法制观念的提高或提高的程度
    - 5. 社会大众对社会生活中安全、秩序、自由、公正、效率等法的价值的切身感受
    - 6. 法律的社会功能和社会目的是否有效实现及其程度
    - 7. 有关法律活动的成本与收益的比率
- 法律实现
  - 定义：法律实现是指法律的要求在社会生活中被转化为现实，达到法律设定的权利和义务的目的
  - 1. 法律实现与法律实施的区别——法律实现是法律实施活动的直接目的，法律实施是使法从应然状态到实然状态的过程和活动
  - 2. 法律实现和法的实效的区别——法律实现是将法的实施的过程性与法的实效的结果性结合的一个概念，法的实效是法律被人们实际施行的状态和程度
  - 实现＝实施＋实效
  - 法律监督和法治评估对法律实现有重要意义
  - 影响法律实现的因素
    - 国家的阶级本质
    - 法律、法规等规范性法律文件反映统治阶级或人民意志的程度
    - 国家机关活动中贯彻法治原则的程度
    - 社会成员的法律意识
    - 法律文化水平
    - 现行法律与社会生活（归根到底是与经济发展）相适应的程度

法律实施——执法

执法的概念

执法的含义

1. 广义的执法，指所有国家行政机关、司法机关和法律法规授权、行政主体委托的组织及其公职人员依照法定职权和程序贯彻实施法律的活动
2. 狭义的执法，专指国家行政机关和法律法规授权、行政主体委托的组织及其公职人员依照法定职权和程序行使行政管理职权、履行职责和实施法律的活动。本章要研究的是狭义的执法

执法的特征

1. 执法的主体是国家行政机关和所属的公职人员，以及法律法规授权和行政主体委托的组织及人员
2. 执法内容具有广泛性，它涉及国家社会、经济生活的各个方面
3. 执法活动具有单方面性。在执法中，行政机关与企业、公民等行政相对人形成行政法律关系，执法行为仅以行政机关单方面的决定而成立，不需要行政相对人的请求和同意
4. 执法活动具有主动性。国家行政机关在执法中，一般都采取积极主动的行动去履行职责，而不需要行政相对人的意思表示
5. 执法具有较大的灵活性，国家行政机关在执法活动中享有较大的自由裁量权

总结：主动性、单方面性、内容的广泛性、主体法定性、国家权威性、强制性、灵活性等

★★执法的原则

依法行政原则

依法行政原则，是指行政机关必须依照法定的权限、法定程序和法治精神进行管理，越权无效

依法行政原则的具体要求：

1. 执法的主体合法。国家行政机关的设立及其职权必须有法律依据，必须在法律规定的职权范围内活动，越权违法，越权无效
2. 执法的内容合法。执法活动是根据法律的规定进行的，执法的具体内容也要符合法律的规定
3. 执法的程序合法。要严格按照法定的步骤、顺序和时限执法，不得任意改变、省略和超越

讲求效率原则

1. 讲求效率原则是指行政机关应当在依法行政的前提下，讲求效率，主动有效地行使其权能，以尽可能低的成本取得最大的行政执法效益
2. 与国家立法机关、司法机关相比，行政机关更强调效率，要求执法主体从保护公民权利和国家权益出发，对行政相对人的各项请求及时作出反应，对各种行政事务通过执法及时作出反应
3. 效率原则是建立在行政合法性原则基础上的，执法主体必须严格按照法定程序和法定权限执法，不能以效率为借口而违反法律规定

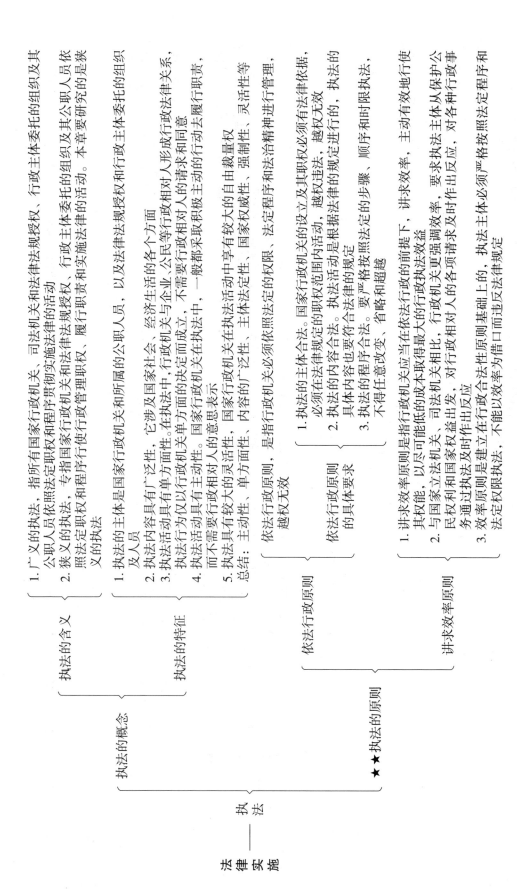

法律实施——执法——★★执法的原则

- 合理性原则
  - 合理性原则是指执法主体在执法活动中，特别是在行使自由裁量权进行行政管理时，必须做到适当、合理、公正，即符合法律的基本精神和目的，具有客观、充分的事实根据和法律依据，与社会生活常理相一致
  - 行政合理性原则的具体要求
    1. 执法主体要平等地对待行政相对人，对于实施了同样或类似行为的行政相对人应给予公平处理
    2. 行使自由裁量权时要以法律精神为指导，考虑相关因素，平衡多方利益，禁止偏袒，禁止谋私，严格控制自由裁量权的行使
    3. 对于法律只有原则规定或没有法律规定的，应以客观、充分的事实根据为基础，依据法律的基本精神和目的，遵循与社会公理相一致原则，公平合理地处理，执法要符合当地的善良风俗
    4. 对于不适当、不合理等显失公平的执法行为应该依法及时予以纠正，宣布无效并予以撤销
- 正当程序原则——正当程序原则是指执法机关在实施行政执法行为的过程中，必须遵循法定的步骤、方式、形式、顺序和时限
- 比例原则
  1. 妥当性（适当性）原则，指行政行为对于实现行政目的、目标是适当的
  2. 必要性原则，指行政行为应以达到行政目的、目标为限，不能给相对人权益造成过度的不利影响，即行政权的行使只能限于必要的度，以尽可能使相对人权益遭受最小的侵害
  3. 比例性原则，指行政行为的实施应衡量其目的达到的利益与侵犯相对人的权益二者孰轻孰重。只有前者重于后者时，其行为才具有合理性，行政行为在任何时候均不应给予相对人权益以超过行政目的、目标本身价值的损害
- 诚实守信原则
  1. 行政信息真实原则。行政机关公布的信息应当全面、准确、真实。无论是向普通公众公布的信息，还是向特定人或者组织提供的信息，行政机关都应当对其真实性承担法律责任
  2. 保护公民信赖利益原则。非因法定事由并经法定程序，行政机关不得撤销、变更已经生效的行政决定；因国家利益、公共利益或者其他法定事由需要撤回或者变更行政决定的，应当依照法定权限和程序进行，并对行政管理相对人因此而受到的财产损失依法予以补偿
- 权责统一原则
  1. 行政效能原则。行政机关依法履行经济、社会和文化事务管理职责，要由法律、法规赋予其相应的执法手段，保证政令有效
  2. 行政责任原则。行政机关违法或者不当行使职权，应当依法承担法律责任。这一原则的基本要求是行政权力和法律责任的统一，即执法有保障、有权必有责、用权受监督、违法受追究、侵权须赔偿

法律实施——司法

- 司法的概念
  - 司法的含义
    - 司法又被称为“法的适用”或“法律适用”，通常指国家司法机关依照法定职权和程序，具体应用法律处理各种案件的专门活动
    - 根据《宪法》规定，我国的司法权包括审判权和检察权
  - ★★★司法的特征
    1. 司法具有被动性。行政权的运行总是积极主动地干预人们的生活；而司法权以“不告不理”为原则，非因诉方、控方请求不主动干预
    2. 司法具有中立性。行政权在面临各种社会矛盾时，其态度具有鲜明的倾向性；而司法权具有中立性，法院以及法官的态度不受其他因素的影响，至少在个案的判断过程中不应当受这些非法律因素影响
    3. 司法具有形式性。行政权更注重权力结果的实质性；而司法权更注重权力过程的形式性。司法权是以事实为依据、以法律为准绳的，司法过程对于程序的要求更严格、更具体、更精确
    4. 司法具有专属性。行政权具有可转授性；司法权不可转授，除非诉方或控方将需要判断的事项交给其他组织，如仲裁机构
    5. 司法权具有终极性。行政权效力具有非终极性，它是否合法、合理，不能由享有行政权的主体自己进行判断，需要由行使判断权的司法机关进行判断，行政权只有在少数场合才具有终极性；司法权的终极性意味着它是最终的判断权、最权威的判断权
- 司法的原则——司法平等原则
  - 含义
    1. 全体公民，不分民族、种族、性别、职业、社会出身、宗教信仰、财产状况等，都同等地适用法律，所有公民依法享有同等的权利并承担同等的义务
    2. 任何权利受到侵犯的公民一律平等地受到法律的保护，不能歧视任何公民
    3. 在民事诉讼和行政诉讼中，要保证诉讼当事人享有平等的诉讼权利，不能偏袒任何一方当事人；在刑事诉讼中，要切实保障诉讼参与人依法享有的诉讼权利
    4. 对任何公民的违法犯罪行为，都必须追究法律责任，依法给予相应的法律制裁
  - 意义
    1. 这是发展社会主义市场经济的必然要求
    2. 是建设社会主义民主政治的重要保证
    3. 是社会主义精神文明的必要条件
    4. 也是建设社会主义法治国家的题中应有之义

- 法律实施——司法——司法的原则
  - ★★司法独立原则
    - 含义
      - 1. 司法权的专属性，即国家的司法权只能由国家各级审判机关和检察机关统一行使，其他任何机关、团体和个人都无权行使此项权利
      - 2. 司法权行使的独立性，即人民法院、人民检察院依照法律独立行使自己的职权，不受行政机关、社会团体和个人的非法干涉
      - 3. 司法权行使的合法性，即司法机关审理案件必须严格依照法律规定，正确适用法律，不得滥用职权，枉法裁判
    - 意义
      - 1. 是发扬社会主义民主、维护国家法制统一的需要
      - 2. 是保证司法机关正确适用法律的前提和正常行使职权的基本条件
      - 3. 也是维护社会主义司法公正的重要条件
    - 对司法权的监督
      - 1. 司法权要接受党的领导和监督，这是司法权正确行使的政治保证
      - 2. 司法权要接受国家权力机关的监督，司法权由国家权力机关产生，并对国家权力机关负责。因此，国家权力机关有权监督司法权的行使，司法机关也有义务接受国家权力机关的监督
      - 3. 司法机关的上下级之间以及同级之间也存在监督和约束，这种监督和约束是通过司法制度中的一系列制度来体现和实现的
      - 4. 司法权也要接受行政机关、监察机关、企事业单位、社会团体、民主党派和人民群众的监督，还要接受舆论的监督，这些种类广泛的监督形式和监督机制，有利于更好地行使司法权，防止司法腐败的现象和行为
  - 司法法治原则
    - 含义
      - 1. 以事实为根据，就是指司法机关审理一切案件，不能主观臆断，只能以与案件有关的事实作为依据
      - 2. 以法律为准绳，就是指司法机关在司法过程中，要严格按照法律规定办事，把法律作为处理案件的唯一标准和尺度
    - 要求
      - 1. 在司法工作中，应当坚持实事求是、从实际出发的思想路线，重证据，重调查研究，不轻信口供
      - 2. 在司法工作中，坚持维护社会主义法律的权威和尊严，不仅要严格遵守实体法的规定，而且要严格执行程序法的各项规定
      - 3. 在司法工作中，正确处理依法办事与坚持党的政策的指导作用的关系。一方面，不能将二者对立起来；另一方面，要将二者统一起来，不能以政策改变、代替法律甚至取消法律

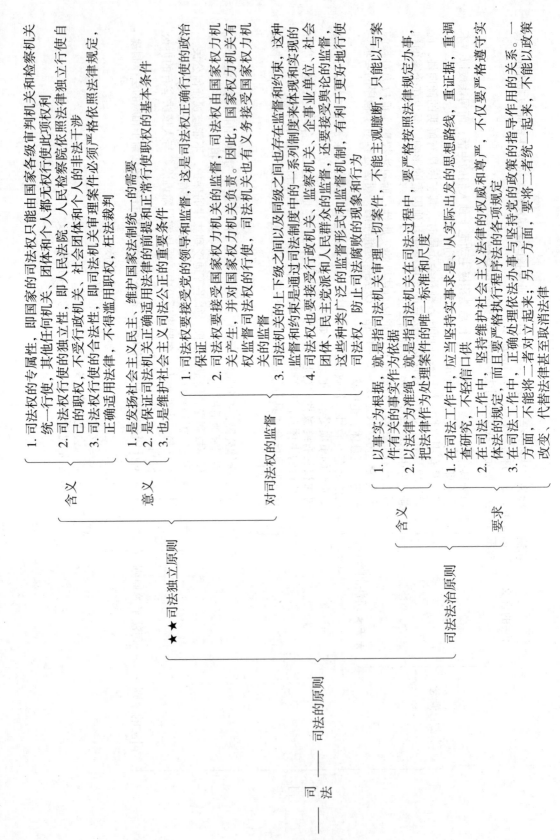

法律实施——司法

- 司法的原则
  - 司法责任原则
    - 含义：司法责任原则，是指司法机关和司法人员在行使司法权的过程中侵犯了公民、法人和其他社会组织的合法权益，造成严重后果而应承担的一种责任制度
    - 意义
      1. 司法责任原则是根据权力与责任相统一的法治原则而提出的权力约束机制
      2. 在我国，已颁布的《国家赔偿法》《法官法》《检察官法》等法律确立了司法责任制度，对于实现公正司法、廉洁司法必将产生深远的影响
  - 司法公正原则
    - 含义
      1. 司法公正原则是指司法机关及其司法人员在司法活动的过程和结果中应坚持和体现公平和正义的原则
      2. 司法公正是社会正义的重要组成部分，它包括实体公正和程序公正
         - （1）实体公正主要是指司法裁判的结果公正，当事人的权益得到了充分的保障，违法犯罪者受到了应得的惩罚和制裁
         - （2）程序公正主要是指司法过程的公正，司法程序具有正当性，当事人在司法过程中受到公平公正的对待
      3. 司法活动的合法性、独立性、有效性，裁判人员的中立性，当事人地位的平等性以及裁判结果的公正性，都是司法公正的必然要求和体现
    - 意义——司法公正是司法的生命和灵魂，是司法的本质要求和终极价值准则。追求司法公正是司法的永恒主题，也是民众对司法的期望。当今中国正在进行司法改革，它包括制度、程序和体制的改革以及建立现代司法制度，最终目的就是为了实现司法公正，并通过司法公正维护和促进社会公正
- 深化司法体制改革，提高司法公信力——深化司法体制综合配套改革
  - 含义：司法体制改革是指在宪法规定的司法体制基本框架内，国家司法机关和国家司法制度实现自我创新、自我完善和自我发展，建设中国特色社会主义现代司法体系和司法制度
  - 司法体制改革的概念与内涵，涵盖了国家司法机关，国家司法制度，宪法规定的司法体制基本框架，司法体制的自我创新、自我完善、自我发展，建设中国特色社会主义现代司法体系和司法制度等各项要素
  - 深化司法体制改革事关党和国家事业大局，必须树立科学的司法改革观，在司法改革中坚持正确的方向和原则
    - 一是坚持正确的政治方向。坚持党的领导是我国社会主义司法制度的根本特征和政治优势
    - 二是坚持以宪法为根本遵循
    - 三是坚持以提高司法公信力为根本尺度
    - 四是坚持符合国情和遵循规律相结合
    - 五是坚持依法有序推进
  - 主要任务
    - 一是保证公正司法、提高司法公信力
    - 二是增强全民法治观念、推进法治社会建设
    - 三是加强法治工作队伍建设

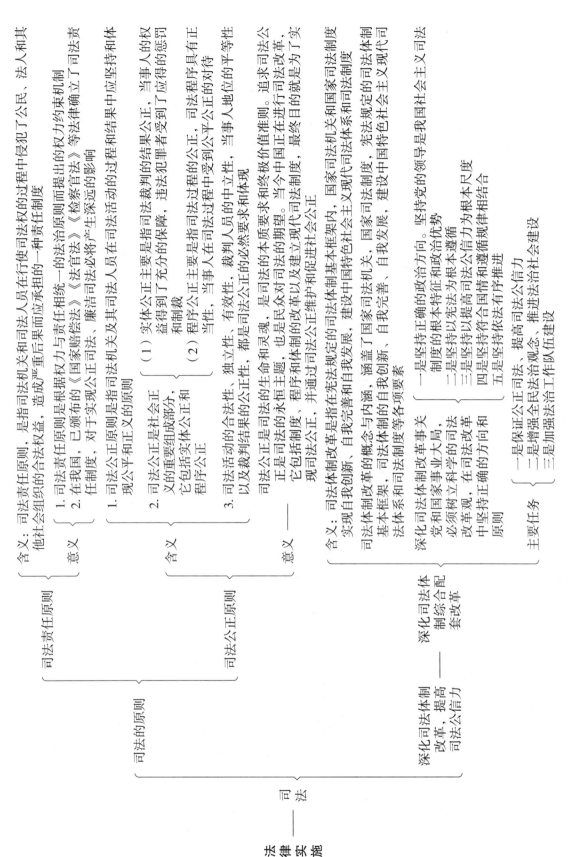

法律实施 —— 司法 —— 深化司法体制改革，提高司法公信力 —— 落实司法责任制

- 党的十九大报告指出，要深化司法体制综合配套改革，全面落实司法责任制，努力让人民群众在每一个司法案件中感受到公平正义
- 司法责任制改革被视为司法体制改革的关键。司法责任制改革作为必须紧紧牵住的“牛鼻子”，针对“审者不判、判者不审”问题对症下药，明确要求法官、检察官对案件质量终身负责
- 通过改革，形成以法官、检察官依法独立办案为前提，以法官、检察官员额制为配套，以完善法官、检察官职业保障为条件，以主客观相统一为追责原则的司法权力运行机制
- 对于全面落实司法责任制，还应当完善一系列配套性措施，如完善法官、检察官入额遴选办法等

法律实施 —— 司法 —— 深化司法体制改革，提高司法公信力

- 完善人权司法保障制度
  - 完善人权司法保障制度是我国司法体制改革的重要组成部分，也是建设公正高效权威的社会主义司法制度的重要内容
  - 完善人权司法保障制度要正确处理打击犯罪与保护人权、程序公平与实体公正、追求公正与注重效率的关系，确保人民群众有尊严地参加诉讼，及时得到公正的裁判结果
  - 1. 完善人权司法保障要注重对法治原则的遵循。法治原则要求良法善治，坚持法律面前人人平等。加强对人权的司法保障要以宪法和法律为依据，逐步健全人权司法保障的法律法规，完善制度设计，细化保障措施。在司法活动中，要切实遵守人权保障的相关法律规定，着力提升司法理念，加强保障力度、完善监督制约，做到尊重人权与防止侵权有机结合，充分发挥社会主义司法制度的优越性
  - 2. 完善人权司法保障要体现对基本人权的尊重。国家尊重和保障人权是宪法的明确要求，要始终贯彻尊重和保障人权的理念，切实保护公民的人身权利、财产权利、民主权利等合法权益。司法活动直接涉及公民的人身、自由、人格尊严、财产权益等基本权利，要以完善人权司法保障改革为契机，不断提升人权司法保障的制度化、法治化水平
  - 3. 完善人权司法保障要突出对司法权力的制约。在司法活动中，当事人及诉讼参与人的权利相对于司法机关的公权力，处于弱势地位，容易受到侵犯。完善人权司法保障就要强化对司法权力的限制和制约，防止滥用权力侵犯人权。要完善外部监督制约，认真贯彻《宪法》和《刑事诉讼法》关于司法机关"分工负责、互相配合、互相制约"的基本原则，完善内部监督制约，改革人民陪审员制度，健全人民监督员制度，推进审判公开、检务公开，为公民维护自身权利提供坚实的制度保障
  - 4. 完善人权司法保障要强化对诉讼权利的保障。树立理性、平和、文明、规范的执法理念，严禁刑讯逼供、体罚虐待。充分保障犯罪嫌疑人、被告人的辩护权、辩解权等诉讼权利，要重视其辩护辩解的内容，对涉及无罪、罪轻的辩护意见要认真核实。完善律师执业权利保障机制，发挥律师在依法维护公民和法人合法权益方面的重要作用
  - 5. 完善人权司法保障要加强对公民权利的救济。完善人权司法保障，既要有效防止侵权行为的发生，又要切实保障公民权利在受到侵犯后，能及时得到有效救济。不论是民事诉讼、行政诉讼还是刑事诉讼，司法活动本身就是对公民权利最有效的救济手段
- 提高司法公信力 —— 改革要求
  - 一是完善确保依法独立公正行使审判权和检察权的制度
  - 二是优化司法职权配置
  - 三是推进严格公正司法
  - 四是保障人民群众参与司法
  - 五是加强人权司法保障
  - 六是加强对司法活动的监督

法律实施——守法

- 守法的概念
  - 1. 广义上的法的遵守，就是法的实施
  - 2. 狭义上的法的遵守（守法），专指公民、社会组织和国家机关以法律为自己的行为准则，依法行使权利、履行义务的活动。其包括积极守法和消极守法（不违法）
- 守法的构成要素
  - 守法主体
    - 1. 一切国家机关、武装力量、政党、社会团体、企业事业组织
    - 2. 中华人民共和国公民 —— 最普遍、最广泛的主体
    - 3. 在我国领域内的外国组织、外国人和无国籍人
  - 守法范围
    - 1. 各种制定法
    - 2. 有法律效力的非规范性法律文件，如人民法院的判决书、调解书、裁定书等
  - 守法内容
    - 1. 履行法律义务
      - （1）履行消极的法律义务（遵守法律规范中的禁止性规范，不作出一定的行为）
      - （2）履行积极的法律义务（遵守法律规范中的命令性规范，作出一定的行为）
    - 2. 行使法律权利
- 守法的原因
  - 学说
    - 1. 社会契约论 —— 将公民的守法理由归于自己的同意或承诺，公民是社会契约的当事人，应该遵守契约的内容，遵守自己同意的法律
    - 2. 功利主义论 —— 当法律可以给社会或公民带来更多的利益或者能更好地防范风险并因此减少可能的损失时，公民就守法
    - 3. 暴力威慑论 —— 公民守法主要是基于趋利避害的本能，避免承担违反法律可能带来的法律责任
    - 4. 法律正当论 —— 公民守法是出于对法律的信仰，认为法律在内容和形式上都具有正当性
  - 国内外学者的观点
    - 1. 守法是出于人们的习惯
    - 2. 守法是出于对法律合法性的认同
    - 3. 守法是出于对法律制裁的畏惧
    - 4. 守法是出于社会压力的谴责和非难
    - 5. 守法是出于对个人利益的考虑
    - 6. 守法是出于道德上的要求
- 守法的状态
  - 1. 守法的最低状态 —— 不违法犯罪
  - 2. 守法的中层状态 —— 依法办事，形成统一的法律秩序
  - 3. 守法的高级状态 —— 守法主体不论是外在的行为，还是内在动机，都符合法的精神和要求，严格履行法律义务，充分行使法律权利，从而真正实现法律调整的目的

法律实施 —— 法律监督 —— ★法律监督的概念

- 法律监督的定义
  - 含义
    - 1. 狭义上的法律监督，是指由特定的国家机关依照法定职权和法定程序，对立法、执法和司法活动的合法性进行的监督
    - 2. 广义上的法律监督，是指由所有的国家机关、社会组织和公民对各种法律活动的合法性进行的监督（通说采纳的观点）
  - 法律监督的主体
    - 1. 国家机关包括国家权力机关、行政机关和司法机关，以国家机关为主体的法律监督在一国的法律监督体系中处于核心的地位
    - 2. 社会组织包括各政党、社会团体、群众组织和企业、事业单位，以社会组织为主体的法律监督是法律监督体系中的重要力量
    - 3. 公民是法律监督体系的基础
    - 依据监督主体的不同，我国的法律监督体系由国家监督和社会监督两大系统构成
  - 法律监督客体 —— 法律监督的主要客体是国家机关及其公职人员的各种公务活动
  - 法律监督的内容 —— 国家机关及其公职人员的公务活动的合法性
- 法律监督的意义
  - 1. 是社会主义民主政治的保障和重要组成部分
  - 2. 是依法治国、建设社会主义法治国家的保证
  - 3. 是建立和完善社会主义市场经济的需要

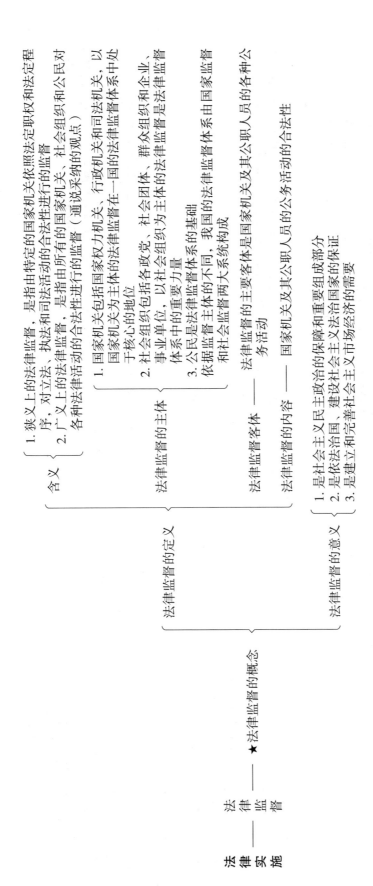

- **法律实施** —— 法律监督 —— ★★当代中国的法律监督 —— 国家监督
  - 国家权力机关的监督
    - 1. 监督主体 —— 各级人民代表大会及其常务委员会
    - 2. 监督对象 —— 由人大及其常委会产生的国家机关
    - 3. 监督内容 —— 立法监督、宪法和法律实施监督
    - 4. 监督方式 —— 法律上的监督和工作上的监督
    - 注意：这种监督在国家监督乃至全部法律监督中都处于核心和主导地位
  - 国家行政机关的监督
    - 它是以国家行政机关为主体进行的监督，既包括国家行政系统内部上下级之间以及行政系统内部设立的专门机关的法律监督，也包括行政机关在行使行政权时对行政相对人的监督
    - 监督形式
      - 行政复议
      - 一般行政监督
      - 专门行政监督
      - 行政监管
  - 国家司法机关的监督
    - 1. 检察机关的监督 —— 刑事诉讼监督、民事诉讼监督、行政诉讼监督。注意：检察机关的法律监督是一种专门监督
    - 2. 审判机关的监督 —— 人民法院系统内部监督、人民法院对检察机关的监督、人民法院对行政机关的监督

法律实施 —— 法律监督 —— ★★当代中国的法律监督 —— 国家监督 —— 国家监察机关的监督

- 国家监察机关的监督是由新修改的《宪法》和新出台的《中华人民共和国监察法》(以下简称《监察法》)所规定的，由国家监察机关作为主体进行的监督
- 2018 年《监察法》制定的意义、主要原则与主要内容 —— 意义
  1. 制定《监察法》是深化国家监察体制改革决策部署的重大举措
  2. 制定《监察法》是坚持和加强党对反腐败工作的领导，构建集中统一、权威高效的国家监察体系的必然要求
  3. 制定《监察法》是坚持党内监督与国家监察有机统一，坚持走中国特色监察道路的创制之举
  4. 制定《监察法》是加强宪法实施，丰富和发展人民代表大会制度，推进国家治理体系和治理能力现代化的战略举措

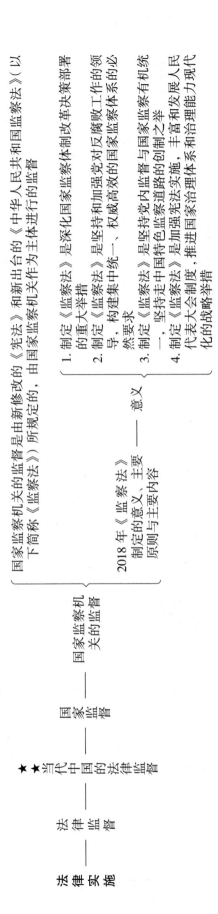

- 法律实施 —— 法律监督 —— ★★当代中国的法律监督
  - 国家监督 —— 国家监察机关的监督 —— 2018年《监察法》制定的意义、主要原则与主要内容
    - 主要原则
      - 一是坚持正确的政治方向
      - 二是坚持与宪法修改保持一致
      - 三是坚持问题导向
      - 四是坚持科学立法、民主立法、依法立法
    - 主要内容分为9章，包括总则、监察机关及其职责、监察范围和管辖、监察权限、监察程序、反腐败国际合作、对监察机关和监察人员的监督、法律责任和附则
  - 社会监督
    - 1. 社会组织的监督 —— 人民政协、民主党派、社会团体以及其他社会组织
    - 2. 社会舆论的监督 —— 主要是新闻舆论监督
    - 3. 人民群众的监督 —— 公民个人
    - 4. 政党的监督 —— 中国共产党

法律职业与法律方法

- 法律职业
  - 法律职业的概念
    - 含义
      - 法律职业是指以法官、检察官、律师等为代表，受过专门的法律专业训练，具有娴熟的法律技能与法律伦理的法律人所构成的自治性共同体
      - 从狭义上说，法律职业主要包括法官、检察官、律师三种具体的职业
      - 从广义上说，法律职业还包括一切受过法律专业训练、从事法律工作的人员，如司法辅助人员等
    - 特点
      - 一是法律职业的技能特征。法律职业技能来源于法学教育，没有发达的法学教育就没有法律职业的形成。形成法律职业的技能是法律职业形成或成熟的标志之一
      - 二是法律职业的伦理特征。法律职业必须具备本职业特有的伦理
      - 三是法律职业的自治特征。法律人从事法律活动，具有相当大的自主性或自治性
      - 四是法律职业的准入特征。加入法律职业必将受到认真考察，获得许可证，得到头衔
  - 国家统一法律职业资格制度
    - 国家统一法律职业资格考试制度的意义——国家统一法律职业资格考试制度是国家统一组织的选拔合格法律职业人才的国家考试制度。司法部已出台了《国家统一法律职业资格考试实施办法》，这是我国法律职业资格制度的第一部规章，它明确了法律职业资格考试的报名条件、组织实施、违纪处理、资格授予管理等内容，对于规范法律职业资格考试的组织实施等工作具有重要作用
    - 法律职业人员范围——我国法律职业人员范围主要包括法官、检察官、律师、其他法律职业等
    - 法律职业人员的任职条件
      - 取得国家统一的法律职业资格必须同时具备下列条件：（一）具有中华人民共和国国籍；（二）拥护中华人民共和国宪法，享有选举权和被选举权；（三）具有良好的政治、业务素质和道德品行；（四）具有完全民事行为能力；（五）具备全日制普通高等学校法学类本科学历并获得学士及以上学位，全日制普通高等学校非法学类本科及以上学历并获得法律硕士、法学硕士及以上学位，全日制普通高等学校非法学类本科及以上学历并获得相应学位且从事法律工作满三年'（六）参加国家统一法律职业资格考试并获得通过，法律法规另有规定的除外
      - 以下人员不得享有从事法律职业的资格：（一）因故意犯罪受过刑事处罚的；（二）曾被开除公职或者曾被吊销律师执业证书、公证员执业证书的；（三）被吊销法律职业资格证书的；（四）被给予二年内不得报名参加国家统一法律职业资格考试（国家司法考试）处理期限未满或者被给予终身不得报名参加国家统一法律职业资格考试（国家司法考试）处理的；（五）因严重失信行为被国家有关单位确定为失信联合惩戒对象并纳入国家信用信息共享平台的；（六）因其他情形被给予终身禁止从事法律职业处理的

法律职业与法律方法

法律职业

法律职业的分类

- **法官**
  - 法官是依法行使国家审判权的审判人员，在我国，包括最高人民法院、地方各级人民法院和军事法院等专门人民法院的院长、副院长、审判委员会委员、庭长、副庭长和审判员
  - 按照我国法律，法官等级分为十二级，最高人民法院院长为首席大法官，二至十二级法官分别为大法官、高级法官、法官
  - 法官的职责：依法参加合议庭审判或者独任审判刑事、民事等案件，依法办理引渡、司法协助等案件，法律规定的其他职责
- **检察官**
  - 检察官是依法行使国家检察权的检察人员，包括最高人民检察院、地方各级人民检察院和军事检察院等专门人民检察院的检察长、副检察长、检察委员会委员和检察员
  - 按照我国法律，检察官等级分为十二级，最高人民检察院检察长为首席大检察官，二至十二级检察官分别为大检察官、高级检察官、检察官
  - 检察官的职责：对法律规定由人民检察院直接受理的刑事案件进行侦查；对刑事案件进行审查逮捕、审查起诉，代表国家进行公诉；开展公益诉讼工作；开展对刑事、民事、行政诉讼活动的监督工作；法律规定的其他职责
  - 检察官从人民检察院离任后两年内，不得以律师身份担任诉讼代理人或者辩护人
  - 检察官从人民检察院离任后，不得担任原任职检察院办理案件的诉讼代理人或者辩护人，但是作为当事人的监护人或者近亲属代理诉讼或者进行辩护的除外
  - 检察官被开除后，不得担任诉讼代理人或者辩护人，但是作为当事人的监护人或者近亲属代理诉讼或者进行辩护的除外
- **律师**
  - 律师是指依法取得律师执业证书，接受委托或者指定，为当事人提供法律服务的执业人员
  - 律师这一职业具有以下几个特点
    - 第一，律师必须是受过法律专业训练，具备丰富法律知识的人
    - 第二，律师必须是依法取得律师执业证书的人
    - 第三，律师是为社会提供法律服务的执业人员
- **其他法律职业** —— 立法部门的专职工作人员，公证员，法律顾问，仲裁员（法律类）及政府部门中从事行政处罚决定审核、行政复议、行政裁决的人员

法律职业伦理

法律职业伦理的概念：法律职业伦理是人类社会生活关系之规范、原理、规则的总称，其基础建立于各个人的良心、社会之舆论以及习惯。各种职业因其性质、内容与社会期待的不同，存在着各种职业的伦理。法律职业伦理是指法律人在其职业实践中必须遵守的一种道德律。法律职业伦理会因时代的不同而在内容上有所差异，但基本内容是相同的

法律职业与法律方法 —— 法律职业伦理 —— 法律职业伦理的内容 —— 审判伦理

审判伦理就是法官伦理，是法官从事审判工作应遵循的基本准则

法官应当履行下列义务：

（一）严格遵守宪法和法律；

（二）秉公办案，不得徇私枉法；

（三）依法保障当事人和其他诉讼参与人的诉讼权利；

（四）维护国家利益、社会公共利益，维护个人和组织的合法权益；

（五）保守国家秘密和审判工作秘密，对履行职责中知悉的商业秘密和个人隐私予以保密；

（六）依法接受法律监督和人民群众监督；

（七）通过依法办理案件以案释法，增强全民法治观念，推进法治社会建设；

（八）法律规定的其他义务

这里“接受法律监督和人民群众监督”包含以下内容：

第一，依照法律规定，人民法院对同级人民代表大会及其常委会负责，受其监督并向其报告工作，人民法院的审判活动要受同级人大及其常委会的监督，在具体法律监督和工作监督中也会涉及某些法官；

第二，人民法院的审判活动要受人民检察院的监督；

第三，人民法院的审判活动还要受其他国家机关、社会团体和组织的监督，对于人民法院的审判活动违背法律规定，其他国家机关、社会团体和组织有权提出意见；

第四，人民法院的审判活动还受广大人民群众的监督，人民法院的审判权归根结底是人民赋予的，因此也应当接受人民群众的广泛监督

法律职业与法律方法 —— 法律职业伦理 —— 法律职业伦理的内容

- 检察伦理
  - 检察伦理，就是检察官伦理，是检察官从事检察工作应遵循的基本准则
  - 检察官应当履行下列义务：
    （一）严格遵守宪法和法律；
    （二）秉公执法，不得徇私枉法；
    （三）依法保障当事人和其他诉讼参与人的诉讼权利；
    （四）维护国家利益、社会公共利益，维护个人和组织的合法权益；
    （五）保守国家秘密和检察工作秘密，对履行职责中知悉的商业秘密和个人隐私予以保密；
    （六）依法接受法律监督和人民群众监督；
    （七）通过依法办理案件以案释法，增强全民法治观念，推进法治社会建设；
    （八）法律规定的其他义务
- 律师伦理
  - 律师伦理，是指律师接受委托为当事人提供法律服务过程中应遵循的基本伦理道德准则
  - 全国律协于2014年专门出台了《律师职业道德基本准则》，主要包括以下六方面内容：
    一是忠诚，律师应当坚定中国特色社会主义理想信念，坚持中国特色社会主义律师制度的本质属性，拥护党的领导，拥护社会主义制度，自觉维护宪法和法律尊严；
    二是为民，律师应当始终把执业为民作为根本宗旨，全心全意为人民群众服务，通过执业活动努力维护人民群众的根本利益，维护公民、法人和其他组织的合法权益，认真履行法律援助义务，积极参加社会公益活动，自觉承担社会责任；
    三是法治，律师应当坚定法治信仰，牢固树立法治意识，模范遵守宪法和法律，切实维护宪法和法律尊严，在执业中坚持以事实为根据，以法律为准绳，严格依法履责，尊重司法权威，遵守诉讼规则和法庭纪律，与司法人员建立良性互动关系，维护法律正确实施，促进司法公正；
    四是正义，律师应当把维护公平正义作为核心价值追求，为当事人提供勤勉尽责、优质高效的法律服务，努力维护当事人合法权益，引导当事人依法理性维权，维护社会大局稳定，依法充分履行辩护或代理职责，促进案件依法、公正解决；
    五是诚信，律师应当牢固树立诚信意识，自觉遵守执业行为规范，在执业中恪尽职守、诚实守信、勤勉尽责、严格自律，积极履行合同约定义务和法定义务，维护委托人合法权益，保守在执业活动中知悉的国家机密、商业秘密和个人隐私；
    六是敬业，律师应当热爱律师职业，珍惜律师荣誉，树立正确的执业理念，不断提高专业素质和执业水平，注重陶冶个人品行和道德情操，忠于职守，爱岗敬业，尊重同行，维护律师的个人声誉和律师行业形象

法律职业与法律方法

- 法律职业伦理
  - 法律职业伦理的内容 —— 此外，我国的法律职业还包括公证员、法律顾问等其他法律职业，这些法律职业的从业者应当取得国家统一法律职业资格，其职业伦理不再一一赘述
- 法律解释
  - 法律解释的概念
    - 法律解释的含义
      - 定义：法律解释是指一定的人或组织对法律规定含义的说明
      - 特点
        1. 法律解释的对象是法律规定
        2. 法律解释与具体案件密切相关
        3. 法律解释具有一定的价值取向性。法律解释的过程是一个价值判断和价值选择的过程
        4. 法律解释受解释学循环的制约
    - 法律解释的必要性
      1. 法律解释是将抽象的法律规范适用于具体的法律事实的必要途径
      2. 法律解释是寻求对法律规范的统一、准确和权威的理解和说明的需要
      3. 法律解释是弥补法律漏洞的重要手段
      4. 法律解释是调节法律的稳定性与社会的发展变化关系的媒介
      5. 法律解释还具有普及法律知识、推进法制教育的作用
  - 法律解释的分类
    - 正式解释与非正式解释（根据解释主体和解释效力的不同）
      1. 正式解释也叫法定解释或有权解释，是由特定的国家机关、官员或其他有解释权的人对法律作出的具有法律约束力的解释。根据解释的国家机关的不同，法定解释又可以分为立法解释、司法解释和行政解释三种
      2. 非正式解释也叫学理解释或无权解释，一般是指由学者或其他个人及组织对法律规定所作的不具有法律约束力的解释

      需要注意，在适用法律的时候必然需要法律解释，但是这种解释往往不具有约束力或者只具有个案约束力，但是仍然是一种解释

      非正式解释在法律适用、法学研究、法学教育、法制宣传以及法律发展方面有重要的意义
    - 限制解释、扩充解释、字面解释（根据解释尺度的不同）
      1. 限制解释是指在法律条文的字面含义显然比立法原意广时，作出比字面含义窄的解释
      2. 扩充解释是指在法律条文的字面含义显然比立法原意窄时，作出比字面含义广的解释
      3. 字面解释是指严格按照法律条文字面的通常含义解释法律，既不缩小，也不扩大

法律职业与法律方法 —— 法律解释

- 法律解释的方法
  - 1. 文法解释，也称语法解释、文义解释、文理解释，是指严格遵循法律规范的字面含义的一种以尊重立法者意志为特征的解释
  - 2. 系统解释，又称体系解释，是指通过分析某一法律规范在整个法律体系和所属法律部门中的地位和作用，来揭示其内容和含义
  - 3. 历史解释，是指通过对法律文件制定的时间、地点、条件等历史背景材料的研究，或者通过将这一法律与历史上同类法律规范进行比较研究来阐明法律规范的内容和含义
  - 4. 目的解释，是指从制定某一法律的目的来解释法律
  - 5. 其他解释方法还有社会学解释、比较法解释等
- 当代中国的正式法律解释
  - 立法解释
    - 1. 立法解释主体 —— 全国人大常委会
    - 2. 立法解释的任务
      - （1）阐明法律实施过程中产生的疑义，即对法律规定本身不十分清楚、明确的条文进行说明，或者规定本身虽然清楚、明确，但实施者不了解立法精神，因而需要进一步说明的
      - （2）适应社会发展，赋予法律规定以新的含义
      - （3）解决法条冲突以及司法解释之间的冲突
    - 3. 提出立法解释要求的主体：国务院、中央军事委员会、最高人民法院、最高人民检察院和全国人大各专门委员会以及省级人大常委会（两央 + 两高 + 两委）
    - 4. 只有全国人大常委会才可以解释宪法和法律
    - 注意：全国人大常委会的法律解释同法律具有同等的效力；立法解释的主要方式是通过决定、决议进行有针对性的解释；立法解释在我国法律解释体制中占有主体地位
  - 行政解释
    - 1. 行政解释主体 —— 国务院及其各部委
    - 2. 行政解释形式 —— 国务院和各主管部门对法律、法规的解释
    - 注意：全国人大常委会有权撤销国务院及其主管部门违反宪法和法律的解释

法律职业与法律方法

- 法律解释
  - 当代中国的正式法律解释
    - 司法解释
      - 1. 司法解释的形式
        - （1）最高人民法院的审判解释
        - （2）最高人民检察院的检察解释
        - （3）最高人民法院和最高人民检察院的联合解释
      - 2. 若审判解释和检察解释有原则性分歧时，应报全国人大常委会解释或决定
      - 3. 司法解释的基本作用是为司法机关适用法律审理案件提供说明，具体表现为
        - （1）对法律规定不够具体而使理解和执行有困难的问题进行解释，赋予比较概括、原则的规定以具体内容
        - （2）通过法律解释适应变化了的新的社会情况
        - （3）对适用法律中的疑问进行统一的解释
        - （4）对各级法院之间应如何依据法律规定相互配合审理案件，确定管辖以及有关操作规范问题进行解释
        - （5）通过解释活动，弥补立法的不足
      - 注意：法官在司法中所作的解释属于司法解释，不具备普遍约束力
- 法律推理与法律论证
  - 法律推理的概念
    - 法律推理的含义
      - 法律推理通常是指以法律与事实两个已知的判断为前提，运用科学的方法和规则，为法律适用提供正当理由的一种逻辑思维活动
      - 法律推理的应用范围广泛，立法、执法、司法、法律监督乃至公民的法律意识中都有法律推理的活动
    - 特征
      - 1. 法律推理是法律运用中的一种思维活动
      - 2. 法律推理以法律与事实为两个已知的判断作为推理的前提
      - 3. 法律推理运用多种科学的方法和规则进行
      - 4. 法律推理的目的是为法律提供正当理由
      - 5. 法律推理的结果往往涉及当事人的利害关系

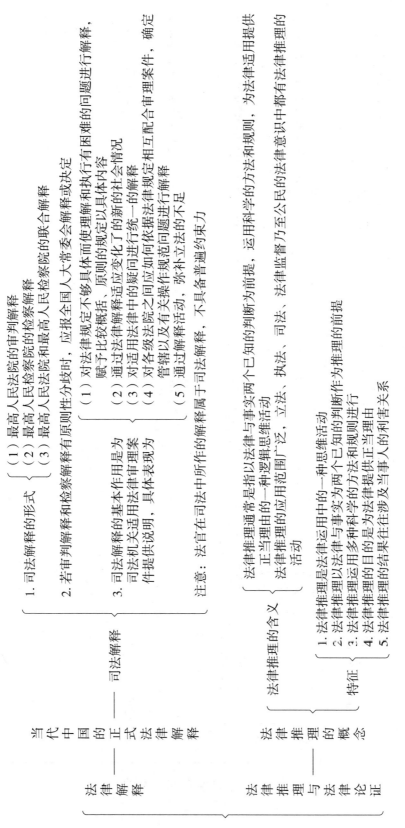

法律职业与法律方法

法律推理与法律论证

法律推理的方式

- 形式推理
  - 1. 演绎推理，是从一般到特殊的推理形式，即根据一般性的知识推出特殊性的知识的推理活动。演绎推理典型表现为三段论推理。三段论由大前提、小前提、结论构成。其中，大前提一般是法律规定，小前提是事实
  - 2. 归纳推理，是从个别事物或现象的知识推出该类事物或现象的一般原则的推理活动。英美的判例法就是运用了归纳推理方法。归纳推理是一种或然性推理，是从特殊到一般的推理
  - 3. 类比推理，是根据两个或两类对象的某些相同属性，推出它们在另一些属性方面也存在相同点的推理活动。类比推理也是一种或然性推理，将它运用到法律适用中，就是类推推理。
    - （1）它属于间接推理
    - （2）它是从特殊到特殊、从个别到个别的一种推理
    - （3）类推推理是根据两个或者两类对象在一些属性方面的相同，推出它们在另一些属性方面相同的结论
- 实质推理，又称辩证推理，它是指这样一种情形：当作为推理前提的是两个或两个以上相互矛盾的法律命题时，借助于辩证思维，从中选择出最佳的命题，以解决法律问题

法律论证的概念

- 含义：法律论证（legal argument），主要是指在司法过程中对判决理由的正当性、合法性或合理性进行论证，即在诉讼过程中，诉讼主体运用证据确定案件事实、得出结论的思维过程
- 特点
  - 法律论证理论是对传统法律教义学和解释理论的超越，即意识到法律三段论的局限，强调“法外”因素在法律正当性论证（证成）中的意义，属于演绎论证和归纳论证之外的似真论证（plausible argument），即合情理论证
  - 法律论证一般由两个部分组成，即法律问题和事实问题。法律论证的结论不是绝对的，具有可废止性（defeasibility），或称为可改写性或可证伪性

法律论证的正当性标准

- 一是内容的融贯性
- 二是程序的合理性
- 三是依据的客观性和逻辑有效性
- 四是论证结论的可接受性

法律关系 —— 法律关系概述

- 法律关系的概念
  - 法律关系的含义：法律关系是根据法律规范产生、以主体之间的权利与义务关系的形式表现出来的特殊社会关系，即在法律规范调整社会关系的过程中所形成的人们之间的权利和义务关系
  - 特征
    1. 法律关系是主体之间根据法律规范建立的一种社会关系，具有合法性
    2. 法律关系是体现国家意志性的特殊社会关系，同时具有客观性
    3. 法律关系是以法律上的权利义务为内容的社会关系
- 法律关系的分类
  - 基本法律关系、普通法律关系与诉讼法律关系
    - 划分依据 —— 按照法律关系所体现的社会内容的性质划分
    1. 基本法律关系是由宪法或宪法性法律文件所确认或创立的、直接反映该社会经济制度和政治制度基本性质的法律关系。其主要包括公民与国家的关系、国家机构之间的关系、中央与地方的关系、民族之间的关系、所有制关系和分配关系等内容
    2. 普通法律关系是依据宪法以外的法律而形成的，存在于各类权利主体和义务主体之间的法律关系。法律关系中的大部分是普通法律关系
    3. 诉讼法律关系是依据诉讼法律规范而形成的、存在于诉讼程序之中的法律关系。诉讼法律关系既存在于在诉讼程序中出现的各司法机关之间，也存在于各诉讼参与人之间，还存在于各司法机关和诉讼参与人之间
  - 平权型法律关系与隶属型法律关系
    - 划分依据 —— 按照法律关系主体的法律地位是否平等划分
    1. 平权型法律关系又称为横向法律关系，是存在于法律地位平等的当事人之间的法律关系。这种平权型的法律关系以民事法律关系最为典型
    2. 隶属型法律关系又称纵向法律关系，是一方当事人可依据职权而直接要求他方当事人为或不为一定行为的法律关系。大多数行政法律关系是典型的隶属型法律关系
  - 绝对法律关系与相对法律关系
    - 划分依据 —— 按照法律关系主体是否完全特定化划分
    1. 绝对法律关系指的是权利主体特定而义务主体不特定的法律关系。其表现形式是“一个人对一切人”，如财产所有权关系
    2. 相对法律关系是存在于特定的权利主体和特定的义务主体之间的法律关系。其表现形式是“某个人对某个人”，如债权关系
    - 注意：在这种划分中，权利主体都是特定的，仅根据义务主体是否特定进行划分
  - 此外，根据法律关系产生的依据、作用和实现规范的内容不同，可以将法律关系分为调整性法律关系和保护性法律关系

法律关系 —— 法律关系的构成要素 —— 法律关系的主体

- 概念：法律关系的主体是指法律关系的参加者，即法律关系中权利的享有者和义务的承担者
- 范围
  - 1. 自然人 —— 公民、外国人和无国籍人
  - 2. 法人 —— 企业法人、事业法人、机关法人、社团法人等
  - 3. 其他社会组织和国家
- 权利能力和行为能力
  - 权利能力是权利主体享有权利和承担义务的能力，它反映了权利主体取得享有权利和承担义务的资格
    - 公民的权利能力分为一般权利能力和特殊权利能力两种
      - 1. 一般权利能力为所有公民普遍享有，始于出生，终于死亡，如人身权利能力等
      - 2. 特殊权利能力须以一定的法律事实出现为条件才能享有，如参加选举的权利能力须以达到法定年龄为条件
    - 法人的权利能力始于法人依法成立，终于法人被解散或撤销
  - 行为能力是权利主体能够通过自己的行为取得权利和承担义务的能力。行为能力以权利能力为前提，自然人有权利能力并不一定有行为能力，法人的权利能力和行为能力是一致的
    - 1. 完全民事行为能力人 —— 年满 18 周岁以上的自然人；已满 16 周岁不满 18 周岁的未成年人，以自己的劳动收入为主要生活来源的，视为完全民事行为能力人
    - 2. 限制民事行为能力人 —— 已满 8 周岁的未成年人。限制民事行为能力人可以进行与他的年龄、智力相适应的民事活动，其他民事活动由他的法定代理人办理或经法定代理人的同意、追认
    - 3. 无民事行为能力人 —— 未满 8 周岁的未成年人，他的民事活动由其法定代理人代行
    - 4. 对于精神病人而言，不能完全辨认自己行为的成年人属于限制民事行为能力人，不能辨认自己行为的成年人属于无民事行为能力人

法律关系 —— 法律关系的构成要素

- 法律关系的客体
  - 概念：法律关系的客体是指法律关系主体之间权利和义务所指向的对象
  - 种类
    - 1. 物 —— 法律关系主体支配的、在生产和生活上所需要的客观实体。物权的客体是特定的物 —— 物理意义上的物要成法律关系的客体，须具备以下条件
      - （1）应得到法律的认可
      - （2）应为人类所认识和控制
      - （3）能够给人们带来某种物质利益，具有经济价值
      - （4）须具有独立性
    - 2. 行为 —— 债权的客体是债务人的特定行为（给付）
    - 3. 智力成果
    - 4. 人身利益
- 法律关系的内容
  - 概念：法律关系的内容，是指法律关系主体在一定条件下依照法律或约定所享有的权利和承担的义务，是人们之间利益的获取或付出的状态
  - 法律权利和法律义务
    - 1. 法律权利 —— 作为法律关系主体即权利主体或享有权利人，依法具有自己这样行为或不这样行为，要求他人这样行为或不这样行为的能力或资格
    - 2. 法律义务 —— 作为法律关系主体即义务主体或承担义务人，依法应这样行为或不这样行为的限制和约束
  - 法律权利和法律义务的相互关系 —— 法律权利和法律义务是一对表征法律主体关系和状态的范畴，是法学范畴体系中最基本的范畴。义务是权利的关联词或对应词，两者相辅相成，有权利即有义务，有义务即有权利，没有无权利的义务，也没有无义务的权利，二者互为目的，互为手段。从本质上看，权利是指法律所保护的某种利益；从行为方式的角度看，它表现为要求权利相对人可以怎样行为，必须怎样行为或不得怎样行为。权利的实现离不开义务的履行，它反映着主体在社会关系中独立自主和相互协作的关系的状态。人是社会生活的主体，也是社会发展的主体，同时，人又是社会发展所要保护和实现的目标

法律关系——法律关系的产生、变更与消灭

法律关系产生、变更与消灭的概念和条件

- 概念
  - 法律关系的产生、变更和消灭称为法律关系的演变
  - 法律关系的产生指的是在主体之间出现了权利、义务关系
  - 法律关系的变更指的是法律关系的主体、客体或内容中的任何一项发生了变化
  - 法律关系的消灭指的是主体之间的权利、义务关系完全终止
- 条件
  - 1. 抽象的条件——法律规范的存在，是法律关系形成、变更与消灭的前提和依据
  - 2. 具体的条件——法律事实的存在，是法律规范中假定部分所规定的各种情况，一旦这种情况出现，法律规范中有关权利和义务的规定以及有关行为法律后果的规定就发挥作用，从而使一定的法律关系产生、变更或消灭

法律事实

- 定义：法律事实是能够引起法律关系产生、变更或消灭的各种事实的总称
- 特点
  - 1. 法律事实是一种规范性事实
  - 2. 法律事实是一种能用证据证明的事实
  - 3. 法律事实是一种具有法律意义的事实
- 法律事实的分类
  - 1. 法律事件和法律行为（按照法律事实是否与当事人的意志有关进行划分）
    - （1）法律事件是指与当事人的意志无关的，能够引起法律关系产生、变更或消灭的事实，如人的自然死亡、时间流逝、自然灾害、战争、革命等。注意：并非完全与人的意志无关，而仅仅是与当事人的意志无关
    - （2）法律行为是指与当事人的意志有关的，能够引起法律关系产生、变更或消灭的作为和不作为
  - 2. 单一的法律事实和事实构成（按照引起法律后果所需要的法律事实是单数形式还是复数形式进行划分）
    - （1）单一的法律事实是指无需其他事实出现就能单独引起某种法律后果的法律事实，如出生、死亡、放弃债权等
    - （2）事实构成是指数个事实同时出现才能引起法律后果的法律事实，如遗嘱继承等

法律责任与法律制裁

- 法律责任
  - 法律责任的概念
    - 法律责任的含义
      - 法律责任是指因违反了法定义务或契约义务，或不当行使法律权利、权力所产生的，由行为人承担的不利后果
      - 产生法律责任的原因主要有三类：违法行为、违约行为和法律规定
    - 法律责任的特点
      - 1. 法律责任首先表示一种因违反法律上的义务（包括违约等）关系而形成的责任关系，它是以法律义务的存在为前提的
      - 2. 法律责任还表示为一种责任方式，即承担不利后果：补偿与制裁
      - 3. 法律责任的追究是由国家强制力实施或者潜在保证的
    - 法律责任的分类
      - 民事责任
        - 1. 民事责任是指行为人由于违反民事法律、违约或者由于民法规定所应承担的一种法律责任
        - 2. 民事责任主要是一种救济责任，其功能主要在于救济当事人的权利，赔偿或补偿当事人的损失
        - 3. 民事责任主要是一种财产责任，如赔偿损失、支付违约金等都是以财产为内容的
        - 4. 在法律允许的情况下，民事责任可以由当事人协商解决
        - 5. 民事责任可以分为违约责任和侵权责任
      - 刑事责任
        - 1. 刑事责任是指行为人因其犯罪行为所必须承受的，由司法机关代表国家所确定的否定性法律后果
        - 2. 刑事法律是追究刑事责任的唯一法律依据
        - 3. 刑事责任是一种惩罚性的责任，是所有法律责任中最严厉的一种
        - 4. 刑事责任不存在无过错责任的问题
        - 5. 刑事责任通常由个人承担，也有一些刑事责任由法人或组织承担
      - 行政责任
        - 1. 行政责任是指因违反行政法规定或因行政法规定而应承担的法律责任
        - 2. 承担行政责任的主体是行政主体和行政相对人
        - 3. 我国行政责任大体可以分为以下四类
          - （1）一般公民、法人违反一般经济（行政）管理法律、法规而应承担的法律责任
          - （2）无过错行政责任
          - （3）行政机关工作人员违法失职而应承担的法律责任，即行政处分
          - （4）行政机关及其工作人员在行政诉讼败诉后产生的行政责任
      - 违宪责任
        - 1. 违宪责任是指由于有关国家机关制定的某种法律和法规、规章与宪法规定相抵触，或有关国家机关、社会组织或公民从事了与宪法规定相抵触的活动而产生的法律责任
        - 2. 违宪责任产生的原因是违宪行为

法律责任与法律制裁

法律责任

法律责任的构成

- 责任主体
  1. 责任主体是指违法主体或承担法律责任的主体
  2. 责任主体必须具有法定责任能力，能够成为违法主体并且承担法律责任的自然人必须是达到法定年龄并具有责任能力的人
  3. 能够成为违法主体并且承担法律责任的组织必须是能够独立承担民事责任和行政责任或具备刑事责任能力的法人或组织
- 主观过错
  1. 主观过错指承担法律责任的主体在主观上存在的故意或者过失。但是某些责任不以过错为要件
  2. 在刑事法律领域，行为人故意或过失的心理状态是判定其主观恶性的重要依据，也是区别罪与非罪、此罪与彼罪、罪轻与罪重的重要依据
  3. 在民事法律领域，故意和过失被统称为过错，是构成一般侵权行为的要素
  4. 在行政法律领域，实行过错推定的方法，一般只要行为人实施了违法行为就视其主观有过错，法律另有规定的除外
- 违法行为
  1. 违法行为是指违反法律所规定的义务、超越权利的界限行使权利以及侵权行为的总称。广义上的违法行为包括犯罪行为和一般违法行为，狭义上的违法行为仅指除犯罪以外的一般违法行为
  2. 一般情形下，违法行为是法律责任产生的前提，没有违法行为就没有法律责任；特殊情形下，法律责任的承担不以违法行为为构成条件，而是以法律规定为构成条件
- 损害结果
  1. 损害结果是指由于违法行为所导致的损失和伤害的事实，包括对人身、财产、精神（或者三方面兼有）的损失和伤害
  2. 损害应当具有确定性，即损害结果必须是一个确定的现实存在的事实，是业已发生的而不是即将发生的
  3. 损害必须根据社会的一般观念和公众意识予以认定
- 因果关系
  1. 法律责任上的因果关系是指违法行为与损害结果之间的因果关系
  2. 法律归责原则上要求证明违法行为与损害结果之间的因果关系
  3. 缺乏因果关系构成要件，则不能对违法行为进行归责

归责与免责 —— 含义

- 归责即法律责任的归结，是指由特定的国家机关或国家授权的机关依法对违法行为所引起的法律责任进行判断和确认
- 免责指的是行为人实施了违法行为，应当承担法律责任，但由于法律的特别规定，可以部分或全部免除其法律责任，即不实际承担法律责任

法律责任与法律制裁 —— 法律责任 —— 归责与免责

- 归责原则
  - 责任法定原则
    - 1. 责任法定原则，是指法律责任作为一种否定的法律后果应当由法律规范预先规定，包括在法律规范的逻辑结构之中，当出现违法行为或法定事由的时候，按照事先规定的责任性质、责任范围、责任方式追究行为人的责任
    - 2. 责任法定原则的内容包括
      - （1）刑事法律是追究刑事责任的唯一法律依据，罪刑法定
      - （2）由特定的国家机关或国家授权的机关归责
      - （3）反对责任擅断
      - （4）反对有害追溯
      - （5）允许人民法院行使自由裁量权，准确认定和归结行为人的法律责任
  - 因果关系原则
    - 1. 在认定行为人违法责任之前，首先应当确认行为与危害或损害结果之间的因果关系
    - 2. 在认定行为人违法责任之前，其次应当确认意志、思想等主观方面因素与外部行为之间的因果关系
    - 3. 在认定行为人违法责任之前，最后应当区分这种因果关系是必然的还是偶然的，是直接的还是间接的
  - 责任与处罚相称原则
    - 1. 法律责任的性质与违法行为的性质应当相适应
    - 2. 法律责任的轻重和种类应当与违法行为的危害或者损害相适应
    - 3. 法律责任的轻重和种类还应当与行为人的主观恶性相适应
  - 责任自负原则
    - 1. 违法行为人应当对自己的违法行为负责
    - 2. 不能让没有实施违法行为的人承担法律责任，即反对株连或变相株连
    - 3. 要保证责任人受到法律追究，也要保证无责任者不受法律追究，做到不枉不纵
- 免责
  - 1. 时效免责 —— 超过诉讼时效免责，民法和刑法有所不同
  - 2. 不诉免责 —— 告诉才处理、不告不理
  - 3. 自首、立功免责 —— 主要是刑法规定
  - 4. 有效补救免责 —— 在国家机关归责前及时采取补救措施的人，可以部分或全部免责
  - 5. 自助免责 —— 自助行为可以部分或全部免责
  - 注意：精神失常、正当防卫、紧急避险等，在法理学上属于无责任的事由而非免责事由

法律责任与法律制裁——法律制裁

法律制裁的概念

- 法律制裁是由特定的国家机关对违法者（或违约者）依其所应承担的法律责任而实施的强制性惩罚措施
- 注意：法律责任并不等于法律制裁，有法律责任并不一定就有法律制裁

法律制裁的种类

刑事制裁

1. 刑事制裁是司法机关对于犯罪者根据其所应承担的刑事责任而确定和实施的强制性惩罚措施
2. 刑事制裁以刑罚为主，承担刑事责任的主体既可以是公民，也可以是法人或非法人组织
3. 根据我国《刑法》规定，刑罚分为主刑和附加刑两类。主刑包括管制、拘役、有期徒刑、无期徒刑、死刑。附加刑包括罚金、剥夺政治权利和没收财产。刑罚是一种最严厉的法律制裁

民事制裁

1. 民事制裁是由人民法院确定并实施的，对民事责任主体依其所应承担的民事责任而给予的强制性惩罚措施
2. 我国现行民事制裁的方式主要有停止侵害，排除妨碍，消除危险，返还财产，恢复原状，修理、重做、更换，赔偿损失，支付违约金，消除影响、恢复名誉、赔礼道歉
3. 人民法院审理民事案件，除适用以上制裁方式外，还可以对违法者予以训诫、责令具结悔过、收缴进行非法活动的财物和非法所得等
4. 民事制裁是以财产关系为核心的、适用范围最为广泛的法律制裁形式

行政制裁

1. 行政制裁是指国家行政机关对行政违法者所实施的强制性惩罚措施
2. 根据行政违法的社会危害程度、实施制裁的方式等不同，行政制裁又可分为行政处分、行政处罚两种
   - （1）行政处分是国家行政机关或其他组织依照行政隶属关系，对于违法失职的国家公务员或所属人员实施的惩罚措施，主要有警告、记过、记大过、降级、降职、开除等形式
   - （2）行政处罚是由特定机关对违反行政法规的公民或社会组织实施的惩罚措施，其处罚方式主要有警告、罚款、没收财产、责令停产停业、吊销营业执照、停发许可证、行政拘留等

注意：行政处分是针对行政机关工作人员的，行政处罚是针对行政相对人的

违宪制裁

1. 违宪制裁是对违宪行为所实施的一种强制措施
2. 在我国，监督宪法实施的全国人民代表大会及其常务委员会是行使违宪制裁权的机关，承担宪法责任的主体主要是国家机关及其领导干部
3. 制裁措施有撤销或改变同宪法相抵触的法律、行政法规、地方性法规，罢免违宪的国家机关领导成员等
4. 违宪制裁是具有最高政治权威的制裁

法治 —— 法治概述 —— 法治的概念

- 法治的内涵
  - 法治的含义：法治是一种治国方略，是依法办事的原则，是将国家权力的行使和社会成员的活动纳入完备的法律规则系统
  - 法治的意义
    1. 法治意指一种治国方略或社会调控方式，在这个意义上，法治是相对于人治而言的
    2. 法治意指依法办事的原则，法治作为一个动态的或能动的社会范畴，其基本的意义是依法办事
    3. 法治意指良好的法律秩序，无论是作为治国方略，还是作为依法办事的原则，法治最终要表现为一种良好的法律秩序
    4. 法治代表某种包含特定价值规定性的社会生活方式，法治不是单纯的法律秩序，而是有特定价值基础和价值目标的法律秩序
- 法治与法制
  - 法制的含义
    - 法制是立法、执法、司法、守法和法律监督的总称
    - 静态意义上的法制指法律和制度，动态意义上的法制指立法、执法、司法、守法和法律监督的活动和过程
  - ★★法治与法制的区别
    1. 法治不仅包括形式意义上的法律制度及其实施，更强调实质意义上的法律至上、权利保障的内涵；而法制侧重于形式意义上的法律制度及其实施
    2. 法治关注法律制度的内容，讲究“良法”之治，强调法律的至高权威，强调法律的公正性、稳定性、普遍性、公开性和平等性，以及对权力的制约与对人权的保障；而法制侧重于关注法的规范性和有效性，要求严格依法办事，以实现立法者期望的法律秩序，对法律本身的内容和价值取向并无特殊的规定性。只要有法律和制度存在就有法制存在，但这不一定就是法治
    3. 法治与人治相对立，法治要求“法律的统治”，将法律置于统治者的权力之上，要求公共权力必须依法取得和行使；而法制与人治并不截然对立，历史上的专制君主和法西斯独裁统治者为了建立有利于他们的统治秩序，也可以在一定时期建立或推行法制
    4. 法治的政治基础是民主政治，其根本意义在于制约国家权力，以确认和保障公民的权利和自由，实现公民对国家和社会事务的管理。在没有民主和宪政的时代，不可能有真正的法治；法制的问世先于法治，早在没有民主和宪政的时候，就已经存在法制

法治 —— 法治概述 —— 法治的概念

- 法治与人治
  - 人治的含义：人治指的是依靠执政者个人的贤明治理国家，也被称为贤人政治
  - 法治与人治的区别
    1. 法治是民主政治；而人治一般是君主专制或贵族政治
    2. 法治依据的是反映众人意志的法律；而人治依据的是统治者个人或少数人的意志
    3. 当法律与当权者个人的意志发生冲突时，法治国家中的法律高于个人意志；而在人治国家中则相反
    4. 法治追求稳定的、可预期的秩序状态，这与现代市场经济的要求相适应；而人治很容易导致因人施政、因人设事，国家制度因为领导人的改变而改变，因为领导人注意力的改变而改变
    5. 法治的基本精神是法律面前人人平等；而人治容易导致特权和等级制度
- 法治与民主
  - 法治与民主的一般关系
    1. 在法治社会中，民主是法治不可分割的一部分，法治支持民主，民主也兼容法治。既不能抛开民主片面地强调法治，也不能脱离法治的轨道片面地强调民主
    2. 法治是一种以民主宪政为核心的政治法律制度，法治与民主息息相关，没有民主就没有法治
    3. 从民主的发展史来看，民主理念要在国家统治中得到实现，离不开法治
  - ★社会主义法治与民主的关系
    - 社会主义民主是社会主义法治的前提，社会主义法治是社会主义民主的保障
    - 社会主义民主是社会主义法治的前提（或基础）
      - 第一，从民主作为一种国家制度来看，社会主义民主是社会主义法治的政治前提或基础
      - 第二，从民主作为一种公共决策方法和机制来看，社会主义民主决定着法的创制的质量
      - 第三，社会主义民主是社会主义法治的力量源泉
      - 第四，社会主义民主在促进社会主义法治发展方面也有重大作用
    - 社会主义法治是社会主义民主的保障
      - 第一，社会主义法治确认人民群众当家作主的地位，确认国家的基本民主体制及其活动原则的合法性
      - 第二，社会主义法治确认和保障广大人民群众享有广泛的民主权利和自由，为政治参与提供畅通的渠道
      - 第三，社会主义法治确认和规范社会主义民主的范围以及实现社会主义民主的程序和方式
      - 第四，社会主义法治是保卫社会主义民主的重要武器

法治 —— 法治概述 —— 法治的基本原则

- 法律至上原则（最基本要求）
  1. 法律至上是法治区别于人治的根本标志，也是法治的首要条件
  2. 法律至上原则是指法律具有至高无上的地位与权威的法治原则，它是法治中最基本的重要原则，其中宪法至上是法律至上原则的核心
  3. 不确立法律至上原则，即使法律完全建立在民主基础上，也仅是“纸上的法律”，人权保障、法律面前人人平等、政府权力受制约等原则均无法实现
  4. 法律至上原则意在强调法律在整个社会规范体系中具有至高无上的地位，其他任何社会规范都不能否定法的效力或与法相冲突
- 权利保障原则
  1. 权利保障原则的内容主要包括国家尊重和保障人权、法律面前人人平等和权利与义务相一致。法治的所有价值目标都可以归结为国家充分尊重和保障人权，促进公民自由意识和能力的提高。充分尊重和保障人权是法治的终极性的目的价值
  2. 法律面前人人平等是民主和法治的基本要求，法治原则不仅要求法律适用上人人平等，还要求在立法上平等分配各种社会资源
  3. 法治原则要求在法的制定和实施过程中贯彻主体的权利与义务相一致原则。国家在权利和义务的分配上、社会主体在权利和义务的享有和承担上都要考虑权利与义务相一致原则
- 权力制约原则
  1. 法制内在地要求对国家权力进行合理的分配和有效的制约
  2. 之所以强调权力的分工和制约，是因为法治的目的就在于运用法律防止国家权力的专横、恣意和腐败，保障公民的权利和自由
  3. 法治所强调的对国家权力进行制约，是权力之间的相互制约，包括立法权、行政权和司法权之间的制约，也包括各项具体职权之间的制约
  4. 法治原则特别强调对国家行政权力的制约，要求严格依法行政。行政权力行使的广泛性、主动性和强制性、单方面性等都使得对行政权的约束成为法治的重点
- 正当程序原则
  1. 正当程序原则包含不能做自己的法官和听取当事人的意见两项具体的内容
  2. 正当程序原则的理论根据主要是自然公正原则。自然公正原则认为，任何权力的行使都必须公正，对涉及当事人利益的事项作出裁判要听取当事人的意见，平等地对待各方当事人，不偏袒任何一方
  3. 正当程序原则主要是针对国家公权力而言的，即国家机关在行使权力时，应当按照公正的程序，采取公正的方法进行

法治——法治概述——社会主义法治

- 含义：社会主义法治的核心内容就是要实行依法治国。依法治国，就是广大人民群众在党的领导下，依照宪法和法律规定，通过各种途径和形式管理国家事务，管理经济文化事业，管理社会事务，保证国家各项工作都依法进行，逐步实现社会主义民主的制度化、法律化，使这种制度和法律不因领导人的改变而改变，不因领导人看法和注意力的改变而改变
- ★★★社会主义法治理念的基本内容
  - 依法治国是社会主义法治的核心内容——依法治国是中国共产党领导人民治理国家的基本方略。树立依法治国的理念，就是在全社会和全体公民、特别是执法者中养成自觉尊重法律、维护法律权威、严格依法办事的思想意识，使广大人民群众在党的领导下依照宪法和法律规定，通过各种途径和形式管理国家事务，管理经济文化事务，管理社会事务，保证国家各项工作的依法进行，逐步实现社会主义民主政治的规范化、程序化和法制化
  - 执法为民是社会主义法治的本质要求
    - 1. 执法为民就是按照邓小平理论、“三个代表”重要思想、科学发展观、习近平新时代中国特色社会主义思想的本质要求，把实现好、维护好、发展好最广大人民的根本利益，作为政法工作的根本出发点和落脚点，在各项政法工作中切实做到以人为本、执法公正、一心为民
    - 2. 执法为民理念的理论基础和现实意义表现
      - （1）执法为民是党“立党为公、执政为民”的执政理念对政法工作的必然要求
      - （2）执法为民是“一切权力属于人民”的宪法原则在政法工作中的要求和体现
      - （3）执法为民是政法工作始终保持正确政治方向的思想保证
    - 3. 执法为民必须做到：一切为了人民；走群众路线；尊重和保障人权
  - 公平正义是社会主义法治的价值追求
    - 1. 公平正义是政法工作的生命线，它是指社会成员能够按照法律规定的方式公平地实现权利和义务，并受到法律的保护
    - 2. 树立公平正义理念，需要准确把握以下四个方面的内容：合法合理、平等对待、及时高效、程序公正

法治——法治概述——社会主义法治

- ★★★社会主义法治理念的基本内容
  - 服务大局是社会主义法治的重要使命
    - 1. 要树立大局观念，坚持自觉服从服务于党和国家的工作大局和社会主义经济建设
    - 2. 保障社会主义经济建设、政治建设、文化建设、和谐社会建设
    - 3. 要处理好服务大局与严格依法履行职责的关系
    - 4. 要处理好全局利益与局部利益的关系
    - 5. 要处理好执法的法律效果和社会效果之间的关系
  - 党的领导是社会主义法治的根本保证
    - 1. 牢固树立坚持党的领导的理念，要正确认识和处理三个关系
      - （1）正确认识坚持党的领导、人民当家作主和依法治国的关系
      - （2）正确认识贯彻落实党的方针政策与执行国家法律的关系
      - （3）正确认识坚持党的领导与司法机关依法独立行使职权的关系
    - 2. 要自觉把执行党和国家的政策与执行法律统一起来，既要防止用政策代替法律，也要坚持以党和国家的政策、策略为指导，坚定不移地依靠和接受党的领导和监督
    - 3. 要坚持把党的领导与严格依法办事有机结合起来
- 法治思维与法治方式
  - 法治思维
    - 1. 法治思维是指按照社会主义法治的逻辑来观察、分析和解决社会问题的思维方式，它是将法律规定、法律知识、法治理念付诸实施的认识过程
    - 2. 法治思维是将法律作为判断是非和处理事务的准绳，它要求崇尚法治、尊重法律，善于运用法律手段解决问题和推进工作
      - 目的是否合法
      - 权限是否合法
      - 内容是否合法
      - 手段是否合法
      - 程序是否合法
    - 3. 法治思维还可以从以下四个方面进行理解
      - 第一，法治思维是规则思维
      - 第二，法治思维是平等思维
      - 第三，法治思维是权力受制约思维
      - 第四，法治思维是程序思维
  - 法治方式——法治方式与法治思维是内在和外在的关系，法治方式就是法治思维实际作用于人的行为的外在表现。法治思维影响和决定着法治方式

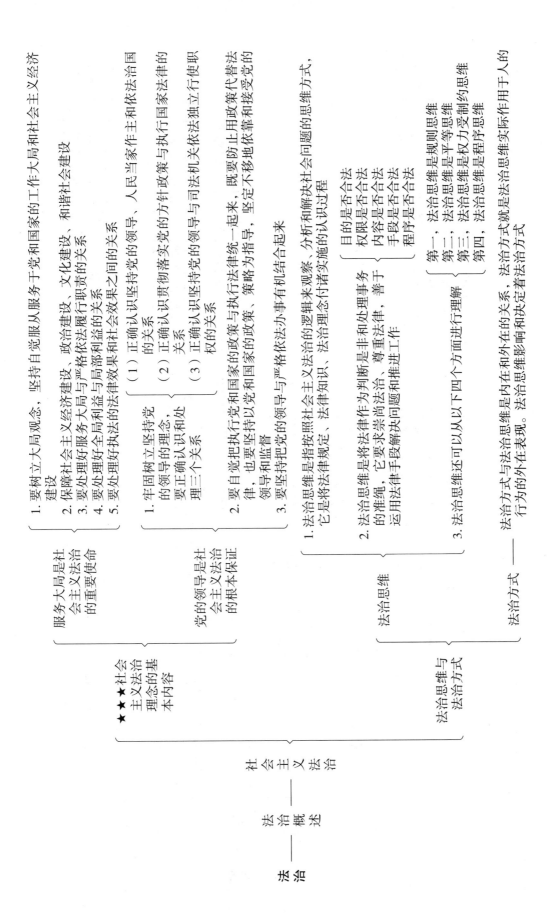

- 法治——全面依法治国
  - ★★★全面依法治国的意义、目标与原则
    - 重要意义
      - 第一，依法治国是坚持和发展中国特色社会主义的本质要求和重要保障
      - 第二，依法治国是实现国家治理体系和治理能力现代化的必然要求
      - 第三，依法治国事关我们党执政兴国，事关人民幸福安康，事关党和国家长治久安
      - 第四，依法治国也是全面建成小康社会、实现中华民族伟大复兴的中国梦的必然要求
      - 第五，依法治国是全面深化改革、完善和发展中国特色社会主义制度，提高党的执政能力和执政水平的必然要求
    - 总目标——建设中国特色社会主义法治体系，建设社会主义法治国家
    - 基本原则
      - 第一，坚持中国共产党的领导
      - 第二，坚持人民主体地位
      - 第三，坚持法律面前人人平等
      - 第四，坚持依法治国和以德治国相结合
      - 第五，坚持从中国实际出发
  - 全面依法治国的基本格局
    - 1. 科学立法是法治的前提。在中国特色社会主义法律体系形成之后，提高立法质量成为立法的中心任务。科学立法，一是要尊重客观规律，二是要体现民意，三是要切合实际，四是要完善程序，五是要符合科学
    - 2. 严格执法是对行政机关的正当要求，是指行政机关应当严格、严明和严肃地执行国家法律
    - 3. 公正司法是对司法机关的基本要求。司法是正义的最后防线，也是法治的生命线
    - 4. 全民守法是法治建设的基础工程，法治根系于社会大众对法律的信守和遵从
  - 全面依法治国的基本途径——坚持依法治国、依法执政、依法行政共同推进——1. 依法治国是党和人民治国理政的根本方略，是以法律权威至上为核心、以权力制约为机制、以人权保障为目标的治理模式。中国特色社会主义法治国家所要推进的依法治国，其主体是广大人民群众，其内涵则与前述社会主义法治的含义相同

- **法治**——全面依法治国
  - 全面依法治国的基本途径
    - 坚持依法治国、依法执政、依法行政共同推进
      - 2. 依法执政是中国共产党的执政方式在新时期的重要转变，是指党依据宪法和法律以及党内法规体系治国理政和管党治党，实现党和国家政治生活的法律化、制度化、规范化
        - 一是党领导立法，保证党的主张和意志通过法定程序上升为国家意志
        - 二是依照宪法和法律，党领导国家政权，运用国家政权，实现党的宗旨、目标和任务
        - 三是保证和支持行政机关依法严格执法、司法机关公正司法，确保民主的法律化、制度化
        - 四是带头遵守宪法法律，自觉维护宪法法律权威
        - 五是通过依法执政的体制机制改革，自觉提升运用法治思维和法治方式执政的意识和能力
        - 六是依法保障和规范党的机关和党员干部执掌和运用权力的行为，反对以言代法、以权废法、徇私枉法
      - 3. 依法行政是指各级政府在党的领导下、依法行使行政管理权和依法执行法律——以合法性原则为基本指导，坚持法定职责必须为、法无授权不可为、违法行为必追究
    - 坚持法治国家、法治政府、法治社会一体建设
      - 1. 法治国家是全面依法治国的根本目标。法治国家是指依法赋予、运行和制约国家权力，通过公正司法和严格执法来维护法律权威并实现人民权利的国家存在形式。一个成熟的法治国家首先是依法治理的国家。具体包括：其一，法律之治是法治国家的第一要件；其二，权力制约；其三，注重程序；其四，法律权威；其五，人权保障；其六，良法善治
      - 2. 法治政府是政府依据宪法法律设立、政府权力法定、政府决策和行为严格依据法律程序进行并对其后果承担相应责任的政府。政府依法行政和严格执法，是法治的重心。《中共中央关于全面推进依法治国若干重大问题的决定》指出："加快建设职能科学、权责法定、执法严明、公开公正、廉洁高效、守法诚信的法治政府"
      - 3. 法治社会是社会依法治理、社会成员人人崇尚法治和信仰法治、社会组织依法自治、社会秩序在法治下和谐稳定的社会。全面依法治国，必须推进法治社会建设。具体包括：第一，全社会树立法治意识；第二，社会组织多层次、多领域依法治理；第三，党和国家依据宪法法律治理社会
  - 建设中国特色社会主义法治体系
    - 第一，形成完备、良善的法律规范体系
    - 第二，形成公正高效的法治实施体系
    - 第三，形成科学严密的法治监督体系
    - 第四，形成充分有力的法治保障体系
    - 第五，形成完善的党内法规体系——这是党中央针对全面从严治党的新战略提出的全新主张，也是依法治国与依规治党相结合的具体体现。党在新时期既要坚持全面依法治国与依法执政，又要坚持全面从严治党，在从严治党问题上必须从源头上抓起，不断完善党内法规

法与社会

法与社会的一般关系

- 法与社会的相互作用
  - 社会是法律产生与形成的基础——法是社会的产物。社会性质决定法律性质，社会物质生活条件最终决定着法律的本质。法以社会为基础，不仅指法律的性质与功能决定于社会，而且指法律变迁与社会发展的进程基本一致
  - 法律是社会关系的调整器
    - 首先，法对社会的调整，是通过调和社会各种冲突的利益，进而保证社会秩序得以确立和维护。所有其他的社会调整手段必须从属于法律调整手段或者与之相配合，并在法律确定的范围内行使
    - 其次，法对社会的调整，还表现为通过法律对社会机体的疾病进行疗治
- 法与社会和谐、社会治理
  - 当代中国法在建构和谐社会中的地位
    1. 和谐社会的构建必须借助于法律制度的推动与保障
    2. 如果法律制度完善而且合理，社会成员就可能和睦相处，社会关系就可能和谐顺畅。反之，如果法律制度欠缺失当，社会成员之间则可能冲突频发，社会关系必然扭曲动荡
    3. 法律是整个社会关系调节器的重心，在构建和谐社会的进程中居于支配地位，起着关键作用
    4. 法律具有国家强制性，能为处理好建构和谐社会的各种关系提供强有力的保证
  - 当代中国社会主义法在构建社会主义和谐社会中的作用
    - 第一，法对于社会主义民主的实现具有重要作用
    - 第二，法通过确认并保障正义标准的实现，协调主体之间的利益关系
    - 第三，法可以为诚信友爱的实现提供良好的制度环境
    - 第四，法为激发主体的活力创造制度条件
    - 第五，法为维护社会的安定和秩序提供有力保障
    - 第六，法协调人与自然的关系，为经济发展与自然环境的和谐提供制度支持

法与社会 —— 法与社会的一般关系 —— 法与社会和谐、社会治理 —— 当代中国社会主义法治在社会治理中的作用

- 更加注重发挥法治在国家治理和社会管理中的重要作用，既是我们党深刻总结执政历程得出的宝贵经验，也是新形势下全面贯彻落实依法治国基本方略的现实要求，具有丰富的思想理论性和很强的现实针对性，对推进社会主义法治建设具有重大意义
- 第一，法制的统一、尊严和权威，是实现社会治理、发挥法治作用的前提和保障。改革开放以来，我国积极推动社会主义法治建设，法治在国家治理和社会管理中的作用越来越突显
- 第二，加强宪法和法律实施，有助于实现社会治理。我国已经形成了中国特色社会主义法律体系，总体上解决了无法可依的问题，当前加强宪法和法律的实施显得更为重要和紧迫
- 第三，深化司法体制改革，确保司法公正，有助于实现社会治理。司法是公平正义的最后一道防线，如果司法防线出现漏洞，则社会公平正义得不到保障，直接打击人民对司法的信心，影响法制的尊严和权威。确保司法公正，必须深化司法体制改革，建设公正、高效、权威的社会主义司法制度
- 第四，弘扬法治精神，有助于人们在社会治理中树立社会主义法治精神。法治观念是人们对法治的尊崇和信仰，是建立法治社会、发挥法治作用的思想基础

法与社会

- 法与社会的一般关系
  - 法与社会发展
    - 法律助推五大社会发展理念，体现和保障创新、协调、绿色、开放、共享的社会发展
    - 第一，依法实施创新驱动发展战略
    - 第二，依法增强社会发展的整体协调性
    - 第三，依法推进人与自然和谐共生的绿色发展观
    - 第四，依法形成对外开放的发展新体制
    - 第五，依法践行以人民为中心的共享发展思想
- 法与经济
  - 法与经济基础
    - 经济基础对法的决定作用
      - 1. 经济基础决定法的性质，法的性质是由生产资料所有制的性质决定的
      - 2. 经济基础决定法的基本内容
      - 3. 经济基础的发展变化决定法的发展变化
    - 法对经济基础的反作用
      - 1. 法对经济基础具有选择和确认作用
      - 2. 法对经济基础具有加速或延缓其发展的作用
      - 3. 法对经济基础具有保障和促进作用
      - 4. 法对生产关系的某些方面具有否定、阻碍或限制作用
  - 法与科技
    - 科技对法的影响
      - 1. 科学技术影响法的内容，成为法律规定的重要依据
      - 2. 科学技术的发展扩展了法律调整的领域
      - 3. 科学技术的发展引起了有关的传统法律概念和原则的变化
      - 4. 科学技术的发展完善了法律调整机制，为立法和执法提供了新的技术和手段，对法的制定和实施产生重大影响
    - 法对科技的作用
      - 1. 法保证科学技术的顺利发展有良好的社会环境
      - 2. 法为组织科学技术活动提供必要的准则
      - 3. 法是鼓励科学技术发展的有效手段
- 法与政治
  - 法与国家的关系
    - 国家是法律存在的政治基础 —— 国家权力是法的支持和保障
      - 第一，国家是法的产生和发展直接的推动力之一
      - 第二，国家权力是创制法的直接力量
      - 第三，国家权力以其强制力参与和保障法的实现
    - 法律也对国家权力起到支持和制约的作用 —— 法律不完全依附于国家，而具有相对于国家权力的独立性
      - 第一，法确认国家权力的合法性
      - 第二，通过法来组织和完善国家权力机构体系
      - 第三，通过法律制约和监督国家权力的运行
      - 第四，法有助于提高国家权力运行的效率

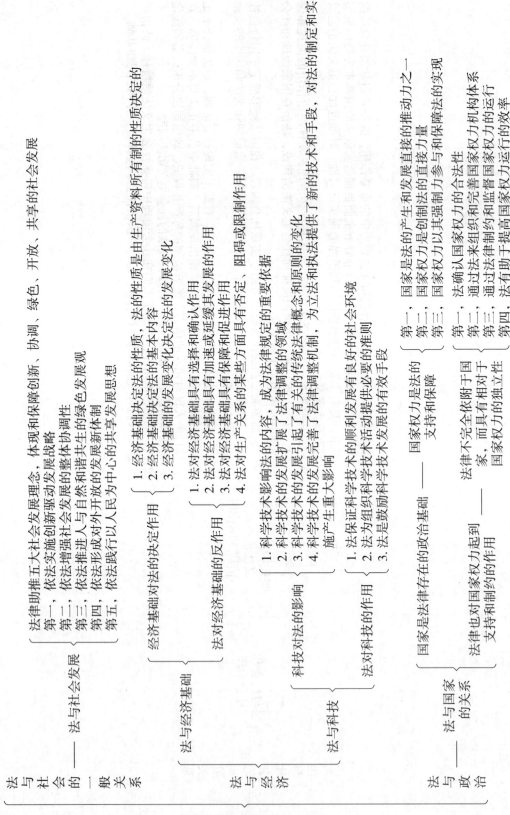

法与社会——法与政治

- 法与政治的关系
  - 1. 政治对法具有影响和制约作用
  - 2. 法对政治具有确认、调整和影响作用
    - （1）在法与政治体制方面，分权型权力结构中，权力的配置和行使都须以法为依据
    - （2）在法与政治功能方面，法不仅贯穿经济关系反映和凝聚为政治关系的过程，且将利益和各种社会资源的权威性分配以规范、程序和技术性形式固定下来，使之具有形式上共同认同的性质，并因此具有形式上的正统性
    - （3）在法与政治角色的行为方面，国家机构、政治组织、利益集团等政治角色行为和活动的程序性和规范性都受到法的控制
    - （4）在法与政治运行和发展方面，政治运行的规范化，政治发展中政治生活的民主化和政治体系的完善化，离开法的运作都无从谈起
- 法与政策的关系
  - 社会主义法与执政党政策的一致性和区别
    - 一致性
      - 1. 它们都产生并服务于社会主义社会的经济基础
      - 2. 它们都体现着广大劳动人民的意志和要求
      - 3. 它们的基本指导思想和价值取向是一致的
      - 4. 它们所追求的社会目的从根本上说也是一致的
    - 区别
      - 1. 意志属性不同。法代表着一种国家意志，它对全体人民具有普遍效力；党的政策代表着全党的意志，其效力只及于党的组织和成员
      - 2. 表现形式不同。法表现为国家的规范性法律文件或国家认可的其他渊源形式；而政策表现为党的决议、决定、通知、规定等党内文件。法律必须是公开的；而党的一些政策则不宜向社会公开
      - 3. 实施的途径和保障方式不同。法是由国家强制力来保证实施的，违法行为由国家专门机关依法追究法律责任；而政策主要依靠党员的忠诚和广大人民群众的信赖和党纪来实现
      - 4. 稳定性程度和程序化程度不同。法具有较高的稳定性；而政策在制定和实施中都具有更大的灵活性、更快的变动性
  - 社会主义法与执政党政策的相互关系
    - 1. 执政党政策是社会主义法的核心内容
    - 2. 社会主义法是贯彻执政党政策，完善和加强党的领导的不可或缺的基本手段
    - 3. 执政党政策充分发挥作用，能够保障、促进社会主义法的实现
    - 4. 正确认识社会主义法与执政党政策的关系，既不能把二者割裂、对立起来，也不能把二者简单等同

- 法与社会 —— 法与文化 —— 法律意识与法律文化 —— 法律意识
  - 法律意识的概念：法律意识是社会意识的一种特殊形式，泛指人们对法律，特别是对本国现行法律的思想、观点、心理或态度等的总称
  - 法律意识的分类
    - 从法律意识的社会政治属性的角度
      - 占统治地位的法律意识 —— 占统治地位的法律意识的作用是正面的、积极的
      - 不占统治地位的法律意识 —— 不占统治地位的法律意识的作用是负面的、消极的和破坏性的
    - 从人的认识过程分为感性认识和理性认识的角度
      - 法律心理 —— 法律心理是低级阶段的法律意识
      - 法律思想体系 —— 法律思想体系是高级阶段的法律意识
    - 从法律意识主体的角度
      - 个人法律意识
      - 群体法律意识：这种法律意识最为复杂
      - 社会法律意识：这种法律意识往往是对一个国家法制状况的总的反映
    - 从法律意识的专业化、职业化的程度
      - 职业法律意识
      - 非职业法律意识
  - 法律意识的作用
    1. 法律意识在法的实现中具有重要作用。当一国法律制度不完备、缺乏明确法律规定时，统治阶级的法律意识往往可以直接起到法的作用
    2. 在法律的制定过程中，法律意识起着认识社会发展的客观需要的作用。有正确的法律意识，是使客观需要转化为法律规范的重要条件
    3. 在法律的实施过程中，法律意识起到调整作用，使人们的行为与法律规范相协调

法与社会 —— 法与文化 —— 法律意识与法律文化 —— 法律文化

- 法律文化的概念
  - 法律文化是指在一定社会物质生活条件的作用下，掌握国家政权的统治阶级所创制的法律规范、法律制度或者人们关于法律现象的态度、价值、信念、心理、感情、习惯以及学说理论的复合有机体
  - 法律文化由两个层面组成
    - 1. 物质性的法律文化，如法律制度、法律规范等，可被称为制度形态的法律文化
    - 2. 精神性的法律文化，如法律学说、法律意识、法律心理等，可被称为观念形态的法律文化
- 当代中国的法律文化 —— 当代中国的法律文化受到多种法律文化的影响，主要包括中国传统的法律文化、西方法律文化、苏联的法律文化以及我国社会主义建设过程中所形成的法律文化
- 弘扬社会主义法治精神与建设社会主义法治文化 —— 在全面推进依法治国的过程中，“全民守法”对于弘扬法治精神和法治文化具有特殊重要的意义。要达到“全民守法”的目标，必须以法治政府的建立促进法治社会的发育，以司法的严谨、执法的严格来培育公民守法的自觉性。推动社会主义法治文化和法治精神建设，离不开类型多样的法治宣传与教育。同时，将法治教育纳入正式的国民教育系列也是必不可少的重要举措

法与社会 —— 法与文化 —— 法与道德 —— 法与道德的区别

- 道德的概念：道德是人们在社会生活中形成的关于善与恶、好与坏、美与丑、正义与非正义、公正与偏私、诚实与虚伪等伦理观念、思想、原则、标准的总和
- 区别
  - 1. 产生方式不同
    - 法一般是通过特定的机构、程序、方式而形成，依赖团体公共权力而实现
    - 道德根据人的自然生活而逐渐产生，依赖教育培养而积累长成
  - 2. 表现形式不同
    - 法作为一种规范形式，通常是以成文方式表现出来，它的存在形式主要为法典、单行法规、判例、条例、条约等规范性文件
    - 道德则不同，它主要体现在人们的意识、信念和心理之中，通过人们的言论、行为、内心信念、社会舆论、风俗习惯等形式表现出来
  - 3. 实现方式不同
    - 法具有较强的约束性，具有国家的强制性，法主要是一种外在强制力
    - 道德的实施、实现主要是依靠社会舆论、社会评价的力量，依靠人们的内心信念、内在修养、传统、风俗习惯和社会教育的力量来维持，诉诸人的心理，通过人们内在的自觉而进行的，道德是一种内在强制力
  - 4. 调整范围不完全相同
    - 法所调整的范围主要是人的行为，法所调整的绝大部分对象，同样也可以用道德来调整
    - 道德所调整的范围远比法律广泛得多，道德所调整的对象不一定可以通过法律来调整
  - 5. 评价的尺度不同
    - 法评价人的行为的标准和尺度是合法与不合法，有效与无效
    - 道德评价人的行为的标准和尺度主要是一定社会的价值观念体系，是一定社会、一定人群集合体的善恶观、公正观、是非观、荣辱观、美丑观
  - 6. 权利义务的特点不同
    - 法主要是以权利为本位
    - 道德主要是以义务为主体
  - 总结：法和道德具有各自不同的特性，二者都是社会不可缺少的文明要素，成为社会生活、生产、交流的基本规范和调控方式

法与社会——法与文化——法与道德

- 法与道德的联系
  - 1. 道德是法的基础和评价标准
    - （1）道德是法的理论基础。道德理论、理念、观点、学说是法律理论、理念、观点、学说产生、形成和发展的前提
    - （2）道德是法的价值基础，是判断、评价法的价值尺度
    - （3）道德是法运作的社会基础。法的权威、力量、合法性的发挥和实现是建立在道德这一基石之上的
    - （4）道德是法的补充，它具有弥补法律漏洞的作用。通过道德这种社会控制方式，通过建立良好的道德秩序，协调、引导、调整和评价人们的行为，可以弥补法律的漏洞
  - 2. 法是传播道德、保障道德实施的有效手段
    - （1）通过立法，将社会中的道德理念、信念、基本原则和基本要求法律化、制度化、规范化，赋予社会的道德价值观念以法的强制力，进一步强化、维护、实现道德规范
    - （2）法是道德的承载者，它弘扬、发展一定社会的道德理念、信条和原则，促进社会道德的更新和变革
    - （3）法是形成新的道德风貌、新的精神文明的强大力量
- 法与道德的冲突及解决
  - 冲突原因
    - 1. 道德是多元性的，国家法律则是统一的，二者就产生了矛盾和冲突
    - 2. 法和道德的发展速度和状况不同引起二者的冲突
    - 3. 由于法和道德在调整对象范围、规范性特点和程度方面的不同，导致二者在一定场合下也可能发生冲突
  - 冲突解决
    - 1. 在立法时应当充分考虑一定时期社会主义道德的基本要求，将其作为法制定的价值基础，防止与道德对立的“恶法”出现
    - 2. 在执法和司法过程中，执法和司法主体应当在合法的前提下，在自由裁量范围内尽量考虑道德要求，使法的适用不仅合法，而且合乎情理
    - 3. 在法治建设和道德建设中，重视法治宣传和全体社会成员的法律意识培养，批判与社会主义现代化建设不相容的旧的道德理念，加强人们对于法律制度和法治理念的认同感

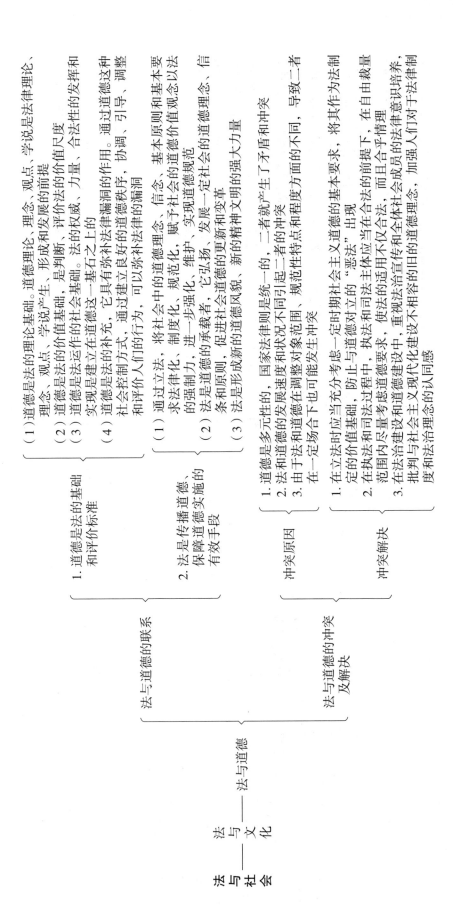

法与社会 —— 法与文化

- 法与道德 —— 社会主义法与社会主义道德的关系
  - 1. 社会主义道德对社会主义法的作用
    - （1）社会主义道德是社会主义法制定的价值指导。社会主义法的创制以道德为指导，体现了法的合理性、正义性。另外，社会主义立法以道德为指导，不能脱离社会现实的道德基础， 要受实际道德水平的制约
    - （2）社会主义道德对法的实施具有促进作用。良好的道德状况有助于法的更有效实现，社会道德风尚会提高维护社会主义法的自觉性和积极性
    - （3）社会主义道德可以弥补社会主义法在调整社会关系方面的不足。社会主义道德不仅可以弥补社会主义法不健全而留下的空白，还可以调整由于社会主义法本身的局限性而不能调整的社会关系
  - 2. 社会主义法对社会主义道德建设的作用
    - （1）社会主义法以法律规范的形式把社会主义道德的某些原则和要求加以确认，使之具有法的属性。遵守法律化的社会主义道德成为法律上的义务，从而使它获得强有力的保障。违反它，既是违反道德规范也是违反法律规范，既要受到道德谴责又要受到法律追究，这样就能够使社会主义道德更好地实现
    - （2）社会主义法是进行社会主义道德教育的重要方式。通过法律教育和法律实施活动，可以促进社会主义道德，提高人们的道德素质
- 法与宗教 —— 宗教的含义、产生和本质
  - 含义：与法律、道德、习惯等一样，宗教也是一种社会现象，它包括人们对于超自然、超社会的力量，即“神灵”的信仰，以及祭祀规范、仪式和活动等内容
  - 产生 —— 宗教产生于人们对制约着他们活动的自然力量与社会力量的不理解
  - 本质 —— 一切宗教都不过是支配着人们日常生活的外部力量在人们头脑中的幻想的反映，在这种反映中，人间的力量采取了超人间的力量的形式

法与社会 —— 法与文化 —— 法与宗教

- 法与宗教的联系与区别
  - 联系 —— 法与宗教的联系，表现在精神、规则、组织结构三个层面上。概括地说，在政教合一的国家中，宗教与法在精神、规则和组织结构三个层面都是融为一体的。在现代国家，普遍地实行政教分离的制度。在政教分离的条件下，国家不得确立或禁止某个宗教，国家行为与宗教分离，宗教不得干预国家活动，不得干预国家设立的各项制度。公民有宗教信仰自由，宗教组织管理宗教事务，宗教活动在社会公共领域须遵守国家的法律。在一些实行政教分离的现代西方国家中，宗教的精神和社会活动方式对法仍存在比较深刻的影响
  - 区别
    1. 产生方式不同。宗教规范是宗教创始人和领袖借助神的名义规定的
    2. 实施方式不同。宗教规范主要通过信仰机制，依靠自愿行为
    3. 适用原则不同。宗教规范以属人主义原则为标准，只对教徒具有约束力，不同于法律的属地主义和属人主义相结合的原则
- 我国法律在处理宗教问题中的作用
  - 在对待宗教的态度上，我国社会主义法不是运用行政命令的办法强制消灭宗教、不允许人们有宗教信仰，而是贯彻“宗教信仰自由”的原则
  - 国家保护正常的宗教活动
  - 坚持宗教信仰自由的原则，必须坚决反对邪教
  - 总之，贯彻宗教信仰自由的原则，依法加强对宗教事务的管理，目的在于引导宗教与社会主义社会相适应

宪　法

宪法基本理论——宪法概述

- 宪法的定义：宪法是确立公民权利保障和国家机构权限的根本法
- 宪法的形式特征
  - 宪法与普通法律的共性
    - 1. 都是阶级意志的反映，阶级统治的工具
    - 2. 都是法律体系的一个部门，具有法的基本特征
    - 3. 都是调整社会关系的规范，具有法的强制力等
  - 宪法与普通法律的区别（宪法的形式特征）
    - 宪法内容的根本性——宪法规范国家生活和社会生活的总体运行规则，以及各种政治参与主体诸如国家机关、各政党、各种政治力量和公民的政治地位和权利义务界限
    - 宪法效力的最高性
      - 对法的最高法律效力方面
        - 宪法是其他一般法律的立法基础，是其他一般法律制定的依据和基础，为其提供立法原则
        - 任何其他的法律都不得与宪法相抵触，否则该法律无效
      - 对人的最高法律效力方面——宪法是一切国家机关、政治力量、政治组织以及一切社会组织和个人的根本活动准则，任何组织和个人都不得享有超越宪法之上的特权
    - 宪法制定、修改程序的特殊性
      - 制定程序：由专门制宪机构制定，且需 2/3 甚至 3/4 以上多数同意方可通过
      - 修改程序：各国一般对修宪提案权的主体有特别限制，我国宪法的修改只能由全国人大常委会或者 1/5 以上全国人大代表提出
      - 修改内容：一般有特别限制，不能随意修改
- 宪法的实质特征——宪法是公民权利的保障书
  - 1. 从历史发展的角度看，宪法确立的目的就是确认公民的基本权利
  - 2. 宪法存在的目的也在于保护公民的基本权利
  - 3. 从宪法的内容看，国家权力的正确行使和公民权利的有效保障是宪法文本中最为主要的部分，对国家权力的规制也是为了更好地实现和保障公民的权利
  - 4. 从国家的法律体系看，宪法是全面规定公民基本权利的法律部门，对于其他一般法律中公民的法律权利的设计和规定具有重要的指引作用

宪法基本理论——宪法概述

- 宪法的实质特征
  - 宪法是民主制度法律化的基本形式（宪法确立了国家的民主施政原则）
    1. 宪法确认民主施政规则，表现为宪法规定了代议制和普选制，为人民主权的实现构建了政治运行机制
    2. 宪法确认民主施政规则，还表现为它以根本法的形式赋予人民广泛的政治权利和其他社会、经济、文化权利。宪法确认和保障广泛的人民权利，实际上为民主施政构建了坚实的社会基础
    3. 宪法确认民主施政规则，还表现为它具体规范了国家机构的职权和行使程序，为国家权力的运行提供了法定界限。宪法规范国家机构及其权力界限，就是对民主施政的保障，反映了民主政治的内在要求
  - 宪法是各种政治力量对比关系的集中体现
    1. 宪法是在社会政治斗争中取得胜利并掌握了国家政权的阶级的意志和利益的集中表现，是统治阶级以根本法的形式确认本阶级的斗争成果、巩固本阶级已经取得的在政治上和经济上的统治地位的法律武器
    2. 宪法的内容和形式要受到阶级力量对比关系的决定和影响，这是各阶级社会政治地位的动态反映
  - 注意：宪法的特征分为形式特征和实质特征，每个特征分别有三个体现，不要混淆
- 宪法的分类
  - 宪法的传统分类——根据宪法的形式特征可分为
    - 标准1：是否具有统一法典形式
      - 成文宪法：以统一的宪法典的形式表现出来，规范明确、条文系统、便于执行和监督。世界上第一部成文宪法典是1787年的《美国宪法》，世界上绝大多数国家的宪法都是成文宪法
      - 不成文宪法：没有统一的法典形式，而是由各种带有宪法性质的法律文件、宪法判例和宪法惯例等构成，其优点是弹性较大、适应性强，缺点是规范不系统。英国宪法是不成文宪法的代表
    - 标准2：宪法的制定和修改程序是否与普通法律相同
      - 刚性宪法：比普通法律严格，所以更稳定、权威，效力更高
      - 柔性宪法：与普通法律相同，所以灵活性和适应性强。不成文宪法都是柔性的，个别成文宪法也是柔性的
    - 标准3：以制定宪法的机关不同为划分依据
      - 钦定宪法：由君主或以君主名义制定和颁布。例如，《挪威王国宪法》《大日本帝国宪法》
      - 协定宪法：由君主与国民或国民的代表协商制定。《瑞典王国宪法》是最古老的协定宪法
      - 民定宪法：由民意机关或者公民公决制定。当代多数国家的宪法都属于民定宪法
  - 马克思主义的宪法分类
    1. 划分依据——马克思主义宪法学者依据宪法的阶级本质和赖以建立的经济基础的不同，对宪法进行的分类
    2. 划分类别——资本主义类型宪法和社会主义类型宪法

宪法基本理论

- 宪法概述——宪法与宪政
  - 宪政的含义
    - 宪政是指以宪法为依据，以控制权力为手段，以保障人权为目的的政治过程和政治形态
    - 特点
      - “宪政”一词来源于西方
      - 宪政过程既有普适价值，又有特殊性，并不存在一个统一的宪政模式
      - 宪政与民主、法治、人权和自由有内在的逻辑联系
      - 注意：宪政是法治发展的最高形式，是法律化的政治秩序，实行宪政是法治国家的基本标志
  - 二者的关系：互为基础和前提，是形式和内容的关系，两者是辩证统一的
    - 1. 宪政运动是宪法产生的前提，宪法是一国宪政运动的结果，又是一国宪政的规范形式和依据
    - 2. 宪政实践指导宪法制定和修改，宪法以国家根本大法的形式确认宪政的理念和成果
    - 3. 宪法是静态意义的法律文本，宪政是动态性质的实践过程
    - 注意：宪法和宪政互为基础和前提，是形式和内容的关系，两者是辩证统一的
- 宪法的产生和历史发展——近代宪法的产生
  - 近代宪法产生的条件
    - 1. 宪法是社会政治历史条件发展到一定阶段的产物，并非随着法的产生而产生
    - 2. 经济条件——宪法是近代资本主义经济发展的必然产物
    - 3. 政治条件——宪法是资产阶级政治发展要求的必然结果
    - 4. 思想条件——资产阶级启蒙思想家提出的民主、自由、平等、人权和法治等理论，为近代宪法的产生奠定了思想基础
  - 英、美、法三国宪法（资本主义宪法）的产生及特点
    - 英国宪法的产生及特点
      - 1. 英国是世界上最早实行宪政的国家。英国宪政制度的确立，是通过逐步限制王权和扩大资产阶级政治权力的途径实现的
      - 2. 英国宪法由宪法性法律、宪法惯例、宪法判例等构成，形成了没有统一的、完整的宪法典形式的，颇具特色的不成文宪法
      - 3. 英国宪法以人民主权思想为指导，突出议会至上的体制特点
      - 4. 英国宪法的特点
        - （1）典型的不成文宪法
        - （2）典型的柔性宪法
    - 美国宪法的产生及特点
      - 1. 美国宪法是世界上第一部成文宪法，是比较典型地体现分权与制衡思想的宪法
      - 2. 美国宪法由序言、7 条正文和 27 条宪法修正案构成
      - 3. 在美国宪法正文中，主要体现了以下几项基本原则
        - 人民主权原则和有限政府原则
        - 权力分立和制约与平衡原则
        - 联邦与州的分权原则
        - 对军队的文职控制原则

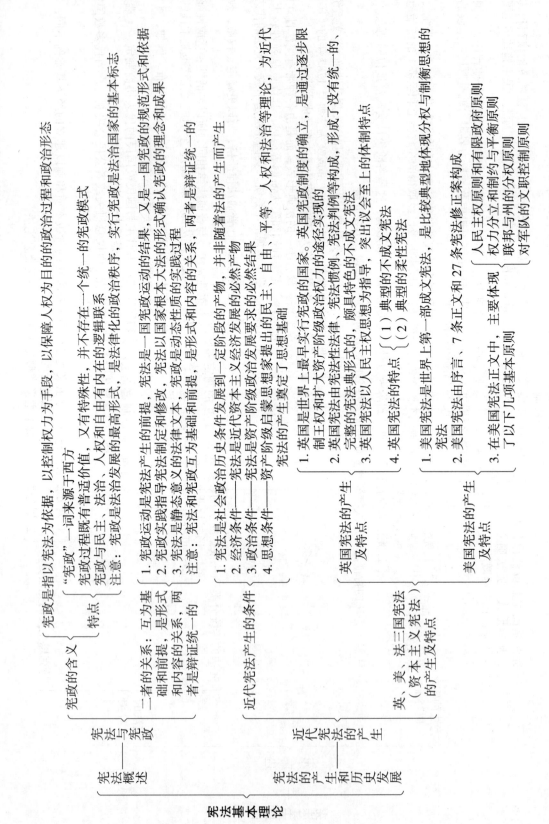

宪法基本理论

- 宪法的产生和历史发展
  - 近代宪法的产生
    - 英、美、法三国宪法（资本主义宪法）的产生及特点——法国宪法的产生及特点——法国宪法是欧洲大陆第一部成文宪法，以保障人权为特点
    - 宪法的发展及其趋势
      1. 各国宪法越来越强调对人权的保障，不断扩大公民基本权利的范围
      2. 一方面确认和授予政府更多的权力，另一方面更加注重通过设定多种监督机制对政府权力加以限制，以防止政府权力的滥用
      3. 各国越来越重视建立违宪审查制度来维护宪法的最高权威
      4. 宪法领域从国内法扩展到国际法。许多国家的宪法出现了同国际法相结合的内容，在人权的国际法保障方面尤为明显
  - 新中国宪法的产生和发展——新中国宪法的历史沿革
    1. 中华人民共和国成立初期的临时宪法——1949 年，中国人民政治协商会议第一届全体会议通过的《中国人民政治协商会议共同纲领》，起临时宪法的作用
    2. 中华人民共和国成立后的第一部社会主义类型宪法——1954 年宪法
    3. 1975 年宪法——1975 年 1 月 17 日，第四届全国人民代表大会第一次会议通过，是中华人民共和国成立后的第二部宪法，是一部内容很不完善并有许多错误的宪法
    4. 1978 年宪法——1978 年 3 月 5 日，第五届全国人民代表大会第一次会议通过，是中华人民共和国成立后的第三部宪法
    5. 1982 年宪法——1982 年 12 月 4 日，第五届全国人民代表大会第五次会议通过了《中华人民共和国宪法》，这就是中华人民共和国成立后制定的第四部宪法，即现行宪法，也是目前为止最完善的一部宪法

宪法基本理论 — 宪法的产生和历史发展 — 新中国宪法的产生和发展

- 我国现行宪法的内容和特点
  - 1. 总结了历史的经验，规定了国家的根本任务和指导思想
  - 2. 发展了民主宪政体制，恢复并完善了国家机构体系。在内容上表现为
    - （1）加强了人民代表大会制度，省级以上人大设立了专门委员会，规定了人民代表的权利和义务，扩大了人大常委会的职权
    - （2）恢复了国家主席的建制，并调整了国家主席的职权
    - 注意：1975 年宪法和 1978 年宪法都没有设置国家主席
    - （3）设立了中央军事委员会，加强党和国家对武装力量的统一领导
    - （4）实行了行政和军事系统的个人负责制
    - （5）规定了国家领导人员的任期限任制，废除了终身制
    - （6）体现了精简国家机构和人员的要求
  - 3. 强调加强民主与法治，保障公民的基本权利和自由。宪法关于社会主义民主建设的规定主要表现在
    - （1）确认了国家一切权力属于人民的原则，坚持和完善人民代表大会制度
    - （2）规定了国家生活中的一系列民主原则，如民主集中制、任期限任制、首长负责制、人大常委会组成人员不得兼任行政机关和司法机关职务等
    - （3）扩大了公民的民主权利和自由
  - 4. 维护国家的统一和民族团结
- 宪法修正案（5 次修改，52 条修正案）
  - 1988 年宪法修正案
    - 关键点：1. 宪法第十一条增加规定：“国家允许私营经济在法律规定的范围内存在和发展。私营经济是社会主义公有制经济的补充。国家保护私营经济的合法的权利和利益，对私营经济实行引导、监督和管理”
    - 2. 将《宪法》第十条第四款修改为：“任何组织或者个人不得侵占、买卖或者以其他形式非法转让土地。土地的使用权可以依照法律的规定转让”
  - 1993 年宪法修正案
    - 关键点：1. 确立了“我国正处于社会主义初级阶段”以及“建设有中国特色社会主义的理论”的指导地位；增加了“坚持改革开放”；将“建设成为高度文明、高度民主的社会主义国家”修改为“建设成为富强、民主、文明的社会主义国家”
    - 2. 确认“中国共产党领导的多党合作和政治协商制度将长期存在和发展”
    - 3. 进一步明确全民所有制和集体所有制的经济形式，确定了建设社会主义市场经济的目标
    - 4. 取消“农村人民公社”，确认“家庭联产承包为主的责任制”的法律地位
    - 5. 将县、市、市辖区的人民代表大会的每届任期改为五年

宪法基本理论 — 宪法的产生和历史发展 — 新中国宪法的产生和发展 — 宪法修正案（5 次修改，52 条修正案）

- 1999 年宪法修正案
  1. 确认社会主义初级阶段的长期性和“依法治国”基本方略
  2. 把发展社会主义市场经济列入国家根本任务
  3. 确认我国现阶段“坚持公有制为主体、多种所有制经济共同发展的基本经济制度”和“坚持按劳分配为主体、多种分配方式并存的分配制度”
  4. 取消个体经济、私营经济是社会主义公有制经济的“补充”的规定，确认“个体经济、私营经济等非公有制经济是社会主义市场经济的重要组成部分”
  5. 删除“家庭联产承包为主的责任制”的提法，规定“农村集体经济组织实行家庭承包经营为基础、统分结合的双层经营体制”
  6. 将《宪法》第二十八条中的“反革命的活动”修改为“危害国家安全的犯罪活动”
- 2004 年宪法修正案
  1. 确认“三个代表”重要思想的指导地位
  2. 在序言中增加“推动物质文明、政治文明和精神文明协调发展”
  3. 在爱国统一战线的规定中增加“社会主义事业的建设者”
  4. 完善土地征用制度
  5. 进一步放宽对非公有制经济的管理，增加鼓励、引导、支持等内容
  6. 完善对私有财产保护的规定
  7. 增加“建立健全同经济发展水平相适应的社会保障制度”
  8. 增加“尊重和保障人权”的规定
  9. 进一步完善全国人大的组成，增加“特别行政区”
  10. 将《宪法》第六十七条以及第八十九条中的“戒严”改为“紧急状态”
  11. 修改国家主席职权方面的规定，增加“进行国事活动”
  12. 将乡、民族乡、镇的人民代表大会的每届任期改为五年
  13. 增加对国歌的规定，规定中华人民共和国国歌是《义勇军进行曲》
- 2018 年宪法修正案
  1. 序言第七自然段：增加“科学发展观、习近平新时代中国特色社会主义思想”；“健全社会主义法制”修改为“健全社会主义法治”；增加“贯彻新发展理念”；增加“社会文明、生态文明”“把我国建设成为富强民主文明和谐美丽的社会主义现代化强国，实现中华民族伟大复兴”
  2. 序言第十自然段：将“在长期的革命和建设过程中”修改为“在长期的革命、建设、改革过程中”；将“拥护祖国统一的爱国者”修改为“拥护祖国统一和致力于中华民族伟大复兴的爱国者”
  3. 序言第十一自然段：将“平等、团结、互助的社会主义民族关系”修改为“平等团结互助和谐的社会主义民族关系”
  4. 序言第十二自然段：将“中国革命和建设的成就”修改为“中国革命、建设、改革的成就”；增加“坚持和平发展道路，坚持互利共赢开放战略”；将“发展同各国的外交关系和经济、文化的交流”修改为“发展同各国的外交关系和经济、文化交流，推动构建人类命运共同体”
  5. 《宪法》第一条第二款增写一句，内容为“中国共产党领导是中国特色社会主义最本质的特征”
  6. 将《宪法》第四条第一款中的“平等、团结、互助关系”修改为“平等团结互助和谐关系”
  7. 增加社会主义核心价值观
  8. 增加宪法宣誓
  9. 增加监察委员会的相关规定
  10. 取消国家主席和国家副主席的连任不能超过两届的限制
  11. 增加设区的市的地方立法权方面的规定

宪法基本理论——宪法原则

- 人民主权原则
  - 内涵
    - 1. 人民主权原则，即主权在民原则，指国家或政府的最高权力来源于和最终属于人民
    - 2. 这一原则解决的是权力来源和国家合法性问题
    - 3. 主权概念最早由法国人博丹提出
  - 在我国宪法中的体现——1982年《中华人民共和国宪法》规定：“中华人民共和国的一切权力属于人民。人民行使国家权力的机关是全国人民代表大会和地方各级人民代表大会。人民依据法律规定，通过各种途径和形式，管理国家事务，管理经济和文化事业，管理社会事务”
- 基本人权原则
  - 内涵
    - 1. 基本人权原则是指宪法确认和保护公民的基本人权
    - 2. 人权是指作为一个人所应该享有的权利，其范围在不断发展、变化和充实，包括生命、自由、发展等一系列权利
    - 3. 人权的基本内容是，每个人都有与生俱来的平等权利和自由权利，此种基本人权既不能被非法限制和剥夺，亦不能被转让
    - 4. 宪法中规定的公民基本权利实质上是对基本人权的确认，但人权的范围一般要大于基本权利
  - 在我国宪法中的体现
    - 1. 我国宪法确立了基本人权原则：2004年宪法修正案规定了“国家尊重和保障人权”
    - 2. 我国宪法还有“公民的基本权利”这一章的规定，实质上也是对基本人权的确认
    - 3. 我国宪法对公权力的限制以及法治原则的确立，都是对人权保护的基本手段
- 法治原则——内涵
  - 宪法优位：宪法是国家的最高法律，其他法律法规都必须受宪法拘束，不能与宪法相抵触，否则无效
  - 法律保留：关于公民基本权利的限制等专属立法事项，应当由立法机关通过法律来规定，行政机关不得代为规定；行政机关实施的行政行为必须要有法律的授权，不得与法律相抵触。综上，“私人权利受到专门保护，公共权力则受到专门限制”
  - 审判独立：法官在审判案件时不受任何干涉和压迫，只服从于宪法和法律

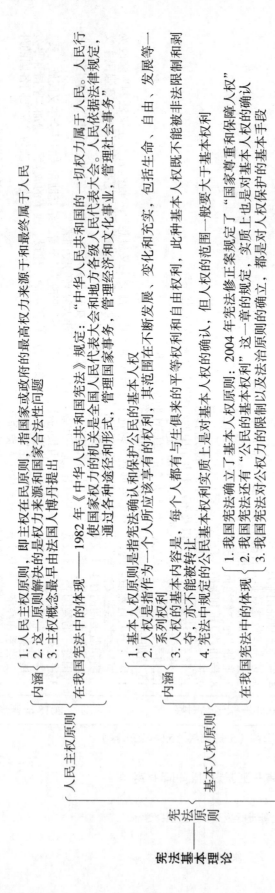

宪法基本理论

- 宪法原则
  - 法治原则——在我国宪法中的体现
    1. 《宪法》序言中明确规定："本宪法以法律的形式确认了中国各族人民奋斗的成果，规定了国家的根本制度和根本任务，是国家的根本法，具有最高的法律效力"
    2. 《宪法》第五条规定："中华人民共和国实行依法治国，建设社会主义法治国家。国家维护社会主义法制的统一与尊严。一切法律、行政法规和地方性法规都不得同宪法相抵触。一切国家机关和武装力量、各政党和各社会团体、各企业事业组织都必须遵守宪法和法律。一切违反宪法和法律的行为，必须予以追究。任何组织或者个人都不得有超越宪法和法律的特权。"
  - 权力制衡原则
    - 内涵
      1. 权力制衡原则是指国家权力的各部分之间相互监督、相互制约，以保障公民权利的原则。它既包括公民权利对国家权力的制约，也包括国家权力对国家权力的制约
      2. 在资本主义国家的宪法中，权力制衡原则主要表现为分权原则；在社会主义国家的宪法中，权力制衡原则主要表现为监督原则
      3. 权力制衡原则的内涵涉及两个基本方面：其一，国家权力分为立法权、行政权、司法权，并分别由三个不同的国家机关行使；其二，在立法、行政、司法等部门之间建立一种相互平衡与相互制约的关系
      4. 权力制衡原则的核心在于，通过权力分立、权力制约、权力平衡达到限制专制与独裁的目的，以实现民主
    - 在我国宪法中的体现——我国实行人民代表大会制度，在国家权力统一行使的基础上，国家机关分工负责，相互制约。我国宪法在三个方面体现了权力制衡原则
      - （1）人民对于国家权力的制约监督
      - （2）公民权利对国家权力的制约监督
      - （3）国家机关内部自上而下的制约监督
- 宪法规范
  - 概念：宪法规范是调整宪法关系的各种规范的总称
  - 特点
    1. 内容的政治性：宪法规范的内容往往与一国的政治制度紧密相连，这是宪法规范与其他法律规范相比最主要的特点
    2. 效力的最高性：宪法规范的效力高于其他法律规范，这是由宪法规范的性质和内容决定的
    3. 立法的原则性：宪法规范具有原则性和概括性，而非细致和具体
    4. 实施的多层次性：宪法规范的调整和规范职能，要根据实际需要进行多层次的具体化，包括立法具体化和宪法解释，使其成为一种具有直接的可操作性的行为规范
  - 类型
    1. 组织权限规范——宪法中用大部分的条文去处理国家机关的组织、权限和职权行使的程序，或者至少规定其原则
    2. 权利义务规范——调整公民基本权利和基本义务
    3. 宪法委托规范——宪法的具体内容必须由立法机关进行具体化规定与实施，故出现了委托规范。一般认为，宪法委托规范仅限于狭义的对立法机关为立法委托
    4. 宪法指示规范——宪法指示规范强调国家机关行为的要求。它强制国家为一定行为，原则上所有国家机关都是其规范对象。例如，我国宪法中基本国策的条款大多属于宪法指示规范

宪法的变迁——宪法制定

- 宪法制定概述
  - 宪法制定的概念：宪法制定是指制宪主体依据程序制定宪法、行使制宪权的活动
  - 制宪权、修宪权和立法权
    - 制宪权是一种原生性权力，在国家政权性质没有改变的情况下，无论宪法进行怎样的变化，无论是修改、解释还是其他形式的变迁，都不会导致制宪权的变化问题
    - 修宪权是依据制宪权而产生的一种派生性权力，通常由宪法确定其行使的主体、程序和限制等方面的内容
    - 立法权是制定一般法律的活动。这种立法活动要遵从制宪权的宗旨，不能脱离制宪的目的与原则
  - 宪法制定的主体和机构
    - 1. 制宪主体——国民。国民成为制宪权的主体是现代宪法的一个基本特点
    - 2. 制宪机构——制宪会议、国民大会、立宪会议等民意代表机关
    - 3. 我国的制宪机关——全国人大
    - 4. 制宪机关与宪法的起草机关的区别
      - （1）制宪机关是行使宪法制定权的国家机关；而宪法的起草机关是专门的工作机构，不能独立行使制宪权
      - （2）制宪机关是一种常设的机构；而宪法的起草机关具有临时性，一旦宪法的起草任务完成就宣告解散
      - （3）制宪机关有权批准和通过宪法；而宪法的起草机关则没有此权
      - （4）制宪机关是经过选举产生的；而宪法的起草机关往往是经过任命的方法产生的
    - 注意：制宪权主体是国民，但是不代表每一个国民都要亲自参与制宪
  - 宪法制定的程序
    - 1. 成立专门的制宪机构
    - 2. 提出宪法草案
    - 3. 宪法草案的通过
    - 4. 公布
- 中国宪法的制定
  - 1. 我国的制宪主体——人民
  - 2. 我国制宪权的行使主体——由全国政协向全国人大转移
  - 3. 1954 年宪法的制定是中华人民共和国成立后制宪权的唯一一次行使，由全国人大行使
  - 注意：行使制宪权的机构并不是当前的全国人大，而是第一届全国人大。现行的全国人大没有制宪权，只有修宪权

宪法的变迁——宪法解释

- 宪法解释概述
  - 宪法解释的概念
    - 宪法解释是指在宪法实施过程中，享有宪法解释权的国家机关依照法定的程序对宪法的含义、内容和界限所作的说明和补充
    - 依据对宪法解释主体的不同，可以将宪法解释分为正式解释和非正式解释
      - 正式解释是享有宪法解释权的机关对宪法作出的具有法律效力的解释
      - 非正式解释是指有解释权之外的机关或者个人对宪法的解释
  - 宪法解释的方法
    - 文义解释指根据宪法规范所使用的文字的字面意思而进行解释的方法，又称字面解释
    - 目的解释是通过探求制宪者的原意来解释宪法的方法
    - 体系解释是根据宪法规范在宪法典中的位置，与其他规范的关联，从整体的角度来确定解释对象的含义与内容的解释方法
  - 宪法解释的体制
    - 1. 立法机关解释体制
      - 立法机关是制定宪法的机关，同时也是解释宪法的机关——起源于英国
      - 按照我国宪法的规定，全国人大常委会行使宪法的解释权
    - 2. 司法机关解释体制——司法机关行使宪法解释权源自美国
    - 3. 专门机关解释体制
      - 专门机关的种类很多，如宪法法院、宪法委员会、宪法保障法院等
      - 最早提出设立宪法法院作为保障宪法实施的国家机关的国家是奥地利
- 中国宪法的解释
  - 中国宪法的解释属于立法机关解释体制
  - 这种解释体制存在的理由
    - 全国人大作为最高的国家权力机关，既有制宪权，也有立法权，而全国人大常委会是全国人大的常设机关，赋予全国人大常委会以宪法解释权，使宪法解释工作有可能成为经常性的行为
    - 从一定意义上讲，全国人大常委会比其他国家机关更了解宪法的原意与精神，因而这种解释体制具有一定的合理性
  - 我国的宪法解释在实际生活中还存在着一定的问题，最突出的表现在缺乏具体的规范化程序
  - 注意：我国的宪法解释不是一直都有规定的，而是从 1978 年宪法开始规定的

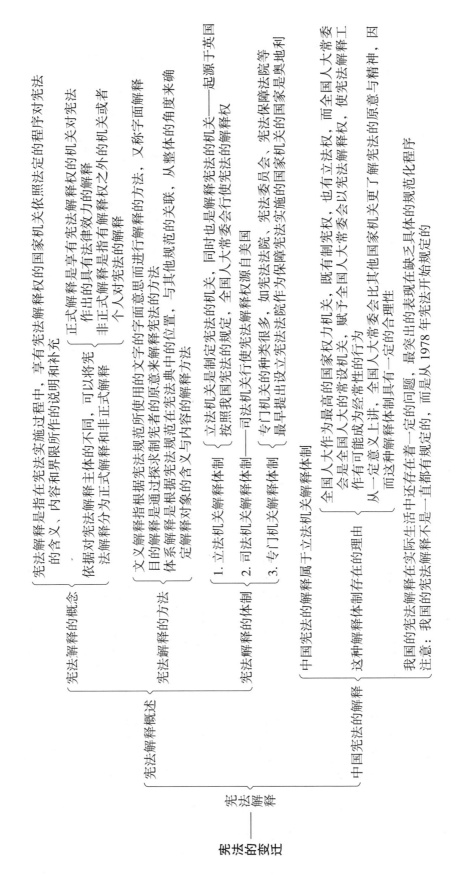

宪法的变迁——宪法修改

- 宪法修改的概念：宪法修改是指有权修改宪法的机关依据法定的程序对宪法规范予以补充、调整、删除的行为，以保证宪法的内容与社会的发展相适应
- 宪法修改的形式
  - 全面修改——对宪法的重新制定，即以新的宪法取代旧的宪法
  - 部分修改
    - 对宪法的部分条款加以改变，或者增加一些新的条款，而不改动其他条款的一种修改方式
    - 我国和美国的宪法修正案都是部分修改
- 宪法修改的程序
  - 一般程序步骤：提案——审议和表决（考试分析观点）
  - 我国《宪法》第六十四条规定：宪法的修改，由全国人大常委会或者五分之一以上的全国人大代表提议，并由全国人大以全体代表的三分之二以上多数通过
- 中国宪法的修改
  - 我国一共制定了四部宪法，前面几部宪法采用全面修改的方式，1982 年宪法生效以后，一般采用部分修改的方式
  - 宪法经过了 5 次修改，通过了 52 条宪法修正案（2018 年第五次修改）
  - 我国的宪法修改制度主要包括三个方面的内容
    - 第一，规定了宪法修改的机关是全国人大
    - 第二，规定了宪法修改的提案主体，即宪法修改须由全国人大常委会或者 1/5 以上的全国人大代表提议
    - 第三，规定了宪法修改的通过程序，即宪法修改须由全国人大以全体代表的 2/3 以上多数通过（一定注意是“全体代表”，而不是“与会代表”）
  - 从现行宪法的修改来看，中国共产党中央委员会的宪法修改建议对我国的宪法修改制度和宪法修改实践具有重要的意义

宪法的变迁——宪法监督——违宪审查制度

- 违宪审查的概念：违宪审查制度是指由特定国家机关对立法行为或其他行为是否符合宪法所作的具有法律意义的审查和处理的一种制度
- 违宪审查的模式
  - 1. 普通法院——美国（1803 年的马伯里诉麦迪逊一案中创立了违宪审查制）
  - 2. 专门机关——奥地利（宪法法院）和法国（宪法委员会）
  - 3. 立法机关——英国、中国、苏联——立法机关审查模式具有一定的局限性，最突出的表现是不能体现违宪审查机构的专门性和裁判过程的司法性，特别是无法解决自身监督自身立法的问题

宪法的变迁——宪法监督

- 违宪审查制度——违宪审查的方式
  - 事先审查——是一种预防性审查，是法律、法规或其他的法律文件在发生效力前，或行为还没有实施前，由特定的机关所作的一般性审查
  - 事后审查——是指法律、法规或其他的法律文件在发生效力后，或者行为已经实施后，由特定的机关所作的具体审查。这种审查具有针对性，维护的是具体的利益，在社会生活中影响比较大
  - 注意：采用普通法院审查体制的国家，只能进行事后的、具体的附带性审查，不能进行事先的抽象审查
- 中国的宪法监督制度——中国宪法监督制度的内容
  - 1. 宪法监督的依据——宪法的相关规定。《宪法》第五条规定：一切法律、行政法规和地方性法规都不得同宪法相抵触，任何组织或者个人都不能有超越宪法的特权
  - 2. 宪法监督的机关——全国人大及其常委会

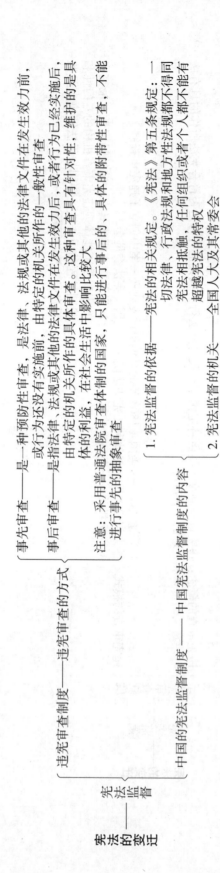

宪法的变迁——宪法监督——中国的宪法监督制度——中国宪法监督制度的内容——3. 宪法监督的程序

- 提出意见
  - 国务院、中央军委、最高人民法院、最高人民检察院和省级人大常委会认为行政法规、地方性法规、自治条例和单行条例同宪法或法律相抵触的，可以向全国人大常委会书面提出审查要求，由常委会工作机构分送有关的专门委员会进行审查，提出意见
  - 上述五大机构之外的其他国家机关、社会团体、企业事业组织以及公民认为行政法规、地方性法规、自治条例和单行条例同宪法或法律相抵触的，可以向全国人大常委会书面提出审查建议，由常委会工作机构进行研究，必要时，送有关的专门委员会进行审查、提出意见
  - 此外，有关的专门委员会和常委会工作机构可以对报送备案的规范性文件进行主动审查
- 审查过程
  - 全国人大专门委员会、常务委员会工作机构在审查、研究中认为行政法规、地方性法规、自治条例和单行条例同宪法或法律相抵触的，可以向制定机关提出书面审查意见、研究意见
  - 全国人大专门委员会、常委会工作机构在审查、研究中认为行政法规、地方性法规、自治条例和单行条例同宪法或者法律相抵触的，也可以由宪法和法律委员会与有关的专门委员会、常委会工作机构召开联合审查会议，要求制定机关到会说明情况，再向制定机关提出书面审查意见
- 审查结束——制定机关应当在两个月内研究提出是否修改的意见，并向全国人民代表大会宪法和法律委员会和有关的专门委员会或常委会工作机构反馈
- 由各专门委员会分别审查相关领域的法律文件的合宪性，无疑进一步强化了我国的宪法监督制度

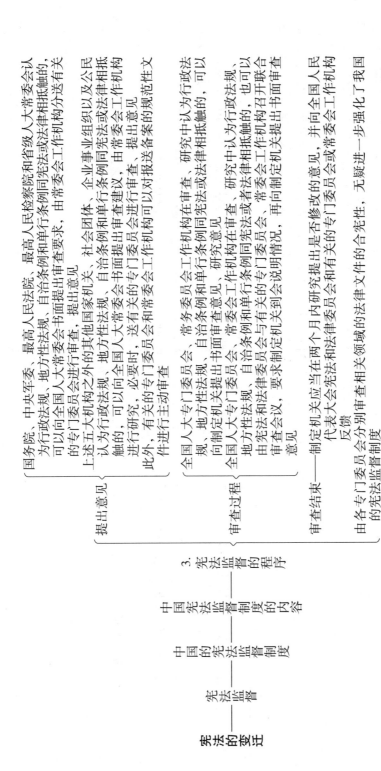

宪法的变迁——宪法监督——中国的宪法监督制度

- 中国宪法监督制度的内容——4. 宪法监督的结果
  - 全国人民代表大会宪法和法律委员会、有关的专门委员会、常委会工作机构依前述程序，向制定机关提出审查意见、研究意见，制定机关按照所提意见对行政法规、地方性法规、自治条例和单行条例进行修改或废止的，审查终止
  - 全国人民代表大会宪法和法律委员会、有关的专门委员会、常委会工作机构经审查、研究认为行政法规、地方性法规、自治条例和单行条例同宪法或者法律相抵触而制定机关不予修改的，应当向委员长会议提出予以撤销的议案，由委员长会议决定是否提请常务委员会会议审议决定
  - 《立法法》第一百零一条进一步规定：全国人大有关的专门委员会和常委会工作机构应当按照规定要求，将审查、研究情况向提出审查建议的国家机关、社会团体、企业事业组织以及公民反馈，并可以向社会公开
- 中国宪法监督制度的发展
  - 1. 2004 年，全国人大常委会成立了法规审查备案室
  - 2. 2005 年，全国人大常委会修订了《行政法规、地方性法规、自治条例和单行条例、经济特区法规备案审查工作程序》，并制定了《司法解释备案审查工作程序》
- 中国宪法监督制度的不足
  - 1. 全国人大设有十个专门委员会，这导致违宪审查权的行使过于分散
  - 2. 对法律、规章等法律形式如何进行违宪审查缺乏明确的规定
  - 3. 关于违宪审查的启动程序、审理程序和审理结果方面的规定相对比较抽象
- 我国的宪法宣誓制度——2015 年 7 月 1 日，第十二届全国人大常委会第十五次会议表决通过《全国人大常委会关于实行宪法宣誓制度的决定》，于 2016 年 1 月 1 日起实施。全国人大及其常委会、国务院、中央军委、最高人民法院、最高人民检察院等中央国家机构和县级以上人大及其常委会、人民政府、人民法院、人民检察院等县级以上地方国家机构选出或任命的国家工作人员在就职时应当公开进行宪法宣誓。2018 年 2 月 24 日，第十二届全国人大常委会第三十三次会议通过了对誓词的修改。修改后宣誓的誓词为："我宣誓：忠于中华人民共和国宪法，维护宪法权威，履行法定职责，忠于祖国、忠于人民，恪尽职守、廉洁奉公，接受人民监督，为建设富强民主文明和谐美丽的社会主义现代化强国努力奋斗"

国家基本制度——国家性质

- 国家性质概述
  - 国家性质的概念：国家性质是指社会各阶级在国家生活中的地位和作用，又简称为国体
  - 国家性质在国家制度中的地位——国家性质是国家制度的核心，其他的一些制度在一定程度上就是国家性质的一种反映
- 中国的国家性质
  - 人民民主专政的概念
    - 1. 我国的国体是人民民主专政，实质上是无产阶级专政
    - 2. 人民民主专政是指我国是工人阶级领导的、以工农联盟为基础的，对人民实行民主和对敌人实行专政的国家政权
    - 3. 人民民主专政实质上与无产阶级专政一致的原因
      - （1）工人阶级掌握领导权、成为领导力量是无产阶级专政和人民民主专政的根本标志
      - （2）无产阶级专政与人民民主专政都是以工农联盟为阶级基础
      - （3）无产阶级专政与人民民主专政的历史使命是一样的
      - （4）无产阶级专政与人民民主专政都承担相同的国家职能。因而，人民民主专政在实质上就是无产阶级专政
  - 人民民主专政的阶级结构
    - 1. 以工人阶级为领导
    - 2. 工农联盟是阶级基础
    - 3. 知识分子是依靠力量——从阶级属性上讲，知识分子不是一个独立的阶级，而是一个特殊的阶层，现阶段知识分子是工人阶级的一个组成部分
    - 4. 统一战线是人民民主专政的重要特色——人民民主专政不同于无产阶级专政的重要特点就在于人民民主专政有一个广泛的统一战线作为它的政治基础

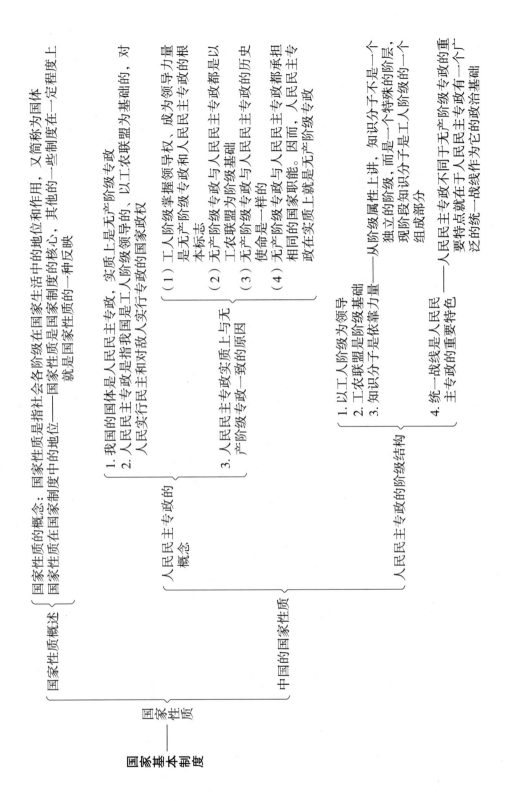

国家基本制度——国家性质

- 中国的国家性质——爱国统一战线
  - 1. 现阶段我国的统一战线称为爱国统一战线。它是由中国共产党领导的，有各民主党派和各人民团体参加的，包括全体社会主义劳动者、社会主义事业的建设者、拥护社会主义的爱国者、拥护祖国统一和致力于中华民族伟大复兴的爱国者的政治联盟
  - 2. 这一新时期统一战线的特点
    - （1）以中国共产党的领导为最高原则
    - （2）以政治协商为主要工作方式
    - （3）以爱国主义为政治基础和界限范围
    - （4）以“三大任务”为奋斗目标
    - （5）以中国人民政治协商会议为组织形式
- 经济制度
  - 经济制度的概念：经济制度是指一个国家通过宪法和法律调整而形成的、以生产资料所有制和各种基本经济关系为内容的规则和政策的总称
  - 中国的所有制形式
    - 我国现阶段的所有制形式——公有制经济为主体、多种所有制经济共同发展
    - 公有制的主体地位主要体现在
      - 公有资产在社会总资产中占据优势
      - 国有经济控制国民经济命脉，对经济发展起主导作用
    - 公有制经济不仅包含全民所有制经济和劳动群众集体所有制经济，还包括混合所有制经济中的国有成分和集体成分
    - 非公有制经济包括个体经济、私营经济以及“三资经济”
    - 国家资源归属
      - 国家所有——矿藏、水流、森林、山岭、草原、荒地、滩涂等自然资源
      - 国家专有——城市土地、矿藏、水流、无线电频谱资源、野生动植物资源
      - 集体所有——森林、山岭、草原、荒地、滩涂、宅基地、自留山、自留地、农村和城市郊区除法律规定属于国家以外的土地
      - 注意：矿藏、水流、海域是国家专有的
    - 国有经济——国有经济，即社会主义全民所有制经济，是国民经济中的主导力量，国家保障国有经济的巩固和发展
    - 集体经济——国家保护城乡集体经济组织的合法权利和利益，鼓励、指导和帮助集体经济的发展
    - 非公有制经济——国家保护个体经济、私营经济等非公有制经济的合法权利和利益
    - 注意宪法对不同所有制经济的用词

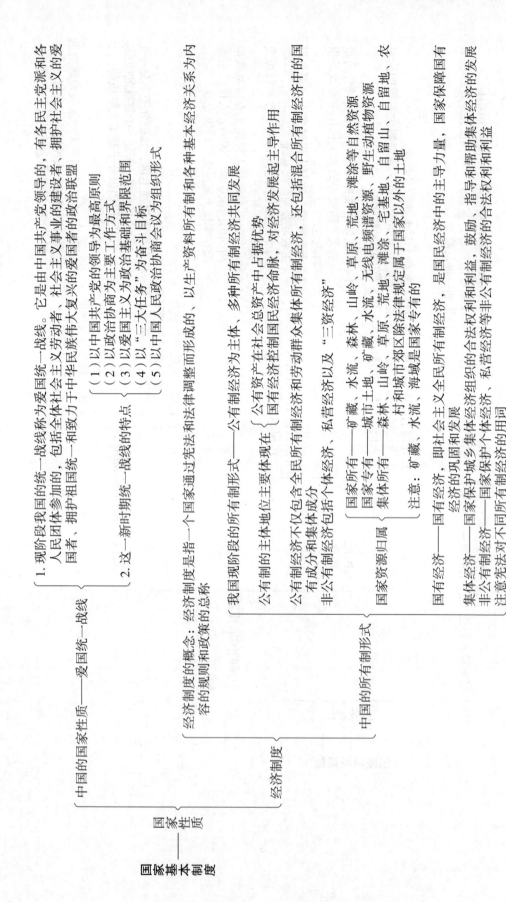

国家基本制度——国家性质

- 经济制度
  - 分配制度和原则
    - 我国的分配制度——按劳分配为主体、多种分配方式并存的分配制
    - 我国的分配原则——实行名尽所能、按劳分配的原则
  - 社会主义市场经济
    1. 采取市场经济还是计划经济，并不是判断一个国家社会形态的标准，其只是调节经济的两种具体手段，且各有优缺点
    2. 发挥好市场配置资源的作用，关键在于处理好市场和政府的关系问题
    3. 应当使市场在资源配置中起决定作用
    4. 市场不是万能的，市场不能调节或不适合调节的领域需要政府的“有形之手”予以调控
- “五个文明”协调发展
  - 政治文明
    - 政治文明是一种民主化、制度化、规范化和程序化的政治生活形态
    - 社会主义政治文明的优点
      1. 中国共产党的领导是社会主义政治文明建设的保障
      2. 人民当家作主是社会主义政治文明建设的本质特点
      3. 坚持依宪治国是社会主义政治文明建设的根本途径
  - 精神文明
    - 精神文明是指人类精神生活的进步状态
    - 按照现行宪法的规定，精神文明建设主要包括两项内容：文化教育建设和思想道德建设
      - 文化教育建设：要努力发展社会主义教育事业、科学事业、医疗卫生事业、体育事业、文学艺术事业等
      - 思想道德建设：一是普及理想、道德、文化、纪律和法制教育，通过在城乡不同范围的群众中制定和执行各种守则、公约，加强社会主义精神文明的建设，二是倡导社会主义核心价值观，提倡爱祖国、爱人民、爱劳动、爱科学、爱社会主义的公德，在人民中进行爱国主义、集体主义和国际主义、共产主义的教育，进行辩证唯物主义和历史唯物主义的教育，反对资本主义、封建主义和其他的腐朽思想
  - 积极加强物质文明、社会文明和生态文明的建设
  - “五个文明”协调发展
    - 生态文明是前提
    - 物质文明是基础
    - 政治文明是保障
    - 精神文明是灵魂
    - 社会文明是目的

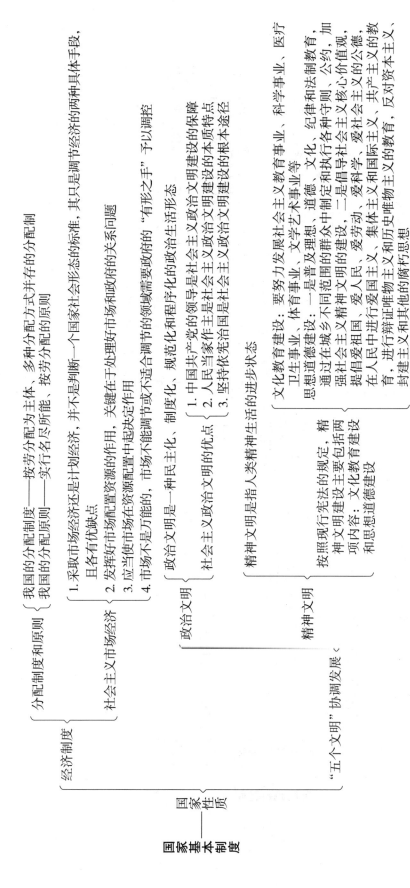

国家基本制度——政权组织形式

- 政权组织形式概述
  - 政权组织形式的概念和类型
    - 政权组织形式也称为政体，主要是指特定社会的统治阶级采用一定的原则和方式组织实现国家权力的机关体系，确定各机关之间的相互关系
    - 政体可划分为君主制和共和制。共和制是现代国家所普遍采用的政体
      - 君主制——分为议会君主制（英国）和二元君主制
      - 共和制——包括总统制（美国）、议会制（德国）、半总统制（法国）、人民代表制（社会主义国家）
      - 注意：现代资本主义国家的政体类型主要是共和制和议会君主制
  - 政权组织形式在国家制度中的地位
    - 政权组织形式只是一种形式，由国家性质决定，一般来说有什么样的国家性质就有与之相适应的政权组织形式
    - 政权组织形式对国家性质也具有反作用
- 中国的政权组织形式 —— 人民代表大会制度的概念和特征
  - 概念：人民代表大会制度是人民通过选举的方式，选举代表组成各级国家权力机关，由各级国家权力机关产生其他的国家机关，其他国家机关对权力机关负责，权力机关对人民负责的一种制度
  - 特征
    1. 人民代表大会制度的目标是规范国家权力和保障公民权利
    2. 人民代表大会在国家机关体系中居最高的地位，其他机关由它产生，对它负责，受它监督
    3. 人民代表大会制实行的是一院制
    4. 人民代表是兼职代表
    5. 在人民代表大会中设立常务委员会作为常设机关

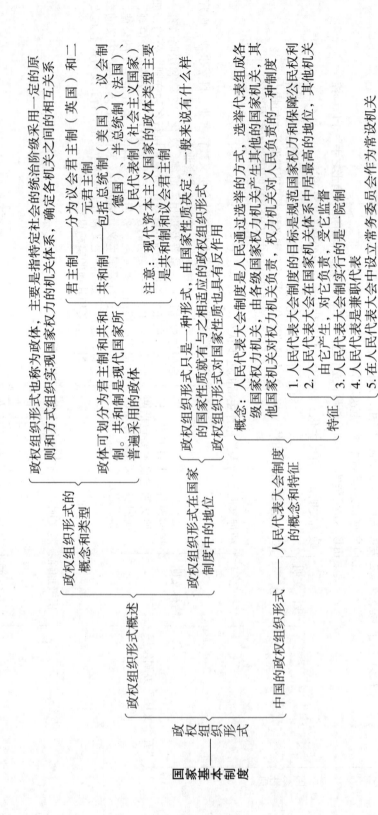

国家基本制度——政权组织形式

- 中国的政权组织形式
  - 人民代表大会制度是中国的根本政治制度
    1. 人民代表大会制度直接全面地反映了我国的阶级本质
    2. 人民代表大会制度产生于我国的革命斗争中，是其他制度赖以建立的基础
    3. 人民代表大会制度反映了我国政治生活的全貌，是人民实现民主管理的最好方式
  - 人民代表大会制度的组织原则：民主集中制原则
    - 概念：民主集中制是民主基础上的集中和法治规范下的民主的有机结合
    - 表现
      1. 各级国家权力机关由民主选举产生，对人民负责，受人民监督
      2. 其他国家机关由人民代表大会产生，对人民代表大会负责，受人民代表大会监督
      3. 在中央与地方的关系上，遵循在中央的统一领导下，充分发挥地方的主动性和积极性的原则
- 坚持和完善人民代表大会制度
  - 人民代表大会制度的优越性
    1. 人民代表大会制度便于人民参加国家管理
    2. 人民代表大会制度便于集中统一行使国家权力
    3. 人民代表大会制度既能保证中央的集中统一领导，又能保证地方主动性和积极性的发挥
  - 人民代表大会制度的完善
    1. 进一步理顺党与人大的关系，改善党对人大的领导
    2. 进一步完善以人民代表大会制度为基础的宪政体制
    3. 进一步加强人大的自身建设，完善组织结构建设和制度建设，提高代表的素质
    4. 进一步规范权力运用的具体程序

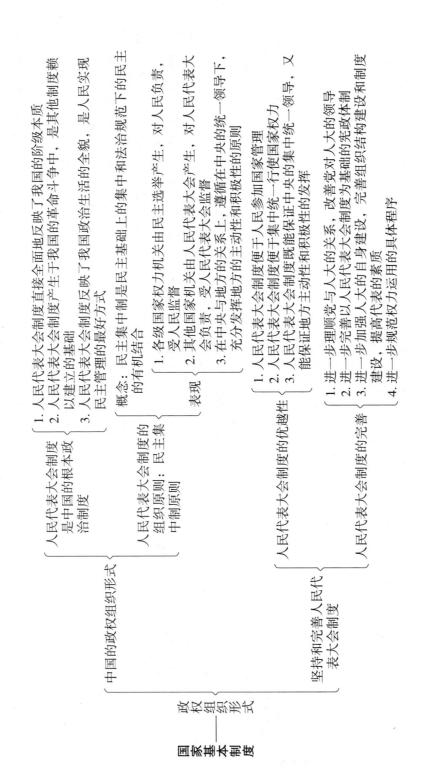

国家基本制度——★★★选举制度——选举制度概述

- 选举制度的概念与功能
  - 选举制度是指国家通过法律规定选举代表机关代表和国家公职人员所应遵循的各项原则和制度的总称，包括选举的基本原则，选举权利的确定，选举的组织、程序和方法，选举经费，选民与代表的关系，对破坏选举行为的制裁等
  - 选举制度的功能
    - 1. 选举是政府合法性的来源
    - 2. 选举是公民参与政治生活的基本形式
    - 3. 选举是公民自我治理的保障
- 中国选举制度的历史发展——2015 年的最新修订
  - 2015 年《选举法》最新修改如下：
  - 1. 增加一条，作为第三十四条：“公民参加各级人民代表大会代表的选举，不得直接或者间接接受境外机构、组织、个人提供的与选举有关的任何形式的资助。违反前款规定的，不列入代表候选人名单；已经列入代表候选人名单的，从名单中除名；已经当选的，其当选无效”
  - 2. 将第四十四条改为第四十五条，增加一款，作为第二款：“当选代表名单由选举委员会或者人民代表大会主席团予以公布”
  - 3. 增加一条，作为第四十六条：“代表资格审查委员会依法对当选代表是否符合宪法、法律规定的代表的基本条件，选举是否符合法律规定的程序，以及是否存在破坏选举和其他当选无效的违法行为进行审查，提出代表当选是否有效的意见，向本级人民代表大会常务委员会或者乡、民族乡、镇的人民代表大会主席团报告。县级以上的各级人民代表大会常务委员会或者乡、民族乡、镇的人民代表大会主席团根据代表资格审查委员会提出的报告，确认代表的资格或者确定代表的当选无效，在每届人民代表大会第一次会议前公布代表名单”
  - 4. 将第五十一条第一款、第五十三条第一款中的“全国人民代表大会和省、自治区、直辖市、设区的市、自治州的人民代表大会”修改为“县级以上的各级人民代表大会”
  - 5. 将第五十四条改为第五十六条，增加一款，作为第五款：“对补选产生的代表，依照本法第四十六条的规定进行代表资格审查”

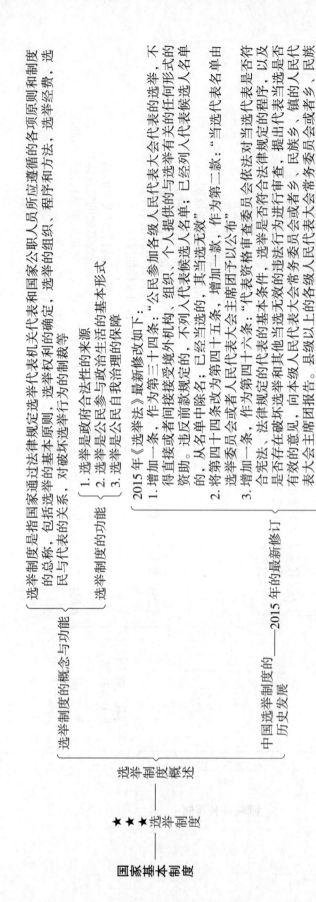

国家基本制度——★★★选举制度——中国选举制度的基本原则

- 1. 选举权的普遍性原则
  - （1）凡年满18周岁的中华人民共和国公民，除被依法剥夺政治权利的人外，不分民族、种族、性别、职业、家庭出身、宗教信仰、教育程度、财产状况和居住期限，都有选举权和被选举权
  - （2）对于被判处有期徒刑、拘役、管制而没有附加剥夺政治权利的人，对于被羁押，正在受侦查、起诉、审判，人民检察院或者人民法院没有决定停止行使选举权利的人，均准予其行使选举权
    注意：前提是“没有决定停止行使选举权利”
  - （3）精神病人有选民资格，但由于其不能行使选举权而不列入选民名单，即这些人有选举权，但是无法行使
  - 在我国享有选举权的基本条件
    - 一是具有中国国籍，是中华人民共和国的公民
    - 二是年满 18 周岁
    - 三是依法享有政治权利
- 2. 选举权的平等性原则
  - 选举权的平等性原则是指享有选举权的主体实现权利的效力是相等的，即在选举中，一切选民具有同等法律地位。平等性原则在我国具体表现为：
  - （1）参选权上的平等。根据《选举法》的规定，年满18周岁的中国公民，除被依法剥夺政治权利者外，在选举权和被选举权方面，均一律平等。任何人不得享有特权或受到歧视
  - （2）投票权上的平等。每个选民在一次选举中只能享有一个投票权（一人一票），且所有选票的效力完全相等（同票同权）
  - （3）代表名额上的平等。本行政区域内各选区每一代表所代表的人口数大体相等。2010年全国人大对《选举法》的修改实现了城乡选民之间在投票价值上的平等（城乡一比一）
  - （4）民族平等。为保障各民族都有适当数量的代表，人口再少的民族，也要有一名代表，体现民族平等
- 3. 直接选举与间接选举并用原则
  - （1）直接选举——不设区的市、市辖区、县、自治县、乡、民族乡、镇的人民代表大会代表，由选民直接选举
  - （2）间接选举——全国人民代表大会代表，省、自治区、直辖市、设区的市、自治州的人民代表大会代表，由下一级人民代表大会选举
- 4. 秘密投票原则——全国和地方各级人民代表大会的选举，一律采用无记名投票的方法
- 5. 差额选举原则——全国和地方各级人民代表大会代表实行差额选举，代表候选人的人数应多于应选代表的名额
  - 在直接选举中，代表候选人的人数应多于应选代表名额的 1/3~1 倍
  - 在间接选举中，代表候选人的人数应多于应选代表名额的 1/5~1/2

国家基本制度——★★★选举制度——中国选举的组织和程序

- 选举的组织机构
  - 1. 实行间接选举的地方——由人大常委会主持本级人大代表选举
  - 2. 实行直接选举的地方——设立选举委员会主持本级人大代表的选举。不设区的市、市辖区、县、自治县的选举委员会受本级人大常委会的领导。乡、民族乡、镇的选举委员会受不设区的市、市辖区、县、自治县的人大常委会的领导
- 选举委员会的职责
  - 1. 划分选区，分配名额
  - 2. 进行选民登记，审查选民资格，公布选民名单；受理对选民民单不同意见的申诉，作出决定
  - 3. 确定选举日期（选举日期一经确定后，非特别情况一般不能轻易变动）
  - 4. 确定和公布正式代表候选人名单
  - 5. 主持投票选举
  - 6. 确定选举结果是否有效，公布当选代表名单
  - 7. 法律规定的其他职责
- ★选举的程序
  - 划分选区
  - 选民登记
    - 1. 凡年满 18 周岁没有被剥夺政治权利的我国公民都应列入选民名单
    - 2. 精神病患者不能行使选举权，经选举委员会确认，不列入选民名单
    - 3. 一次登记、长期有效
    - 4. 选民名单应在选举日的 20 日以前公布，对公布的选民名单有不同意见的，可以向选举委员会提出申诉。选举委员会对申诉意见，应当在 3 日内作出处理决定。申诉人如果不服，可以在选举日的 5 日前向人民法院起诉，人民法院应在选举日前作出判决。人民法院的判决就是最后的决定（简记为 2035）
    - 注意：精神病患者也有选举权，只是由于生理上的缺陷无法行使选举权，不列入选民名单
  - 代表候选人的产生
    - 1. 全国和地方各级人民代表大会的代表候选人，按选区或选举单位提名产生
    - 2. 各政党、各人民团体，可以联合或者单独推荐代表候选人，选民或者代表 10 人以上联名可以推荐代表候选人
    - 3. 在直接选举时，选举委员会汇总所推荐的代表候选人后，于选举日的 15 日以前公布，并交该选区各选民小组讨论、协商，根据多数人的意见确定正式代表候选人，于选举日的 7 日前公布
    - 4. 间接选举时，由各级人大主席团将各政党、各人民团体和代表提出的代表候选人名单提交全体代表酝酿、讨论，并根据多数代表的意见，确定正式代表候选人名单（提名、酝酿的时间不得少于两天）。因此，间接选举不存在划分选区，选民登记等工作
    - 5. 由选民直接选举人大代表的，代表候选人名额，应多于应选代表名额的 1/3 ~ 1 倍；由县级以上地方各级人民代表大会选举上一级人民代表大会代表的，代表候选人的名额，应多于应选代表名额的 1/5 ~ 1/2
    - 6. 正式代表候选人产生后，选举委员会或人大主席团应当向选民或者代表介绍代表候选人的情况，但选举日必须停止介绍
    - 7. 公民参加各级人民代表大会代表的选举，不得直接或者间接接受境外机构、组织、个人提供的与选举有关的任何形式的资助

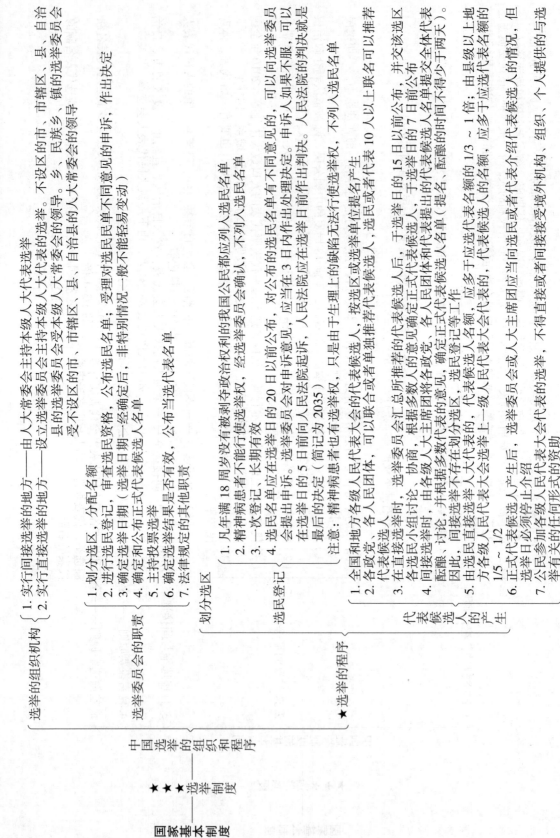

国家基本制度——★★★选举制度——中国选举的组织和程序

- ★选举的程序
  - 投票选举
    1. 在实行直接选举的地方，由选举委员会主持投票选举工作，并通过召开选举大会、设立投票站和流动票箱的方式进行投票
    2. 县级以上地方各级人民代表大会在选举上一级人民代表大会代表时，由该级人民代表大会主席团主持
  - 公布选举结果
    1. 在实行直接选举的地方，选区全体选民过半数参加投票，选举有效，代表候选人获得参加投票选民过半数的选票即为当选
    2. 在实行间接选举的地方，代表候选人必须获得全体代表过半数的选票才能当选。选举结果由选举委员会或者人民代表大会主席团根据选举法确定是否有效，并予以宣布
- 对代表的监督和罢免
  1. 全国和地方各级人大代表受选民和原选举单位的监督
  2. 选民或选举单位都有权罢免自己选出的代表。按照《选举法》的规定，对于县级的人民代表大会代表，原选区选民 50 人以上联名，对于乡级的人民代表大会代表，原选区选民 30 人以上联名，可以向县级的人民代表大会常务委员会书面提出罢免要求
- 代表的辞职和补选
  1. 全国人大代表，省、自治区、直辖市、设区的市、自治州的人大代表可以向选举他的人大常委会书面提出辞职。常务委员会接受辞职，须经常务委员会组成人员过半数通过。县级人大代表可以向本级人大常委会书面提出辞职。乡级人大代表可以向本级人大书面提出辞职。乡级的人大接受辞职，须经人大过半数的代表通过。接受辞职的，应当予以公告
  2. 人民代表因故在任期内出缺，由原选区或原选举单位补选。补选出缺的代表可以采用差额选举，也可以采用等额选举
- 对破坏选举的制裁★★★★
  - 有下列行为之一，破坏选举，违反治安管理规定的，依法给予治安管理处罚；构成犯罪的，依法追究刑事责任：
    1. 以金钱或者其他财物贿赂选民或者代表，妨害选民和代表自由行使选举权和被选举权的
    2. 以暴力、威胁、欺骗或者其他非法手段妨害选民和代表自由行使选举权和被选举权的
    3. 伪造选举文件、虚报选举票数或者有其他违法行为的
    4. 对于控告、检举选举中违法行为的人，或者对于提出要求罢免代表的人进行压制、报复的
  - 我国《选举法》、《治安管理处罚法》及《刑法》对破坏选举的行为，分别根据其性质、程度、情节等作出了不同的制裁。违反治安管理规定的，依法给予治安管理处罚；构成犯罪的，依法追究刑事责任。《刑法》第二百五十六条规定了破坏选举罪，在选举各级人大代表和国家机关领导人员时，以暴力、威胁、欺骗、贿赂、伪造选举文件、虚报选举票数等手段破坏选举或者妨害选民和代表自由行使选举权和被选举权，情节严重的，处 3 年以下有期徒刑、拘役或者剥夺政治权利

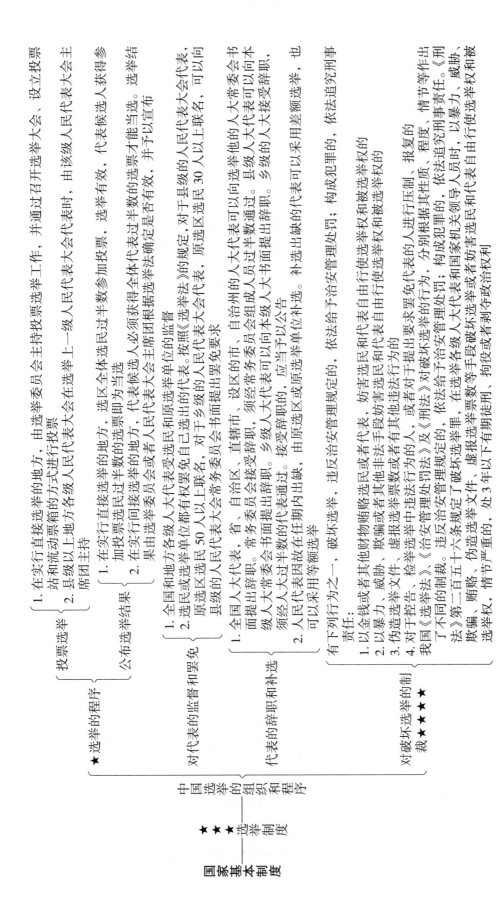

国家基本制度——政党制度——政党制度概述

- 政党的概念和特征
  - 政党是指由一定阶级或阶层的先进分子所组成的，以夺取、控制或者影响国家政权运作为目的的，具有严格纪律和组织体系的政治组织
  - 政党的特征
    1. 政党是一定阶级、阶层的政治组织，具有鲜明的阶级性
    2. 政党具有明确的政治纲领，其目的是为了夺取或控制政权，以及影响政治权力的运用
    3. 政党是以结社自由为法律基础建立起来的社会政治组织，具有一定的组织体系
    4. 政党有严格的组织纪律，用以规范和约束政党的组织和成员的活动，以保证政党纲领的贯彻执行
- 政党制度的概念和类型
  - 政党制度是关于政党的地位、作用以及有关政党掌握或影响国家政权的各种制度的总称
  - 政党制度的类型
    1. 以主要政党或者居于垄断地位的政党的数目和掌权方式，可将政党制度分为一党制、两党制、多党制和一党领导的多党合作制
    2. 以社会制度为标准，可将政党制度分为
       - （1）资本主义制度下的政党制度，其中又有一党制、两党制和多党制的区别
       - （2）社会主义制度下的政党制度，其中又有一党制和一党领导多党合作制的区别
    - 注意：我国是一党领导下的多党合作制度
- 政党与近代民主政治
  1. 政党是近代民主政治的产物，起源于英国，资本主义商品经济的发展是政党产生的根本原因
  2. 政党制度的形成促进了近代民主政治的发展

国家基本制度——政党制度——中国的政党制度

- 中国政党制度的概念
  - 1. 中国共产党领导的多党合作和政治协商制度是我国的政党制度，是我国宪政制度的重要组成部分
  - 2. 我国政党制度是在新民主主义革命和社会主义革命与建设过程中，在中国共产党与各民主党派长期合作的基础上逐渐发展起来的
  - 3. “长期共存，互相监督，肝胆相照，荣辱与共”是中国共产党对民主党派的基本方针
  - 注意：各民主党派都接受中国共产党的领导，是参政党
- 中国共产党领导的多党合作和政治协商制度的内容
  - 1. 中国共产党在国家政权中居领导地位。中国共产党对民主党派的领导主要表现为政治领导，而不是对其发号施令
  - 2. 各民主党派在中国共产党的领导下参政、议政，主要是通过中国人民政治协商会议、其他会议形式，通过国家权力机关参政议政，担任各级国家机关的领导职务
  - 3. 中国共产党与民主党派的关系不是执政党与反对党的关系，也不存在轮流执政的问题，但民主党派具有重要的监督作用
  - 4. 中国人民政治协商会议是我国多党合作和政治协商的重要形式
- 中国人民政治协商会议的性质和主要职能
  - 1. 性质——中国人民政治协商会议既是爱国统一战线的重要组织形式，也是中国共产党领导的多党合作和政治协商制度的重要组织形式
  - 2. 主要职能——政治协商、民主监督、参政议政
  - 3. 实现其职能的途径
    - （1）通过各种形式参与有关国家事务和地方事务重要问题的讨论
    - （2）密切联系各方面人士，向党和国家机关反映各界人民群众的意见和要求，宣传和贯彻执行宪法和法律，协助党和政府贯彻各项政策，维护和巩固安定团结的政治局面
    - （3）组织政协委员进行视察、参观和调查活动，向有关机关或其他组织提出建议和批评
    - （4）积极开展同台湾同胞和各界人士的联系，促进祖国和平统一
    - （5）调整和处理爱国统一战线各方面的关系和人民政协会议内部合作的重要事项
    - （6）组织和推动政协委员的学习活动
    - （7）积极开展人民外交活动，为维护世界和平作出贡献

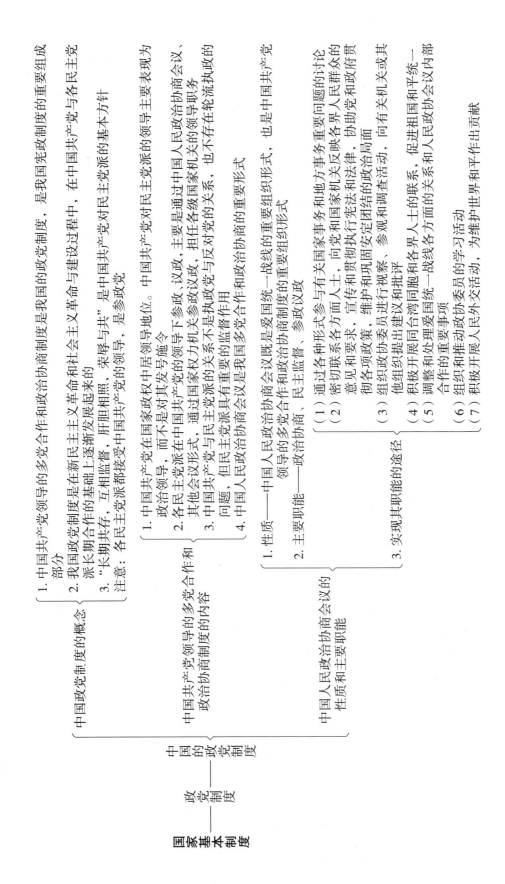

国家基本制度——国家结构形式——国家结构形式概述——国家结构形式的概念和类型

- 1. 国家结构形式是指国家整体与其组成部分之间、中央政权与地方政权之间的相互关系。国家结构形式体现的是纵向的权力配置关系
- 2. 国家结构形式主要有单一制和复合制两大类型
  - （1）单一制是指国家由若干不具有独立性的行政单位或自治单位组成，各组成单位都是国家不可分割的一部分的国家结构形式（中国是单一制国家）
    - ①全国只有一部宪法和一个统一的法律体系，只有一个中央国家机关体系（包括立法机关、行政机关和司法机关）
    - ②每个公民只有一个国籍
    - ③各行政单位或自治单位均受中央政府的统一领导，不能脱离中央而独立
    - ④各行政单位或自治单位所拥有的权力都是由中央通常以法律的形式授予的
    - ⑤国家整体是代表国家进行国际交往的唯一主体
  - （2）复合制是指国家由两个或者两个以上的、具有某种独立性的成员单位（邦、州、共和国等）联合组成的联盟国家或者国家联盟的国家结构形式。根据成员单位独立性的强弱，复合制又可分为邦联、联邦、君合国、政合国等形式。近代复合制主要有联邦和邦联两种形式
    - 联邦是指由两个或两个以上的成员单位所组成的联盟的国家
      - ①联邦和各成员单位都有自己的宪法和法律，都有各自的国家机关体系
      - ②公民具有双重国籍，既是成员国的公民，又是联邦的公民
      - ③联邦和各成员单位的权力划分是依据宪法，联邦的权力是来自各成员单位的授予
      - ④在国际关系中，各成员单位一般没有独立对外交往的权力
    - 邦联是指由两个或两个以上具有独立性的国家为了实现某种共同目标而结成的松散的国家联盟，这种联盟一般以条约为基础
      - ①邦联不是一个主权国家，没有统一的宪法和集中统一的国家机关体系
      - ②各个国家都有自己的独立的主权、中央国家机关体系和法律制度体系
      - ③邦联的决定要经各个国家的批准才能够产生效力

国家基本制度——国家结构形式

- 国家结构形式概述——影响国家结构形式的要素
  - 1. 民族因素
  - 2. 经济因素
  - 3. 地理因素
  - 4. 历史传统
  - 5. 政治因素
- 中国的国家结构形式
  - 1. 我国实行的是单一制
  - 2. 我国实行单一制国家结构形式的原因
    - （1）实行单一制是由我国民族关系的历史和各民族的居住现状所决定的，是保障各少数民族与汉族平等发展的需要
    - （2）实行单一制是由我国经济发展的实际需要所决定的，也是缩小各少数民族与汉族之间经济文化发展差距的有效途径
    - （3）实行单一制是由我国政治发展的基本需要所决定的，有利于国家的政治统一和政治稳定
  - 3. 中国现行行政区划及其变更的法律程序
    - 根据《宪法》第三十条的规定，中国的行政区划如下：全国分为省、自治区、直辖市；省、自治区分为自治州、县、自治县、市；县、自治县分为乡、民族乡、镇。直辖市和较大的市分为区、县。自治州分为县、自治县、市。第三十一条规定，国家在必要时得设立特别行政区。综上，全国存在三种不同的行政单位：一般行政单位、民族自治地方、特别行政区
    - 行政区划变更的法律程序
      - ①省、自治区、直辖市的设立、撤销、更名，报全国人大批准
      - ②省、自治区、直辖市的行政区域界线的变更，报国务院审批；自治州、县、自治县、市、市辖区的设立、撤销、更名和隶属关系的变更，报国务院审批；自治州、自治县的行政区域界线的变更，县、市、市辖区的行政区域界线的重大变更报国务院审批
      - ③县、市、市辖区的部分行政区域界线的变更，国务院授权省、自治区、直辖市人民政府审批
      - ④乡、民族乡、镇的建立、撤销、更名和行政区域界限的变更，由省、自治区、直辖市人民政府审批

国家基本制度——国家结构形式——民族区域自治制度

- 民族区域自治的概念
  - 含义：民族区域自治是指在中华人民共和国范围内，在中央政府的统一领导下，依照宪法、民族区域自治法和其他法律的有关规定，以少数民族聚居区为基础，建立民族自治地方，设立自治机关，行使自治权的政治制度
  - 特征
    1. 建立民族自治地方必须以宪法和法律为依据，在国家领导下统一进行，而不可各自为政、擅自设立
    2. 建立民族自治地方要以少数民族聚居地区为基础，绝不能在散居民族区域设立
    3. 民族区域自治的内容就是设立自治机关，行使自治权，切实保障少数民族当家作主，享有管理本民族内部事务和本地区地方事务的权利
  - 优越性
    1. 民族区域自治制度体现了人民民主专政制度和民族平等原则、国家整体利益和各民族具体利益的高度结合，有利于国家的统一领导
    2. 民族区域自治制度保证了聚居的少数民族能够充分享有自治权，同时散居全国各地的少数民族的权益也能够得以保障
    3. 民族区域自治制度把行政区域和经济文化发展区域有机结合起来，能够更好地因民族制宜、因地区制宜地发展经济文化事业
    4. 有利于民族团结和各民族间的互相合作
- 民族自治地方
  - 依行政地位划分，民族自治地方分为自治区、自治州、自治县三级。自治区相当于省级行政区域；自治州相当于省级与县级之间的行政区域；自治县相当于县级行政区域
  - 民族乡不是民族自治地方，不享有民族自治权，但是民族乡可以采取适合本地发展的相应民族政策
- 民族自治地方的自治机关
  1. 民族自治地方的自治机关——自治区、自治州、自治县的人民代表大会和人民政府
  2. 民族自治地方的人大常委会应当由实行区域自治的民族的公民担任主任或者副主任
  3. 自治区主席、自治州州长、自治县县长由实行区域自治的民族的公民担任
  - 民族区域自治机关具有双重性：一方面，在法律地位上与一般的地方国家机关一样，行使宪法和法律赋予的一般地方国家机关的职权；另一方面，它又不同于一般的地方国家机关，可以行使自治权

国家基本制度——国家结构形式

- 民族区域自治制度——民族自治地方自治机关的自治权
  - 注意：自治权是民族区域自治制度的核心
  - 1. 制定自治条例和单行条例。自治条例是规定民族自治地方的自治机关的组织和活动原则、民族自治权等内容的综合性的规范性文件；单行条例是在民族自治权的范围内，根据当地民族政治、经济等特点规定某一方面问题的规范性文件。自治区的自治条例和单行条例，报全国人大常委会批准后生效；自治州、自治县的自治条例和单行条例，报省级人大常委会批准后生效，并报全国人大常委会与国务院备案
  - 2. 经上级国家机关批准变通执行或停止执行有关的法律法规和政策
  - 3. 管理地方财政，自主地安排使用属于民族自治地方的财政收入
  - 4. 安排和管理地方经济建设事业的自主权
  - 5. 管理本地方的教育、科学、文化、卫生、体育事业的自主权
  - 6. 依照法律规定，经国务院批准，组织本地方维护社会治安的公安部队
  - 7. 其他方面的职权
- 特别行政区制度
  - “一国两制”与特别行政区制度
    - 1. “一国两制”是在统一的社会主义国家内，在中央的统一领导下，可以在局部地区因历史的原因而不实行社会主义的制度，依法保留原有的制度
    - 2. 《宪法》第三十一条规定：“国家在必要时得设立特别行政区。在特别行政区内实行的制度按照具体情况由全国人民代表大会以法律规定”
    - 3. 特别行政区制度是“一国两制”理论构想的具体化和法律化
  - 特别行政区的概念和特征
    - 1. 特别行政区是指在统一的中华人民共和国范围内，根据我国宪法和法律所设立的具有特殊的法律地位，实行特别的政治、经济制度的行政区域
    - 2. 特别行政区的特征
      - （1）特别行政区享有高度的自治权，有立法权、行政管理权、独立的司法权和终审权。特别行政区财政独立、使用自己的货币，中央人民政府不在特别行政区征税
      - （2）特别行政区保留原有的资本主义制度和生活方式五十年不变
      - （3）特别行政区由当地人管理。特别行政区的行政机关和立法机关由该区永久性居民依照基本法的规定组成，实现“港人治港”“澳人治澳”
      - （4）特别行政区原有的法律基本不变
      - 注意：特别行政区不具有国防和外交的职权

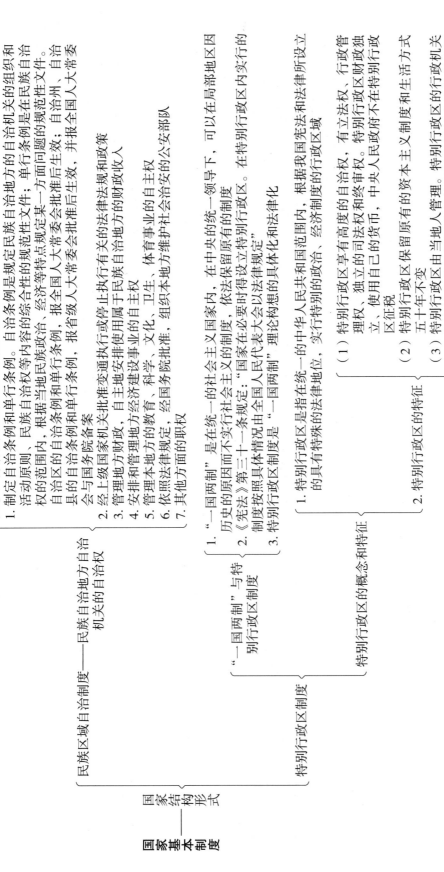

国家基本制度——国家结构形式——特别行政区制度

- 特别行政区的法律地位
  - 1. 特别行政区是一级地方行政区域，直辖于中央人民政府，受中央人民政府统一管辖
  - 2. 特别行政区不享有主权，不是一个独立的政治实体，其法律地位相当于省、自治区和直辖市
  - 3. 中央管理特别行政区涉及外交、国防等国家主权方面的事务
    - （1）负责管理与特别行政区有关的外交事务
    - （2）负责管理特别行政区的防务
    - （3）任命行政长官和行政机关的主要官员
    - （4）决定特别行政区进入紧急状态
    - （5）解释特别行政区基本法
    - （6）修改特别行政区基本法
- 特别行政区的高度自治权
  - 1. 行政管理权。特别行政区依照基本法的有关规定自行处理特别行政区的行政事务，包括特别行政区的经济、财政、金融、贸易、工商业、土地、航运、民航、教育、科学、文化、体育、宗教、劳工、社会服务等事项
  - 2. 立法权。特别行政区的立法机关依据基本法的规定，有权制定适用于特别行政区的法律。特别行政区的立法机关制定的法律须报全国人民代表大会常务委员会备案。备案不影响该法律的生效
  - 3. 独立的司法权和终审权
  - 4. 自行处理有关对外事务的权力和其他权力
- 特别行政区的政治体制
  - 特别行政区政治体制的特点可以概括为行政主导、司法独立、行政与立法互相制约与配合
  - 特别行政区的政权组织包括以下内容
    - 行政长官——担任条件：行政长官由年满 40 周岁，在特别行政区通常连续居住满 20 年，且在外国无居留权（注意：《澳门基本法》无此要求）的特别行政区永久性居民中的中国公民担任。特别行政区的长官通过选举或协商产生，由中央人民政府任命，任期五年，可以连任一次
    - 行政机关——特别行政区的政府是特别行政区的行政机关，对立法会负责
    - 立法机关——立法会是特别行政区的立法机关，享有立法权、财政权、监督权和任免权
    - 司法机关——香港特别行政区设立终审法院、高等法院、区域法院、裁判署法庭和其他专门法庭。澳门特别行政区设立初级法院（包括行政法院）、中级法院和终审法院

国家基本制度——国家结构形式——基层群众自治制度

- 概念
  - 1. 基层群众性自治组织是指我国依照宪法和有关法律的规定，以城乡居（村）民一定的居住地为纽带和范围设立的，并由居（村）民选举产生的成员组成的，实行自我管理、自我教育、自我服务的社会组织
  - 2. 基层群众性自治组织是非政权性的自治组织，属于一种社会自治，其同政权机关的关系是指导关系
- 城市居民委员会
  - 1. 性质——居民委员会是居民自我管理、自我教育、自我服务的基层群众性自治组织

    注意：基层群众自治组织不是一级行政机关
  - 2. 主要任务
    - （1）宣传宪法、法律、法规和国家的政策，维护居民的合法权益，教育居民履行依法应尽的义务，爱护公共财产，开展多种形式的社会主义精神文明建设活动
    - （2）办理本居住地区居民的公共事务和公益事业
    - （3）调解民间纠纷
    - （4）协助维护社会治安
    - （5）协助人民政府或者它的派出机关做好与居民利益有关的公共卫生、计划生育、优抚救济、青少年教育等工作
    - （6）向人民政府或者它的派出机关反映居民的意见、要求和提出建议
  - 3. 设立——其设立、撤销、规模调整，由不设区的市、市辖区的人民政府决定
  - 4. 组织——居民委员会主任、副主任和委员，由本居住地区全体有选举权的居民或者由每户派代表选举产生；根据居民的意见，也可以由每个居民小组选举代表 2 至 3 人选举产生
  - 5. 居民委员会向居民会议负责并报告工作。居民会议由居民委员会召集和主持
  - 6. 居民委员会根据需要设人民调解、治安保卫、公共卫生等委员会
  - 7. 与政府的关系——不设区的市、市辖区的人民政府或者它的派出机关对居民委员会的工作给予指导、支持和帮助。居民委员会协助不设区的市、市辖区的人民政府或者它的派出机关开展工作

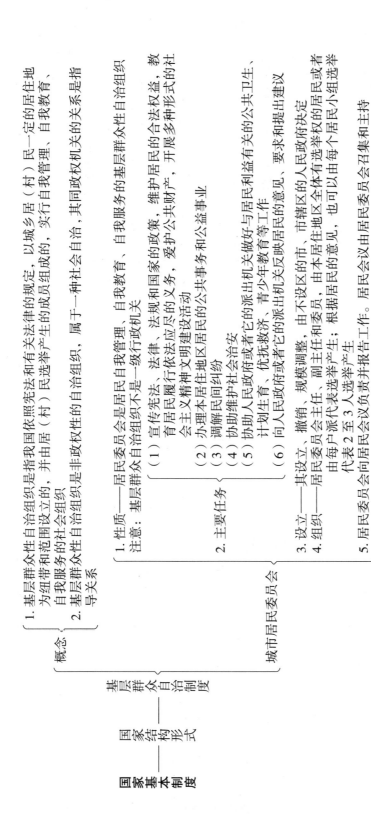

国家基本制度——国家结构形式——基层群众自治制度——村民委员会

- 1. 性质——村民委员会是村民自我管理、自我教育、自我服务的基层群众性自治组织
- 2. 任务
  - （1）实行民主选举、民主决策、民主管理、民主监督，办理本村的公共事务和公益事业，调解民间纠纷，协助维护社会治安，向人民政府反映村民的意见、要求和提出建议
  - （2）应当支持和组织村民发展各种形式的合作经济和其他经济，承担本村生产的服务和协调工作
  - （3）应当尊重并支持集体经济组织依法独立进行经济活动的自主权，维护以家庭承包经营为基础、统分结合的双层经营体制，保障集体经济组织和村民、承包经营户、联户或者合伙的合法财产权和其他合法权益
  - （4）依照法律规定，管理本村属于村农民集体所有的土地和其他财产，引导村民合理利用自然资源，保护和改善生态环境
  - （5）宣传宪法、法律、法规和国家的政策，教育和推动村民履行法律规定的义务、爱护公共财产，维护村民的合法权益，促进村和村之间的团结、互助等
- 3. 设立——村民委员会的设立、撤销、范围调整，由乡、民族乡、镇的人民政府提出，经村民会议讨论同意后，报县级人民政府批准
- 4. 组织——村民委员会由村民直接选举产生的主任、副主任和委员共 3 至 7 人组成
- 5. 村民会议由本村 18 周岁以上的村民组成
- 6. 涉及村民利益的下列事项，村民委员会必须提请村民会议讨论决定
  - （1）征收补偿费的使用、分配方案
  - （2）本村享受误工补贴的人员及补贴标准
  - （3）从村集体经济所得收益的使用
  - （4）村办学校、村建道路等村公益事业的举办和筹资筹劳方案
  - （5）村集体经济项目的立项、承包方案及村公益事业的建设承包方案
  - （6）土地承包经营方案
  - （7）宅基地的使用方案
  - （8）以借贷、租赁或者其他方式处分村集体财产
  - （9）村民会议认为应当由村民会议讨论决定的涉及村民的其他事项
- 7. 与政府的关系——乡、民族乡、镇的人民政府对村民委员会的工作给予指导、支持和帮助，但是不得干预依法属于村民自治范围内的事项。村民委员会协助乡、民族乡、镇的人民政府开展工作
- 8. 村民委员会实行村务公开制度，村应当建立村务监督委员会或其他形式的村务监督机构

国家基本制度——国家结构形式——基层群众自治制度

- 基层群众自治制度的发展与完善
  1. 尊重宪法和法律规定的关于基层群众性自治组织的自治权和法律地位，避免将其当作人民政府的派出机关
  2. 提高基层群众性自治组织干部的素质
  3. 帮助基层群众性自治组织增加经济来源
  4. 搞好基层群众性自治组织的制度建设，规范自治组织的行为
  5. 拓宽基层群众性自治的途径和形式
- 城市居民委员会组织法和村民委员会组织法
  1. 《中华人民共和国城市居民委员会组织法》——全国人大常委会于1989年12月26日制定，1990年1月1日起施行
  2. 《中华人民共和国村民委员会组织法》——全国人大常委会于1998年11月4日制定，共30条，并于公布之日起施行
  3. 2010年10月28日，第十一届全国人民代表大会常务委员会第十七次会议修订了《中华人民共和国村民委员会组织法》
  4. 2018年12月29日，第十三届全国人民代表大会常务委员会第七次会议修订了《中华人民共和国城市居民委员会组织法》《中华人民共和国村民委员会组织法》

公民的基本权利和义务——公民基本权利的一般原理——公民基本权利的相关概念——公民的概念

- 公民，是指具有某个国家国籍的自然人
- 《宪法》规定：“凡具有中华人民共和国国籍的人都是中华人民共和国公民”
- 我国的国籍取得
  - 国籍在宪法上是指一个人隶属于某个国家的法律上的身份
  - 我国国籍的取得方式有两种
    - 出生国籍
    - 继有国籍
  - 我国对出生国籍采用以血统主义为主、出生地主义为辅的原则
  - 我国不承认双重国籍，但在香港和澳门的特殊情况下，中国公民可以保留其在外国的居留权

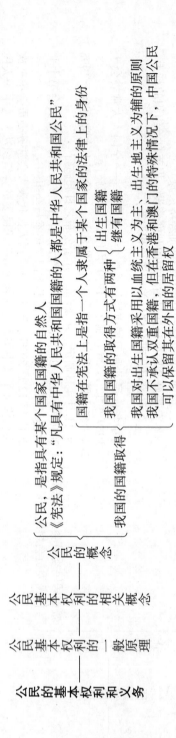

公民的基本权利和义务——公民基本权利的一般原理——公民基本权利的相关概念

- 公民和人民
  - 公民是法律概念，与外国人和无国籍人相对应；人民是政治概念，与敌人相对应，在不同历史时期有着不同的内涵。在现阶段，人民是指全体社会主义劳动者、社会主义事业的建设者、拥护社会主义的爱国者、拥护祖国统一和致力于中华民族伟大复兴的爱国者
  - 法律地位不同
    - 人民的权利主要是指人民当家作主的政治权利
    - 公民的权利指的是所有具有中国国籍的人所享有的法律权利
  - 享有的权利不同
    - 公民中的人民，享有宪法和法律规定的全部权利并履行全部义务
    - 公民中的敌人则不能享受全部的法律权利，也不允许他们履行公民的某些光荣义务
  - 范围不同——我国公民的范围要比人民的范围更广泛，除包括人民以外，还包括人民的敌人
  - 公民通常表达的是个体的概念，人民表达的是群体的概念
- 基本权利
  - 一般指由宪法所确认的、作为公民所应当享有的法律权利
  - 现行《宪法》规定：“国家尊重和保障人权。”这使得基本权利的内涵得以实质性扩张
  - 不同国家的基本权利的规定受国情、历史、政治、经济条件的影响而有所不同
- 人权和公民的基本权利
  - 1. 人权是指人作为人应该享有的权利，其最初的含义包括人们追求生活、财产、自由和幸福的权利
  - 2. 人类历史上最早确认人权的宪法性文件是 1776 年美国的《独立宣言》。此后，人权就成为世界各国立宪的核心内容和根本准则
  - 3. 人权和公民权的联系与区别
    - 联系——人权与公民权有着历史的、政治的联系，公民权是人权的法律化和具体化，而人权是公民权的政治基础
    - 区别
      - 性质不同
        - 人权是一个政治概念，在实践中不断发展，不同的人对人权有各自的理解和解释
        - 公民权是一个法律概念，其含义和保护方式有着法律的界定，人权的内容一旦入宪而成为公民权，就具有了固定含义，只能依法解释和保护
      - 二者不能简单等同——人权和公民权从性质到形式差异很大，人权的一个方面的要求可能具体化为公民权的若干项权利，而公民权的一项权利也可能同时体现着人权的多方面要求，因而，二者不能简单等同
      - 人权与公民权相比，还具有阶级性、民族性、地域性以及时代性和国际性的特点

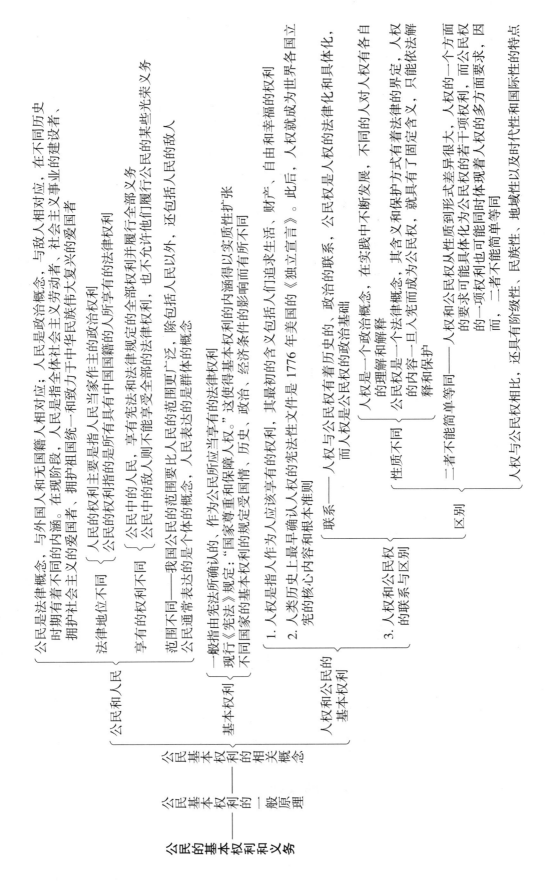

- **公民的基本权利和义务**
  - 公民基本权利的一般原理
    - 公民基本权利的主体
      - 1. 自然人
      - 2. 法人。法人在某些领域可以成为基本权利的主体，但需与其性质相符
    - 公民基本权利的限制
      - 基本权利限制的形式
        - 基本权利的宪法限制：宪法的基本权利条款中，有时不仅具有权利保障的内容，也有权利行使的限定规定。这被称为基本权利的宪法限制
        - 基本权利的法律限制：更常见的情形是宪法授权立法机关对基本权利予以限制，此为基本权利的法律限制，即法律保留
      - 立法机关通过法律对基本权利限制时应遵守的原则
        - 1. 明确性原则。法律对公民基本权利所作的限制，必须内容明确，可以成为公民行动的合理预期
        - 2. 比例原则
          - 手段适合性，所采用手段必须适合目的之达成
          - 限制最小化，立法所采取的是对基本权利影响、限制最小的手段
          - 狭义比例原则，要求手段达成的公共目的与造成的损害之间具有适当的比例关系，即均衡法

公民的基本权利和义务——我国公民的基本权利

- 平等权
  - 我国《宪法》第三十三条第二款规定："中华人民共和国公民在法律面前一律平等"
  - 我国宪法规定的公民平等权具有下列含义
    1. 平等权的主体是全体公民，它意味着全体公民法律地位的平等
    2. 平等权是公民的基本权利，是国家的基本义务。公民有权利要求国家给予平等保护，国家有义务无差别地保护每一个公民的平等地位
    3. 平等权意味着公民平等地享有权利、履行义务。平等不能和特权并存，平等也不允许歧视现象存在
    4. 平等权是贯穿于公民其他权利的一项权利，它通过其他权利，如男女平等、民族平等、受教育权平等而具体化
  - 从性质上讲，我国宪法确认的平等权不仅包括法律适用上的平等，也包括法律内容上的平等，但不是立法上的平等
  - 平等权与合理差别
    - 一般而言，国家对于所有的公民应当采取无差别的待遇。但为了追求实质的公平或者为了维护某种合理且重大的利益时，政府在有法律规定的前提下，可以采取合理差别的措施
    - 合理差别有以下几种具体类型
      1. 由于年龄上的差异所采取的责任、权利等方面的合理差别
      2. 依据人的生理差异所采取的合理差别，如女性的孕期保护
      3. 依据民族的差异所采取的合理差别。我国法律对于少数民族在政治、经济、文化等领域实行的优待措施
- 政治权利和自由
  - 选举权和被选举权
    1. 公民有权按照自己的意愿选举人民代表
    2. 公民有被选举为人民代表的权利
    3. 公民有权依照法律监督选出人民代表和其他国家机关公职人员，对其中不称职者有权罢免
  - 言论自由
    1. 概念：言论自由是指公民对于政治和社会的各种问题有通过语言方式表达其思想和见解的自由
    2. 言论自由根据内容可以分为政治言论和非政治言论（商业、艺术、学术等言论）
    3. 限制：①不得利用言论自由进行反国家宣传、煽动群众反对国家、扰乱社会秩序；②不得利用言论自由侵犯他人的人格尊严，对他人进行侮辱、诽谤和诬告陷害；③言论自由不得有损于他人的高尚心灵和败坏社会的善良风俗；④不得泄露国家或商业机密及他人的隐私等

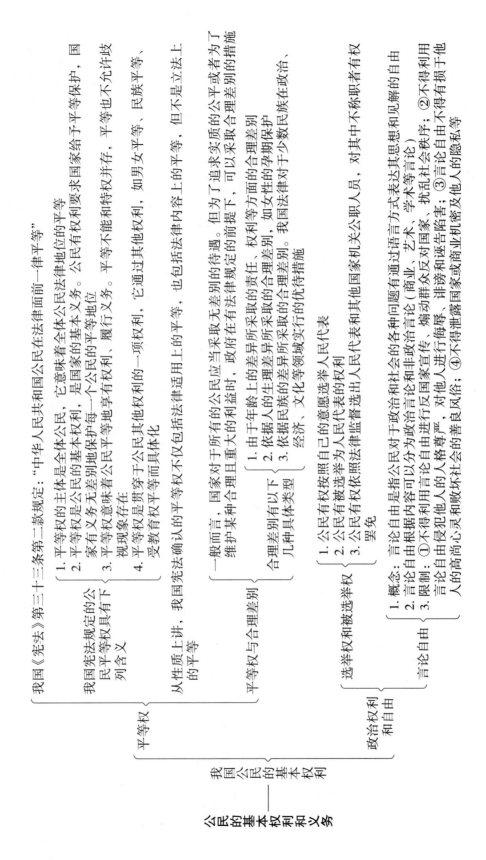

公民的基本权利和义务——我国公民的基本权利

- 政治权利和自由
  - 出版自由
    - 1. 概念：出版自由是指公民在宪法和法律规定的范围内以出版物形式表达思想和见解的自由。出版自由是言论自由的自然延伸，出版是言论的自然延伸，是固定化的言论，两者具有同质性
    - 2. 国务院颁布的《出版管理条例》是落实宪法规定的公民出版自由、进行出版管理的最主要的法律依据，我国目前还没有《出版法》
  - 集会、游行、示威自由——都来源于公民的请愿权。集会自由是公民有为共同目的，临时集合在一定露天公共场所，讨论问题或表达意愿的自由。游行自由是公民在公共道路或者露天公共场所以和平的方式列队行进、表达共同意愿的自由。示威自由是公民在公共道路或者露天公共场所以聚集、行进、静坐等方式，表达要求、抗议或者支持等共同意愿的自由。我国对集会、游行、示威实行许可制
  - 结社自由
    - 结社自由是指一定数量的公民长久保有共同观点和维护共同利益而组成具有持续性的社会团体的自由。我国的社会团体的成立实行核准登记制
    - 在监督管理上，由登记管理机关（民政部门）对社会团体实施年度检查
- 宗教信仰自由
  - 1. 中华人民共和国公民有宗教信仰自由
    - （1）每个公民都有按照自己的意愿信仰宗教的自由，也有不信仰宗教的自由
    - （2）有信仰这种宗教的自由，也有信仰那种宗教的自由
    - （3）有在同一宗教里信仰这个教派的自由，也有信仰那个教派的自由
    - （4）有过去信教而现在不信教的自由，也有过去不信教而现在信教的自由
    - （5）有按宗教信仰参加宗教仪式的自由，也有不参加宗教仪式的自由
  - 2. 宗教团体和宗教事务不受外国势力的支配，即宗教团体自主、自办、自传的“三自”原则
  - 注意：邪教不属于正常的宗教组织，其活动也不属于正常的宗教活动
- 人身自由
  - 1. 人身自由不受侵犯——任何公民，非经人民检察院批准或者决定或者人民法院决定，并由公安机关执行，不受逮捕
  - 2. 人格尊严不受侵犯，指公民作为平等的人的资格和权利，应受到国家和社会的承认和尊重。宪法对人格尊严的规定主要用来约束政府行为，立法、行政和司法等国家机关在工作中都要尊重被管理的公民的人格
  - 3. 住宅不受侵犯，指公民居住、生活以及保存私人财产的场所不受非法侵入和搜查
  - 4. 通信自由和通信秘密
    - 通信自由是指公民之间传递消息和信息不受国家非法限制的自由。通信秘密是指公民的通信内容，他人不得隐匿、毁弃、拆阅或者窃听
    - 除因国家安全或者追查刑事犯罪的需要，由公安机关或者检察机关依照法律规定的程序对通信进行检查外，任何组织或者个人不得以任何理由侵犯公民的通信自由和通信秘密
    - 注意：法院没有搜查权，搜查的依据仅限于国家安全或者追查犯罪

公民的基本权利和义务——我国公民的基本权利——社会经济文化权利

- 社会经济文化权利是指公民享有的经济物质利益方面的权利，是公民参加国家政治生活、实现其他权利的物质保障，有时也称作受益权
- 社会经济文化权利具有如下的特点
  - 它是公民的积极权利，国家负有保障权利实现的义务
  - 它是保障公民过有尊严的生活的手段，体现社会正义原则
  - 它的内容、范围及其实现随着社会经济发展而不断改变
- 1. 劳动的权利和义务。它包括劳动就业权和取得报酬权，既是权利又是义务
- 2. 劳动者的休息权。中华人民共和国劳动者有休息的权利
- 3. 社会保障权。它是指社会成员为了维护人的有尊严的生活而向国家要求给付的权利，包括：退休人员的生活保障权——退休人员的生活受到国家和社会保障；物质帮助权——中华人民共和国公民在年老、疾病或者丧失劳动能力的情况下，有从国家和社会获得物质帮助的权利
- 4. 财产权
  - 概念：财产权是指公民对其合法财产享有的不受非法侵犯的权利。财产有公私之分，这里指私人财产权，目的是给予私人对抗国家可能的侵权的基本权利
  - 我国《宪法》第十三条规定：（1）公民的合法的私有财产不受侵犯；（2）国家依法保护公民的私有财产和继承权；（3）国家为了公共利益而征收或者征用公民的私有财产的，应给予补偿（法理上应满足公共利益、正当程序和公平补偿的三大基本要求）
- 5. 文化教育权
  - 受教育的权利和义务——既是权利又是义务
  - 文化权利和自由——科学研究、文学艺术创作和其他文化活动

公民的基本权利和义务

- 我国公民的基本权利——监督权
  - 批评权——是指公民对于国家机关及其工作人员的缺点和错误，有权提出要求其克服改正的意见
  - 建议权——是指公民对于国家机关的工作，有权提出自己的主张和建议
  - 检举权——是指公民对国家工作人员的违法失职行为，有向有关机关进行检举的权利
  - 控告权——是指公民对国家机关及其工作人员的违法失职行为，有向有关机关进行揭发和指控的权利
  - 申诉权——是指公民对国家机关作出的决定不服，可以向有关国家机关提出请求，要求重新处理的权利，分为诉讼申诉和非诉讼申诉两类
  - 国家赔偿请求权——是指公民在受到国家机关和国家工作人员侵权而造成损失后，有权要求国家赔偿的权利
- 我国公民的基本义务（考过简答题）
  - 1. 维护国家统一和民族团结
  - 2. 遵守宪法和法律
    - （1）公民必须遵守宪法和法律，这是公民必须守法的总的原则规定
    - （2）公民必须保守国家秘密
    - （3）公民必须爱护公共财产
    - （4）公民必须遵守劳动纪律
    - （5）公民必须遵守公共秩序
    - （6）公民必须尊重社会公德
  - 3. 维护祖国安全、荣誉和利益
  - 4. 依法服兵役和参加民兵组织
  - 5. 依法纳税
  - 6. 劳动的权利和义务
  - 7. 受教育的权利和义务
  - 8. 夫妻双方有实行计划生育的义务
  - 9. 父母有抚养教育未成年子女的义务，成年子女有赡养扶助父母的义务

国家机构——国家机构概述——国家机构的概念和特点

- 国家机构的定义：国家机构是国家为实现其管理社会、维护社会秩序职能而建立起来的国家机关的总和。它包括立法机关、行政机关、监察机关、审判机关、检察机关和军事机关等
- 国家机构的特点
  - 阶级性——国家机构是统治阶级为了实现自己的使命而设立的政治组织，国家机构的权力运作和职责都反映了统治阶级的意志和利益，具有鲜明的阶级性
  - 历史性——国家机构是一定历史范畴的产物，是社会发展到一定阶段的产物，随着国家的产生而出现，也会随着国家的消亡而消亡
  - 特殊的强制性——国家机构是一种国家组织，拥有特殊的强制力，即以军队、警察、监狱、法庭等为主要内容的国家暴力
  - 组织性——国家机构的组织体系的设置、职权划分和相互关系等方面非常复杂，不同国家机关按照法律规定组成完整严密的整体，保证国家基本职能的实现
  - 协调性——国家机构依据宪法划分职权，国家权力按照行使职权的性质和范围的不同而分工行使，同时各个国家机关之间又相互协作、互相配合

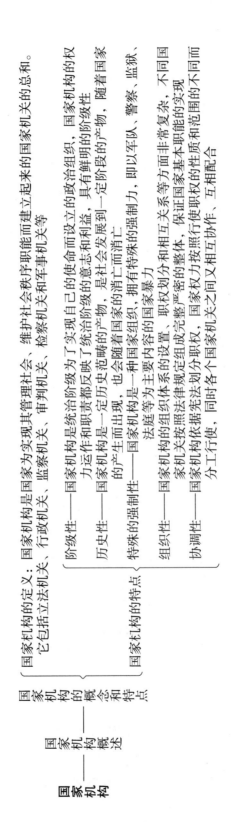

国家机构

- 国家机构概述
  - 国家机构的概念和特点
    - 国家机构的历史发展
      - 中华人民共和国成立之初
        - 中央
          - 由中国人民政治协商会议全体会议代行全国人民代表大会的职权，选举中央人民政府委员会，并赋之以行使国家权力的职权
          - 中央人民政府委员会组织政务院为国家政务的最高执行机关，组织人民革命军事委员会为国家军事的最高统辖机关，组织最高人民法院、最高人民检察署为国家的最高审判机关及检察机关
        - 地方
          - 在军事管制委员会基础上，产生地方各级人民政府委员会
          - 召开地方各级人民代表会议，使之代行或者逐步代行地方各级人民代表大会的职权
      - 1954 年宪法规定的国家机构体系较为完善
        - 中央的国家机关
        - 地方的国家机关
      - 1975 年宪法规定的国家机构体系的主要变化
        - 取消国家主席的设置
        - 确认地方各级革命委员会为地方各级人民政府
        - 取消乡的建置，代之以“人民公社”
        - 取消人民检察院的设置
      - 1978 年宪法除恢复人民检察院设置外，基本沿袭了 1975 年宪法的规定
      - 1982 年宪法在中央国家机关的建设方面作出了较大的变动，如恢复了国家主席的建置、设立了中央军事委员会等
      - 2018 年宪法修改，为了建立权威高效、集中统一的中国特色的反腐败制度，设立了监察委员会这一国家机构，在中央国家机关层面则在原有的机构之外增设了国家监察委员会，丰富了人民代表大会制度的内涵，推动了国家治理能力和治理体系的现代化

国家机构——国家机构概述

- 国家机构的概念和特点——国家机构的体系
  - 国家机构分为中央国家机关和地方国家机关两大类。中央和地方国家机关职权的划分，遵循在中央统一领导下，充分发挥地方的主动性和积极性的原则
  - 中央国家机关
    - 全国人民代表大会及其常务委员会
    - 国家主席
    - 国务院
    - 中央军事委员会
    - 国家监察委员会（2018 年宪法修正案）
    - 最高人民法院
    - 最高人民检察院
  - 县级以上地方国家机关
    - 人民代表大会及其常务委员会
    - 人民政府
    - 监察委员会（2018 年宪法修正案）
    - 人民法院
    - 人民检察院
  - 乡、民族乡、镇国家机关
    - 人民代表大会
    - 人民政府
- 中国国家机构的组织和活动原则——民主集中制原则
  - 民主集中制是一种民主与集中相结合的制度，是在民主基础上的集中和在法治规范下的民主的结合
  - 我国国家机关贯彻民主集中制原则的主要表现
    1. 在意志代表方面，人大由民主选举产生，对人民负责，受人民监督；由人大代表人民的最高意志，制定法律，决定国家的重大问题
    2. 在权限划分方面，国家行政机关、国家监察机关、国家审判机关、国家检察机关、国家军事机关等由人大选举或决定产生，对它负责，受它监督；各机关在其宪法权限内处理属于各自职权范围内的国家事务
    3. 在中央和地方的权力关系方面，遵循在中央统一领导下，充分发挥地方积极性、主动性的原则，但必须坚持中央的集中统一领导
    4. 在国家机关内部关系方面，人大及其常委会实行集体领导体制，而行政机关和军事机关则都实行首长个人负责制
    5. 在具体工作方面，任何一个国家机关，具体决策过程都必须遵循民主集中制的原则，既不能出现“一言堂”的情况，更不能出现互相推诿的情况
  - 注意：民主集中制是社会主义国家政权组织和活动的基本原则

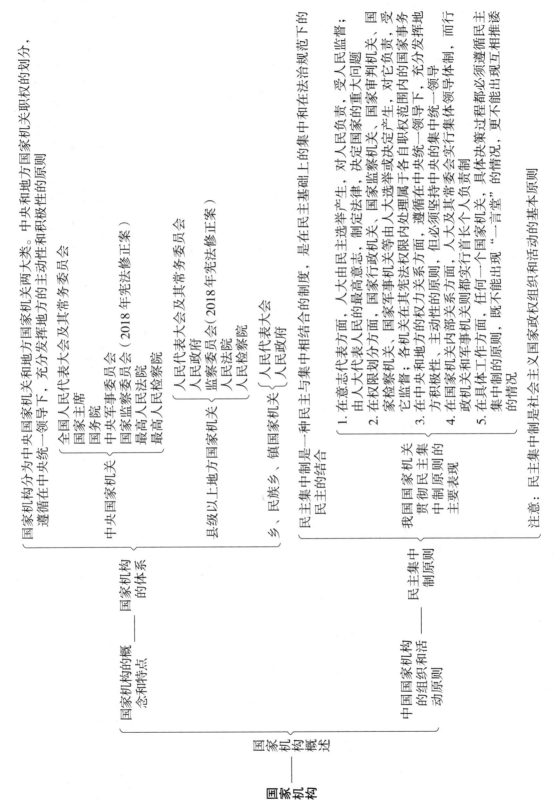

国家机构

- 国家机构概述——中国国家机构的组织和活动原则
  - 责任制原则
    - 责任制原则是指国家机关及其工作人员，对其决定、行使职权、履行职责所产生的结果，都必须承担责任
    - 国家机关体系的责任制表现为
      - 人大向人民负责
      - 按照国家机关的不同性质分为
        - 集体负责制是指机关的全体组成人员和领导成员在重大问题的决策或决定上权利平等，全体成员集体讨论，并按照少数服从多数的原则作出决定，集体承担责任
        - 个人负责制是指在决策问题上由首长个人作出决定并承担相应责任的决策形式。行政机关、军事机关都实行这种集体讨论、个人决定和个人负责的领导体制
  - 法治原则
    - 法治原则要求国家机关在其组织和活动中都要依法办事，不以领导人的个人意志为转移，也不能以政策代替法律
    - 法治原则主要表现
      1. 国家机关的设立和活动都有法可依，任何国家机关及其附属机构的存在都必须符合宪法和法律的规定
      2. 国家机关作出决定、命令、裁判等工作的程序必须符合法律的要求，符合法律规范
      3. 任何违反宪法和法律的国家机关的行为，必须予以纠正
  - 其他原则——民族平等和民族团结原则、效率原则、联系群众原则、党的领导原则，它们都是宪法规定的、国家机关应当遵循的组织和活动原则
- 全国人民代表大会及其常务委员会★★★——全国人民代表大会
  - 全国人民代表大会的性质和地位
    - 性质——全国人民代表大会既是最高国家权力机关，也是国家的立法机关
    - 地位——全国人大在我国国家机关体系中居于首要地位，其他任何国家机关都不能超越于全国人大之上，也不能与它并列
  - 全国人民代表大会的组成、选举方式、代表人数和任期
    - 组成——由省、自治区、直辖市、特别行政区和军队选出的代表组成
    - 选举方式——间接选举，城乡按相同人口比例选举
    - 代表人数——名额总数不超过 3 000 名，由全国人大常委会确定各选举单位代表名额比例的分配
    - 任期——全国人大行使职权的法定期限，即每届任期为 5 年。在任期届满前的两个月以前，全国人大常委会必须完成下届全国人大代表的选举工作

国家机构——全国人民代表大会及其常务委员会★★★——全国人民代表大会

- ★★全国人民代表大会的职权
  - 1. 修改宪法，监督宪法的实施——宪法监督包括两个方面
    - 一是监督各项法律、行政法规、地方性法规以及各种规章是否符合宪法的原则和条文规定
    - 二是监督一切国家机关、武装力量、各政党和社会团体、各企业事业组织的行为是否违反宪法
  - 2. 制定和修改基本法律
    - 基本法律是为实施宪法而由全国人大制定的最重要的法律，包括刑事、民事、国家机构等法律
    - 全国人大常委会在全国人大闭会期间可以修改基本法律（特别行政区基本法除外），但有两个限制
      - 一是修改不能与基本法律的基本原则相抵触
      - 二是只能进行部分的修改和补充
  - 3. 选举、决定和罢免国家领导人。第一，全国人大负责选举所有国家机关的核心领导人（但国务院总理的人选须根据国家主席的提名决定），涉及全国人大常委会组成人员、国家正副主席、中央军委主席、国家监察委员会主任和两高院长；第二，根据各机关首长的提名决定其他重要职位工作人员（但国家副主席是全国人大直接选举）
  - 4. 决定国家重大问题。全国人大有权审查和批准国民经济和社会发展计划以及有关计划执行情况的报告；审查和批准国家预算和预算执行情况的报告；批准省、自治区和直辖市的建置；决定特别行政区的设立及其制度；决定战争与和平的问题；等等
  - 5. 最高监督权。全国人大有权监督由它产生的其他国家机关的工作，这些国家机关都要向全国人大负责并报告工作。具体而言，全国人大听取并通过全国人大常委会的工作报告，有权改变或撤销其不适当的决定；听取、建议修改和通过国务院的工作报告；听取最高人民法院、最高人民检察院的工作报告；中央军委主席和国家监察委员会对全国人大负责
  - 6. 其他职权
- 全国人民代表大会的工作方式和程序——1. 全国人大的工作方式是举行会议，每年举行一次会议，由全国人大常委会召集。如果全国人大常委会认为必要，或者 1/5 全国人大代表提议，可以临时召集全国人大会议

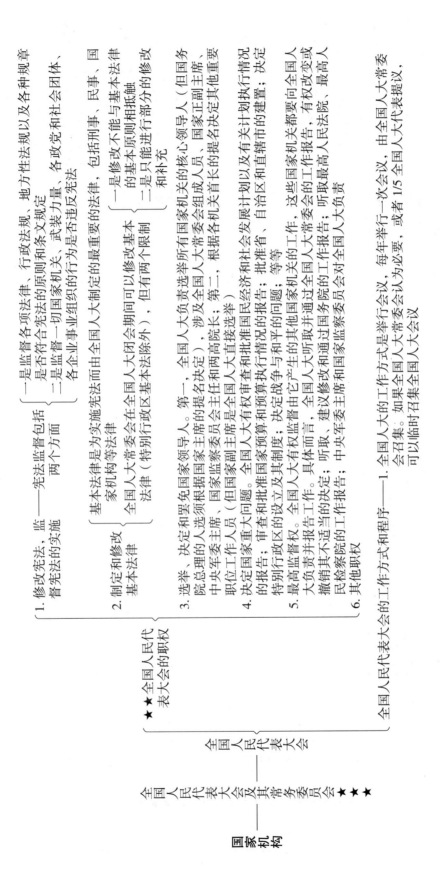

国家机构——全国人民代表大会及其常务委员会★★★——全国人民代表大会

- 全国人民代表大会的工作方式和程序——2. 全国人大通过法律案以及其他议案，选举和罢免国家领导人都要经过以下四个程序
  - （1）提出议案——全国人民代表大会主席团、全国人大常委会、全国人大各专门委员会、国务院、中央军事委员会、最高人民法院、最高人民检察院以及一个代表团或者 30 名以上的全国人大代表联名可以向全国人大提出属于全国人大职权范围内的议案
  - （2）审议议案
  - （3）表决通过议案——宪法修正案由全国人民代表大会全体代表三分之二以上的多数通过，法律和其他议案由全国人民代表大会全体代表过半数通过
  - （4）公布法律、决议——法律议案通过后即成为法律，由国家主席签署主席令予以公布
- 全国人民代表大会各委员会——专门委员会
  - 全国人大的专门委员会是按专业分工设立的辅助性工作机构
  - 1. 全国人大现设有民族委员会、宪法和法律委员会、财政经济委员会、教育科学文化卫生委员会、外事委员会、华侨委员会、监察和司法委员会、环境与资源保护委员会、农业与农村委员会、社会建设委员会（了解）
  - 2. 专门委员会的任务
    - （1）审议全国人大主席团或全国人大常委会交付的议案
    - （2）向全国人大主席团或全国人大常委会提出属于全国人大或全国人大常委会职权范围内同本委员会有关的议案
    - （3）审议全国人大常委会交付的被认为同宪法、法律相抵触的国务院的行政法规、决定和命令，国务院各部委的命令、指示和规章，省、自治区、直辖市人大及其常委会的地方性法规和决议，以及省、自治区、直辖市人民政府的决定、命令和规章，并提出报告
    - （4）审议全国人大主席团或全国人大常委会交付的质询案，听取受质询机关对质询案的答复，必要时向全国人大主席团或全国人大常委会提出报告
    - （5）对属于全国人大或全国人大常委会职权范围内同本委员会有关的问题，进行调查研究，提出建议。此外，各专门委员会还有一些与本委员会职责有关的特殊工作
  - 3. 专门委员会是常设性的机构，在全国人大会议期间对全国人民代表大会负责，在全国人大闭会期间对全国人大常委会负责

国家机构——全国人民代表大会及其常务委员会★★★

- 全国人民代表大会——全国人民代表大会各委员会
  - 专门委员会
    4. 专门委员会委员由全国人大主席团在代表中提名，大会通过；在全国人大闭会期间，全国人大常委会可以补充任命个别副主任委员和部分委员，由委员长会议提名，常务委员会会议通过
    5. 全国人大常委会可以根据需要任命若干非全国人大代表的专家作为委员会的顾问，他们可以列席各专门委员会的会议，发表意见，但无表决权
    6. 专门委员会每届任期 5 年，与全国人大任期相同
  - 调查委员会
    1. 全国人大及其常委会在认为必要时，可以组织关于特定问题的调查委员会
    2. 调查委员会的组成人员必须是全国人大代表，其产生办法与专门委员会委员的产生办法类似
    3. 调查委员会是临时性的委员会，无固定任期，对特定问题的调查任务一经完成，该委员会即予撤销
  - 临时委员会——临时性委员会是全国人民代表大会根据实际需要为完成某项特定工作任务而设立的临时性工作机构，它的工作是临时性的，没有固定任期
- 全国人民代表大会常务委员会
  - 全国人大常委会的性质和地位
    - 性质——全国人大常委会是全国人大的常设机关，也是行使国家立法权的机关
    - 地位
      - 它隶属于全国人大，必须服从全国人大的领导和监督，向全国人大负责并报告工作
      - 全国人大常委会是在全国人大闭会期间行使国家权力，履行经常性的立法权、监督权的机关
  - 全国人大常委会的组成和任期
    1. 全国人大常委会在每届全国人大第一次会议时，由全国人大从代表中选举委员长、副委员长若干人、秘书长和委员若干人组成
    2. 与全国人大代表不同，全国人大常委会的组成人员不得担任国家行政机关、监察机关、审判机关和检察机关的职务。全国人大常委会的组成人员中应有适当名额的少数民族代表
    3. 全国人大常委会的每届任期与全国人大相同，即 5 年。组成人员得连选连任，但委员长、副委员长连续任职不得超过两届

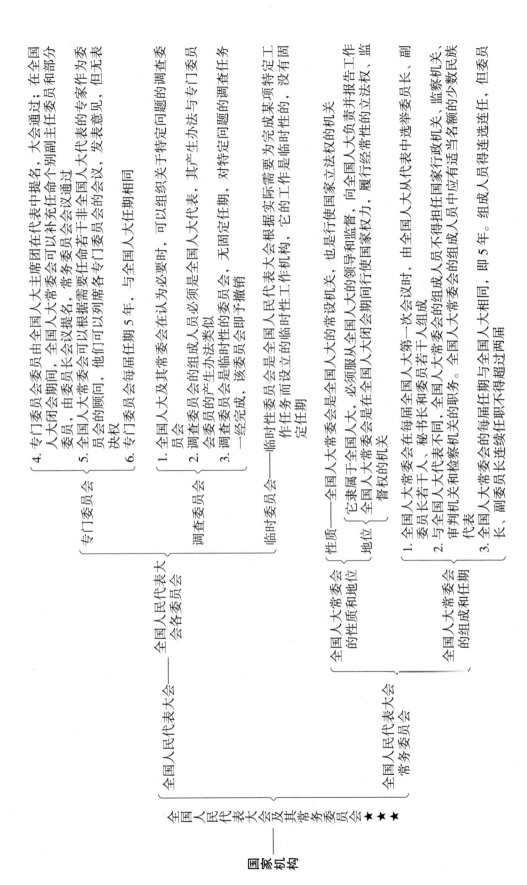

国家机构——全国人民代表大会及其常务委员会★★★

全国人民代表大会常务委员会

全国人大常委会的职权

1. 宪法解释权和宪法监督权
   - 全国人大常委会有权对宪法进行解释；有权监督宪法的实施
   - 有权撤销国务院制定的同宪法、法律相抵触的行政法规、决定和命令
   - 有权撤销省、自治区、直辖市的人大和人大常委会制定的同宪法、法律和行政法规相抵触的地方性法规和决议
2. 立法和解释权。（1）有权制定和修改除应当由全国人大制定的法律以外的其他法律。全国人大闭会期间，全国人大常委会还可以部分修改、补充由全国人大制定的基本法律，但不得与该法律的基本原则相抵触。（2）全国人大常委会还有权对全国人大和自身制定的法律进行解释
3. 国家重大事项的决定权。全国人大闭会期间，全国人大常委会有对国民经济和社会发展计划以及国家预算的部分调整方案的审批权；有权决定批准和废除同外国缔结的条约和重要协定；决定驻外全权代表的任免；决定特赦；在全国人大闭会期间，如果遇到国家遭受武装侵犯或必须履行国际间共同防止侵略的条约的情况，决定宣布战争状态；决定全国总动员或局部动员；决定全国或者个别省、自治区、直辖市进入紧急状态等
4. 任免权。在全国人大闭会期间，根据国务院总理、中央军委主席的提名，任免其他组成人员；根据国家监察委员会主任、最高人民法院院长、最高人民检察院检察长的提请，任免相关人员
5. 监督权。对其他由全国人大产生的中央国家机关都有权进行监督，包括质询（常委会组成人员十人以上）、接受工作汇报和进行执法检查
6. 其他职权

全国人大常委会的工作方式和程序

1. 全国人大常委会的工作方式是举行会议
2. 全国人大常委会在举行会议、审议及通过法律案和其他议案、选举和罢免各国家机构领导人时，均须遵守以下四个程序
   - 第一，提出议案
   - 第二，审议议案
   - 第三，表决通过议案
   - 第四，决定公布

全国人民代表大会代表——全国人大代表的工作——全国人大会议期间

1. 出席会议，审议各项议案和报告
2. 可依照法定程序提出议案（包括修改宪法的议案）
3. 参加各项选举，可对主席团提名的国家领导机构的负责人名单提出意见
4. 参加决定国务院组成人员和军委副主席、委员的人选
5. 可提出询问，可依照法律规定的程序，书面提出对国务院及其各部委、最高人民法院、最高人民检察院的质询案
6. 可依照法律的规定提出罢免案
7. 可依法提议组织关于特定问题的调查委员会
8. 可向全国人大提出对各方面工作的建议、批评和意见

国家机构——全国人民代表大会及其常务委员会★★★——全国人民代表大会代表

- 全国人大代表的工作——全国人大闭会期间
  1. 全国人大代表在常委会的统一安排下，对有关地区、有关单位进行视察，就被视察单位和地区各方面的工作提出建议、批评、意见，但不直接处理问题
  2. 可应邀列席全国人大常委会会议以及各专门委员会会议
  3. 列席原选举单位的人民代表大会会议和人大常委会会议，回答原选举单位对代表工作的询问，协助政府推行工作
  4. 有权按照法律规定的程序提议临时召集全国人大会议
  5. 向全国人大常委会提出对各方面工作的建议、批评和意见
- 代表的权利
  1. 全国人大代表有出席全国人大会议，发表意见，参与表决，共同决定中央国家机关领导人员的人选和国家生活中的重大问题的权利
  2. 根据法律规定的程序提出议案、建议和意见的权利。一个代表团或者30名以上代表联名，可以向全国人大提出属于全国人大职权范围内的议案
  3. 依照法律规定的程序提出质询案的权利
  4. 依法提出罢免案的权利
  5. 人身特别保护权★★
     - 在全国人大开会期间，非经全国人大主席团的许可，在全国人大闭会期间，非经全国人大常委会的许可，全国人大代表不受逮捕或者刑事审判
     - 如果因为全国人大代表是现行犯而被拘留的，执行拘留的公安机关必须立即向全国人大主席团或者全国人大常委会报告
  6. 言论免责权——《宪法》规定，全国人大代表在全国人大各种会议上的发言和表决不受法律追究
  7. 物质保障权——全国人大代表在履职时，所在单位根据实际需要予以时间保障和工资福利保障，国家应当予以适当补贴和物质上的补助
- 代表的义务
  1. 模范地遵守宪法和法律，在代表参加的生产、工作和社会活动中，宣传法治并协助宪法和法律的贯彻和实施
  2. 与原选举单位和人民群众保持密切联系，接受原选举单位的监督
  3. 保守国家秘密
  4. 出席全国人民代表大会会议，认真参与对国家事务的讨论和决定，积极参加代表的视察活动

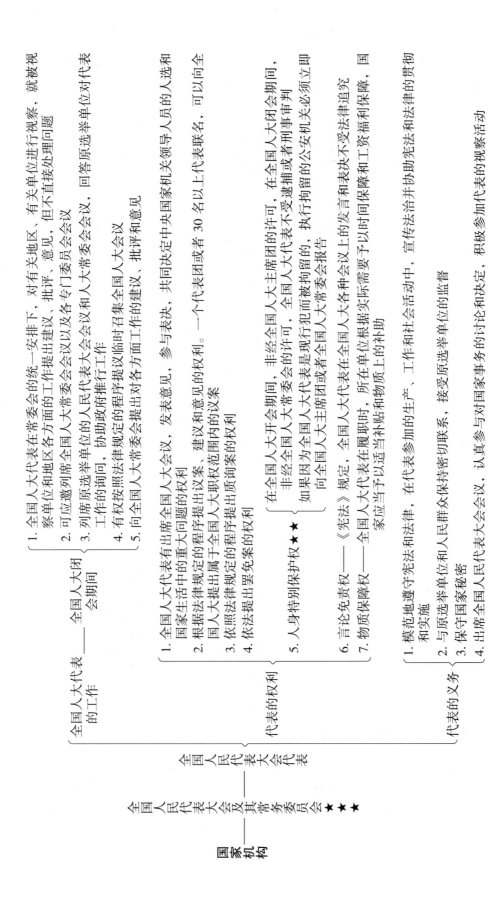

国家机构——中华人民共和国主席

- 国家主席的性质和地位
  - 性质
    - 中华人民共和国主席是我国的国家元首
    - 国家主席不是握有一定国家权力的个人，而是一个国家机关，包括国家主席和副主席
  - 地位
    - 国家主席是国家主权的代表，是国家统一和民族团结的象征
    - 国家主席对内代表整个国家机构和国家权力，对外代表中华人民共和国和全体中国公民
- 国家主席的任职基本条件、产生和任期
  - 国家主席、副主席的任职基本条件
    - （1）国家主席、副主席的人选必须是有选举权和被选举权的中华人民共和国公民
    - （2）必须年满 45 周岁
  - 产生——国家主席、副主席由全国人大选举产生
  - 任期——国家主席、副主席的每届任期同全国人大每届任期相同，都是 5 年（注意 2018 年修改）
  - 在任期届满前，国家主席缺位时，由副主席继任；副主席缺位时，由全国人民代表大会补选；国家主席、副主席都缺位时，由全国人民代表大会补选，在补选以前，由全国人民代表大会常务委员会委员长暂时代理主席职位
- 国家主席的职权
  - 1. 公布法律、发布命令权（根据全国人大或全国人大常委会的决定）
  - 2. 任免权
  - 3. 外交权。对外代表国家，进行国事活动，接受外国使节；根据全国人大常委会的决定，批准和废除同外国缔结的条约和重要协定
  - 4. 荣典权。根据全国人大常委会的决定，国家主席代表国家向那些对国家有重大功勋的人或单位授予荣誉奖章和光荣称号
  - 注意：国家主席的职权大多是程序性的，实质性的职权主要是外交权

国家机构——国务院

- 国务院的性质和地位
  - 性质——中华人民共和国国务院即中央人民政府，是最高国家权力机关的执行机关，是最高国家行政机关
  - 地位
    - 国务院在全国行政机关系统中居最高地位。它统一领导地方各级人民政府的工作，统一领导和管理国务院各部委的工作
    - 相对于最高国家权力机关来说，国务院处于从属地位
- 国务院的组成和任期
  - 国务院的组成人员
    - 国务院由总理、副总理若干人、国务委员若干人、各部部长、各委员会主任、审计长、秘书长组成
    - 国务院总理的人选根据国家主席的提名，由全国人大决定；副总理、国务委员、各部部长、各委员会主任、审计长和秘书长的人选根据国务院总理的提名，由全国人大决定
    - 在全国人大闭会期间，根据国务院总理的提名，由全国人大常委会决定部长、委员会主任、审计长和秘书长的的人选。组成人员的任免决定以后，都由国家主席宣布。
  - 国务院的主要组成机构
    - 国务院办公厅，是协助处理国务院日常事务的行政机构
    - 国务院组成部门，是具体履行国务院基本行政管理职能的行政机构
    - 国务院直属特设机构，目前只有国有资产监督管理委员会（国资委）
    - 国务院直属机构
    - 国务院办事机构，是协助国务院总理办理各项专门事项的机构，不具有独立的行政管理职能
    - 国务院组成部门管理的国家行政机构
    - 国务院议事协调机构
    - 国务院直属事业单位，如国家气象局、中国科学院、新华社等
  - 任期——5 年一届，总理、副总理、国务委员连续任职不得超过两届
- 国务院的领导体制
  - 1. 国务院实行总理负责制，各部委实行部长、主任负责制
  - 2. 总理负责制是指国务院总理对他主管的工作负全部责任，与此相联系，国务院总理对自己主管的工作有完全决定权
    - （1）人事权。由总理提名组成国务院，总理有向全国人大及其常委会提出任免国务院其他组成人员的议案的权利
    - （2）领导权。总理领导国务院的工作，副总理、国务委员协助总理工作，其他组成人员都在总理领导下工作，对总理负责
    - （3）决定权。总理召集和主持国务院常务会议和国务院全体会议，对于所议事项，总理有最后决定权，并对决定的后果担全部责任
    - （4）签署权。国务院发布的行政法规、决定和命令，向全国人大及其常委会提出的议案，任免国务院有关人员的决定，都由总理签署

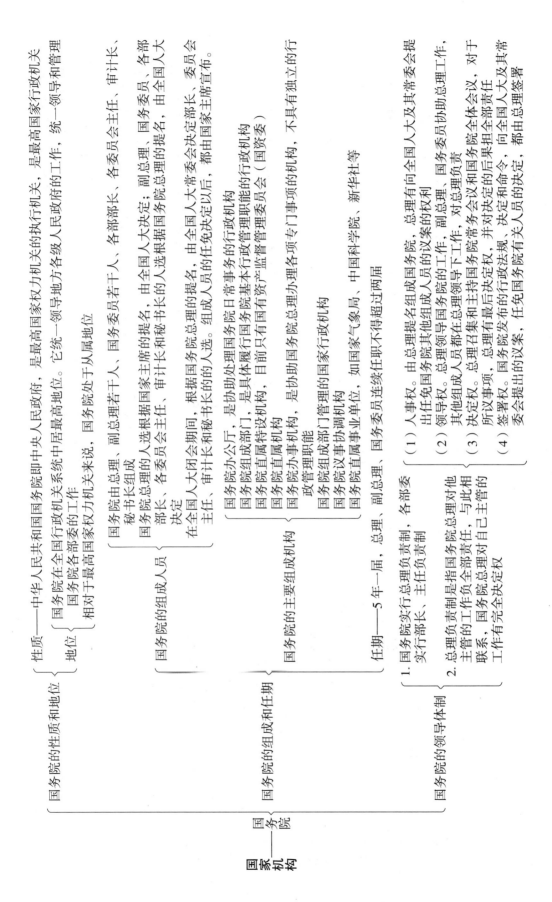

国家机构

- 国务院——国务院的职权
  - 1. 法规制定权。该职权包括规定行政措施、制定行政法规、发布决定和命令的权力
  - 2. 提案权
    - （1）国民经济和社会发展计划和计划执行情况
    - （2）国家预算和预算的执行情况
    - （3）必须由全国人大常委会批准和废除的同外国缔结的条约和重要协定
    - （4）国务院组成人员中必须由全国人大或者全国人大常委会决定任免的人选
    - （5）在国务院职权范围内的其他必须由全国人大或者全国人大常委会审议或决定的事项
  - 3. 领导权。该职权包括对所属部委和地方各级行政机关的领导权和监督权
  - 4. 管理权。该职权包括对国防、民族、民政、文教、经济、华侨、外交等各项行政工作的领导和管理权
  - 5. 任免权。依照相关法律，任免国家行政机关的领导人员
  - 6. 行政区域划分权。国务院有权批准省、自治区、直辖市的区域划分，批准自治州、县、自治县、市的建置和区域划分
  - 7. 紧急状态决定权。国务院有权依照法律规定，决定省、自治区、直辖市的范围内部分地区的进入紧急状态
  - 8. 其他职权
- 中央军事委员会
  - 中央军事委员会的性质和地位
    - 性质——中华人民共和国中央军事委员会领导全国武装力量
    - 地位——中央军事委员会是国家的最高军事领导机关，中央军委领导的我国武装力量包括中国人民解放军现役部队和预备役部队、中国人民武装警察部队、中国民兵
  - 中央军事委员会的组成和任期
    - 组成
      - 中央军委由主席、副主席若干人、委员若干人组成
      - 中央军委主席由全国人大选举产生
      - 根据中央军委主席的提名，全国人大决定其他组成人员的人选
    - 任期——中央军委每届任期同全国人大每届任期相同，即 5 年，但没有届数限制
    - 注意：中央军委不向全国人大汇报工作
  - 中央军事委员会的领导体制——中央军委实行主席负责制
    - 1. 中央军委主席对全国人大和全国人大常委会负责，从而确认中央军委在中央国家机关体系中从属于最高国家权力机关的法律地位
    - 2. 中央军委副主席和委员均由中央军委主席提名
    - 3. 中央军委的有关重大问题要经委员会集体讨论，但是中央军委主席有决定权
    - 4. 中央军委其他组成人员必须接受中央军委主席的领导，中央军委发布的军令和其他命令须由中央军委主席签署方有法律效力

国家机构——监察委员会（新增）

- 监察委员会的性质和地位
  - 性质——各级监察委员会是国家的监察机关，行使国家监察职能，依法对所有行使公权力的公职人员进行监察
  - 地位——国家监察委员会由全国人大产生，对全国人大及其常委会负责，并接受其监督。地方各级监察委员会由本级人大产生，对本级人大及其常委会和上一级监察委员会负责，并接受其监督
- 监察委员会的组成和任期
  - 组成——中华人民共和国设立国家监察委员会和地方各级监察委员会。监察委员会由主任、副主任若干人、委员若干人组成
  - 任期——监察委员会主任每届任期同本级人民代表大会每届任期相同。国家监察委员会主任连续任职不得超过两届
- 监察委员会的领导体制
  - 中华人民共和国国家监察委员会是最高监察机关
  - 省、自治区、直辖市、自治州、县、自治县、市、市辖区设立监察委员会
  - 国家监察委员会领导地方各级监察委员会的工作，上级监察委员会领导下级监察委员会的工作
- 监察委员会和人民法院、人民检察院、执法部门的关系
  - 监察委员会依照法律规定独立行使监察权，不受行政机关、社会团体和个人的干涉
  - 监察机关办理职务违法和职务犯罪案件，应当与审判机关、检察机关、执法部门互相配合，互相制约

国家机构——人民法院和人民检察院——人民法院

- 人民法院的性质和任务
  - 性质——人民法院是国家审判机关，是适用法律的专门机关，独立行使国家的审判权
  - 任务——根据事实和法律审判刑事案件、民事案件、经济案件、行政案件以及其他法律规定应由人民法院受理的案件
- 人民法院的组成和人民法院院长的任期
  - 人民法院的组成
    - 最高人民法院由院长一人，副院长、审判委员会委员、庭长、副庭长以及审判员若干人组成，还配有助理审判员、书记员、司法警察等人员
    - 地方各级人民法院由院长一人，副院长、审判委员会委员、庭长、副庭长、审判员若干人组成，还配有助理审判员、书记员、司法警察等人员
    - 专门人民法院组成人员与地方各级人民法院基本相同
    - 注意：中级以上人民法院设立赔偿委员会，处理所管辖的国家赔偿案件
  - 根据法律规定，各级人民法院院长、副院长、审判委员会委员、庭长、副庭长、审判员、助理审判员必须是年满 23 岁有选举权和被选举权的中华人民共和国公民
  - 人民法院院长的任期——各级人民法院院长的任期同本级人大的每届任期相同，都是 5 年。最高人民法院院长连续任职不得超过两届

国家机构——人民法院和人民检察院——人民法院——人民法院的组织系统

1. 最高人民法院——我国最高审判机关，依法行使国家最高审判权，同时监督地方各级人民法院和专门法院的工作

2. 地方各级人民法院分为
   - （1）高级人民法院，包括省高级人民法院、自治区高级人民法院和直辖市高级人民法院
   - （2）中级人民法院，包括在省、自治区内按地区设立的中级人民法院，在直辖市内设立的中级人民法院，省、自治区辖市的中级人民法院，自治州中级人民法院
   - （3）基层人民法院，包括县、自治县人民法院，不设区的市人民法院，市辖区人民法院

3. 专门人民法院
   - （1）专门人民法院主要有军事法院、海事法院、知识产权法院、金融法院（在筹建）等
   - （2）军事法院是设在军队中的审判机关，分高级、中级、基层三级
   - （3）海事法院是设在一定的沿海、沿江港口城市的审理海事、海商案件的审判机关，在审级上相当于中级人民法院

国家机构——人民法院和人民检察院——人民法院——人民法院的领导体制

1. 最高人民法院对全国人大及其常委会负责并报告工作。地方各级人民法院对本级人大及其常委会负责并报告工作
2. 最高人民法院监督地方各级人民法院和专门人民法院的审判工作，主要表现在
   - （1）对高级人民法院和专门人民法院的判决和裁定的上诉案件和最高人民检察院按审判监督程序提出的抗诉案件进行审判
   - （2）对下级人民法院已经生效的判决和裁定发现确有错误的，按审判监督程序提审或指令下级法院再审
   - （3）核准死刑案件
   - （4）通过检查案件、考核工作对下级人民法院进行监督
3. 上级人民法院监督下级人民法院的审判工作，主要表现在
   - （1）上级人民法院有权审判下级人民法院移送的第一审案件
   - （2）审判对下级人民法院的判决和裁定不服上诉和抗诉的案件
   - （3）对下级人民法院已经发生法律效力的判决和裁定，如果发现确有错误，有权提审或指令下级人民法院再审
   - （4）对管辖权有争议的下级人民法院受理的案件，指定受理法院
   - （5）通过检查案件、考核工作，对下级人民法院进行监督

国家机构——人民法院和人民检察院——人民法院——人民法院的职权

- 1. 基层人民法院的职权
  - 审理第一审案件，法律另有规定的除外
  - 对人民调解委员会的调解工作进行业务指导
- 2. 中级人民法院的职权
  - （1）法律规定由其管辖的第一审案件
  - （2）基层人民法院报请审理的第一审案件
  - （3）上级人民法院指定管辖的第一审案件
  - （4）对基层人民法院判决和裁定的上诉、抗诉案件
  - （5）按照审判监督程序提起的再审案件
- 3. 高级人民法院的职权
  - （1）法律规定由其管辖的第一审案件
  - （2）下级人民法院报请审理的第一审案件
  - （3）最高人民法院指定管辖的第一审案件
  - （4）对中级人民法院判决和裁定的上诉、抗诉案件
  - （5）按照审判监督程序提起的再审案件
  - （6）中级人民法院报请复核的死刑案件
- 4. 专门人民法院的职权
  - 军事法院管辖现役军人的刑事犯罪案件
  - 海事法院管辖第一审海事案件和海商案件
- 5. 最高人民法院的职权
  - （1）监督地方各级人民法院和专门人民法院的审判工作
  - （2）法律规定由其管辖的和其认为应当由自己管辖的第一审案件
  - （3）对高级人民法院判决和裁定的上诉、抗诉案件
  - （4）按照全国人民代表大会常务委员会的规定提起的上诉、抗诉案件
  - （5）按照审判监督程序提起的再审案件
  - （6）高级人民法院报请核准的死刑案件，死刑除依法由最高人民法院判决的以外，应当报请最高人民法院核准
  - （7）对属于审判工作中具体应用法律的问题进行解释

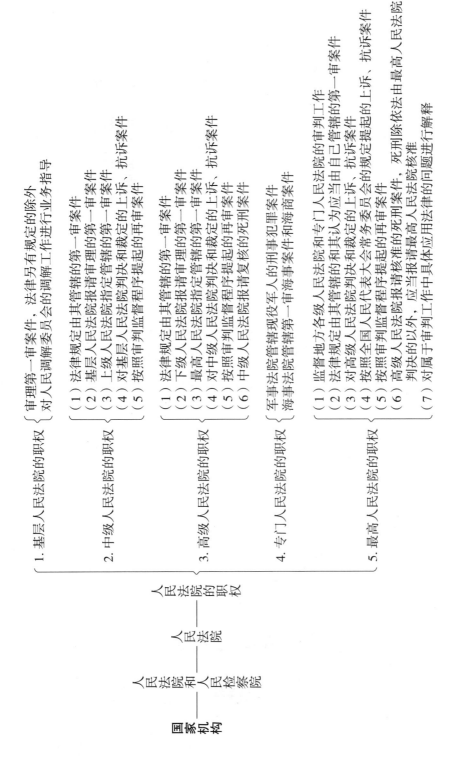

- 国家机构
  - 人民法院和人民检察院
    - 人民法院
      - 人民法院的工作原则和基本制度
        - 工作原则
          - 依法独立审判原则。人民法院独立审判，并接受同级人大及其常委会、检察院和人民群众监督
          - 公民在法律面前一律平等原则
          - 被告人有权获得辩护原则
          - 使用本民族语言文字进行诉讼原则
        - 基本制度
          - 合议制度
          - 回避制度
          - 公开审判制度。除法律规定外，一律公开
          - 两审终审制
          - 审判监督制度
          - 审判委员会制度
      - 人民法院的审级制度
        1. 人民法院审判案件实行两审终审制，即一个案件经过两级人民法院的审判，即告终结的制度
        2. 死刑案件，不论是否经过两审判处死刑的案件，都必须经最高人民法院核准，判决方能生效
        3. 最高人民法院审理的第一审案件所作的判决或裁定以及基层人民法院按照民事诉讼法特别程序审理的选民资格案件、宣告失踪案件、宣告死亡案件、认定公民无行为能力案件、认定公民限制行为能力案件和认定财产无主案件等实行一审终审制

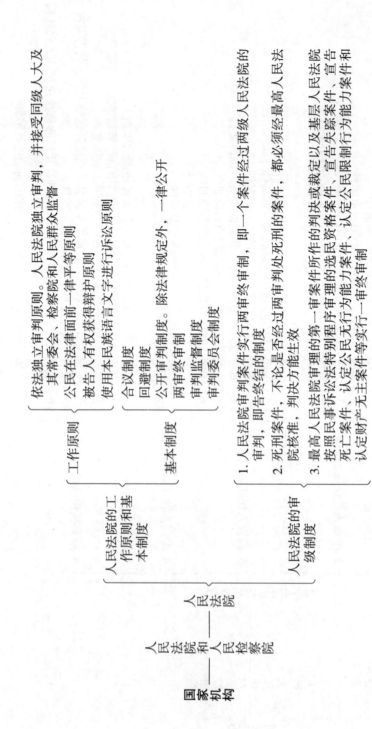

国家机构——人民法院和人民检察院——人民检察院

- 人民检察院的性质和任务
  - 性质——人民检察院是国家的法律监督机关
  - 任务
    - （1）通过行使检察权，镇压一切叛国的、分裂国家的以及其他危害国家安全的活动，打击危害国家安全的犯罪分子和其他犯罪分子，维护国家的统一，维护人民民主专政制度，维护社会主义法制，维护社会秩序、生产秩序、工作秩序、教学科研秩序和人民群众生活秩序
    - （2）保护社会主义国家所有的财产和劳动群众集体所有的财产，保护公民私人所有的合法财产，保护公民的人身权利、民主权利和其他权利，保卫社会主义现代化建设的顺利进行
    - （3）通过检察活动，教育公民忠于社会主义祖国，自觉地遵守宪法和法律，积极同违法行为作斗争
- 人民检察院的组织系统
  - 人民检察院的组织系统由最高人民检察院、地方各级人民检察院和军事检察院等专门人民检察院构成
  - 最高人民检察院——国家最高检察机关，领导全国人民检察院的工作
  - 地方各级人民检察院分为
    - （1）省级人民检察院，包括省、自治区、直辖市人民检察院
    - （2）设区的市级人民检察院，包括省、自治区、直辖市人民检察院分院，自治州人民检察院，省、自治区辖市人民检察院
    - （3）基层人民检察院，包括县、自治县、不设区的市、市辖区人民检察院
  - 专门人民检察院。专门人民检察院是在最高人民检察院领导下，在特定的组织系统内设定的检察机关。专门人民检察院主要有军事检察院和铁路运输检察院等
  - 省级人民检察院和设区的市级人民检察院根据检察工作需要，经最高人民检察院和省级有关部门同意，并提请本级人民代表大会常务委员会批准，可以在辖区内特定区域设立人民检察院，作为派出机构

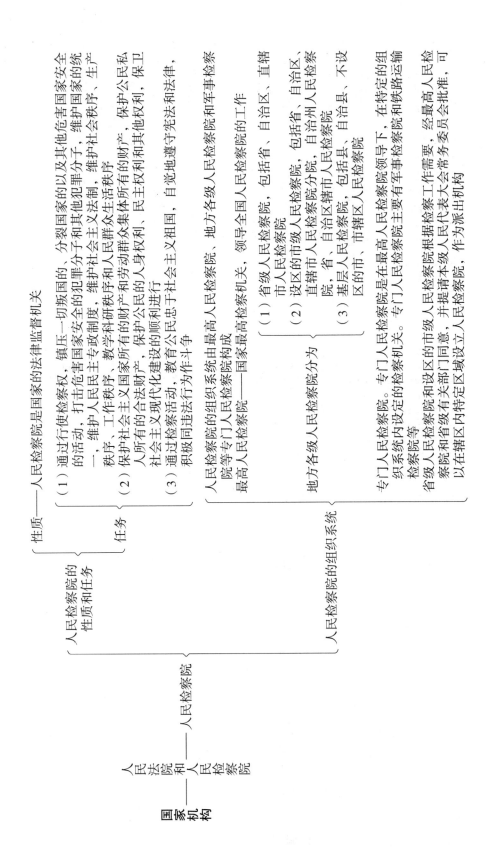

国家机构——人民法院和人民检察院——人民检察院——人民检察院的领导体制

- 人民检察院的领导体制实行双重从属制，即最高人民检察院领导地方各级人民检察院和专门人民检察院的工作，上级人民检察院领导下级人民检察院的工作。最高人民检察院对全国人大及其常委会负责并报告工作，地方各级人民检察院对本级人大及其常委会负责并报告工作
- 注意：检察院的领导体制与法院不同
- 国家权力机关和人民检察院的关系体现为
  - 最高人民检察院检察长由全国人民代表大会选举和罢免，副检察长、检察委员会委员和检察员由检察长提请全国人民代表大会常务委员会任免，全国人大及其常委会审议最高人民检察院的工作报告，对最高人民检察院进行各种形式的监督等
  - 地方各级人民检察院检察长由本级人民代表大会选举和罢免，副检察长、检察委员会委员和检察员由检察长提请本级人民代表大会常务委员会任免，地方各级人大及其常委会审议同级人民检察院的工作报告，对检察院的工作进行各种形式的监督等
- 上级人民检察院对下级人民检察院的领导，主要表现为
  - 主要组成人员的任免
  - 业务领导
- 人民检察院内部的领导关系
  - 人民检察院检察长领导本院检察工作，管理本院行政事务
  - 各级人民检察院设检察委员会。检察委员会由检察长、副检察长和若干资深检察官组成，成员应当为单数。检察委员会召开会议，应当有其组成人员的过半数出席。检察委员会会议由检察长或者检察长委托的副检察长主持。检察委员会实行民主集中制
  - 地方各级人民检察院的检察长不同意本院检察委员会多数人的意见，属于办理案件的，可以报请上一级人民检察院决定；属于重大事项的，可以报请上一级人民检察院或者本级人民代表大会常务委员会决定

国家机构——人民法院和人民检察院

- 人民检察院——人民检察院的工作原则
  - 1. 依法独立行使检察权原则——人民检察院依法独立行使检察权，不受行政机关、社会团体和个人的干涉
  - 2. 行使检察权在适用法律上一律平等原则
  - 3. 公民使用本民族语言文字进行诉讼原则
  - 4. 司法公开原则
  - 5. 司法公正原则
  - 6. 司法责任制原则
- 人民法院、人民检察院和公安机关的关系——人民法院、人民检察院和公安机关办理刑事案件，应当分工负责，互相配合，互相制约，以保证准确有效地执行法律
  - 1. 人民法院、人民检察院和公安机关分工负责的主要表现
    - （1）除人民检察院依法自行侦查的案件及当事人自诉案件外，在办理刑事案件时，公安机关负责对案件的侦查、拘留、预审、执行逮捕、依法执行判决
    - （2）人民检察院负责检察、批准逮捕、审查起诉和出庭公诉、抗诉
    - （3）人民法院负责审判
  - 2. 人民法院、人民检察院和公安机关互相配合的主要表现
    - （1）每一机关的工作依法完成后移交下一个环节的工作机关时，都能依法顺利接受并开始新环节的工作
    - （2）每一个机关在工作上需要另一机关协助时，能依法在职权范围内协助
  - 3. 人民法院、人民检察院和公安机关互相制约的主要表现
    - （1）三机关通过各自的工作发现另外机关的工作问题，可提出建议要求其纠正
    - （2）通过下一阶段的工作审查前一阶段工作是否存在问题，并作出相应的处理

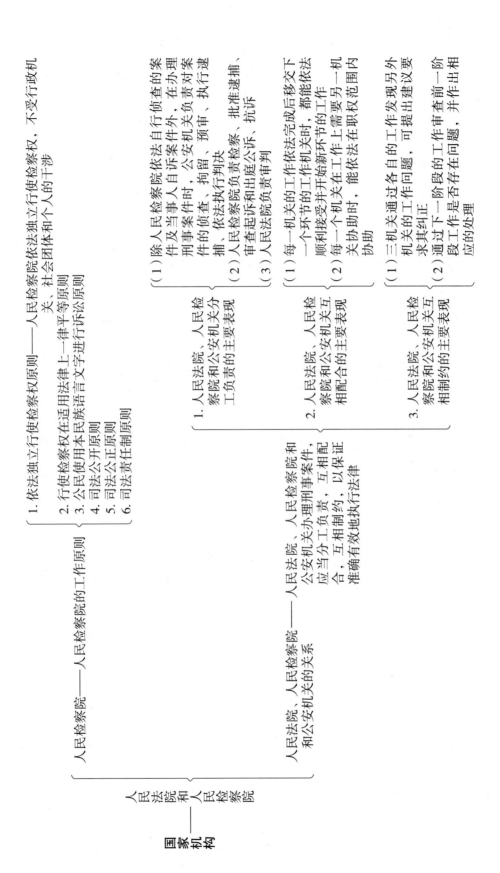

- 国家机构——地方国家机关
  - 县级以上地方各级人大及其常委会
    - 县级以上地方各级人民代表大会
      - 1. 性质和地位——地方各级人民代表大会是本行政区域内的国家权力机关，本行政区域内的同级人民政府、监察委员会、人民法院和人民检察院都由其产生，对其负责、受其监督
      - 2. 组成和任期——地方各级人民代表大会由人民选举的代表组成。每届任期 5 年
      - 3. 主要职权
        - （1）地方性法规的制定权
        - （2）地方重大事项决定权
        - （3）选举和罢免权
        - （4）监督权
        - （5）其他职权
      - 4. 会议制度——地方各级人民代表大会的工作方式主要是举行会议，会议每年至少举行一次
    - 县级以上地方各级人大常委会
      - 1. 性质和地位——县级以上地方各级人大常委会是本级人民代表大会闭会期间行使地方国家权力的机关，是本级国家权力机关的组成部分。它从属于本级人大，对本级人大负责并报告工作
      - 2. 组成和任期——县级以上地方各级人大常委会由主任、副主任若干人、委员若干人组成，每届任期 5 年
      - 3. 主要职权——县级以上地方各级人大常委会行使的职权包括：重大事项决定权、人事任免权、监督权、地方性法规的制定权、领导或主持本级人民代表大会代表的选举
  - 县级以上各级人民政府
    - 1. 性质和地位——地方各级人民政府是地方各级权力机关的执行机关，是地方各级行政机关，由同级人民代表大会产生，对同级人大及其常委会负责并报告工作
    - 2. 任期——每届任期 5 年
    - 3. 领导体制——行政首长负责制
    - 4. 派出机关
      - 省级政府的派出机关是行政公署
      - 县级政府的派出机关是区公所
      - 市辖区和不设区的市的人民政府的派出机关是街道办事处

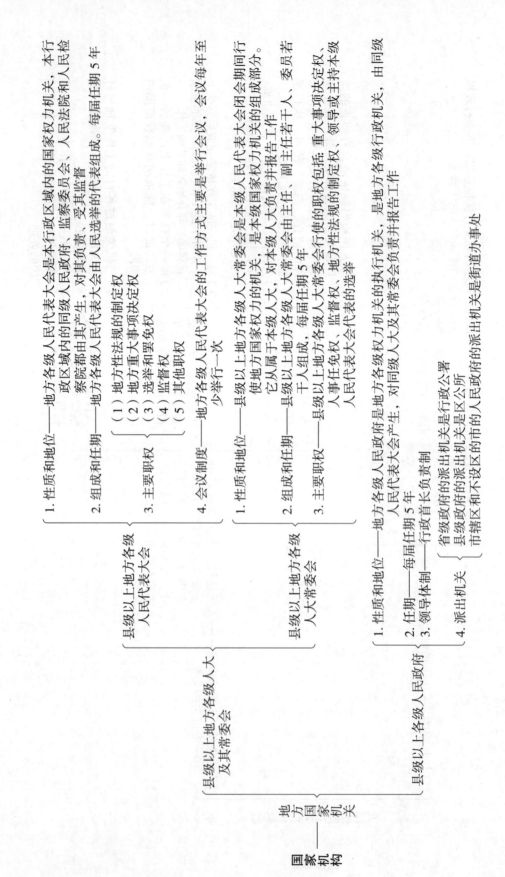

法制史

夏商西周春秋战国法律制度

夏商法律制度

中国法律的起源

- 夏朝的建立与中国法律的产生
  - 1. 夏朝是中华法制文明的起始阶段，但目前对于夏商法律制度的认识仍然停留在有限的水平
  - 2. 一般认为，夏王朝的建立，标志着中国进入了国家和法的历史发展阶段
    - 夏启是中国历史上第一个世袭君主
    - 传说大禹时便开始按地域划分统治区域，所谓“茫茫禹迹，划为九州”，并设“九牧”为九州的地方长官
    - 夏朝建立和完善了国家机构和公共权力系统，包括军队、职官、监狱以及贡赋制度
    - 夏朝统治者对原始社会的“礼”和其他氏族习惯加以改造，使之上升为习惯法；同时还颁布了一系列法令，惩处违抗“王命”的行为和其他犯罪
- 中国法律起源的特点
  - 1. 古代法律的起源与宗法等级制度紧密结合，具有明显的宗法伦理性质
  - 2. 古代法律的起源主要是以“刑始于兵”和“礼源于祭祀”的形式完成
  - 3. 古代法律的起源以自给自足的自然经济结构为基础

立法概况 —— 禹刑

1. 禹刑泛指夏朝的法律和刑罚，并不是一部成文法典
2.《左传·昭公六年》记载：“夏有乱政，而作禹刑”
3. 夏朝的法律渊源 —— 习惯法、夏王针对各种具体情况发布的“王命”和“誓”
4. 文献记载称夏朝“五刑之属三千，而罪莫大于不孝”，近代学者章太炎亦认为夏朝已有不孝罪
5.《左传·昭公十四年》中有“昏、墨、贼，杀，皋陶之刑也”的记载，据春秋后期晋国大夫叔向的解释：“己恶而掠人美为昏，贪以败官为墨，杀人不忌为贼”，犯此三项罪者，均应处死刑
6.《左传·襄公二十六年》引《夏书》有“与其杀不辜，宁失不经”的刑罚适用原则，就是说，宁可不按常法行事，也不能错杀无辜。这一原则以其强调审慎用刑的思想而为后世传颂

夏商西周春秋战国法律制度

- 夏商法律制度
  - 立法概况 —— 汤刑
    - 1. 汤刑是商朝法律的总称，泛指商王朝的所有法律、法规和制度
    - 2.《左传·昭公六年》记载："商有乱政，而作汤刑"
    - 3. 商朝的法律渊源 —— 不成文的习惯法、商王发布的"誓""诰""命"
      - "誓" —— 其内容偏重于出兵打仗前的盟誓，主要是发布军令或宣布军纪，大体相当于后来的军法
      - "诰" —— 其内容偏重于王对大臣、诸侯或下属官吏发出的命令、指示或训诫
      - "命" —— 是王针对具体事情发布的命令
    - 4. 商朝继续沿用不孝、违命等罪名，同时又有新的创设，如"乱政"和"疑众"等罪
    - 5. 为惩治职官犯罪，商朝有"三风十愆"的规定
      - 巫风 —— 庭内起舞、沉溺酒歌等
      - 淫风 —— 贪求财物、迷恋美色、狩猎不休等
      - 乱风 —— 蔑视圣人教训、拒绝忠直劝告、疏远贤德高士、亲近庇护小人等
  - 刑事立法
    - 旧五刑：墨、劓、剕、宫、大辟
      - 墨刑 —— 又称黥刑，为耻辱刑，是在罪人面上或额头刺字后再染上墨，留下痕迹作为受刑人的标志。墨刑是旧五刑中最轻的一种刑罚，至汉文帝时始明令废除，但宋以后时有复活。后来的刺字刑即是这一刑罚的变种
      - 劓刑 —— 即割去受刑人的鼻子。劓刑较墨刑为重
      - 剕刑 —— 也作刖刑，指砍去受刑人手或足的重刑。剔去膝盖骨的叫膑刑
      - 宫刑 —— 破坏受刑人生殖器官的残酷刑罚。对男性为去势。宫刑是五刑中除死刑以外最为残酷的刑罚
      - 大辟 —— 死刑的总称
    - 旧五刑起始于夏朝，后逐步被新五刑取代
    - 除了"正刑有五"外，还存在鞭扑、流刑、劳役刑、赎刑等刑罚

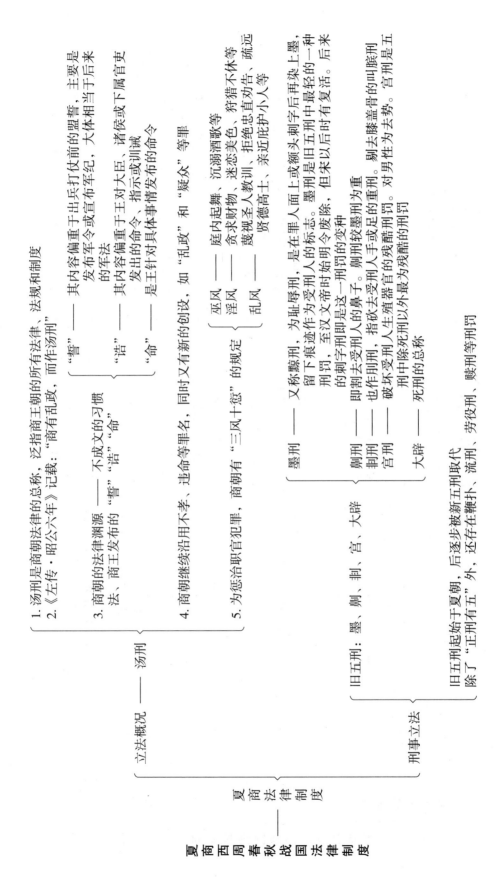

夏商西周春秋战国法律制度

夏商法律制度——司法制度

天罚与神判

1. 神权政治表现在在司法上，是将宗教意识与审判制度相结合，具有浓重的“天罚”与“神判”特色，是夏商诉讼制度的显著特征
   - （1）统治者利用社会上普遍存在的迷信心理，假托神意进行审判
   - （2）假托鬼神之意，实施“天罚”
2. 商王作为最高军政首脑，拥有最高审判权

监狱

1. 尧舜时代已有监狱出现，夏朝已有了正式的监狱
2. 夏朝监狱 —— 圜土、夏台、钧台
3. 商朝监狱 —— 圜土、囹圄、羑里

西周法律制度——立法概况

立法指导思想

- 从“以德配天”形成了“敬天保民”的政治思想和“明德慎罚”的法律思想
- “明德慎罚”的具体要求可以归纳为“实施德教，用刑宽缓”
- “明德慎罚”较天罚，具有更强烈的政治号召力和更广泛的社会渗透力，在这一思想的指导下，西周的立法真正形成了“礼”与“刑”相辅相成的结合
- 为后世“德主刑辅”法律思想的产生和发展奠定了基础

吕刑

1. 《吕刑》—— 有时也称《甫刑》，周穆王命司寇吕侯所作
2. 《吕刑》继承并贯彻周初明德慎罚的指导思想，以苗民无德滥刑遭受亡国绝祀的史例，论证了敬德于刑、以刑教德的重要性
3. 《吕刑》强调“明于刑之中”（用刑适中），提出“刑罚世轻世重”“轻重诸罚有权”（结合具体案情灵活处断），“其罪惟均，其审克之”“上下比罪”（惩罚与罪行相符），“五刑之疑有赦”“五罚之疑有赦”（案情不能确定时从轻不从重），还规定了较为完整的赎刑制度，赎刑由此开始制度化

九刑

1. 指周朝制定的九篇刑书 ——《左传》记载：“周有乱政，而作九刑。”《逸周书》中提到成王时有“刑书九篇”，可能西周中后期才有《九刑》之名
2. 指西周的九种刑罚 —— 即墨、劓、剕、宫、大辟五刑加上赎、鞭、扑、流等刑罚，合称“九刑”

夏商西周春秋战国法律制度

- 西周法律制度
  - 立法概况
    - 礼与刑
      - 古代的礼有两层含义：一是抽象的精神原则；二是具体的礼仪形式
      - 西周礼制之中，抽象的精神原则可归纳为“亲亲”与“尊尊”
        - “亲亲”，是要求在家族范围内，人人皆要亲其亲，长其长，做到父慈、子孝、兄友、弟恭、夫义、妇听，人人都应按自己的身份行事，不能以下凌上，以疏压亲。而且，“亲亲父为首”，全体亲族成员都应以父家长为中心
        - “尊尊”，即要求在社会范围内，君臣、上下、贵贱都应恪守名分，所有臣民皆应以君主为中心，即所谓“尊尊君为首”
      - 西周“五礼”
        - 1. 吉礼——祭祀鬼神、祭祀祖先之礼
        - 2. 凶礼——丧葬之礼
        - 3. 军礼——行兵打仗之礼
        - 4. 宾礼——迎宾待客之礼
        - 5. 嘉礼——冠婚之礼
      - 礼与刑的关系
        - 礼是要求人们自觉遵守的积极规范，侧重于预防；刑则是对犯罪行为的制裁，侧重于事后的处罚——“礼者禁于将然之前，而法者禁于已然之后”
        - 礼强调道德教化，刑则强调惩罚制裁。道德教化不成才适用刑罚制裁——“礼之所去，刑之所取，失礼则入刑，相为表里者也”
        - “礼不下庶人，刑不上大夫”原则——不意味着庶人可以不受礼的约束。贵族犯死罪不在市朝行刑，以体现其“可杀不可辱”的尊严

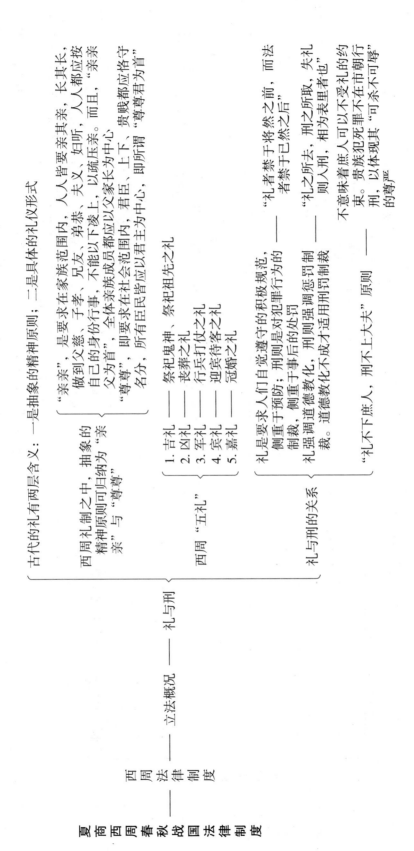

夏商西周春秋战国法律制度

西周法律制度

立法概况——宗法制度

1. 宗法制度是一种以血缘关系为纽带，家族组织与国家政权相结合，以维护贵族世袭统治的制度
2. 宗法制度由氏族社会的父系家长制发展而来
3. 西周逐渐形成了以周天子为中心的等级结构
   - （1）第一级：周天子
   - （2）第二级：各级诸侯
   - （3）第三级：卿大夫
   - （4）第四级：士
4. 西周的宗法制有三个基本原则
   - 周天子、诸侯、卿大夫、士的宗祧都实行嫡长子继承制
   - 小宗服从大宗，诸弟服从长兄
   - 各级诸侯、卿大夫、士既是一种家族组织，又各自构成一级国家政权，共同向最高宗子周天子负责
5. 宗法制度构成了西周的基本政治模式，成为确立社会等级秩序、维护贵族世袭统治的工具

刑事立法——主要刑法原则

1. 老幼犯罪减免刑罚——“三赦”之法：“一曰幼弱，二曰老旄，三曰蠢愚”
2. 区分故意与过失、惯犯与偶犯
   - 过失被称为“眚”，故意即是“非眚”
   - 惯犯被称为“惟终”，偶犯称为“非终”
   - 西周还有“三宥”之法，即“壹宥曰不识，再宥曰过失，三宥曰遗忘”。这表明西周在定罪量刑时已考虑到行为人的主观动机
3. 罪疑从轻、罪疑从赦
   - “五刑之疑有赦，五罚之疑有赦，其审克之”
   - 以“三刺”断庶民狱讼：“一曰讯群臣，二曰讯群吏，三曰讯万民”
4. 宽严适中原则——在定罪量刑问题上强调“中道”“中罚”“中正”，即要求宽严适中、罪刑相当
5. 因地、因时制宜
   - “刑新国，用轻典；刑乱国，用重典；刑平国，用中典”
   - “轻重诸罚有权”“刑罚世轻世重”，即主张结合犯罪的主客观情势权衡量刑，不可一味地从轻或从重
6. 上下比罪——在无法律明文规定情况下的类推适用，具体规定是“上刑适轻，下服；下刑适重，上服，轻重诸罚有权”
7. 同罪异罚——这是体现宗法等级制度的刑法原则，贵族和庶人同罪异罚，后世的“八议”制度即源于此

注意：西周法律制度中主要刑法原则是重点，不仅要掌握七大刑法原则，对于其中具体的小点也要掌握

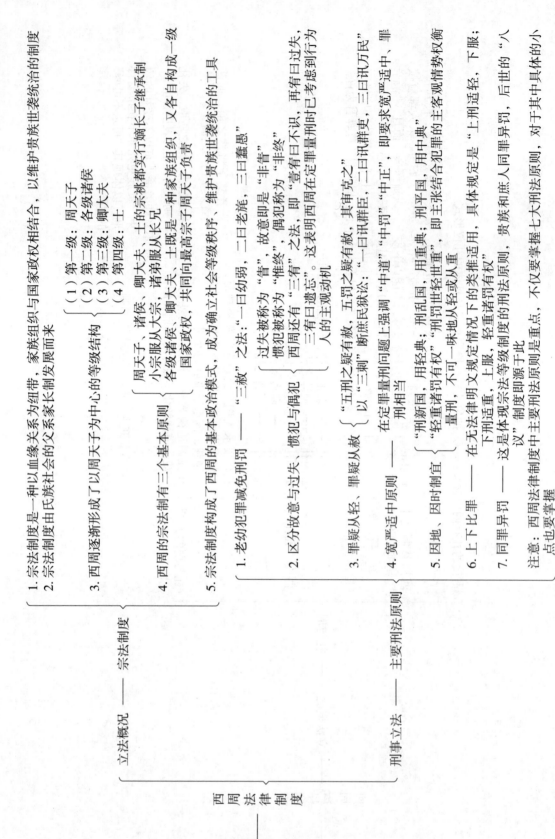

夏商西周春秋战国法律制度 —— 西周法律制度

- 刑事立法 —— 主要罪名
  - 1. 罪名分类
    - （1）政治性犯罪，如违抗王命罪
    - （2）破坏社会秩序、侵犯人身财产等方面的犯罪，如寇攘奸宄（劫夺窃盗）
    - （3）渎职方面的犯罪，如司法官的“五过”之疵
      - ①“惟官”，指秉承上意，依仗权势
      - ②“惟反”，指利用职权，报私恩怨
      - ③“惟内”，指内亲用事，暗中牵制
      - ④“惟货”，指贪赃受贿，敲诈勒索
      - ⑤“惟来”，指接受请托，徇私枉法
  - 2. “毁则为贼，掩贼为藏，窃贿为盗，盗器为奸……有常无赦，在九刑不忘。”这就是说，毁坏礼法者是“贼”，窝藏贼者为“藏”，窃取财物者为“盗”，偷窃国器宝物者为“奸”，而主谋及藏匿罪犯，或使用这些被盗名器，更是重大犯罪，按照常刑规定，一律严惩不贷
  - 3.《康诰》规定：对于内奸、外奸、杀人越货以及不孝不友等罪犯处以重刑且不予宽赦
- 民事立法 —— 契约
  - 1. 司约 —— 专职管理立契事宜的官员
  - 2. 质人 —— 具体的市场管理人员
  - 3. 质剂 —— 适用于买卖关系的契约形式。“大市以质，小市以剂”
    - ①“质” —— 凡买卖奴隶、牛马等大宗交易须使用较长的契券
    - ②“剂” —— 买卖兵器、珍异等小件物品则使用较短的契券
  - 4. 傅别 —— 适用于借贷关系的契约形式

注意：这一页中，刑事立法主要罪名中的“五过”之疵十分重要，第二条中的“贼藏盗奸”是 2018 年新增内容。注意区分每个罪名的内容；注意区分司约、质人、质剂、傅别分别指什么。

夏商西周春秋战国法律制度 —— 西周法律制度 —— 民事立法 —— 婚姻制度

- 1. 婚姻原则 —— 即一夫一妻制
- 2. 婚姻的成立须具备“父母之命，媒妁之言”“同姓不婚”等要件，履行“六礼”程序
  - “同姓不婚”
    - 第一，“男女同姓，其生不蕃”，即婚姻双方血缘关系越近，越不利于后代的健康和宗族的繁衍
    - 第二，禁止同姓为婚是为了加强与其他部族的政治联系。婚姻具有鲜明的政治意图
  - “父母之命，媒妁之言”。在宗法制下，子女的婚姻大事须由父母主持，并通过媒人撮合，否则，婚姻便是不循礼法
  - 履行“六礼”程序。（合礼合法的婚姻必须通过“六礼”来完成）
    - （1）“纳采”—— 即男家请媒人向女家送礼品提亲
    - （2）“问名”—— 即在女方答应议婚后，由男方请媒人问女子名字、生辰等，并卜于宗庙以定吉凶
    - （3）“纳吉”—— 即卜得吉兆后与女家订婚
    - （4）“纳征”—— 即男方派人送聘礼至女家
    - （5）“请期”—— 即男方商请女方择定婚期
    - （6）“亲迎”—— 即婚期之日新郎迎娶新妇
- 3. 婚姻的解除 ——“七出”与“三不去”
  - “七出”
    - 不顺父母去
    - 无子去
    - 淫去
    - 妒去
    - 有恶疾去
    - 口多言去
    - 盗窃去
  - “三不去”
    - 有所娶无所归，不去
    - 与更三年丧，不去
    - 前贫贱后富贵，不去
- 注意：婚姻的原则和“六礼”“七出”“三不去”的规定十分重要

夏商西周春秋战国法律制度

- 西周法律制度
  - 民事立法 —— 嫡长子继承制
    - 西周宗法制严格确定嫡长子的继承权
    - 各级贵族的领地和世袭身份只能由正妻所生的长子继承
    - 在财产方面，庶子也只能由嫡长子分给部分利益，而无所谓的“继承权”
    - 女子无继承权，嫁妆只是出于父兄的赐予
  - 司法制度
    - 司法机构
      1. 西周的最高司法官为大司寇，辅助周王掌管全国司法工作。遇有重大或疑难案件，须上报周王最后裁断，或由周王指派高级贵族进行决议
      2. 大司寇下设小司寇，协助大司寇审理案件，处理狱讼
      3. 此外，还有司刑、司刺、掌囚、掌戮等，处理各类司法事务
    - 狱与讼
      1. “狱”—— 刑事案件。审理刑事案件，称为“断狱”
      2. “讼”—— 民事案件。审理民事案件，称为“听讼”
      3. 当事人起诉应当交纳诉讼费。刑事、民事诉讼费用分别称为“钧金”和“束矢”

      注意：刑事、民事诉讼费用分别称为什么，十分重要

夏商西周春秋战国法律制度

西周法律制度 —— 司法制度 —— 五听

1. “五听”制度 —— 西周时期，审理案件时判断当事人陈述真伪的五种方式
2. 具体内容
   - （1）“辞听”：“观其出言，不直则烦”，即观察当事人的言语表达，理屈者则言语错乱
   - （2）“色听”：“观其颜色，不直则赧然”，即观察当事人的面部表情，理屈者则面红
   - （3）“气听”：“观其气息，不直则喘”，即观察当事人的呼吸，无理则喘息
   - （4）“耳听”：“观其听聆，不直则惑”，即观察当事人的听觉，理亏则听语不清
   - （5）“目听”：“观其眸子，不直则眊然”，即观察当事人的眼睛与视觉，无理则双目失神
3. “五听”是通过观察被讯问者的感官反应以确定其陈述之真假，虽然近于主观，但比起夏商的“神判”显然前进了一大步，在某种意义上可以说是审判心理学的萌芽。周以后历朝的司法实践都沿用了“五听”

春秋法律制度

成文法的公布

1. 公元前 536 年，郑国执政子产将郑国的法律条文铸在鼎上，向全社会公布，史称“铸刑书”，这是中国历史上第一次正式公布成文法的活动 ——“子产铸刑书”
2. 公元前 501 年，郑国大夫邓析编成刑书，刻在竹简之上，称为《竹刑》。邓析的《竹刑》最初属私人著作，后来为执政者所接受，成为官方的法律 —— 邓析《竹刑》
3. 公元前 513 年，晋国执政赵鞅、荀寅把前任执政范宣子所编刑书正式铸于鼎之上，公之于众

注意 1：邓析的《竹刑》并非公布的成文法

注意 2：成文法的公布分别有什么，可能以客观题的形式考查

成文法公布引起的论争

1. 晋国上大夫叔向公开反对郑国“铸刑书”，认为“国将亡，必多制，其此之谓乎！”
2. 孔子作为儒家学派的代表，对晋国“铸刑鼎”发表了激烈的反对意见，认为“晋其亡乎，失其度也”

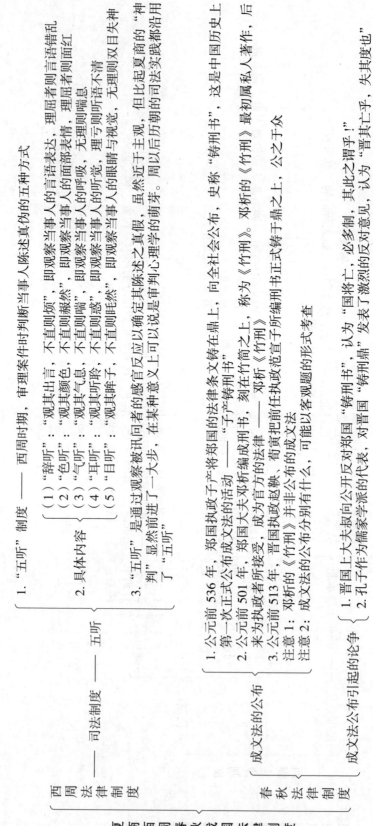

夏商西周春秋战国法律制度

- 春秋法律制度 —— 成文法公布的历史意义
  1. 公布成文法是国家治理和社会控制的新型方式，是对旧的法律观念、法律制度以及社会秩序的一种否定，打破了“刑不可知，则威不可测”的信条，结束了法律的秘密状态，使法律制度逐步走向公开化，开创了古代法制建设的新纪元
  2. 公布成文法在客观上为法律制度的进一步发展，为罪和刑对应的成文法典的出现提供了条件，也为各种新型社会关系的产生和发展提供了可靠保证
  3. 春秋时期公布成文法，开辟了一种全新的集权制的统治模式，为战国至秦统一时期“法治”取代“礼治”拉开了序幕，也为后世法律制度的发展和完善积累了经验
- 战国法律制度 —— 立法指导思想
  - 一断于法 —— 法家主张“不别亲疏，不殊贵贱，一断于法”，将法律作为治理国家的基本手段。要求打破“刑不上大夫”的壁垒，将法作为衡量任何人行为的客观标准，取消旧贵族在法律上享有的一切特权
  - 刑无等级 —— 反对宗法制时代的“礼有等差”，主张“刑无等级”“法不阿贵”，平等地适用法律
  - 轻罪重刑 —— 在法律的内容上，法家主张“轻罪重刑”，即主张用严刑峻法达到以法治国的目的
  - 法布于众 —— 向全社会公布成文的法律，让全体臣民皆“知所避就”，从而否定了法律的秘密状态

夏商西周春秋战国法律制度——战国法律制度

- 《法经》——李悝
  - 主要内容和特点
    - 主要内容——《法经》共有六篇
      - 《盗法》是侵犯官私财产所有权犯罪的法律规定
      - 《贼法》是关于人身伤害、破坏社会秩序的法律规定
      - 《网法》是关于囚禁和审判罪犯的法律规定
      - 《捕法》是关于追捕盗、贼及其他犯罪者的法律规定
      - 《杂法》主要规定了“六禁”，即淫禁、狡禁、城禁、嬉禁、徙禁、金禁等
      - 《具法》相当于近代法典中的总则部分
      - 注意:《网法》和《捕法》两篇属于诉讼法的范畴
    - 特点
      - 维护封建专制政权，保护地主的私有财产和奴隶制残余
      - 贯彻了法家“轻罪重刑”的法治思想
  - 历史地位
    1. 《法经》是中国历史上第一部比较系统、完整的封建成文法典，在中国封建立法史上具有重要地位
    2. 《法经》是战国时期政治变革的重要成果，也是战国时期封建立法的典型代表和全面总结
    3. 《法经》的体例和内容，为后世封建成文法典的编纂奠定了重要基础
- 商鞅变法
  - 变法内容
    1. 改法为律。商鞅将《法经》改编为秦律，史称“改法为律”
    2. 实行连坐法。所谓连坐，即因一人犯罪牵连其亲属、邻里、同伍以及其他与之有联系的人，使他们均要承担罪责的刑罚制度
    3. 实行分户令。规定“民有二男以上不分异者，倍其赋”。强制百姓分家立户，以增加国家财政收入
  - 变法的历史意义
    - 变法在政治、经济和法律制度等方面推行全面改革，使秦国从一个西疆小国发展成为国力强盛、制度先进的大国，为统一六国奠定了坚实的基础
    - 正如史学家所言：“商鞅相孝公，为秦开帝业。”商鞅通过改法为律，使得秦律成为秦国的主要法典，其内容比较系统、完整，适用范围较为广泛，并且保持相对稳定。从此以后，开启了中国历朝历代的主要法典称“律”的历史。由此可见，商鞅变法这种承上启下的作用使中国法制传统和特色得到了延续和传承

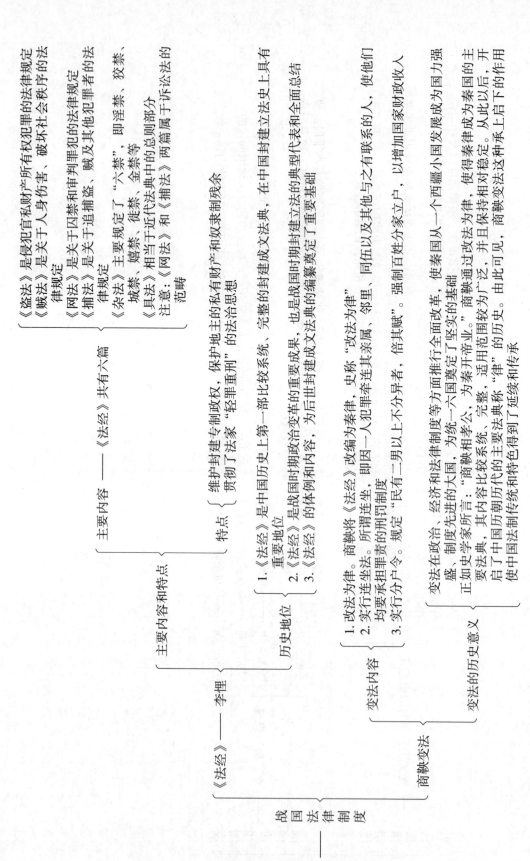

秦汉三国两晋南北朝法律制度 —— 秦朝法律制度 —— 立法概况

- 立法指导思想
  - 缘法而治 —— 强调以法律作为判断是非曲直、决定行止赏罚的唯一标准，主张君主依据法律治理国家，反对礼治原则
  - 法令由一统
    - 强调“法令出于一”，立法权掌握于君主
    - 全国实行统一的法律令，“海内为郡县，法令由一编”
  - 严刑重法
    - 秦朝推行“专任刑罚”的政策，使“法令诛罚，日益深刻”
    - 通过“深督轻罪”使“民不敢犯”，达到巩固专制统治的目的
- 云梦秦简
  - 律
  - 法律答问
  - 封诊式
  - 为吏之道
- 主要法律形式
  - 律 —— 秦朝法律的主体，是通过正式立法程序制定、颁布、实施的法律条文，具有稳定性、规范性与普遍适用性
  - 令 —— 皇帝针对某些具体事项临时发布的命令，具有最高的法律效力。“制”“诏”成为正式的法律形式
  - 法律问答 —— 对法律条文、术语、律义作出的具有法律效力的解释
  - 封诊式 —— 司法机关有关审判原则、治狱程式以及对案件进行调查、勘验、审讯、查封等方面的法律规定和文书程式，包括了一些具体案例
  - 廷行事 —— 司法机关判案的成例，在司法实践中可以作为同类案件判决的依据
  - 除上述几种外，秦朝的法律形式还包括课、程等
  - 注意：秦朝的主要法律形式及每一种形式指的是什么，十分重要

秦汉三国两晋南北朝法律制度

秦朝法律制度

刑事立法

- 主要刑名及罪名
  - 死刑——戮、磔、腰斩、车裂、枭首、弃市、凿颠、抽肋、镬烹、囊扑、定杀等
  - 肉刑——墨（黥）、劓、斩左右趾（刖）、宫刑等
  - 作刑（徒刑）——城旦舂、鬼薪白粲、隶臣妾、司寇、候等，没有形成明确而固定的刑期
  - 财产刑——主要是赀刑，对轻微犯罪者，实行赀甲、赀盾、赀徭等
  - 耻辱刑——髡（剃去犯人头发）、耐（剃去犯人胡须）等，多作为徒刑的附加刑使用
  - 其他刑——如适用于官吏轻微犯罪的废、谇、免及收（籍没）、迁等
  - 秦朝规定的犯罪种类很多，常见的除盗贼犯罪和谋反、不敬皇帝等罪外，还有诽谤与妖言、以古非今、妄言、非所宜言、投书等惩治思想言论的犯罪，反映了专制主义法律的特征
  - 秦朝还规定有盗徙封罪，即惩治偷偷移动田界标志企图侵占他人田产的犯罪
- 定罪量刑的原则
  - 刑事责任能力的规定
    - 未成年者犯罪，不负刑事责任或减轻刑事处罚
    - 确立以身高为承担刑事责任的标准，而且男女有所区别。男身高达六尺五寸，女身高达六尺二寸，达到此身高者开始负刑事责任
  - 区分故意与过失的原则——秦律中，故意称为“端”或“端为”，过失称“不端”
  - 盗窃按赃值定罪的原则——对于侵犯财产的盗窃罪，根据不同等级的赃值，分别定罪
  - 共同犯罪加重处罚的原则——处罚侵犯财产罪，两人或两人以上实施的犯罪较个体犯罪加重量刑，五人以上的共犯为重大犯罪
  - 累犯加重处罚的原则——犯罪被处刑后再犯罪的，加重处罚
  - 教唆犯罪加重处罚的原则——按秦律规定，教唆未成年人犯罪者，加重处罚
  - 自首减轻处罚的原则——秦律规定，凡携带所借公物外逃，主动自首者，不以盗窃论处，而以逃亡论处
  - 诬告反坐原则——秦律规定，故意捏造事实陷害他人者，使无罪者入罪，轻罪者入于重罪，即构成诬告罪，按所诬罪名相应的刑罚，对诬告者处罚
  - 连坐原则

秦汉三国两晋南北朝法律制度

- 秦朝法律制度
  - 经济立法
    - 农业管理与自然资源保护立法
      - 秦朝注重发展农业和畜牧业生产，注重督课各级官吏加强农田水利管理、农产品种子管理、自然灾害报告、畜牧业管理、劳动力的控制与考课，以便有效地促进农业生产和管理
      - 秦朝还十分注意协调和保护生态环境，采取周密的管理措施，通过颁布法令合理利用和保护自然资源，如规定每年春二月，不准上山砍林伐木；不准堵塞水道；不到夏季，不得烧草积肥；不准采摘刚发芽的植物；不准捉取幼兽、幼鸟等。禁令至七月才解除
    - 官营手工业管理立法
      - 秦朝制定诸如《工律》《工人程》《均工律》等法规，对手工业，特别是官营手工业进行严格管理。如规定产品的规格与标准；建立生产责任制和产品检查评比制度；规定工人的劳动定额、培训指导、奖惩标准和劳动力调配等
    - 市场与货币管理立法
      - 为了保护合法的商品交换，维护正常的市场贸易秩序，秦朝很重视运用法律手段加强市场与货币管理，对诸如商品价格、货币流通、度量衡管理、外贸管制等均有细密的法律规定

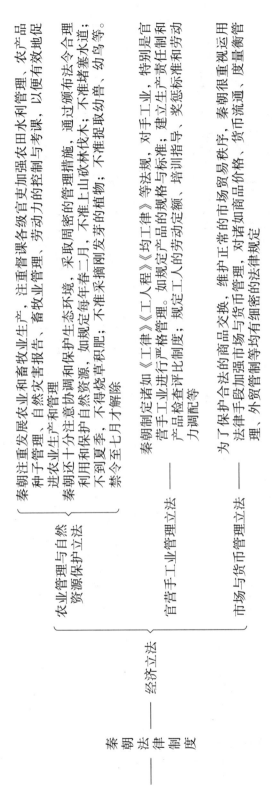

秦汉三国两晋南北朝法律制度 —— 秦朝法律制度 —— 司法制度

- 中央司法机关
  - 皇帝 —— 掌握最高司法审判权，重大案件往往由皇帝亲自审判和裁决
  - 廷尉 —— 位于“九卿”之列，为中央司法机关，负责审理地方的上诉案件和郡县不能决断的疑难案件，同时也负责审理皇帝交办的“诏狱”
  - 御史大夫 —— 重大案件的司法审判权
- 诉讼程序
  - 1. 秦朝起诉方式分为两种：一是当事人或亲属的告发；二是官吏的纠举
  - 2. 对于重大案件，受害人亲属、邻里皆有主动告发之义务，“知奸不举”者要连坐
  - 3. 公室告 —— 杀伤人、偷盗等危害封建统治秩序的犯罪，官府必须受理
  - 4. 非公室告 —— “子盗父母，主擅杀、刑、髡其子及臣妾”等引起的诉讼，官府不予受理，若控告人坚持控告，官府会对其治罪
  - 5. 纠举与自首 —— 提倡官吏主动纠举犯罪和鼓励罪犯投案自首。但禁止诬告，诬告者实行反坐
- 审判制度
  - 1. “讯狱” —— 讯问被告
  - 2. “治狱” —— 审断定罪
  - 3. 为取得口供，允许司法官吏使用刑讯手段，但不提倡刑讯
  - 4. 规定司法官故意量刑不当所应承担的法律责任
    - （1）凡故意轻罪重判或重罪轻判的，属“不直”
    - （2）凡故意减轻犯罪情节或应论而不论的，属“纵囚”
    - （3）过失导致处刑不当、失其轻重的，属“失刑”
  - 5. 允许犯人提出再审要求，通过再审程序纠正冤假错案
  - 6. “读鞫” —— 司法官作出判决后向被告宣读；“乞鞫” —— 申请再审
  - 7. “爰书” —— 调查或勘验的笔录；“封守” —— 查封财产

秦汉三国两晋南北朝法律制度

- 汉朝法律制度
  - 立法概况
    - 立法指导思想：汉初黄老思想与“约法省刑”的原则。汉初确立以黄老学派无为而治为指导思想，具体体现为“轻徭薄赋”和“约法省刑”
    - 汉武帝时“德主刑辅”与封建正统法律思想的确立
    - 主要立法
      - 1. 刘邦与关中父老“约法三章”：杀人者死，伤人及盗抵罪，悉除去秦法
      - 2. 萧何制定《九章律》。在秦律《盗律》《贼律》《囚律》《捕律》《杂律》《具律》6 篇基础上，增加《户律》《兴律》《厩律》3 篇
      - 3. 汉律六十篇
        - （1）《傍章律》18 篇，主要是关于朝廷礼仪制度方面的内容
        - （2）《越宫律》27 篇，主要是关于宫廷侍卫方面的专门法律
        - （3）《朝律》6 篇，主要是关于朝贺制度方面的专门法律
        - （4）《九章律》9 篇
        - 上述法律加起来即历史上有名的“汉律六十篇”，构成汉律的基本框架
    - 法律形式
      - 律 —— 汉朝的基本法律形式，包括以刑事规范为主的具有普遍性和稳定性的成文法
      - 令 —— 皇帝发布的诏令或由臣下提出经皇帝批准的立法建议，法律效力最高
      - 科 —— 律以外关于规定犯罪与刑罚以及行政管理方面的单行法规，也称“事条”“科条”
      - 比 —— 又称决事比，是指在律无正条时，比照援引典型判例处断。类似秦朝的廷行事

秦汉三国两晋南北朝法律制度 —— 汉朝法律制度 —— 刑事立法

- 文景时期的刑制改革
  - 1. 缇萦上书，汉文帝废除肉刑
    - （1）下令除肉刑，把黥刑（墨刑）改为髡钳城旦舂
    - （2）改劓刑为笞刑三百，改斩左趾为笞刑五百，改斩右趾为弃市刑
  - 2. 景帝时，在文帝改革基础上进一步深化刑制改革
    - （1）笞三百改为笞二百
    - （2）笞五百改为笞三百
  - 3. 景帝后来又下诏令
    - （1）减笞三百为二百，笞二百为一百
    - （2）改革刑具，规定笞杖长五尺，宽一寸，末梢薄半寸，以竹板制成，削平竹节。行刑时不得换人
  - 4. 文景刑制改革后，汉朝刑罚种类大体包括死刑、肉刑、笞刑、徒刑、徙边、禁锢、赎刑、罚金等。汉朝增设“女徒顾山”，属于赎刑的范围，即允许被判徒刑的女犯回家，但需每月缴纳官府三百钱，由官府雇人上山砍伐木材或从事其他劳作，以代替女犯的劳役刑
- 刑罚适用原则
  - 上请原则，即官僚贵族犯罪后，可以请示皇帝给有罪者优待
    - （1）“郎中有罪耐以上，请之”
    - （2）凡六百石以上官吏、公侯及子孙犯罪，均可以享受“上请”的特权
  - 亲亲得相首匿原则
    - （1）该原则源于儒家孔子“父为子隐，子为父隐，直在其中”的思想
    - （2）至汉宣帝时明确规定：对亲属中的卑幼首匿尊长的犯罪行为，不追究刑事责任；对亲属中的尊长首匿卑幼的犯罪行为，一般犯罪不追究刑事责任；如所隐匿罪为死罪，则上请廷尉，由其决定是否追究首匿者的罪责
  - 上述两项原则，是封建法律儒家化的开始

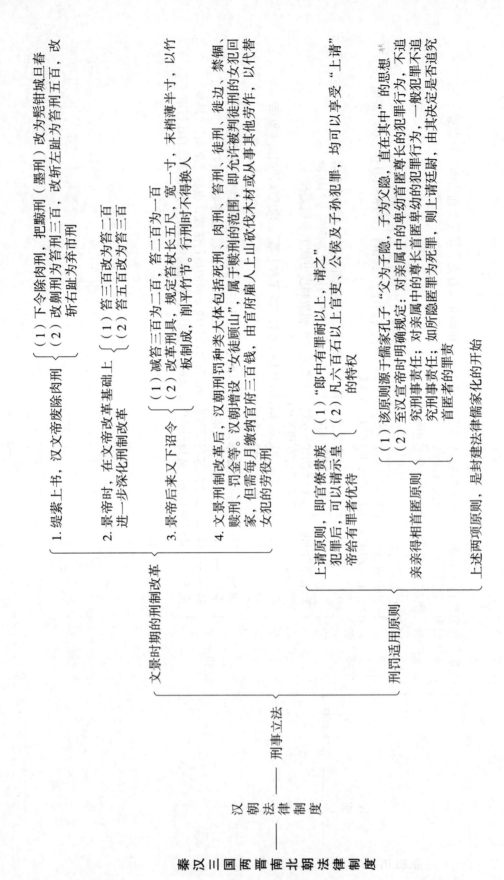

秦汉三国两晋南北朝法律制度 —— 汉朝法律制度 —— 刑事立法 —— 主要罪名

- 1. 危害中央集权制的犯罪
  - （1）阿党附益：诸侯国官吏与诸侯王结党，知其犯罪不举奏构成“阿党”；中央朝臣外附诸侯，助其获得非法利益构成“附益”
  - （2）左官：朝廷官员“舍天子而仕诸侯”
  - （3）非正：非嫡系子孙而继承爵位
  - （4）出界：诸侯王擅自越出封国疆界者
  - （5）僭越：诸侯百官在器用、服饰、乘舆等方面逾越规制
  - （6）漏泄省中语：泄露朝廷机密事宜
  - （7）酎金不如法：帝王酎祭时诸侯所献贡金的成色不符合标准
- 2. 危害君主专制的犯罪
  - （1）欺谩、诋欺、诬罔：对皇帝不忠、欺骗、轻慢、毁辱和诬蔑等行为
  - （2）废格诏书：官吏不执行皇帝诏令
  - （3）怨望诽谤：因怨恨不满而诽谤朝政
  - （4）左道：以邪道巫术诅咒皇帝、蛊惑民众者，依律处死刑
- 3. 危害皇帝尊严和安全的犯罪
  - （1）不敬、大不敬罪：对皇帝及其先祖、皇帝使用的器物、牲畜等有轻蔑失礼的行为
  - （2）阑入与失阑罪：前者指无凭证擅自闯入宫殿，后者指警卫人员失职造成他人无证进入宫殿
- 4. 危害国家政权的犯罪
  - （1）蔽匿盗贼：“群盗起不发觉，发觉而弗捕满品者，二千石以下至小吏主者皆死”
  - （2）见知故纵：治安官吏得知贼盗犯罪真情而不及时举告者，与罪犯判处同等刑罚；如抓到贼盗重犯不及时严办者，判处死刑
  - （3）群饮酒：“三人以上无故群饮，罚金四两”
  - （4）通行饮食：为盗贼提供饮食，传递情报，充当向导者，罪至大辟
- 5. 汉朝沿用秦朝的诽谤妖言、非所宜言等罪，在惩治思想言论犯罪方面有所发展，如腹诽罪

- 秦汉三国两晋南北朝法律制度
  - 汉朝法律制度
    - 经济立法
      - 盐铁酒专卖
        1. 汉武帝时盐、铁、酒等由国家专营，禁止私人生产和销售
        2. 汉昭帝时改酒的专卖为课税，卖酒者自行如实申报
        3. 王莽时又恢复专卖制
      - 抑商政策
        1. 限制商人经营采矿冶铁、近海煮盐，将商人置于半奴隶的社会地位，并加重其赋税
        2. 不许商人穿丝衣乘车马
        3. 不许商人购买土地，土地和奴婢超过法定数额者没入官府
        4. 不许商人及其子孙去官府做官
        5. 对商人多征收一倍于民的算赋
        6. 谪发商人到边远地方戍守等
        7. 汉武帝时颁布《告缗令》，向商人征收苛重的财产税，并鼓励人们告发不实申报者
      - 对外贸易立法
        1. 汉朝对外贸易活动比较活跃，著名的“丝绸之路”就是在武帝时期开辟的。汉朝重视通过立法手段开展和管理对外贸易活动
        2. 规定不准以违禁物品如铁、兵器、马匹、铜钱等与匈奴互市
        3. 在同西域和中亚各国的贸易中则采取种种优惠政策，不但没有通商物品种类和数量的限制，反而给予外商十分优厚的礼遇

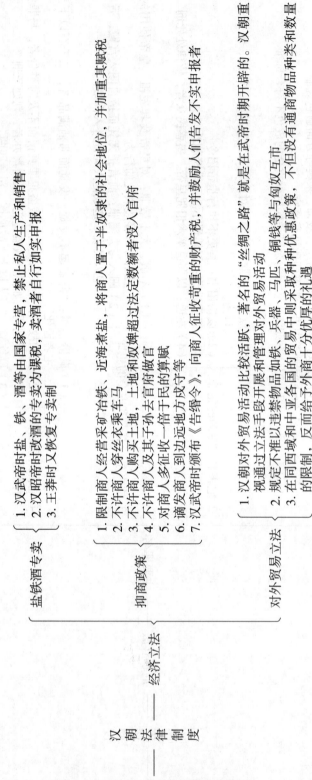

秦汉三国两晋南北朝法律制度 — 汉朝法律制度 — 行政立法

- 皇帝制度
  1. 确立了以皇帝为核心的中央集权的封建君主专制，规定皇帝具有至高无上的权威，其“命为‘制’，令为‘诏’”，具有最高的法律效力
  2. “罢黜百家，独尊儒术”。“君为臣纲”成为臣民必须信奉的教条
  3. 凡对皇帝有“大不敬”行为，以及拒不执行皇帝诏令的“废格诏书”行为，都要处以“弃市”死刑
  4. “汉天子正号曰皇帝，自称曰朕，臣民称之曰陛下，其言曰制诏，史官记事曰上，车马衣服器械百物曰乘舆，所在曰行在，所居曰禁中，印曰玺，所至曰幸，所进曰御。其命令一曰策书，二曰制书，三曰诏书，四曰戒书”
- 中枢与地方行政机构
  1. 在中央，实行三公九卿制度
  2. 三公分别为丞相、太尉和御史大夫
     - （1）丞相：位于皇帝之下，百僚之上，协助皇帝处理政务
     - （2）太尉：掌管军事
     - （3）御史大夫：掌管监察
  3. 九卿分别是太常、光禄勋、卫尉、太仆、廷尉、宗正、大鸿胪、大司农、少府，分管各项政务
  4. 汉武帝把丞相改为大司徒，掌管民政、财政和教育；太尉改为大司马，仍掌管军事；御史大夫改为大司空，掌管土木营造
  5. 在地方
     - 西汉的地方政权为郡、县两级，县以下设乡、里、亭
     - 东汉末期，西汉武帝时设置的监察区“州”，逐渐演变为地方一级独立的行政机关，从而形成州、郡、县三级的地方政权机构

  注意：中枢行政机构十分重要，是常考点

秦汉三国两晋南北朝法律制度 —— 汉朝法律制度 —— 行政立法 —— 官吏管理制度

- 1. 汉朝选拔和任用官吏以荐举和考试为主要方法，具体包括
  - （1）察举。始于西汉而盛于东汉，由皇帝下诏责成中央和地方各级长官每年向朝廷推荐贤能之士为官
  - （2）征召
    - ①诏举。也叫“举贤良文学”，是皇帝诏令各郡推举“贤良方正能直言极谏者”，经过皇帝对策（面试）后任用为官
    - ②“辟书”聘请。皇帝特诏征用有特殊才能或德高望重之士
  - （3）辟举。也称辟除，是高级主管官吏或地方郡守以上官吏对其辖内有名望和才德之士，向中央举荐或自选为属吏的制度
  - （4）任子。一般两千石以上官吏，任满三年可保举子孙宗室一人为郎
  - （5）太学补官。汉武帝以后中央设立太学，招收贤俊好学子弟学习儒家经典，经考试成绩优良者，可以补官
- 2. 对选拔任用官吏的身份限制
  - （1）商人子弟、入赘之婿以及因贪赃被免官者不得为官
  - （2）宗室子弟不得任公位高官
- 3. 在官吏选任中还实行回避制度，为此制定“三互法”
- 4. 对官吏政绩的考课
  - （1）对一般官吏，主要按照法律规定考核其所任职务的完成情况，即课其职守，考其功效
  - （2）对地方郡国守相和县令的考核，仍沿秦制，通过上计的方式进行考课
- 5. 官吏的退休制度
  - 退休称为致仕，汉朝致仕的年龄为 70 岁
  - 注意：唐朝也是 70 岁退休，明朝是 60 岁退休

秦汉三国两晋南北朝法律制度 —— 汉朝法律制度

- 行政立法 —— 监察制度
  1. 中央设御史台，为最高监察机关。长官为御史大夫，职掌全国的最高监察权，下设御史中丞和侍御史等属官
  2. 地方监察机关主要是司隶校尉和各州（部）刺史。司隶校尉可纠举包括丞相在内的百官，并可直接弹劾三公
  3. 东汉时期，司隶校尉在皇帝面前与尚书令、御史中丞均专席独坐，被称为“三独坐”
  4. 汉武帝时把全国分为十三个监察区，每区派出刺史一人。刺史在御史中丞的领导之下，依照《六条问事》行使监察权
  5. 西汉御史台的建立是中央集权进一步加强的结果
- 司法制度 —— 诉讼与审判
  1. 起诉形式
     - 告（告诉）—— 指当事人或其亲属直接到官府控告，类似于今天的自诉
     - 劾（举劾）—— 指官吏代表国家纠举犯罪，类似于今天的公诉
  2. 汉朝规定应按照司法管辖逐级告劾，严禁越诉，除非有冤狱才得越级上书皇帝
  3. 根据“亲亲得相首匿”的原则，除大逆、谋反之外，一般不准卑幼亲属告发尊长，否则以不孝罪处刑
  4. 严禁诬告，诬告者实行反坐
  5. 规定治安官吏负有纠举犯罪的责任
  6. “鞫狱”—— 对被告的审讯
  7. “辞服”—— 被告的口供。此为定罪量刑的主要依据，为了获取口供，审讯中可以使用刑讯
  8. “读鞫”—— 经过审判的各项程序，事无可疑后，法官可依据律令作出判决，并向被告及其亲属宣读
  9. “乞鞫”—— 如果被告及其亲属不服，允许其在三个月内申请重审
  10. 录囚制度 —— 由皇帝或上级司法机关通过对囚徒的复核审录，监督和检查下级司法机关的决狱情况，以平反冤案，疏理滞狱

秦汉三国两晋南北朝法律制度

- 汉朝法律制度
  - 司法制度
    - 春秋决狱
      1. “春秋决狱”，也称“引经决狱”，是指以儒家经典（主要是公羊《春秋》）的精神和事例作为司法审判的根据，它是汉武帝确立“罢黜百家，独尊儒术”的必然产物
      2. 董仲舒在《春秋繁露·精华》中说：“春秋之听狱也，必本其事而原其志；志邪者不待成，首恶者罪特重，本直者其论轻。”《盐铁论·刑德论》评价：“故《春秋》之治狱，论心定罪。志善而违于法者免，志恶而合于法者诛。”若犯罪者的主观动机若符合儒家“忠”“孝”的精神，即使其行为危害社会，也可以减免刑罚
      3. 春秋决狱最重要的原则被认为是“论心定罪”，即以《春秋》之义去考察犯罪者的主观动机，再对案件作出裁决。但现存汉朝三十多个引经决狱的案例，无一例证明“志恶而合于法者诛”，可见“论心定罪”的结论比较绝对和武断
      4. 春秋决狱的原则，按照董仲舒的论述应该是“本事原志”，即春秋决狱，应兼顾事实和动机。但是，由于儒家经典教义不具有法的规范性和确定性，法吏又往往不谙晓儒术，于是在司法实践中常常任意比附，造成司法专断和腐败的局面
    - 秋冬行刑
      1. 汉朝除谋反、大逆等“决不待时”者外，一般死刑犯须在秋天霜降以后、冬至以前执行
      2. 秋冬行刑制度源于董仲舒的“天人感应”学说
      3. 秋冬行刑制度在客观上有利于农业生产与社会秩序的稳定，标榜了德政慎罚，故为后世封建法律所继承
- 三国两晋南北朝法律制度
  - 立法概况 —— 《曹魏律》 —— 魏国在汉律的基础上制定《新律》，又称《魏律》或《曹魏律》
    - （1）删繁就简，增加篇目至18篇，扩充了法典的内容
    - （2）将《法经》中的《具法》改为《刑名》，置于律首，突出了法典总则的性质和地位
    - （3）“八议”入律，使礼律进一步融合
    - （4）改革刑罚，使刑罚制度进一步规范化

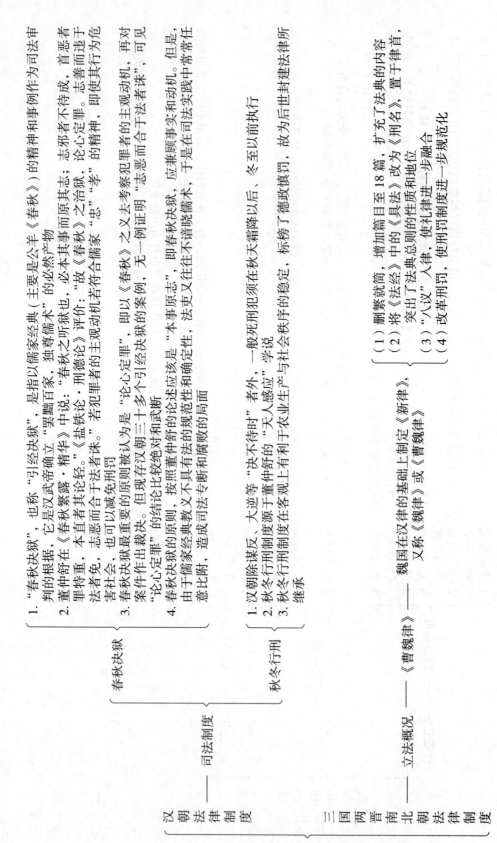

秦汉三国两晋南北朝法律制度 —— 三国两晋南北朝法律制度 —— 立法概况

- 《泰始律》
  - 1. 泰始三年，晋武帝诏颁晋律，称《泰始律》
  - 2.《泰始律》的主要成就
    - （1）新增《法例》篇目，丰富了刑律总则的内容
    - （2）精简律令、章句，以“刑宽禁简”而著称
    - （3）将律和令明确分开，解决了汉以来律令混杂、矛盾的局面
    - （4）增加律注，并与法典本文合为一体，为法典的适用提供了统一的标准
    - （5）第一次将礼中的“服制”列入律典，作为定罪量刑的原则
  - 3. 这部法典颁行之后经律学大家张斐、杜预作注，释文与律文合为一体，具有同等的法律效力，故又名《张杜律》
  - 4.《泰始律》为南朝沿用，影响深远
- 《北魏律》
  - 1.《北魏律》共 20 篇
  - 2.《北魏律》根据汉律、参酌魏晋律，经过“综合比较、取精用宏”而制定，在刑名、罪名和刑罚原则诸方面皆有新的发展
  - 3.《北魏律》修纂集当时律典之大成，为隋唐律典的渊源
  - 4.《北魏律》正式规定了官当制度

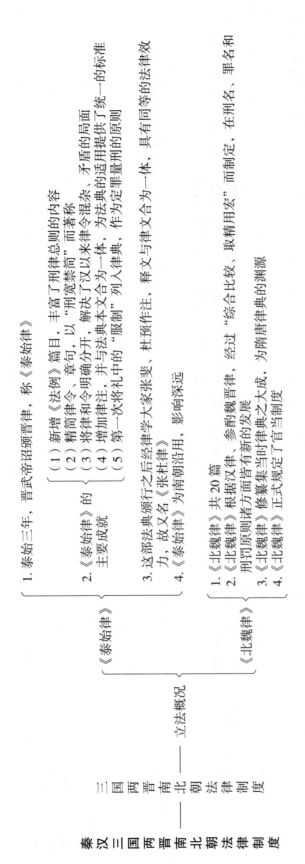

秦汉三国两晋南北朝法律制度

三国两晋南北朝法律制度

- 立法概况
  - 《北齐律》
    - 1.《北齐律》是代表当时最高水准的封建法典。其特点为
      - （1）形成12篇的法典体例
      - （2）首创《名例律》的法典篇目
      - （3）确立“重罪十条”，为后世“十恶”所本
      - （4）确立死、流、徒、杖、鞭五刑，为隋唐新五刑体系的最终建立奠定了基础
    - 2.《北齐律》以“法令明审，科条简要”著称，在封建法典发展史上起着承前启后的重要作用
    - 3.《北齐律》篇目为：《名例》《禁卫》《婚户》《擅兴》《违制》《诈伪》《斗讼》《贼盗》《捕断》《毁损》《厩牧》《杂律》
  - 《麟趾格》与《大统式》
    - 1.《麟趾格》是东魏政权制定的法典，因其议定于麟趾殿而得名。“格”，源于汉朝的“科”，北魏始以“格”代“科”，作为律的补充。至东魏制定《麟趾格》，始为独立法典
    - 2. 西魏编定《大统式》，成为历史上最早以“式”为形式的法典
  - 律学
    - 汉朝时，律学处于经学的附庸地位。魏晋之际，律学发展成为独立的学科。研究对象也不再仅仅是对古代法律的起源、本质与作用的一般论述，而是侧重于立法技术、法律运用、刑名原理、定罪量刑原则以及法律术语的规范化解释，律学研究趋于规范化、科学化
    - 张斐对20个法律概念及其含义作了精要的表述
    - 刘颂提出援法断罪的思想，近于现代罪刑法定原则，为中国古代律学理论和法律思想的一大进步
- 法律形式——律、令、科、比、格、式相互为用
  - （1）科起着补充与变通律、令的作用
  - （2）格与科相同，也起着补充律的作用
  - （3）比是比附或类推，即比照典型判例或相近律文处理法律无明文规定的同类案件
  - （4）式是公文程式。汉朝有“品式章程”

秦汉三国两晋南北朝法律制度 —— 三国两晋南北朝法律制度 —— 刑事立法

- 准五服以制罪
  1.《晋律》首立“准五服以制罪”制度
  2.“五服”本是中国古代以丧服为标志，确定亲属之间亲疏远近的一种制度
  3. 封建服制把亲属分为五等
     - （1）斩衰（此等最亲）
     - （2）齐衰
     - （3）大功
     - （4）小功
     - （5）缌麻（此等最疏远）
  4. 在刑法适用上，凡服制愈近，以尊犯卑，处罚愈轻；以卑犯尊，处罚愈重。凡服制愈远，以尊犯卑，处罚愈重；以卑犯尊，处罚愈轻
  5.“准五服以制罪”制度的确立，是封建法律儒家化的重要标志之一，使法律成为“峻礼教之防”的工具，从而确立了后世法定亲等制度。其影响深远，直至明清
- 官当制度
  1.“官当”是指封建社会允许官吏以官爵抵罪的一种特权制度，正式规定在《北魏律》与《陈律》中
  2.“官当”制度的形成，表明封建特权法的进一步发展
- 八议入律
  1.“八议”是指封建贵族官僚中的八种人犯罪后，须“议其所犯”，对他们所犯罪行实行减免刑罚的制度，表现出封建法律特权思想的鲜明特征
  2.“八议”制度源于西周的“八辟之议”，曹魏时期“八议”正式入律，形成“八议”之制
  3.“八议”：“议亲”（皇亲国戚）、“议故”（皇帝故旧）、“议贤”（有封建德行与影响的人）、“议能”（有大才能的人）、“议功”（有大功勋的人）、“议贵”（贵族官僚）、“议勤”（为封建国家勤劳服务的人）、“议宾”（前朝皇室宗亲）
- 注意：刑事立法中的三个制度何时入律以及在哪部法律中有规定需要记住，八议制度指的哪八种人也较为重要

秦汉三国两晋南北朝法律制度 —— 三国两晋南北朝法律制度

- 刑事立法
  - 重罪十条
    1. “重罪十条”罪名正式确立于《北齐律》，是统治者认为直接危害其根本利益的十种重大犯罪的总称，“犯此十者，不在八议论赎之限”
    2. “重罪十条”是隋唐直至明清律典中“十恶”制度之源
    3. “重罪十条”的具体内容
       - 反逆（造反的行为）
       - 大逆（毁坏皇帝宗庙、山陵和宫殿的行为）
       - 叛（叛变的行为）
       - 降（投降敌国的行为）
       - 恶逆（殴打、谋杀尊亲属的行为）
       - 不道（凶残杀人的行为）
       - 不敬（盗用皇帝器物及对皇帝不尊重的行为）
       - 不孝（不侍奉父母、不按礼制服丧的行为）
       - 不义（杀本府长官和授业老师的行为）
       - 内乱（亲属间的乱伦行为）
  - 新五刑的初步形成
    1. 规定绞、斩等死刑制度
    2. 规定流刑。南北朝时期把流刑作为死刑的一种宽待措施。北周时规定流刑为五等
    3. 规定鞭刑与杖刑。北魏时开始改革以往的五刑制度，增加鞭刑与杖刑，形成死、流、徒、杖、鞭五种刑罚，初步形成了以劳役刑为中心的五刑体系
    4. 废除宫刑制度。西魏和北齐都下令废除宫刑
- 司法制度 —— 中央司法机关的变化
  1. 北齐时期正式设置大理寺，以大理寺卿和少卿为正副长官，增强了中央司法机构的审判职能
  2. 御史台权力增强，长官为御史中丞，权力极大，受命于皇帝，有权纠举一切不法案件
  3. 尚书台地位提高，其中的三公曹、二千石曹、都官曹、比部负责司法审判
  4. 北周将中央司法机关廷尉改称为秋官大司寇
  5. 曹魏政权在中央设律博士，教授法律、培养司法官吏

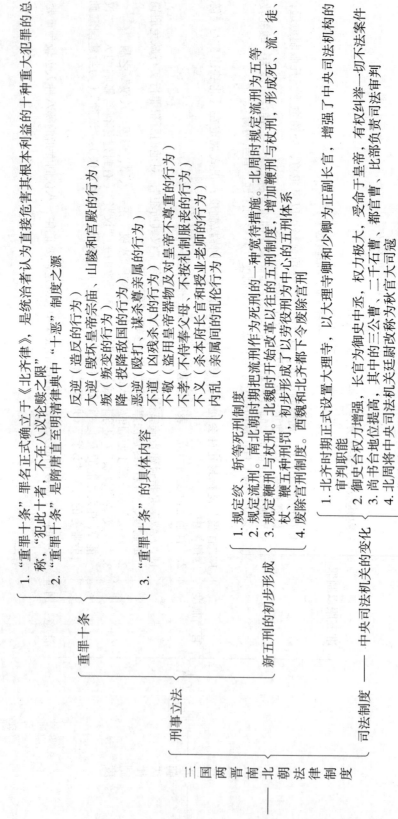

秦汉三国两晋南北朝法律制度 —— 三国两晋南北朝法律制度 —— 司法制度

- 死刑复奏制度
  1. 三国两晋南北朝时期确立了死刑复奏制，即死刑须报告朝廷，经皇帝批准，方准执行
  2. 曹魏明帝曾规定，除谋反、杀人罪外，其余死刑案件必须上奏皇帝
  3. 南朝宋武帝诏令："其罪应重辟者，皆如旧先须上报，有司严加听察，犯者以杀人论"
  4. 北魏太武帝时也明确规定，各地死刑案件一律上报奏谳，由皇帝亲自过问，必须无疑问或无冤屈时才可执行
  5. 死刑复奏制度的确立，一方面加强了皇帝对司法审判的控制，另一方面也体现了传统的"慎刑"精神。其影响深远，为隋唐时期的死刑三复奏、五复奏制度打下了基础
- 刑讯制度 —— 刑讯手段的制度化
  1. 北魏以重枷、大杖逼供
  2. 南梁创立"测罚"，对不招供者断绝饮食，过三日才许进食少量的粥，以之逼供
  3. 南陈设"测立之法"，先对受审者分别鞭打二十，笞捶三十，再强迫其身负枷械刑具，站立在顶部尖圆、仅容两足的一尺高的土垛上，以逼问口供
- 登闻鼓直诉制度
  1. 西晋在朝堂外悬设"登闻鼓"，允许有重大枉屈者击鼓鸣冤，直诉于中央甚至皇帝。北魏及南朝也有这项制度，后经改革一直沿用至清朝
  2. 上诉直诉制度加强了司法机关的内部检查监督，有利于发现和纠正冤假错案，同时也促进了司法集权化

隋唐宋法律制度

- 隋朝法律制度
  - 立法概况
    - 《开皇律》
      - 《开皇律》—— 隋文帝制定
      - 主要成就
        - 确定12篇500条的法典篇目体例
        - 确立新五刑制度
        - “十恶”重罪正式列入法典
        - 通过“议、减、赎、当”制度，使贵族官僚的特权扩大化
    - 《大业律》
      - 《大业律》—— 隋炀帝修订
      - 《大业律》与《开皇律》相比较，体例由12篇增至18篇，内容上删除“十恶”条款，减轻某些犯罪的处刑。《大业律》并未认真实施，“轻刑其名，酷刑其实”
  - 《开皇律》的主要成就 —— 体例
    - 12篇体例。《名例》《卫禁》《职制》《户婚》《厩库》《擅兴》《贼盗》《斗讼》《诈伪》《杂律》《捕亡》《断狱》
    - 《开皇律》标志着古代法典体例由繁到简过程的完成，显示了立法技术的进步与成熟
    - 《开皇律》体现了“刑网简要，疏而不失”的特点

隋唐宋法律制度

- 隋朝法律制度
  - 《开皇律》的主要成就
    - 内容
      - 封建制新五刑正式确立
        - （1）《开皇律》把刑罚规定为笞、杖、徒、流、死五刑
        - （2）笞刑从笞十至笞五十，杖刑从杖六十至杖一百，各分五等
        - （3）徒刑从一年至三年五等，各以半年相差
        - （4）流刑从一千里至二千里三等，各以五百里相差
        - （5）死刑为绞、斩两等
        - （6）新五刑体系自此正式确立，并一直沿用至清末
      - 改“重罪十条”为“十恶”
        - （1）《开皇律》在北齐“重罪十条”基础上正式确立了“十恶”罪名
        - （2）“十恶”：一曰谋反，二曰谋大逆，三曰谋叛，四曰恶逆，五曰不道，六曰大不敬，七曰不孝，八曰不睦，九曰不义，十曰内乱
      - 完善“八议”和“官当”制度
        - （1）“八议”是指亲、故、贤、能、功、贵、勤、宾八种人犯罪，须按特别程序认定，并依法减免处罚的制度
        - （2）“官当”是指以官品折抵刑罚，并因所犯公罪、私罪有所区别的制度
        - （3）其结果是使封建特权系统化和法定化，以维护贵族官僚的封建特权
    - 历史影响
      1. 《开皇律》代表了隋朝立法的最高成就
      2. 继承了秦汉以来的历代立法经验，删繁就简，补充完善，为唐朝立法奠定了基础
      3. 《开皇律》的篇目、体例、概念术语及其具体制度变革内容多为唐朝立法继承，成为后世立法的模板

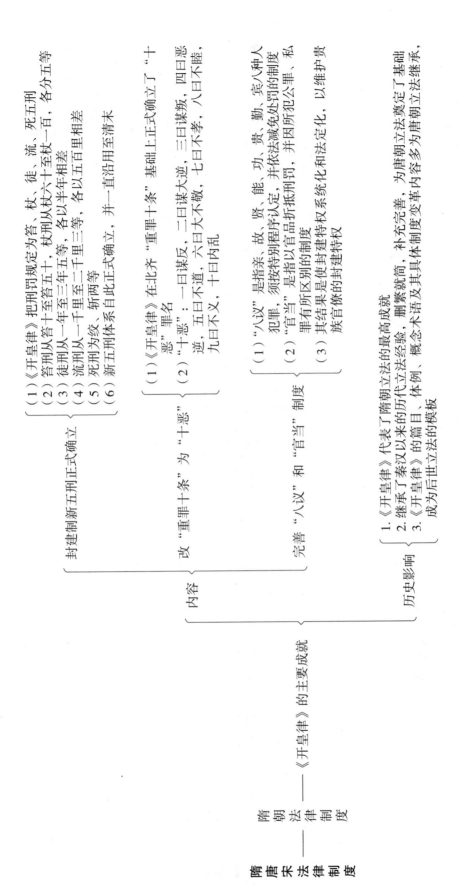

隋唐宋法律制度 —— ★★★唐朝法律制度 —— 立法概况

- 立法指导思想
  - “德本刑用” —— “德礼为政教之本，刑罚为政教之用”，形成了以礼为内容，以法为形式，融礼、法为一体，相互为用的思想。唐律真正实现了礼和法的统一
  - 宽简、稳定、划一
    - 所谓“宽”，是指立法内容做到轻刑省罚
    - 所谓“简”，是指立法形式做到条文简明
    - 同时，强调保持法律的稳定与划一
- 主要法律形式及其相互关系
  - 唐朝法律形式为律、令、格、式四种
  - 1. 律 —— 关于定罪量刑的基本法典，是唐朝的基本法典，如《唐律疏议》
    2. 令 —— 有关国家政权组织体制与行政管理活动等方面的法规，其涉及的范围较为广泛
    3. 格 —— 禁违止邪的官吏守则，带有行政法律的性质，不同于前代格的含义。唐朝时期把皇帝临时颁发的敕令加以汇编，称为“永格”。“永格”具有普遍的法律效力
    4. 式 —— 中央政府内部各机构关于行政管理、行政程序以及具体办事规则的规定，包括国家机关的公文程式和活动细则，具有行政法规性质
  - 相互关系
    1. 令、格、式是从积极方面规定国家机关和官民人等应当遵行的制度、准则和规范
    2. 律则从消极方面规定违反令、格、式以及其他一切犯罪的刑罚制裁，即“一断于律”
- 主要立法 ——《武德律》与《贞观律》
  1. 《武德律》—— 唐高祖武德年间，以《开皇律》为基础，增加53条新格，制成《武德律》。同《开皇律》相比，变化不大。此外，还制有《武德式》
  2. 《贞观律》—— 唐太宗贞观年间，命长孙无忌、房玄龄等人全面修订律令，经过11年的时间，制定《贞观律》，共12篇500条。《贞观律》的修订完成，标志着唐朝基本法典定型化

隋唐宋法律制度

- ★★★唐朝法律制度
  - 立法概况
    - 主要立法
      - 《永徽律疏》
        - 唐高宗命长孙无忌等人撰定律令，制成 12 篇 502 条的《永徽律》。永徽三年，长孙无忌等人又完成律文的疏议工作，作了具有法律效力的解释，并将疏议附于律后，颁行全国，称为《永徽律疏》。《永徽律疏》在元朝以后被称为《唐律疏议》，是现存最早最完整的封建法典，也是中国封建时代最具社会影响力的代表性法典
        - 唐律除《名例》篇外，全部律条连同注、疏议和问答，几乎都围绕着“罪”和“刑”分别加以规定、解释、阐发和答疑
        - 唐律的结构，包容了近代刑法之总则和分则两大部分。首篇《名例》，大致相当于近代刑法的总则篇，而第二篇至第十二篇则相当于近代刑法的分则篇，分别为：《卫禁》《职制》《户婚》《厩库》《擅兴》《贼盗》《斗讼》《诈伪》《杂律》《捕亡》《断狱》
          - 各篇规定的内容为：《卫禁》主要规定对皇帝、宫殿、太庙、陵墓等的警卫，及关津要塞和边防的保卫；《职制》主要涉及职官及其职责、程序、公文递送等方面的职务犯罪和一些非职务犯罪；《户婚》主要规定户口、家庭、婚姻、赋役、土地管理等方面的犯罪内容；《厩库》主要规定马牛的供养使用以及兵甲、财帛、仓库的保护；《擅兴》主要是关于军队的征调指挥、行军出征、军需供给和工程兴造方面的法律；《贼盗》主要规定谋反、谋大逆、恶逆等十恶方面的犯罪和杀人、强盗、窃盗等重大刑事犯罪及相应的刑事责任；《斗讼》主要规定斗殴犯罪和告讼犯罪；《诈伪》是关于惩治诈欺和伪造的法律；《杂律》的内容涉及面较宽，为不便于列入其他篇目的犯罪规定，在唐律中主要起到拾遗补缺的作用，主要规定市场管理、债权债务、犯奸失火以及其他一些轻微危害社会秩序和经济关系的犯罪和处罚；《捕亡》是关于追捕逃犯、逃丁、逃兵和逃奴婢的法律；《断狱》是关于审讯、判决、执行和监狱管理方面的法律
      - 《开元律》
        - 唐玄宗开元年间修订《永徽律疏》后颁行天下，称为《开元律》

隋唐宋法律制度

★★★唐朝法律制度

立法概况

- 主要立法
  - 《唐六典》
    1. 《唐六典》是玄宗开元年间修订的系统规定唐朝官制的政书，是中国历史上第一部较为系统的行政法典，影响了后世的《大明会典》和《大清会典》
    2. 《唐六典》修订的原则是“以礼统典”，以《周礼》为指导和模式，实行“官领其属，事归于职”的方法，将内容分为治职、教职、礼职、政职、刑职和事职六部分，共 30 卷。内容涉及唐朝三省六部，以及各寺、监等封建国家机关的设置、奖惩、俸禄、休致、执掌等规定
    3. 有关的历史沿革，分别作注附于正文之下
  - 《大中刑律统类》
    1. 唐宣宗大中年间将《唐律》按性质分为 121 门，并将“条件相类”的令、格、式及敕附于律条之后，即“以刑律分类为门，附以格敕”，共 1 250 条，称为《大中刑律统类》
    2. 形成“刑统”这种新的法典编纂形式，对宋朝产生了重要影响（《宋刑统》就使用了这种法典编纂形式）
- 唐律的特点与历史地位 —— 特点
  1. 礼法合一
  2. 科条简要、繁简适中
  3. 用刑持平
  4. 语言精练明确，立法技术高

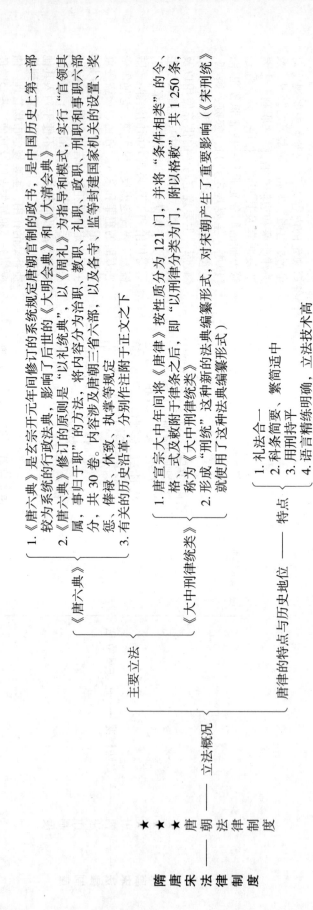

隋唐宋法律制度 —— ★★★唐朝法律制度 —— 立法概况 —— 唐律的特点与历史地位 —— 历史地位

- 1. 唐律对中国封建法律的影响
  - 唐律作为中国封建制法律的高峰，取得了重大成就
  - 唐律是到目前为止保存下来最早、最完整的封建法典，是中国封建法典的楷模，在中国法制史上具有继往开来、承前启后的重要地位
  - 唐律承袭秦汉的立法成果，吸取汉晋律学的成就，表现出高度的成熟性
  - 唐律具有封建法典的典型性、代表性，对宋、元、明、清的法律产生了深刻影响
- 2. 唐律对东亚各国的影响 —— 唐律作为中华法系的典型代表，其影响力远远超越国界，对亚洲特别是东亚各国产生了重大影响。如朝鲜高丽王朝十世纪初颁行的《高丽律》，其篇章和内容皆取法于唐律，《高丽史·刑法志》载："高丽一代之制，大抵皆仿乎唐。至于刑法，亦采唐律，参酌时宜而用之。"日本八世纪初制定的《大宝律令》和《养老律令》也以唐律为蓝本，正如日本学者所言："我国《大宝律》大体上是采用《唐律》，只不过再考虑我国国情稍加斟酌而已。"越南李朝太尊时期的《刑书》（1042 年）和陈朝颁布的《国朝刑律》（1230 年），其原则、内容也大都参用唐律。可见，唐律在世界法制史上亦占有重要地位

隋唐宋法律制度

★★★唐朝法律制度

刑事立法

★★★定罪量刑的原则

1. 区分公罪与私罪
   - （1）“缘公事致罪，而无私曲者”为“公罪”，处刑从轻
   - （2）“不缘公事，私自犯者”，或“虽缘公事，意涉阿曲”为“私罪”，处刑从重
2. 关于共同犯罪与合并论罪
   - （1）“共犯罪”，即二人以上共同犯罪
   - （2）对共犯罪区分首犯与从犯，即“以造意为首，随从者减一等”，所谓“造意”，是指“倡首先言”的行为
   - （3）在家庭成员共同犯罪中，以家长为首犯；在职官共同犯罪中，以长官为首犯。体现家族主义对刑法的影响，浸透了礼教及宗法观念
   - （4）首犯从重处刑，从犯减轻刑罚
   - （5）合并论罪从重
3. 自首减免刑罚与类推原则
   - （1）“自首原罪”——“诸犯罪未发而自首者，原其罪。”即自首者不追究其刑事责任，但要求赃物如数偿还。对于自首不尽或不实者，则按“不实”或“不尽”之罪处刑。严格区分自首和自新的界限，并规定了不同的处罚标准
   - （2）谋反等重罪，以及诸如伤害，强奸，损坏官文书、官印等后果无法挽回的犯罪，都不能适用“自首原罪”原则
   - （3）类推原则——“诸断罪而无正条，其应出罪者，则举重以明轻；其应入罪者，则举轻以明重。”也就是指对法无明文规定的犯罪，凡应减轻处罚的，则列举重罚处刑的规定，比照从轻处断；凡应加重处刑的犯罪，则列举轻罚处刑的规定，比照从重处断
4. 老幼废疾者减刑原则
   - （1）70岁以上、15岁以下以及废疾者，犯流罪以下，收赎
   - （2）80岁以上、10岁以下以及笃疾者，犯反逆、杀人罪应处死刑的，上请；盗窃及伤人者，收赎；其余犯罪皆不论
   - （3）90岁以上、7岁以下虽犯死罪，不加刑
5. 累犯加重原则——“诸盗经断后，仍更行盗，前后三犯徒者，流二千里；三犯流者绞”
6. 特权原则——贵族官员的议、请、减、赎、当等特权
   - （1）议——即“八议”，对八种特权人物犯罪实行优待的法律规定。唐律明确记载：“诸八议者，犯死罪，皆条所坐及应议之状，先奏请议，议定，奏裁；流罪以下，减一等。”但是“犯十恶者，不用此律”
   - （2）请——请的规格低于议，指皇太子妃大功以上亲，八议者期亲以上亲属和五品以上官员，犯死罪者上请皇帝裁决；犯流罪以下，例减一等
   - （3）减——减的对象是七品以上官员，上请者之祖父母、父母、兄弟、姊妹、妻、子孙等。犯流罪以下，例减一等
   - （4）赎——赎的范围为：“诸应议、请、减及九品以上之官，若官品得减者之祖父母、父母、妻、子孙，犯流罪以下，听赎。”但对被判处加役流等重刑者不适用
   - （5）当——指以官品抵罪，特指抵当徒罪。一般公罪比私罪加当徒刑一年

隋唐宋法律制度 —— ★★★唐朝法律制度 —— 刑事立法

- ★★★定罪量刑的原则
  - 7. 化外人处罚原则 —— “诸化外人同类相犯者，各依本俗法；异类相犯者，以法律论”
  - 8. 同居相隐不为罪 —— 凡同财共居者，以及大功以上亲属、外祖父、外孙、孙媳妇、夫之兄弟及兄弟妻，皆可相互容隐犯罪；部曲、奴婢为主人隐罪（但主人不为其隐）
  - 9. 良贱相犯依身份论处 —— 以良犯贱依法可减轻，或不予处刑；以贱犯良则较常人加重处刑。奴婢的法律地位极其低下，“奴婢贱人，律比畜产”
  - 10. 疑罪各依所犯以赎论 —— “诸疑罪，各依所犯，以赎论。即疑狱，法官执见不同者，得为异议，议不得过三。”即案件“事有疑似处断难明”的，审理时应依所疑之罪，令其依法收赎。法官对于疑罪可以各持己见，展开异议，但不得超过三次
- 五刑制度
  - 1. 死刑 —— 分为绞与斩两等，较前代轻缓了很多
  - 2. 流刑 —— 在隋制基础上里程各提高一千里，形成流二千里、二千五百里和三千里三等。另外规定了加役流，除流三千里外，还要劳役三年，用以代替某些较为严重的死刑
  - 3. 徒刑 —— 五等：徒一年、一年半、二年、二年半和三年
  - 4. 杖刑 —— 五等：杖六十、七十、八十、九十和一百
  - 5. 笞刑 —— 五等：笞十、二十、三十、四十和五十
  - 五刑共二十等。两等死刑、三等流刑在递减量刑时都作一等计算

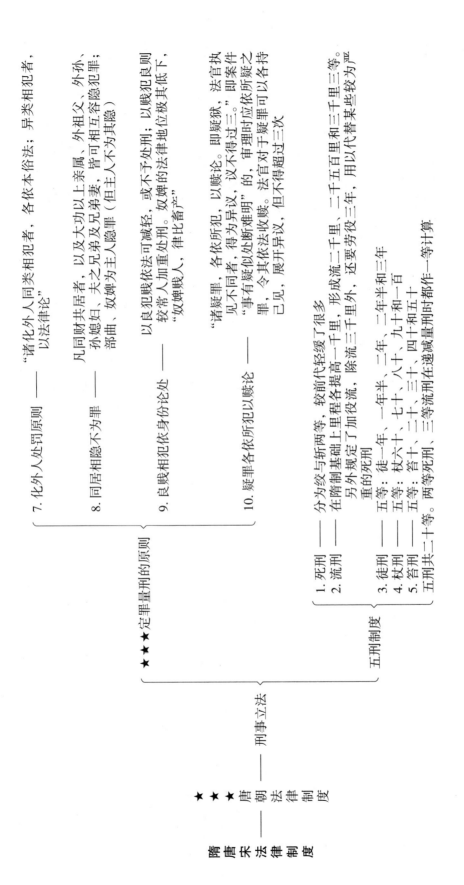

隋唐宋法律制度

★★★唐朝法律制度

刑事立法——主要罪名

- ★“十恶”
  - “十恶”是指直接危及君主专制统治秩序以及严重破坏封建伦常关系的重大犯罪行为。在《北齐律》“重罪十条”基础上，隋朝《开皇律》正式确立“十恶”制度，唐律沿袭之。犯“十恶”者，“为常赦所不原”
  - “十恶”的具体内容
    1. 谋反，即图谋反对皇帝，推翻封建君主政权
    2. 谋大逆，即图谋毁坏宗庙、陵寝及宫阙
    3. 谋叛，即图谋背叛朝廷，投奔外国
    4. 恶逆，即殴打或谋杀祖父母、父母、伯叔父母等尊长
    5. 不道，即杀一家非死罪三人和肢解人
    6. 大不敬，即盗大祀神御之物，盗窃、伪造御宝，指斥乘舆，情理切害，以及对捍制使，无人臣之礼等方面的犯罪
    7. 不孝，即告发或咒骂祖父母、父母，祖父母、父母在世而别籍异财者等
    8. 不睦，即谋杀或卖缌麻以上亲，殴打或告发丈夫及大功以上尊长等
    9. 不义，即闻夫丧匿不举哀、作乐、释服从吉、改嫁，以及杀本属府主、刺史、县令、现授业师等方面的犯罪
    10. 内乱，即奸小功以上亲或父、祖妾
- ★“六杀”
  - “谋杀”指预谋杀人。一般减故杀罪数等处罚，但奴婢谋杀主人、子孙谋杀尊长则处以死刑，体现了维护封建礼教的原则。预谋杀人，指尚未实施杀人行为
  - “故杀”指事先虽然没有预谋，但是情急杀人时已经有杀人的意念。一般处以斩刑
  - “斗杀”指在斗殴中出于激愤而失手将人杀死。一般减故杀罪一等处罚
  - “误杀”指由于种种原因错置了杀人对象。一般减故杀罪一等处罚
  - “过失杀”指“耳目所不及，思虑所不至”而杀人，即出于过失杀人。一般“以赎论”
  - “戏杀”指“以力共戏”而导致杀人。一般减斗杀罪二等处罚

隋唐宋法律制度 —— ★★★唐朝法律制度 —— 刑事立法

- 主要罪名 —— “六赃”
  - 受财枉法罪 —— 指“受有事人财而为曲法处断”，即收受当事人贿赂而利用职权曲法枉断，为其牟取不正当利益，或为其开脱罪责
  - 受财不枉法罪 —— 指“虽受有事人财，判断不为曲法”的行为
  - 受所监临财物罪 —— 指“监临之官不因公事而受监临内财物”的行为，一般是主管官员私下接受所监管的吏民的财物
  - 强盗罪 —— 指“以威若力而取其财”，即以暴力或暴力威胁而取他人财物，不论“先强后盗”，还是“先盗后强”，“俱为强盗”
  - 窃盗罪 —— 指“潜形隐面而取”，即秘密占有不属于自己的官私财物
  - 坐赃罪 —— 指监临主司以外的其他官员“因事受财”构成的犯罪
  - 上述各罪中，强盗与窃盗的犯罪主体为一般主体，其他罪的主体是国家各级官吏
  - ★六赃的处罚原则
    1. 以赃值定量刑标准
    2. 受刑之外，犯罪人还必须退还赃款赃物
    3. 官吏犯赃，还要“官除名，吏罢役”
- 保辜制度★
  - 保辜制度——要求违法犯罪行为人，在法定的期限内积极救助被害人，在保证被害人不出现更为严重的社会后果的同时，违法犯罪行为人也可以承担比较轻的犯罪责任
  - 保辜的期限根据伤害的方式和程度而定，限内被害人死亡的，以杀人罪论处；在限外死亡或虽在限内而以他故死者，以伤害罪论处
  - 保辜制度力求准确地认定加害人的法律责任，使之罪刑相应；同时要求行为人在法定的期限内积极对被害人施救，以减轻自身的法律责任，这对减轻犯罪后果，缓和社会矛盾起到了良好作用

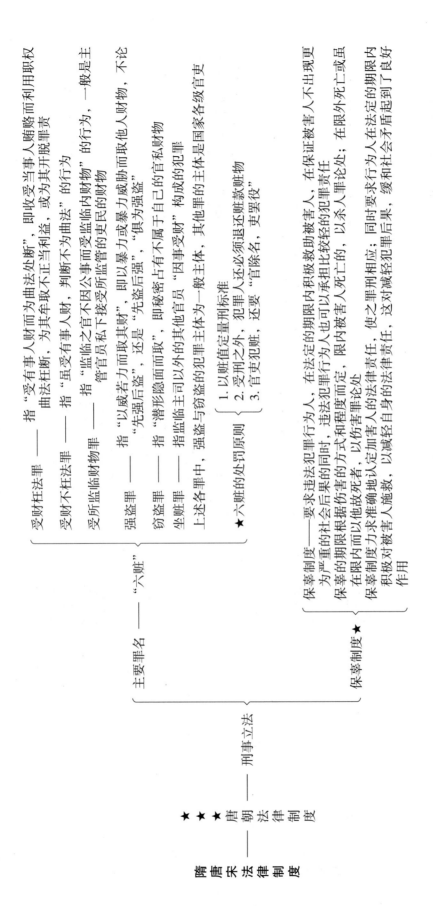

隋唐宋法律制度 —— ★★★唐朝法律制度 —— 民事立法

- 民事行为能力
  - 关于民事行为能力，唐朝既没有明确的概念，也没有统一的年龄规定，大体上与法律所确定的丁年，即为国家服徭役和交纳赋税的法定年龄相当
  - 据《唐六典·户部》规定："凡男女始生为黄，四岁为小，十六为中，二十有一为丁，六十为老"
- 所有权
  1. 唐朝推行均田制，法律严格保护根据均田制而取得的土地所有权
  2. 严禁占田过限，严格控制口分田的买卖
  3. 严禁盗耕种公私田等行为。盗耕种公私田、妄认和盗买盗卖公私田、在官侵夺公私田等侵犯土地所有权的行为，法律予以严惩
  4. 对其他动产所有权的保护，法律也规定得相当详细
  5. 关于遗失物、宿藏物、漂流物、山林矿山的所有权归属都有明确的规定
  6. 唐朝规定：严禁侵吞宿藏物（即埋藏物）；保护失主所有权；惩治损毁公私物等行为
- 契约
  1. 买卖契约 —— 唐律规定，土地买卖一般属于禁止性行为，但符合法定条件者，不在禁限。而土地交易，"皆须经所部官司申牒"，否则"财没不追，地还本主"。此外，买卖奴婢、牛、马、驼、骡、驴等，必须签订契约，并经官府部门"公验""无私契之文，不准私券之限"
  2. 借贷契约
     - （1）"出举"指计利息的借贷；"负债"指不计利息的借贷
     - （2）"借"一般指使用借贷；"贷"一般指消费借贷
  3. 唐朝立法注意保护债务人的合法权益，禁止私人高利贷
  4. 唐后期的立法中，进一步降低法定利率，并对违法取利者加重处罚
  5. 唐律对损害赔偿所生契约，采取严格限制的原则
  6. 唐朝出现了买卖、租赁、雇佣、借贷、寄托、承揽等各种形式的契约。"官有政法，人从私契"，契约关系主要依靠民间习惯调整

隋唐宋法律制度 —— ★★★唐朝法律制度 —— 民事立法 —— 婚姻、家庭与继承 —— 婚姻制度

1. 关于婚姻成立

（1）确认尊长对卑幼的主婚权，“诸嫁娶违律，祖父母、父母主婚者，独坐主婚”。即使卑幼在外地，已自行订婚，只要尚未结婚，也必须服从尊长安排。如违反尊长意志者，依律“杖一百”

（2）婚书、聘财为婚姻成立的要件，“诸许嫁女，已报婚书及有私约而辄悔者，杖六十”。或者“虽无许婚之书”，但女家已接受男家的聘财，亦不得悔婚，否则同样处杖刑六十。又规定男家自悔者，不坐

（3）对婚姻缔结有诸多限制，规定同姓不婚；非同姓但有血缘关系的尊卑间不得为婚，违者“以奸论”；严禁与逃亡女子为婚；监临官不得娶监临之女为妻妾；良贱之间不得为婚

2. 关于婚姻解除

（1）唐律规定以“七出”、“三不去”和“义绝”为婚姻解除要件

（2）规定法定离婚理由为“七出”—— 不顺父母、无子、淫、妒、恶疾、多言、盗窃

（3）丈夫不能休妻的情况有“三不去”—— 有所取无所归、与更三年丧、前贫贱后富贵

（4）“义绝”为强制离婚的条件，所谓“义绝”是指夫妻情义已绝。犯“义绝”者，必须强制离婚

（5）“和离”——“若夫妻不相安谐而和离者，不坐”。也就是指如果夫妻在感情上不相投合，双方愿意离婚，法律不予惩处

（6）以无子休妻者，必须是妻年 50 以上；妻若犯恶疾及奸罪者，虽有“三不去”之理由，仍可休之；妻无“七出”之状而休弃者，丈夫徒一年半；妻有“三不去”之由而休弃者，丈夫杖一百

隋唐宋法律制度——★★★唐朝法律制度——民事立法——婚姻、家庭与继承

- 家庭制度
  1. 注重维护封建家长的统治地位与支配权力。《唐律疏议·户婚律》规定："凡是同居之内，必有尊长"，家长成为家庭的代表，子孙必须无条件服从家长的权威，否则就是"不孝"，就要受到严厉制裁
  2. 财产由家长统一支配，子孙不得私有财产。《唐律疏议·户婚律》规定："诸祖父母、父母在，而子孙别籍异财者，徒三年"
  3. 子孙私自动用家庭财物，处以笞十至杖一百的刑罚。子孙"违犯教令"及"供养有缺"者，徒二年。自主婚姻者，也要受罚
- 继承制度
  1. 唐朝的继承分为宗祧继承和财产继承，前者是对祖宗血脉的延续，采取嫡长子继承的方式
  2. 据《唐律疏议·户婚律》规定："诸立嫡违法者，徒一年"
  3. 若无子孙者，"听养同宗于昭穆合者"，即在同宗子辈中收纳养子
  4. 财产继承实行诸子均分制，兄弟中先亡者，其子继父分，即代位继承。但生前立有遗嘱者，则不按法定顺序继承，采用遗嘱优先的原则
  5. 一般情况下，女子出嫁后，不享有本家财产的继承权，但在室女可分得相当于未婚兄弟聘财的一半之财，作为自己的嫁妆费用。在户绝之家，女儿的继承权很大

  注意：中国传统意义上的继承与近代西方法律上的继承有显著的不同
  - 第一，所谓"继承"主要是身份上的或人身的继承，财产的继承只是附带性的
  - 第二，继承是有一定指向的，只有长辈向晚辈的传递或晚辈对长辈的承受才能称为"继承"，反之则不能称为继承

隋唐宋法律制度 —— ★★★唐朝法律制度 —— 行政立法

- 三省六部制
  - 三省，指中书省、门下省与尚书省。三省的长官集体出任宰相
    - （1）中书省传承皇帝的命令，草拟诏书
    - （2）经门下省审核驳正后，交皇帝批准
    - （3）尚书省接收皇帝的命令，负责执行具体工作
  - 六部，指尚书省下分六部，即吏、户、礼、兵、刑、工六个中央行政部门
    - （1）吏部负责职官的任命、考课、管理等
    - （2）户部负责户籍与财政收入管理等
    - （3）礼部负责祭祀、礼仪、教育、科举等
    - （4）兵部掌六品以下武官的选授、考课、武举、军事行政等
    - （5）刑部负责对大理寺审理案件的复核及京师百官的案件会审
    - （6）工部掌土木、水利工程及农、林、牧（军马除外）、渔业，负责各项工程与堂、馆的营建和修缮工作
  - 三省六部制的确立和完善，表明唐朝封建行政体制走向成熟化与定型化
- 御史台
  - 1. 中央仍设御史台，以御史大夫为长官，御史中丞二人为副，“掌持邦国刑宪典章，以肃正朝廷”
  - 2. 御史台下设三院，分别是台院、殿院、察院
    - （1）台院的长官为侍御史，地位较高，其职掌纠察百官，弹劾违法失职者，并负责或参与皇帝交审的案件
    - （2）殿院的长官为殿中侍御史，掌纠察朝仪和其他朝会，也参与案件审理
    - （3）察院的长官为监察御史，品级较低，但职掌广泛，主要是监察地方官吏
  - 3. 御史对官吏的行政失职、渎职、玩忽职守等行为，凡属职权之内的，可以当即处置；处置不了的封疆大吏，则直报皇帝请求处理
  - 4. 玄宗时令监察御史六人分别对尚书省六部实行监察，称“大察官”。明朝“六科给事中”即源于此

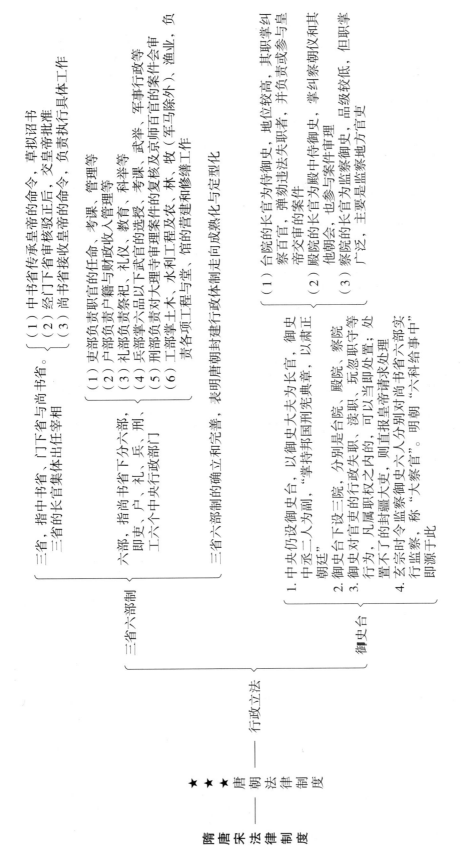

隋唐宋法律制度

★★★唐朝法律制度 —— 行政立法 —— 官吏管理

科举制度

1. 唐朝官吏的主要来源有两种：科举和门荫。科举是官吏来源的正途
2. 各级官学的学生，经考试合格者，称为生徒；地方州县的贡生，经州县考试合格者，称为乡贡。生徒和乡贡可以参加科举考试
3. 科举考试的科目有秀才、明经、进士、明法、明字、明算等诸科
4. 文科之外，还有武举，可通过考试成为武官
5. 科举考试中第者即取得做官的身份，但还不是官

任用制度

1. 通过吏部的考试，才得正式任命为官，称为“释褐”
2. 吏部择人之法有四：身、言、书、判
3. 武官的任命考试，则由兵部主持

考课制度

1. “考课”，是指对官吏在任期间的行为与政绩的考察
2. 一切官吏无论高低，每年都有一小考，由本司或州县长官主持；每四年一大考，四品以下官皆由吏部考功司负责，三品以上官则由皇帝亲自考核
3. 考课的方法是根据《考课令》所规定的“四善二十七最”进行
   - （1）“四善”：德义有闻，清慎明著，公平可称，恪勤匪懈
   - （2）“二十七最”。根据不同的部门职掌、不同的业务性质，分别提出的 27 条具体专业要求
4. 综合被考课者的善、最，定上、中、下三等九级
5. 小考优者，赏之以加禄，劣者罚以夺禄；大考优者，赏以晋升，劣者罚以降职，甚劣者免官或依律惩治

隋唐宋法律制度 —— ★★★唐朝法律制度

- 行政立法 —— 官吏管理
  - 监督制度
    1. 御史台是专门的、独立于一切机构之外的监察机关
    2. 御史大夫为长官，“掌邦国刑宪典章之政令，以肃正朝列”。御史台下设台院、殿院、察院，各有分工，相互配合，有权弹劾百官，参决大狱，监督府库支出，及出使分察地方州县
    3. 唐朝监察官吏的职能，既包括考察官吏的品德、操守和政绩，监督地方官员和豪强的行为，还有发现人才、选拔人才的使命
    4. 唐朝的监督制度还有谏议制度，设立左右谏议大夫、左右拾遗、左右补阙等谏官，对国家政策、法令的执行情况，以及最高统治者执行政务的情况进行监督、批评，甚至可直接对皇帝本人进行规谏
  - 致仕制度
    1. 退休（致仕）年龄 —— 70 岁 。注意：明朝是 60 岁退休
    2. 五品以上上表，六品以下申省奏闻
    3. 退休以后，五品以上官，仍给半禄；其他官也有永业田可以养老。若过 70 岁仍不主动申请致仕，则将为时议所讥
- 经济立法 —— 土地立法
  - 均田法施行，唐朝形成国家所有和私人所有两种土地所有制形式。国有土地主要有口分田、职分田和公廨田，私有土地主要有永业田和部分宅地
    - ①口分田 —— 口分田为国家所有，不准买卖，违者一亩笞十，二十亩加一等，罪止杖一百，并追回土地归还本主
    - ②永业田 —— 永业田为个人所有，可以继承，在一定条件下能够买卖
    - ③职分田 —— 为官吏提供俸禄的用地，严禁私自买卖
    - ④公廨田 —— 为各级国家机关提供办公经费的用地，也严禁私自买卖
  - “占田过限”为唐律所禁止，最重可处徒一年。但人少地多的宽闲之处除外，目的是鼓励开垦荒地。不过“仍须申牒立案”，防止隐瞒不报者脱逃赋税

隋唐宋法律制度 —— ★★★唐朝法律制度 —— 经济立法 —— 赋役立法

- 唐朝前期实行租庸调法
  - ①租是田赋
  - ②调随乡土所产，蚕乡每丁每年纳绫或绢二丈，绵三两，非蚕乡纳布二丈五尺，麻三斤
  - ③庸是按人丁摊派的徭役，每丁每年服役二十天，逢闰月加二日，不服役者可“输庸代役”
  - ④国家有事加役，可视加役时间减免租调
  - ⑤均田制与租庸调制相互依存，唐中期以后，均田制破坏殆尽，租庸调法也难以实施
- 唐德宗采纳宰相杨炎的建议，实行两税法
  - ①两税法的基本原则是量出制入，即以大历十四年（779 年）之垦田数为准，总计当时各种开支总数以定两税总数
  - ②按每户的土地面积征收地税，按财产的多寡确定的户等征收户税，每年分夏秋两季征收
  - ③过去的租庸调以及杂税一律废除，所有主户客户，不论定居行商，均须纳税，税额由资产和田亩数确定
  - ④两税法的影响：增加了国家赋税收入，削弱了大户的特权，将当时的各种捐税加以合并，简化了税制，以现居为定籍的办法，既有利于户籍整理，也有利于社会的安定

隋唐宋法律制度 —— ★★★唐朝法律制度 —— 经济立法 —— 盐茶酒专卖制度

1. 盐业专卖制度
   - （1）唐肃宗至德元年实行盐的专卖，即民产、官收、官运、官销
   - （2）之后又改革榷盐法，实行民制、官收、商运、商销
   - （3）在全国主要产盐地设四场、十监，负责盐的生产和统购
   - （4）商人可向官府场监批发官盐，向沿江河诸道交纳榷盐钱后，可以自由运销各地
   - （5）为防止偏远地区盐商牟取暴利，设“常平盐”，即以必要的官运官销控制盐价
   - （6）严禁私盐运销，设置十三巡院厉行缉私

2. 茶业专卖制度
   - （1）唐德宗时期开始设置茶税并加以征收
   - （2）在产茶州县山林以及茶叶贩运要道设关卡征茶税，税率为茶价的 1/10
   - （3）国家严禁私茶贩运，罪重至死

3. 酒业专卖制度
   - （1）隋和唐初放任酿酒，不予干预
   - （2）安史之乱中开始实行榷酤制度，此后或禁或驰，多有反复
   - （3）禁榷之时，为保证酒利，政府严刑处罚私酿私卖酒者，违者没其家产，而且往往实行责任上的株连，“一人违犯，连累数家”

隋唐宋法律制度

★★★唐朝法律制度

经济立法——对外贸易制度

1. 互市制度

（1）唐朝法律对陆上贸易限制相当严格，只允许在官府监督下的互市，即在边境定点设置若干互市监，监控中外商人以物易物的互市贸易，而禁止其他形式的贸易，违规私自出境进行贸易者，徒二年

（2）国境多置关塞，严禁化内人绕道关卡，越度交易，亦禁止外商私自入境，违者同等治罪

（3）政府往来之使者，均不得顺带进行贸易，违者“各计赃准盗论，罪止流三千里”

2. 市舶制度

（1）在海路通商城市划定特定区域，名为“蕃坊”，供外来商人居住和营业

（2）创建市舶制度，贞观十七年（643 年）诏令，对外国商船贩至中国的龙香、沉香、丁香、白豆蔻四种货物，政府抽取十分之一的实物税，这是中国历史上第一项外贸征税法令

（3）武则天统治时期，在广州设置市舶使，是为国家首置外贸专职官署

（4）唐朝法定的市舶税有三种：一是“舶脚”，即船舶入口税；二是“抽分”，即抽取上述龙香等四宗货物的 1/10 税，上贡朝廷，故又称“进奉”；三是“收市”，即蕃货在市场上与中国商人贸易时征收的市税

司法制度

中央司法机关

1. 唐朝中央设置大理寺、刑部、御史台三大司法机构
2. 大理寺以正卿和少卿为正副长官，下设正、丞、司直等，职掌中央司法审判权，审理中央百官与京师徒刑以上案件，对刑部移送的地方死刑案件有重审权；对徒、流重罪的判决，须送刑部复核；死刑案件须奏请皇帝批准
3. 刑部是中央司法行政机关，其正副长官为尚书和侍郎，职掌案件复核权，即负责复核大理寺判决的徒、流刑案件，以及州县判决的徒刑以上案件。在审核中如有可疑，可驳令原机关重审，也可直接改判；死刑案件移交大理寺重审
4. 御史台作为监察机关，也是中央法律监督机构，其正副长官为御史大夫和御史中丞。御史台掌纠察弹劾百官违法之事，同时负责监督大理寺和刑部的司法审判活动，也参与对重大案件的审判

三司推事制度

1. 唐朝在中央或地方发生重大疑难案件时，皇帝特诏大理寺、刑部、御史台的长官会同审理，称“三司推事”。必要时皇帝还命令刑部会同中书、门下二省集议，以示慎重
2. 次要的案件或地方上的大案不便解送京城，则派遣大理寺评事、刑部员外郎、监察御史组成“三司使”，前往审理

隋唐宋法律制度 —— ★★★唐朝法律制度 —— 司法制度

- 告诉的限制
  - 限制越级告诉 —— 告诉有严格的程序规定，须先向县级控告，再由县而州，由州至中央。一般禁止越诉，对越级告诉和受理者，处以笞刑
  - 直诉的限制 —— 凡冤无处申诉者，可以通过“邀车驾”、击“登闻鼓”等形式向皇帝告诉，但由此而冲撞皇帝仪仗和控告不实者，都要受到处罚
  - 其他限制 —— 除谋反、谋大逆、谋叛等罪外，卑幼不得控告尊长；卑贱不得控告尊贵；在押犯人只准告狱官虐待事；八十岁以上、十岁以下以及笃疾者只准告子孙不孝或同居之内受人侵害事；禁止投匿名信控告。提起诉讼时，告诉人应向官府提交“辞牒”，即诉状，要求“诸告人罪皆须注明年月，指陈实事，不得称疑”
- 司法官审判回避制度 —— “鞫狱官与被鞫人有亲属仇嫌者，皆听更之”。唐朝规定了司法官的审判回避制度，即“换推制”
- 死刑复奏制度
  - （1）死刑三复奏 —— 死囚执行前一日复奏两次，执行当日仍可复奏一次
  - （2）死刑五复奏 —— 唐太宗改为“五复奏”，即决前一天两复奏，决日三复奏。各州死刑案件仍行三复奏，而犯有恶逆以上罪者，以及身为贱民的部曲、奴婢犯杀主人罪者，则一复奏后，就可执行死刑
  - （3）另外，死刑的执行，在时间上也有一定的限制。唐律规定：每年的立春以后、秋分以前，不得奏决死刑；在每月的朔、望日，上下弦，二十四节气等，均不得奏决死刑。但谋反、谋大逆、谋叛等重大犯罪，不受此限
- 法官责任制度
  - （1）首先要求法官必须严格依据律、令、格、式正文定罪。《唐律疏议·断狱》明确规定：“诸断罪皆须具引律令格式正文，违者笞三十”
  - （2）对于皇帝针对一时一事所发布的敕令，如果没有经过立法程序上升为普遍法律的“永格”者，不得引用以为“后比”。如果任意引用而致断罪有出入者，属故意，以故意出入人罪论处；属过失，以过失出入人罪论处
- 同职连署制度
  - 要求有关官员共同审案判决，共同承担错判的责任，以利于互相监督，避免错判
  - 大理寺卿、少卿、丞、府、史等均在同职连署范围内。若因公错判案件，承办人承担主要责任，其他人则逐级降等处罚；因私错判，其他人也有失察之责

隋唐宋法律制度

宋朝法律制度

立法概况

- 法律形式 —— 律、令、格、式、敕、例并行
- 《宋刑统》的制定
  - 1.《宋刑统》，即宋太祖制定颁布的《宋建隆重详定刑统》，共 12 篇 502 条，“模印颁行”天下，成为中国历史上第一部刊版印行的封建法典
  - 2.《宋刑统》在内容上沿袭《唐律疏议》，在 12 篇律下分 213 门，律后附有唐中期以后至宋初的敕文
  - 3.《宋刑统》在体例上取法于唐末五代的《大中刑律统类》和《大周刑统》，成为一部综合性的封建成文法典
  - 4. 宋朝后期法律形式和内容虽有变化，但《宋刑统》作为国家基本法典，“终宋之世，用之不改”
- 编敕活动
  - 1. 敕是皇帝对特定的人和事或特定的区域所颁发的诏令，为一时之权制，不具有普遍的法律效力。但把众多的散敕整理后加以分类汇编，经皇帝批准颁行后，便具有普遍的法律效力，即所谓编敕
  - 2. 编敕是宋朝最重要的、经常的立法活动
  - 3. 宋朝主要编敕
    - （1）宋太祖颁行《建隆新编敕》
    - （2）宋太宗时的《太平兴国编敕》
    - （3）宋真宗时的《咸平编敕》
    - （4）宋神宗变法提高了敕的地位，地位超过其他法律
  - 4. 律、敕并行，既保持了法律的稳定性，又发挥了法律的灵活性。但由于编敕的地位高于《宋刑统》，造成以敕代律，导致法令不一、相互矛盾
- 编例活动
  - 1. 编例活动始于北宋中期，盛于南宋
  - 2. 例的三种形式
    - （1）“条例”，即皇帝发布的特旨
    - （2）“断例”，即审判案件的成例
    - （3）“指挥”，即中央官署对下级官署下达的命令
  - 3. 宋朝颁布的例
    - 神宗时首颁《熙宁法寺断例》
    - 哲宗时有《元符刑名断例》
    - 高宗时有《绍兴刑名断例》
- 条法事类的编定
  - 1.《淳熙条法事类》—— 南宋孝宗时，把相关敕、令、格、式等分门别类加以汇编
  - 2.《庆元条法事类》—— 宋宁宗时编订
  - 3. “条法事类”的出现是宋朝法典编纂体例上的又一创新

隋唐宋法律制度 —— 宋朝法律制度 —— 刑事立法

- 刑罚制度
  - 1. 折杖法 —— 宋太祖建隆四年（963 年）创立折杖法
    - （1）把笞刑、杖刑折为臀杖
    - （2）徒刑折为脊杖，杖后释放
    - （3）流刑折为脊杖，并于本地配役一年
    - （4）加役流，脊杖后就地配役三年
    - （5）但死刑及反逆、强盗等重罪不适用此法
    - （6）徽宗时又对徒以下罪的折杖刑数重作调整。实行笞、杖、徒、流刑的折杖法，是宋初慎刑思想在刑罚制度上的体现
  - 2. 刺配刑 —— 宋太祖时期规定了刺配刑
    - （1）“既杖其脊，又配其人，而且刺面，是一人之身，一事之犯而兼受三刑”
    - （2）后形成滥刑之制，即复活肉刑
  - 3. 凌迟刑 —— 也作陵迟，俗称“千刀万剐”，以利刃残害犯人肢体，缓慢致其死命的残酷刑罚
    - （1）凌迟刑，首用于五代时期，但属于法外刑，至宋朝确立为法定刑，被广泛使用
    - （2）宋仁宗时在法定绞、斩死刑外，增施凌迟刑，用以惩治荆湖之地以妖术杀人祭鬼的犯罪
    - （3）宋宁宗颁《庆元条法事类》时，凌迟刑成为法定刑，与绞刑、斩刑并用
- 重法地法
  - 1. 重法地法，是指对某些特定地区的特定犯罪判处重刑的法律制度，该特定地区称“重法地”
  - 2. 宋仁宗于常法之外首立《窝藏重法》，严惩贼盗犯罪的窝藏之家，清除贼盗犯罪的社会基础
  - 3. 英宗继位后，除继承《窝藏重法》外，又另外制定了重法，以反逆罪惩治盗贼
  - 4. 神宗熙宁四年（1071 年）颁行《重法地法》，又称《盗贼重法》，进一步扩大重法的适用地区。重法地制度于哲宗元符三年（1100 年）被废除

隋唐宋法律制度 —— 宋朝法律制度 —— 民事立法 —— 契约制度

- 1. 太祖规定红契制度和税契制度 —— 即用官府加盖红印的契据确认土地所有权，以收取契约税的形式保护土地交易的合法性
- 2. 宋朝所有权已有动产所有权（物主权）与不动产所有权（业主权）之分
- 3.《宋刑统》对动产中的宿藏物、阑遗物（遗失物）、漂流物、无主物、生产蕃息等所有权都作了明确的规定
- 4. 典当称为“活卖”，买卖则称为“绝卖”“永卖”“断卖”等 —— 不动产买卖契约的成立要件
  - （1）“先问亲邻”，即业主欲出卖不动产时，须先询问房亲和邻人有无购买意愿。房亲和邻人对不动产有优先购买权
  - （2）“输钱印契”，即不动产买卖必须缴纳契税（输钱），并由官府在契约上加盖官印（印契）。加盖了官印的契约称“赤契”“红契”，具有一定的公证意义；未经缴纳契税、加盖官印的契约称“白契”
  - （3）“过割赋税”，即在买卖田宅的同时，必须将附着其上的赋税义务转移给新业主
  - （4）“原主离业”，即转移标的实际占有，卖方须脱离产业，不动产买卖契约才最终成立
- 5. 典卖契约。宋朝典卖又称“活卖”，田宅所有人（出典人）将其财产交予买方（典权人），买方以低于卖价的典价获得对该财产的使用收益权，卖方（出典人）获得典价，同时约定期限，按期回赎。如到期无力回赎，买方得到田宅所有权
- 6. 典卖契约是一种附有回赎条件的特殊类型的买卖契约。典卖行为须采用加画骑缝记号的复本书面契约形式，其成立要件与买卖契约一样，即“先问亲邻”“输钱印契”“过割赋税”“原主离业”
- 7. 在典卖契约中，业主的权利除了“先问亲邻”“输钱印契”“过割赋税”“原主离业”等要件中的权利外，业主的权利还有：得到钱主给付的典价；在约定的回赎期限内，或没有约定回赎期限及约定不清的，在30年内可以原价赎回标的物。钱主的权利则包括：契约期限内标的物的使用收益权；对于标的物的优先购买权；待赎期中业主不行使回赎权时，取得标的物的所有权。钱主以上权利统称“典权”
- 8. 借贷契约。“借”指使用借贷，而“贷”为消费借贷。当时把不付息的使用借贷称为“负债”，把付息的消费借贷称为“出举”

隋唐宋法律制度 —— 宋朝法律制度

- 民事立法 —— 财产继承制度
  - 1. 家产兄弟均分，允许在室女享受兄弟继承财产权的一半
  - 2. 承认遗腹子与亲生子享有同样的继承权
  - 3. 南宋又规定了户绝财产继承的办法
    - （1）户绝指家无男子承继
    - （2）户绝立继承人有两种方式：凡夫亡而妻在，立继从妻，称“立继”；凡夫妻俱亡，立继从其尊长亲属，称“命继”
    - （3）继子与户绝之女均享有财产继承权
    - 注意：由于商品经济和私有财产权观念的发展，宋朝财产继承的规定也更加完备
  - 4. 增加了“户绝资产”“死商钱物”等内容，形成了一般财产继承、遗嘱继承、户绝财产继承、死亡客商财产继承等比较复杂的继承制度
- 行政立法 —— 国家机构的调整 —— 1. 中央机构的调整。保留三省制，但不使之有实任，而以“两府三司”共治国事
  - “二府”，是指中书门下与枢密院
    - ①中书门下是宋朝的最高行政机关，其长官中书门下平章事通常由两三人担任，实际行使宰相的权力。但为防范相权过重，又设副相“参知政事”
    - ②枢密院为最高军事行政机关，其长官枢密使与宰相品级相同，故与中书门下并称“二府”。枢密院虽掌军政，但枢密使、枢密副使俱不统兵
  - “三司”，是指三大中央理财机关
    - ①盐铁司掌工商收入、兵器制造
    - ②度支司掌财政收支、粮食漕运
    - ③户部司掌户口、赋税和榷酒
  - 宋朝不使地方留税，全国财赋尽出三司。三司长官权任甚重，待遇同于二府长官，又称“计相”
  - 神宗元丰年间官制改革，裁汰三司归并户部，恢复了三省原有权力，行政管理体系趋于统一

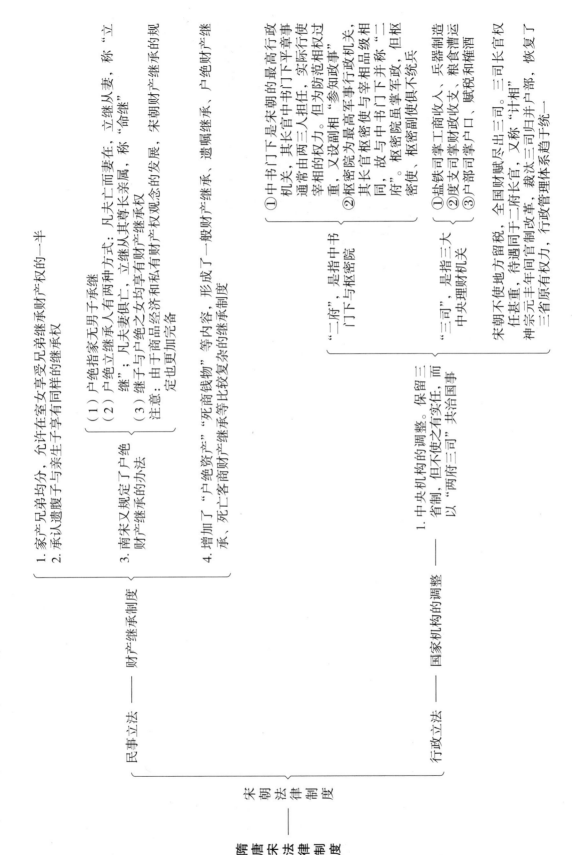

隋唐宋法律制度 —— 宋朝法律制度 —— 行政立法 —— 国家机构的调整 —— 2. 地方机构的设置。着重于中央对地方的监管

（1）宋朝地方机构新设路一级政权，实际上是中央派出机构，并使其权一分为四，其长官为经略安抚使（帅司）、转运使（漕司）、提点刑狱使（宪司）、提举常平使（仓司），称之为“四司”，分别监管地方军政、财赋、司法、盐铁专卖等事。四司互不统属而互相监督，皆听命于皇帝

（2）路下设府、州、军、监为直属中央的同级行政机关。州级长官由朝廷任命文官担任，职衔冠以“权知”字样，以示权且而非久任之意，实行三年一换和籍贯回避制，并另置通判，与之联署公文，以分知州之权，州以下仍为县，由皇帝任命文官为知县

隋唐宋法律制度 —— 宋朝法律制度 —— 行政立法 —— 官员选任与考课制度

- 1. 官员选任。科举取士是宋朝选官的主要途径
  - （1）录取和任用的范围较宽，一经录用便可任官，不只是取得任官的资格。大大放宽了应试者的资格限制，甚至僧道也可参加
  - （2）殿试成为常制，由此考生一律成为天子门生，避免考生和主考官之间以师生之名结为同党
  - （3）创造了“糊名”（弥封）、“誊录”和回避等考试方法和规则，以防科场舞弊
  - （4）考试内容虽仍侧重诗赋、经义，但切近国家实际治理的策论受到重视
  - （5）差遣制：使官职名称与实际职务相脱离
    - ①官只代表其品级和俸禄高低，职是文官的荣誉虚衔，差遣（又称“职事”）才是其实际的职事
    - ②职事官所担任的职务之前通常有“判”“知”“权”“管勾”“提举”“提点”之类的限制词，以示其临时性，可随时撤换
    - ③除非有特旨，各国家机关如三省六部的“正官”，并不管理本机关的事务，而由皇帝派遣他官管理。如果未获差遣，正官就是只领俸禄不理实务的闲官
    - ④差遣制的目的是巩固中央集权，但也造成了冗官之弊
- 2. 考课制度
  - （1）京朝官由审官院掌考，州县官由考课院掌考
  - （2）对地方州县官以“四善三最”的标准考核
    - ①四善：德义有闻，清谨明著，公平可称，恪勤非懈。三最：治事之最、劝课之最、抚养之最
    - ②考课每年一次，三年为一任，并根据考课的治绩来定赏罚
    - ③考课方法主要有二
      - 一是磨勘制，即磨勘转官，是指定期勘验官员的政绩以定其升迁，实际上就是凭资历升官
      - 二是历纸制，类似于现代的考勤工作登记，规定官员按日自计功过，并上交给主官官吏，或由长官平时记录其属下官员的善恶，作为考核的依据

隋唐宋法律制度 —— 宋朝法律制度

- 行政立法 —— 监察制度
  - 1. 中央监察
    - （1）将御史台分为三院：台院负责官吏为侍御史；殿院负责官吏为殿中侍御史；察院负责官吏为监察御史
    - （2）察院监察御史负责监察京外官吏不法行为；殿中侍御史负责监察殿廷内的官员活动；侍御史负责监察中央百官的不法行为
    - （3）御史监察以“六条”为监察内容
    - （4）察院的监察御史职责尤为重要。监察御史从曾二任知县的官员中选任，宰相不得荐举御史人选，宰相的亲故也不得担任御史职事。御史的任命须经由皇帝批准
    - （5）御史每月必须奏事一次，是为“月课”，可以“风闻弹人”，不必皆有实据。上任百日内无所纠弹者，贬为外官
    - （6）在御史台之外，将分属中书、门下两省的谏官（如谏议大夫、司谏、正言等）组成谏院，负责对中枢决策、行政措施和官员任免等事提出意见。与御史台合称“台谏”，旨在牵制宰相的权力
  - 2. 地方监察
    - （1）设于各路的监司（转运使和提点刑狱使等）负有监察职责，负责巡按州县
    - （2）州级政权的通判官号称“监州”，职责为监察州县官员
- 司法制度 —— 中央司法机关
  - 大理寺 —— 掌管中央司法审判大权，负责审理地方上报的刑事案件，以及京师与中央百官犯罪的案件。并参与审判皇帝直接交办的重大刑事案件
  - 刑部 —— 掌管全国刑狱政令，复核大理寺详断的全国死刑案件，以及官员犯罪除免、经赦叙用、定夺昭雪等事
  - 御史台 —— 具有部分司法审判职能，主要参与处理命官犯罪大案、司法官受贿案、地方官府不能决断的疑难案件以及地方重大案件等
  - 审刑院 —— 宋初为强化对中央司法机关的控制，另立审刑院。凡须奏报皇帝的各种案件，经大理寺断谳后，报审刑院复核，由知院事和详议官拟出定案文稿，经中书省奏报皇帝论决。审刑院是宋初加强中央集权的产物，经裁撤后，职权复归大理寺与刑部
  - 宋初还增设制勘院和推勘院等临时性机构，负责审理皇帝交办的案件

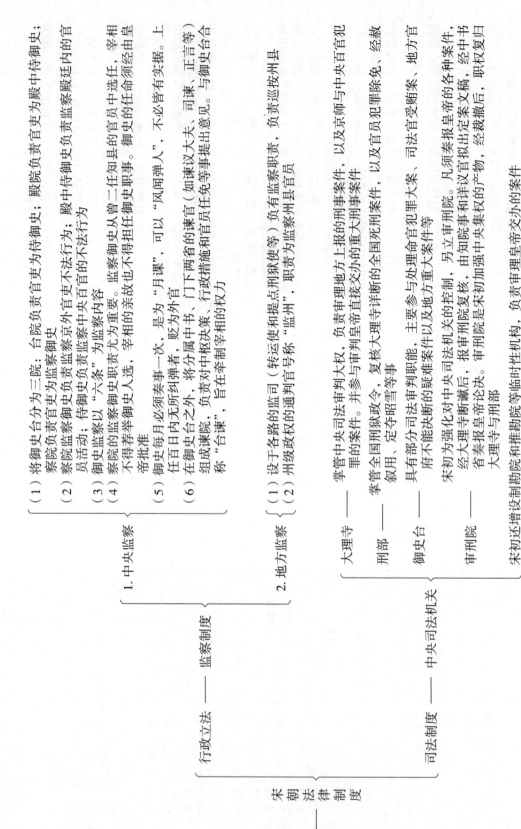

隋唐宋法律制度 —— 宋朝法律制度 —— 司法制度

- 鞫谳分司制
  - 1. 鞫谳分司制，即实行审、判分为两事，分别由不同的官员担当
  - 2. “鞫司”，又称“推司”“狱司”，审问案情，但无权量刑
  - 3. “谳司”，又称“法司”，负责检法量刑
- 翻异别推制
  - 1. 翻异别推制是为防止冤假错案而建立的复审制度，即在发生犯人推翻原有口供，而且“所翻情节，实碍重罪”时，案件须重新审理，应将该案改交其他司法官或司法机构重新审理
  - 2. 改换法官审理称之为“别推”；改换司法机关审理，称为“别移”
  - 3. 犯人翻异次数不得过三。如故意诬告、称冤，经查证属实，罪加一等
- 务限法
  - 1. 务限法，即规定在农务繁忙季节中停止民事诉讼审判的法律制度
  - 2. 受理时间：每年农历十月一日至次年一月三十一日
  - 3. 如果原已受理的民事诉讼尚未结案，可以延长至三月底结案。但三月底以后，官府不再受理案件，也不得审理案件，用以保证农业生产的正常进行
  - 4. 每年农历二月初一“入务”，即开始进入农忙季节，直到九月三十日止
  - 5. 限满之日即十月初一，称“务开”
- 《洗冤集录》—— 宋慈撰写的世界上第一部法医学专著，是比较完整的法医检验专著，成为司法官员进行司法检验活动的指南
- 《名公书判清明集》
  - （1）是一部“名公”所作的诉讼判词和官府公文的分类汇编，其中绝大部分为民事诉讼判词
  - （2）其中包括官吏、赋役、文事、户婚、人伦、人品、惩恶计七门
  - （3）《名公书判清明集》辑录了包括朱熹、真德秀、胡石壁等 28 位“名公”任官期间所作的部分判词

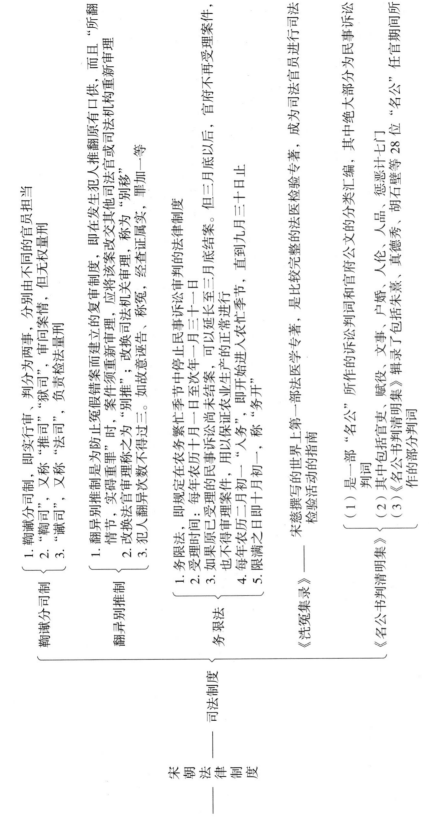

辽夏金的法律制度（2019）新增

辽朝的法律制度

辽朝（916—1125年），历9帝210年。辽因袭唐政治法律制度，但又保持民族特色。辽兴宗重熙五年（1036年）编成《新定条例》547条，是辽朝第一部比较完整的法典，史称《重熙条例》。道宗咸雍年间又增补成789条，称为《咸雍条例》。辽朝法制注重“因俗而治”，“官分南北，以国制治契丹，以汉制待汉人”。对汉人、渤海人“断以律令”，即依唐朝律令治理；对契丹及其他游牧民族则依“治契丹及诸夷之法”，即契丹习惯法治理。各族“衣服言语，各从其俗；四姓相犯，皆用汉法；本类自相犯者，用本国法。故别立契丹司以掌其狱”。这种因族而异的法制，常致民族歧视：“辽之世，同罪异论者盖多”

西夏的法律制度

西夏（1038—1225年）是党项族（原属羌族一支）在西北地区建立的政权，历10帝190年。西夏政制借鉴唐宋制度，又保留党项习惯，兼有佛教特色。建国初期，开始模仿唐宋律令制定成文法。崇宗贞观年间（1101—1113年）即有综合性“律令”行用，并有军法典《贞观玉镜统》。至仁宗天盛年间（1149—1169年），正式制定《天盛改旧新定律令》20卷150门1 461条。该法典无注释、附例，仅律令条文达20余万言，其详细程度为中古法令之最。其内容涵盖刑事法、行政法、经济法、民事法、诉讼法、军事法等。至神宗光定年间（1211—1223年），又编订《亥年新法》

金朝的法律制度

金朝（1114—1234年）是以女真族为主体建立的政权，历9帝120年。金朝保持女真旧制，兼采宋辽制度。熙宗皇统三年（1143年），“以本朝旧制，兼采隋唐之制，参辽宋之法”，制定了金朝第一部成文法典《皇统制》。其后，法制的汉化进一步加深，至章宗泰和二年（1202年）颁行《泰和律令敕条格式》，包括《泰和律义》12篇、《律令》20卷、《新定敕条》3卷及《六部格式》30卷。至此，金朝形成了如宋朝一样的律、令、格、式、编敕体系，从形式到内容实现了全面汉化。金朝法制采取因地因族制宜方针，坚持多制并存。对原女真部族“一依本朝制度”即习惯法；对新征服的契丹地区及燕云十六州，仍行杂糅契丹习惯的辽朝旧制；对原北宋地区则沿用宋法制。其法制汉化程度远超辽和西夏。尤其是《泰和律义》12篇名目与唐宋雷同，后人称其“实唐律也”

元明清法律制度 —— 元朝法律制度 —— 立法概况

- 立法指导思想
  - 1.“祖述变通”“附会汉法”
    - 一方面考稽成吉思汗以来蒙古汗国的制度，另一方面参用汉法对法律制度进行变通
    - 《条画五章》是蒙古政权第一次汉化的立法。元世祖继位后，采用金朝的《泰和律》，至元元年，颁行《新立条格》，至元八年，禁行《泰和律》
  - 2.“因俗而治”，蒙汉异制
    - 元初在法律上把境内居民分为高下四等：蒙古人、色目人、汉人、南人
    - 蒙汉异制有利于保护蒙古人的各项特权
- 《大札撒》
  - 1.“札撒”，蒙语“大法令”之意，是古代蒙古部落首领对部众发布的命令，是蒙古人早期初创性的法律规范和生活习惯
  - 2.《大札撒》是蒙古游牧社会时期颁布的一部法律。它的内容包括刑事、民事、军事、宗教、审判、治安等各个方面，有习惯、训令、札撒等，是大蒙古国领袖成吉思汗颁布的
  - 3.《大札撒》以原始性和残酷性而著称，对元朝立法产生了很大影响
- 《至元新格》
  - 1.《至元新格》是元朝统一中国后颁布的第一部比较系统的成文法典
  - 2.元世祖令中书右丞相何荣祖等“以公规、治民、御盗、理财等十事辑为一书，名曰《至元新格》，令刻版颁行，使百司遵守”
  - 3.《至元新格》侧重行政、财政、民事等方面
- 《大元通制》
  - 1.元英宗时颁行的《大元通制》共 2 539 条，分诏制、条格、断例、别类四部分，其篇目仿唐、宋旧律，分为名例、卫禁、职制、祭令等 20 篇，较为全面地反映了元朝法制的基本状况
  - 2.《大元通制》是一部由法规和判例组成的汇编，是成文法与判例法的结合，它的编成标志着元建立以来法典编纂已基本完成，元代法典至此定型
- 《元典章》
  - 1.其全称为《大元圣政国朝典章》，这是元朝江西地方官员对有关政治、经济、军事、法律等方面的圣旨条例的汇编
  - 2.共 60 卷，分诏令、圣政、朝纲、台纲、吏部、户部、礼部、兵部、刑部、工部共 10 类
  - 3.《元典章》以六部划分法规体例，是《大明律》以六部分篇的滥觞
  - 4.《大明律》附载五服图的做法，在《元典章》中已有先例
- 元朝的法律文献还包括元明宗至顺二年（1331 年）编成的《经世大典》，这是一部仿效《唐六典》而编订的典章汇编，共 880 卷

元明清法律制度 —— 元朝法律制度 —— 刑事立法 —— 罪名体系与量刑原则的变化

1. 元朝确立了强奸幼女罪，处罚比一般强奸罪更重。元朝法律规定："诸强奸人幼女者，处死；虽和同强，女不坐。"幼女年龄为 10 岁以下。犯强奸幼女罪，一般不适用赎法

2. 量刑原则的变化
   - （1）对于谋反，规定"诸父谋反，子异籍不坐"。比唐律的"皆斩"有所轻缓
   - （2）唐律规定居父母丧而忘哀拜灵成婚者，强制离婚，徒三年；而元朝只是离婚加杖 87 下
   - （3）总的趋势是处罚减轻，形成有元一代崇尚轻刑的风习

3. 元朝沿袭唐宋律中"十恶"的基本内容，但改"十恶"为"诸恶"，尤以谋反罪为打击之重点

4. 蒙汉异法与同罪异罚
   - ①蒙古人打死汉人，只需断罚出征，罚付烧埋银了事（烧埋银类似于现代刑事诉讼中的民事赔偿）；但汉人打死蒙古人，则要处死，且烧埋银照付
   - ②汉人犯盗窃罪，附加刺字，蒙古人则不受刺字之刑
   - ③蒙古犯人在监可以享有诸多汉人不能享有的待遇
   - ④僧侣享有法律上的诸多特权，除犯奸盗、诈伪、杀伤人命等重罪案件外，不受法律制裁
   - ⑤禁止汉人藏有兵器盔甲甚至弹弓等，不许养马，以防汉人反抗

5. 强盗、盗窃罪犯在服刑完毕后，发付原籍充"警迹人"。在其家门首立红泥粉壁，其上开具姓名、犯事情由，由邻居监督其行止，且每半个月需面见官府接受督察，五年不犯者除籍，再犯者终身拘籍。类似于现代的管制

元明清法律制度 —— 元朝法律制度

- 刑事立法 —— 刑罚制度的变化
  - 1. 元朝的刑名基本上沿袭了唐宋五刑的制度，但也有变化，明显地带有蒙古民族的旧俗
  - 2. 隋唐以来以十为尾数的笞杖刑改为以七为尾数，共十一等
    - （1）笞刑以七为基数，从 7 至 57 分为六等，即 7、17、27、37、47、57
    - （2）杖刑从 67 至 107 分为五等，即 67、77、87、97、107
  - 3. 元初仿效宋朝施行“折杖法”，但随即恢复徒刑，并附加杖刑，以至“本减而变为加矣”
  - 4. 死刑分为凌迟和斩两种。五刑之外又有刺字、劓刑等肉刑和醢刑、剥皮等酷刑
  - 5. 元朝还公开允许私刑的合法存在
- 民事立法 —— 财产法律制度
  - “阑遗物” —— “阑遗物”是蒙语中的牲口和奴婢。阑遗的牲口和奴婢如果公告 10 天仍无人领取，官府应收管，有主人前来认领的，仍要归还本主
  - 契约关系 —— 主要规定了买卖契约、典当契约、借贷契约、租佃契约。不动产买卖和典当必须经过“经官给据”“先问亲邻”“签押文契”“印契税契”“过割赋税”五个程序才能生效
  - 损害赔偿
    - 损害赔偿的规定较多体现在人身伤害上。如造成对他人的人身伤害，加害人除承担相应的刑事责任外，还要承担民事赔偿责任，包括“养济之资”“养赡之资”和“医药之资”
    - 烧埋银主要适用于杀人或伤人致死的犯罪。对于各种杀人罪，向罪犯家属征“烧埋银”白银 50 两给“苦主”（受害人家属）。烧埋银具有一定的损害赔偿性质，但蒙古人往往以此逃避刑事追究

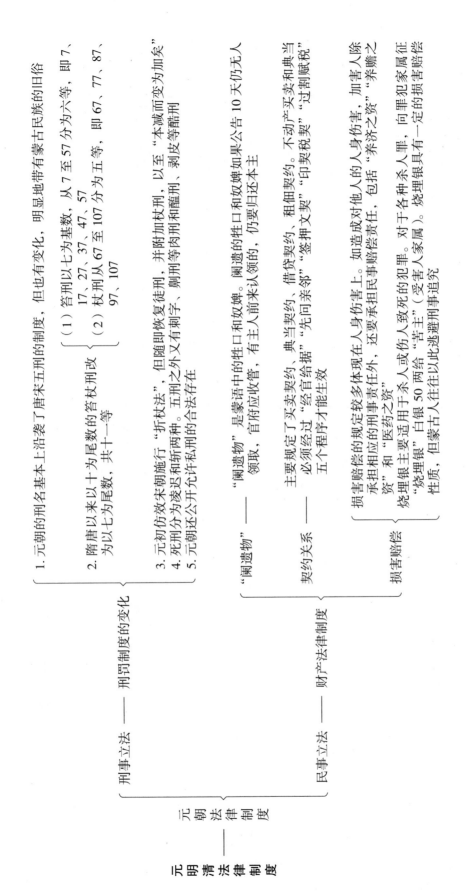

元明清法律制度——元朝法律制度

- 民事立法
  - 婚姻制度的特点
    1. 建立婚姻关系必须订立婚书（或称“嫁娶礼书”），婚书上写明议定的聘财数额，如果是招赘女婿，须写清养老或出舍的年限，主婚人、保亲人，媒人须在婚书上签字画押，然后依礼成亲，婚姻关系方才有效。明清时虽然一般也要求有婚书，但已不再是必备形式要件
    2. 对媒妁进行规范化管理，只有经基层官员、地方长老等保举推荐的“信实妇人”才能充任媒妁，并由官府登记在册。媒妁职业化倾向明显
    3. 各等人婚娶按本族习惯行事，汉族禁止“有妻更娶”，蒙古人允许一夫多妻并实行“父兄弟婚”
  - 继承制度的特点
    1. 蒙古人和色目人各依本俗法，蒙古人由幼子继承转为诸子均分
    2. 户绝之家的女儿和寡妇享有继承权或有条件的继承权
    3. 离婚妇女或寡妇如果再婚，就要丧失原先从父母处得来的妆奁物及其他继承得来的财产，至于夫家的财产，更是不得带走
- 行政立法
  - 中枢和地方行政机构
    - 中央机构
      1. 以中书省取代隋唐的三省，皇太子兼领中书令。皇太子一般不到职视事，由左右丞相及其他副职实际负责政务，统称宰相
      2. 中书省下设吏、户、礼、兵、刑、工六部，掌管国家各方面行政事务
      3. 设置枢密院掌管军事，地位低于中书省，皇太子兼领枢密使，下设枢密副使和同知院事等
      4. 设置宣政院，管理宗教和少数民族事务，以国师（帝师）总领，位高权重
    - 地方机构
      1. 设立行省，长官为丞相，主管一地政治、军事、财政等，必须由蒙古贵族担任
      2. 行省下设置路、府（州）、县三级，长官分别为总管、知府（知州）、县尹
      3. 路以下机构设以蒙古人充任的达鲁花赤管事官，其品级与各级机构长官相同，但权力更大，是地方实际负责人
      4. 县以下有村社和里甲组织
      5. 开始对西藏地区行使行政管辖权，实行政教合一制度，宣政院负责该地区事务
  - 科举制度的变化
    1. 元英宗时恢复科举
    2. 元朝科举分为乡试、会试、殿试，每三年一次
    3. 元朝结束了以诗赋取士的历史，首创以程朱理学为内容的经义取士制度，对明清科举制度影响很大

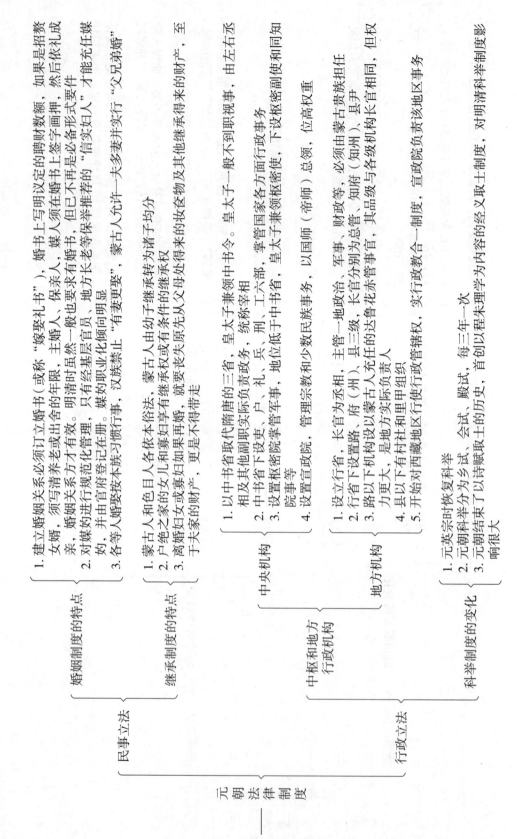

元明清法律制度 —— 元朝法律制度 —— 行政立法 —— ★监察制度的发展

- 1. 加强监察立法
  - （1）元世祖时颁布《宪台格例》《察司体察等例》《行台体察等例》《禁治察司等例》《廉访司合行条例》
  - （2）元仁宗时编纂的《风宪宏纲》，是元朝监察法律的集大成者
- 2. 监察体制设置严密，并赋予其较大权限
  - （1）中央设置御史台（内台、中台），与中书省和枢密院三足鼎立。御史台设御史大夫二人，由蒙古贵族担任
  - （2）监察机关的职责为考察百官、监督司法、参与司法审判
  - （3）地方设两个行御史台（行台），为中央的派出机构
    - ①南台，设在江南的行御史台
    - ②西台，设在陕西的行御史台
  - （4）在中台和行台之下，分 22 道监察区，每道设肃政廉访司。肃政廉访使常驻地方，负责纠察地方官员的政绩得失，巡复、按复各路已结案件
  - （5）中台、行台与肃政廉访司相衔接，构成全国垂直监察系统
- 3. 加强对监察官本身的监督
  - （1）肃政廉访使对所辖各地的冤滞如果“举劾失当”，则“并坐之”
  - （2）对监察官员的犯赃行为加等治罪，即使并未枉法，也予以除名的处罚
  - （3）行御史台官品和职权与御史台相同
- 4. 体现民族歧视政策 —— 御史大夫只能由蒙古贵族担任。一般情况下，汉族官吏连充任地方监察机关书吏的资格都不具备
- 5. 监察内容
  - （1）御史台、行御史台、各道肃政廉访司负责弹劾中书省、枢密院等内外百官奸邪非违，肃清风俗、刷磨诸司案牍
  - （2）行台监察中书省、宣慰司，其余由廉访司监察

- 元明清法律制度
  - 元朝法律制度
    - 司法制度
      - 中央司法机关
        - 大宗正府
          - 从蒙古国初期掌刑政的札鲁忽赤（断事官）演变而来。既是掌管蒙古贵族事务的机构，又是具有独立管辖范围的中央司法机关，职能比较混乱
          - 大宗正府专门负责审理蒙古、色目人和宗室案件
        - 刑部 —— 属中书省，掌司法行政与审判。原属大理寺的职能，部分地归于刑部
        - 宣政院 —— 是主持全国佛教事务和统领吐蕃地区军、民之政的中央机构，也是最高宗教审判机关，负责审理重大的僧侣案件和僧俗纠纷案件。有时在江南设行宣政院，在诸路、府、州、县则设僧录司，管理各地僧侣狱讼
        - 注意：元朝没有大理寺
      - 诉讼审判制度
        1. 元朝的诉讼制度有所发展，突出表现为“诉讼”在法典中开始独立成篇，对诉讼的程序、步骤、诉状的格式等，都作了详细规定，反映出实体法与程序法开始逐步分离
        2. 元朝开始出现了诉讼代理，考虑到年老、残疾行动不便者，自诉能力有限，允许其亲属中了解情况者代理诉讼。在实际诉讼中，元朝的代理只适用于两种人：一种是年老和疾病、行动不便者，另一种是退休或暂时离任的官员
        3. 元朝的诉讼管辖中有一种“约会”制度，即当遇到不同户籍、不同民族及僧侣之间发生刑名诉讼时，政府要出面将相关户籍的直属上司请来共同审理

元明清法律制度

- 明朝法律制度
  - 立法概况
    - 立法指导思想
      - “刑乱国用重典”
        - 重典治国目的在于最大限度地发挥刑罚的威慑力
        - 表现在“重典治吏”和“重典治民”两方面
      - “明刑弼教”
        - （1）“明刑弼教”一词最早见于《尚书·大禹谟》中“明于五刑，以弼五教”之语，后人简称“明刑弼教”
        - （2）“明刑弼教”思想完全是借“弼教”之口实，为推行重典治国政策提供理论依据
    - 《大明律》的制定与“六部分篇”体例
      1. 《大明律》是明朝的基本法典，终明之世通行不改
      2. 《大明律》共 30 卷 460 条。它一改唐、宋旧律的传统体例，形成了以名例、吏、户、礼、兵、刑、工七篇为构架的格局。首先，《大明律》在编制体例上以名例及六部分篇，为古代法典体例的一大变化。这一变化，是与明朝取消宰相制度、强化六部职能的体制变革相适应的。其次，门类划分较细，便于寻检条文。最后，在文字上注重浅显简明、通俗易懂。另外，律首附有《服制图》《六赃图》等图表
      3. 洪武元年（1368 年）还颁行《大明令》，按六部分篇，条文简略，只有 145 条。这是帝制中国最后一部令典
    - 《大诰》的制定及特点
      1. 为防止“法外遗奸”，朱元璋制定刑事特别法《大诰》
      2. 《大诰》共 4 篇，即《御制大诰》《大诰续编》《大诰三编》《大诰武臣》
      3. 《大诰》取法于西周时期周公训诫臣民的《尚书·大诰》
      4. 《大诰》的法律效力在律之上，其打击的对象主要指向贪官污吏。每户人家必有一本，科举考试也列入《大诰》内容。犯笞、杖、徒、流罪名者，若家中有一本《大诰》可以减一等处罚
      5. 《大诰》大行法外之刑，滥用酷刑，诸如“墨面文身挑筋去指”“墨面文身挑筋去膝盖”“剁指”“断手”“刖足”“阉割为奴”
      6. 《大诰》的主要内容为惩治臣民各种犯罪的典型案例及朱元璋发布的训词诫令，是明朝具有特别法性质的重刑法令和案例，充分体现了“重典治世”的思想

元明清法律制度——明朝法律制度

- 立法概况
  - 《问刑条例》
    - 1. 明朝例分为两种
      - 一种是作为判案依据的典型判例
      - 一种是单行成例
      - 例经过汇编并经朝廷认可，即可上升为有效的法律，成为司法审判的依据。例比律更具有灵活性，是律文的补充
    - 2. 明孝宗弘治年间，刑部删定《问刑条例》，使之成为正式法律，而后开始出现律、例并行的局面
    - 3. 至万历年间，始将律、例合编为一书，律为正文，例为附注，称《大明律集解附例》，从而开律例合编的法典编纂先例，并影响清朝
  - 《大明会典》
    - 1.《大明会典》是明朝官修的一部行政法规汇编
    - 2. 英宗正统年间开始编纂《大明会典》，至孝宗弘治年间成书。其后，武宗、世宗、神宗三朝重加校刊增补，其中《正德会典》和《万历会典》曾颁行天下，并流传至今
    - 3.《大明会典》是模仿《唐六典》而作，体例以六部官制为纲，分述各行政机关职掌和事例。在每一官职之下，先载律令，次载事例
- 刑事立法
  - 定罪量刑的主要原则
    - 1. “断罪无正条”
      - 明律规定：“若断罪无正条，引律比附。应加、应减，定拟罪名，转达刑部议定奏闻”，确立了“比附”类推的原则
      - 与唐律的“举重以明轻，举轻以明重”的原则相比，使法官的自由裁量权更大，助长了司法擅断的弊端
    - 2. 涉外案件——明律规定：“凡化外人犯罪者，并依律拟断。”采取类似近代“属地法主义”的原则
  - 奸党罪
    - 鉴于历代臣下结党造成皇权削弱，统治集团内部矛盾导致国亡民乱的教训，明朝严禁臣下结党，在《大明律》中增设“奸党”罪
    - 奸党罪的各种表现
      - （1）在朝官员交结朋党紊乱朝政者
      - （2）大小官员巧言进谏，请求宽免死罪之人，暗中邀买人心者
      - （3）司法官不执行法律，而听从上级命令出入人罪者
      - （4）奸邪进谗言，左使杀人者
      - （5）上言宰执大臣美政才德者
    - 奸党罪一律处以斩刑
    - 奸党罪并无确定内容，实际上是给皇帝杀戮大臣设立依据，反映了皇权专制的极端发展

元明清法律制度 —— 明朝法律制度

- 刑事立法
  - 充军
    1. 充军刑在宋元时期已经存在，在明朝广泛适用，是强迫罪犯至边远地区充当军户的刑罚
    2. 明律对文武官犯私罪，均按地方远近发各卫充军
    3. 明朝充军分为附近、边远、边卫、极边、沿海、烟瘴六种
    4. 充军期限分为“终身”（即本人身死为止），以及“永远”（即罪犯本人死亡后子孙亲属仍须继续充军，直到死绝）
    5. 充军远比一般流刑更重
  - 廷杖
    - 廷杖，即由皇帝下令，司礼监监刑，锦衣卫施刑，在朝堂之上杖责大臣的制度
    - 明律中并无廷杖的规定，但从朱元璋开始，经常于殿廷之上，行廷杖之刑
    - 以如此残忍的手段刑责羞辱群臣，在中国历史上前所未闻
  - 犯罪与刑罚的主要特点
    - 明朝实行“轻其所轻，重其所重”的定罪量刑原则
    - “重其所重”原则：明朝加重了对一些重点犯罪的镇压
    - “轻其所轻”原则：“大抵事关典礼及风俗教化等事，唐律均较明律为重”
- 民事立法 —— 财产所有权
  1. 为发展农业，鼓励开垦荒地，对无主土地，明初强调先占原则，规定凡逃弃荒田一律归先占开垦者所有，旧主即使回归也丧失土地所有权，只可请求返还房屋坟墓
  2. 另外，先占原则还体现在对遗失物、埋藏物所有权归属的规定上。明律规定遗失物在 30 日公告期内即使被主人领回时，拾得人仍可获得一半；公告期满无人认领，则由拾得者获得遗失物的全部所有权
  3. 在埋藏物的归属问题上，明律规定“若于官私地内掘得埋藏物者，并听收用。”埋藏物完全归发现人所有，只是“古器、钟鼎、符印、异常之物”必须送官

元明清法律制度

明朝法律制度

民事立法

婚姻制度

1. 明朝时，家长主婚权才得以在法律上明确规定，“嫁娶皆由祖父母、父母主婚”，主婚权属于祖父母、父母。如果婚姻本身违法，被追究的也是家长，而非结婚当事人，“凡嫁娶违律，若由祖父母、父母……主婚者，独坐主婚”。家长主婚权实际上就是父母的包办婚姻权
2. 婚姻缔结要有婚书和聘礼
3. 同姓、同宗无服亲及良贱不得为婚
4. 婚姻关系的解除以七出、义绝为条件
5. 强调婚姻礼俗
6. “男女婚姻，各有其时”，即适龄者方可结婚
7. 双方家长的意愿是婚姻订立的前提
8. 定婚之初，若有疾残、老幼、庶出、过房、乞养者，务必要双方都知道，自愿写立婚书，依礼聘娶
9. 明朝的义绝（不同于唐律）包括
   - （1）身在远方
   - （2）妻子的父母将妻子改嫁他人
   - （3）将女婿赶出家门另招女婿
   - （4）纵容对方和外人通奸
   - （5）打伤妻子
   - （6）有妻子却谎称无妻子或欺骗女方再娶媳妇
   - （7）把妻子当作小妾对待
   - （8）收了钱财将妻子和小妾典当或雇佣
   - （9）把妻子假装当作姐妹嫁人

家庭制度——教令权

1. 教令权是家长教育、命令、约束、惩戒家属（主要指子孙）的权力
2. 明律明确规定，若子孙违犯教令，祖父母、父母可以“依法决罚”
3. 明律规定，子孙违犯祖父母、父母教令，如果祖父母、父母将之亲告送惩，则遂其意而将其子孙杖一百

继承制度

1. 实行身份继承的嫡长子继承制和财产继承的诸子均分制
2. 户绝财产由所有亲女继承，无女者入官
3. 奸生子继承地位上升。所谓奸生子，即私生子，现代通称非婚生子。在元朝，法律已开始正视奸生子，至明朝，奸生子在继承份额方面又有提高
4. “其分析家财田产，不问妻妾婢生，止以子数均分。奸生之子，依子量与半分，如别无子，立应继之人为嗣，与奸生子均分；无应继之人，方许承继全分”

元明清法律制度 —— 明朝法律制度 —— 经济立法

- 一条鞭法
  - 1. 明中期起，各地进行各种赋役制度改革的尝试，嘉靖十年至崇祯十年约一百年间，朝廷向各地推行“一条鞭法”的赋役改革方案
  - 2. “一条鞭法”是将各种类型的赋役并为统一的货币予以征收的赋税制度
    - 一是将各州县的田赋、杂税和差役合并，统一征收
    - 二是田赋除部分地区征收米粮外，其他一律征收折色银
    - 三是各项杂税和差役等统一折算成白银，平摊入土地，按照土地和人丁的多少征收
    - 四是征收赋税实行“官收官解制”，即由官府自行负责征收和解运
  - 3. 意义
    - “一条鞭法”是中国赋役制度史上的重大变革，结束了历代以征收实物为主的国家税收方式，从实物税转向货币税
    - “一条鞭法”废除了古老的直接役使农民人身的徭役制度，传统的人身依附、强制关系得以松弛
    - “一条鞭法”使税收制度开始转向以资产（土地）计征，将过去的对人税改为以对物税为主，有利于赋税负担的合理化
- 海外贸易制度
  - 其一，制定“海禁”法规，朱元璋时期推行“片板不许下海”的海禁政策，严禁一般商民私自与外国通商往来。《大明律》专设“私出外境及违禁下海”条，严禁私自出境及下海贩卖。隆庆年间私人海外贸易变为合法，但须在官方控制下进行
  - 其二，朝贡贸易立法，即海外诸国与明贸易必须以朝贡为先决条件，并设“市舶提举司”主管朝贡贸易事务

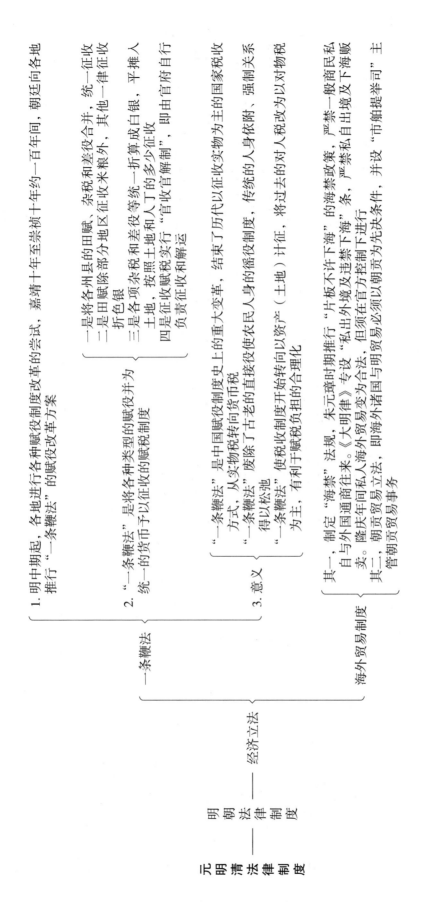

元明清法律制度 —— 明朝法律制度 —— 行政立法 —— 中枢与地方行政机构

1. 明太祖废除丞相制度和三省制度，设置六部，使其成为直接对皇帝负责的中央最高一级行政机关，六部各设尚书一人，左右侍郎各一人
2. 军事指挥权分由前、后、左、右、中五军都督府掌握
3. 监察机构御史台扩大为都察院
4. 特设通政使司统一收发各部门与皇帝之间的奏章文件
5. 六部尚书与通政使、左都御史、大理卿合称“九卿”
6. 洪武十五年，朱元璋从翰林院等机构中选调官员加殿阁大学士衔，负责草拟诏谕，并充当皇帝的顾问，但不得平章国事。明成祖时命翰林院侍读、编修、检讨等入值文渊阁，正式称为内阁，参与机要。后来，六部尚书入阁兼领殿阁大学士衔，实际上掌握了丞相的权力
7. 明朝的地方行政机构分为省、府、县三级。各省设布政使司掌行政，按察使司掌司法和监察，指挥使司掌军事，合称“三司”，同为一省长官，均直属于中央，彼此地位平等，互不统属，又互相牵制。府设知府，县设知县，统掌所辖地方行政和司法

元明清法律制度 —— 明朝法律制度 —— 行政立法 —— 官员选任制度

- 科举与选官
  - （1）明朝科举三年一试，省一级称乡试，中试者为“举人”；次年集于京师称会试，中试者参加由皇帝主持的殿试，考中者称“进士”。各府州县都设官学，学生称“生员”，俗称“秀才”，士人考取生员就可享有免役特权，并可以不受笞杖刑和刑讯
  - （2）考试内容以“四书五经”为主，采用“八股文”形式，这样更适应加强思想专制统治的需要
- 致仕 —— 明朝任官基本上每三年轮换一次，地方官严格实行“北人官南，南人官北”的籍贯回避制度。为使官员转官公平，明中期开始吏部采取抽签方式决定官员的任职地方。官员年满六十岁致仕，回乡官员称为“乡宦”，仍享有免役和司法特权

元明清法律制度 —— 明朝法律制度 —— 行政立法 —— 监察制度

- 1. 都察院
  - （1）都察院是中央专设的监察机构，号称“风宪衙门”，其前身为御史台
  - （2）都察院“纠劾百司，辨明冤枉”，是“天子耳目”。都察院的御史必须科举出身，职权颇重，对任何官员都可以进行监督弹劾，并可对刑部的审判和大理寺的复核及地方审判进行监督
  - （3）都察院设 13 道监察御史，称为“巡按御史”，拥有“大事奏裁，小事立断”的权力。监察御史具体行使都察院的法律监督职权，对内外百官的违法犯罪和一切失职行为进行弹劾
- 2. 六科给事中
  - （1）六科给事中，即吏科、户科、礼科、兵科、刑科、工科给事中，合称“六科”
  - （2）六科给事中是明朝特设的法律监察机关
  - （3）六科给事中有“封驳”权
  - （4）“六科”与都察院并列，直接向皇帝负责
- 3. 巡按、按察使和布政使
  - 巡按，即巡按御史。明朝经常派都察院的监察御史巡行各省地方
  - 按察使
  - 布政使
- 4. 明朝的宦官监督 —— 明朝经常派宦官出巡地方
- 5. 明朝为加强对地方的控制，还时常派出部尚书、侍郎一级的官员“巡抚”各省，明中期以后成为惯例，由巡抚统管一省行政，如遇战事，则派出总督掌管军政

元明清法律制度 —— 明朝法律制度 —— 司法制度

- 中央司法机关
  - 明朝中央司法机构为刑部、大理寺、都察院
  - 刑部 —— 刑部是中央司法行政机关，主司审判，下设十三清吏司，分掌各省上诉案件，加强对地方司法控制
  - 大理寺 —— 大理寺掌复核驳正，发现有“情词不明或失出入者”，驳回刑部改判，并再行复核。如此三改不当者，奏请皇帝裁决
  - 都察院 —— 明朝把御史台改称都察院，扩大监察组织和职权，设立左右都御史等官，负责纠举弹劾全国大小官吏的违法犯罪，并且参与重大疑难案件的审判工作，监督法律的执行。都察院附设监狱，关押皇帝直接交办的重要案犯
  - 上述中央三大司法机关统称“三法司”。对重大疑难案件三法司共同会审，称“三司会审”
- 地方司法机关
  1. 明朝地方司法机构可分为省、府、县三级，其中省一级的提刑按察使司，可算是专职的司法机构，长官为按察使。按察使司主管全省司法审判及监察官吏事务
  2. 明朝军事机构中也设专职司法官。各省军事机构都指挥使司均设“断事司”，负责审理本省驻军军人之间的诉讼
- 厂卫
  1. “厂”是直属皇帝的特务机关。成祖时设“东厂”，宪宗时又为监督厂卫而设“西厂”，至武宗时为监督东、西厂，又设“内行厂”
  2. “卫”是指皇帝亲军十二卫中的锦衣卫，下设镇抚司，由皇帝任命亲信“提督”厂卫，多由宦官充当
  3. 厂卫之司法特权
     - （1）侦查缉捕之权。其侦缉范围主要是涉及国家政权的大要案，对一般刑事案不干预
     - （2）监督审判之权。依明律，厂卫有讯问权，无判决权。镇抚司只能审讯无权判决。判决权仍归法司独有
     - （3）法外施刑之权。厂卫“杀人至惨而不丽于法”，法外酷刑致死人命亦不负责任
  4. 厂卫制度是皇权高度集中和恶性发展的产物
- 申明亭
  1. 明朝还在各州县乡设立申明亭，由百姓推举正直乡里耆老、里长主持。亭内定期张贴榜文，申明教化
  2. 申明亭主要受理有关婚姻、田土、斗殴等民事纠纷和轻微刑事案件，并加以调处，以维护社会秩序

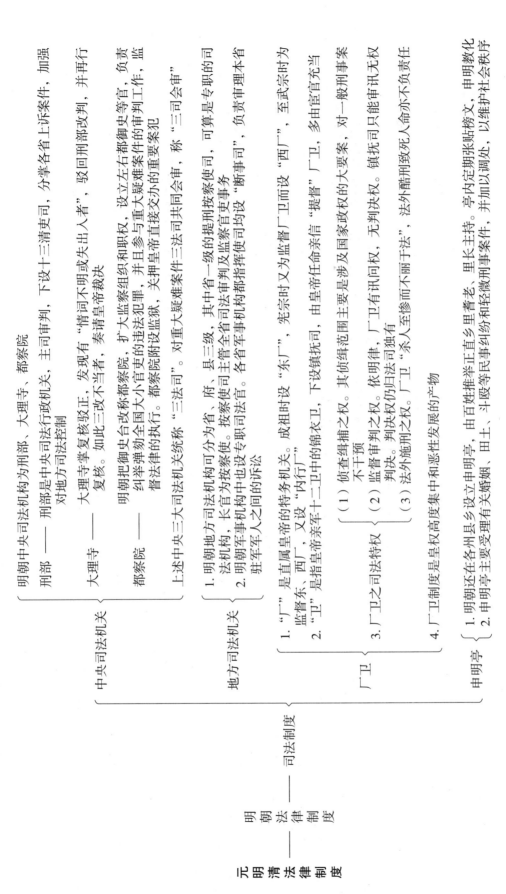

元明清法律制度 —— 明朝法律制度 —— 司法制度

- ★明朝诉讼制度的特点
  - 第一，严厉制裁诬告行为。历朝的法律都视诬告为严重犯罪，诬告者反坐。明律进一步加重处罚，规定诬告加等反坐
  - 第二，严禁越诉。明律规定："凡军民词讼，皆须自下而上陈告。若越本管官司辄赴上司称诉者，笞五十"
  - 第三，军官、军人诉讼一般不受普通司法机构管辖
  - 第四，明确地域管辖的原则。对于被告不在同一州县，或被告分居数州县诉讼案件的管辖，明律规定了"原告就被告""轻囚就重囚""少囚就多囚""后发就先发"的原则
  - 第五，强调以民间半官方组织调解"息讼"
- ★★会审制度
  - 三司会审和九卿会审（又称"圆审"）。明继承唐朝"三司推事"制，遇有重大、疑难案件由三法司长官共同审理，称"三司会审"，最后由皇帝裁决
  - 朝审 —— 朝审是对已决在押囚犯的会官审理，是古代录囚制度的延续和发展。洪武年间令五军都督府、六部、都察院、六科给事中、通政司、詹事府以及驸马都尉等共同审理大狱，死罪及冤案奏闻皇帝，其他依律判决
  - 大审 —— 大审是一种定期由皇帝委派宦官会同三法司官员录囚的制度，每五年举行一次。这是明朝独有的审判制度
  - 热审 —— 即每年暑天小满后十余天，由宦官、锦衣卫和三法司会审囚犯，一般轻罪决罚后立即释放，徒流罪减等发落，重囚可疑及枷号者则请旨定夺
  - 会审制度是慎刑思想的反映，有利于皇帝控制和监督司法活动，纠正冤假错案。但明朝的会审往往由宦官操控，不免流于形式

元明清法律制度 —— 清朝法律制度 —— 立法概况

- 立法指导思想 —— 清初统治者在原有的“参汉酌金”基础上，提出了“详译明律，参以国制”的立法指导思想
- 《大清律例》
  1. 在《大清律例》制定以前，清朝还曾于顺治年间颁布过《大清律集解附例》，这是清朝第一部完整的成文法典
  2. 《大清律例》于乾隆元年开始制定，乾隆五年（1740 年）正式颁行天下
  3. 《大清律例》的结构形式、体例、篇目与《大明律》基本相同，共分名例律、吏律、户律、礼律、兵律、刑律、工律 7 篇，律文 400 余条，附例 1 000 余条
  4. 《大清律例》成为清朝的基本法典，其律文部分基本定型，是中国历史上最后一部封建成文法典
- 《大清会典》
  1. 清政府仿效明朝，先后编制了《康熙会典》《雍正会典》《乾隆会典》《嘉庆会典》《光绪会典》，合称“五朝会典”，统称《大清会典》
  2. 《大清会典》记载了清朝主要国家机关的职掌、事例、活动规则与有关的制度，在编纂上遵循“以典为纲，以则例为目”的原则。典、例分别编辑遂成固定体例
  3. “会典”所载，一般为国家基本制度，少有变动；具体的变更，则在增修则例中完成
  4. 《大清会典》是清朝行政立法的总汇，反映了清朝立法上的重要成就，也是中国古代行政立法的完备形态
- 则例
  1. “则例”是清朝针对中央各部门的职责、办事规程而制定的基本规则，可以视为清朝的行政法规。则例分为一般则例和特别则例，一般则例针对部院一般行政事项而定，特别则例指就各部所管辖的特定事项制定的行政规章
  2. 清朝则例自康熙朝开始制定，主要有《刑部现行则例》《钦定吏部则例》《钦定户部则例》《钦定礼部则例》等
- 适用于少数民族聚居区的法规
  1. 清朝制定了一系列适用于各少数民族聚居区的专门法规，如《蒙古律例》《回疆则例》《苗汉杂居章程》《西宁番子治罪条例》等
  2. 清朝还专门设置了理藩院，作为管理蒙、回、藏等少数民族事务的中央机关
  3. 理藩院下设理刑司，受理各少数民族地方机构不能决断的死刑案件

元明清法律制度

清朝法律制度 —— 刑事立法

- 充军、发遣、刺字
  - 充军
    - 清朝律例将明条例的“充军”定为重于流刑的刑罚种类，分为五等，号为“五军”
      - 附近充军
      - 近边充军
      - 边远充军
      - 极边充军
      - 烟瘴充军
    - 清朝为各府编制“五军道里表”，详细规定该府罪犯应充军的地方
  - 发遣 —— 发遣是清朝特别创立的一种仅次于死刑的重刑，即将罪犯发配到边疆地区给驻防八旗官兵当差为奴的刑罚，比充军重。清朝发遣的对象主要是犯徒罪以上的文武官员，一般只限本人，情节轻微的，还有机会放还
  - 刺字 —— 在刺字刑的适用方面，清朝律例扩充了其适用范围，发冢（盗墓）、逃囚等罪也附加刺字。受刺字的罪犯刑满释放后必须充当“巡警之役”三年
- 死刑制度
  1. 死刑分两类：斩、绞立决（一经死刑核准，决不待时）与斩、绞监候（判决后，等待秋审再行决断）。此外尚有被称为极刑的凌迟刑
  2. 对江洋大盗、爬城行劫、粮船水手行劫等犯罪，又有枭首之刑
  3. 戮尸是对凌迟和枭首的补充，凡被判处凌迟和枭首的罪犯在执行之前已经死亡的，对其尸体施以此刑
- 维护满族特权的内容
  1. 确保满洲贵族在政权中的优越地位。清朝在任官制度上创制了分族“官缺”制度，不同的官缺只能由不同民族的人出任或补授。凡满官缺不许汉人补任，但汉官缺却允许满官补任
  2. 保护旗人的司法特权
  3. 保护旗地旗产，禁止“旗民交产”
- 文字狱
  1. 清朝统治者实行思想文化专制统治的一个突出表现就是大兴文字狱
  2. 所谓的文字狱，是指由皇帝直接交办的刑事案件，它以思想言论和文字作为定罪量刑的标准，打击异端邪说。这是传统“造妖书妖言罪”的扩大化，是用法律手段推行思想专制的典型表现
  3. 文字狱不是独立罪名，一般都比照“谋大逆”判罪

元明清法律制度——清朝法律制度——民事立法

- 民事主体的变化
  1. 废除明律规定的籍匠制度。以雇募工匠代之，保障手工业工人的人身自由
  2. 雇工人的地位有所改善。雇工人侵犯雇主及其期亲要加等处罚，而雇主侵犯雇工人则比照“凡人相犯”减罪三等。清朝因此多次修订条例。乾隆后期雇工人的范围有所缩小，从事农业劳动、商业服务的雇工不再属于雇工人之列
  3. 部分贱籍豁免为良。将多地的贱民豁除贱籍，除贱为良
  4. 奴婢可以开户为民。本人不准应考出仕，但其子孙则无限制
- 民事立法的变化
  1. 律文与律后附例成为民事立法的基本形式
  2. 《户部则例》的颁布成为清朝民事立法发展的重要标志
- 债权制度的发展
  1. 契约订立更加规范，内容也更为详备
     - （1）清朝规定官版契约的规格样式，要求立约人按照格式填写。民间自立契约，要与官版格式相同
     - （2）凡书面契约必须包括标的、酬金、期限、立约人权利义务等内容，甚至有的契约必须有中人、保人的附署
     - （3）在清朝，凡交纳契税、加盖官印和粘连契尾的，称之为红契。发生纠纷时，受到法律的严格保护
     - （4）未交纳契税、加盖官印及粘连契尾的，称之为白契，可以获得民间承认，对立约双方具有约束力，但不像红契那样受到官府的保护
  2. 严格区分买卖与典当契约的界限
     - （1）在买卖契约中，须注明有“绝卖”“永卖”字样，标明出让物的所有权，取得物的全部价值，不能回赎
     - （2）典当契约中没有“绝卖”等字样，即出让物的使用权，取得相应的价值，而保留回赎的权利
     - （3）典当契约无须经过官府加盖官印和缴纳契税，也无须到官府过割赋税
     - （4）典契有效期为 10 年，在 10 年之内（包括 10 年），可以回赎
  3. 明确房屋出典后的风险责任
     - （1）关于房屋出典后的风险责任，宋元以来的法律均无规定
     - （2）清乾隆十二年定例对此作了详细的规定
     - （3）出典的房屋失火烧毁，在年限未满的情况下，由双方各出价一半合伙起造，典期延长 3 年，3 年后业主（出典人）仍以原价取赎

元明清法律制度 —— 清朝法律制度

- 民事立法 —— 继承制度
  - 1. 严格继承的法定顺序
    - （1）清朝的继承分为身份继承与财产继承，身份继承包括宗祧继承与封爵继承
    - （2）清朝严格宗祧继承制度，通常以嫡长子为法定第一顺序继承人。无嫡长子者立嫡长孙，其下按嫡次子、嫡次孙、庶长子、庶长孙、庶次子、庶次孙的顺序继承
    - （3）封爵继承，也按嫡长子优先原则，其继承顺序与宗祧继承顺序相同
  - 2. 规定独子兼祧制度
    - （1）规定同宗独子可以实行兼祧，即一子可以继承两房宗祧
    - （2）禁止乞养异姓义子，否则杖八十
    - （3）立嗣关系成立之后，不得随意解除，违者，杖一百
  - 3. 确立遗嘱继承的法定效力
    - （1）确立遗嘱继承的法定效力，无论家长遗嘱分配是否公允，子孙必须遵从，不得表示异议
    - （2）只有当家长生前没有立遗嘱时，才实行“诸子均分”的析产制度。即“不问妻妾婢生，止以子数均分”
    - （3）女子一般没有继承权。只是在户绝之家，其财产由“所生亲女承分，无女者入官”。妇人夫亡无子守志者，可以继承丈夫财产。但立嗣后，财产归嗣子。赘婿与养子也享有一定的继承份额
- 经济立法
  - 海禁政策与对外贸易立法
    - 1. 凡将金银、车马、牛只、军需、铁器、绸缎、铜钱等物品私自下海货卖者，均杖一百
    - 2. 严厉的海禁政策，割断了中国与外部世界的联系，丧失了与外界交往、向西方学习的机会，造成清朝后期迅速衰败，遭受西方列强的肆意欺凌的局面
  - 专卖制度
    - 1. 广设钞关，重征商税，打击商人
    - 2. 以严刑峻法推行禁榷制度，对盐、茶、矾等高利润的民生物资，实行官府垄断经营
    - 3. 在《大清律例》中，还规定了“盐法”“阻坏盐法”“私茶”“私矾”等专门条款
    - 注意：清朝对盐、茶、矾实行禁榷制度，汉代是盐、铁、酒，唐代是盐、茶、酒，注意区分

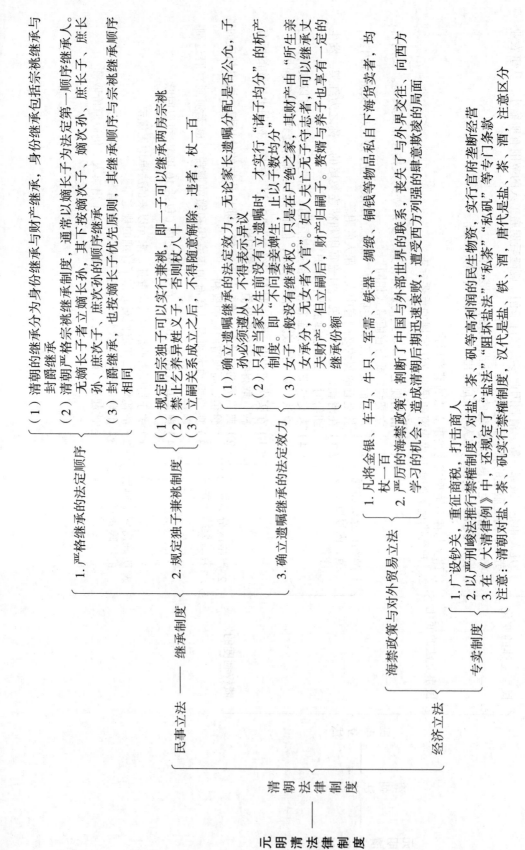

元明清法律制度 —— 清朝法律制度 —— 司法制度

- 中央司法机关
  - 1.“三法司”—— 刑部、大理寺、都察院共同构成皇帝之下的最高司法审级。其中，刑部主审、大理寺复核、都察院监督，相互合作、相互制约，共同向皇帝负责，组成了一个比较完整的中央司法体制
    - （1）刑部
      - 最高司法审判机关，为六部之一，执掌全国“法律刑名”事务，下设十七省清吏司分掌各省审判事务
      - 主要负责
        - ①审理中央百官的犯罪案件
        - ②批结全国军流遣案件
        - ③审理发生在京师的笞杖刑以上案件
        - ④处理地方上诉案及秋审事宜
        - ⑤主持司法行政与律例修订事宜
    - （2）大理寺 —— 负责案件复核的“慎刑”机构，主要职责是复核死刑案件，平反冤狱，同时参与秋审、热审等会审。如发现刑部定罪量刑有误，可提出封驳
    - （3）都察院 —— 全国最高监察机关，负责督察百官风纪、纠弹不法，同时负有监督刑部、大理寺之责，可对其错误提出纠弹，亦可参与重大案件的会审
  - 2. 专门审理旗人案件及少数民族案件的司法机构
    - （1）内务府慎刑司 —— 审理辖区内的满人诉讼，徒罪以上移交刑部，有时也承审奉旨交办的案件
    - （2）宗人府 —— 管辖皇族宗室诉讼
    - （3）步军统领衙门 —— 京师地区的满族司法机构
    - （4）理藩院 —— 管辖少数民族事务的中央机构，也是内外蒙古、青海、回疆地区的上诉审机关。下设理刑司，专掌司法审判
- 九卿会审 —— 依清朝规定，凡全国性重大案件，由六部尚书、大理寺卿、都察院左都御史、通政司通政使等九个重要官员组成会审机构会同审理，并将审理结果报请皇帝裁决。此制源于明朝九卿会审（又称圆审）

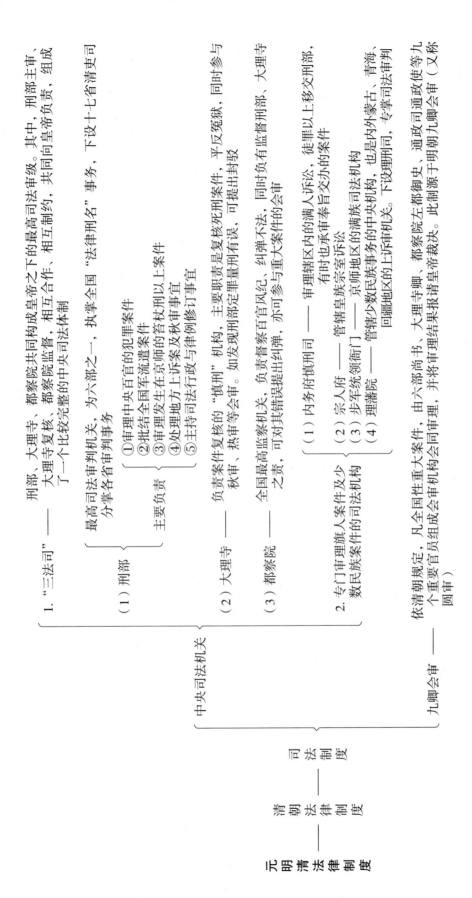

元明清法律制度——清朝法律制度——司法制度

诉讼程序与审判制度

1. 刑事审判程序
   - （1）笞杖刑案件由州县自行审结
   - （2）凡应拟徒刑的案件，由州县初审，依次经府、按察司、督抚逐级审核，最后由督抚作出判决
   - （3）流刑、充军等案，由各省督抚审结后咨报刑部，由刑部有关清吏司核拟批复，交各省执行
   - （4）死刑重案，由州县初审然后逐级审转复核，经督抚向皇帝具题，最终由“三法司”核拟具奏
   - （5）发生在京师的死刑案则由刑部直接审理，题奏于皇帝，再经三法司拟核。所有死刑案件最终须经皇帝勾决，才能执行
2. 民事案件，一般均由州县或同级机关自行审理和作出判决，无须逐级审转
3. 严格限制告诉权
   - （1）凡依律应属容隐之人，一律不得赴官陈控，包括奴婢、雇工等，均不得控告家长
   - （2）狱中罪犯不得告举他事
   - （3）地方司法由州县至督抚共分四个审级，禁止越诉行为。诉讼当事人若不服判决，可逐级上诉申控，但不得越过本管机关径赴上司申诉，违者即使所控属实亦应笞五十，或将本人并同代书诉状之人一体按“光棍”例治罪
4. 清朝实行审判回避，凡主审官吏若与诉讼当事人有亲属、仇嫌关系，均应移交回避
5. 官府审判案件时应依所告本状推问，不得于状外别求他事定人罪

秋审制度

1. 清朝形成了秋审、朝审、热审等比较规范的会审体制
2. 秋审是清朝最重要的死刑复审制度，因在每年秋天举行而得名。秋审是清朝独有的制度，源于明朝的朝审
3. 秋审审理的对象是全国上报的斩监候、绞监候案件，每年秋八月在天安门金水桥西由九卿、詹事、科道以及军机大臣、内阁大学士等重要官员会同审理
4. 秋审被看成是“国家大典”，《秋审条款》是进行秋谳大典的法律依据
5. 清朝针对死刑有一种独特的制度，即立决和监候制度。清律规定，除凌迟外，死刑有斩、绞两种，分为立决与监候两种情形。一般罪名确实，应该处死者，可判斩立决或绞立决，即在当年的法定执行期内处死。如罪有可疑，或情有可悯，则判斩监候或绞监候，在监收押，留待秋审时再审
6. 秋审案件经过复审程序后，分5种情况处理
   - （1）情实：指罪情属实、罪名恰当者，奏请执行死刑
   - （2）缓决：案情虽属实，但危害性不大者，可再押监候办，以待下次秋审。凡三经秋审定为缓决，可免死减为流三千里，或减发烟瘴极边充军
   - （3）可矜：指案情属实，但情有可原，可免于死刑，一般减为徒、流刑
   - （4）可疑：指案情尚未完全明了的，则驳回原省再审
   - （5）留养承祀：指案情属实，罪名恰当，但有亲老丁单情形，合乎申请留养条件者，按留养案奏请皇帝裁决。经皇帝批准，可以改判重杖，枷号示众三个月

元明清法律制度——清朝法律制度——司法制度——幕友胥吏的作用

- 幕友
  1. 幕友是由官员私人聘请的政法顾问，俗称“师爷”
  2. 明清时规定一切地方司法行政事务必须由州县长官亲自处理，而官员大多是科举出身的士子，平时所学、科举所考与任官事务毫不相干，尤其不熟悉复杂多变的律例，只能聘请一些有政治法律知识的读书人为顾问，幕友以专办司法审判事务的“刑名幕友”地位最高。刑名幕友帮助官员对民间诉状作出批词，确定审理的时间及审理方法，草拟判词
  3. 清初官员倚仗幕友办案已成惯例，各级地方官及中央司法部门长官都有幕友帮助
- 胥吏——胥吏是各级政府衙门中从事文书工作的人员，他们熟悉本地情况及当地审判惯例
- 幕友、胥吏往往勾结作弊，敲诈勒索，贪赃枉法，使法制受到很大破坏，使清朝司法实践状况更为黑暗

清末民初的法律制度

清末法律制度

预备立宪

预备立宪的社会历史背景

1. 所谓“预备立宪”，是清政府在20世纪初进行的以预备“仿行宪政”为名的政治活动
2. “预备立宪”的实质，是清政府用宪政争取和拉拢资产阶级立宪派，抵制革命运动，进一步取得帝国主义的支持，巩固清朝的专制统治
3. 自鸦片战争以后，随着西方列强对中国侵略的加剧，清王朝所面临的各种矛盾逐渐尖锐化。清政府企图以实行“新政”为名，缓和各种矛盾，挽救危局
4. 1901年清廷宣布“变通政治”，实行“新政”，宣布预备“仿行宪政”
5. 清政府于1905年正式打出“仿行宪政”的旗号，并派遣五大臣赴日本等国考察宪政，设立考察政治馆，后改为“宪政编查馆”
6. 1906年9月发布“预备立宪谕”，并进行官制改革，1908年颁布《钦定宪法大纲》，1909年各省设立咨议局，1910年成立资政院
7. 在辛亥革命爆发后，清政府又匆匆发布《宪法重大信条十九条》(又称《十九信条》)，但这些并未能挽回颓局，随着清王朝的覆灭，“预备立宪”也随之流产
8. “预备立宪”活动中，最为重要者为两个方面：其一，设立咨议局与资政院；其二，颁布《钦定宪法大纲》和《十九信条》

预备立宪的指导原则

1. 1905年，清廷提出“仿行宪政”，出国考察的五大臣认为立宪有三大利：一曰皇位永固；二曰外患渐轻；三曰内乱可弭
2. 1906年9月，颁“预备立宪谕”，以“大权统于朝廷，庶政公诸舆论”为立宪指导原则

预备立宪的意义

在筹备期内，先要改革官制，以扩大和完善国家职能，为立宪奠定基础。但官制改革强化了满洲亲贵的中央集权，满汉矛盾趋于尖锐，从而加速了清廷的灭亡

《钦定宪法大纲》

1. 《钦定宪法大纲》是清王朝于1908年颁布的宪法文件。它由宪政编查馆编订，是中国历史上的第一个宪法性文件
2. 《钦定宪法大纲》共23条，分为正文“君上大权”和附录“臣民权利义务”两部分
3. 《钦定宪法大纲》无论在结构形式上还是条文内容上，都体现了“大权统于朝廷”的精神。其最突出的特点就是皇帝专权，人民无权。其实质在于给封建君主专制制度披上“宪法”的外衣，以法律的形式确认君主的绝对权力，体现了清廷贵族企图继续维护专制统治的意志和愿望
4. 《钦定宪法大纲》对于皇权的“法定”和关于臣民权利与义务的第一次明确规定，对于启发民智、培养近代法律意识具有一定的积极意义

清末民初的法律制度

- 清末法律制度
  - 预备立宪
    - 咨议局和资政院
      - 1. 咨议局
        - 咨议局是清末“预备立宪”时期清政府设立的地方咨询机关，于 1909 年开始在各省设立。咨议局具有地方议会的性质
        - （1）咨议局活动的宗旨在于“指陈通省利病，筹计地方治安”，其权限是讨论本省兴革事宜、决算预算、税收、公债以及选举资政院议员、申复资政院或本省督抚的咨询等
        - （2）其所议定事项，可决权全在本省督抚，督抚对于咨议局，不仅有监督、裁夺之权，而且有令其停会及奏请解散之权
      - 2. 资政院
        - 资政院是清末“预备立宪”时期清政府设立的中央咨询机关，于 1910 年正式设立
        - （1）该院可以“议决”国家的年度预决算，税法与公债，法典的修订、修改以及其余奉“特旨”交议事项
        - （2）资政院形式上的一切决议均须报请皇帝定夺，皇帝还有权谕令资政院停会或解散
        - （3）资政院形式上具有近现代国家议会的性质
      - 3. 意义 —— 咨议局和资政院是中国历史上亘古未有的机构，它们的设立是君主专制政权对资产阶级作出的让步和妥协，也是民主宪政迈开的第一步
    - 《十九信条》
      - 1.《十九信条》全称《宪法重大信条十九条》。它是清政府于辛亥革命爆发后制定的又一个宪法性文件，也是清朝统治者立宪骗局破产的记录
      - 2.《十九信条》由资政院在 1911 年拟定
      - 3.《十九信条》在形式上被迫缩小了皇帝的权力，相对扩大了国会和总理的权力。《十九信条》是一部临时宪法，采行君主立宪政体，规定皇帝权力限于宪法所规定；宪法由资政院起草议决，由皇帝颁布之；内阁对国会负责
      - 4.《十九信条》仍然强调“大清帝国皇统万世不易”“皇帝神圣不可侵犯”，但对于人民的权利只字未提，更暴露出其虚伪性
      - 注意：《十九信条》是由资政院编订，而《钦定宪法大纲》是由宪政编查馆编订

清末民初的法律制度

清末法律制度

修律活动

- 修律的指导思想
  - 1. 修律的指导思想——“中外通行，有裨治理”
  - 2.1900 年以后清政府的法律改革活动统称为“清末修律”——其基本宗旨在于
    - （1）“折中世界各国大同之良规，兼采近世最新之学说”，且“务期中外通行”。即为适应时变，要吸收引进西方近现代法律形式、法律制度
    - （2）“不戾乎中国数千年相传之礼教民情”，即变法修律不能违背中国传统的封建伦理道德，不能从实质上损害中国的封建政治制度与封建社会秩序，以达到“有裨治理”、巩固统治的目的。注意与预备立宪的基本原则相区分
- 修订法律馆
  - 1. 修订法律馆是清末负责修订法律的专门机关，1902 年筹建，1904 年正式办公，以沈家本、伍廷芳为修订法律大臣
  - 2. 修订法律馆的职责：拟订奉旨交议的各项法律，拟订各项法典草案，删订旧有律例及编纂各项章程。清末修律的大部分工作都是修订法律馆承担的，它开启了中国传统法律近代化的道路
- 《大清现行刑律》
  - 1.《大清现行刑律》是清政府于 1910 年 5 月 15 日颁行的一部过渡性法典。它是在《大清律例》的基础上稍加删改而成的，共 36 卷 389 条，另有附例 1 327 条，并附《禁烟条例》12 条和《秋审条例》165 条
  - 2.《大清现行刑律》的变化主要在以下几个方面
    - （1）改律名为“刑律”
    - （2）取消了《大清律例》中按吏、户、礼、兵、刑、工六部名称而分的六律总目，将法典各条按其性质分隶 30 门
    - （3）关于继承、分产、婚姻、田宅、钱债等纯属民事性质的条款不再科刑
    - （4）废除了凌迟、枭首、戮尸、刺字等残酷刑罚和缘坐制度，改笞、杖刑为罚金、苦役，并停止刑讯。将主体刑罚确定为死刑（斩、绞）、遣刑、流刑、徒刑、罚金五种
    - （5）增加了一些新罪名，如妨害国交罪、妨害选举罪、私铸银元罪以及破坏交通、电讯的犯罪等
  - 3.《大清现行刑律》只是在形式上对《大清律例》稍加修改而已，无论在表现形式、法典结构以及具体内容上都不能说是一部近代意义上的专门刑法典

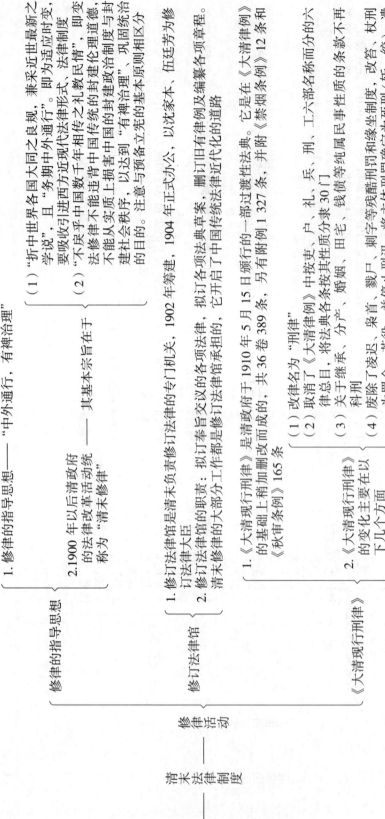

清末民初的法律制度

- 清末法律制度
  - 修律活动
    - 《大清新刑律》
      - 1.《大清新刑律》是中国历史上第一部近代意义上的专门刑法典，但并未正式施行
      - 2.《大清新刑律》分为总则和分则两编，共 53 章 411 条，另附有《暂行章程》5 条
      - 3. 同《大清律例》和《大清现行刑律》相比较，《大清新刑律》在形式上和内容上都有比较大的改动
        - （1）在体例上抛弃了以往旧律“诸法合体”的编纂形式，采用近代西方刑法典的体例，将整部法典分为总则与分则两部分，以罪名和刑罚等专属刑法范畴的条文作为法典的唯一内容，因而成为一部纯粹的专门刑法典
        - （2）确立了新的刑罚制度，规定刑罚分为主刑和从刑两种。主刑包括死刑（仅绞刑一种）、无期徒刑、有期徒刑、拘役、罚金，从刑包括褫夺公权和没收两种
        - （3）采用了一些近代西方资产阶级的刑法原则和近代刑法学的通用术语。如《大清新刑律》采用了罪刑法定主义原则，删除了旧律中的比附制度；采用了近代的法律面前人人平等原则，取消了因官秩、良贱、服制而在刑律适用上所形成的差别；取消了八议制度，并采用了西方资产阶级国家中通用的缓刑、假释、正当防卫等制度和术语，并对少年犯改用惩治教育的办法；等等
      - 4.《大清新刑律》属于近现代意义上的新式刑法典，标志着中国封建法律体系的瓦解和近代法律体系的诞生，是清末修律的代表作。但是，《大清新刑律》对于传统旧律并没有作实质性的修改，特别是附录《暂行章程》依然存在于法典之中，依然保持着旧律传统
    - 《大清民律草案》
      - 1. 结构：《大清民律草案》体例结构取自德国民法典，分为总则、债权、物权、亲属和继承五编，其中，前三编由修订法律馆委托日本法学家松冈义正起草，后两编由修订法律馆会同礼学馆制订
      - 2. 立法原则
        - （1）采纳各国通行的民法原则
        - （2）以最新最合理的法律理论为指导
        - （3）充分考虑中国特定的国情民风，确定最适合中国风俗习惯的法则，并适应社会演进的需要

清末民初的法律制度——清末法律制度——修律活动——《大清民律草案》

- 3. 内容特点
  - （1）民律前三编以“模范列强”为主
    - ①第一编总则，采取了私有财产所有权不可侵犯、契约自由、过失致人损害应予赔偿等资产阶级民法的一些基本原则
    - ②第二编债权，规定了债权的标的、效力、让与、承认、消灭以及各种形式的债的意义和有关当事人的权利义务等
    - ③第三编物权，主要规定了对各种形式的财产权的法律保护及财产使用内容等。下分通则、所有权、地上权、永佃权、地役权、担保物权、占有共7章
  - （2）民律后两编以“固守国粹”为主
    - ①第四编亲属，对亲属关系的种类和范围、家庭制度、婚姻制度、未成年人和成年人的监护、亲属间的抚养等作了规定
    - ②第五编继承，规定了自然继承的范围及顺位、遗嘱继承的办法和效力、尚未确定继承人的遗产的处置办法，以及对债权人和继承人利益的法律保护等
- 4. 地位及影响
  - （1）从整体上说，该法典在许多方面与中国实际严重脱节。但作为中国历史上第一部民法典草案，对今后的立法产生了深远的影响
  - （2）《大清民律草案》仿效的是德国民法典的体例，这一体例对中国产生了重要影响，民国时期的民法典基本也仿效德国民法典。当今中国的民事立法模式也有很深的德国民法典痕迹，制定中的中国民法典也采取德国民法典的体例
  - （3）《大清民律草案》并未正式颁行，但为后世民事立法提供了经验

清末民初的法律制度 —— 清末法律制度 —— 修律活动 —— 商事立法

- 1. 清末的商事立法，按其前后修订过程大致可分为两个阶段
  - （1）1903年到1907年为第一阶段，当时所定商事法规主要有
    - ①《钦定大清商律》
    - ②《公司注册试办章程》
    - ③《商标注册试办章程》与《商标注册试办章程细目》
    - ④《破产律》
  - （2）1907年到1911年为第二阶段，这一阶段的商事立法主要由修订法律馆主持起草
    - ①《大清商律草案》
    - ②《交易行律草案》
    - ③《破产律草案》
    - ④《保险规则草案》
    - ⑤《改订大清商律草案》
- 2. 清政府还制定和颁布了一些与商法有密切关系的法规
- 3. 这一时期已颁行的商事单行法规主要有
  - （1）《银行则例》
  - （2）《银行注册章程》
  - （3）《大小轮船公司注册给照章程》
  - （4）《运送章程》
- 4. 商事立法的主要特点
  - （1）在立法原则上“模范列强”“博稽中外”
  - （2）在法典编纂结构和立法技术上，充分体现照顾商事活动的简便性及敏捷性的要求，以宽为主
  - （3）在一些具体内容上，带有封建残余和半殖民地法律的烙印
  - （4）清末商法仍不失为在客观上适应了当时社会经济发展要求的法律，对它应给予肯定评价

清末民初的法律制度

清末法律制度

修律活动

礼法之争

1. 所谓礼法之争，是指在清末变法修律过程中，以张之洞、劳乃宣为代表的“礼教派”与以修订法律大臣沈家本为代表的“法理派”，围绕《大清新刑律》等新式法典的修订原则而产生的论争
2. 法理派与礼教派争论的焦点主要集中在
   - （1）关于“干名犯义”条存废。“干名犯义”专指子孙控告祖父母、父母的行为。法理派认为不必另立专条，礼教派认为应保存
   - （2）关于“存留养亲”。法理派认为要废除，礼教派认为应当保存
   - （3）关于“无夫奸”及“亲属相奸”等。法理派认为不必编入刑律之中，礼教派认为在新律中也应有专门规定
   - （4）关于“子孙违犯教令”。法理派认为应别设感化院之类，以宏教育之方，不必规定于刑律中。礼教派认为应体现家长该权力
   - （5）关于子孙卑幼能否对尊长行使正当防卫权。法理派认为父子双方应平等，子孙卑幼有权正当防卫。礼教派认为子孙卑幼对尊长无权正当防卫
3. 争论妥协的结果 ——《暂行章程》
4. 影响：礼法之争在客观上对传播近代法律思想和理论起到了一定的积极作用

法院组织法与诉讼法

刑部改为法部，专任司法。大理寺改为大理院，专掌审判

1. 沈家本主持编成《大理院审判编制法》—— 中国近代意义上第一部法院编制法，明确了民刑分理的体制，确认司法独立原则，规定了不同审级的审判方式，引进西方审判监督机制。《大理院审判编制法》确立四级三审制的审级与权限
2. 沈家本组织修订《法院编制法》。引进诸如审判独立、公开审判、民刑分理、审检分立、合议制等西方法制原则
3. 沈家本等起草《刑事民事诉讼法草案》
4. 《大清刑事诉讼律草案》，主张陪审制度和辩护制度、废除刑讯逼供等，是中国刑事诉讼法走向近代化的重要开端，标志着中国古代重实体、轻程序传统的终结
5. 《大清民事诉讼律草案》，主张“当事人主义”、法院不干涉及辩论等原则

清末民初的法律制度 —— 清末法律制度 —— 修律活动 —— 清末修律的主要特点和历史意义

1. 清末修律的主要特点

（1）在立法指导思想上，清末修律自始至终贯穿着“仿效外国资本主义法律形式，固守中国封建法制传统”的方针

（2）在内容上，清末修订的法律表现出封建专制主义传统和西方资本主义法学最新成果的奇怪混合。保守的内容与先进的近代法律形式同时显现于新订的法律法规中

（3）在法典编纂形式上，清末修律改变了中国传统的“诸法合体”的形式，明确了实体法之间、实体法与程序法之间的差别，分别制定、颁行或起草了有关宪法、刑法、民法、商法等方面的法典或法规，形成了近代法律体系的雏形

（4）清末修律是清朝统治者为维护其摇摇欲坠的封建专制统治，在保持君主专制政体的前提下进行的，因而既不能反映人民群众的要求和愿望，也没有真正的民主形式

2. 清末修律的历史意义

（1）清末修律导致中华法系走向解体。传统的“诸法合体”的形式被抛弃，中华法系“依伦理而轻重其刑”的特点也受到了极大的冲击。清末修律标志着延续几千年的中华法系开始解体，中国传统的封建法制开始转变成在形式和内容上都有显著特点的半殖民地半封建法制

（2）清末修律为中国法律的近代化奠定了初步的基础。通过清末大规模的立法，参照西方资产阶级法律建立起来的一整套法律制度和司法体制，对后世特别是北洋政府和南京国民政府法律制度的发展提供了条件

（3）清末修律在一定程度上引进和传播了西方近现代法律学说和法律制度。清末修律在中国历史上第一次全面而系统地向国内介绍和传播了西方法律学说和资本主义法律制度，使得近现代法律知识在中国得到一定程度的普及，从而促进了一部分中国人的近代法治观念的形成

（4）清末修律在客观上有助于推动中国资本主义的发展和法学教育的近代化

清末民初的法律制度 —— 清末法律制度 —— 司法制度的变化 —— 领事裁判权与会审公廨

1. 领事裁判权，乃是外国侵略者在强迫中国订立的不平等条约中所规定的一种司法特权
2. 外国在华领事裁判权正式确立于 1843 年《中英五口通商章程》及随后签订的《虎门条约》中，并在其后签订的一系列不平等条约中得以扩充
3. 外国在华领事裁判权的主要内容
   - （1）中国人与享有领事裁判权国家的侨民间的民事和刑事诉讼案件，均依被告主义原则适用法律和实行司法管辖
   - （2）享有领事裁判权国家的侨民之间在中国发生的诉讼案件，由所属国领事法院或相应机关审理，中国官员一律不得过问
   - （3）不同国家的侨民之间的争讼，一般均适用被告主义原则，由被告一方所属国的领事法院或相应机构审理，中国官员亦不得过问
   - （4）享有领事裁判权国家的侨民与非享有领事裁判权国家的侨民之间的争讼案件，如前者是被告，则适用被告主义原则，如后者是被告，则由中国地方官府或司法机关管辖
4. 领事裁判权确立的后果
   - （1）领事裁判权的确立是帝国主义列强干涉中国内政、操纵中国司法的重要手段，它严重破坏了中国的司法主权
   - （2）领事裁判权制度也是外国侵略者在中国逞凶肆虐、走私贩毒、进行各种犯罪的护身符
   - （3）领事裁判权是外国侵略者肆意侵害中国人民生命和财产、镇压中国人民革命运动的工具
5. 会审公廨
   - （1）会审公廨又称会审公堂，是 1864 年清政府与英、美、法三国驻上海领事协议在租界内设立的专门审判机构
   - （2）凡牵涉外国人的案件，若被告系有约国人，由其本国领事裁判；若被告是无约国人，也须邀一名外国官员“陪审”
   - （3）会审公廨制度的确立，也是外国在华领事裁判权的扩充延伸。在领事裁判权之下的被告主义也被突破，甚至租界内纯粹中国人之间的案件都由外国领事观审并操纵判决

清末民初的法律制度 — 清末法律制度 — 司法制度的变化

- 调整司法机关
  1. 改刑部为法部，掌管全国司法行政事务，以使行政与司法分立，并改省按察使司为提法使司，负责地方司法行政工作及司法监督
  2. 改大理寺为大理院，作为全国最高审判机关。在地方设立高级审判厅、地方审判厅和初级审判厅，形成新的司法系统
  3. 实行审检合署，在各级审判厅内设置相应的检察厅，对刑事案件进行侦查、提起公诉、实行审判监督，并可参与民事案件的审理，充当诉讼当事人或公益代表人
- 改革诉讼审判制度
  1. 在诉讼程序上实行四级三审制度
  2. 规定了刑事案件公诉制度、附带民事诉讼制度、民事案件的自诉及代理制度、证据制度、保释制度等，并承认律师辩护的合法性
  3. 在审判制度上，允许辩论，实行回避、审判公开等，明确了预审、合议、公判、复审等程序并吸收了西方国家的一系列司法原则，如司法独立、辩护制度等，但并未能真正实施
  4. 初步规定了法官及检察官考试任用制度
  5. 改良监狱及狱政管理制度

清末民初的法律制度 —— 南京临时政府法律制度 —— 宪法性文件 —— 《中华民国临时政府组织大纲》

1.《中华民国临时政府组织大纲》是辛亥革命胜利后各省都督府代表会议通过的关于筹建中华民国临时政府的纲领性文件，于 1911 年 12 月 3 日通过，1912 年 1 月 2 日修订，共 4 章 21 条。它第一次以法律形式宣告废除封建帝制，以美国的国家制度为蓝本，确立了中华民国的基本政治体制，规定临时政府为总统制共和政体，实行三权分立原则。这个大纲成后制定《中华民国临时约法》的基础

2. 主要内容
- （1）临时政府为总统制下的共和政府，总统为国家元首和政府首脑，统率军队并行使行政权力
- （2）立法权由参议院行使，参议院由各省都督府委派三名参议员组成。在参议院成立以前，暂时由各省都督府代表会议代行其职权
- （3）临时中央裁判所作为行使最高司法权的机关，由临时大总统取得参议院同意后设立
- 注意：清末最高审判机关是大理院

3. 性质与历史意义
- 性质：《中华民国临时政府组织大纲》具有某种临时宪法的性质，但从内容上看，实际是一个政府组织法
- 历史意义
  - （1）用法律的形式肯定了辛亥革命的成果
  - （2）为以孙中山为首的中华民国南京临时政府的成立提供了法律依据
  - （3）第一次以法律的形式确认共和政体的诞生，宣告了封建专制制度的灭亡，因而具有进步意义。但是该组织大纲对于人民的民主权利没有任何反映，显示出《中华民国临时政府组织大纲》及依据《中华民国临时政府组织大纲》产生的中华民国的资产阶级性质
- 注意：《中华民国临时政府组织大纲》采用的是总统制，但《中华民国临时约法》为了限制袁世凯，采用了责任内阁制

清末民初的法律制度——南京临时政府法律制度——宪法性文件——★《中华民国临时约法》

1.《中华民国临时约法》（以下简称《临时约法》）是南京临时政府于1912年3月11日公布的一部重要的宪法文件，共7章56条。它规定了中华民国为民主共和国，规定了资产阶级民主共和国的政治制度和人民的权利义务

2. 性质与主要内容

（1）《临时约法》具有中华民国临时宪法的性质，作为一部资产阶级民主共和国性质的宪法文件，它体现了资产阶级的意志，代表了资产阶级的利益，具有革命性、民主性

（2）《临时约法》是辛亥革命的直接产物，它以孙中山的民权主义学说为指导思想。《临时约法》使民权主义所确立的政治方案和原则通过法律的形式进一步具体化

（3）《临时约法》确立了资产阶级民主共和国的国家制度。它以根本法的形式宣判了封建君主专制制度的死刑，确认了中华民国的合法性。它规定了国家的资产阶级共和国性质，肯定了辛亥革命的积极成果，更广泛地宣传了资产阶级共和国的思想

（4）《临时约法》肯定了资产阶级民主共和国的政治体制和组织原则。依照资产阶级三权分立原则，《临时约法》采用责任内阁制，规定临时大总统、副总统和国务员行使行政权力，参议院是立法机关，法院是司法机关，并规定了其他相应的组织与制度

（5）《临时约法》体现了资产阶级宪法中的一般民主自由原则，规定人民享有一系列权利。这些规定反映了辛亥革命的积极成果，表现了资产阶级革命派标榜的民主精神

（6）《临时约法》确认了保护私有财产的原则，在客观上有利于资本主义的发展。但同时也清楚地表现了《临时约法》的资产阶级性质

3. 主要特点

（1）在国家政权体制上，改总统制为责任内阁制，以限制袁世凯的权力

（2）在权力关系的规定上，扩大参议院的权力以抗衡袁世凯

（3）在《临时约法》的程序性条款上，规定特别修改程序以制约袁世凯

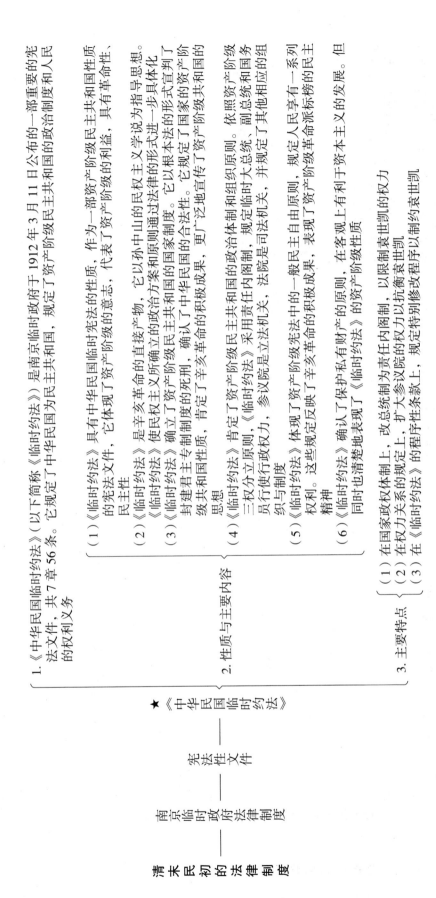

- 清末民初的法律制度
  - 南京临时政府法律制度
    - 宪法性文件
      - ★《中华民国临时约法》
        - 4. 历史意义
          - （1）它肯定了辛亥革命的成果，彻底否定了中国数千年来的封建君主专制制度，肯定了资产阶级民主共和制度和民主自由原则，在全国人民面前树立起“民主”“共和”的形象
          - （2）它所反映的资产阶级的愿望和意志，在当时条件下是符合中国社会发展趋势的，也在一定程度上反映了人民群众的民主要求
          - 注意：由于历史条件的限制，《临时约法》也存在明显的不足和严重的缺陷，其中既有立宪观念的问题，也有立法技术的问题，但这并不影响其历史意义
    - 其他革命法令
      - 保障民权的法令
        - 1.《大总统通令开放疍户惰民等许其一体享有公权私权文》，明确宣布废除清朝法律中对所谓“贱民”的歧视和限制
        - 2.《大总统令内务部禁止买卖人口文》，责成内务部切实采取措施禁止买卖人口，革除旧社会恶弊
        - 3.《大总统令外交部妥筹禁绝贩卖猪仔及保护华侨办法》，责成外交部采取切实办法禁绝贩卖劳工，并切实保护海外华侨的利益
      - 发展经济的法令
        - 1.《保护人民财产令》，保护人民财产，同时对清政府及其官吏的财产规定了不同的处理办法
        - 2.《慎重农事令》，主要内容是要求切实保护农民，迅速恢复农业生产
      - 社会改革的法令
        - 1. 禁烟
        - 2. 禁赌
        - 3. 剪辫
        - 4. 劝禁缠足
        - 5. 改革称呼旧制

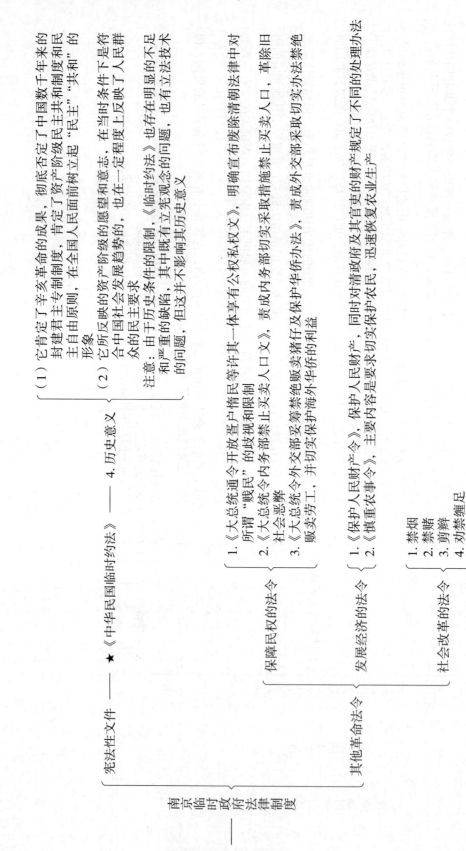

清末民初的法律制度 —— 南京临时政府法律制度

- 其他革命法令 —— 文化教育的法令
  1. 颁布《普通教育暂行办法及课程标准》《禁用前清各书通告各省电文》等法令，规定奖励女学，实行男女同校，废止读经，禁用前清学部颁行的教科书
  2. 临时政府教育部通电各省，要求废除有碍民国精神的科目
  3. 进行社会教育，明令各省筹办“共和宣讲社”，宣传革新事实、共和国民之权利义务以及尚武、鼓励实业等新的社会风尚，注重公民道德
- 司法制度
  - 中央司法机关
    1. 最高司法行政机关为司法部，设总长一人，次长一人，其职责是管理“关于民事刑事诉讼事件、户籍、监狱、保护出狱人事务，并其他一切司法行政事务，监督法官”
    2. 按《临时政府组织大纲》规定而设的临时中央审判所，为最高审判机关
  - 司法改革的主要措施
    1. 确立司法独立的原则。法官独立审判，不受上级官厅干涉，保障法官独立审判权
    2. 禁止刑讯。发布“禁止刑讯令”，规定不论行政司法官署及何种案件，一律不准刑讯；注重证据；焚毁不法刑具
    3. 禁止体罚。颁布“禁止体罚令”，审判案件不准再用笞杖、枷号及其他不法刑具，改为处罚金、拘留
    4. 试行公开审判及陪审制度
    5. 试行律师制度。辛亥革命后，苏、沪、杭等地区纷纷成立律师组织，并向政府申请领证注册。1912 年 3 月，拟定《律师法草案》呈报临时大总统

清末民初的法律制度 —— 北洋政府法律制度

- 立法概况
  - 立法原则
    - “隆礼”与“重刑”并重 —— 用礼教和重刑来维护统治。“隆礼”就是通过倡导伦理纲常维护其政权，“重刑”就是实行严刑峻法
    - 在乱世用重典的思想指导下，北洋政府刑事立法总的趋势是从重、从快地打击和惩治各类违法犯罪
  - 立法活动的特点
    - 1. 采用、删改清末新订法律
    - 2. 采用西方资本主义国家的某些立法原则
    - 3. 制定颁布众多单行法规，其效力高于普通法。特别法优于普通法
    - 4. 判例和解释例成为重要的法律渊源
    - 注意：此处吸纳了英美法的一些做法
- 制宪活动与宪法性文件 ——《中华民国宪法草案》
  - 1.《中华民国宪法草案》是北洋政府时期的第一部宪法草案，于 1913 年 10 月 31 日由国会宪法起草委员会三读通过，被称为“天坛宪草”
  - 2.“天坛宪草”共 11 章 113 条，采用资产阶级三权分立的宪法原则，确认了民主共和制度，体现了国民党等在野派势力通过制宪限制袁世凯权力的意图
    - （1）在政权体制上，“天坛宪草”继续肯定责任内阁制
    - （2）“天坛宪草”规定了国会对总统行使诸如解散国会、任命总理等重大权力的牵制权
    - （3）限制总统任期，规定大总统任期五年，只能连选连任一次
    - （4）设立独立于行政机关的审计院
  - 3. 1914 年 1 月袁世凯制造借口解散国民党，“天坛宪草”因此被废弃

清末民初的法律制度 —— 北洋政府法律制度 —— 制宪活动与宪法性文件 —— 《中华民国约法》

1. 北洋政府于1914年5月1日公布的《中华民国约法》，又称“袁记约法”，共10章68条。它是军阀专制全面确立的标志

2. 《中华民国约法》与《临时约法》有着根本性的差别

   （1）《中华民国约法》是对《临时约法》的反动。它以根本法的形式彻底否定了《临时约法》所确立的民主共和制度，而代之以袁世凯的个人独裁。它的出笼使辛亥革命的成果丧失殆尽，成为军阀专制全面确立的标志

   （2）《中华民国约法》完全否定和取消了《临时约法》所规定的责任内阁制，实行总统独裁的政治体制，赋予总统形同封建帝王一样至高无上的地位和权力

   （3）《中华民国约法》取消了《临时约法》规定的国会制，设立有名无实的立法院。在立法院成立前，由纯属总统咨询机关的参政院代行立法院职权，设立国务卿协助总统掌握行政，为袁世凯复辟帝制作准备

   （4）《中华民国约法》规定了人民的基本权利与义务，但无一例外地设定了“于法律范围内”等前提条件，为限制、否定《临时约法》所规定的人民的基本权利提供宪法根据

3. 1914年12月，《修正大总统选举法》出台，规定大总统任期为10年，可连选连任；现任大总统可以推荐继承人，不限制荐贤、荐子，实际上承认了总统可以世袭

清末民初的法律制度——北洋政府法律制度

- 制宪活动与宪法性文件——《中华民国宪法》
  - 1. 北洋政府于1923年10月1日公布的《中华民国宪法》，俗称“贿选宪法”，是中国近代史上公布的第一部正式宪法
  - 2.《中华民国宪法》的特点主要表现在
    - （1）条文完备，形式民主。该宪法以1913年“天坛宪草”为底本，吸纳了宪法学者近十年以来的研讨成果，立法技术较为成熟。宪法规定“中华民国永远为统一民主国”“中华民国主权属于全体国民”。这是对复辟帝制和各种专制政体的彻底否定。该宪法还规定了人民广泛的民主权利，以及代议制、责任内阁制、司法独立、财政审计制度等。这些条文对民主制度的建构，形式上已颇为完备
    - （2）为了平衡各派军阀和大小军阀之间的关系，巩固中央大权，对“国权”和“地方制度”作了专门规定，名义上实行地方自治，实则确认国内军阀的势力范围
- 刑事立法
  - 《暂行新刑律》
    - 1.《暂行新刑律》的产生——1912年3月，袁世凯批准，并通令各司法衙门遵行
    - 2.《暂行新刑律》的体例与内容
      - （1）其篇章体例一如《大清新刑律》，并无改变
      - （2）就其内容而言，仅有两个方面的变化：其一，将有关帝制与皇室特权等与民国体制相违的条款一并删除，如删除“侵犯皇帝”全章12条，删除“毁弃制书”“伪造御玺”等条款并取消《暂行章程》。其二，为适应民国以后的变化，作部分文字、词语改动。如改“帝国”为“中华民国”，改“臣民”为“人民”之类
    - 3.《暂行新刑律》的修订——1912年8月、1914年12月、1915年2月、1919年共4次修订
  - 单行刑事法规
    - 1. 其他单行刑事法规：《戒严法》《治安警察条例》《惩治盗匪法》《陆军刑事条例》《乱党自首条例》《边界禁匪章程》《私盐治罪法》等数十种
    - 2. 这些单行刑事立法的特点：严格限制人民的言论、行动自由；采取重刑方针，严厉镇压反抗军阀统治的活动；恢复部分封建旧刑罚，以达到加强镇压之目的

清末民初的法律制度 —— 北洋政府法律制度 —— 司法制度

- 司法机关的体系
  - 北洋政府成立之初，对清末颁行的《法院编制法》略加删改，更名为《暂行法院编制法》，继续援用。1914 年 1 月又公布《平政院编制令》，从而形成了二元司法体制：普通法院负责民事、刑事案件的裁判，平政院则职掌行政诉讼的裁判。北洋政府后又公布《平政院处务规则》、《行政诉讼法》和《诉愿法》等法律法规，建立了中国最早的行政诉讼制度
  - 1. 审判机关
    - （1）普通法院系统实行四级三审制：中央设大理院，是最高审判机关，设院长一人，总理全院事务。下设民事庭和刑事庭，各设庭长一人，推事若干人。审判案件时，由推事五人组成合议庭，以庭长为审判长
    - （2）省设高等审判厅，设厅长一人，下亦设民事庭和刑事庭，由推事三人组成合议庭
    - （3）城市设地方审判厅，受理二审案件或重要的一审案件。属于第一审者，由推事一人独任审理；属于第二审者，采用合议制
    - （4）县一级设初级审判厅或县知事兼理司法。初级审判厅审理第一审轻微刑事案件及一般民事案件。实际上当时初级审判厅未及建立，仍由县知事兼理司法审判
  - 2. 检察机关 —— 《暂行法院编制法》实行审检分立制度，设置总检察厅、高等检察厅、地方检察厅、初级检察厅，皆设于各该级审判厅官署内，由检察长、检察官组成，独立行使检察职权
- 诉讼审判制度的主要特点
  - 1. 北洋政府的诉讼制度，原则上实行四级三审终审制，并在形式上标榜所谓审判独立、公开审判、辩护原则、上诉制度以及检察官独立行使职权等，但军阀独裁专制的政治本质，决定了上述原则或制度不可能真正贯彻落实
  - 2. 司法的专横与黑暗是北洋政府司法制度的一大弊病，军事审判滥施，利用军法审判干预司法，成为其诉讼审判制度的突出特点

南京国民政府及革命根据地法律制度

南京国民政府法律制度

立法概况

- 指导思想
  - 1. 孙中山的三民主义是南京国民政府的总的立法指导思想
  - 2. 孙中山的“权能分治”理论
    - 权 —— 即政权，是人民管理政府的力量，包括选举、罢免、创制、复决四项权力，由最高政权机关国民大会行使
    - 能 —— 即治权，是政府管理国家事务的权能，包括行政、立法、司法、考试、监察五项，由相应的五院行使
  - 3. 孙中山的“建国三时期”说
    - 军政时期 —— 以革命武装力量扫荡反革命势力，实行军法之治
    - 训政时期 —— 以国民党训练人民行使政权，并制定自治之法
    - 宪政时期 —— 按照五权宪法的方案组织政府，行使国家各项权力
- 主要立法原则与立法阶段
  - 1. 南京国民政府立法活动的主要原则是坚持“党治”，即由国民党垄断立法权
  - 2. 中央政治会议实际上是国民党实行“以党治国”“以党训政”的重要工具
  - 3. 在国民政府的五院中，立法院是“国家最高立法机关”，但其行使立法权时要遵循国民党中央政治会议所确定的立法原则
  - 4. 行政院是最高行政机关，有权向立法院提出法律案及其他议案。司法院、考试院和监察院均可在自己职权范围内向立法院提出法律案，也有权依据法律发布命令。此外，司法院还行使统一解释法令及变更判例之权
  - 5. 立法阶段
    - 第一阶段（1927—1936年），是国民党政权“法统”的形成时期 —— 这一时期的立法主要有两方面：一是建立起以基本法典为核心的“六法”体系，形成了国民政府法律制度的基本框架；二是制定了一系列单行法规
    - 第二阶段（1937—1945年），是国民党政权“法统”的发展时期 —— 这一阶段立法以制定颁布单行法规和法令为主，表现出抗日战争时期特殊条件下立法活动的两面性：一方面国民政府公开颁布了若干关于开展抗日战争，惩治汉奸等单行法规，如《国家总动员法》《惩治汉奸条例》等；另一方面又秘密发布了一些旨在“防共、限共、溶共”的法令，包括《共产党问题处置办法》《防止异党活动办法》等
    - 第三阶段（1946—1949年），是国民党政权“法统”的完善和崩溃时期 —— 国民党力图用法律手段推行其内战时期的基本政策，除《中华民国宪法》外，还颁布了大量法律和特别法规，如《兵役法》《戡乱总动员令》《戒严法》等

南京国民政府及革命根据地法律制度

- 南京国民政府法律制度
  - 立法概况
    - 法律体系与《六法全书》
      - 国民政府法律体系的基本框架是由“六法”，即六大类基本法典所构成的，包括宪法、民法、民事诉讼法、刑法、刑事诉讼法、行政法六大类
      - 以这些大类法规中的基本法典（行政法除外）为中心，各有一整套的关系法规，即低位阶的法律、条例、通则、规程、规则、细则、办法、纲要、标准、准则以及判例、解释例等不同层次和性质的法律，组成一个严密的、层次分明的法律系统
      - 国民政府采取“以法典为纲、以相关法规为目”的方式，将法典及相关法规汇编成《六法全书》，这标志着国民政府六法体系的建构完成，实现了法律形式上的近代化
      - 从规范上来说，六法体系包括以下几个层次
        - 基本法典——构成“六法”体系核心的是宪法、民法、刑法和程序法等基本法典
        - 机关法规——即围绕基本法典而制定的低位阶法规，如条例、细则、办法等
        - 判例、解释例——最高法院依照法定程序作成的判例和司法院大法官会议作出的解释例和决议
    - 法律制度的主要特点
      1. 以孙中山的“遗教”为立法的根本原则
      2. 特别法多于普通法，其效力往往也高于普通法
      3. 形成了以《六法全书》为标志的国家成文法律体系。六法体系的建立，标志着中国法律近代化在形式上达到了顶点
      4. 不成文法在法律体系中占据重要地位。国民政府最高法院的判例、司法院的解释例、司法机关认可的习惯以及法理，都可以作为司法机关行使审判权的依据
      5. 南京国民政府延续了清末以来的法律改革，进一步把西方资本主义国家的部分法律原则、法律体系和法律制度引入中国，并结合中国的实际情况加以吸收、发展，形成了以《六法全书》为代表的法律体系，从而把近代中国半殖民地半封建法律制度的建设推向顶峰
  - 宪法性文件与宪法——《训政纲领》
    1. 《训政纲领》于 1928 年 10 月由国民党中央常务会议通过，是国民党政权进入“训政”时期的纲领性文件。规定在训政时期，由中国国民党全国代表大会代表国民大会，领导国民行使政权。在国民党全国代表大会闭会期间，则由国民党中央执行委员会行使政权
    2. 《训政纲领》的特点：确认国民党为最高训政者，把国民党全国代表大会及国民党中央执行委员会规定为国家最高权力机关，把国民党中央政治会议变为政府的直接领导机关，从而建立了国民党一党专政、实质为蒋介石个人独裁的政治制度

- **南京国民政府及革命根据地法律制度**
  - 南京国民政府法律制度
    - 宪法性文件与宪法
      - 《中华民国训政时期约法》
        - 1.《中华民国训政时期约法》于1931年5月5日由“国民会议”制定，同年6月1日由南京国民政府公布施行
        - 2. 主要内容
          - （1）建立国民党一党专政的国家制度
          - （2）规定五院制的政府组织形式
          - （3）罗列一系列公民权利与自由，但又多加限制
          - （4）利用国家的名义，发展官僚资本
        - 3.《中华民国训政时期约法》是蒋介石集团为巩固其独裁统治的需要而制定的。用根本法的形式确立国民党一党专政和蒋介石个人独裁的政治制度，乃是该约法的突出特点
      - 《中华民国宪法草案》
        - 1.1936年5月5日，经国民党中央审查和蒋介石批准，由政府公布《中华民国宪法草案》，即“五五宪草”
        - 2. 该宪法草案共8章148条，因时局变化未付诸议决，但却成为《中华民国宪法》的蓝本
      - 《中华民国宪法》
        - 1. 该宪法于1947年实施
        - 2. 结构特点 —— 《中华民国宪法》共14章175条，其基本精神与《中华民国训政时期约法》和“五五宪草”一脉相承，但碍于政协通过的“宪法修改原则”的重大影响，又不得不在具体条文上有所变动
        - 3. 主要内容
          - （1）依三民主义、五权宪法确定国体与政体
          - （2）规定国民大会为全国最高政权机关，但对其职权加以限制
          - （3）形式上采用总统制，但总统的权力受立法院、行政院、监察院的制约
          - （4）规定人民各项民主自由权利及必要的宪法义务
          - （5）采取中央与地方分权体制，形式上赋予省、县两级地方政府以自治权
        - 4. 实质 —— 如果单纯从宪法条文上看，《中华民国宪法》可以算是当时最为民主的宪法之一。但是形式上的民主却是服务于国民党一党专政和蒋介石个人独裁的工具

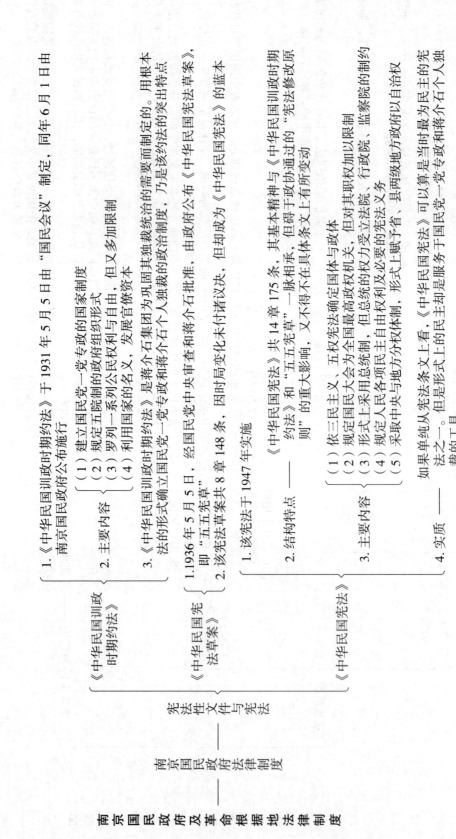

南京国民政府及革命根据地法律制度

南京国民政府法律制度

刑事立法

《中华民国刑法》

1.1927 年，国民政府以北洋政府《暂行新刑律》和改定的第二次刑法草案为基础，于 1928 年 3 月公布了第一部《中华民国刑法》，通称“旧刑法”

2.1935 年 1 月 1 日公布修订第二部《中华民国刑法》，通称“新刑法”。与旧刑法相比，其不同点：由“客观主义”改为“侧重于主观主义”，强调犯罪性质而非客观后果；由“报应主义”改为“侧重于防卫社会主义”，强调“保全与教育机能”，从而引进保安处分制度

3. 新刑法的主要特点

（1）原则体例均效法西方刑法
（2）规定“罪刑法定”原则
（3）在时间效力上取“从新从轻主义”，但保安处分取“从新主义”和裁判后的“附条件从新主义”
（4）在空间效力上以属地主义为主，属人主义为辅，兼取特定犯罪的保护主义和世界主义
（5）刑罚分主刑、从刑，另有保安处分
（6）设定多种罪名镇压共产党及民众的反抗行为
（7）维护封建夫权和家庭伦理关系，从定罪和处刑不同角度维护尊卑等级制度

刑事特别法

制定了一系列刑事特别法，并赋予其高于刑法典的效力，锋芒大多是指向共产党和民主进步人士。主要有 1927 年 11 月颁布的《惩治盗匪暂行条例》；1928 年 3 月公布的《暂行反革命治罪法》；1931 年 3 月施行的《危害民国紧急治罪法》；1939 年秘密发布的《共产党问题处置办法》；1947 年 12 月颁布《戡乱时期危害国家紧急治罪条例》

南京国民政府及革命根据地法律制度

- 南京国民政府法律制度
  - 民商事立法
    - “民商合一”的立法体系
      1. 北洋政府成立后，民事法律主要是《大清现行刑律》中有关民事的规范，即“现行律民事有效部分”。同时，北洋政府依照清末民商分立的原则，进行编纂民法典的尝试。1914 年法律编查会（后改称修订法律馆）以《大清民律草案》为基础，结合各省民商事习惯，参照各国最新法例，开始修订民律。1926 年完成民事总则、债、物权、亲属、继承五编草案，称《民律第二次草案》。不久，段祺瑞政府垮台，《民律第二次草案》未能正式通过
      2. 南京国民政府成立后，继续推动民法典的编纂，1929 年国民党中央政治会议通过“民商合一”的制定原则，这是中国近代民商事立法首次采用这一模式。依此原则，凡适合编入民法典的商事法律规范，均编入民法债编；凡公司、票据、海商、保险、商业登记等不宜编入民法者，实行单行立法。这与德国、法国、日本民商法体制及清末单独制定商法典的做法有显著区别
    - 《中华民国民法》
      1. 民法典的制定 —— 总则编于 1929 年 5 月公布；债及物权两编于同年 11 月公布；亲属和继承两编于 1930 年 12 月公布
      2. 民法典的结构 —— 采用了德国民法编制体例结构。法典由 5 编 29 章 1 225 条组成，是中国历史上第一部正式颁行的民法典
      3. 主要内容和特点
         - （1）采用社会本位的立法原则
         - （2）以旧民律草案为基础对其做了大量修正
         - （3）重在维护私有财产所有权及地主土地经营权
         - （4）婚姻家庭制度体现浓厚封建色彩
         - （5）采取民商合一的编纂体例

      注意：民法典以维护有产者的权利为主旨，从未实行过“耕者有其田”“节制大资本”的社会改革政策

南京国民政府及革命根据地法律制度

南京国民政府法律制度

民商事立法 —— 商事立法

1. 银行法 —— 包括1927年的《中央银行条例》《中国银行条例》《交通银行条例》、1931年的《银行法》、1934年的《储蓄银行法》、1935年的《中央银行法》等
2. 交易所法 —— 1929年的《交易所法》
3. 票据法 —— 1929年的《票据法》
4. 公司法 —— 1929年颁布《公司法》，1946年修订
5. 海商法 —— 1929年和1930年先后颁布了《海商法》及其施行法
6. 保险法 —— 1929年公布《保险法》
7. 破产法 —— 1934年公布《商人债务清理暂行条例》，次年又颁布《破产法》和《破产法施行法》取代之

司法制度

普通法院系统

1. 国民政府的普通法院分地方法院、高等法院、最高法院三级
   - （1）一般县市设地方法院，审理民事、刑事第一审案件及非诉事件
   - （2）省、特别区和直辖市设高等法院，审理一审上诉和抗告案件，以及“内乱”“外患”“妨害国交”等罪的第一审案件
   - （3）最高法院设于首都，审理不服高等法院判决、裁定的上诉、抗告案件
2. 实行三级三审制，第三审为“法律审”
3. 实行审检合署制，检察机关置于法院内。检察官职权包括侦查、起诉、担当自诉、指挥刑事裁判的执行及其他法定职责
4. 司法院为最高司法机关，设立于1928年，总揽各项司法事务。1947年，根据新的《司法院组织法》，司法院设大法官会议，行使解释宪法及统一解释法律命令之职权

注意：国民政府早期实行四级三审制，1932年公布的《法院组织法》改为三级三审制

特种刑事法庭

1. 始设于1927年，是受理特种刑事审判程序案件的法庭
2. 设立中央特种刑事法庭和高等特种刑事法庭，分别设于南京和司法行政部指定的地方，对其裁判不得上诉或抗告
3. 设立特种刑事法庭为迫害共产党人和爱国进步人士提供了组织及程序保障

诉讼审判制度

1. 采取严密的侦查制度。检察官权力极大，司法警察、宪兵、军士、特务等也有刑事侦查权力
2. 实行“自由心证”的诉讼原则
3. 实行政治案件的秘密审判制度和陪审制度
4. 扩大并强化军事和军法机关的审判
5. 维护帝国主义在华军队的特权

南京国民政府及革命根据地法律制度 —— 革命根据地法律制度 —— 工农民主政权法律制度

- 宪法性法律 ——《中华苏维埃共和国宪法大纲》
  - 1.1931 年 11 月 7 日第一次全国工农兵代表大会在江西瑞金召开，通过了《中华苏维埃共和国宪法大纲》。1934 年 1 月的全国工农兵代表大会第二次会议对《中华苏维埃共和国宪法大纲》作了某些修改，最主要的是在第一条内增加了“同中农巩固的联合”条文
  - 2. 主要内容
    - （1）规定了苏维埃国家性质是工人和农民的民主专政国家
    - （2）规定了苏维埃国家政治制度是工农兵代表大会
    - （3）规定了苏维埃国家公民的权利和义务，包括政治、经济、文化等各方面
    - （4）规定了苏维埃国家的外交政策
  - 3. 意义
    - （1）是第一部由劳动人民制定、确保人民民主制度的根本大法，是中国共产党领导人民反帝反封建的工农民主专政的伟大纲领
    - （2）它同资产阶级的约法以及旧中国反动政府制定的宪法有本质的区别
    - （3）它肯定了革命胜利成果，提出了斗争的方向。尽管受到“左”倾思想的影响，但仍是划时代的宪法性文件
    - （4）它的颁行调动了苏区人民的积极性，为以后制定民主宪法提供了宝贵经验
  - 注意：由于缺乏宪政经验和受到“左”倾思想的影响，《宪法大纲》也存在一定的缺陷，如混淆了民主革命与社会主义的界限；阶级路线上搞“左”倾关门主义；在国家结构问题上照搬苏联经验等
- 土地立法 ——《井冈山土地法》
  - 1. 1928 年 12 月颁行了《井冈山土地法》。该法规定：“没收一切土地归苏维埃所有”，以人口或劳动力为标准，男女老幼平均分配土地
  - 2. 该法的主要错误
    - （1）没收一切土地而不是只没收地主土地
    - （2）土地所有权属于政府，而不是属于农民，农民只有使用权
    - （3）禁止土地买卖

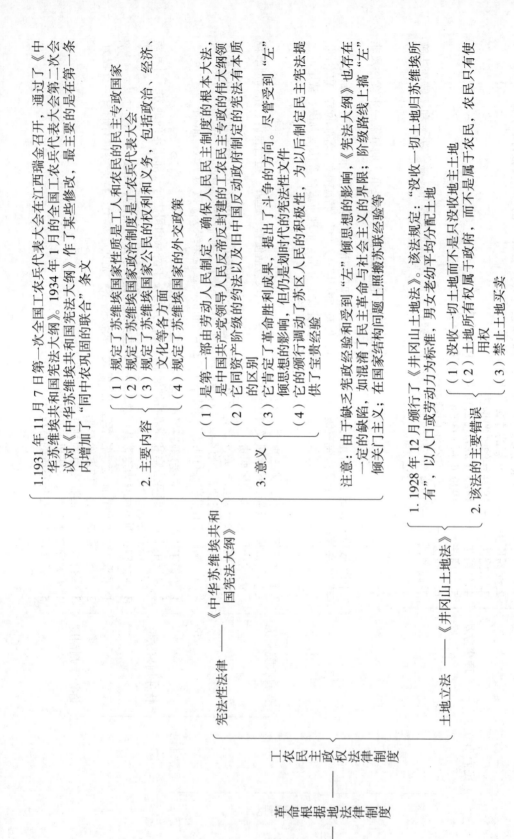

南京国民政府及革命根据地法律制度

- 革命根据地法律制度
  - 工农民主政权法律制度
    - 土地立法
      - 《兴国土地法》
        - 1.1929 年 4 月《兴国土地法》把“没收一切土地”改为“没收一切公共土地及地主阶级的土地”，这是一个原则性的改正
        - 2.1930 年 9 月中共六届三中全会指出：目前革命阶段中，尚未到整个取消私有制度时，不禁止土地买卖和苏维埃法律内的佃租制度
      - 《中华苏维埃共和国土地法》
        - 1.1931 年 11 月《中华苏维埃共和国土地法》由中华工农兵苏维埃第一次全国代表大会通过，这是土地革命后期影响最大、实施地区最广、适用时间最长的土地法
        - 2. 主要内容
          - （1）废除封建土地剥削制度，规定了没收土地财产的对象和范围，宣布废除一切债务契约
          - （2）规定了对于没收来的土地财产的分配办法
          - （3）规定了土地所有权问题。该土地法一方面规定现阶段不禁止土地出租与买卖，同时规定在条件具备的时候实行土地国有制
        - 3. 由于受“左”倾思想的干扰，这部土地法的一些规定也体现了“左”倾倾向，如在土地分配上，规定实行“地主不分田，富农分坏田”的政策。这些“左”倾错误在后来陆续得到纠正
      - 注意：这一时期的三部土地立法都存在一定缺陷，但在不断进步
    - 刑事立法——《中华苏维埃共和国惩治反革命条例》
      - 1.《中华苏维埃共和国惩治反革命条例》于 1934 年 4 月颁行
      - 2. 该条例的主要原则
        - 分清首犯、主犯和附和参与者，区别对待
        - 对自首、自新者减免刑罚
        - 罪刑法定主义与类推原则相结合
        - 废止肉刑，实行革命的人道主义
        - 按阶级成分及功绩定罪量刑
      - 3. 犯罪种类主要有两种
        - （1）反革命罪
          - 其一，危害的客体须是苏维埃政府及革命利益
          - 其二，犯罪主要目的须是意图保持或恢复地主资产阶级反动统治
        - （2）一般刑事犯罪。规定凡工作人员玩忽职守而浪费公款，致使国家受到重大损失者，即构成浪费罪

南京国民政府及革命根据地法律制度 —— 革命根据地法律制度 —— 工农民主政权法律制度 —— 司法制度

1. 司法体制 —— 实行各级司法机构受同级政府领导的体制
2. 实行“审检合一”制，检察机关附设于审判机关内
3. 审判权和司法行政权在中央采取“分立制”，在地方采取“合一制”
4. 设立的司法机关主要有
   - （1）中央设临时最高法庭，地方省、县、区设各级裁判部
   - （2）检察机关附设于同级司法机关内。最高法庭设检察长一人，副检察长一人，检察员若干人。省、县裁判部各设检察员
5. 审判原则
   - （1）司法机关统一行使审判权。其他机关无司法权
   - （2）废除肉刑，重视证据，依靠群众审判反革命分子
6. 审判制度
   - （1）实行四级二审终审制。在特殊地区及紧急情况下，对反革命、豪绅、地主犯罪，剥夺上诉权，一审终审
   - （2）审判公开。涉及秘密的可用秘密方式，但宣判仍应公开，有助于群众监督和法制教育
   - （3）人民陪审。无选举权者不得充当陪审员。主审与陪审员意见分歧，以主审为准。陪审员不脱产，选举产生
   - （4）巡回审判。由各级裁判部在案发地点就地调查，在群众参与旁听下就地解决案件
   - （5）死刑复核。不论被告是否上诉，一律报请上级审判机关复核批准。须上诉期满，被告、原告未上诉与抗诉，上级审判机关批准，原死刑判决方生效
   - （6）合议制度和辩护制度
7. 劳动感化院 —— 1932 年 8 月颁布《劳动感化院暂行章程》，规定了狱政的指导思想及管理制度，是新民主主义狱政制度的雏形

南京国民政府及革命根据地法律制度 — 革命根据地法律制度 — 抗日民主政权法律制度 — 《陕甘宁边区施政纲领》

1.《陕甘宁边区施政纲领》制定于 1941 年。其中增加了“三三制”政权组织形式和保障人权等崭新内容

2. 主要内容
- （1）关于保障抗战的规定。团结边区内各阶级、各抗日党派，发动一切人力、物力、财力、智力抗战，严厉镇压汉奸及反共分子
- （2）关于加强团结的规定。坚持抗日民族统一战线方针，团结边区内各抗日阶级、工人、农民、地主、资本家。主要措施：调节各阶级的关系，地主减租息，农民交租息；改善工作生活，资本家有利可图；一致对外，共同抗日
- （3）关于健全民主制度的规定。将其提到保证全国人民团结的高度。规定几项重大措施
  - ①普遍、直接、平等、无记名投票的选举制度
  - ②保障一切抗日人民的选举权与被选举权
  - ③实行“三三制”政权组织原则，即共产党员占 1/3，非党左派进步人士占 1/3，中间派占 1/3
  - ④保障一切抗日党派、团体、人民的人权、财权及各项自由
  - ⑤人民享有用任何方式控告任何公务人员非法行为的权利
  - ⑥男女平等。提高妇女地位，保护其特殊利益
  - ⑦反对民族歧视，实行民族平等、自治，尊重宗教信仰、风俗习惯
- （4）关于发展经济的规定
- （5）关于普及文化教育的规定

3. 意义
- （1）以反对日本帝国主义，保护抗日人民，调节各抗日阶级利益，改善工农生活，镇压汉奸反动派为基本出发点
- （2）全面、系统地反映了抗日民族统一战线的要求和抗战时期的宪政主张，是实践经验的科学概括与总结

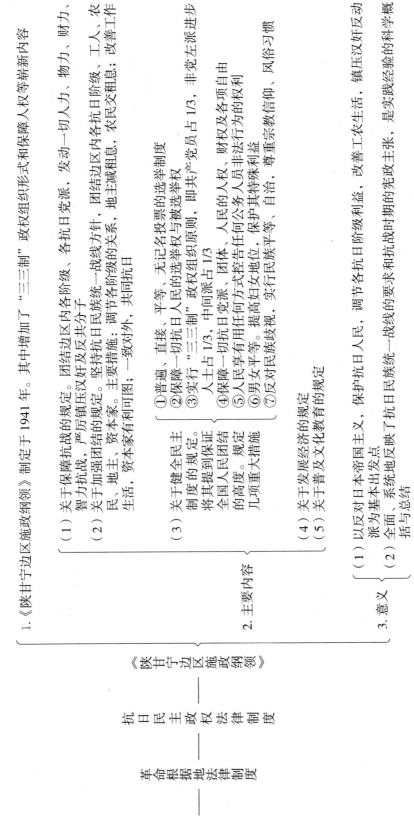

南京国民政府及革命根据地法律制度

- 革命根据地法律制度
  - 抗日民主政权法律制度
    - 土地立法、劳动立法与婚姻立法
      - 以陕甘宁边区为代表，抗日民主政权土地立法的主要内容包括
        - 1. 保护土地所有权。公有土地所有权归边区政府，私有土地所有权人在法定范围内可自由使用、收益、处分（买卖、典当、抵押、赠与、继承）。不论公、私土地所有权均受法律保护，强调保护农民土地所有权
        - 2. 减租交租。按照“二五减租”原则，地主出租土地的地租必须比抗战以前原租额减轻 25%。收租人不得多收、预收、收取押租及欠租作息；承租人不得短少租额
        - 3. 保障佃权。除法定的收回租地的条件外，出租人不得随意收回租地
        - 4. 减租减息，低利借贷。现存债务减息：付息过本一倍，停利还本；过本两倍，本利停付
        - 抗日民主政权土地立法激发了农民的抗日积极性，调整了农村阶级关系，加强了各革命阶级团结，为争取民族抗战的胜利奠定了基础
        - 注意：1937 年《抗日救国十大纲领》首次确立了“减租减息”的原则
      - 劳动立法 —— 1941 年后，各边区政府陆续制定了一批劳动法，其中较典型的有《陕甘宁边区劳动保护条例（草案）》《晋冀鲁豫边区劳工保护暂行条例》等
      - 各边区的抗日民主政府分别制定了若干地区性的婚姻条例，比较有影响的有《陕甘宁边区婚姻条例》《晋察冀边区婚姻条例》《晋冀鲁豫边区婚姻暂行条例》《晋绥边区婚姻暂行条例》《山东省婚姻暂行条例》等 —— 其主要内容
        - 1. 规定了婚姻立法的基本原则，如男女平等、婚姻自由、一夫一妻制以及保护妇女儿童原则等
        - 2. 规定法定最低婚龄
        - 3. 增加了“订婚”“解除婚约”专章
        - 4. 列举离婚条件
        - 5. 规定离婚后的财产处理和子女抚养问题

南京国民政府及革命根据地法律制度 —— 革命根据地法律制度 —— 抗日民主政权法律制度 —— 刑事立法

- 边区政权创造性地发展了工农民主政权时期的刑法原则
  - 镇压与宽大相结合的原则
  - 贯彻平等保障人权的原则
  - 反对威吓报复，实行感化教育
- 主要罪名
  - 1. 汉奸罪 —— 凡以破坏抗战为目的的行为均构成汉奸罪
  - 2. 盗匪罪 —— 以抢劫为目的的各种法律规定的犯罪行为
  - 3. 破坏边区罪 —— 以破坏边区为目的的各种法律规定的犯罪行为
  - 4. 破坏坚壁财物罪 —— 敌后根据地特有罪名，是勾结敌寇挖索、毁损或窃盗边区为防止敌人掠夺而埋藏的财物的行为
  - 5. 其他普通刑事犯罪 —— 包括破坏经济秩序、妨害社会秩序、侵害人身权利民主权利、侵犯财产、妨害婚姻家庭等方面的犯罪
  - 6. 贪污罪 —— 各根据地都制定了单行条例，对于贪污行为规定了极其严厉的惩罚办法。这些法规所定的贪污罪往往是广义的，包括挪用公款、浪费公有财物供私人挥霍享乐、收受贿赂等行为
- 刑罚制度
  - 主刑
    - 1. 死刑 —— 只对汉奸、盗匪、敌特及破坏边区的反革命首要分子判处死刑。宣判死刑，要向群众公布，行刑有检察员临场监验。一律枪决
    - 2. 无期徒刑
    - 3. 有期徒刑
    - 4. 拘役 —— 凡判处 1 日以上 2 个月以下，或 3 个月以下的罪犯，不由监所拘押，而是实行劳动改造，称拘役（又称劳役或苦役），多用于轻微刑事犯罪
    - 5. 教育释放，多适用于轻微犯罪
    - 6. 当庭训诫，适用于犯极轻微罪行者
  - 从刑
    - 1. 褫夺公权
    - 2. 没收财产
    - 3. 罚金

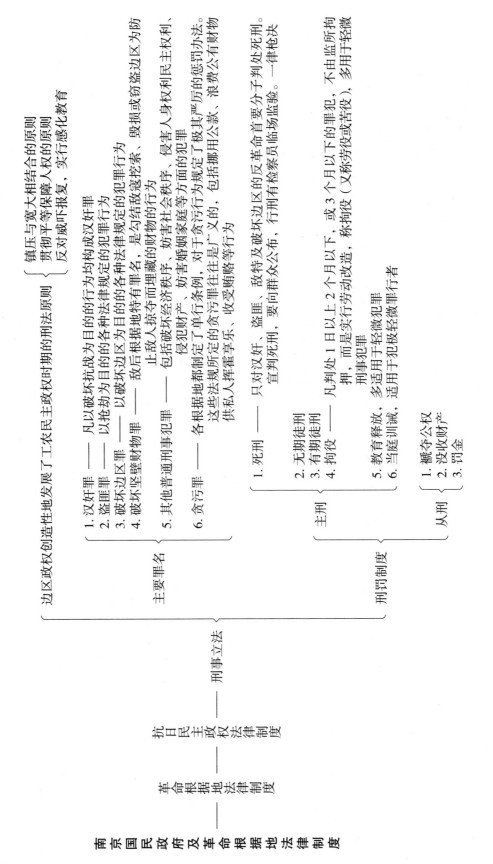

南京国民政府及革命根据地法律制度

- 革命根据地法律制度
  - 抗日民主政权法律制度
    - 司法制度
      - 司法组织体制
        - 1. 抗日战争后期各边区一般都改为自行终审的三级三审制
          - 边区高等法院
          - 高等法院分庭
          - 县市司法处
          - 边区政府审判委员会
        - 2. 此时期诉讼原则发展的主要表现
          - （1）调查研究、实事求是的原则
          - （2）相信依靠群众的原则
          - （3）法律面前人人平等的原则
        - 3. 主要的审判制度
          - （1）上诉制度。民事案件上诉期15天，刑事案件上诉期10天
          - （2）审级制度。基本是二级终审制。县司法处一审（初审），高等法院及分庭二审（终审）。1942年以边区政府审判委员会为第三审，一度实行三级终审制，但1944年又恢复二级终审制
          - （3）人民陪审制度
          - （4）审判公开和辩护制度
          - （5）复核和审判监督制度
      - 马锡五审判方式
        - 1. 马锡五审判方式是把群众路线的工作方针创造性地运用到审判工作中去的司法民主的崭新形式
        - 2. 特点
          - （1）深入农村，调查研究，实事求是地了解案情
          - （2）依靠群众，教育群众，尊重群众意见
          - （3）方便群众诉讼，手续简便，不拘形式
        - 3. 产生 —— 整风运动为其产生奠定了思想基础，群众智慧是其产生的力量源泉。这一方式是在巡回审判基础上成长起来的，是司法工作的一面旗帜
        - 4. 意义 —— 它的出现和推广，培养了大批优秀司法干部，解决了积年疑难案件，减少了争讼，促进了团结，利于生产，保证抗日，使新民主主义司法制度落到了实处

南京国民政府及革命根据地法律制度

- 革命根据地法律制度
  - 抗日民主政权法律制度
    - 司法制度 —— 人民调解制度
      - 1. 抗日民主政权司法工作的突出特点是以人民调解制度作为司法审判工作的重要补充。各边区先后颁行了有关人民调解制度的单行法规
      - 2. 主要内容
        - （1）调解方式：民间调解、群众团体调解、政府调解和司法调解
        - （2）调解原则主要是：双方自愿；以法律为准绳，照顾善良风俗；调解不是诉讼的必经程序
        - （3）调解范围主要是：民事纠纷和轻微刑事案件
        - （4）调解处理方式：一般有赔礼道歉、认错、赔偿损失或抚慰金等
        - （5）调解一般需制作和解书。调解过程中调解人必须奉公守法，尊重当事人人权
      - 3. 意义 —— 人民调解是新民主主义司法的一大特色和补充，它促进了司法工作公正与高效的结合，对新中国司法工作的发展产生了重要影响
  - 解放区人民民主政权法律制度
    - 宪法性文件 —— 《陕甘宁边区宪法原则》
      - 1. 该原则于 1946 年 4 月在陕甘宁边区第三届参议会上通过
      - 2. 主要内容
        - （1）确立边区、县、乡人民代表会议为管理政权机关，各级权力机关开始由抗日时的参议会过渡为人民代表会议，为新中国基本政治制度奠定了基础
        - （2）规定人民政治上行使的各项自由权利，受政府指导与物质帮助。边区人民不分民族一律平等，少数民族聚居区享有民族区域自治权
        - （3）规定除司法机关、公安机关依法执行职务外，任何机关、团体不得有逮捕审讯行为。人民有权以任何方式控告失职的公务员。司法独立不受任何干涉
        - （4）经济上采取公营、合作、私营三种方式，组织一切人力、财力促进经济繁荣，为消灭贫穷而斗争。保障耕者有其田，劳动者有职业，企业者有发展机会。普及提高人民文化水平

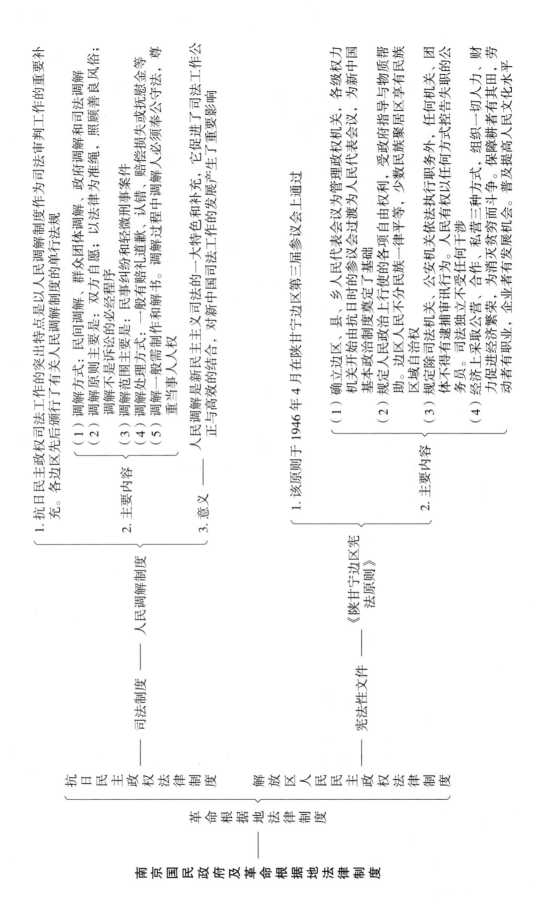

南京国民政府及革命根据地法律制度

革命根据地法律制度

解放区人民民主政权法律制度

- 宪法性文件
  - 《中国人民解放军宣言》
    - 该宣言于1947年10月10日发布，宣布了中国共产党的八项基本政策，其中最基本的政治纲领是组成民族统一战线，成立民主联合政府
    - 此宣言确立的八项政策是后来召集新政治协商会议的基础
  - 《华北人民政府施政方针》
    - 1. 该方针于1948年8月在华北临时人民代表大会通过，是当时具有宪法性质的代表性文件
    - 2. 主要内容
      - （1）确定华北人民政府的当前基本任务，即继续以人力、物力、财力支援前线，争取全国胜利；有计划、有步骤地进行建设，恢复和发展生产；建设民主政治，培养干部人才
      - （2）规定了实现当前基本任务的方针政策
        - ①政治方面，健全人民代表大会制度；保障人民民主权利及自由与安全；破除迷信；保护守法的外国人及合法的文化宗教活动
        - ②经济方面，发展农业，颁发土地证确认地权；建立农民生产合作互助组织；促进城乡经济交流；发展工商业，贯彻公私兼顾、劳资两利的方针
        - ③文化教育方面，建立正规教育制度，提高大众文化水平；建立广泛的文化统一战线，团结知识分子为建设事业服务
- 土地立法——《五四指示》
  - 1946年5月4日，中共中央发布《关于土地问题的指示》，因其发布日期，又叫《五四指示》。该指示决定改减租减息政策为没收地主土地分配给农民、实行土地改革的政策，拉开了解放区土地改革运动的序幕
  - 注意：减租减息最早规定于《抗日救国十大纲领》中，注意这一阶段土地政策的变更

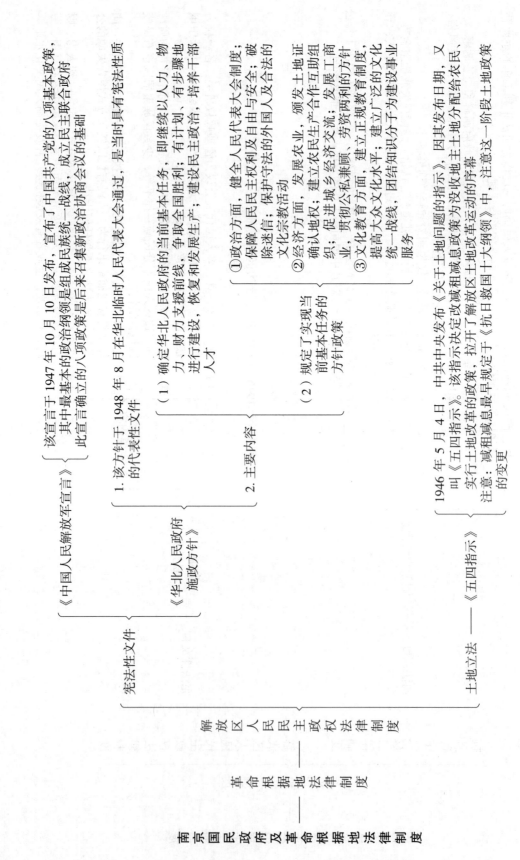

南京国民政府及革命根据地法律制度 —— 革命根据地法律制度 —— 解放区人民民主政权法律制度

- 土地立法 ——《中国土地法大纲》
  - 1. 该大纲于 1947 年 10 月 10 日在中共中央召开的全国土地会议上制定公布
  - 2. 主要内容
    - （1）规定土改的基本任务是废除封建、半封建性剥削的土地制度，实行耕者有其田
    - （2）规定土改须遵守的原则是依靠贫雇农，团结中农，保护工商者，正确对待地主富农
    - （3）确立以乡村为单位、按人口平均分配一切土地的分配办法。地主及其家属、国民党官兵家属也可分得与农民同样的土地和财产
    - （4）确认人民对所分得土地的所有权
    - （5）确定土地改革的执行机关为乡村农民大会、贫农团大会、区县省级农民代表大会。对一切违抗或破坏土地改革的罪犯，组织人民法庭予以审判
    - （6）确认保护工商业的原则
  - 3. 该大纲总结了中国共产党二十多年来土地革命的基本经验教训，是一个正确的土地纲领，体现了土地改革的总路线，调动了农民革命与生产的积极性，为保证解放战争胜利起到了决定性的作用
- 刑事立法
  - 1. 刑法原则的重大发展是明确规定“首恶必办，胁从不问，立功受奖”的方针
  - 2. 该时期刑事立法的任务：摧毁一切反动组织，镇压反革命分子，保证人民解放战争的顺利进行
  - 3. 主要内容
    - （1）惩办战争罪犯
    - （2）镇压地主恶霸
    - （3）肃清政治土匪
    - （4）取缔反动党团及特务组织
    - （5）解散一切反动会道门迷信组织
  - 4. 罪名主要：战争罪和反革命罪
  - 5. 某些刑罚及执行上的变化，主要有两点
    - （1）创设了新的刑种“管制”
    - （2）调整某些刑罚执行制度
  - 6. 此外，还增加了无期徒刑
- 司法制度
  - 人民法院体制的完善
    - 1. 建立各级人民法院和保证土改的人民法庭。各行政大区均设立了大区、省、县三级审判体制，审判机构一律改称人民法院。沿用抗日时期各项制度
    - 2. 为保证土改顺利进行，各级解放区都组建了人民法庭
  - 实施新的法制原则
    - 1. 宣布废除国民党法统和《六法全书》
    - 2. 确立解放区的司法原则
    - 3. 实行人民民主法制原则。放宽上诉制度，一般刑事上诉期是 7 天至 10 天，民事上诉期则为 20 天。严格复核制度，由过去的两级终审制普遍改为三级终审制，加强对下级司法机关的检察监督

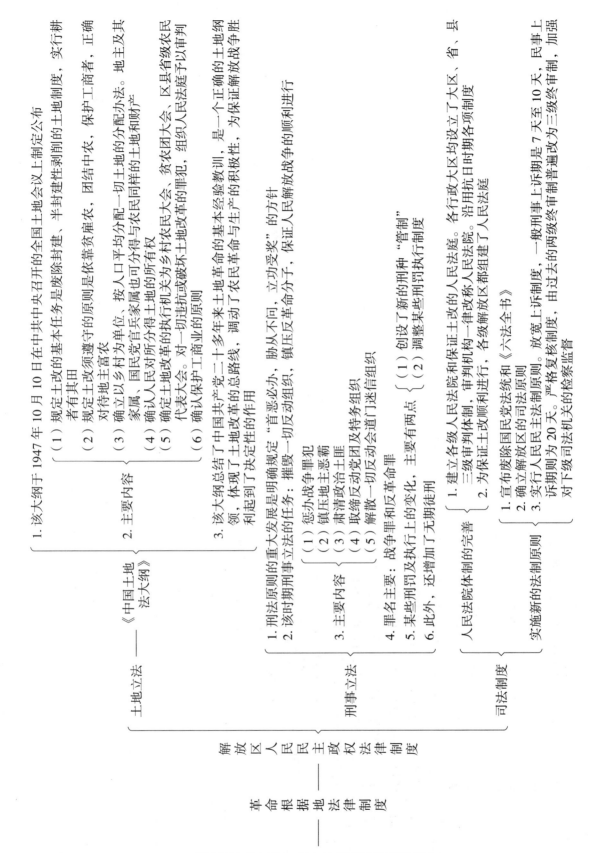

《中国法制史》重要知识点对比

- 历朝的立法指导思想变化
  - 夏商——“天命”“天讨”“天罚”的神权法思想
  - 西周——“以德配天”的民本思想、“敬天保民”的政治思想和“明德慎罚”的法律思想
  - 战国——“一断于法”、刑无等级、轻罪重刑、法布于众
  - 秦朝——“缘法而治”、“法令由一统”、严刑重法
  - 汉朝——汉初黄老思想与“约法省刑”原则，后汉武帝确立“德主刑辅”
  - 唐朝——“德本刑用”，宽简、稳定、划一的立法指导思想
  - 元朝——“祖述变通”、“附会汉法”、“因俗而治”、蒙汉异制
  - 明朝——重典治国、“明刑弼教”
  - 清朝——“详译明律，参以国制”
  - 清末
    - 预备立宪：“大权统于朝廷，庶政公诸舆论”
    - 修律：“中外通行，有裨治理”
  - 北洋政府——“隆礼”与“重刑”并重
  - 南京国民政府
    - 孙中山的三民主义
    - “建国三时期”
    - “权能分治”
    - “五权宪法”
- 历朝刑罚原则变化——西周
  - 《吕刑》
    1. 强调“明于刑之中”，提出“刑罚世轻世重”“轻重诸罚有权”“惟齐非齐，有伦有要”，还规定了较为完整的赎刑制度
    2. “上下比罪”“五刑之疑有赦”“五罚之疑有赦”的刑法原则
    3. 赎刑由此开始制度化
  - 主要刑法原则
    1. 老幼犯罪减免刑罚
    2. 区分故意与过失、惯犯与偶犯
    3. 罪疑从轻、罪疑从赦
    4. 宽严适中原则
    5. 因地、因时制宜
    6. 上下比罪——“罪无正律，则以上下而比附其罪”，具体为“上刑适轻，下服；下刑适重，上服，轻重诸罚有权”
    7. 同罪异罚——贵族士大夫和庶人同罪异罚

《中国法制史》重要知识点对比

历朝刑罚原则变化

秦朝

1. 以身高为刑事责任标准
2. 区分故意和过失
3. 盗窃按赃值定罪
4. 共同犯罪与集团犯罪加重处罚
5. 累犯加重处罚
6. 教唆犯罪加重处罚
7. 自首减轻处罚
8. 连坐原则
9. 诬告反坐

汉朝

1. 上请原则 —— 官僚贵族犯罪后，可以请示皇帝给有罪者某些优待
2. 亲亲得相首匿原则 —— 亲属之间可以相互隐匿犯罪行为，不予告发和作证

三国两晋南北朝

1.《晋律》首立“准五服以制罪”制度
2.《曹魏律》“八议”入律
3.《北魏律》和《陈律》正式规定“官当”制度
4.《北齐律》正式确立“重罪十条”
5. 北魏时封建五刑初步形成：死、流、徒、杖、鞭

隋朝

1. 新五刑正式形成。《开皇律》把刑罚定型为笞、杖、徒、流、死五刑
2. 区分公罪与私罪。犯公罪者，每官当徒多一年；当流者各加一等
3. 改“重罪十条”为“十恶”
4. 完善“八议”“官当”制度

唐朝

1. 区分公罪与私罪
2. 关于共同犯罪与合并论罪
3. 自首减免刑罚与类推原则
4. 老幼废疾者减刑原则
5. 累犯加重原则
6. 特权原则 —— 贵族官员的议、请、减、赎、当等特权
7. 化外人处罚原则
8. 同居相隐不为罪
9. 良贱相犯依身份论处
10. 疑罪各依所犯以赎论

《中国法制史》重要知识点对比

历朝刑罚原则变化

宋朝

1. 折杖法 —— 宋太祖建隆四年（963 年）创立折杖法，作为重刑的代用刑
2. 刺配刑 —— 宋太祖时期规定了“刺配刑”
3. 凌迟刑 —— 也作陵迟，俗称“千刀万剐”，至清末法制改革时才被废除
4. 重法地法，是指对某些特定地区的特定犯罪判处重刑的法律制度，该特定地区称“重法地”

元朝

1. 确立了强奸幼女罪，强奸幼女者处死。幼女年龄为 10 岁以下
2. 量刑原则变化 —— 对于谋反，规定“诸父谋反，子异籍不坐”。比唐律的“皆斩”有所轻缓
3. 对于知情不举的谋反者的宅主及两邻规定了同罪处理的严格连带责任
4. 把唐律中“造妖书妖言”罪移入大逆
5. 民族间的不平等与同罪异罚
6. 强盗、盗窃罪犯在服刑完毕后，发付原籍充“警迹人”
7. 在死刑中增加了凌迟，还保留了奴隶制的劓刑、黥刑等肉刑和醢刑、剥皮等酷刑
8. 将隋唐以来以十为尾数的笞杖刑改为以七为尾数，共十一等
9. 元朝的刑罚往往株连亲属，犯重罪者除本人被处死外，其妻女还要强行配与他人，甚至还有“族灭”的残酷株连
10. 公开允许私刑的合法存在

明朝

1. 奸党罪 —— 一律处以斩刑
2. 充军刑
3. 廷杖
4. 相较于唐律，“轻其所轻，重其所重”：政治性犯罪处罚重，礼仪风俗类处罚轻

清朝

1. 发遣、充军、刺字
2. 文字狱
3. 死刑分两类：斩、绞立决（一经死刑核准，决不待时）与斩、绞监候（判决后，等待秋审再行决断）。此外尚有被称为极刑的凌迟刑
4. 对江洋大盗、爬城行劫、粮船水手行劫等犯罪，又有枭首之刑
5. 戮尸是对凌迟和枭首的补充
6. 维护满族旗人的司法特权

《中国法制史》重要知识点对比

- 历朝中央司法机关的变迁
  - 夏朝 —— 中央司法机关称为大理
  - 商周 —— 大司寇
  - 秦朝 —— 设廷尉，掌管司法
  - 北齐 —— 改廷尉为大理寺
  - 唐朝 —— 以大理寺、刑部和御史台为中央司法机关
    - 大理寺是中央审判机关
    - 刑部则为中央司法行政机关
    - 御史台则既是中央监察机关，又是中央法律监督机构
  - 元朝 —— 中央司法机关为大宗正府、刑部、御史台、宣政院
  - 明清 —— 改御史台为都察院，中央司法机关为刑部、大理寺、都察院，称“三法司”
    - 刑部是中央审判机关
    - 大理寺掌复核
    - 都察院负责法律监督
  - 清末修律
    - 刑部改称法部
    - 大理寺改称大理院
- 历朝婚姻制度的变迁 —— 西周时期
  - 婚姻的缔结有三大原则
    - 一夫一妻制
    - 同姓不婚
    - 父母之命，媒妁之言
  - 合礼合法的婚姻必须通过“六礼”来完成
    1. “纳采”，即男方请媒人向女方送礼品提亲
    2. “问名”，即在女方答应议婚后，由男方请媒人问女子名字、生辰等，并卜于宗庙以定吉凶
    3. “纳吉”，即卜得吉兆后与女家订婚
    4. “纳征”，即男方派人送聘礼至女家，故又称“纳币”
    5. “请期”，即男方商请女方择定婚期
    6. “亲迎”，即婚期之日新郎迎娶新妇
  - 关于婚姻的解除
    - 七出（去）—— 不顺父母去；无子去；淫去；妒去；有恶疾去；口多言去；盗窃去
    - 三不去
      - 有所娶无所归，不去
      - 与更三年丧，不去
      - 前贫贱后富贵，不去

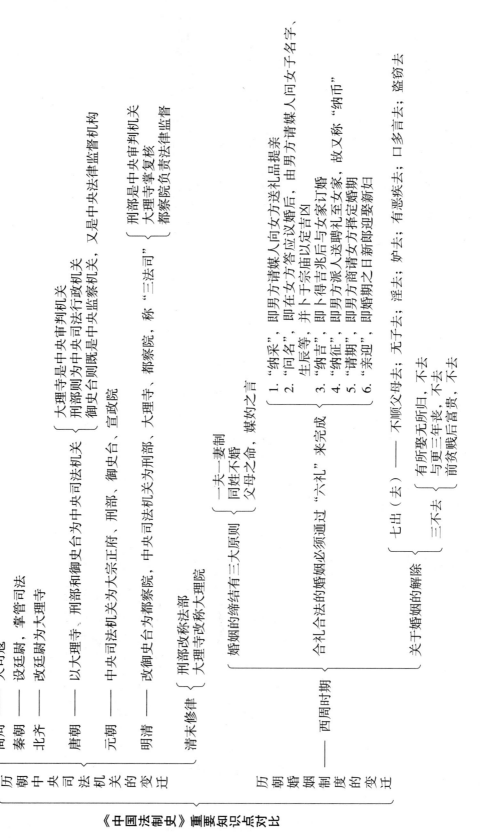

《中国法制史》重要知识点对比——历朝婚姻制度的变迁

唐朝

关于婚姻成立

1. 确认尊长对卑幼的主婚权，“诸嫁娶违律，祖父母、父母主婚者，独坐主婚”。即使卑幼在外地，已自行订婚，只要尚未结婚，也必须服从尊长安排。如违反尊长意志者，依律“杖一百”
2. 婚书、聘财为婚姻成立的要件，“诸许嫁女，已报婚书及有私约而辄悔者，杖六十”。或者“虽无许婚之书”，但女家已接受男家的聘财，亦不得悔婚，否则同样处杖刑六十。又规定男家自悔者，不坐
3. 对婚姻缔结有诸多限制，规定同姓不婚，违者各徒二年；非同姓但有血缘关系的尊卑间不得为婚，违者“以奸论”；严禁与逃亡女子为婚；监临官不得娶监临之女为妻妾；良贱之间不得为婚，违者均处以刑罚

关于婚姻解除

唐律规定以“七出”、“三不去”和“义绝”为婚姻解除要件

“义绝”为强制离婚的条件

“和离”，即“若夫妻不相安谐而和离者，不坐”

元朝

1. 建立婚姻关系必须订立婚书（或称“嫁娶礼书”），婚书上写明议定的聘财数额，如果是招赘女婿，须写清养老或出舍的年限，主婚人、保亲人，媒人须在婚书上签字画押，然后依礼成亲，婚姻关系方才有效
2. 对媒妁进行规范化管理，只有经基层官员、地方长老等保举推荐的“信实妇人”，才能充任媒妁，并由官府登记在册。明朝有所谓的“媒人行”，即媒妁有专门的营业住所，国家向其征税
3. 各等人婚娶按本族习惯进行，汉族禁止“有妻更娶”，蒙古人允许一夫多妻并实行“父兄弟婚”

明朝

1. 明朝时家长主婚权才得以在法律上明确规定，“嫁娶皆由祖父母、父母主婚”。如果婚姻本身违法，被追究的也是家长，而非结婚当事人，“凡嫁娶违律，若由祖父母、父母……主婚者，独坐主婚”。家长主婚权实际上就是父母的包办婚姻权
2. 婚姻缔结要有婚书和聘礼
3. 同姓、同宗无服亲及良贱不得为婚
4. 婚姻关系的解除以七出、义绝为条件
5. 强调婚姻礼俗
6. “男女婚姻，各有其时”，即适龄者方可结婚
7. 双方家长的意愿是婚姻订立的前提
8. 定婚之初，若有疾残、老幼、庶出、过房、乞养者，务必要双方都知道，自愿写立婚书，依礼聘娶

《中国法制史》重要知识点对比

- 历朝婚姻制度的变迁
  - 明朝 —— 9. 明朝的义绝（不同于唐律）包括 ——（1）身在远方；（2）妻子的父母将妻子改嫁他人；（3）将女婿赶出家门另招女婿；（4）纵容对方和外人通奸；（5）打伤妻子；（6）有妻子却谎称无妻子或欺骗女方再娶媳妇；（7）把妻子当作小妾对待；（8）收了钱财将妻子和小妾典当或雇佣；（9）把妻子假装当作姐妹嫁人
  - 南京国民政府 ——《口华民国民法》—— 婚姻家庭制度体现出浓厚封建色彩
    - 肯定包办买卖婚姻及封建习惯
    - 维护夫妻间的不平等
    - 维护封建家长制
- 历朝继承制度的变化
  - 西周
    1. 宗法制严格确定嫡长子的继承权
    2. 各级贵族的领地和世袭身份只能由正妻（或称嫡妻）所生的长子继承。嫡长子为大宗，其他兄弟相对于嫡长子是小宗
    3. 在财产方面，庶子也只能由嫡长子分给部分利益，而无所谓“继承权”
    4. 女子无继承权，嫁妆只是出于父兄的赐予
  - 汉朝 —— 设立非正罪 —— 非嫡系子孙而继承爵位，依律免为庶人
  - 唐朝
    1. 唐的继承分为宗祧继承和财产继承，前者是对祖宗血脉的延续，因而更为重要，通常采取嫡长子继承的方式
    2. 据《唐律疏议·户婚律》规定：“诸立嫡违法者，徒一年。”又规定：“王、公、侯、伯、子、男，皆子孙承嫡传袭。”继承权位与继承祭祀者，必须是嫡长子孙，而其他人无权参与
    3. 若无子孙者，又准（令）：“自无子者，听养同宗于昭穆合者。”即在同宗子辈中收纳养子
    4. 财产继承实行诸子均分制，兄弟中先亡者，其子继父分，即代位继承。但生前立有遗嘱者，则不按法定顺序继承，采用遗嘱优先的原则
    5. 一般情况下，女子出嫁后，不享有本家财产的继承权。但据唐《丧葬令》规定，“户绝”之家，在室女可分得未婚兄弟财产之一半，作为自己的嫁妆费用
  - 宋朝
    1. 家产兄弟均分，允许在室女享受兄弟继承财产权的一半
    2. 承认遗腹子与亲生子享有同样的继承权
    3. 至南宋又规定了户绝财产继承的办法。户绝指家无男子承继。户绝立继承人有两种方式：凡夫亡而妻在，立继从妻，称“立继”；凡夫妻俱亡，立继从其尊长亲属，称“命继”。继子与户绝之女均享有财产继承权，只有在室女的，在室女享有 3/4 的财产继承权，继子享有 1/4 的财产继承权；只有出嫁女的，出嫁女享有 1/3 的财产继承权，继子享有 1/3 的财产继承权，另外 1/3 的财产收为国家所有
    4. 增加了“户绝资产”“死商钱物”等内容，形成了一般财产继承、遗嘱继承、户绝财产继承、死亡客商财产继承等比较复杂的继承制度
  - 元朝
    1. 蒙古人和色目人各依本俗法，蒙古人由幼子继承转为诸子均分
    2. 户绝之家的女儿和寡妇享有继承权或有条件的继承权
    3. 离婚妇女或寡妇如果再婚，就要丧失原先从父母处得来的妆奁物及其他继承得来的财产，至于夫家的财产，更是不得带走

《中国法制史》重要知识点对比

历朝继承制度的变化

明朝

1. 实行身份继承的嫡长子继承制和财产继承的诸子均分制
2. 户绝财产由所有亲女继承，无女者入官
3. 寡妻守寡不分析家产，但条件是寡妻有儿子（亲生、妾生、婢生均可）；若寡妻令分家产，则可与诸子均分
4. 奸生子继承权上升

清朝

1. 严格宗祧继承的法定顺序
2. 规定独子兼祧制度
3. 确立遗嘱继承的法定效力

历朝法律的篇数

1.《法经》共有6篇：《盗法》《贼法》《网法》《捕法》《杂法》《具法》
2.《九章律》在秦律《盗律》《贼律》《囚律》《捕律》《杂律》《具律》6篇基础上增加，《户律》《兴律》《厩律》3篇
汉律六十篇：叔孙通制定《傍章律》18篇、张汤制定《越宫律》27篇、赵禹制定《朝律》6篇，加上《九章律》9篇
3.《曹魏律》，魏明帝时制定，共18篇
4. 晋武帝诏颁晋律，又称《泰始律》，共20篇602条
5.《北魏律》共20篇，律学博士常景等人撰成，北魏孝文帝太和十九年（495年）颁行
6.《北齐律》形成12篇949条的法典体例。篇目为：名例、禁卫、婚户、擅兴、违制、诈伪、斗讼、贼盗、捕断、毁损、厩牧、杂律
7.《开皇律》以《北齐律》为基础，确定了名例、卫禁、职制、户婚、厩库、擅兴、贼盗、斗讼、诈伪、杂律、捕亡、断狱，共12篇500条
8.《武德律》以《开皇律》为基础，增加53条新格
9.《贞观律》共12篇500条。《贞观律》的修订完成，标志着唐朝基本法典定型化
10.《永徽律》由唐高宗命长孙无忌等人撰定，共12篇502条
11.《唐六典》共30卷
12.《大中刑律统类》将《唐律》按性质分为121门，并将“条件相类”的令、格、式及敕附于律条之后，共1 250条
13.《宋刑统》共12篇502条
14.《大元通制》使元朝法典遂至定型，共2 539多条，分制诏、条格、断例、别类4部分；其篇目仿唐、宋旧律，分为名例、卫禁、职制、祭令等20篇
15.《元典章》是元朝江西地方官员对有关政治、经济、军事、法律等方面的圣旨条例的汇编，共60卷，分诏令、圣教、朝纲、台纲、吏部、户部、礼部、兵部、刑部、工部10类
16.《大明律》共30卷460条。它一改唐、宋旧律的传统体例，形成了以名例、吏、户、礼、兵、刑、工7篇为构架的格局
17. 明《大诰》共4编，即《御制大诰》《大诰续编》《大诰三编》《大诰武臣》
18.《大清律例》的结构形式、体例、篇目与《大明律》基本相同，共分名例律、吏律、户律、礼律、兵律、刑律、工律7篇，律文400余条，附例1 000余条

《中国法制史》重要知识点对比

历朝司法制度——与三司类似的概念

- 东汉 —— 三独坐 —— 司隶校尉、尚书令、御史中丞
- 唐
  - 1. 唐三司 —— 大理寺、刑部、御史台
  - 2. 唐三司推事 —— 大理寺、刑部、御史台的长官会同审理
  - 3. 唐三司使 —— 大理寺评事、刑部员外郎、监察御史
- 宋
  - 宋三司 —— 三大中央理财机关：盐铁司、度支司、户部司，三司长官权任甚重，又称“计相”
  - 宋四司（路的长宫）—— 经略安抚使（帅司）、转运使（漕司）、提点刑狱使（宪司）、提举常平使（仓司）
- 明
  - 1. 明三司 —— 省是明朝地方最高一级行政机构，设承宣布政使司，布政使为一省行政长官；另有提刑按察使司，掌一省法律监察事务；都指挥使司的都指挥使为一省最高军事长官。三者俗称为“藩司”、“臬司”和“都司”，合称为“三司”
  - 2. 明三法司与三司会审 —— 中央司法机构为刑部、大理寺、都察院，统称“三法司”。对重大疑难案件三法司共同会审，称“三司会审”

历朝死刑变化

- 奴隶制 —— 大辟是死刑的总称。商末纣王时期，死刑有斩、戮、炮烙、醢、脯等酷刑
- 秦朝 —— 死刑有戮、磔、腰斩、车裂、枭首、弃市、凿颠、抽肋、镬烹、囊扑、定杀等
- 三国两晋南北朝
  - 1. 封建五刑初步形成，死刑主要有绞、斩
  - 2. 三国两晋南北朝时期确立了死刑复奏制，即死刑须报告朝廷，经皇帝批准方准执行。曹魏明帝曾规定：除谋反、杀人罪外，其余死刑案件必须上奏皇帝。南朝宋武帝诏令：“其罪应重辟者，皆如旧先须上报，有司严加听察，犯者以杀人论。”北魏太武帝时也明确规定，各地死刑案件一律上报奏谳，由皇帝亲自过问，必须无疑问或无冤屈时才可执行
- 隋朝 ——《开皇律》确立死刑为绞、斩两等，唐朝继承之
- 唐朝 —— 死刑复奏制度
  - 1. 死刑三复奏 —— 对刑杀之人，执行前一日复奏两次，执行当日仍可复奏一次
  - 2. 死刑五复奏 —— 唐太宗改为“五复奏”，即决前一天两复奏，决日当天三复奏。各州死刑案件仍行三复奏，只有在京的死刑案件实行“五复奏”。而犯有恶逆以上罪者，以及身为贱民的部曲、奴婢犯杀主人罪者，则一复奏后，就可执行死刑
- 宋朝 —— 宋仁宗时在法定绞、斩死刑外，增施凌迟刑
- 元朝 —— 在死刑中增加了凌迟，还保留了奴隶制的劓刑、黥刑等肉刑和醢刑、剥皮等酷刑

《中国法制史》重要知识点对比

- 历朝死刑变化
  - 清朝
    1. 死刑分两类：斩、绞立决（一经死刑核准，决不待时）与斩、绞监候（判决后，等待秋审再行决断）。此外尚有被称为极刑的凌迟刑
    2. 对江洋大盗、爬城行劫、粮船水手行劫等犯罪，又有枭首之刑。至太平天国革命之时，一度又有"就地正法"的死刑执行制度
    3. 戮尸是对凌迟和枭首的补充，凡被判处凌迟和枭首的罪犯在执行之前已经死亡的，对其尸体施以此刑
  - 清末
    - 《大清现行刑律》—— 废除了凌迟、枭首、戮尸、刺字等残酷刑罚和缘坐制度，改笞、杖刑为罚金、苦役，并停止刑讯。将主体刑罚确定为死刑（斩、绞）、遣刑、流刑、徒刑、罚金五种
    - 《大清新刑律》—— 确立了新的刑罚制度，规定刑罚分为主刑和从刑两种。主刑包括死刑（仅绞刑一种）、无期徒刑、有期徒刑、拘役、罚金，从刑包括褫夺公权和没收两种
  - 革命战争时期
    - 《中华苏维埃共和国惩治反革命条例》—— 死刑适用面较宽，一般情况下须经苏区政府批准，一律执行枪决
    - 工农民主政权 —— 死刑复核。不论被告是否上诉，一律报请上级审判机关复核批准
    - 抗日民主政权
      - 只对汉奸、盗匪、敌特及破坏边区的反革命首要分子判处死刑
      - 宣判死刑，要向群众公布，行刑有检察员临场监验。一律枪决
- 近代审制的变化
  1. 清末诉讼审判制度改革后，诉讼程序上实行四级三审制度
  2. 北洋政府普通法院实行四级三审制度
  3. 南京国民政府 1932 年前沿用北洋政府四级三审制，后改为三级三审制，第三审为"法律审"
  4. 工农民主政权时期，苏区实行四级二审制
  5. 抗日民主政权时期，基本上实行二级终审制，曾改为三级三审制
  6. 解放区人民民主政权时期，改为三级终审制
- 其他知识点对比 ——"五过"，是西周对司法官渎职的规定
  1. "惟官"，指畏权势而枉法
  2. "惟反"，指报私怨而枉法
  3. "惟内"，指为亲属裙带而徇私
  4. "惟货"，指贪赃受贿而枉法
  5. "惟来"，指受私人请托而枉法

《中国法制史》重要知识点对比——其他知识点对比

- “五听”，又称“五声”，是西周运用察言观色进行审讯以判断当事人陈述真伪的方式
  1. “辞听”：“观其出言，不直则烦”，即观察当事人的言语表达，理屈者则言语错乱
  2. “色听”：“观其颜色，不直则赧然”，即观察当事人的面部表情，理屈者则面红
  3. “气听”：“观其气息，不直则喘”，即观察当事人的呼吸，无理则喘息
  4. “耳听”：“观其听聆，不直则惑”，即观察当事人的听觉，理亏则听语不清
  5. “目听”：“观其眸子，不直则眊然”，即观察当事人眼睛与视觉，无理则双目失神
- 唐朝规定的“六赃”
  - 受财枉法
  - 受财不枉法
  - 受所监临财物
  - 强盗
  - 窃盗
  - 坐赃
- 唐《斗讼律》中，规定了“六杀”
  1. “谋杀”指预谋杀人。一般减故杀罪数等处罚，但奴婢谋杀主人、子孙谋杀尊长则处以死刑，体现了维护封建礼教的原则。预谋杀人，指尚未实施杀人行为
  2. “故杀”指事先虽然没有预谋，但是情急杀人时已经有杀人的意念。一般处以斩刑
  3. “斗杀”指在斗殴中出于激愤而失手将人杀死。一般减故杀罪一等处罚
  4. “误杀”指由于种种原因错置了杀人对象。一般减故杀罪一等处罚
  5. “过失杀”指“耳目所不及，思虑所不至”而杀人，即出于过失杀人。一般“以赎论”，即允许以铜赎罪
  6. “戏杀”指“以力共戏”而导致杀人。一般减斗杀罪二等处罚
- 唐朝“四善”
  - 德义有闻
  - 清慎明著
  - 公平可称
  - 恪勤匪懈
- 宋朝“四善三最”
  - 四善是德义有闻，清谨明著，公平可称，恪勤非懈
  - 三最是治事之最、劝课之最、抚养之最

《中国法制史》重要知识点对比——中国法制史上的历次“第一”

1. 第一次正式公布成文法：公元前 536 年，郑国执政子产将郑国的法律条文铸在象征诸侯权位的铁鼎上，向全社会公布，史称“铸刑书”
2. 第一部系统的封建成文法典：战国时期，魏国李悝在总结春秋以来各国公布成文法经验的基础上，制定《法经》
3. 第一次改法为律：公元前 359 年，法家著名代表人物商鞅在秦国实施变法改革，此次变法在中国法律发展史上写下重要一笔，史称“商鞅变法”
4. 第一次废除肉刑：西汉时，文帝开始刑罚改革，直接起因是“缇萦上书”
5. 第一次“八议”入律：魏明帝在制定《魏律》时，以《周礼》“八辟之议”为依据，正式规定了“八议”制度。“八议”制度是对封建特权人物犯罪实行减免处罚的法律规定
6. 第一次“官当”入律：“官当”是封建社会允许官吏以爵位抵罪的特权制度。它正式出现在《北魏律》与《陈律》中
7. 第一次规定“重罪十条”：《北齐律》中首次规定“重罪十条”，是对危害统治阶级根本利益的十种重罪的总称。把“重罪十条”置于律首，作为严厉打击的对象，增加了法律的威慑力量
8. 第一次废除宫刑：南北朝时期，进行刑罚制度改革，在历史上第一次废除了宫刑制度
9. 第一次规定“准五服以制罪”：《晋律》与《北齐律》中相继确立“准五服以制罪”的制度。服制是中国封建社会以丧服为标志区分亲属范围和等级的制度
10. 第一次确立死刑复奏：北魏太武帝时正式确立死刑复奏制度，为唐朝的死刑三复奏奠定了基础，这一制度的建立既加强了皇帝对司法审判的控制，又体现了皇帝对民众的体恤
11. 第一次设立大理寺：北齐时期正式设置大理寺。大理寺的建立增强了中央司法机关的审判能力，也为后世王朝健全这一机构奠定了重要基础
12. 第一次规定“十恶”：隋朝《开皇律》在“重罪十条”的基础上加以损益，确定了“十恶”制度
13. 第一次建立法官回避制度：《唐六典》第一次以法典的形式，肯定了法官回避制度
14. 第一部刊版印行的法典：《宋刑统》，其全称为《宋建隆重详定刑统》。《宋刑统》是一部具有概括性和综合性的法典
15. 第一次以六部作为体例的律：明太祖朱元璋编修并颁行的《大明律》一改传统刑律体例，形成了名例、吏、户、礼、兵、刑、工 7 篇格局，其律文简于唐律，精神严于宋律，终明之世通行不改
16. 中国近代史上第一个宪法性文件：《钦定宪法大纲》，由清廷宪政编查馆编订，以法律的形式确认君主的绝对权力，维护专制统治
17. 第一部近代意义上的专门刑法典：《大清新刑律》，其抛弃了旧律“诸法合体”的编纂形式，以罪名和刑罚等专属刑法范畴的条文作为法典的唯一内容，将法典分为总则和分则；确立了新刑罚制度，规定刑罚分为主刑、从刑；但该法并未真正施行
18. 第一部商律：《钦定大清商律》，1904 年 1 月颁行
19. 第一部资产阶级宪法性文件：《中华民国临时约法》是南京临时政府公布的一部重要的宪法文件。这也是中国宪法史上的一件大事
20. 第一部近代史上正式公布的宪法：北洋政府公布的《中华民国宪法》，是中国近代史上首部正式宪法